2013년도
대한민국학술원 선정
우수학술도서
이 도서는 교육부의 지원으로
대한민국학술원에서 선정한
"2013년도 우수학술도서"임

근대한국외교문서 편찬위원회 편

近代韓國外交文書

조일수호조규

제3권

동북아역사재단

근대한국외교문서 편찬위원회 편

近代韓國外交文書

조일수호조규

제3권

동북아역사재단

간행사

저희 동북아역사재단에서는 2009년에 발행한 두 권의 외교문서(제1권: 『제너럴셔먼호 사건 · 병인양요』, 제2권: 『오페르트 사건 · 신미양요』)에 이어 이번에 세 권의 외교문서(제3권: 『조일수호조규』, 제4권: 『조미수호통상조약』, 제5권: 『조영수호통상조약』)를 추가로 출간하게 되었습니다.

한국의 외교문서 편찬은 정조 때의 『同文彙考』에서 그 연원을 찾을 수 있습니다. 『동문휘고』는 사대교린의 예(禮)규범과 관련된 문서를 엮은 것으로, 정조의 명으로 1788년에 초편 60책이 발간되었고, 순조 · 헌종 · 철종을 거쳐 1881(고종 18)년까지 증보를 거듭하였습니다. 이 『동문휘고』는 중화질서 권역에 속했던 중국이나 일본에서도 그 유례가 없는 선구적인 외교문서집이었지만, 개항 이후 공식 외교문서집 편찬은 불행히도 단절되고 말았습니다. 그렇기에 본 『근대한국외교문서』 편찬 사업은 정조가 이룩한 『동문휘고』의 역사적 위업을 계승하는 민족사적 의의를 갖는 일이라 할 수 있겠습니다.

외교문서집을 간행하는 목적이 이곳저곳에 흩어져 있는 사료를 단순히 한 곳으로 모아 엮어놓는 데에만 있는 것이 아님은 주지의 사실입니다. 외교문서는 정부 간 상호작용과 외교행위*démarche*의 기록물인 동시에 국가 구성원의 대외인식의 정신구조를 담고 있는 과거의 역사적 자료입니다. 또한 그것이 한 국가의 현재와 미래의 외교 구상과 외교정책 수행능력을 보여주는 지표가 되는 이상, 외교문서집 간행의 목적은 상당히 다양해질 수밖에 없습니다.

그간 근대한국 외교문서집의 부재로 말미암아 역사 연구, 그중에서도 특히 관계사나 외교사 연구 등에서 외국의 외교문서집에 주로 의존함으로써 근대한국 대외관계의 객관적 사실이라든지 대외인식의 실체를 바르게 파악 · 포착하지 못하는 등 문제가 적지 않았습니다. 『근대한국외교문서』 편찬의 주된 목적은 근대한국이 행했던 외교행위에 대한 주체적 관점에서의 분석은 물론 주요 열강들의 대(對)한국 정책을 다각도로 분석할 수 있는 외교문서를 집록하는 것에 있습니다. 한국이 주체가 되어 주요 외교적 사건의 시말(始末)을 파악할 수 있도록 관련 외교문서를 기사본말체(紀事本末體) 형식에 의거하여 배열한 것도 그 목적의 일환입니다.

이번에 발간하는 세 권의 외교문서집은 근대한국이 동아시아의 전통적 외교질서 체제였던 '조공 · 책봉체제'로부터 서구의 '조약체제'로 이행하는 시기를 다룬 것으로, 근대 한중일 3국이 신구(新舊)의 국제질서체제 속에서 각기 어떠한 위치에서 어떻게 대응했으며, 또 그 대응방식에 의해 3국의 명운이 어떻게 갈라져 나아갔는가를 파악할 수 있게 해준다는 점에서 상당히 중요한 외교자료 · 사료가 될 것으로 확신합니다.

『근대한국외교문서』는 앞으로도 계속 간행돼 총 30여 권으로 편찬, 끝마무리되는 것으로 알고 있습니다. 하지만 저희 동북아역사재단의 여러 사정 상 이번에 간행되는 외교문서집 3권을 포함해 총 5권의 발행으로 부득이 중간마무리를 하게 돼서, 그 애틋한 마음은 이루다 표현하지 못할 정도입니다. 그러나 다행히도 이 『근대한국외교문서』 편찬사업이 2010년 하반기부터 한국연구재단 토대기초연구사업으로 선정되어 그 편찬을 지속할 수 있게 되어 한편으로 크게 안도하고 있습니다.

그간 어려운 형편 속에서도 『근대한국외교문서』 편찬사업을 묵묵히 수행해 주신 근대한국외교문서편찬위원 여러분들과 김용구 편찬위원장께 심심한 감사의 말씀을 드립니다. 앞서 간행된 두 권과 함께 이번에 새로이 간행되는 세 권의 『근대한국외교문서』 역시, 외교사 연구자뿐만이 아니라 일반 독자들에게도 한국근대사에 대한 이해와 인식의 폭을 넓히는 데에 작은 도움이 되었으면 하는 바람입니다.

2012년 12월

동북아역사재단 이사장 김 학 준

서문

수호조약의 체결로 사대질서를 규정하는 회전(會典, 1690~1882)과 교린질서를 뒷받침하는 약조(約條, 15세기~1875)의 시대는 종언을 고한다. 이제 한국외교사의 흐름은 조약의 시대로 접어들게 되었다. 편무적(片務的)인 영사재판제도, 비유럽세계의 불완전한 법 주체성, 5% 전후의 저율 관세 제도, 그리고 아시아 · 아프리카 지역을 유럽 세계에 예속시킨 차관제도를 특징으로 하는 19세기적인 세계화 과정이 시작된 것이다. 조선(1876~1910), 중국(1842~1949), 그리고 일본(1856~1911)의 조약 시대는 모두 이런 특징으로 점철되었으나 조선의 경우는 장정(章程, 1882~ 1895)의 시대와 겹쳐 형극(荊棘)의 길을 걷게 된다. 유길준이 말하는 양절체제(兩截體制)가 이것이다.

용어 문제를 잠시 살펴보기로 한다. 본 편찬위원회에서는 이번에 출간되는 문서집 3책의 부제를 "개국조약"이 아닌 "수호조약"이라고 명명하였다. '개국(開國)'이란 낱말은 19세기 중엽 일본 정부가 자신들의 대외관계를 선전하려는 정치적 표어였다. 이를 서양 학자들이 한반도에 빗대어 'Opening of Korea'라고 즐겨 사용하였으며, 1950년대 이후 국내 학계 일각에서 무심코 이를 답습하여 "개국조약"이라고 불러왔던 것이다. 그러나 Opening은 야만단계의 지역이 서양 세계와 조약을 체결하면서 문화의 단계로 나아가게 되었다는 어감을 함축하고 있다는 데 유념해야 한다. 그리고 서양 공법에서 말하는 "조약"이란 용어는 병인 · 신미양요 시기 조선의 관찬사서(官撰史書)에 등장하기 시작해 1876년 이후로는 보편화되었다.

조일조약은 메이지유신 일본 정부의 새로운 조선 정책으로부터 그 체결 문제가 대두되었다. 이는 "만국공법에 입각해 조선과의 관계를 다시 수립해야" 서양 열강이 납득할 수 있다는 명분에 근거한 것이었다. 이로 인해 교린과 공법의 두 질서가 8년 동안이나 충돌한다. 개념으로서는 자주(自主)와 독립(獨立)의 대립이었다. 강화도 조약

제1조의 '조선은 자주지방(自主之邦)'이라는 규정이 이를 상징적으로 말해 준다. 그런데 자주는 사대교린 질서의 개념이었던 바, 이것이 조선이 제1조의 구절을 아무런 반대 없이 수락한 배경이 되었다. 메이지 정부는 만국공법의 명분 이외에 "조선을 일등하(一等下)"의 국가로 간주한다는 정책을 명백히 하였다. 19세기에 들어오면서 나타나기 시작한 그들 특유의 조선관(朝鮮觀)이 현실 정책으로 구체화된 것이다.

조미조약은 1880년을 기점으로 획기적으로 변화한 중국의 조선 정책의 산물이었다. 『조선책략』, 「주지조선외교의(主持朝鮮外交議)」, 「삼책(三策)」, 그리고 조선의 양무(洋務)를 북양대신과 도쿄의 중국 공관이 관장하는 제도 개편이 뒤따랐다. 사대질서의 '조공국'을 공법질서의 '속국'으로 전환하려는 정책이 채택되었던 것이다. 중국은 이 정책을 수행하기 위해 미국을 이용하였다. 한편, 미국 정부는 한반도 문제에 무관심하였기 때문에 몇 명의 정치인과 해군제독의 정치적 입장을 손쉽게 수락하였다. 예컨대 10%의 관세율, 아편 금지, 자동 조정(調停)의 규정을 흔쾌히 삽입했던 것이다. 그러나 이윽고 미국 정부는 곧 서울 정부에 등을 돌리고 말았으며, 이러한 대(對) 조선 태도는 1905년까지 계속되었다.

조영조약은 어떤 열강도 한반도 문제에 개입하지 않는 한 영국과 러시아 두 세계 국가는 조선 문제에 간여하지 않는다는 침묵의 균형이 깨짐과 동시에 성립하였다. 강화도에서 일본의 운요 호 침략이 자행되자, 영국 정부 일각에서는 거문도 점령을 거론했다. 또 '아마추어'적인 미국 정부가 조선과 관대한 성격의 조약을 체결하자 영국 정부는 이러한 사태변화를 좌시할 수 없었다. 이러한 배경 속에서 외교 전문가가 아닌 해군 제독을 파견해 조미조약의 내용을 모방한 제1차 조영조약을 체결했으나, 영국 정부가 이를 비준할 리 없었다. 반면에 조선에서는 개화파 인사들을 중심으로 도교의 영국 공관을 통해 제1차 조영조약의 조속한 비준을 촉구했는데, 결국 영국 정부는 이를 빌미로 제2차 조영조약을 새로 체결함으로써 아편 및 관세 문제 등에 관한 그들 본래의 목적을 달성했던 것이다.

한 가지 애석한 점은 여러 행정적 이유로 말미암아 지난 수년간 작업해 온 조독(朝獨), 조불(朝佛), 조러(朝露)조약의 문서집이 이번에 함께 발간되지 못했다는 점이다. 이들 문서집은 추후에 별도로 발간할 예정이다.

우리의 『외교문서집』이 없다는 것은 세계 학계의 수준에서 보자면 실로 수치스러운 일이었다. 2007년 동북아역사재단 이사장 김용덕 교수의 지원은 이러한 난맥상을 바로잡는데 결정적 계기가 되었다. 동북아역사재단의 지속적 후원 하에서 본 편찬위원회에서는 지난 2009년에 『근대한국외교문서』 1, 2권(병인 · 신미양요)을 세상에 내어놓은 바 있으며, 금년에 다시 『근대한국외교문서』 3, 4, 5권(수호조약) 3책을 발간하게 되었다. 김용덕 이사장의 퇴임 이후에도 본 편찬사업에 대한 동북아역사재단의 지원은 계속되었다. 정재정 전 이사장, 그리고 김학준 현 이사장의 아낌없는 지원과 본 편찬사업에 대해 보여준 학문적 관심에 감사하는 바이다. 오랜 기간 번다한 실무를 맡아준 역사연구실 연구위원 김민규 박사의 노고 또한 잊을 수 없다. 끝으로 매 격주 토요일마다 한림대학교 국제대학원대학교와 서울대학교 규장각에 모여 토론과 연구를 계속해 온 20여 명의 교수 및 석 · 박사 연구원들의 열정에 더 없는 고마움을 전한다.

2012년 12월

『近代韓國外交文書』 편찬위원장 김 용 구

편집방침

1. 본 문서집은 한반도의 역사적 현주소를 밝히는 데 중요하다고 판단한 좁은 의미와 넓은 의미의 국내외 외교문서를 망라해 수록하였다. 좁은 의미의 외교문서는 정부의 토의 문서와 훈령, 외무 담당자들의 교섭과정 문서*documents préaratoires*, 그들의 왕복 문서, 본국정부에 발송한 보고문, 그리고 국제조약을 가리킨다. 그리고 넓은 의미의 외교문서는 이 밖에 교섭 담당자들의 회고록이나 문집을 비롯한 개인 문서를 포함한다.

2. 본 문서집의 편집은 주요 열강의 외교문서집 편찬 방식에 따랐다. 주요 국가들은 외교문서를 보관하는 특별 기관을 보유하고 있어서 이 기관의 문서들 중 대외관계에 중요하다고 판단되는 문서들을 기사본말체로 편집하고 있다.

3. '중요하다고 판단'하는 편집자들의 '인식'이 외교문서집 발간의 국제정치적 성격을 나타내 주고 있다. 대외관계 문서집의 효시인 19세기 각국의 칼라 북스*Color Books*, 미국의 *Foreign Relations of the United States*를 비롯하여 제1차 세계대전 이후 발간되기 시작한 독일의 *Grosse Politik der europäschen Kabinette 1871-1914*, 소련의 *Vneshnaya politika Rossii: XIX i nachala XX beka*, 그리고 *Dokumenty vneshnei politiki SSSR*, 영국의 *British Documents on the Origins of the War, 1898-1914*(G. P. Gooch & H. Temperley eds.), *Documents on British Foreign Policy, 1919-1939*(R. Butler & E. L. Woodward eds.), *British Documents on Foreign Affairs*(K. Bourne & D. C. Watt, eds.), 프랑스의 *Documents diplomatiques français 1871~1914*, 일본의『日本外交文書』들이 모두 이런 방식을 취하고 있다.

4. 이들 외교문서집은 자국의 문서보관소의 문서들을 선별하여 편집하고 있다. 이들 선별된 문서들과 이를 채록한 원문서와의 관계를 검증하는 작업은 특수 분야를 연구하는 전문 연구자들이 담당하고 있다. 외교문서 편집과는 차원이 다른 연구 분야이다. 그러나 본 문서집은 '한국'의 '문서'집이기에 조선 문서의 경우, 채록 문서와의 관계를 가능한 한 규명토록 노력하였다.

범례

1. 조선에서 사대질서의 '外交' 개념과 전혀 다른 diplomacy의 번역어로 '외교'란 낱말이 사용되기 시작한 것은 1880년 이후의 일이다. 따라서 1866년 병인양요와 1871년 신미양요의 대외문서를 '외교문서'라고 지칭하는 데에는 비역사적인 측면이 있다. 그러나 본 문서집은 1910년까지의 문서를 편집하는 사업으로 1880년 이전의 자료를 편의상 외교문서로 분류하였다.

2. 조선은 1895년에, 중국은 1912년에, 그리고 일본은 1872년에 양력을 채택하였으나 본 문서집에서는 그 이전의 음력을 모두 양력으로 환산해 적었다. 1917년 소련혁명 이전의 제정 러시아력(曆)도 양력으로 환산하였다. 19세기 제정 러시아력은 양력보다 12일이 앞서 있다. 이들 날짜를 모두 양력으로 환산시킨 것은 특히 아편전쟁 이후 한반도 문제를 포함한 세계의 모든 문제들이 세계외교사의 흐름과 연결되어 있기 때문이다. 다만 독자들이 동양 자료를 검색하는 데 도움을 주기 위해 중요한 날짜인 경우 음력을 병기하되 한자로 표기함으로써 양력 날짜와 구분하였다.

3. 중국과 일본의 인명, 지명은 모두 원음으로 표기하였다. 러시아어의 영문 알파벳 전자(轉字)는 *The Current Digest of Post-Soviet Press* 방법에 의거하였다. 한글 표기는 한국 교육인적자원부 편수자료를 따랐다.

4. 본 문서집은 연구자들에게 검색상의 편의를 제공하기 위해 문건 별로 문서의 내용에 관하여 간략한 정보를 표시하였다.

예

63 ①

② ③ ④ ⑤

金弘集(1881. 3. 2/高宗十八年二月二日) → 何如璋(1881. 4. 30/光緒七年四月三日)

외교 권고에 대한 회신 ⑥

① 본 문서집이 부여한 고유의 문서번호이다.

② 문서의 발신인(기관)을 가리킨다. 문서의 수/발신인(기관)은 직함 등을 생략하고 인명만을 원어로 적는 것을 원칙으로 하였다. 인명을 특정하기 어려운 경우엔 문서에 나타나는 관직명만을 표기했다. 한편, 일본과 같이 일부 동일 인물의 성명 및 동일부서의 명칭이 시기별로 달라지는 경우에는 아래와 같은 원칙에 따라 표기하였다.

• 대마번(對馬藩)의 경우 폐번치현(廢藩置縣)과 관련하여 공식적인 명칭이 수차례 변

경되었다. 관례적인 의미로 '對馬藩'으로 통일해 표기하였다.

• 宗義達과 같이 인명이 변경되었을 경우, 고친 이름[改名]을 기준으로 표기하되 기존의 이름을 괄호 내에 병기하였다.

예) 宗重正(宗義達)

• 동일한 부서가 여러 가지 다른 이름으로 원문에 나타나는 경우 독자의 혼란을 피하기 위해서 단일한 명칭으로 통일하였다.

예) 朝鮮事務辨理中, 朝鮮事務辨理御中, 朝鮮事務 → 朝鮮事務掛

③ 문서의 발신일을 가리킨다.

④ 문서의 수신인(기관)을 가리킨다.

⑤ 문서의 수신일을 가리킨다.

⑥ 본 문서집이 작성한 문서의 제목이다.

5. 문서의 수/발신일을 특정하기 어려운 교섭 담당자들의 회고록, 수기, 메모, 일기와 같은 사문서의 경우는 수/발신인 대신에 문서작성자의 이름을 표시했으며, 회담의 경우는 해당 회담의 기록자 이름을 표시하고, 제목에 회담 참석자를 나타냈다.

예

238

趙寅熙(1876. 8. 5/高宗十三年六月十八日)

趙寅熙 · 宮本小一 회담 (1)

6. 문건의 배열은 발신일을 기준으로 하였으나, 발신일을 확인할 수 없는 문건의 경우는 수신일에 의거하여 배열하였다. 어떤 문건의 발신일과 또 다른 문건의 수신일이 동일한 날짜에 겹치는 경우는 수신된 문서를 먼저 배열하였다. 문서에 발/수신일이 나타나지 않고 월(月)만이 표시된 경우는 그 내용을 분석한 후, 문맥상 다른 외교문서와의 전후 관계를 고려하여 발송되었다고 추정되는 날짜에 의거하여 배열하였다. 내용으로 선후관계를 추정하기 어려운 문서는 해당 월의 말미에 배열하였다.

7. 중요한 외교문서의 경우, 각 국가의 외교관들이 이를 자국 언어로 번역해서 본국에 보고하는 것이 일반적인 관례이다. 이와 같이 특정한 문서에 대해 여러 언어로 작성된 번역문이 존재할 경우, 본서에서는 이를 [英譯文], [漢譯文], [日譯文], [佛譯文]이라고 표시하여 해당 문서 다음에 첨부하였다. 특정한 외교 교섭에 관해 참석

자들이 서로 다른 언어로 기록한 문건 역시 번역문의 범주에 포함된다. 번역은 단순히 문자 기호 사이의 등가적 교환이 아니고 번역자의 특정한 정치적 의도나 작위가 개재되는 실천적 행위이다. 특히 외교문서와 같이 정치적 성격을 띠는 문서에 있어서는 번역 과정에서의 특정한 언어의 선택, 미묘한 어감의 차이, 오역의 발생 여부 등을 더욱 면밀하게 살펴볼 필요가 있다. 본서에서는 원문서와 번역문을 병행 수록함으로써 연구자들로 하여금 사건의 시말을 보다 다각적으로 파악하는데 도움을 주고자 하였다.

8. 독립된 외교문서로 간주하기에는 형식적, 내용적 측면에서 부족한 면이 있으나 특정한 외교문서의 작성과정이나 사후처리 과정을 이해하는데 도움이 되는 문서는 [관련문서]라고 표기하여 해당 외교문서의 뒤에 첨부하였다. 또한 회고록이나 수기, 대화기록, 광범위한 보고서 등 근대한국 외교사에서 중요한 사료적 가치를 가지는 자료들은 [관계자료]로 분류하여 각 권의 말미에 별도로 수록하였다.

9. 동일한 외교문서인 경우에도 이를 기록하고, 전달하고, 재수록하는 과정에서 일부 자형이 변경되거나 오탈자가 발생하는 경우가 있다. 이 경우 본 문서집에서는 각 국가의 공식 외교문서집에 수록된 문서를 기준으로 수록하였으며, 오탈자가 있다고 의심되는 경우에는 (*Sic.*)라고 표시하였다. 원문의 오탈자가 문맥상 다른 글자로 추정되는 경우, [　] 안에 별도로 표시하였다. 각 국가의 공식 외교문서집 에 수록되지 않은 미간문서 가운데는 문서 자체의 훼손이 심하여 특정 글자나 단어를 판독하기 어려운 문서들이 존재한다. 이와 같은 미식별 문자의 경우 로마자는 [______], 한자와 일본어는 ○의 기호로 표시하였다.

약어표

* 한글로 표기된 것은 한국 자료, 한자는 중국과 일본 자료, 로마자는 구미(歐美) 자료를 의미함.
* 자료의 나열은 한글 음 차례에 따름.

가오: 『嘉梧藁略』 李裕元, 서울대학교 규장각한국학연구원 소장
고환당: 『古歡堂收艸』 姜瑋, 서울대학교 규장각한국학연구원 소장
공거: 『公車文』 편자 미상, 서울대학교 규장각한국학연구원 소장
구한국: 『舊韓國外交文書』 고려대학교 아세아문제연구소 편, 22책(서울: 고려대학교 출판부, 1965~1973)
나암: 『羅巖隨錄』 朴周大, 국사편찬위원회 편(서울: 국사편찬위원회, 1980)
대청: 『大淸欽使筆談錄』 金宏集, 한국학중앙연구원 장서각 소장
동래계: 『東萊府啓錄』 서울대학교 규장각한국학연구원, 한국학중앙연구원 장서각 소장
동문: 『同文彙考』 국사편찬위원회 편, 4책(서울: 국사편찬위원회, 1970)
면암: 『勉菴集』 崔益鉉(서울: 민족문화추진회, 1982)
미통: 『通商美國實記』 서울대학교 규장각한국학연구원 소장
부록: 『修好條規附錄』 서울대학교 규장각한국학연구원 소장
비변사: 『備邊司謄錄』 국사편찬위원회 편, 251-265책(서울: 국사편찬위원회, 2010)
서계록: 『書契所報關錄』 3책, 서울대학교 한국학연구원 소장
수신사: 『修信使記錄』 국사편찬위원회 편(서울: 국사편찬위원회, 1958)
수호: 『修好條規』 서울대학교 규장각한국학연구원 소장
실록: 『高宗實錄』 3책(서울: 探究堂, 1970)
심행: 『沁行日記』 申櫶, 2책, 고려대학교 한적자료실(상권) · 국립중앙도서관(하권) 소장
영통: 『朝英通商條約』 서울대학교 규장각한국학연구원 소장
왜사: 『倭使日記』 서울대학교 규장각한국학연구원, 한국학중앙연구원 장서각 소장
용호: 『龍湖閒錄』 宋近洙, 국사편찬위원회 편, 4책(서울: 국사편찬위원회, 1979)
운양: 『雲養集』 金允植, 서울대학교 규장각한국학연구원 소장
윤치호: 『尹致昊日記』 尹致昊, 국사편찬위원회 편, 6책(서울: 국사편찬위원회, 1973~76)
음청: 『陰晴史』 金允植(『從政年表/陰晴史』, 국사편찬위원회 편, 서울: 국사편찬위원회, 1955)
일기: 『承政院日記(高宗朝)』 국사편찬위원회 편, 15책(서울: 국사편찬위원회, 1967~1968)
일동: 『日東記游』 金綺秀, 서울대학교 규장각한국학연구원 소장
일록: 『日省錄(高宗朝)』 서울대학교 고전간행회 편(서울: 서울대학교 고전간행회, 1972)

자문: 『啓下咨文冊』 統理機務衙門, 서울대학교 규장각한국학연구원 소장
조미: 『朝美條約』 서울대학교 규장각한국학연구원 소장
주연: 『珠淵集』 한국학중앙연구원 장서각 소장
통상실기: 『美國通商實記』 申櫶, 서울대학교 규장각한국학연구원 소장
환재: 『瓛齋集』 朴珪壽, 서울대학교 중앙도서관 고문헌자료실 소장

東華: 『光緖朝東華錄』 朱壽朋 編, 五冊(『東華錄 · 東華續錄』 王先謙 · 朱壽朋 編, 上海: 上海古籍出版社, 2008)
李文: 『李文忠公全集』 吳汝綸 編, 七冊(臺北: 文海出版社, 1962)
庸盦外: 『庸盦文外編』 薛福成, 四卷四冊(1893) 서울대학교 중앙도서관 고문헌자료실 소장
輶軒: 『輶軒抗議』 余乾耀(『近代中國史料叢刊續編』 第百輯, 臺北: 文海出版社, 1983)
夷務始末: 『籌辦夷務始末』 李書源 整理, 十冊(北京: 中華書局, 2008-11) [지금까지 학계에서 일반적으로 이용한 판본은 國風出版社 影印本, 七冊(臺北: 1963)으로, 본 문서집에서 인용한 판본은 영인본의 누락문서를 보완하고 문서제목을 새로 추가한 것임.]
李鴻章: 『李鴻章全集』 顧廷龍 · 戴逸 主編, 三十九冊(合肥: 安徽教育出版社, 2007)
中日: 『淸光緖中日交涉史料』 故宮博物院文獻館 編, 二冊(臺北: 文海出版社, 1963)
中日戰: 『中日戰爭』 中國史學會 主編, 七冊(新知識出版社, 1956) [『中日戰爭』 戚其章 主編, 十二冊(臺北: 中華書局, 1889~1996)은 1956년 본에서 누락된 문서를 보완한 것임.]
中日韓: 『淸季中日韓關係史料』 中央硏究院近代史硏究所 編, 十一冊(臺北: 近代史硏究所, 1972)
中朝續編: 『淸代中朝關係檔案續編』 中國第一歷史檔案館 編, 二冊(中國檔案出版社, 1998)
中朝滙編: 『淸代中朝關係檔案史料匯編』 中國第一歷史檔案館 編, 二冊(北京: 國際文化出判公司, 1996/1998)
淸外: 『淸季外交史料』 王彦威 · 王亮 輯編, 九冊(臺北: 文海出版社, 1964)
何如璋: 『何如璋集』 吳振淸 · 吳裕賢 編校(天津: 天津人民出版社, 2010)
黃遵憲: 『黃遵憲全集』 陳錚 編, 二冊(北京: 中華書局, 2005)

公文: 『公文錄』 日本國立公文書館 所藏

陸奥文:『陸奥宗光関係文書』陸奥宗光, 日本國會圖書館憲政資料室 所藏
別錄:『公文別錄』日本國立公文書館 所藏
事務:『朝鮮事務書』日本外務省外交史料館 所藏
森:『森有禮文書』日本國會圖書館憲政資料室 所藏
三條家:『三條家文書』日本國會圖書館憲政資料室 所藏
續通信:『續通信全覽』通信全覧編集委員会 編, 五十四册(東京: 雄松堂出版, 1983~1988)
雲揚記事:『明八孟春 · 雲揚朝鮮廻航記事』日本防衛省防衛硏究所 所藏
伊藤:『伊藤博文文書』伊藤博文文書刊行會 編, 百二十七册(ゆまに書房, 東京: 2007) [舊『秘書類纂』]
日外:『日本外交文書(明治年間)』外務省, 七十三册(東京: 外務省, 1933~1963)
日韓資料:『日韓資料集成』金正明 編, 十册(東京: 巖南堂書店, 1966)
雜纂:『對韓政策關係雜纂』日本外務省外交史料館 所藏
朝鮮御用控:『王政復古以來朝鮮御用筋相關ル候書付類控』국사편찬위원회 소장
條約類纂:『韓國條約類纂』朝鮮統監府(東京: 統監府, 1908)
黑田:『黑田淸隆關係文書』黑田淸隆, 日本國會圖書館憲政資料室 所藏

AADM: *Anglo-American Diplomatic Materials Relating to Korea, 1866~1886*, Park Il-Keun ed. (Seoul: Shinmundang, 1982)
ADPP: *American Diplomatic and Public Papers ; The United States and China*, Series II, *The United States, China, and Imperial Rivalries, 1861~1893*, Vol. 9~11, Davids, Jules, ed. 3 vols. (Wilmington, DE:Scholary Resources, 1979)
BDFA: *British Documents on Foreign Affairs*, K. Bourne & D. C. Watt, eds. Part I Series E Vol. 2; *Korea, Ryukyu Islands, and North-East Asia, 1875~1888* (Bethesda, MA: University Publication of America, 1989)
BFSA: *British and Foreign Papers*, Foreign Office/ Foreign and Commonwealth Office (London: H.M.S.O., 1814-1977)
FRUS: *Foreign Relations of the United States*, 1866~1882.
NARA I and II: National Archives and Records Administration Micro Films
RWS(국편): *Robert Wilson Shufeldt Papers*, 국사편찬위원회 소장
RWS: *Robert Wilson Shufeldt Papers*, Library of Congress, Washington DC
TNA: The National Archive(舊 Public Record Office)

편찬위원회 명단

편찬위원장 : 김용구 (한림대학교 한림과학원장)

편찬위원 :

김형종(서울대학교 동양사학과 교수)

김홍수(공군사관학교 인문철학부 교수)

신욱희(서울대학교 정치외교학부 교수)

우철구(영남대학교 정치외교학과 명예교수)

이근욱(서강대학교 정치외교학과 교수)

이상찬(서울대학교 국사학과 교수)

장인성(서울대학교 정치외교학부 교수)

최덕수(고려대학교 한국사학과 교수)

최희재(단국대학교 사학과 교수)

연구원 :

김종학(서울대학교 정치외교학부 박사과정 수료)

민회수(서울대학교 국사학과 박사과정 수료)

배민재(국사편찬위원회 사료연구위원)

이경미(서울대학교 정치외교학부 박사과정 수료)

이지영(서울대학교 동양사학과 박사과정 수료)

조병식(서울대학교 동양사학과 박사과정)

한보람(서울대학교 국사학과 박사과정 수료)

한승훈(고려대학교 한국사학과 박사과정 수료)

홍문기(서울대학교 국사학과 박사과정 수료)

연구조교 :

노진국(서강대학교 정치외교학과 석사과정)

송지예(서울대학교 정치외교학부 박사과정)

정민경(서강대학교 정치외교학부 석사)

정신혁(토론토대학교 역사학과 박사과정)

정연(서울대학교 정치외교학부 석사과정 수료)

조국(와세다대학교 대학원 문학연구과 박사과정)

조덕현(서울대학교 정치외교학부 석사과정 수료)

황수경(서울대학교 동양사학과 석사과정 수료)

차례

제1부 교린관계의 변형과 서계문제

(1) 八户順叔의 정한설(征韓說)

(2) 대수대차사(大修大差使)의 도한(渡韓)과 서계문제의 발생

(3) 일본 외무성 조사단의 도한(渡韓)

(4) 宗氏 가역(家役) 파면

(5) 일본 외무성의 왜관 접수와 난출(攔出)

(6) 고종 친정(親政) 이후 서계 문제

제2부 조일수호조규의 체결

(1) 雲揚號의 강화도 침략

(2) 조선의 국제적 지위에 관한 청일(淸日) 교섭

(3) 강화부 협상

(4) 조일수호조규 전후 청조(淸朝)의 대응

제3부 조일수호조규의 후속 처리

(1) 수신사(修信使) 金綺秀 파견

(2) 관세와 공사 주경(駐京)

〖關係資料〗

제1부 교린관계의 변형과 서계문제

(1) 八戸順叔의 정한설(征韓說)

1

總署(1867. 3. 20/同治六年二月十五日)

八戶順叔의 정한론 기사 상주

二月十五日 本衙門附片奏稱 再日本在前明為倭寇 江浙等省濱海地方 蹂躪幾遍 並延及於朝鮮 且每存夜郎自大之心 與中國久無朝貢 前數年英法各國嘗與搆兵 臣等以該國濱處東海 距中國江浙海口不遠 日本如敗 則英法等國益強 日本如勝 則患在肘腋 更為切近 是日本之勝敗 均於中國大有關係 是以常抱隱憂 不時探聽 近歲日本兵敗 與英法各國講解 旋即發奮為雄 學造兵船往來各國 志不在小 今外國新聞紙既稱其武備之盛 軍艦之多 並有與朝鮮尋衅之說 臣等反復思維 此事如果屬實 朝鮮雖屬彈丸 英法與之搆兵 其志不過在於傳教通商 兩國互相牽制 未必遽攘其土地為已有 至日本無所牽致 難保不貪其土地 設朝鮮為日本所據 猶其餘事 現在日本之有此事 或有別國慫恿亦未可定 是朝鮮被日本之兵 其患較被法國之兵為尤甚 是以臣等奏請飭下禮部 酌量密咨朝鮮國王預為防範 一切情形未便宣露 謹附片密陳 伏乞聖鑒 謹奏

2

禮部(**1867. 3. 24**/同治六年二月十九日) ➞ 高宗(**1867. 4. 11**/高宗四年三月七日)

八戶順叔의 정한론 기사 전달

[同年]禮部知會鈔錄新聞紙咨

禮部爲密行知照事 主客司案呈 准總理各國事務衙門咨稱 同治六年二月十五日 本衙門具奏 查閱新聞紙載有日本欲攻朝鮮之語 請由禮部咨照朝鮮訪查明確 防患未萌一摺 軍機大臣奉旨 依議 欽此 鈔錄原奏密咨前來 相應鈔錄該衙門原奏 知照朝鮮國王 確訪預防可也云云 同治六年二月十九日

原奏

謹奏 爲查閱新聞紙載有日本欲攻朝鮮之語 恭摺密陳 仰祈聖鑒事 竊照臣衙門辦理外國事務 應備知底細 方能動中窽要 從前偵探外國開設字舘 搜訪各省及外洋事件 刊刻發賣 名曰新聞紙 雖未必盡屬可信 然因此推測 亦可得其大概 是以奏定章程 行令南北洋通商大臣 并札飭各稅務司 按月咨報 本年正月間 准天津及上海通商大臣暨稅務司呈送新聞紙前來 內云 法國主因其提督攻打朝鮮 不甚喜悅 令其兵船隊停兵 並恠該國提督做事粗魯 不應驟擧干戈 又云法國自已要先與朝鮮講和 不等英美同行 又云日本國現有火輪軍艦八十餘艘 有興師往討朝鮮之志 又云開春和暖之時 不但法國進兵 日本亦欲進兵各等語 查朝鮮與法國搆兵 能否轉圜 尙難預料 今新聞紙所載日本又欲發兵前往 朝鮮平日與日本有無往來 曾否結有嫌隙 中國無從得其詳細 且日本之於中國 既無朝貢 又不通商 與各國在京者情形不同 無從探悉事之虛實 原未便據爲憑信 但既經各處新聞紙中刊刻傳播 事涉中外 殊有關係 相應請旨飭下禮部 可否密咨朝鮮國王訪查明確 防患未萌 以便妥爲辦理之處 爲此具摺密陳 并鈔錄新聞紙五條恭呈御覽 伏乞皇太后皇上聖鑒訓示遵行 謹奏

照錄新聞紙五條

一 有日本國客人名八戶順叔 送來新聞原稿云 近來日本國武備煩盛 現有火輪軍艦八十餘艘 海外有討朝鮮之志 日本往古崇神天皇六十五年 任那國王 聞日本有聖王 遣使朝貢 中華當漢之竟寗元年 垂仁天皇三年 新羅王之子來朝獻寶物 中華當漢之光和二年 神功皇后元年 女帝自將諸軍征新

羅 新羅王降 高麗百濟亦來降 三韓悉服 中華當漢之建安七年 正親天皇文祿元年 遣兵伐朝鮮而取之 大敗明之援兵 明遣使乞和 前云各屬日本 所以貢入朝之事 有歷年之久 其數不遑枚擧 旣琉球王累年 日本西國之諸侯屬薩摩之臣 琉球王 每踐祚 必日本至江戶 拜謁大君 朝鮮王每五年必至江戶拜謁大君 各獻貢 是即古例也 朝鮮王廢此例久 故發兵責其罪云

一 玆有西人聞華人云 法國兵船由高麗駛回 因被高麗打敗 是以回兵而不知非也 北方天氣寒冷 甲於他省 法國兵船實因凍河難以行動 暫且停兵 聞開春和暖之時 不但法國進兵前去 且日本亦欲興兵前往云云

一 聞日本名儒八戶順叔先生言 邇來其國政事風俗革故更新 蒸蒸乎日臻上理 六藝之内捨弓箭而專習劒舞 騎乘則教之以坐作進退 火器則訓以施放縱擊 水師則導以駕駛輪船 俾其洞悉水火二力之妙 又教舵工以航海之術 令其國中已有火輪兵船八十餘艘 可謂盛矣 前日江戶政府選子弟十有四人遣往英國倫敦學校肄習文字 皆係英俊之士 其年齒由十二歲至二十二歲 衣冠之制多仿歐羅巴 翦髮持棍 效其裝束 長官左右袖則以金線五匝以別等差 皆能通英國之語言文字 所異者惟腰繫二刀而已 又有江戶政府督理船務將軍中濱萬次郎 於月前時特至上海制造火輪船 其智慧靈敏 能深悉機括關鍵之精微 近日已啓行回國矣 國中共有二百六十名諸侯 前由大君召至江戶京師會同議政務 要整武備 大震國威 以征不庭 現有興師往討朝鮮之志 因朝鮮五年一朝貢 至今負固不服 此例久廢故也

一 芝罘來信 花旂之大兵船名猾諸舌 於洋正月念一日議由芝罘往高麗 爲查問花旂夾板船名然那能而沙滿 在彼打破 其水手被高麗人殺死一事 又風聞英美法三國 約於春間各帶砲船往高麗迫取通商和約 又風聞法國自已要先與高麗講和 不等英美二國同行 究竟三國同去居多

一 英國來新聞紙云 英君主無意合法國攻打高麗 又云法國主因其水師提督攻打高麗 不甚喜悅 英國所以不合法國者 緣船隻所有被高麗人燒潑者 均係升美國旂號 與英國毫無關涉 現聞法國主令其兵船停兵 並怪其水師提督做事粗魯 高麗不過爲殺教頭 不應驟動干戈 果有大不合情理事 再與理論未爲晚也

3

李沇應(1867. 4. 11/高宗四年三月七日) ➞ 宗義達

八戸順叔 정한론 진상 문의

弊邦與貴國隣港之衣帶只隔 訊驛之冠蓋相續 爾來二百餘年講信修好 終始無替 今春節使自北京回言聞傳說 則有日本國客人八戶順叔言 日本江戶政府督理船務將軍中濱萬次郎 月前特至上海 制造火輪船八十餘艘 近日已啓行回國 國中共有二百六十諸侯 至江戶會同議政 現有興師往討朝鮮之志 八戶順叔者 不識爲何狀人 屬籍之的在貴國 旣不可詳 流寓之現因何事 又未必詰 而竊怪其揑造霾誣 恣意譸幻 公肆流播 無所顧畏 揆諸事理 實是窮究不得者矣 噫兩國之誠信 日星可監 先世之條約 金石可透 百神共證不渝之盟 萬姓方邀無量之福 判不當以一時驟聞之謊說 遽認實際 然義在永好 情出無隱 玆庸臚述耳聞 披展衷曲 幸將右項事實轉達東武 明賜覆音

4

高宗(1867. 4. 21/高宗四年三月十七日) ➞ 禮部(1867. 5. 28/同治六年四月二十五日)

八戸順叔 정한론 자문(咨文)에 대한 회자(回咨)

回咨

朝鮮國王爲咨覆事 同治六年三月初七日 承准貴部咨節該云云自主客司案呈 止豫防可也 見上原咨等因奉此 除將貴部咨內事意一一承領 而竊念小邦近緣西洋諸國迭來侵擾 仰貽大朝惓惓之憂 凡係夷情 不揀巨細 隨聞隨機耑咨通知 洪庇優渥 到底隆摯 今又以新聞紙所載各洋及日本情形五條具咨開示 諭之以確訪豫防之意 謹當戒飭邊圉 修捍關隘 逆探未萌之機 亟設不虞之備 而第惟新聞諸條內 事係日本者 有曰新羅王之子來朝 有曰新羅王降 高麗百濟亦來降者 東國紀載 原無是事 根据失實 自歸虛妄 有曰文祿元年遣兵伐朝鮮云者 即指弊邦昭敬王壬辰被兵時事 而諱敗飾勝 變幻事實 有曰朝鮮王每五年必至江戶拜謁大君 有曰往討朝鮮 因朝鮮五年一朝貢 至今負固不服 此例久廢故也 其陽浮慕尊之習 已是可厭 誣衊汚辱之說 罔有攸極 弊邦與日本通好既久 凡有事端 輒爲咨報 其說之全沒着落 理應畢燭無餘 固不足多辨 而似此可駭文字 已經目覩 亦豈忍視若尋常 泯默無言乎 惟我大朝閔覆藩屛 有事必飭 無情不達 總理衙門之據實陳奏 部堂大人奉旨密咨 實由仰體皇上字小之至仁大德 北望雲天 感極涕零 不知所以圖報萬一也 煩乞貴部諒此情實 轉達天聽 千萬至祝 爲此合行咨覆云云 同治六年三月十七日

宗義達(1867. 6. 17/慶應三年五月十五日) ➜ 幕府

八戸順叔 정한론 관련 조선 예조의 자문 보고

朝鮮國より去月六日書翰差出し當時御用中之御事故寫急飛船を以て申遣し候ニ付則別紙來翰御披見差上候尤右書翰差出候節申出候者當表彼國より北京へ之使節罷歸候處北京邊之風說に上海に罷在候日本人八戸順叔と申者江戸政府船務將軍中濱萬次郎と申者上海におゐて火輪船八十余艘製造いたし近々罷歸候上江戸表に惣諸侯會合朝鮮御征伐の御運有之由申出候就てハ國內流言浮說喧敷人心不穩候ニ付早く御告知および御報書を以て取鎭度との大意を以て書翰差出し候ニ付相受取對馬守役人ともより相答候ニハ異聞之次第御承知に至り掛念之程深く致諒察候我國之者近年上海へ往來せしめ候義相違無之乍併本邦之貴國に於て御親睦之久敷三百年に相成誠信情誼之敦他に可比無之更に唇齒之兩所聊暴破無道之廷議可有之樣無之尤方今宇內之形勢ニ就てハ洋人我邊境浮浪之徒を銜て自然兩國離間之詐謀を相巧候儀有之間敷とも難申是等之邊兼々於本國ても掛念之事ニ候處果て今日之○[煩]相釀何とも氣之毒成次第に候既に公廷被仰出候御書及御示談候通向後御互に赤心を吐き兩國益誠信隣睦を厚し唇齒万世相保之時勢肝要之事ニ候依ては通商貿易之道に至て物禁規則を立平常無樣々之訛言被相行四民廢業老幼婦女に至り候てハ遙遠之地に引籠り候手當仕居候哉に相聞へ申候

一 彼國之儀佛人之○○○○[戰鬪之後]宇內之形勢不論及和談御取扱方本國へ御依賴申上可然段彼國見込を對馬守役人共追々相論罷在候得とも未た聢と返答不申聞內實和論[戰]之策未一決不仕と相考其內上海之風說ニて本邦今疑訝居候廉も可有之且卽今北京との交誼ハ更に眞實を盡居候共相聞不申既に此度之事件早速書簡を以て及御返翰候處ニてハ結句本邦へ御依賴申上候深意相違有之間敷相見へ申候事彼國役人共よりも此度之書翰速に東武へ差遣し唇齒之國柄一日も早く國內靜謐ニ至り人心安堵仕候樣之御返答早々御差渡被下候樣偏に依賴之段申出候事

五月十五日　　　　宗對馬守

6

板倉勝靜(1867. 7. 6/慶應三年六月五日) ➞ 宗義達

八戸順叔 정한론 해명을 위한 사절 파견 방침 통보

六月五日幕府ヨリ御渡ノ書付

宗對馬守

今度朝鮮國禮曹ヨリ其方へ書翰差送リ八戸順叔と申もの無稽之説を唱候由右者上海新聞中にも相見何れ之漂民ニ候哉更ニ不取留儀に有之素より當三月中相達候通彼國之艱難於御隣誼難黙止被思召態々使節被差送綏安之良策ヲも被仰示度厚き思召ニ候條ハ既ニ此程ハ於彼國も諒解可有之儀とハ被存候へとも猶厚き御趣意之趣禮曹え申通鎭撫方入念候樣可申遣候

宗義達(1867. 9/慶應三年八月) ➞ 李沇應

八戸順叔 정한론 해명 및 사절 파견 통보

遣禮曹參判答異聞書

日本國對馬州太守拾遺平義達奉復朝鮮國禮曹參判大人閤下

遠承芳緘憑審興居清廸 欣慰良深 所示辭意斯速 轉啓東武 則其說果是荒誕虛妄 毫無形迹 此等流言囂々殆爲煩 貴朝於我 豈恝然耶 抑我大君殿下 丕撫區域 舊弊斯除 百度一新 文武庶員 贊成謀議 夙夜唯以張皇國威 爲目今急購其砲艦器械於海外 給我富國强兵之資者 往々皆然 安知非流言之所以由來哉 本邦之於貴國 世敦鄰好 共揆綏寧者 是臺慮所以睠々於今日也 至暴虎不法之訛言 不足信也彰々矣 及聞法國戰鬪事 鄰誼相孚 脣齒相依 豈可泛視于其間耶 用是恤念無措 欲使貴國永蠲後來之憂虞也 故這回特命使節遠至京畿開陳宇內形勢 則在貴國 亦當斟酌時務 處置適當者 此東武盛意所存也 使節旣戒行李超溟在近 東武敦篤意 實總在陳述 則如彼僞妄無根之說 渙然氷解兩國交際 永歸不渝 嚴命之下 如此 不佞在職實可感戢 餘冀崇照 肅此不備

慶應三年丁卯八月　日

對馬州太守拾遺平義達

8

高宗(1867. 11. 4/高宗四年十月九日) ➞ 禮部

八戶順叔 정한론 해명 서계 등본의 전달

日本回書契謄本轉達咨

朝鮮國王爲陳咨事 同治六年三月初七日 承准貴部咨 備悉新聞紙所載各洋及日本情形五條 其說之虛妄難憑 已有所咨覆仰辨 而第其所謂日本現有火輪軍艦八十餘艘 有興師往討朝鮮之志云者 其事則極爲可訝 其書則亦無足信 使小邦禮曹參判李沇應 馳書委探於日本矣 今見對馬州太守拾遺平義達回書 則其譌訛無根之說 灼然綻破 更無疑惑 玆將平義達回書鈔錄一件 仰備鑒亮 煩乞貴部具由轉達 千萬幸甚 爲此合行移咨云云 同治六年十月初九日

平義達回書[文闕]

(2) 대수대차사(大修大差使)의 도한(渡韓)과 서계문제의 발생

9

太政官(1868. 4. 15/明治元年三月二十三日) ➞ 宗義達

조선과의 통교를 對馬藩의 가역(家役)으로 인정한 태정관 명령서

관련문서 가역을 맡게 된 경위 및 이후의 조치

明治元年三月二十三日

宗對馬守

今般王政御一新總テ外國御交際之儀於朝廷御取扱被爲在候ニ付テハ朝鮮國ノ儀者古ヨリ往來ノ國柄益御威信ヲ被爲立候御旨趣ニ付是迄ノ通兩國交通ヲ掌候樣家役ニ被命候對朝鮮國御用筋取扱候節ハ外國事務輔之心得ヲ以テ可相勤候條被仰付尤御國威相立候樣可致盡力御沙汰候事

但王政御一新之折柄海外之儀別テ厚ク相心得舊弊等一洗致シ屹度御奉公可有之候事

【관련문서】

以別紙令啓上候今般王政御一新ニ付而者外國御交際之儀改而御沙汰之次第茂有之殊英佛蘭之公使參朝拜龍顔其式御丁寧之御事哉ニ相聞就夫朝鮮國之儀者舊來之御交誼と申御役職ニ被爲取候而者重成御譯柄ニ付何卒是迄之御主義柄致貫通一ト際宜御沙汰相成候樣御國事掛中ニ茂厚相心得致奔走其筋爲及內意置候品茂有之候處去卄三日於京師御用之儀有之御家來一人御呼出ニ付御周旋掛淸水奧左衛門儀太政官代江罷出候處非藏人松尾伯耆出席御書付兩通被相渡候御主意柄之儀

今般王政御一新總而外國御交際之儀於朝廷御取扱被爲在候付而者朝鮮國之儀古ヨリ來往之國柄益御威信を被爲立候御主意ニ付是迄之通兩國交通を御掌御用御取扱之節者外國事務輔之御心得ヲ以御勤被成候樣与之御事且御一新御布告之御書付寫共兩通之通御達先以天朝御一新之折柄是迄幕府向御例

格を以者一層重御沙汰ニ出候段御家ニ被爲取御規模之御事御外聞旁恐悅至極之御事候則右御書付寫長留藤作江相渡殿樣御通船浦津ニおゐて御覽差上候樣差含急ニ出帆申渡候令歸着候ハゝ御壽殿樣可被達御覽候

一 就右京坂外國御掛之御方々江者兩地ニおゐて當時之御禮として御使者被差出且大坂外國事務御役所えも御屆之御使者被差出御家門樣且御通用之御方々えも以奉禮爲御知取計候

一 右御沙汰之儀上御首尾合ニ被爲取格別之御事ニ付詰合御家中出仕之儀狀末之通相達置拙者儀御留守居家え出席遂面謁御書付寫拜見申渡候

右之段爲可申述如斯御座候恐惶謹言

三月　　平田爲之允

嶋雄益城殿

古川治右衛門殿

小川丹下殿

古川蘆浦太郎殿

樋口鐵四郎殿

古川采女殿

吉川主計殿

尙々本文之趣於役之所々えも相達越候以上

狀末ハ御解達ニ相成居候付略之

宗義達(1868. 5. 27/明治元年閏四月六日) → 日本朝廷

조일관계의 역사 및 쇄신 방안 건의

上書

臣義達謹而奉言上候今般王政御一新總而外國御交際之儀於朝廷御取扱被爲在候就而ハ朝鮮國之儀者古ヨリ來往之國柄益御威信ヲ被爲立候御旨趣ニ付是迄之通兩國交通ヲ掌候樣家役ニ被命對朝鮮御用相勤候節者外國事務輔之心得ヲ以可相勤被仰付候條御國威相立候樣可致盡力尙又此節柄海外之儀別而厚相心得舊弊等致一洗屹度御奉公可仕御沙汰之御旨謹而奉承戴候臣義達西陬ニ僻在仕殊更小藩微力卽今御內務御多難之時機ニ方リ區々之愚誠ヲ表シテ犬馬之勞ニ服スル不能臣子之分深奉恐懼候然處此度不容易朝命ヲ奉蒙天恩之忝實ニ不堪感戴然上者臣義達不肖暗劣ヲ不顧叡慮奉行皇威遠ク海表ニ及候樣勉勵努力仕御鴻恩萬分之一ニ奉報度誓而奉禱願候恭ク惟ルニ朝鮮國之儀上代三韓朝貢之古儀相止ミ候爾後中葉兩國之時態一轉シテ將家之隣交ト成其交禮總而幕府ヲ以敵禮ト爲シ其頃兵革之際文物未開交接之事例體裁不相立問々御國威ヲ損候失措無ニシモ非ス其後豊臣家壬辰之役通交及斷絶德川氏ニ至而再隣睦ヲ修シ爾來兩國陽ニ誠信ヲ表シテ交候ト雖只慶吊聘問纔ニ其禮節ヲ存スル而已ニシテ其實對州一國之私交ニ均敷交際之事例一是一非以不朽之法典ト爲スヘカラス然ルニ今般幕府ヲ被廢萬機宸斷ヲ以被仰出候次第朝鮮國へ可相達旨被仰渡奉畏候隨而此度御兩國之御通交更始一新之御時ニ膺リ從前之宿弊遍ク御更革萬般衆論公議ヲ被爲盡御交接之綱要者申ニ不及禮節之末ニ至リ深ク叡慮ヲ被爲留候半而者古來彼國文弱勇武之我ニ不可敵ヲ覺知シ動モスレハ文事ヲ以テ勝ヲ我國ニ求之趣ニモ候得者事々御失禮之擧ナク乍恐向來御意表之儀ヲ以侮ヲ外邦ニ不被爲招樣不堪至願奉存候依之臣義達不憚不遜愚考之件々別紙奉陳述候冀クハ英明之聖斷ヲ以何分之叡旨被爲仰下度伏而奉懇願臣候義達誠恐誠惶頓首謹言

閏四月

對馬侍從

別　録

一 總而韓國御取扱向於外國事務局御商議被爲盡御施行相成候儀ト奉存候然處同國之儀者西洋各國之交接ト其趣ヲ異ニシ然モ彼國官吏皇國ヘ渡來候者稀ニシテ御兩國之接應總而對州一手取計候付一藩之微力甚手薄所相見加之本州數百歲之隣睦ヲ以交際之情態致諳熟兩國間事アルニ當テ其接應周旋槪略事ニ便ナル樣相見候得共是以利害相半シ却而者從來之交情其際姑息之弊相生申間敷哉ト深心配仕候依之朝鮮國之儀本州一手ニ御任不被爲置近國列藩之內御人撰ヲ以御役務被命候半ハ萬般申談御用向取扱度奉存候

一 舊來於對州交易互市條約ヲ定有無相通候餘利ヲ以國計相立以前ハ貿易ノ所得鉅萬ヲ以計候由御座候處漸々衰微ヲ成シ候次第素ヨリ時態ノ變遷ニ出候トハ乍申其原由國ノ大小貧富力不相敵自ラ本州ノ損耗疲弊ヲ招キ兩國間物貨ノ所出相減候ヨリ貿易之法彌衰ヘ終ニ國力不支ニ至候者則自然之理勢不待多言儀ニ奉存候隨而今般御新政之砌朝鮮國之儀益御威信ヲ可被爲立御趣意柄倩奉恐考候者今後御兩國之御通信唯吉凶聘問之御交禮而已ヲ以眞ノ御和親共相立申間敷樣奉存候抑有無相通患難相助候ハ隣交ノ通義萬國一般ノ儀ニ付此度御交際御一新ノ砌通商交易ノ儀モ於朝廷御取計被爲成候御事乍恐至當之御筋ニ相考ヘ第一皇國之御全力ヲ以貿易御取行被爲在財源富優御國力渠之上ニ被爲出候時者對州之如キ損耗疲弊之患無之物貨流通商路盛榮ニ至候者顯然仕一ト廉御邦益之儀ト奉存候尙又頃ロ蝦夷地御開拓深被爲盡叡慮於廟堂專御衆議ヲ被爲凝候御事實ニ方今適切之御急務ト深奉感銘候就夫韓國之儀者日ヲ同シ不可論候得共往古日本府御立被爲置候御盛蹟モ有之然者我版圖同樣唇齒之國柄他ニ御見流可被置ニ無之既ニ頃年外國ヘ釁隙ヲ開兵戰ニ及候次第モ有之將來之擧動如何可有之哉先スレハ制スルノ儀此時會御取失無御座恩威幷行今日ヨリ其御規模ヲ被爲定御統御之術其法ヲ被爲得候者數歲之後猶外府ノコトシ共可申哉乍恐卽今蝦夷地御開拓宏遠之御盛事ニ被爲倣朝鮮事件廣ク公議ヲ被爲盡東西御遠略之御法業速ニ其基礎被爲定度奉仰候

一 本州朝鮮國之私交送使歲遣之名稱條約取結候初者嘉吉年之頃西國兵亂

之砌祖先共九州之本領ヲ失ヒ無餘儀對州一島之內ヘ致潛蟄困厄艱難之折柄其頃朝鮮國和寇之患ニ不堪對州ニ倚テ使聘ヲ政府ニ通シ海寇禁止ヲ請ヒ中西諸州之司牧郡主ヘ各隣好ヲ通シ歲船ヲ約シ對州其要衝ニ在ルヲ以殊ニ厚ク致饗待尤歲遣之約タル實ニ嗟來之食ヲ喰候同樣全ク一時救急ノ策ニ出其際多年領地ノ恢復ヲ謀リ一旦其志ヲ達シ候得共後不幸ニシテ成功ヲ不遂彌朝鮮ヲ不待シテ國力難支其謬例外國ニ對シ藩臣之禮ヲ取ルニ近ク數百年間屈辱ヲ渠ニ請候始末憤慨切齒之至奉存候然處元來本州土性磽薄殆ト不毛ニ均敷一州之生穀州中三分之人口ヲモ難養無是非韓土貿易ノ浮利ニ因リ食ヲ渠ニ求メ一州之命脈兵備之弛張偏ニ交易之盛衰ニ關係イタシ名ハ藩國之列ニ在ト雖其實商賈之盛衰朝不謀夕ニ均敷邊要敵衝之地ニ在テ常ニ食兵缺乏藩屛守邊之任ヲ全スル不能千歲之遺憾此事ニ奉存候然ニ去ル壬戌之冬本州危急之情實先帝達叡聞食ヲ異邦ニ求候次第彌御不安心ニ被思召長州之儀者親戚且隣國之儀ニ有之薩土兩藩ヘモ申合御安堵之道可有周旋之旨朝命被爲在癸亥ニ至リ尙國情之巨細幕府ヘ及建議候趣被爲聞食不容易年租三萬石之加給ヲ奉蒙實ニ生死肉骨之思海岳之天恩感泣ニ不堪奉存候於爰カ從來食ヲ韓土ニ仰キ非禮外侮ヲ受候宿弊遍ク一掃致シ皇威更張拓地遠略之御開業其御規模被爲定度仰願罷在候處圖ラスモ年租ノ給乙丑以來澁滯イタシ加之年來之歲俸萬二天金癸亥加給ノ命ヲ蒙候ヨリ致廢止旁州中生活之資ヲ失ヒ今日國脈ニモ可係之困難ニ迫リ先以朝鮮國舊弊相正候儀ハ閣キ方今ノ御時體藩國隨分之御奉公モ心力ニ任セ不申進退失途恐懼無限奉存候今日之行懸ニテハ第一先帝勅諚之御旨趣モ不相立此儘荏苒罷在候而者深恐入候ニ付國情之曲折親敷奉歎訴乍恐有無之叡裁可奉仰覺悟ニ御座候處今般朝鮮國舊弊一洗之御嚴令ヲ奉蒙然ハ此場鞠躬死力ヲ盡シ速ニ其御實效相立年來之素望可相達ト奮激罷在候然處往時對州朝鮮國ノ交際ニ於テ事渠之情ニ不適モノアレハ言ヲ左右ニ寄セ彼國ヨリ供給ノ品物ヲ澁滯シ本州府庫空乏計盡キ術窮ルニ至テハ曲ケテ其意欲ニ隨フヲ洞察シ動モスレハ其奸策ヲ以テ我ニ加ヘ其狡猾ヲ逞フス然ハ韓人若對州渠ノ力ヲ不待シテ國力難支偶御兩國間難異ノ事アルモ本州其間ニ周旋シテ多方回護シ結局事ヲ破ルニ不至ヲ推測シ此度御交際御一新ノ御旨趣ヲ奉セス萬一執拗不恭御兩國間異議障碍之筋出來候而者御交隣ノ御大體ニモ關係イタシ御國威不相立儀奉存候隨テ對州私交ノ弊

例速ニ更革被仰付候儀韓國ヘ御手ヲ被爲下候御順序之第一ト奉存候條乍恐非常出格ノ聖斷ヲ以テ先帝深厚ノ叡慮其旨趣相立今後外邦ノ輕侮ヲ不招樣不堪至願奉存候然上者本州私交ノ謬例ヲ先トシ其他流弊遍ク相革メ御威信相輝候樣仕度奉存候

一 今般朝鮮國之御通好其端ヲ被改候ニ付而者先以御交際之事例御體裁相立候樣篤ク御講明被爲在候儀御専務ノ御事奉存候中古以來兩國ノ交際總而幕府ヲ以敵禮ト爲シ此度改而朝廷御直交被仰出萬緒御覠創之初ニ付第一御名分御條理ヲ被爲正使聘來往交書贈酬其他百ノ節目從前ノ弊例不被爲履廣ク古今ノ典故御參考被爲成一定不易之朝典御建立被爲在度奉存候尙又舊來兩國間事アルニ當テ彼國朝官ノ者國使トシテ來聘致シ候ヲ通信使ト唱ヘ近代幕府ノ慶事信使ヲ以テ賀シ候定例ニ有之然處此度王政復古萬機以宸斷被仰出非常ノ御盛時ニ膺リ殊ニ朝廷御直交之御主意柄不容易次第ニ付前日ノ御一令及布告候上者不取敢使价ヲ馳セ御一新ノ鴻業ヲ可奉賀之旨屹度申達於彼國速ニ奉承戴候樣爲仕度ト奉存候就夫往時信使ノ來ル其交禮接遇甚重キニ過キ經費鉅萬殆ト天下之全力ヲ耗スルニ至候者昇平之餘習國華ヲ誇張シ以テ韓人ノ耳目ヲ驚カシムルニ不過國家之弊事此儀ニ奉存候乍恐今日之御時體彼我相謀無益之冗費ヲ省キ兩國之使節輕裝簡易ヲ主トシテ致來往益御信誼ヲ厚フセラルヘキ事御修睦ノ御綱要ト奉存候尤信使來朝之儀彌朝議御一定被爲在候上者速ニ彼國ヘ申達其期限相定御接遇之御事例萬端奉伺候上尙於彼國談判講定可仕ト奉存候

一 朝鮮國之儀元來偏固之風習善惡舊規ヲ拘守シ一時權宜之措置ニ應シ兼候國柄ニ有之勿論此度朝廷御一新兩國之御交際總而御直裁被爲在候儀者於彼國最可奉感戴之譯柄ニ付皇國御仁恩之御主意丁寧反復示諭ヲ加ヘ至重之叡旨相貫候樣努力可仕ト奉存候隨而此度從前ノ舊弊御一洗無窮之御基本ヲ被爲定候ニ至リ於彼國拂戾不庭之振合等聊無之儀ト奉存候得共渠固有之陋習ニ泥ミ皇國御厚眷之御主意不相辨萬一非禮倨傲ノ情態有之候時者赫然膺懲之御勇斷ニ被爲出候樣英武之皇猷御確定被爲置皇國義勇尙武之氣象不言シテ相徹候樣無御座候半而者乍恐御國威難相立而已ナラス將來之御功業ヲ害候儀ト奉存候是等ノ情由厚被爲聞食確乎不拔之宸斷ヲ以非常之御成績ヲ被爲全度偏ニ奉仰願候

右者朝鮮國御交際之大要愚之條件不顧恐奉陳述候其餘節目多端ニ涉

リ候儀者取調追而可奉言上候以上

閏四月

對馬待從

兩國交際ノ節目

大略

一 朝鮮國通信使來聘ノ儀舊幕慶事朝官ノ者使節トシテ渡海國書土物ヲ齎シ來テ賀辭ヲ伸舊來東武ニ於テ接待ス文化辛未聘禮易地對州ニ於テ交禮有之候事

一 兩國吉凶且不時ノ禮節ニ付對馬守家老初其以下ニ至事柄ニ應相當ノ使者差渡書契且別副ノ土物往復贈答仕來候事

一 以前我邦ノ使節都テ國都ヘ罷通候處壬辰亂後上京ヲ鎖チ使節大小トナク釜山浦草梁項ニ於テ接遇致候事

一 幕府且宗家吉凶ニ付朝鮮國ヨリ譯官ノ使者差渡於對州接應書契且土物贈答仕來候事

一 書契往復ノ式事柄ノ輕重ニ應シ禮曺參判同參議同佐郎且東萊府使釜山僉使ト往復仕來候事

一 朝鮮國ヨリ日本ヘ應接ノ官員禮曺參判參議佐郎ヲ初東萊府使釜山僉使ノ兩官ヨリ相勤其以下譯官ノ内ヨリ訓導別差壹人宛和館近邊任所ト申ヘ平常出役館中ノ諸用相勤來候事

一 歲遣船トシテ年々送使差渡書契往復双方ノ有無貿易仕來對馬守ヨリ重立差渡候者銅類胡椒明礬丹木等ニテ何レモ幕府ヨリ定額ヲ以テ賣渡有之彼國ヨリ右代ニ當木綿差出候ヲ其内ヨリ精米ニ仕換木綿精米兩品ヲ以相受取來候事

一 朝鮮國慶尙道ノ内草梁項ノ地境ニ和官[對州人ノ居館ヲ云]取設館守ノ者差遣置隣交筋ノ儀主管爲仕來候事

一 和館ノ地境關門ヲ設ケ關外州人ノ出步彼國ニ於テ堅禁止候事

一 對州ヨリ裁判役ノ者差遣置兩間ノ諸用爲取扱候事

一 兩國ノ交際總テ對州ノ切手所持不仕船々ハ彼國ニ於テ海賊船ヲ以及處置候約條相立居候事

一 男女ノ禁双方ノ約條嚴重相立居事

一 武器ノ禁右同斷

但朝鮮國取扱筋之儀ニ付テハ兼テ規則モ有之候處以來夫々變革可相成候間諸事不拘古格外國交際ノ振合ニ基キ益信義相立候儀トノ幕令有之刀釼銃砲ノ如キモ朝鮮國ノ望ニ應シ不差支トノ事ニ付使者差渡右ノ事體及通報候事

歲遣船圖書之事例

歲遣船ハ年々定額ヲ以對州ヨリ朝鮮ニ遣ス使船ノ名目區別アリ而シテ彼國ノ接待又穀貨納給ノ等差アリ是ヲ年條送使ト稱フ其初嘉吉癸亥歲遣五十船ヲ約スルニ起ル爾來或ハ絶ヘ又二十五船トナリ五十船ニ復シ壬辰亂後又絶ユ慶長己酉改テ歲遣二十隻ヲ約ス其外歲賜米豆アリ是卽チ彼國ニ於テ受職ノ官吏受ル所ノ物本州均ク是ヲ受又圖書ハ朝鮮國ノ主官職ヲ其臣下ニ授ルノ時與フル所ノ銅印各其姓名ヲ刻タルモノニシテ又勘合ノ印ト稱ス本州前例ニ依テ是ヲ受ク歲遣其他ノ使節總テ韓土往來ノ文引是ヲ以テ證トス所謂宗氏ノ文引無キモノハ不受ト云コレナリ昔在不文ノ甚シキ只勘合ノ一端トノミ心得輕侮ヲ受ルノ醜辱ヲ悟ラス如之彼國新主ノ纂統本州使ヲ遣シコレヲ賀スル書翰上表ノ體裁ニ類スル文式モ有之前章ノ事例悉ク外國ニ對シ藩臣ノ禮ヲ取ルニ近ク實ニ國辱ノ限遺憾ニ不堪ナリ倩考ルニ嘉吉年ノ頃諸州亡命ノ徒朝鮮ノ邊邑ヲ掠メ慶尙全羅二道ノ州縣無人不毛ノ地トナリ國家保チ難ク對州ニ倚テ使价ヲ將家ニ通シ海寇禁止ヲ請ヒ且中西諸州ノ司牧郡主ヘ好ミヲ通シ歲船ヲ約シ對州其要衝ニアルヲ以殊ニ優待ヲ加ヘ歲遣ノ數他ニ比スレハ最多シトス然ハ歲船ノ起ル其原ト韓人柔墮(惰カ)外寇ヲ防クニ不堪剩ヘ寇ヲ饗ナシ其患ヲ免ルヽノ術策彼ニ在テ可耻ノ限リナルヲ却テ文書中倨傲ノ語意ヲ以テ柔弱ノ非ヲ飾リ諸州ノ使船總テ來朝ヲ以テ稱シ本州ニ至テハ尙更藩臣同樣輕蔑ヲ極ムルノ書體甚シキハ對馬島本ト我カ鷄林ニ隷ス何ツトナク倭人據所トナスト云フノ類可惡ノ甚シキナリコレ畢竟本州國步艱難古來食ヲ彼國ニ仰クノ失措ニ出ツトイヘトモ其頃武家文事ニ疎ク外國ノ交禮文書等ノ事ニ至ツテハ總テ浮圖氏ノ任ト成リ無識ノ僧侶名分條理ノ辨ヘナク多クハ中間ニ在テ事ヲ構成シ譎詐百端媚ヲ外邦ニ求メ唯渠ノ穀貨ヲ得ルヲ以テ主務トナスノ類卽弊例ノ由テ

來ル所本州非禮ヲ渠ニ受ルノ緣由ナリ然ルニ壬辰亂ノ後講和ノ砌其舊弊謬例ヲ正シク從來ノ過ヲ不改亂日ノ遺習依然ト今日ニ至ルハ御國體ニモ關係イタシ實以恐懼戰栗(*Sic.*)ノ至ト云ヘシ

公貿開市之事例

貿易ニ公私ノ別アリ公貿ハ送使船彼國ニ到ル每ニ鑞銅丹木黑角等ノ物品ヲ載セ往テ交易スルナリ彼國公府ノ木綿ヲ出シ貨物ノ價ヲ定メテコレヲ給ス故ニ公貿易ト謂ヒ公府ノ木綿ナルヲ以テ公木ト稱フ慶安萬治ノ頃彼我相議リ公木ノ內ヲ以テ彼國ノ精米ニ換ユコレヲ公作米ト云公貿原ト定數ナシ慶長己酉東萊府使李昌庭ノ議ニ依テ今ノ數トナル開市是ヲ私貿易ト稱フ彼國商賈ノ輩其私銀ヲ以テ燕京ニ至リ糸絹ヲ求メ來リ又國內ノ產物藥品ヲ以テ本邦ノ物貨ニ換ユ其利商賈ノ私家ニ歸ス故ニ是ヲ私貿易ト云フ往昔唐貨盛ンナルノ時每歲私貿ノ益金平均貳拾餘萬ヲ以テ算フ又本州ヨリ彼國ヘ送ル所銀銅ノ員數定額ナク商路盛榮國益不少其後政府ニ於テ銀幣ノ出貨ヲ禁シ銅ノ員數ヲ定ム爾來財源彌減シ時態ノ變遷私貿頻ニ衰ヘ安永ノ頃終ニ廢絶ニ至ル然ルニ近年私貿ノ商路漸々開ケ物貨隨テ增加ス然ハ今後通商ノ法其措置宜キヲ得交易互市盛榮ニ至ランヲ願フノミ

11

宗義達(1868. 12/明治元年十一月) ➞ 禮曹參議

신인(新印) 사용 고지

日本國左近衛少將對馬守平朝臣義達呈書朝鮮國禮曺參議公閤下

告者本邦頃時勢一變 政權一歸皇室 在貴國隣誼固厚 豈不欣然哉 近差別使具陳顚末 不贅于玆 不佞嚮奉勅朝京師 朝廷特褒舊勳 加爵 進官左近衛少將更命交隣職 永傳不朽 又賜證明印記 要之兩國交際 益厚誠信 永遠罔渝 叡慮所在 感佩曷極 今般別使書翰押新印 以表朝廷誠意 貴國亦宜領可 舊來受圖書事 其原由全出厚誼所存 則不可容易改者 雖然卽是係朝廷特命 豈有以私害公之理耶 不佞情實在此 貴朝幸垂體諒 所深望也

十一月

12

宗義達(明治元年十二月) ➞ 禮曹參判

왕정복고를 통고하는 대수사(大修使)서계

遣禮曹參判大修使書

日本國左近衞少將對馬守平朝臣 義達 奉書

朝鮮國禮曹參判公 閤下

維時季秋宓惟

貴國協寧仰祝曷極我

邦

皇祚聯綿

一系相承

總攬

太政二千有餘歲矣中世以降兵馬之權擧委將家外國交際幷管之至將軍源家康開府於江戶亦歷下十餘世而昇平之久不能無流弊事與時乖戾爰我

皇上登極更張

綱紀

親裁萬機欲大修

隣好而

貴國之於我也

交誼已尙矣宜益篤懇款以歸萬世不渝是我

皇上之

誠意也乃差正官平和節都船主藤尙式以尋

舊悃非薄土宜略效遠敬惟希

照亮肅此不備

慶應四年戊辰九月　日

左近衞少將對馬守平朝臣　義達

(下ケ札一)

正官平和節

通稱樋口鐵四郎正使執政職

都船主藤尙式

通稱薦田多記副使

(下ヶ札二)

新印 平朝臣　戊辰年御指揮ニ依リ鑄造スル所圖書ト稱スル者

義達章

別幅

貼金中屛風貳雙

大和朱三斤

彩畫枕子桂硯貳備

革裏大簿匣壹備

彩畫壹尺匳鏡壹面

赤銅累五盥盤貳部

青金火爐貳圍

際

慶應四年戊辰九月　日

左近衞少將對馬守平朝臣　義達

13

鄭顯德(高宗五年十二月) → 議政府

對馬島의 사신이 전달한 서계의 수리 거부 보고

節呈 訓導安東晙倭別差周鉉等手本內 本月十六日 館中倭請見卑職等 而言內 弊邦自交鄰以來 大小事務 皆聽於東武矣 今自皇室 深察流弊 親裁庶務 故加州主之爵 又賜新印 從此書契 皆押新印 此皆不得不告達於貴國者 故先以此意 別成書契 今番飛船便 順付以來 而且大修隣好次 別使令將出來 待其出來 即爲許接 順付書契 即爲呈納云云 故取見其書契 則不但島主職號之與前有異 句語中皇室奉勅等語 極爲悖慢㲽除良 島主圖署之自我鑄給 今忽謂以鑄印 亦爲駭然 諭之以事體 責之以格外 則同倭答以爲 弊邦一系連綿 今爲二千餘載矣 各署之請交貴國 果是約條所在 則有不可容易改之 然爲任官之地 惟在持納而已 何必詰責之至此 故卑職更爲詰責曰 書契萬無捧納之意 設有別使出來 格外使价 不可許接 更勿煩聒之意 嚴加責退是乎矣 書契段 事關邊情 私自謄上是如爲白乎旀 本月二十一日巳時 倭三帆船三隻 又二隻 飛船一隻問情 則正官倭主言內 弊邦自中古以來 兵馬之權 交鄰之務 專委於關白矣 以其事多流弊 我皇上親摠大政 修交次差備出來 自貴國接慰官及差備譯官 堂上堂下各一員 即爲下來接待亦爲乎等以 詰責曰 交鄰之事務 如果沿革則順付書達 未爲不可 而謂以修交 委送專价 前所未有 書契文字 亦多違格書契與路引 一併退却 差价即速還歸之意 嚴辭責論 而事關邊情 書契別幅謄上耳

大島友之允(1869. 7/明治二年六月) ➞ 外國官

대수사(大修使) 복명서

朝鮮國御用件ニ付應接ノ概略ハ別紙陳述ノ趣ニ有之同國ノ儀從來緩慢ノ風習殊ニ今般非常ノ大事件被仰掛渠一時ノ決議ニ不能ハ素ヨリ當然ノ理ニ候ヘトモ概ネ此度ノ談判初終曖昧朦朧種々ノ術計ヲ以言ヲ左右ニ寄セ徒ニ時月ノ遷延ヲ謀リ候情態探索ヲ遂ケ候處渠廷議ノ內實和ヲ皇朝ニ失スルノ長計ニ非ルヲ知ルト雖トモ朝廷ノ親交ニ至テハ如何ニモシテ之ヲ遁レ舊幕同様韓國ノ交通ヲ以テ名族大臣ノ中ヘ被任候ハヽ是迄ノ如ク敵禮ヲ以テ交通スヘキノ深意ニ見ヘ其親交ヲ不好ノ情由今皇ヲ本朝ニ稱スル時ハ第一滿清ノ忌諱有不而已履霜ノ恐他日終ニ臣禮ヲ取ルニ至ランヲ慮リ候儀ト被考候乍去這回皇上萬機ヲ親裁シ益隣交ヲ敦セラレ候御誠意ニ於テ渠內實親交ヲ不好ト雖トモ條理上之ヲ防クニ辭無ク時態ノ變遷事理ノ當否ハ措テ不問只率由舊章遵守條約ヲ以テ口實トシ同問同答空敷日力ヲ費シ新政通報ノ使節ヲシテ公幹ノ要領ヲ得ルニ便無カラシメ或ハ交易上穀貨ノ輸入ヲ禁シテ州中ノ生計ヲ妨ケ專ラ對州ヲ困セシムルヲ以テ主務トシ對州謀盡キ術窮ルニ至テハ自ラ內我朝廷ニ向テ周旋シ結局渠ノ意欲ニ適スヘキヲ洞察シテ如此ノ奸策ニ出ル事實ニ可惡ノ甚シキ也然ハ今事ヲ迅速急遽ニ謀ル時ハ渠彌重ヲ持シ却テ其術中ニ陷リ候機會無ニシモ非ス然ハ迚何地迄モ穩當無事ヲ主トシ依然ト其境土ニ留リ議論上ヲ以テ爭候時ハ果シ無キ長談トナリ終ニ勞シテ無功ノミナラス方今內外ノ御時機ニ不適儀ト奉存候今熟渠ノ情態ヲ以テ向來ノ形成ヲ圖ルニ此度談判ノ結末遂ニ彼ノ國都ニ至テ國王ニ面議シ朝廷親交ノ諾否公幹ノ成敗爰ニ於テ可決ノ外他策不可在然ニ壬辰亂後入京ヲ鎖テ固ク不許今我ヨリ押テ登京我沈靜ヲ主トスルモ萬一渠兵力ヲ以テ抗スル時ハ無是非不能不應之然ハ韓國御制御ノ術恩威并行寬猛其機ニ被應候御決意ニ至リ假令一旦破ヲ生スト雖トモ名儀條理ノ所存ニ從ヒ御果斷無之候テハ御國威難相立ノミニ無之緩急其要領ヲ被爲得候儀十分無覺束奉存候隨テ此場韓國御措置ノ大要寬猛兩途ノ根底先以御確定不被爲在候テハ自今同國ヘ御手ヲ被爲付候御順序御目的モ難相立事ニ付是等ノ顚末御商議ノ上何分ノ御指揮被仰下度奉仰候然時ハ從來ノ行懸モ有之對馬守ニヲイテ一層奮

勵努力イタシ成敗見留相立候上ハ朝官御渡韓萬般御親裁可被爲在左無之突然御國使等被差渡候テハ偏固ノ國習却テ御威光ヲ損シ候儀有之間敷哉ト不安奉恐察候右小臣渡韓彼地ノ體勢親敷見聞ノ現實ヲ以テ愚考ノ次第謹テ奉言上候恐惶頓首謹言

六月

大島友之允

外國館
御役所

(戊辰十月)

朝網一振ノ顚末朝鮮國へ報知ノ使節差渡候ニ就テ者前以先問ノ書契差越新印押着ノ儀等及告知御新政通報ノ事實及演說候處彼國任譯訓導ト稱シ候者朝鮮國へ日本判事ト稱へ傳語官ノ者三十員有之其內訓導別差ト號シ兩人ツヽ都表ヨリ出張兩國通交ノ諸用ヲ達シ候者通シテ任譯任官トモ相トナへ候書契寫相受取總テ兩國間規外ノ書契往酬ノ儀例先書契寫內見然後受領ス卽東萊府使へ傳達慶尙道東萊郡ノ府使本朝ノ通交ニ關シ候者不取敢府使ヨリ都表へ內報狀差出候趣返答申出

先問書契寫

告者本邦頃時勢一變政權一歸皇室在貴國隣誼固厚豈不欣然哉近差別使具陳顚末不贅于玆不佞嚮奉勅朝京師朝廷特褒舊勳加爵進官左近衛少將更命交隣職永傳不朽又賜證明印記要之兩國交際益厚誠信永遠罔渝叡慮所在感佩曷極今般別使書翰押新印以表朝廷誠意貴國亦宜領可舊來受圖書事其原由全出厚誼所存則有不可容易改者雖然卽是係朝廷特命豈有以私害公之理耶不佞情實至此貴朝幸垂體諒所深望也

(十一月)

御新政報知トシテ朝議御草案ノ書契相仕立對州執政職ノ者大修使ノ使名ヲ以渡韓

書契寫

我邦皇祚聯綿一系相承總攬大政二千有餘歲矣中世以降兵馬之權擧委將家外國交際幷管之至將軍源家康開府於江戶亦歷十餘世而昇平之久不能無流弊事與時乖戾爰我皇上登極更張綱紀親裁萬機欲大修隣好而貴國之於我也交誼已久矣宜篤懇款以歸萬世不渝是我皇上之誠意也乃差使价以尋舊悃惟希照亮

（十二月）

過日差越置候先問ノ書契捧出可致旨追々役筋ヨリ訓導へ及應接候處年內月迫來陽ヲ待可議ノ趣强テ相斷候付申立ノ通承諾

（己巳正月）

當春ニ至有無ノ返答不申聞傳語官ヲ以屢及談判候處當時於政府專商議ヲ盡シ候ニ付京報相達候迄暫相待吳候樣申出爾後訓導病託下來不致

（二月）

本月初旬ニ至リ返答向度々相促シ候中大島友之允渡韓國許指揮ノ旨モ有之訓導下來方及嚴達同十六日罷下リ候付追々事遲緩ニ至候時ハ兩國ノ大事我朝議不可測ノ旨趣幹傳官則傳語官ニシテ其長タルモノヲ以テ切迫爲及應接尙館守幹事官對州ノ役員專隣交ニ關シ候モノヨリ嚴重及掛合候處書契異例ノ譯ヲ以テ彼是異難申立候付其次第仔細辨白訓導ニモ半發明イタシ執レ不日京報可相達ニ付返答方當月中相待吳候樣自然夫迄音信無之時ハ來月三日ヲ期シ書契捧出スヘキトノ事

同廿九日訓導入館幹傳官宅ニ至リ申聞候ハ昨日京報相達候處廷議甚難ク其大意書取ニイタシ置候迚眞文一通差出候付幹傳官一見ノ處書面ノ次第條理不相立其上麤忽不遜ノ文體ニ付右等ノ書面役筋へ難取次趣ヲ以卽座及返却候處訓導ヨリ右ハ僕等存意ニ出候事ニ無之則都表廷議ヲ以命セラレ候事故書面ト不被相立不遜ノ文體等用捨致シ趣意柄ノ所ハ是非上官聽聞ニ達シ吳候樣及懇願候付先ツ幹傳官限リ相預リ役筋ニ於テ內見イタシ候

眞文寫

蓋自貴弊兩國交好以來 義同兄弟之孔懷 信如河山之帶礪 設置和館 專務相憐 固是大經也 大法也 伊後三百年之間 何嘗少忽於經法之上乎 此非但上行

而下效也 亦未必不由於兩國幹旋人之服膺經法 不渝前修 則爲今日居其職掌其事者 捨此何求 而今自順付書契到館後積月 公幹不啻屢遭然 蔽一言 曰書契往復 所重自別 除非違大格式 焉可遲滯不捧乎 貴船來往 例爲轉達朝廷 則賫來書契亦當上送南宮 故僕等先爲取見 則外面上職銜之與前有異 雖知加級之稱 而至於姓字下朝臣二字 是何格例耶 從此回答之 亦倣此例 雖似無間 恐取嘲各國聽聞 此猶第二件事也 且書契文字亦多格外之語 甚至於以私害公之句 而至於我國鑄送圖書還納之說 又不覺口擧不合舌擧不下也 厥初請鑄 不惟貴邦之願 爲亦關我國之寵錫 而忽焉變改 要着新造之印者 此果率由舊章益敦隣好之意乎 此皆不可捧出之大旨 故已卽稟告于本府釜山兩使道前 同爲擧論於來船啓聞中矣 及伏見回下 非但退却可也之教 又有無難煩聞之責 僕等情地之惶隕待罪 顧不足恤 而雖以和館僉公言之 宜卽援據事情 通報貴州無至遽着新印 轉生無限公幹 徒損事面之地 是所深望耳

己巳二月

訓導

同晦日館守幹事官訓導へ面接訓導ヨリ別翰請取方ノ儀異例ノ書式捧出致間敷趣今次朝廷ノ嚴令有之候ヘハ府使初任譯ニ至リ可絶樣無之既ニ來ル三日捧出堅約相定置候ヘトモ右ハ自然京報無之時ノ所置ニテ今日確報相達候上ハ朝命遵守ノ外無之趣申出候付書式ノ儀先日以來開諭ニ及候通リ聊異例ト申ニ無之次第反復辯論ニ及候ヘトモ終ニ議論不相決既ニ鷄鳴ニモ至リ兎ニ角來ル三日秉約ノ期限ニ付其節ニ於テ餘論可相盡申渡訓導出館差免任所へ退出任所ハ任譯住居

(三月)

本月三日訓導幹傳官ヘ申出候ハ此程差出候眞文ノ趣意柄都表廷議ヲ以テ僕等ヘ嚴令ノ大要ニ有之然ルニ退却ト成リ候テハ不得已儀ニ候處文籍無之テハ府使聞取モ慥ナラス都表啓聞ニ於テ的據無之候故眞文ノ大趣意ニ應シ候返書諺文ヲ以テ相渡呉候樣及懇請

同日館守幹事官兩員訓導面談ノ上申達候大意別翰請取方過日京報ノ趣ヲ以申立ノ次第有之ト雖書式等ノ辯論ニ至テハ後日幾重ニモ及應答彌貴國ノ廷議條理有之候ハヽ書契改撰ノ義ヲモ旋力可致抑通信ノ國柄事有テ告知ノ書契貴國ニ於テ一應ノ披見無之唯書式字章等枝葉瑣々ノ論談ニ空シク日力ヲ

費シ候ノミナラス使命ヲ境上ニ差拒候振合隣誼相孚スルノ道ト可申哉既ニ堅約モ有之今日ニ至リ違約可致様無之是非書契請取可申趣切迫及討論候處渠ニモ種々陳防終ニ徹夜ノ對論翌四日曉ニ至リ訓導ヨリ追々御開諭ノ條理僕ニ於テハ十分體諒罷在候處何分朝命嚴猛殆周旋ノ道塞リ今更可盡ノ目的無之候ヘトモ此上微力ノ限差働見度就テハ昨日及懇請候疑問辨白ノ書面相渡呉候ハヽ右ヲ資トシ一周旋可致及歎願候付其意ニ任セ兩員內議ノ旨趣幹傳官筆記ノ體ニシテ諺文書取追テ幹傳官ヨリ相渡シ出館差免ス尤返答來ル六日七日迄ニ可申聞トノ事

諺文書取寫

館司幹事官ヨリ僕ヘ申飭セラレシ辯論ヲ乃チ諺文ヲ以テ書遣令監

交隣ノ道在要誠信言與眞違名與實反ス何以誠信爲言朝廷前ニ我君上ノ官階ヲ進ム卽速以其實朝鮮ニ告ク隣誼當然今訓導請フ所ニ從ヒ主君既ニ去之舊官ヲ稱シ苟甘一時穩當內矯朝命外欺隣邦可失信ヲ於兩間乎抑訓導見テ權宜トスル者ハ在吾理ノ不可爲者ナリ況ヤ既ニ戊戌ノ例瞭然タルアリ若其陳不已トキハ公昇官ノ事情ヲ筆記シ是ニ附シテ足ル何論其他又朝臣ノ二字ノ如キ是我朝ノ古制以分氏族ノ尊卑是故ニ一姓ノ內朝臣アリ眞人アリ其他數名各差等有テ與姓字連用ス號葛八涅トス先聖重氏族之意可謂厚這回朝廷復古シ溫テ用古制訓導朝臣ノ文字ヲ誤解シテ朝廷ノ臣トス起其疑小似有以ト雖普天率土誰カ王臣ニ非ラン既ニ上ミ國號官銜ヲ揭何ソ更ニ朝廷ノ臣ナル文字ヲ以謂ハン且往昔信聘ノ書式幕府ノ執政以朝臣稱スルノ例アリ我先君モ又用之訓導不明於古而今及此言猶有所疑如キハ檢查其舊籍以テ事ノ虛ナラサルヲ證スヘシ況ヤ其事元ト係我國制於朝鮮何干訓導曰書體大ニ格式ニ違ト又云格外ノ語多ト問其由則曰書契中皇字不可用又字行位置失其行是何等ノ特論ナラン不解事理何如此甚キ實ニ不堪驚歎ナリ蓋シ書契ノ體裁字行ノ位置固有定規文書中所陳ノ如キ交隣ノ誼從其實告其實避國諱ノ外無不可書之字無不可言ノ事何言ヲ待ン抑我國天皇一姓終古不渝君臨億兆總攬大政至今二千有餘年其事實朝鮮固ヨリ聞知スル處ニシテ渠ノ書籍中其概略ヲ書載スルハ更ニ贅セス方今本邦政體更革天皇親裁萬機卽具其實朝鮮ニ告ク道理應然其皇字ヲ稱スルニ在テ何有所嫌況ヤ往昔朝鮮贈我州ノ書ニ西土ヲ稱シテ天朝皇朝トス若然ラハ果シテ是何ト謂ハン字行位置ノ如キ前ニ幕府スラ猶定規アリ其體裁不言シテ可知ナリ又以私害公ノ言ニ至リ訓導所言尤不當

今粗陳之シテ釋其惑中古我邦兵亂ノ際ニ膺リ政府ノ令四方ニ行ハレス本州ノ如キ又不待公命私ニ信ヲ朝鮮ニ通ス圖書鑄贈ノ事元是交際悃欵ノ至ル所今日卒然似不可革而這回皇朝綱紀ヲ一新シ益敦隣交爲特命賜印記以表其盛意要之朝廷更ニ修隣好特命賜印信是則兩國ノ公義也公交也舊來受圖書今日不好革ハ本州ノ私交也私情也原公義斷私情實君臣大義ノ所存ナリ是所以不可有以私害公ノ理而本州舊來隣誼ヲ重シ事理不得已ノ意ヲ表スルナリ今不審其由更費口吻隣誼相孚ノ道ニ反スル事彼ニ在テ可謂失事體

己巳三月

同七日訓導病託不罷下八日夜下來候段相届

同九日訓導入來館幹兩員ヨリ過日相渡遣候辨白ノ書取其當否府使ニ於テ如何相立候哉及訊問候處訓導曰其後又京報有之候處朝議彌込入中々以館所ヨリノ書取差登セ可申都合ニ無之兎角異例ノ書契出送イタス間敷趣ニテ僕心得方等閑ノ譯ヲ以散々譴責ヲ受不得止下來致シ候就夫國情ヲ吐露致候段耻入候ヘトモ我國ニモ佛國戰爭以來武臣權ヲ專ラニシ武官未曾有ノ兼官等モ始リ文官ノ面々失望逡巡ノ外無之元來武官ノ儀一時ノ血氣ニ任セ果斷ノ雄論多ク候ヘトモ國家ノ長計ニ於テ如何可有之カ是迄日本ニ交通ハ全ク文官ノ取扱ニ候處當節ヨリハ武官ノ建議不少依之只今一己無理ノ取計ヲ以書契捧出ノ時ハ卽時嚴科ニ處セラレ候ハ眼前ニ有之然ル上公幹ニ於テ彌壅塞勿論ニ付兎角事ヲ急遽ニ不謀漸々成功ノ外無之是等宜シク聞分呉候樣頻ニ懇願過日渡遣候書面當否ノ有無一言不申聞前後不應ノ應接振內實勘考ノ所辨白ノ書面彼ニ在テ此上異難難申立處ヨリ國情ニ事ヲ轉シ遁辭ヲ以一時ヲ免カレ候術策相考候付渠前日ノ應答不始末ノ次第議論差詰書契捧出致シ候迄ハ出館不相協趣ヲ以館所ニ挽留置尙書面ノ次第及責論候處押詰訓導ヨリ諺文ノ書取差出

諺文和解

日前書出ナサレタ諺文書付ハ委敷拜見致シマシテ其緣由ヲ府使前ニ申上マシタニ府使ノ被申マスルニハ然ハ訓導ノ意ハ將欲何爲而如是來言耶ト被申マスル故僕ノ申マスルニハ今此公幹ハ實是內外兩難ノ事也雖不可自下左右館中ヨリケ樣ニ被申マスル事情ナリトモ京中ニ御往復被成タラハ如何哉ト申上マシタニ使道御咄ニ朝廷ヨリ仰ラルヽニハ兩國交隣ノ道ハ率由舊章遵

守約條惟以誠信爲主ノミデ書契ノ書式ガ若有異於前規バ勿爲捧上與申處分ナラバ書契之捧不捧ヲ吾與訓噵能自此任意乎訓噵ガ館中ノ咄ト事情ハ我ニ參リテ委敷申セトモ我ガ咄ト朝廷ノ處分ハ館中ニ行テ委敷申サヌト見ユル是如何ノ譯哉ト被申テ嚴責被致マシタニ付悚然下來致シマシタ

己巳三月 日

訓噵

去ル九日ヨリ同十四日迄訓導滯館申付置其間幹傳官以下通詞中ヲ以情態探索ニ及ヒ候處只々鬱悶氣屈ノ振合聊中間ニ在テ弄操ノ術計有之共不相見只管任所迄ノ出館取計呉候樣懇願ニ及ヒ此上ニモ身命ノ限リ努力可致趣心腸ヲ叩キ追々相歎候付爾後多日滯館申付候時其詮無之放出其機ニ當リ可申ニ評決尤滯館中館守幹事官論談ノ次第傳語官中內話ノ趣ニ至煩雜多端ニ涉候付略之

同十四日訓導ェ館守ヨリ此度ノ公幹兎角府使ヘ不致相對候半テハ兩間ノ情實貫徹不致ニ付來ル廿四五日ノ內僕茶禮相整宴廳ニ於テ諸向可及面議日限相定可及返答旨申達ス大修使都船主宅ヘ訓導召呼此度我國朝政一新ノ次第報知ノ使節差渡候付規外ノ使者柄貴邦ノ聞ヲ驚サンヲ慮リ其顚末前廉別翰ヲ以及告知候處別翰ノ書體等枝葉ノ論談ノミニ涉リ徒ニ時月費シ大體新政通報ノ旨趣ヲ取失候樣成行候テハ不相濟次第ニ付別翰上有無ノ論ハ暫閣キ大修使ノ書翰捧出可致此節ノ使節全規外ノ儀故舊幕交際ノ規則等ニ可相拘樣無之別段府使出廳致シ書契相請取ラレ候カ何レ共急便權宜之道被取計度然後兩國ノ交際萬般ノ體或ハ追テ可及講定方今宇內ノ形勢事々實用ヲ主トシ易簡質略ヲ尙フヘキ此場ニ付萬般迅速ニ運候樣申渡候處訓導ヨリ談判ノ主意尤ニ承リ候ヘトモ先問ノ別翰未タ相運バス其上大差ノ儀ハ是迄例格有之一己難及卽答府使ヘ申達候上可相答トノ事

一 同日訓導出館差免ス

一 同十八日訓導入館館守茶禮ノ儀東釜兩使道東萊府使釜山僉吏(*Sic.*)病氣出廳不相協候間日取ノ儀當分差延呉候樣申出候付然時ハ條約外ノ儀ニ候ヘトモ時宜不得止候付東釜兩所內ヘ推參可致相達候處訓噵ヨリ兩使道出廳難相成程ノ病疾假令御出張有之候時御面議不相整候付少快迄ハ何分猶豫方申出且ツ大修使書契受取方是又例格モ有之候付當時猶豫呉候樣トノ事

一 同日訓導ヨリ傳語官中ヲ以テ申出候者大丘地名ヨリ申越ノ品ニ依リ來ル廿一日ヨリ發途可致趣ニ付右大丘行ノ始末勘考ノ所是迄間々大丘ノ唱ヲ以都表ヘ罷登リ候儀モ有之候相聞ヘ大丘監使ノ儀一道ノ司ニシテ其職掌重ク候ヘトモ兩國交際ノ大事件裁決無之ハ勿論ノ儀若ハ都表呼登共ニ無之哉其次第ハ訓導挽留ヲ始メ茶禮ノ掛合大修使書翰ノ儀等彼是ノ手都合ヲ以テ彼國ニモ大ニ切迫ノ振ニ相見ヘ何レ訓導大丘ヨリ歸府ノ振合ニ依リ當所置ノ品可有之事

右朝鮮國掛合向三月中旬迄ノ手續其大要報知ノ趣如斯

訓導滯館中困迫ノ餘幹傳官ヘ機密及内話候彼廷議日本ヲ疑訝イタシ居候三件

一 我國日本トノ通交從來馬島ハ所緣ノ地ニシテ牛馬ヲ分ツカ如キ隣島ナルカ故ニ殊ニ是ニ對シテ隣交ヲ許ス何ソ天皇與關白ニ關ラン是故ニ特ニ馬島ニ年々許多ノ恩情ヲ施シ與フナレハ假令ヒ其國都ヨリ新奇ノ難事ヲ造爲ストモ馬島ニ在テ宜ヲ當ニ防塞ス可キ事ニテ豈我聽ヲ驚シ我國ヲ煩スノ理有ンヤ況ンヤ此事元ト馬島ヨリ釀シ成スニ於テヲヤ故ニ言ヲ左右ニ寄セ難ヲ持シテ屈セス多方拒捍シ遷延累月馬島ヲシテ公幹ノ要領ヲ得ルニ道ナク又彼ニ給スルノ穀貨ヲ澁滯シテ其國ヲ困セシムル時ハ終ニ馬島ヨリ内其國都ニ向ヒテ我爲ニ周旋ヲ爲スハ洞然タリ

一 日本兵馬ノ權擧テ將家ニ委シ外國交際幷管之セシニ今是ヲ廢止シ天皇交隣ヲ親裁スト是牽强附會ナルヘシ東武ヱ委任スルノ時ト雖固リ邦内ノ處置ハ天皇關ルヘシ而シテ外國ノ交際ノミ何ソ天皇ノ指揮ヲ不奉ノ理アランヤ然ル時ハ天皇ノ指揮ニ出ル事ハ古今一般ナレハ今新ニ關白ヲ廢止シ一新スト雖寔ニ大臣相當ノ官ニ任シ交際ノ職ヲ置カハ豈不然ノ理アランヤ

一 今日本ト和ヲ失スルハ長策ニ非ト雖今此ノ皇ヲ稱スルノ術ハ必漸ヲ以我國ヲ臣隷トスルノ奸謀ナレハ始ニ愼テ許スヘカラス固リ飽ク事ヲ不知ノ國俗ナリ今所告ノ親交ノ書契ヲ我受取テ我カ諾否ハ意ニ隨テ回翰ヲ可爲ト此言頗ル理有ニ似レトモ一旦受之時ハ親交ヲ不好ノ意ヲ陳スルノ外他ナシ此情由如是ノ異難ヲ以テ我ニ迫リ釁端ヲ我ニ開カスルノ術策ナリ故ニ我ヨリ親交ヲ不好ノ言ハ堅ク守テ不可言唯言ヲ左右ニ寄セ因循遲慢素ヨリ親交ヲ不好ニ非ス只先世ノ法ヲ遵守シ率由舊章ヲ以テ口實トシ餘ハ曖昧朦朧ノ術策ヲ以テ待之一旦日本短慮事ヲ破ルニ至ル時ハ罪日本ニ在リ玆ニ至リテハ國力ヲ盡シテ相戰フベキノミ

安東晙(1869. 12/高宗六年十一月) ➞ 倭館 館司

서계 봉출(捧出)이 불가한 사유를 해명하는 각서

覺

一 貴國之於弊邦誼同兄弟禮以賓主自夫交隣以來諸凡所懇除非大違格例有乖義理則可謂無言不從無願不遂而至若今番書契中一二字句與印章改易之說此誠三百年以來所無之擧也惟我兩邦之率由舊章永以爲好者爲其誠信之不可渝約條之不可違則今日之事謂之誠信乎約條乎想亦自揣其必不見施而尙此遲留一向執拗窃爲貴邦慨之近日朝廷處分至嚴且重本府使道方在悚惶待勘中則不能幹事之任官罪尤何居藉使十年淹留萬般爲說此無可行之日幸勿希倖幡然改圖務歸妥當之地是所深企々々苟有一分可圖之望則爲任官地曷不極力幹旋以副遠人之心哉言止此矣庶可諒焉

己巳十一月 日

訓導俊卿安僉知(印)

館司尊公

16

安東晙, 李周鉉(1869. 12/高宗六年十一月) ➜ 倭館 館司

서계 양식 변경의 문제점을 열거한 각서

覺

一 左近衛少將

因功增秩想或有此而行之本國可也至於交隣文字自有講定不易之規則何可遽加幾字於此乎若我國禮曹參議原是右侍郎東萊府使例兼禮曹參議而自前删而不書貴國何獨惟意增減不遵前例乎

一 平朝臣

歷考往牒雖高官大職之人未有官職之贅於姓名中間者此亦格外

一 書契押新印

貴國封疆之臣相當原有印章行之本國而貴州之必用我國印章於書契者欲爲憑信之意乃是不易之規今欲改以他印則決不可受也

一 禮曹參判公

公是君公之稱首於五等侯伯之爵則較諸大人實非貶降蓋此書契之稱以大人三百年已行之例今忽稱公係格外也亦當依前而已

一 皇室

皇是統一天下率土共尊之稱雖行之於貴國而貴我間往來書契中則交隣以來未有之事如此字句決不可受

一 奉勅

勅是天子詔令此雖貴國人尊奉之說而蓋自交隣以來創見之字也不須更論

一 厚誼所存有不可容易改者

貴州之世受我印非私伊公而歸之厚誼所存微者以此爲私誼底意而至於下段以私害公之句大覺駭異當初受印何嘗私自與受而乃以私之一字揷入其中乎貴國典州之官若私受印章於隣國則貴國之事豈不異哉

一 大抵兩國約條卽金石不刊之文也書契往復非汗漫文字而苟其一言違格一字碍眼必無容受儐接之理雖百年相持徒傷隣好而已豈有濟事之期乎想貴國亦有深識事體道理之人而終不知悟竊爲之深慨々々

己巳十一月 日

訓導俊卿安僉知(印)

別差景文李主簿(印)

館司尊公

17

館司, 幹事官(1869. 12/明治二年十一月) ➞ 安東晙

서계 양식 변경에 관한 해명 구술서

口述

一 我君因舊勳 進官階 固可行之本國 豈有不行之他邦之理耶 交隣之道 莫大於誠信 隨其實告其實 安容一毫欺誣於其間也哉 書契文字 講定例格者 在字行布置書體封裁 如事件且名物 無不可書之字 無不可言之事 則今日不可擧論者也 凡事有經有權 拘泥固滯 或稱守經法 臨機應變 亦謂通權道 各位所以難於採擇也 今以時勢論之 守常之說 可行一國 豈可行他國耶 貴國自有貴國制度 本邦自有本邦制度 今以與貴國官制不相合者 動輒有孟浪可否 俺等所以不解 蓋先聖必也正名 而況於兩國執信之文書乎 我君至今不可稱舊官者 貴國宜體悉 而以加幾字 不捧書契 官名固無字數常額 各國皆然 新官多字 直以例外目之 不辨事理之甚 何以至此乎 貴國在右官顯職 無此等失措也必矣 想各位禀告之際 語意恐有齟齬 去冬以來屢遭討論 殆屬虛套 則所謂極力幹旋者 未知果爲如何

一 朝臣之非官職者 前諭浦瀨幹傳書內備悉之矣 想當會得 今又爲官職論之 事涉怪訝 莫甚此 其書意倘有遺忘 筆之以可附耳 復奚論其他 又曰 歷考往牒 無此等例 正是無根之說 如令文 非俺等所知 抑亦不可以聞於隣國 兩間處事之官 以精詳周密爲體要 今以泛忽疎放加我者 果何意乎 從前信使之來 每次有東武閣老書契 其式姓名中間必有朝臣之字 舊例多々可辨者也 這回我君之加級 閣老同等 則朝臣之字安得不載哉 人臣之奉國制 大義所關 不待多口 且戊戌有昇官事 隨其實書其實 貴國未聞有一言異議 交好之久 我州累世之先君官稱 有許多沿革 則現官所書非可疑也 因更筆梗槩 以證事之不虛 披閱之 熟想當氷釋

一 夫士之有官職者 固有印章 不獨封疆之臣爲然也 而貴國鑄贈之圖書 用之書契者 兩間欲爲勘合之意 乃是係于交誼墾到 以故三百年之久 未嘗有改易之議也 這回我邦政體復古 皇上新有印記之寵錫 人臣之道不可不奉行者 大義也 大節也 今指所錫者爲他印 至論之則在名敎上 若不相關 貴國文物之隆 豈有如是泛聽耶 禀告切至 要在日後順成

一 公與大人之有高卑 置而不論 本州之於禮曹往復書式 從前用匹敵禮 而一

以公稱之 一以大人稱之 體段有可疑者 因襲之久 不有改稱之擧者 交好之厚 未遑及耳 今官銜之進 一同閣老 則在書式 亦當同等 非我所得私 卽是朝廷之特旨也 事勢之至 似有圭角 雖然原諸條理 無間然 則貴國諒我情實而可也

一 我朝之爲皇國 古今各國之所聞知 而不待辨明也 我之稱於他邦復將以何字乎 王國之稱王 皇國之稱皇 無內外 無古今 一定不易之通義也 曰皇 曰王 皆所其固有 安得容私議哉二帝三王 同道而不同稱 俱是無上之稱謂 固無一交之昇降也尙矣 如淸國稱皇帝者 秦漢以降之因襲 而所謂固有者也則在各國 未嘗聞有異議 雖然宇內有許多獨立國 而不奉淸國者 不遑枚擧今我之指他皇國稱皇 於我何所嫌 以稱皇爲臣從之義者 可謂不通論耳 今日莫重關節者 於皇上親交一擧在問貴國一言諾否如何而已 夫有綱領而後可語條目 苟綱領不存 條目講究 復何所用耶 去冬以來 兩間言論多是糊塗遂致今日之緯繣 我朝嚴命之出 有難測者 則實爲貴國不勝慨嘆 客歲使命之出 在兵馬倥偬之際者 兩國通交思無其敵主也 事體嚴緊 不待多及 所謂傳令者 貴國內之事 不可以爲復命之資也明矣 今也姑措辨論 一捧出大差書契 轉々致達都下 回翰之來 判然于一句上 於是可謂蔽區々言說而已

一 皇上之用勅者 自然理勢 不容疑 則不獨爲邦內尊奉之說也 可稱之各國 可唱之四海 復何有所忌憚哉 隣盟再修以後 殆三百年 未有皇上之親交 則所以有觙見之語 雖然曰皇 曰勅 皆是國體所係 在我豈有變通之理耶

一 公私之字句 諭浦瀨幹傳書內仔細說明 其書想在各位處 浦瀨前以疾歸州各位至今若不聞知 而突然說出來 抑亦何意耶 當初受印之事 於兩間有不好屢次辨論者 如有所疑 須撿舊籍 猶且欲究其說 則應與幹傳官議之耳

右項事件 邇(*Sic.*)速稟告萊府處 近日內必以得使道 裁答爲期者

月 日

館司

幹事官

18

議政府(1870. 1. 14/高宗六年十二月十三日)

팔송사(八送使) 서계 개수(改修) 후 접수 방침 결정

議政府啓言 卽見東萊府使鄭顯德狀啓 則訓別手本 以爲對馬島主平義達書契中 以左近衛少將書來者 雖或有此等可援之例 至於平字下朝臣二字 曾所未有 大違格例 令任譯等 嚴加責諭 使改修正呈納云矣 職名之與前有異 旣非恒式恒例 則三百年約條本意 何嘗如此乎 另辭開諭使之改修書契之意 請分付 允之

宗重正(宗義達)(1870. 5. 4/明治三年四月四日) ➞ 外務省

조선의 서계 접수 거부에 대한 대책안 품의

관련문서 동래부사 단간(短簡)

(朱書)「東萊府使外兩名ヨリノ單簡ニ相添ヱ候嚴原知事届書」

太政維新朝鮮國交際御親裁可被爲在旨朝議御草案ノ書契ヲ齎シ一昨戊辰ノ冬大修使ノ使名ヲ以重役ノ者差越先規ニ從ヒ書翰寫彼國任譯共ヱ相渡本書捧出方嚴重及懸合候ト雖モ遷延累月言ヲ左右ニ寄セ使節取合ニ不及ノミナラス皇朝ニテハ益御隣誼ヲ敦フセラルヘキノ御誠意却テ猜疑ヲ生シ一意御親交ヲ不好ノ情由ハ兼々申上置候始末更ニ贅言不仕候就テハ於廟堂寬猛兩途ノ根底先以御確定御指揮不被仰付候ハテハ談判ノ結末見留難相立次第兼テ建議ノ旨趣モ御座候處舊冬辨官御役所ニ於テ大修使懸合向ノ儀激烈應酬候テハ却テ後害可相生モ難量何國迄モ保全ノ心得ヲ以テ驅引可爲肝要乍去我ヨリ退去候樣ノ所置有之間敷段御內諭ノ御旨敬承イタシ候付本藩役向ニハ何國迄モ穩妥ヲ主トシ及談判候覚悟ニ御座候處渠ニ在リテハ彌執拗ノ振合ヲ以テ書契捧出不致ノ件々書取差出尚使節引取方ノ儀ヲモ任譯ヨリ申立然ラハ從前ノ行懸ヲ以テ如何樣應接辨論ヲ盡シ候時空ク日力ヲ費候ノミ其効更ニ無之殆苦心罷在候中御當省官員渡海被致韓土ノ情態大修使談判ノ手續等親敷聞取ニ相成候上尚役向ノ者ヘ懇諭ノ品モ有之終ニ渠書契ヲ奉セサルノ趣意別紙東萊府使ヨリノ短簡差出言頗ル不遜ニ涉ト雖モ區々ノ節目及詰論候時事ニ於テ益無キノミナラス彌歲月相後レ此上御不都合ノ儀ト相考候趣ヲ以テ書面請取差越候ニ付不取敢奉達台覧候條御熟考ノ上何分ノ御指揮被仰出可被下候勿論間近官員歸朝萬般御承達ニ至今程廟議御一定ノ御事ト奉察候得共是迄ノ手續ヲ以テ相考候ヘハ恩威竝行寬猛其機ニ應シラレ結局侮ヲ外邦ニ不被爲招樣不堪至願奉存候尚又外國ニ對シ重大ノ御用件急速復命ノ地ニ不至次第素ヨリ韓人頑固ノ國習ニ出候儀トハ乍申職掌ニ於テ深奉恐懼候何卒前後情實可然御聞得被下此上使節應酬ノ驅引適宜ノ御處分被仰出被下度奉願候以上

四月四日　　　　　　　　　　嚴原藩知事

外務省御中

【관련문서】

三月十一日夜訓導より差出候東萊府使書簡

東萊府使單翰

大抵貴國之稱皇稱勅天下無異辭則行之其國自當犁然而順苟其不然則此重寶之所不可陷衆力之所不可脅貴國亦知弊邦之必不許受而輕試以此無亦不諒之甚歟夫以三百年金石之盟至今彼此無斁而徒費無益之辭欲行難强之事非所以永而爲好也恐不如及玆改圖務循常舊不至失和之爲貴到若左近衞朝臣等字圖書換用之說大人之改書以公又不可曉也交隣之道貴在一遵舊規則弊邦之不肯唯々不亦宜乎誠欲申講舊好使千百年如一日則諸凡書契之中何患酌宜遣辭之爲難而苟然持久乎遙想貴國之中亦多通鍊贊畫之人尙且計不出此良可慨也統希諒悉不備

庚午三月　　日

東萊府伯（印）

大 差 使 公

館　司　公

鄭顯德(宗義達)(1870. 6. 3/高宗七年五月五日) ➜ 議政府

독일 군함 *Hertha*의 입항 및 왜인의 동승 사실 보고

異樣船一隻 來泊倭館水門前洋緣由 已爲馳啓爲白有在果 倭館水門前洋 卽距岸相望之處也 洋醜之近泊我境者 遇輒勦滅事 已有議政府行會是白如乎 今此來泊船樣 的是洋醜之所騎者 則卽當登時勦滅 不留晷刻是白乎矣 匪意同船中 有倭人同騎者 移騎小船 直入倭館 旋出登船 極涉可疑 在所存商是白乎等以 一邊使訓導安東晙 別差李周鉉等 入往館守倭處 使之詳詰其倭人同騎事情爲白遣 一邊使臣府別砲手軍兵及在水營發送舟師別砲手等 埋伏經夜爲白有加尼 初四日酉時到付訓別等手本內 卑職等卽爲入往館守倭處 詰問曰我國與日本 交隣修好 今爲三百年之久 無論巨細事 靡不互相通知 而以洋醜事言之 已有年前書契往復者 則日本宜無不知之理 而今此洋船中 日本人之同騎 誠甚怪訝 固當一時攻戮 旣見其日本人同騎 則隣好之間 恐有俱焚之歎這間事狀 從實探告亦云 則答以爲弊邦人之同騎洋船 俺亦驚駭 事甚罔措 故俺乘船卽往于洋船所泊處 探問事實於弊邦人處 則同騎五人中四人卽肥前州人 而來商於長崎島者也 一人卽馬州人中野爲名者 而年前來接於和館矣 今以傳語官 守番於同島者也 中野言內 此船卽獨逸國船 而所騎人名 爲三百餘名也 往來通商於長崎島 而獨逸國人言內 我大洋所屬 諸國各異 而如有遇風漂抵於朝鮮者 則不問所屬之各異 輒皆屠戮云 此豈非海國行商人之萬萬至冤處乎 日本人則旣與朝鮮隣好云 以此事情 修書通告次 同騎我船 出往朝鮮亦云 故不得已同騎以來云云 俺更以爲洋船之不卽見戮於朝鮮者 特出於爾等同騎之故也 彼所云呈書之說 尤不可開喙 卽爲通及於洋人處 以爲卽速回棹 而若不然 則必有大患之意 曉諭以來是如爲乎等以 卑職等更爲詰責曰 洋醜之不卽勦滅 專爲日本人同騎之故也 卽使下陸 以爲處置洋船之意 更加飭諭後纔出館門 同船仍爲回棹 見有遁走之狀是如手本爲白有旀 追到偵探軍校等進告內 同船初四日申時仍卽擧碇 直向南濵外洋 而其疾如飛 未及追躡是如爲白有臥乎所 異船之來泊我境者 惟當勦滅之不暇 而緣於同騎倭之通及事機仍卽遁走者 極爲痛歎是白乎矣 疾向外洋 追躡無路 故別砲軍兵等段 一竝撤還爲白遣 同騎倭中野段 渠以年前和館出入之人 旣知洋醜之在我必戮 而肆然同騎 有若紹介者 極可痛惡乙仍于 同倭段 通報馬州 別般處置之意 令任譯

等 嚴辭責諭於館守倭處爲白乎旀 緣由馳啓爲白臥乎事是良爾 詮次 善啓向
敎是事

議政府(1870. 6. 3/高宗七年五月十二日)

왜인의 독일선박 동승에 대한 힐책

관련문서 이양선의 왜관 정박 및 왜인 동승 사건에 대한 힐책 서계

議政府啓曰 倭館所泊異樣船 聞旣退去矣 此夷之倏往倏來 已是叵測之甚 而第其五倭之同騎一船 現有紹介之跡 且中野爲名者 以曾住和館之人 句引洋船 肆然來泊者 究其情 極爲痛惋 館守倭處 雖有任譯之責諭 日後之慮 難保其必無 將此顚末 修書契下送萊府 仍令轉致對州 以爲嚴辭詰責之地 凡於倭情 奏聞上國 卽定例也 以此意撰咨 入送 何如 傳曰允

【관련문서】

庚午禮曹參議以南沿番船情形事與島主書

云云節屆蕤賓薰飆扇和緬惟啓居清裕滋有遡誦邇者西洋番船來泊和館對港同船三百餘人中有貴國肥前州人四名對馬州人一名馬州人年前來接和館今以傳語官番於本島名曰中野者也中野以為此船即西洋所屬獨逸國人相遻於長崎島云有通欵於朝鮮之事要作紹介故仍與同船而來館守採探情實其說如此本邦即欲處置伊船而恐貴國人之混被創傷密令下陸矣厥翌該船帶連貴國五人一同遁去本邦之與貴國講信修好婦幼之所共知則中野輩稱以貴國人而引來番舶肆然犯境情狀怪秘踪跡閃妄不庸不嚴加查辦痛剔根由以遏絕匪類奸闌之萌諸冀明賜照察肅此不備

庚午年五月 日

朝鮮事務掛(1870. 9. 14/明治三年八月十九日) ➞ 外務省

浦瀨最助와 훈도의 대담 기록 보고

관련문서 정부간 대등 교섭을 제안할 것을 지시한 비밀 지령

昨十八日嚴原藩朝鮮通辯浦瀨最助ト申者出頭五月來彼地ノ形勢訓導談判向陳述候ニ付書取ニ爲致御廻シ申候然ルニ是ニ付深ク愚案仕儀トモ有之候ニ付跡ヨリ御評論ニ入可申候事

八月十九日　　　　　　　　　　　　朝鮮掛

去ル五月十三日任官訓導役人へ應接仕候概略左ニ申上候

浦瀨最助

私ヨリ訓導へ申候ニハ

今般御一新御告知ノ顚末東萊府使ヨリ貴朝へ被申上候處御返答被相達御用件御順從難相成趣先般被申出就テハ使節限リ決評不相成廉モ有之既ニ副官中歸國イタシ於國元及商議見候處抑此御用件貴國御國論一定ノ上斷然御斷被申出候上ハ此先御用成ノ目的無之姿ニテ既ニ三ヶ年空度ノ今日ニ至リ今更御用向不相調奉復命候ニ至リテハ御免職御嚴譴ヲモ可被仰付如何ニモ惶悚ノ至ニ堪不申素ヨリ微力不肖ノイタス處不得止事仕合ナカラ弊州ト貴國トノ間累百年親睦ノ在ル所ニ於テ何ト御心得可有之哉夫ハ姑ク措之弊州既ニ力極リ其職ニ不堪段ヲ以奉復命候上其儘ニシテ可被爲罷御事共不奉恐考其上ノ處ハ自然朝廷へ御引上御國使等モ可被差渡哉左候時ハ前以貴國ノ信使江戸府へ被請候例ニ被準御國使モ是亦本邦ノ信使ニ相違無之候得ハ御渡海ノ上若ハ御上京等ノ御論相立可申モ難計左樣ノ都合ニ至リ候時ハ如何相心得ラルヘク哉副官ニモ頓テ下東ノ筈ニ候ヘハ其前今一應爲念愈最前被申切候通リ無餘醞奉復命候テモ遺憾有之間敷哉揣ニ承リ屆候上早々全東下候樣トノ事ニ候ト主意ヲ設ケ相試申候處

訓導ヨリ

對州トハ別テ御近隣從來御好誼ノ間若シモ御免職抔ノ儀有之候テ相濟可申哉先以私抔ニモ千萬不本懷ノ儀ト存候然ル處我國ハ清國へ附屬ノ國ニ

シテ既ニ臣ト唱ヘ皇帝皇上ト奉稱候然ル處貴國トノ御交式ハ數百年已降國主或ハ大君ト稱シ來リ候ヲ今遽然トシテ上國ノ稱號ヲ貴國ニ相唱候儀實ニ己國自儘ニ難決夫ニ付態々使節ヲ差立タルニテモ無之候ヘトモ序ヲ以テ右ノ趣清國ヘ及内奏候處果シテ御使節ノ御書翰ヲ不請ヲ是ト被爲候樣ノ事ニテ是ヲ以己國ノ力ニ不及處ハ聊御聞分モ被下度事ニ候且又御國使御渡館御上京等ノ儀ハ御舊約ノ譯ニ於テ我朝決テ御從ヒ可被申譯トハ毛頭不存左樣ノ儀ニ至リ候テ當惑ノ限リニ御座候就夫右被爲入御念被仰下候趣東萊府使ヘモ申出朝廷要路ノ方々ヘ内々申上候樣可致候間何ソ一ツ兩國穩順ニ歸シ候兩便ノ道ヲ御示シ可被下候是又伺越度存候

私ヨリ

唯今ノ體勢ヲ以テハ御變通體ノ儀ハ本州ヨリ御懇願被仰上辨別更ニ無之候朝命遵奉ノ後三ヶ年ニ至ル迄御盛意貴國ヘ貫徹不致ハ實以惶悚ノ至リ伏地待罪候場合ニ候乍去貴國ヨリ一圓被抓拂候モ不本意ト被存候處ヨリ御寬容ヲ被爲取候樣ノ交式ニ御聞容被下候樣抔ト御依賴共ニ相成候ハヽ夫ヲ取次申上候儀歟對州ヨリ起リテ貴國ノ爲ニ周旋體ノ儀ハ不相届場合ニ候

訓導ヨリ

夫ハ御尤ニ候是ニ依リ其主向ヲ御示シ被下候ハヽ私ノ心附ニシテ朝家ノ命ヲ請手前ヨリ御依賴可申上候ト申趣ヲ以頻リニ相迫リ申候付後詰ニ

私ヨリ

一己ノ管見無之ニモアラス斯迄深切ニ被申聞候ヲ全ク御打合不申モ不本意ニ候ヘハ眞ニ一己ノ心付御内話可申試候其愚意外ニテモ無之兎角皇上ノ尊稱清國ヘ差支モ有之趣不能御處置處ニテハ先ツ皇上國王ノ御稱號ハ相互ニ姑ク措之兩國政府御等對ヲ以テ御交リニ相成如何可有之哉ト存ル事ニ候

訓導ヨリ

夫ハ各別ノ御卓見ニテ候對州公御執政方ニモ御存寄ノ儀ニテ可有之候哉

私ヨリ

決シテ左樣ノ譯ニ無之唯下拙一己當座心附ノ儘ヲ御深望ニ相應候迄ニ御座候右ノ儀假令貴國ヨリ被及懇願候テモ第一朝廷御公議如何可被遊御座候哉成否ハ朝廷ノ御所分ニ被爲出候事故必然ノ御見込ハ呉々御無用ト存シ候

訓導ヨリ

左候ハヽ私ノ心附ニシテ朝廷要路ノ方々ヘ内々伺越シ御許諾ヲ蒙リ候上御示談可申伸候間何分六月中旬迄御滯館可被下候ト申趣申聞候間歸國差

急キ候趣ヲ色々陳シ候處左候ハヽ折衷シテ同月十日迄引留候ニ付則十日ヲ期限ト相約申置候

六月十三日ノ夜訓導東萊ヨリ任所ヘ罷下リ對談仕候要領

訓導別差同席ニテ訓導ヨリ申聞候ニハ先般朝廷ヘ内呈仕置候御返書漸ク先刻相達候ニ付唯今下來イタシ候處誠ニ以最前ノ見込意表ニ出心痛此事ニ候其仔細ハ五月三日釜山浦ヘ異船來舶其船ヘ御藩通辯中野許多郎儀乗組居其問情ノ啓聞三日前ニ入京相成滿朝議論紛紜中私ヨリノ呈書相達シ候ト相見今度其御返答ノ大略ニハ丁未頃ヨリ諸浦ヘ異船入泊常ニ鷄豕牛卵ノ類令懇乞凡其三分ノ一ヲ相與ヘ節々相シラヒ唯斯速ニ令退帆候ヲ本旨トイタシ來候處五六年前既ニ書翰ヲ以御告知ニ及候通京畿道ノ屬島江華ヘ入寇亂妨セシメ候ニ付終ニ兵隊ヲ繰出シ打拂候處敗走掛ケ徳山ト申處ニ有之候先廟ヲコホチ御靈骨ヲモ掠去リ候其怨實ニ骨髄ニ徹シ共ニ天ヲ不載ノ讐忿激切齒ノ至リニ不被爲堪爾來勝敗ヲ不算打拂ノ樣國論一定布令ニ相成追々打拂來候處日本國隣好ノ在ルヲ被顧候時ハ諸屬ノ人タリ共我敵船ヘ乗組我國ヘ被參候筈ニ無之況ンヤ對州ノ人ニシテ我國語ニ通シ頗ル兩國隣ノ交誼アルヲ知ルノ人ヲ被乗組候ヲ以テハ是レ我ヲ愚弄スルモノ歟又ハ嘲弄スルモノ歟又是ヲ深ク取ル時ハ今般天皇樣ノ稱號我カ不許ヲ知リテ難題ヲ我ニ迫リ我ニ罪ヲ醸成セシメテ異人ト相計リ必竟我國ヲ斃スノ術トモ可申歟爰ニ於テ國論一決シ大将軍ヲモ撰差シ尚八道ヘ兵ヲ催候場合ニ候其方儀旦暮日本人ヘ相接居右等ノ儀ハ不覺尚モ日本人ヘ沈醉シテ斯相成レハ兩國兩便抔ト申越候段魯鈍ノ至甚以不屆ニ候此上ハ日本且異人ノ軍馬ヲ差向候機會ヲ探索先知シテ直ニ遂啓聞最前ノ拙陋ヲ可補事ニ候ト申返答振誠以驚入候尤此儀ハ私迄ノ内容ニテ御自分方ヘ御内話タリトモ御噺申候筋ニテハ無之候ヘトモ年來ノ御懇命故御他言被下候樣モ無之候間有ノ儘ヲ御咄申上候此見相立候上ハ最早任官モ相勤マリ不申心痛無他事ニ御座候ト申聞候ニ付

私ヨリ

是ハ乍憚貴朝殊ノ外ノ御臆見餘リ疑訝ニ過キ候御議論ト存候獨逸船ノ一擧ハ下拙全ク不存事ナカラ渡館ノ上粗承リ候得ハ元來本州近海迄通船ノ由夫ニ付本州ト貴國ハ海ヲ接シ居候ニ付其序若モ貴國ヘ寄船抔イタシ御迷惑成

事共有之間敷哉ト御懇切ナル所ヨリ通辯ノ者爲乗組置候ハヽ臨時ノ爲メニモ可相成哉ト申所ヨリノ御事ト相聞候則同人乗組居候ニ付館内ヘモ執扱ヒノ儀周旋イタシ夫故速ニ退帆イタシ各別ノ事モ不出來事共ニテハ無之候哉然ルニ貴朝ニ於テハ全體事ノ仔細ハ篤ト御吟味モ無之一圓疑訝ニ被渉候段御疎忽ナル御政事歟ト存候

訓導ヨリ

御内話ナカラ我國モ近來武官出頭ノ時勢ニ相成以前ト遠ヒ荒キ事勝ニテ尤許多郎儀ハ敏出崎人ニテ貴州ヨリ乗組タル譯ニ無之段ハ存知前ノ事ニテ其儀ハ東萊釜山ヘモ能ク辨解イタシ置候ヘトモ朝廷ニ向テ此上決テ發明難相成御座候陳スレハ益御疑念ヲ蒙リ候

私ヨリ

然レハ外ニイタシ方無之絶交ノ外有之間敷候

訓導ヨリ

夫ニ付極御内話有之候兩國昇平ノ今日突然ト凶器ヲ相動シ億兆ノ民命ニ係リ候儀實ニ天地ニ對シ傍觀不相成事ニ候何分モ御盡力有之平穏ニ歸シ候道ヲ偏ニ御周旋被下度深々希候

私ヨリ

是ニ依テ最前御懇談ニモ應シ且御自分ヨリ京表ヘ折角被相伺候處モ有之候ニ一向其事ノ可否タニ御返答無之却テ疑惑ノミヲ相増シ候計リニテ何ヲ以テ穩順ノ道可有之候哉

訓導ヨリ

爰ニ御内話有之候貴邦ヨリ頻リニ我朝ノ難澁イタシ候儀ヲ被仰募候得共御難題ト被下墨サゲスミサレカ候得ハ異人ト御合體ニテ兵馬ヲ被差向候下地抔ト被疑候其裏ニ出テ我朝ノ御請申安キ樣ニ被仰掛候ヘハ御難題ト可被存樣モ無之左候時ハ異人云々ノ疑ハ忽チ氷解イタシ候道理ト奉存候此儀私ヨリ御内話申タル儀萬一漏洩ニ及ヒ候テハ乍チ私ノ身上ニ相係リ候事故御一己ニ御含置可被下候最前御内話ニ及ヒ候通リ御互政府等對ノ御交際ノ儀御變通ヲ以貴國ヨリ被仰掛候ハヽ成否ハ必難期候得共随分盡力周旋仕見度存シ候事ニ御座候

私ヨリ

其儀ハ何トモ御返答難申御座候兎角此上ハ滯館無用ニ候間順次第出帆可致趣ヲ以暇ヲ告相別レ申候

【관련문서】

午四月浦瀨最助別密含草按

其方儀此度中歸國急々渡館被仰付候次第ハ大修使談判向此上如何様辨論有之候共是迄ノ行懸ニテハ迚モ不相運勢ト相見就夫彼國ノ口實トスル所専ラ重キヲ清國ニ歸シテ後日ノ異難ヲ免レ候遠謀ト被下墨候然ハ先ツ其根元ヨリシテ御手ヲ被爲附候儀御先務ト相考既ニ從朝廷清國へ御通信ノ國使木戸從三位被命不遠超海ノ趣ニ有之御通交御取結ノ上朝鮮交際ノ儀モ清國へ御談ニ被及候様相聞候得ハ爾後朝鮮御掛合向ノ大體先以清國ノ御運ヲ被爲取候上大ニ御掛合ニ被及候儀御順序ト相見候爰ニ至リ大修使ノ進退如何可有之哉前章清國ノ御運相立候迄空敷滯館ト申儀外向ニ取リ甚不都合ノ振合ニ相見又此上一層嚴重御掛合可被爲在迚兵端ヲ被爲開候御覚悟ニ無之候テ難協乍併是以當時ノ驅引ニ取リ御踏切可被成御時機ニ無之依テハ今日ニ至リ御良策ト申御譯ニハ無之候得共一昨年御新政御通報ニ被及候砌ト舊冬應接向激烈應酬候テハ後害可生モ難計ノ御沙汰振トハ朝議ノ御旨趣前後少敷御違目モ有之様被相考旁此場於廟堂大ニ御胸懐ヲ被爲開大修使御書契中渠不服ノ廉相除キ無異議可致承服文體ヲ以テ大政一新ノ顚末速ニ御報知有之先以兩國御通交ノ御結ヒヲ御取置カレ然上御交際萬般ノ法則ハ清國御談判相運ヒ候上順序ヲ以テ御講定被爲在候儀十分ノ御强ミト致愚考其次第當節萩表ニ於テ木戸殿へ及懇談候處事實尤ニ同意有之何處イツレ東京ニ於テ御商議ノ上ナラテハ御決議難相成儀ニ付同様東行ノ上廷議可伺定致治定候次第ハ委細體認ノ通ニ有之依之今後ノ驅引ニ取リ今一應任官へ當リヲ附置度品有之當節中歸國渡館被仰付候ニ付尚別密左ノ件々差含置候條彼國卽今ノ情態厚ク致考辨向來御措置ノ御目的共相成候様適宜可令對談候

一 此度渡海訓導對談ノ本體ト可相立候彼國彌御談判ノ御主意ニ應セス何所迄モ大修使取合不申ノ國論眞以確定イタシ居候ニ可有之哉然ハ是迄ノ所ハ兩國生靈ノ糜爛ヲ慮リ朝廷向應接中ト申ヲ以テ時月ヲ送リ置候得共此節不應ノ現實奏聞ノ上ハ廷議何レニ出可申哉實ニ兩間ノ大事今日ニ迫リ成敗判レ目ノ此場ニ付訓導從來ノ交誼アルヲ以テ一應渡海及

内話候事故渠不殘心底情實吐露イタシ候様トノ事

一 訓導是迄ノ精配懇到盡サヽル所ナク本州ニ於テモ實以不周旋ト存セス乍去此上ニモ是迄ノ行懸リヲ以テ一層厳重掛合候様トノ朝命有之候ヘハ事ノ遂サルヲ知ルト雖トモ萊府ヘ闌入或ハ押テ入京國王面議等ノ策ニ出可申外無之若シ然ル時ハ朝鮮モ穩順閣ヘキ様無之必然是ヨリ兵端ヲ開キ候時機ニ可到素ヨリ臣子ノ分ニ於テハ一藩ノ士民斃テ止矣ノ覚悟ニハ罷在候ヘトモ是又事ニ益ナキノミナラス兩間數百年ノ交誼ニ於テ眞ニ不思議ニ付本州ノ情實ヲ以テ論シ候得ハ辭職ノ外無之凡ソ其邊リ國論相立候乍去若シ朝議ノ出ル所辭職所ニ無之免職ノ上厳重譴責モ可蒙哉又是迄ノ應接因循抔ト申ヲ以テ兵馬ニ先導可被命哉是等何レニ出可申モ難計州中苦患愁眉罷在候情體ノ事

一 當節朝鮮不應ノ現實奏聞ノ上ハ廷議寛猛何レニ出可申哉必然朝野議論紛々多クハ其不禮ヲ咎メ討伐ノ論ニ歸シ可申機會ニ被考然ルニ方今兵馬始テ治リ御内外御多事ノ中隣邦ニ凶器ヲ被動候儀是以容易ノ事ニ無之是等廟堂老成ノ見ニ於テ如何相立可申哉勿論對州ニ在テハ朝鮮ノ禍ハ眼前對州ノ禍ト相立居候ニ付此上不成迄モ盡力周旋可致ハ言迄モ無之其爲メ役々モ追々東京ヘ差出候都合ニ有之就テハ十分難キ事ニハ候得共自然本州ヨリノ申立徹上イタシ萬々一廷議寛仁ニ出可成ハ事ヲ不被破ノ御主意ヲ以テ朝鮮ノ忌ム所又其望ム所何レノ節目何レノ體裁ニ可有之哉於東京御細問有之候初段ヨリ應接掛ノ身分可奉答覚悟ハ無之候テ難叶此儀自分心得迄ニ打合置トノ事

但皇ノ字御新印初メ其他徳川家ニ代リ通交ノ適主被設候體ノ事件

一 徳川家ニ代リ云々ノ事此儀本邦一新ノ政體權柄歸一ノ御旨趣ニ於テ可被行筋ニ可有之哉併萬一彼國懇請ノ通リ貴族大臣ノ内適主被相設書簡往酬等有之候節慶弔ノ禮ニ至テ朝廷ヲ主トスヘキ歟通交ノ適主ヲ主トスヘキ歟今日世襲ノ職任無之時ハ爰ニ至テ其所置窮スルノ儀ニ有之是等地ヲ換ヘテ再思スヘシ又道ヲ以テ論スル時隣交ノ國其制度自國ノ意ニ適セス隣國ノ政體ヲ變革イタシ候様トノ條理可有之哉ノ事

一 爾後東行ノ上過日木戸殿ト内評ノ通リ廷議寛容ニ出大修使御書契改撰ノ時宜ニ至候節君上御官稱ヲ初メ公ノ字朝臣等渠ノ願意ニ應シ御書契ノ體式總テ御舊復ノ姿ニ相成候方向來ノ御驅引可然被考候事

一 大修使ノ御書翰御舊印ニテ御濟被置候御時宜ニ至候節以來御新印御用

候事ハ別翰ヲ以テ被仰遣置度都合ノ事

一 慶長己酉御條約以前ハ御書契御花押ヲ被用候事ニ相聞右様ノ例有之候ヘハ以來御書契ハ御新印ヲ被用彼國ニ於テ圖書變換ノ事結局不致承服勢ニ候ハヽ吹噓ノ儀モ則勘合ノ爲ニ付彼國鑄造ノ儀强テ御失體ト申筋ニモ相見ヘ不申候ニ付御實名相止メ別段至當ノ文字ヲ以テ鑄送イタシ永世ノ勘合ト可致次第ノ事

一 清國ヘノ御運相立御交際萬般ノ御規則相定リ候迄ハ天皇彼國王ヘ御直渡シノ御應酬ニ不至御交際ノ法則政府等對云々ノ儀訓導ヘノ應接時宜ノ驅引可有之尤當節下タ地ノ内談取極置而シテ大修使御書契中ニハ如交際體式須斟酎兩間ノ便宜而議定之抔ト申ニ相成居可然様相心得候事

右別密申含置候條御國許ニ於テ巨細總判ヘ申出尚可被得差圖候以上

午四月

大島友之允

浦瀨最助殿

(3) 일본 외무성 조사단의 도한(渡韓)

23

外務省(1869. 12. 3/明治二年十一月一日[?]) ➡ 太政官

외무성 조사단의 조사 항목

朝鮮へ被差遣候もの心得方御達之案

慶長元和巳來朝鮮國より度々舊幕府へ使節差越ス右は豊臣家進撃之武威ニ屈服し藩屬之禮を執來候譯之所日本昇平日久武威漸衰頽加之幕政因循遂に凌遅して今日之體ニ成行候儀か又は最初豊臣秀吉卒去兵威不振遂ニ講話之議起り其頃朝鮮ハ國小日本ハ國大なる故朝鮮ハ一籌を輸し使節差越我ハ本國ニ坐して其禮を受候儀か右起源之大旨意確證を取調之事

對州より朝鮮へ差遣候使者之禮式幷朝鮮より對州へ差越候使者之禮典取調之事

對州より朝鮮へ出交易之儀朝鮮より勘合印受候由之處右ハ朝鮮國制度上に取入貢を受候取扱なるよし往古文明之化未開對州甘んして其制度を受今ニ其儘仕來居候由右は追て皇使被差遣候節表立其謬例御正し可相成候へとも彌前書之趣意ニ相違無之候哉又は最初より其謬例を知るといへとも朝鮮へ接近之孤島故入貢之儀を取らさるを得す竊ニ其例を用來候儀ニ候哉吟味之事

朝鮮之國體清主北韃より勃興之節忽ニ降伏し其巳來臣禮を清國ニ取候儀我國之此ニあらす清之正朔は國内公然遵行いたし藩屬之禮節を守何事も北京之特命を受候樣子なるか又は正朔ハ清へ使節等差遣候節文書往復之間ニ用候迄ニて國内一般普通之年號ニあらす且國政も朝鮮國主自裁獨斷之權力あり外國へ條約を取結等之大事ニ至候ても自國政府之存意ニ任向背とも北京へ伺候に不及可取極國體也哉内探之事

皇使被差遣候節御軍艦ハ釜山浦草梁項へ向被差遣候事順序ニハ候得とも同所ニてハ必す因循いたし國都往復之道迂廻ニて百事咄嗟ニ辨間敷候間首府ニ近き海港へ御軍艦相廻し候ハヽ可然と存候右首府附近之良港有無吟味之事

朝鮮國之儀既ニ魯西亞之毒吻ニ心醉し陰ニ其保護ニ依頼するとの風評あり眞ニ然や否且魯西亞と既ニ境壤を接するニ至れりと然らハ定て境界論等あ

るへし右事實探索之事

朝鮮國海陸軍武備之虚實且器械精粗之事

同國内政之治否國主及大臣之風聞果して草梁紀聞之如くなるや取調之事

朝鮮と貿易取開候ハヽ日本より何々之品物を差廻し彼之國情ニ適し可申やまた我國へ輸入し國益に可相成品もの何々之分可然や物品取調且同國物價之低昂貨幣之善悪并向來貿易手順之見込取調之事

宗家ニて受候歳遣船は從前之通存置候方可然や又ハ廢止之方公道ニ候や見込之事

對州ハ兩國之間ニ价立する孤島ニて交際之入費并漂民共彼我へ引渡方之手續等一藩尋常之政費外之入用有之舊幕府之頃其費用金米渡し來候様子其外朝鮮私貿易之利潤を以一家之經濟といたし居候様子然ニ御一新前叡慮を以年租三萬石被下賜候處無程右も被相止候由宗家歎訴中ニ相見候今般朝鮮交際之儀朝廷御引受ニ相成候上ハ右私貿易等之税金ハ自然と官府ニ屬候事ニ可立到然ニ漂民取扱其他年來宗家ニて所有之利源を一朝無故被召上候姿ニ立到一藩之情實愍然之儀ニ付右ハ追々相當之御處分無之てハ不相成儀ニ付右御處分之見込會計向篤と取調可申候事

朝鮮ハ草梁項之外其内地ハ日本人之旅行難相成事ニ可有之候得とも宗家周旋ニより首府迄往觀之儀相整候ハヽ一往致すへし其節ハ風俗制度等別て委細ニ可認返事

右之條々取調出來候ハヽ一ト先歸府可致尤追て皇使被差遣候迄居留いたし深他國之情態遂探索候はヽ猶更御都合之儀ニ付申合便宜ニ可被取計候事

巳十一月

外務省

24

佐田白芽, 森山茂, 齋藤榮(1870. 5. 15/明治三年四月十五日) → 外務省

佐田 조사단 복명서(復命書)

(表題)「朝鮮國交際始末内探書

外務省出仕

佐田白茅
森山茂
齋藤榮」

一 慶長元和以來朝鮮國ヨリ信使差越藩屬ノ禮ヲ執來候元由此儀兩國同等ノ禮ヲ執ラス彼ノミ信使差越來候起原曖昧確證ヲ得ス秀吉公薨去ノ後家康公媾和ノ儀ヲ宗義智ニ命ス義智柳川調信以酊庵長老等議シテ和事ヲ取扱フ事殆六七年慶長丁未和好成テ文信ノ贈酬アリ其後義智等信使來朝ノ儀ヲ促ス彼ハ勇武ノ我ニ不可敵ヲ悟リ一著輸シテ竟ニ寛永甲子信使差越事トナレリ宗家舊記ニ和順ノ復書アレト家康公ヨリ贈リタル往翰ナシ其復書ヲ見ルニ本朝ニ藩屬ノ禮ヲ執ラサル事明ラカナリ然ラハ本朝ノ使節ヲ乞フヘキ筈ナルヲ壬辰亂後國内ノ形勢地理ヲ大ニ秘スル情體ヨリ却テ答禮ヲ不受ヲ竊ニ綏安シ幕府代替ノ都度信使差渡來レルハ畢竟敬シテ遠サクル意ヨリ出シト見エ去々辰嚴原藩建白中ニ今通信使ヲ召寄ラレ外務省於テ條理ヲ盡シ厚ク説諭アラハ舊染ノ惡習變移ノ機會ニモ可至トノ趣相見エ同藩ノ見込如何可有之哉彼内外ノ政務是迄文官ニアリ近年佛國人戦争以來武官權ヲ專ラニシ國政多クハ武官ヨリ出既ニ去々辰冬御一新報知ノ書翰從前ノ例ニ據リ寫ヲ以テ相渡シ本書受取渡シヲ促スト云ヘトモ書契中皇ト稱シ勅ト稱シ禮曹參議ニ對シ大人ヲ公ト改メ朝臣左近衛及ヒ朝鮮國王ヨリ兼テ渡シ置タル國書ヲ改メテ新印ヲ押シタル件々ヲ掲ケ總テ文中ノ不遜ナルヲ咎メ舊例ニ據ラサルヲ擧論シ竟ニ斷然不可受事ニ決答スレトモ曾テ毫モ絶交ノ意ナク陰ニ德川氏同等ノ大臣ト適禮セン事ヲ陳述ス顚末如此場合ヘ信使ヲ促ストモ可行届儀ニ無之右書翰持參ノ使臣樋口鐵四郎今ニ在韓前書決答ノ始末ヲ以此上ノ取計振相伺猶御沙汰次第談判ニ及ヒ候心得ノ御申聞

是迄ノ手續等篤ト承リシニ昨春以來數回談論ヲ重ネ終ニ右ノ結局ニ立到リ此後何樣ノ御沙汰有之候トモ彼頑固ノ國風迚モ大差使一分ノ力ヲ以切破難行屆儀ハ勿論此上宗氏自ラ渡韓イタシ候トモ承諾可致儀トモ不相聞詰リ順延機會ヲ失スルヨリ寧彼ノ決答後日必證トスヘキ書面ヲ取リ右ヲ以テ御廟議相伺候方ニ可有之旨大差使其外ヘモ申談シ猶官守役ヨリ應接ノ上別紙寫ノ通リ東萊府伯ヨリノ書翰幷訓導別差ヨリ舊冬差出置タル難問書ヘ調印致サセ右本紙ハ無程此上ノ取扱振相伺候節一同宗氏ヨリ差出シ候趣ニ有之則寫シ差上申候速ニ御廟議ノ上御措置有之度候事

一 對州ヨリ朝鮮ヘ差遣シ候使者ノ禮典朝鮮ヨリ對州ヘ差渡シ候使者ノ禮典

此儀幕府代替宗家及ヒ朝鮮國ノ吉凶トモ宗家ヨリ禮曹參判ヘ向書翰ヲ添ヘ土物ヲ齎シ使者トシテ執政及ヒ重臣ノ内ヲ差遣ス彼國ヨリハ幕府代替ニハ信使其餘ノ吉凶宗家代替等ニハ任官ト唱候者ヲ對州ヘ差越双方ノ禮典別冊ノ通リニ有之尤任官渡來ノ諸入費ハ幕府ヨリ下ケ渡シ候仕來ニ相聞候事

一 朝鮮國ヨリ勘合印ヲ受候由右ハ同國制度ニ取入貢ヲ受候取扱ナル哉

此儀彼國府郡縣ヘ國王ヨリ相與ヘ圖書同樣ニテ宗氏實名ヲ彫タル銅印ナリ歲遣船ニ添ユル書翰ヲ始何事ニ依ラス宗氏ヨリ彼國ヘ贈ル處ノ文信ニハ悉ク此印ヲ用ヒ若シ此印章所持セサル船ハ賊論ヲ以テ斷ト往古ノ約定ニ載タリ此印ヲ受ルハ彼國制度上ニ取リ臣下ニ等シ加之歲賜米ト唱ヘ年々米五拾石大豆五拾石ヲ宗氏代々ニ給ス是彼國ニ臣禮ヲ取ルノ最一トス其餘謬例枚擧スルニ遑アラス對州初ヨリ其謬例ヲ知ルト云ヘトモ彼ヘ接近ノ孤島一藩ノ接待力足ラス其上領地ノ豊凶國計切迫ノ折ハ彼ヨリ金穀ヲ借受右ヲ以テ生活ヲ補ヒ候儀古今儘有之近年モ又勝手向不如意ニ隨ヒ朝鮮ヨリ若干ノ借財シ右ハ追々仕法相立濟方可致トノ趣ニハ候得トモ從前ノ弊風如此ナレハ自今朝廷ニ於テ交際筋御引受相成候上ハ第一宗家ノ負債ヲ始累百年私交ノ謬例發輝ト御正シ不相成候テハ交際ノ條理難相立候事

一 朝鮮ノ國體臣禮ヲ受ル國ニ取リ北京ノ正朔ヲ仰クト云ヘトモ國政ニ至テハ自裁獨斷ノ權力アル哉

此儀每歲冬至皇曆兩度ノ使价北京ニ往來ス往古宰相六曹ノ輩ヲ正使トシ

附屬トモ人數三百人程陸地ヲ北京ニ到ル書ヲ捧ケ土物ヲ齎シ臣禮ヲ取正朔ヲ奉スルノ例トス然ルニ雜費許多ナルカ故イツノ頃ヨリ歟兩使ヲ相兼テ譯官ノミヲ遣シ來レリト國王ノ諡ハ北京ヨリ贈ル都テ重大ノ事件ハ北京ノ特命ヲ受ルヨシ然レトモ明ノ昔ト違ヒ心伏スルニアラス其節彼ノ猛威ニ屈シ陽ニ正朔ヲ仰キ貿易モ支那境鴨綠江ノ傍義州府ニ開キ同所ニモ府使訓導通事等數員ヲ置接待ス北京交際ノ入費ハ平安一道ヲ以テシ日本交際ノ入費ハ慶尚半道ヲ以テスト内治ニ至テハ明ノ舊恩ヲ追慕シ清ノ正朔ヲ書載セス國内一般支干ノミヲ用ヒ國王ノ何年ト唱ヘ明ノ服飾周ノ禮樂ヲ行ヒ内政百事獨斷ノ權アリ外國ニ關係スル事件ト云ヘトモ自裁スル由然レトモ我勝手ノヨカラサル事柄ハ北京ニ告知シ特命ヲ受ル由ニ相聞ケレト是迄日本ニ關係スル事件等北京奏聞スル事ナシト彼カ狡猾ノ甚シキ日本ニ向テハ北京ヲ鳴ラシ北京ニ對シテハ日本ヲ後楯トスルノ意ヲ示スヨシ相聞ヘ候事

但朝鮮國譯官北京ニ使シ同所ノ禮典ヲ例トシ對州ヨリノ使者ヲ取扱ヒ候由相聞候事

一 皇使被差遣候節御軍艦首府近海ヘ被相廻候ニ付良港有無此儀御軍艦釜山浦ヘ被差向候テハ頗ル迂遠ニシテ咄嗟ニ辨セサルハ勿論ナリ近年佛人戰爭ノ砌首府近海江華府ニ碇泊イタシ候趣ニ相聞同所ノ外近海ニ相應ノ港無之右江華府ヨリ内手ヲ漢江ト唱ヘ南北兩條有之大艦難乘入首府迄凡二十里小舟ヲ以テ往來スルヨシニ相聞候事

但御軍艦朝鮮ヘ被差向候節對州嚴原ハ大艦碇泊ノ場所ニ無之内國淺海ト唱ヘ候場所一覧イタシ候處朝鮮地ニ向タル大江ニテ就中芋ヶ崎ト唱ヘ候場所御軍艦屯碇石炭圍等ノ爲屈竟ノ地ト被存候間則西洋測量地圖一葉差出候事

一 朝鮮國ノ儀魯西亞ノ毒吻ニ心酔シ陰ニ保護依賴スル風評且境略論

此儀草梁ノ出入等ヲモ聞採リ訓導面會ノ折モ夫トナク事情相尋候ヘトモ魯西亞ニ依賴スル事情更ニ不相聞尤黑龍江ヲ隔北ノ方方今魯西亞人土宇ヲ開墾スル風聞アレト朝鮮境鴨綠江迄ハ懸隔ノ場所境壤未接哉ニ有之併永ク境壤ヲ安シ候儀ニハ難相成トノ風聞ニ有之候事

一 朝鮮國海陸軍武備ノ虛實器械ノ精粗

此儀佛人戰爭以來ハ水營兵學共頗ル兵ヲ練リ府郡縣令ニハ農兵ヲ蓄フ首府ニテハ寺僧迄兵隊ニ加ヘ同所近海ハ海陸防禦豫メ備ハレリトノ風

聞ニ有之既ニ釜山城下ニ於テ折々火入調練有之其體裁本朝ノ古流ニ類シタルモノニテ大旗ヲ以テ進退指揮シ劍鋒隊弓隊銃隊等ヲ研究シ陸戦ヲ主トス物具ハ隊長以上身分アル者ニ限リ充分綿ヲ入レ鐵板ヲ縫ヒ込ミタル着込ミヲ着シ桃ノ實ニ類シタル兜ヘ長サ二尺程ノ錣ヲ付ケ本朝ノ火事頭巾ニ等シキモノヲ冠リ馬乗ニテ指揮ス兵卒ニ至テハ寺僧又ハ農夫等常服ノ儘出陣シ専ラ毒箭射殺ノ術ヲ施ス然ルニ佛人戦争以來小銃ニ利アルヲ知リ方今銃砲ヲ製造ス其小銃ヲ見ルニ火縄打ノ長筒ニテ製作ノ拙ナル事實ニ見ルニ足ラス弓ハ水牛角ヲ以テ半弓ニ製シ矢ハ篦細ク鷲ノ羽ヲ以テ細羽ニ製シ矢尺弓丈ヨリ長ク只遠矢ニ利アルヲ主トス戦船ハ水營ニ備ハレリト云ヘトモ平常漁船ニ用ヒ日本船ニ比スレハ甚タ拙ク相見ヘ釜山ノ大灣中一ノ砲臺モ見ヘス城壘モ堅ナラス軍營ト云ヘトモ斯ノ如シ餘ハ推シテ知ルヘシ只敵ヲ切所ニ引受ケ接戦ノ策ト相聞候事

一 内政ノ治否草梁記聞ノ如クナル哉

此儀果シテ草梁記聞ノ如シ大殷君驕奢婬蕩漸次暴政ヲ施シ方今文武百官紛擾國民頗ル怨嗟ノ情體相見就中卽今賄賂行ハレ土人殆ント窮スルカ故在上ノ人ヲ誹謗スル事記聞ニ載タルヨリモ甚シ慶尚道漆原ノ一揆ハ鎭撫シ卽今江原道ノ内ニ一揆起リシトノ風聞アレトイマタ其鎭制セル説ヲ聞カス將佛人邪教ヲ施スニ至リテハ最前北京ヨリノ耶蘇ノ教師國内ニ入リ賤民ヲ煽亂スト有之候ヘトモ朝鮮國ノ情體彼ノ國ニ漂到セル日本漂民スラ寸地モ陸行ヲ許サス船ヲ以テ釜山ニ送ル舊例ナリ外國人ヲ國内ニ入レス地圖ヲ秘スル國體ヲ以テ佛人ノ永ク國内ニ潜居シタルヲ知ラサル理ナシ宗門ヲ信仰セシ土民ノ内佛戦ノ折柄脱走セシモノアリト云此戦争以前ハ洋物盛ニ行ハレ今日更ニ洋物ヲ見ス是可疑ノ一也何レノ頃ヨリ國民ト佛ト私交シ追テ邪宗ニ害アルヲ知テ斷然攘夷ノ説ヲ開キ信仰ノ徒ヲ嚴罰セシ由ナレト今ニ其餘黨殘リ居候趣ニ相聞是ヲ以テ考レハ國情紛亂タルヲ知ルヘキ事

一 貿易取開ニ付テハ物品ノ交換物價ノ低昂及ヒ貨幣ノ善悪此儀金銀ヲ以貨幣ニ鑄造イタシ候儀無之砂金又ハ多少ノ銀塊ヲ以テ旅行ノ辨用トシテ平常ノ商法ハ銭ヲ以テ普通ノ取引トイタシ銭ノ大小ヲ不論都テ壹文ノ通用ニイタシ來總テ貿易上ハ銭ノミノ算勘ニテ然ルニ日本ノ物品近年益騰貴彼ノ物價我往古ノ相場ニ等シ故ニ方今百斤ニ付價三拾兩ノ丁

銅ヲ以テ彼ノ銭拾貳貫文ニ賣渡シ百斤ニ付拾貳貫文ノ煎海鼠ヲ買取是ヲ三港ノ内ヘ運輸シ金四拾兩位ニ賣拂ヒ往返ニテ金拾兩ノ益アリト云ヘトモ船賃等差引強テノ利潤モ不相見餘準之從前ノ公貿易ニ至テハ錫百斤ヲ以テ木綿貳百疋ニ換候類其益莫大右木綿ノ内貳萬疋米ニ換候分壹疋ニ付米三斗八升餘ニ當ル是格外ノ利潤ト云ヘシ此等ノ益及ヒ馳走米ヲ以テ宗家ノ經濟トイタシ居候儀ニテ方今交際ノ謬例ヲ正シ歳遣公貿廢止イタシ候上ハ貿易上ニ強テノ利潤モ不相見併シ向來大ニ貿易ヲ開キ候ニハ日本ニ於ル各國貿易ノ如ク洋銀ヲ以テ諸物品ノ媒シ漸々彼ノ貨幣ニ被壓今日ノ相場ニ至ルト同日ノ論ニテ彌朝鮮國内ニ兩三港ヲ開キ彼我勝手貿易執行フニハ第一我銭ヲ彼ニ流融スルノ策ニ不出候半テハ利潤充分トハ難申今本朝ヨリ銭ヲ輸出スルハ各國御條約面ニ差響キ可申トノ論ニモ可有之歟彼國ヲ我部内ノモノト見元來銭ノミ通用ノ國ニツキ彼我互ニ流融イタシ候上ハ西洋各國ヘ輸スルト違ヒ不都合ノ筋モ有之間シク然ル上ハ彼國ニ在留スルモノヽ辨利申迄モ無之貿易モ盛大ニ至リ可申方今開港ノ地ヲ尋ルニ首府近海ニ江華府アリ南漢江ヨリ王城ニ通シ北漢江ヲ經テ開城府ニ至ル王城開城ノ都府ハ追テ商賣ノ爲メニ開市シ江華島ハ直ニ開港シ其餘ハ濟州ハ都府ヲ離ルヽ事凡百里孤島ニシテ肥前五島ニ近ク物品多ク産シ頗ル繁華ノ地ト云平安道ノ義州府ハ清國ト舊來ノ互市場ナレハ釜山トモ都合四ケ所ヲ開キ置キ商賣ノ都合ニ寄リテ在留ノ法ヲ設ケ義州ハ西隅ノ地ニテ清國ト鴨綠江一線ヲ隔ルノミ日本ヨリ手ヲ入其利益如何然レトモ北京ト取引ノ相場ヲ聞探ルニ便宜ノ地ニテ商賣掛引ノ助ト成ヘシ加之朝鮮北部他邦ニ接スル故動静ヲ探ルニ此地ヲ第一トス右樣一時ニ多港ヲ開クニ不及トノ論可有之候得共彼固陋舊守ノ國風ナレハ最初約條ニ掲載セサレハ後日開ク事難シ故ニ舊來ノ釜山トモ四港二都ノ開市ヲ約シ便宜ノ地ニ貿易シ且北京天津ノ貿易ヲ開キ朝鮮國産煎海鼠干鮑鱶鰭等ノ類支那ニ運輸シ支那ノ胡椒蘇木金巾木綿等ノ類朝鮮ニ渡シ兩國ノ際ニ立テ利益ヲ計ル是大ナル本邦ノ益ト可相成則朝鮮金銀銭見本幷釜山ノ物價彼我ニ適シ候物品別冊ノ通ニ有之候事

一 歳遣船向來存止

此儀彼國ヨリ圖書ヲ受累年歳遣船ヲ送リ公貿報進物ノ利潤ヲ以テ經濟ヲ補ヒ來リ候得トモ彼國ニ對シ藩臣ノ禮ヲ取ルニ近ク自今朝廷御交際

貿易御條約御取締相成候節ハ廢止ノ方至當ノ筋ト存シ候事

一 對州ハ兩國ノ間ニ价立スル孤島ニテ交際ノ入費幷漂民彼我引渡方等一藩尋常政費外ノ入費

此儀年租三萬石無謂被召放候旨宗家歎訴中ニ相見へ候得共右ハ舊臘藩知事御暇ノ節下野ノ支配地四千貳百貳石餘ノ場所被召上前書三萬石ヲ束ネ九州ニ於テ三萬五千八百五拾石餘ノ場所支配地ニ被仰付舊臘御高帳御渡相成鄕村諸書物未請取物成高聢ト難相分候へトモ右ニテ追々仕法モ可相立此上朝廷ニ於テ兩國交際貿易ノ道被爲開歲遣船ヲ廢止シ候上ハ是迄ノ所得ヲ失ヒ候儀ニ付別紙取調書ノ通リ增支配地被仰付候方公平ト存候尤同家ノ儀先年同藩紛亂ノ砌ヨリ一藩ノ會計曖昧ニシテ追年向々借財相嵩終ニ朝鮮國ヨリモ米錢借受ケ候時宜ニヨリ一藩ノ生計必至困苦罷在候折柄從來生計ヲ補ヒ候公貿ノ利益突然放レ候テハ端的飢渴ニ迫リ候テハ必然ニテ方今皇使被差渡私交ノ謬例御正シ可相成亦品ニヨリ如何ノ擧動ニ至リ交隣ヲ絶シ候モ難計一藩ノ痛意此事ニテ貿易ノ利潤ハ申迄モ無之夫カ爲メニ生活相立候士族モ不少是迄私交ノ貿易ハ今日ニ至リ斷然可相廢ハ勿論ニ付一藩覺悟ノ體ニ相見へ候得共是非皇使被差渡候以前是等ノ御處分不相立候テハ忽チ藩政紛亂可致イツレニモ九州地ニ於テ御見換被下候ハヽ一藩擧テ奮發努力可致ハ無論ト相察シ申候詰リ外邦ニ食ヲ仰カス一藩ノ生活相立候素ヨリ宗家ノ渴望スル所ニ有之將交際上入費中彼我漂民取扱ノ儀嚴原藩申立ノ通リニ候得ハ和漂民二三年ニ一度彼國ノ漂民ハ年ニ寄リ十四五度モ有之凡平均一ケ年ニ八九度ヨリ十度ニ至ル送返シ候節々相應ノ謝報有之長崎大阪送迎對州逗留中ノ諸費ヲ右謝報ト差引候得ハ强テノ入費ニモ有之間敷彼我漂民入費ノ儀各國御交際上ニ據ル時ハ彼我トモ入費ヲ問ハス今朝鮮ノ漂民ヲ如斯取扱フ時ハ我寡ク彼多ク我ニ取リ格別ノ失費ナレハ爾後書翰ニ添ヒ進物相廢シ互ノ扶助ハ舊例ヲ以テ取扱候方歟委細ハ別冊ノ通ニ有之候事

一 朝鮮ハ草梁項ノ外其内地ハ日本人ノ旅行難相成哉

此地草梁ト稱フル地海岸ノミ壹里餘モ有之其中央ノ海岸ニ倭館ヲ設ケ別紙繪圖面ノ通リ凡七萬坪餘モ有之往古ヨリ地租ヲ不出對州ニ屬シ一郭ノ所置都テ館守役管轄ス當時在館人數凡三百人ニ近ク門ノ開閉ハ東萊府ヨリ番兵ヲ置テ司ラシム夜中出入ヲ禁ス倭館外四方へ凡三百歩ノ

野邊遊歩出來候マテニテ右モ必ス日本通辭護送ス釜山寄ノ方ニハ際門ヲ設ケ通行ヲ許サス此際門内ニ豆毛ト云一村アリ倭人之ヲ古館ト號ク元祿度倭館ヲ今ノ草梁ノ地ニ移ス右古館ノ地ニ古墳アルユヘ毎歲兩度彼岸中倭人墳參リヲ許ス倭館周圍ニ五ケ所ノ見張小屋ヲ取建日本通事兩三人モ詰合和人館ヲ出スルヲ見張リ居必ス附添ヲナスヲ彼ノ勤トス萬一日本人此境界ヲ犯越スルモノアル時ハ土民擧テ礫ヲ拋チ葛藤ヲ生シ候儀有之右ハ倭館規則ニ明文有之是迄重大ノ事柄ト云ヘトモ訓導等先導シテ到ルノ外東萊ハ勿論際門通行ヲ許サス故ニ各所へ遊歩セン事ヲ館守ニ談スト云ヘトモ右等ノ周旋迚モ難行段申聞現地事情探索イタシ候處無相違相聞候事

一 竹島松島朝鮮附屬ニ相成候始末

此儀ハ松島ハ竹島ノ隣島ニテ松島ノ儀ニ付是迄掲載セシ書留モ無之竹島ノ儀ニ付テハ元祿度後ハ暫クノ間朝鮮ヨリ居留ノ爲差遣シ置候處當時ハ以前ノ如ク無人ト相成竹木又ハ竹ヨリ太キ葮ヲ産シ人參等自然ニ生シ其餘漁產モ相應ニ有之趣相聞へ候事

右ハ朝鮮事情實地偵索イタシ候處大略書面ノ通リニ御座候間一ト先歸府仕候依之件々取調書類繪圖面トモ相添此段申上候以上

午四月

外務省出仕

佐田白茅

森山茂

齋藤榮

外務省(1870. 10. 17/明治三年九月二十三日) → 太政官

吉岡 조사단 교섭 계획 및 서계안

관련문서 (1) 예조판서에게 보낼 서계안
(2) 동래부사, 부산첨사에게 보낼 서계안

辨官御中　　　　　　　　　　　外務省

今般吉岡弘毅外兩人朝鮮國ヱ被差遣候ニ付同人等ノ見込書并ニ卿大丞ヨリノ書契案トモ別紙ノ通ニ可然御取捨被下度存候尤御沙汰次第便宜ノ脚船ヨリ發途爲致候儀ニ有之候間用金ノ儀ハ早々大藏省ヱ御下命有之候樣仕度此段至急御伺申上候也

庚午九月廿三日

朝鮮行手續書

今般兩國政府等對ノ目的ヲ以渡韓仕彼地應接振等豫メ今日陳述難仕候ヘトモ朝廷御親交ノ盛意及萬國ノ形情古今機運ノ變遷ヲ懇説シ到底我善隣之誠意ヲ以テ感動セシメ御交際圓成候樣仕度存候就テハ等對目的上關係ノ手順左ニ伺上候

一 外務卿ヨリ彼國禮曹判書ヘ書契外務大丞ヨリ東萊釜山兩使ヘ書契被遣候樣仕度候事

右判書ハ卽禮曹ノ長ニシテ我外務ノ卿ノ如シ兩使ハ從前對州藩知事等對往復ニ候間大丞ヨリ書通相成可然哉ト奉存候

一 渡韓後第一ノ手順ハ先對州藩ヨリ彼地滯館致シ居候諸士ト時宜篤ト打合セ訓導ヘ面晤イタシ諄々兩國唇齒ノ厚情盛意ヲ説諭シテ彼カ疑團ヲ氷解セシメ扨今般目的トスル處ノ政府等對交際ノ大意ハ對藩ヘ彼訓導ヨリ内意歎願セシムル樣相量リ而後右齎ス所ノ書契ヲ出スヲ良トス

但兩國交際ノ儀德川氏ノ時嚴原藩再結ノ儀政府官員彼地ヘ渡航候儀打絶候ヘトモ總テ節目改革ノ折ハ彼地ノ習癖トシテ再應相拒ミ

候ハ毎常ノ儀ニテ今ニ相始メ候事ニ無之其例懇々和談イタシ候末遂ニ相容レ候ニ至リ申候今般渡航ノ儀ハ譬彼ヨリ拒ミ候テモ我ヨリハ到底誠意ヲ通シ持長寛厚機ニ臨ミ談判仕嚴原藩ヨリ協同盡力爲致訓導及東萊釜山トモ漸ヲ以面晤ノ手順相立申積ノ事

一 右書契受容爲致候後愈益懇切ノ意味ヲ通シ徐々方今ノ形勢篤ト説明シ第一判書ヘ交情感荷ノ回音ヲ得既ニ交情相熟セハ通信ノ欽差大使彼ヨリ先ンスルカ我ヨリ先ンスヘキカ先後必ス來往セサルヘカラサルノ地ヲ爲シ或ハ從前公私貿易ト稱セシモノヲ論シ改メテ官民兩情相悖ラサルノ良法ヲ商酌シ談判スヘシ

一 今度渡航ニ付舊例ニ傚ヒ百事協同斡旋可致旨嚴原藩知事ヘ太政官ヨリ更ニ御沙汰被下度候事

但シ當今在京イタシ居候浦瀨最助儀ハ朝鮮通辯熟練ノモノニ候間我々同行差添可申旨同藩邸ヘ本省ヨリ達シ被遣度候事

一 御用濟歸途ノ遲速ハ難計候ヘトモ概算六ケ月ヲ期限トイタシ候事

一 海路長崎迄ハ西洋脚船ニ乗シ崎陽ヨリ對州ニ至ルニハ時氣西北風ノ際ニ相成和船ノ航海イカニモ無覺束候間崎陽ニヲイテ蒸氣又ハ帆前船等其便要ヲ計リ渡航可仕積リ其先韓地ヘノ往復ハ尤和船ヲ以テ航海可致見込ノ事

一 御用金三千兩幷船賃洋銀五百四十弗御下渡相願候事

但今般ノ儀ハ漸々誠意徹底ノ積長ク彼地ニ掩留モ可仕諸賄モノ等多ク持渡リ候儀ニ付入費モ相應ニ相嵩ミ且彼地官吏ヘノ贈リ物モ調整可致儀ニ付右高御下渡相成度候事

附リ贈物御買上且上下船賃及諸仕譯書等詳悉別紙ニ取調差添候事

一 今般ノ儀ハ極々手輕簡便ヲ主トシ候積ニ付附屬等ノモノ召連候儀ハ不仕覺悟ニ候ヘトモ會計記錄相兼候史生壹人幷ニ等外ノモノ壹人召連申度事

右件々御決評ノ上早々發途ノ都合ニ取計ヒ申度候事

庚午九月廿日

吉岡弘毅

森山茂
廣津弘信

【관련문서 1】

日本國外務卿 澤宣嘉 奉書
朝鮮國禮曹判書某公閣下
嚮我
朝廷命宗義達謀與
貴國尋舊交迄今三年未有所回奏顧
貴國諸賢或有未了
本邦尋交之旨者故特重陳以告我
國家中世以降兵馬之權委之將門而彊域之政亦管之今也世運一變我
朝廷更張綱紀革弊除害政令維新原夫與
貴國隣誼之深業既三百有餘歲宜更尋舊誼令
兩國之盟愈篤愈固永遠弗渝矣加之海外諸邦星羅碁布修文講武舟楫之便碩礮之利罔邇罔遐靡所不至當此時凡有國土人民之責者豈得不遠慮而深謀乎哉而
貴國之東卽我之西其相距僅一葦有如唇齒相依存亡相關者焉是最所以要其隣誼之愈篤愈固也
閣下高明其必有所見焉誠信所在言繇衷出冀
閣下鑒裁尋交之誠意爲
兩國良圖明致復音不宣

明治三年 月 日

外務卿 澤宣嘉

【관련문서 2】

日本國外務大丞丸山作樂 奉書
朝鮮國東萊釜山兩令公 閣下
　嚮我
朝廷命宗義達致與
貴國重修舊好之意義達至今尚未復
　命故我
　外務卿特致書
貴國禮曹判書公備告
本邦政權復古之情狀商量
兩國尋盟之事委之吉岡弘毅森山茂廣津弘信齎赴
貴國兼命拜晤
　兩公閣下陳敍
本邦誠意之所在冀善款接其使員聽納其所陳述其所齎
　外務卿之書爲轉達
　禮曹判書公而
　兩公閣下亦周旋其間使
兩國尋盟萬世弗渝幸甚

明治三年

吉岡弘毅(1870. 12. 27/明治三年十一月六日) ➞ 外務省

동래 왜관 도착 보고

寒威ノ砌ニ候得共卿輔両公始諸彦益御勵精恭慶ノ至ニ奉存候小官等無事送光仕候御放念可被下候然ハ去ル陽月念七日附ヲ以嚴原發船ノ儀ハ御報告申上候所風勢順ナラス同念九日揚帆漸閏月初二日鰐浦ヘ到着好順次第渡韓ノ積ニテ投錨候處逐日西北ノ烈風吹募リ徒然廿一日間同浦茅舎ニ寓居罷在候風勢且和船ノ航海トハ乍申僅少ノ海路如此留滯イタシ候事實ニ殘念ノ至ニ候廿三日ニ至リ漸順風ニ付揚帆直ニ沖合ニ乗出候處午後礑ト風止入夜又々西北風ニ轉シ釜山浦ヘハ難乗入ニ付風波ニ隨ヒ地方ニ間切込候處蔚山部内唐浦ト申浦方ヘ漂着此所ハ釜山ヨリ海程十五里餘陸路十一里東北ノ方ニアタル由ナレト先々安着ヲ祝シ廿五日滯船廿六日拂曉同浦發船ノ積ニテ隣浦ニ繋泊致シ居候對州船船號順吉丸ノ端舟ヲ以浦口漕出サセ候處豈圖哉岩礁ニ乗上ケ既ニ鯨濤ノ中ヘ覆没スルノ勢ニテ滿船混動僅ニ小官等四五名引船ニ助ケラレ順吉丸ニ乗移リ此間十五丁餘危阨ヲ免レ候ヘトモ風勢益猛烈怒濤拍天本船ハ今ヤ破碎スルカト一同苦慮イタシ居候處再度順吉丸國徳丸隣浦ニ係泊ノ對州船ノ端舟救援盡力尤甚シ幸ニ夜明風静折節滿潮ニ從ヒ本船無事ニ瀬先ヲ離レ浮ミ候由報知有之一同雀躍無限此日寒氣凛烈海邊氷凍寒暖計二十九度ニ至ル本船ハ差テ損所モ無之哉ニ見受候ヘトモ前阨ニ懲リ兎角順吉丸ニテ廻館可致衆評ニテ廿七廿八廿九日ノ三日間ハ同浦同船ニ趣候霜月朔日ニ至リ近來稀成白日風勢モヨロシク本船ナラハ廻館都合ヨカルヘシトノ事故更ニ本船ヘ乗移リ直ニ揚帆其迅キ事火船ノ如シ然ニ夕三字頃ヨリ風力忽チ衰ヘ船進ミ得ス四字頃ヨリ又々西北ノ逆風ニ吹轉シ候ヘ共最早和館ヘハ五六里ニ不滿間切込候ハヽ館着モ可相成ト船子共一入盡力イタシ居候ヘトモ暴風逆浪ニ遡ル能ハス終ニ絶影島五六島ノ中間沖合ニ投錨今宵ハ滯泊ノ覺悟ニ候處風威愈强ク夜陰ニ入候テハ風波ノ響キ實ニ雷霆ニ等シ只々拂曉ヲ相待候處益風勢盛ニ相成此上吹立候節ハ如何可有之哉ト不安存居既ニ前厄ノ節端舟ハ打破居和館ヘノ急報モ不相叶其夜モ竟ニ滯泊翌朝ニ至リ快晴洋中モ稍穏ニ相成候ニ付東沖ニ繋泊イタシ居候對州船ノ端舟ヲ雇テ和館ニ危急ヲ告知ス夫ヨリ追々手順相立端舟其外飛船差立小吏及船子モ

多人數相增一同始テ快然ノ色ヲ生シ不取敢小舟ニ乗移リ三日夜第八字頃館着仕候誠ニ嚴原ヲ發シ候テヨリ殆ント三十三日間頗ル及艱難候得共上下無異其外一物無損實ニ天幸ノ至一同再生ノ思ヒニ御座候餘情百端備悉ニ能ハス宜深ク御亮察可被下候

一 昨五日ヨリ御用取掛リ今六日十字館司始大差使其外傳語ノモノ等來集御用件手始先小官等渡韓ノ儀館司ヨリ訓導等ヘ申達セサセ申候近日何トカ回答可申出ト存候韓國ノ儀ハ兼テ御熟知ノ通神速ノ成功無覺束百事沈滯可致候ヘトモ諄々説諭旨趣貫徹ノ積猶對話等相始リ候ハヽ節々御報告可申上候

一 韓地情状ノ儀モ當春來爲差儀モ無之由是モ追々偵索可申上候

一 兼テ專權ノ聞ヘ有之候大殷君モ愈左遷被致候由事由詳明不致候ヘトモ全權威ノ餘リ暴政ニ募リ候故擯斥セラレシナラントノ風評ニ有之候

一 獨逸船入津後ノ情態モ本省ニテ承リ候外格別相替リ候儀無之候併シ鎖攘ノ定論ハ矢張確立イタシ居候由

一 久々相勤居候館司役香高麗造ト申モノ近頃少々不正ノ所業アリ迚免職謹慎申付ラレ先月下旬歸州卽時配所ヘ引渡サレシ由就テハ跡館司役ハ今航同行難波安積被申付候

一 過日御惠札ノ砌支那交際手續書ハ一同拜閲右事件ハ案外順便相運ヒ大悦無限小官等モ大ニ氣勢ヲ加ヘ申候諸彦ニモ嘸御安堵ノ御事ト察上候

一 本邦方今ノ形情諸州ニヲイテハ何モ相替リ候儀無之哉且北海道近況各國ノ動靜モ承度僅ニ接近ノ地方トハ乍申域ヲ異ニイタシ居候ヘハ百事濶絶宜御亮察新聞日誌等ハ時々御廻シ是祈

一 二官六省ノ變遷且本省ノ官員增減黜陟等ノ儀ハ如何候哉官員錄新製ノ分御序ニ御投シ可被下候右ノ通申進候也

庚午十一月六日

廣津弘信
森山茂
吉岡弘毅

外務省御中

宗重正(宗義達)(1871. 4. 13/明治四年二月二十四日[?]) → 東萊府使, 釜山僉使

외무성 조사단 접견 요청

日本國左近衛少將對馬守平 義達 啓書
朝鮮國東萊釜山兩令公 閤下
　仲春遥惟
　僉履清迪曷勝欣慰陳者我
邦中世以降軍國之政擧委武門外交之事亦管之今也世運一變
朝廷
親裁萬機庶政維新四方萬國以禮來者亦以禮待之如其禮典條約總爲外務省之所管而與
貴國
　隣誼之厚既累數百年故外務大丞特致書于
　兩公謀
兩國尋盟之事委之吉岡弘毅森山茂廣津弘信
　乃
命接晤
　兩公敍陳
朝廷
誠意之所在頃者側聞
貴國以從前無見外務使員之例峻拒之至今未一
　接之夫例必因事生自古未有無此事而先有此例者前之我
邦不設外務省以掌外交故
貴邦無見外務使員之例不亦宜乎今
政禮既革外交之事總管於外務省然則其出使於
貴國致
本邦之
　誠信理勢當然何足深異故
　兩公亦宜
　款接其使員

　聽納其所陳述不宜引事例之有無相拒也夫固
　隣誼敦親好
兩國之福也若拘拘然論事例之枝杪以失其福則豈可爲善圖乎不勝區々憂慮之
切敢陳肺腑萬惟
照領草此不宣

明治四年辛未二月 日

左近衛少將對馬守 平義達

28

森山茂, 吉岡弘毅(1871. 5. 21/明治四年四月三日) ➞ 外務大小丞

동래부 교섭 난항 보고 및 대마도주 가역 폐지 건의

卿輔兩公初諸彦益御勵精恭賀ノ至リニ候扨當境廣津弘信發程後館司一代官及浦瀨最助等ヨリ追々訓導へ説得ノ末全ク訓導一存ヲ以テ去ル廿八日夜小官等面會ニ至リ申候應接ノ次第ハ別紙ノ通ニテ依然例格論固守仕候尤其前ヨリ最助ヲ以彼ノ意衷ヲ篤ト爲相探候處彼恐疑ノ廉數端有之候得共其大旨ハ外務使員ニ應接追々外務省ノ交際引受候節ハ漸貪求ヲ受ケ候モ難計其上對州モ依然差置交際二途ニ出候テハ素ヨリ貧國ノ上迚モ國計支へ方無之寧ロ先例ヲ固守シ對州ニ依賴スルニ不如トノ意底ニ有之哉ニ被察候尤朝廷御善隣ノ誠意ヲ諭シ追々謬例一洗公明正大ヲ主トシ候思召ニ付決テ右御懸念不及段浦瀨等ヨリ説得ニ爲及候得共唯々例格ニ拘着承服不致趣猶又小官等彼ニ面會ノ節其深情ヲ察シ熟考仕候處只今ノ儘ニテ歲遣船等ノ如キ年々彼ノ給與ヲ受其他彼藩屬ニ齊シキ謬例一ツモ改革無之徒ラニ言語上ニ誠信ヲ示シ公明正大ヲ唱へ候共彼疑團氷解難致左候テハ規模遠大漸々皇化ヲ三韓ニ宣布被遊候地ニ難至就テハ先便申進候嚴原家役免職ノ處ヨリ手ヲ下シ不申候テハ到底成功ノ目途相立不申候定メシ廣津弘信儀モ疾ニ出京建白ノ通家役免職等夫々御運ヒ相成候儀ト相察申候右嚴原家役免職相成候上ハ是迄私交ノ陋習ヲ一洗シ一恩一威其機ニ應シ候得ハ彼最早舊例格ヲ墨守スルヲ不得承服可仕奉存候乍然頑固疑惑ノ國風ニ付萬々一相拒候節如何ノ御處分ニ被爲出候哉前以御定算被爲在度廣津ヨリモ此邊ノ御廟謨奉伺候筈ニ候得共尚近日ノ景況御參考ノ爲此段申進シ候也

辛未四月三日

森山茂
吉岡弘毅

大少丞御中

訓導面會ノ儀浦瀨最助等ヨリ段々說得ノ末今三月廿八日ニ至リ漸ク入館訓導一己ヲ以テ面會相運應接ノ次第左ノ通リニ候尤東釜兩使ハ舊例ニ無之ヲ以承知不致趣申聞候

一應挨拶畢テ

此方ヨリ今日ハ初テ得面晤欣喜ノ至候就テハ今般奉命來使ノ旨相述ヘ本邦ノ誠意貫徹速ニ尋盟相運候樣致シ度候間心靜ニ御聞取有之度且貴邦ノ御情實等モ肺肝ヲ披キ御說話有之度候

訓導ヨリ今度御渡海ノ趣ハ速ニ承知仕候得共舊來ノ規則モ有之今日ニ至リ不得拜顏失敬仕候御申聞ノ廉逐一承知仕度候

某等今般致渡海候主意ハ我國中古以來天下ノ兵權武門ニ委任シ外國交際モ專ラ武門ノ取計ヒニテ貴國トノ交際モ將軍德川氏是ヲ扱ヒ來候處近世形勢大ニ變リ丁卯年以來朝廷ニテ萬機御裁決被遊庶政御維新ニ相成候然處貴國トハ積年御懇交ノ間柄ニ付戊辰ノ年朝廷ヨリ宗氏ニ被命我國大政一新ノ由ヲ以テ貴國ニ告ケ隣好益厚ク相成候樣周旋可致旨被仰付宗氏ヨリ早速大修使ヲ差立右ノ旨貴國ヘ御報知ノ由ニ候得共情意難通既ニ三年ニ及ヒ宗氏ヨリ復命無之ニ付我外務卿切ニ御苦心有之我等ニ被申付候ハ我國貴國ト數百年ノ交際モ有之且風俗文字モ同シク境土相望候事故今般政令一新ニ付テハ益交誼ヲ厚シ兩國兄弟ノ歡ヲナシ度ハ互ニ相望ムヘキ處于今情好親密不致ハ全ク朝廷御隣交ノ御誠意貴國ニ貫徹不致故ト被察候間何分渡海ノ上ハ東萊兩使公ヘ御面會隣交誠意ヲ陳ヘ速ニ兩國舊好ヲ繼キ候樣可致旨被申付渡海致シ候儀ニ付篤ト此旨御了解兩國ノ爲メ御盡力企望イタシ候

仰ノ儀ハ御渡韓以來館司一代官公ヨリ委曲承知仕御尤ノ儀ニ候得共一體兩國間事務ト(マヽ)對州ヨリ往復ノ舊規ニ有之其定約ノ外新規ノ儀ハ何共御答難仕外務省ヨリ使員御渡海御應接ノ儀ハ定則外ニ有之候間御用ノ筋ハ萬事對州ヲ以テ被仰込候ハヽ御答可仕候

我等渡海應接ハ舊規ニアラサル段御申述相成一應御尤ニ候得共我國政體一變外務省ヲ設ケ外國事務ヲ管轄致シ交際ノ國々皆外務使員ヲ差遣シ事務談判既ニ淸國ノ如キモ使員渡海交際成熟ニ及ヒ候事ニテ今般我等此地渡海モ同樣ノ儀ニ候右政體ノ變革御了解相成候ハヽ我等ヘ御應接相當ノ儀ニテ舊規ヲ以テ論スヘカラサル儀ニ候且事ニ本末アリ今此隣ノ兩國交際益歡好ニ歸セシムルハ本ナリ其他些少例格ハ末ナリ今若シ我國政體ノ變革ニ不關シテ末例ヲ固守シ彼是御拒ミ相成候テハ是レ本ヲ棄テ末ヲ守ルナリ交際ノ本

意ヲ失ヒ所謂謬柱皷瑟ノ類ト可申候此段得ト御熟慮幾重ニモ盡力相成東萊兩使公ヘ面接ノ儀致企望候事ニ候

仰ノ通兩國間交際ノ儀ハ既ニ三百年ヲ重ネ候儀ニテ益親睦敦厚企望罷在候儀ハ申迄モ無之候乍去斯ル綿々連續仕候譯モ畢竟兩國間ニ定約仕候規則ヲ雙方トモ固ク遵奉仕候故ノ儀ニ可有之候得ハ何卒兩國間舊約ノ通リ御用ノ儀ハ對州ヨリ被仰下度偏ニ兩國ノ爲企望仕候

既ニ戊辰年對州ヨリ大差使ヲ以テ一新報知申入候得共今以テ復命ノ運ニ不至事ハ畢竟取次ノ上ニ取次ヲ重ネ候ヨリ事情扞格意味徹底不致事ニ可有之右故我外務卿ニモ深ク苦慮被致我等ヲ以テ直ニ東萊兩使公等ヘ御面接ノ上及御懇話我朝廷御誠意令貫徹候様被申付候儀ニ候彼是取次相重ネ候テハ兎角情實難通言語ノ間ヨリ無用ノ紛紜モ相起リ可申候間御直對方兩國ノ爲メ都合宜ク候且申述候通リ卽今外務省ヲ以テ交際各國致應接候規則相成候間此段篤ト御了解有之度候且方今萬國ノ形勢一變各國富强ヲ講シ遠略ヲ務メ堅艦利器遠シトシテ到ラサルノ限ナクサレハ國土ヲ保ツモノ一日モ安坐ノ時ニ無之此時ニ當リ貴國ト我國トノ如キ積年ノ交誼有之且境土相望唇齒相保ノ勢ニ候得ハ益舊好ヲ敦クシ緩急相應候様致度此等ノ事情御洞察ニテ事ノ大小本末御辨別有之必ス末例ニ拘ハラス追々應接舊交益厚ク相成候様致度候

御尤ノ儀ニ候得共私職分ニ取リ候テハ規則外ノ事ハ何分ニモ御答難仕且貴國御政體御變革ノ處ヨリ規則外ノ事共被仰聞候得共我國モ貴國交際以來政體變革有之禮曹取扱ノ交際事務モ或ハ兵曹議政等ニ遷シ候事モ度々有之候得共矢張以前相定メ候規則ニ従ヒ禮曹ノ名目ヲ以テ文書往復仕候位舊約固守仕候儀ニ御座候

交際ノ道ハ誠信不欺ヲ以テ貴トス貴國職制ヲ改メ交際事務ヲ議政兵曹ヲ以テ掌ラシメ候何ソ其實ヲ顯ハシ議政兵曹ノ名目ヲ以テ通交ヲ御取扱不被成候哉然ルニ舊例ヲ固執シ虚名ヲ以テ御應接相成候ハヽ誠信不欺ノ旨ヲ失ハン歟我國ニ於テハ誠信不欺ヲ主トシ候故今般外務省ヲ以テ交際國々ヘ應接ノ制相立候上ハ其實ニ依リ貴國ニ應接モ同様外務省ニテ取扱ヒ其使員應接相當ノ儀ト存申候

仰ノ通リ我國ニ於テモ誠信ヲ以テ交際ノ主トイタシ候然ル處是迄兩國御交際ノ源元ハ矢張朝廷ニシテ而シテ徳川氏ニ其權ヲ委シ對州ヲ以テ中間ニ周旋被仰付候舊例ニモ有之候間外務省ハ是迄ノ徳川氏同様外交

ヲ總サセラレ候局ノ儀ニ候ハヽ外務省ヨリ宗氏ヲ以テ交際萬事御往復被下度候

段々申述候通リ宗氏ヲ以テ大政一新御報知ニ及ヒ候得共于今成熟不致ハ畢竟取次ヲ重ネ意味通徹不致ヨリ相起リ候事故我等今般渡海ニ及御直談ヲ求メ候儀ニ候然ルニ一概舊例ヲ主張シ本邦政體ノ變革ニ關セス應接御斷相成候ハ甚タ拘泥ノ御論ト存申候

仰ノ通リ御尤ニ候得共我國ノ儀ハ上下擧テ頑固ノ風俗ニテ舊規ニ違ヒ候儀ハ私周旋行届カタク何卒不惡御推察被下度猶御高論御申聞ノ儀ハ館司大差使公ヨリ書状ヲ以テ被仰下候ハヽ御答可申上候

追々可及掛合候間何分前條氷解御周旋有之東釜兩公ヘモ解諭被致度存申候

御使員拜顔ノ儀ハ舊規無之ニ付東萊府使不差許私一存ヲ以テ今夕致拜顔候事故今夕被仰聞ノ廉東釜兩使ヘ當席ニテ承リ候トハ申出兼候得共昨日ヨリ館司一代官公ニ承候趣意モ同様ノ儀ニ付篤ト兩使ヘ申出追テ館司公迄御左右可申出候

其許儀ハ積年交際事務取扱相成本邦情實モ定テ熟知可有之候間此上速ニ尋盟相成候様盡力ノ程致依頼候猶其許陳述ノ旨ハ於此方モ篤ト勘辨イタシ逐々可及掛合候

森山茂(明治四年十月) ➞ 外務省

외무성 관원 접견 문제에 관한 동래부 교섭 서류

森山外務省出仕提出書類
其ノ一 九月朝鮮國東萊府使ヨリ宗重正宛
外務省員ノ面接ハ其ノ理ナキ旨回答ノ件
其ノ二 九月朝鮮國釜山僉使ヨリ宗重正宛
外務省員ノ面接ハ其ノ理ナキ旨回答ノ件
其ノ三 九月朝鮮國接待官訓導等ヨリ草梁公館館司宛
外務省員ノ面接ハ其ノ理ナキ旨回答ノ件

(其ノ一)
朝鮮國東萊府使鄭 顯德 奉復
日本國左近衛少將對馬守平公 閤下
良訊遝至恪審
啓居 莊護深庸喜誦 頃聞
貴邦庶務維新更設外務省 掌交隣之事 此係更張認存 商量 而至於該省使員之因此來館 實是無前之事 況有面接之理乎 蓋自交隣後 幾百年以來 典章昭如星日 誠信重於金石 苟或造次刱例 不思遵守 則事無定規 弊將隨至 是豈爲
貴國善圖耶 誠欲世修
隣好愈往愈篤 未若永遵舊規不愆不忘 餘付象官 萬惟照亮 肅此不備

辛未年九月 日

東萊府使鄭 顯德

(其ノ二)
朝鮮國釜山僉使金 澈均 奉復
日本國左近衛小將對馬守平公 閤下
華緘遠至 憑審

興居 冲裕慰浣良深
貴邦外務省使員之來懇面接 實是恆規之外 豈有聽從之理 莫若遵守舊規永敦
隣好 餘付象官 惟冀
照亮 肅此不備

辛未年九月 日

釜山僉使金 澈均

(其ノ三)

覺

一 書契公幹事已爲盡於本府釜山回答書契中想宜照諒蓋自交隣以來兩邦事務各有其職書契往復亦有常格仍舊遵守無或違越卽金石之約條也第以大修使書契言之因字義之違格初不開捧況外務省公幹之說屢請面接至有別成書契者是果約條所在耶三百年所無之例·貴邦非不洞悉弊邦之不宜勉從貴邦亦當量燭而故欲做出事端者無乃凌侮隣國之意乎兩使道大加痛歎此事一款雖千言萬言決無回聽之理故將敎意略此替伸不備

辛未九月 日

訓導俊卿安僉知
別差山如李主簿

館 司 尊 公

(4) 宗氏 가역(家役) 파면

30

廣津弘信(1871. 7. 7/明治四年五月二十日) ➞ 外務省

宗重正의 가역(家役) 파면에 따른 후속조치 건의

朝鮮國尋交ノ儀ニ付御書契拜持舊冬十一月彼地ヘ着航ノ節嚴原藩知事殿ヨリモ在韓藩士ヘ重々諭達有之出張ノ官員ト協力同心皇朝百度維新政令一途及ヒ萬國ノ形勢時世ノ變革等ヲ論シ諄々我誠信ノ在ル所ヲ納ルヲ謀候處彼ヨリハ專ラ先例古格ヲ主張シ且ツ訓導ナル者昨年落馬傷瘡ヲ得ルノ後ヨリ屢病患ヲ發シ今以出張官員ト公然面接ニ至ラス其間倩對韓兩間ノ情實ヲ熟察仕候内知事殿ヨリ家役辭表ヲ獻セラレ候ニ付吉岡弘毅始盡議ノ上二月十五日弘信嚴原ヘ歸航シ熟ク知事殿賢慮ノ出ル處ヲ承リ候處微臣等着目スル所ト符節ヲ合スルカ如ク依テ其議ヲ建御決評ヲ仰キ奉ラント三月十六日着京仕候處豈圖ンヤ米國軍艦ヲ彼國ニ發ルノ一擧ニ遇テ安藤太郎一同渡韓ノ命ヲ奉シ同月廿日横濱ヲ發シ長崎ニ至ルノ間數次書取ヲ以テ件々奉伺置四月廿三日着韓ノ上米韓ノ形情討探致シ先以釜山近傍兵突ノ患有之間敷相察シ尚兩名共ニ後來ノ目途ヲ議シ五月二日草梁館ヲ發シ同五日復ヒ嚴原ヘ歸着尚知參事ト協議シ決定ノ目途大略左ニ陳述仕候

未五月廿日

廣津弘信

一 尋交成熟ノ目的ハ宗氏家役ノ名義ヲ廢セラレ外國交際ハ總テ外務省ノ管轄タルヘキ一定ノ規則ナル事ヲ信知セシムルニ在リ

一 家役ヲ免サレ候後嚴原藩仕ヨリ之ヲ韓人ニ布告致シ交際ヲ外務官員ニ管セシムルノ手順及ヒ藩士中ニ於テ外務省員ニ任撰シ彼カ惑ヒヲ了解セシムル等ノ事ハ家役御免御決定ノ上尚公明ノ熟圖アルヘシ

一 嚴原藩士ヲシテ韓人ノ疑團ヲ説破シ朝廷ノ盛意ヲ承服セシムルハ但對韓兩間有司ノ私情ヲ切斷スルニアリ其私情ヲ切斷スルハ第一條ニ陳上スル所ノ宗氏家役ヲ免スルニアリ家役既ニ免スレハ宗氏歲遣船公私貿易等随テ其有ニ非シテ韓地ノ給與ヲ受ル事能ハサルヲ決定ス而此情實詳悉之ヲ陳セサルヲ得ス夫ノ宗氏ノ朝命ヲ奉シ一新報知ノ使ヲ差シテ

ヨリ今日ニ至ルマテ四年間同藩ニ於テ百方盡力苦心アリシハ勿論ニ候ヘトモ四百年來藩計ノ半ヲ韓地ノ給與ニ仰ヒテ幕府モ恬然之ヲ受シメ習ヒ性トナリ韓地莱釜有司ノ交際貿易使節接待等ニ關スル者モ亦幾多ノ私利ヲ謀リ來リ候ハ猶昔時長崎ノ奉行代官年寄宿老以下清商蘭商ヲ畫リテ接待セシ時ト其情大ニ相似タリ而シテ其私情ハ今更强チニ惡ムヘキ事ニハ無之舊冬嚴原藩制大變革アリ其内韓貿ノ得益ハ能ク幾年月ヲ持得ヘキヤト洞察セラレテタトヒ目今韓土ノ入益ヲ棄ルトモ新舊管轄收納米金ニテ藩ノ會計ヲ備ルニ足ルノ目的ヲ立テ知事家祿纔ニ五百石一藩ノ士祿上下ノ差等ナク十四石ヲ充ル等實ニ知事殿藩政ニ苦心セラレテ斷然外國ノ給與ヲ仰クヘカラサル警戒ノ心ヲ決セシメラレタル事正實賢明感スルニ餘リアリ如何セン從前疲弊藩債漸ク重リ候末ニテ改革ノ良法深恵モ忽チニ其急ヲ救フ能ハサルノミナラス尚小吏下民ノ情ニ至リテハ一月一年ナリトモ韓地ノ給ヲ仰クノ情アリテ制スヘカラサル者ハ實ニ不得止情ニ出テ決シテ惡ムヘキ事ニアラス眞ニ憐ムヘキノ甚シキカナ然ルニ韓地ノ如キモ內外安危切迫ノ形勢ニ至候ハハ或ハ遷都ノ説ヲ出シ或ハ開和ノ論ヲ起サントスルノ勢アリ随テ年月ヲ踰ヘス開和變革スヘシタトヒ我尋盟成功ノ目的ノ爲メニ之ヲ廢セストモ從來韓地ノ嚴藩ニ給與スル米豆等廢止スルノ時モ亦遠カラサル事必セリ韓地給與ノ道絶ル時ハ必ス朝廷ノ恵賜ヲ仰カサルヲ得ス然ラハ則前後早晩必ス皇國內ノ米金ヲ賜テ皇國內ノ人民ヲ救ハサルヲ得ス今朝廷其機變ニ先ツテ從來宗氏ノ歳遣船及ヒ公私貿易ト稱スル處ノ得益大約一萬石餘ノ米ニ直リ候分ヲ藩ニ賜リ候ハヽ闔藩ノ士民忽チ朝恩ニ浴シテ外地ノ給與ヲ仰カサルノ心ヲ決シ唯誠心一片朝旨貫徹ヲ勤ムルノ外無他嚴藩士民ノ心情既ニ綏服スルト韓國ノ疑團氷解ニ至ル事論ヲ竢タス夫ノ他日不得止ノ時ニ處スルト仁恵ノ民心ニ染入スル深淺果シテ如何伏テ請明鑑ヲ垂玉ハン事ヲ

廣津弘信(1871. 9. 8/明治四年七月二十四日) ➞ 寺島宗則

宗重正의 외무대승 임명 및 조선 파견 건의

昨日大島友之允訪ヒ來リ宗從四位知事職被免候後モ倩被相考今日ノ御制度ニテハ朝鮮交際家役ノ名義モ彌以テ相稱ヒ難ク且又朝鮮御交際ノ義ニ付テハ自身渡韓候テモ是非速ニ成功相成候樣奮發盡力不致テハ此上恐惭ノ至ト深ク被慨嘆候ニ付從四位誠意貫徹成功ヲ奏シ候樣有之度旨申聞候間弘信ヨリ然ラハ從四位殿當分ノ處外務大丞ニ被任候姿ヲ以テ先問使差立置續テ渡韓彼禮曹參議ニ會議シ公然百度維新萬機親裁藩ヲ廢シ縣ヲ立ラレ外國交際ハ總テ外務省ノ管スル所以ン且ツ外務省ヲ以舊交隣誼ヲ尋カサル可ラサルノ理ヲ諭サレナハ彼レ承服ノ後禮曹東萊釜山等ノ官員年々遷轉スルカ如ク我外務官員モ亦永襲ニ非ルノ論ヲ爲スニ至ツテハ最諭シ易カルヘク愚案候由談試仕候處大嶋モ至極同論ニテ從四位外務官員ヲ以テ親ク渡韓ノ覺悟相立候ハ縣士モ一層勉勵ヲ加ヘ申ヘク且又韓人從來宗氏崇信ノ意モ有之畢竟官異ニシテ其人同シキ樣心得承服モ亦速カナルヘク尋交ノ捷徑此ニ出マシク相考候旨申聞候間尚篤ト御評議奉願候以上

未七月廿四日

廣津弘信

廣津弘信(明治四年八月) ➞ 外務省

宗重正의 조선 파견 계획 관련 건의

渡韓手順伺書

一 大丞江御委任狀ノ事

粗漏ノ草案ヲ附ス謹ンテ御添刪ヲ仰ク

一 大丞渡韓禮曹參判面晤相當ニ候ヘトモ若遷延日ヲ費スノ勢ニ候ハヽ東萊釜山兩使ヘ面議可致心得ニ候事

一 對州ハ道順ノ上同州ニテ天氣見定メ不申テハ渡韓相成兼候間長崎ヨリ一應對州ヘ下着仕候事

一 對州着ノ上先問使差渡シ大丞渡海ノ顚末御委任狀ノ大旨趣ヲ摘シ一應布告ニ可及事

一 先問ノ報ヲ待ストモ機會ヲ見居ヘ候テ大丞渡韓可致事

一 滯韓官員吉岡弘毅ヘ大丞同行ノ御書付森山茂ヘ隨行ノ御書付下シ賜リ候カ本省ヨリ兩名心得ノ新命ヲ賜リ候カ且ツ兩名一應對州迄爲引取大丞ヨリ新命相傳ヘ尙大丞渡韓ノ節同行爲致候事

一 辰冬差渡シ置候大修使樋口鐵四郎儀ハ先問差渡候前引拂ヒ申付候事

一 歲遣船廢止ノ事ハ大丞渡韓尋交商量中其委曲ヲ告知スヘキ事

公貿易モ同樣ノ事

一 從前私貿易ト稱スル者ヲ以テ兩國公平ノ貿易方ヲ議シ之カ爲メニ商船往來ノ談判ヲ盡スヘイ事

未八月

手順伺書衆議付札案

第二條下 東萊釜山兩使ニ面議云々ハ今般成功上臨機ノ事ニテ後來ノ例ニ不相成樣談判ノ上ニテハ妨ナカルヘシ

彼ニ對シテ談判スルニ當テハ必ラス禮曹ニ面議センヿヲ望テ固ク其說ヲ守張スルヿ當然タルヘシ東萊釜山兩使面會ハ眞ニ不得止時ノ策ト存候事

第四條下 先問使ハ大島正朝對州人ノ名ヲ以テ渡航スルカ別ニ對州人ヲ撰

ムモ時宜ニヨツテ妨ケナカルヘシ

此先問尤大事ノ任ナレハ尚協議ノ上ニテ官員中一人顯密ハ臨機ヲ謀リテ同行仕度候事

第六條 吉岡森山ヘハ公然書付ヲ賜ルヘシ

同條下 吉岡等一應嚴原ヘ皈航シ端ヲ改メ大丞ト同隨ノ行ヲ爲スノ儀ト第七條下大修使樋口ヲ引揚クルトノ兩條ハ廟議ヲ仰クヘシ

廣津弘信(1871. 11. 5/明治四年九月二十三日) ➞ 外務省

宗重正 별한(別翰) 접수 후의 교섭방침 건의

관련문서 宗重正의 조선 파견 계획 및 연기 경위

至急伺書

一 宗氏ヨリノ別翰捧出後萬一官員面接ニ及ヒ候樣ノ儀御座候節御書契無之候テハ不都合ノ儀可有之候間自然左樣ノトキハ舊卿殿御書契ノ意味ヲ示シ猶新卿殿御書契申受往返中ノ由申入置不苦候哉

一 宗氏知事職幷朝鮮家役被免候儀時宜ニヨリ不申通テ難叶トキハ近々大丞殿渡韓ノ上公然報知可有之トノ内意ヲ以テ答ヘシメ置可然哉

一 右免職及ヒ藩縣御復制ノ儀自然相洩レ候節彼レヨリ其仔細ヲ詰リ及ヒ歲遣船名實齟齬ノ儀ヲ難シ候節如何應酬相心得可然哉

一 從前ノ歲遣船ハ今般藩縣御改制ニ拘ラス發スヘキヲ發シ遣ルヘキヲ遣リ其文引ヲ改メ後來公平ノ貿易ヲ盛大ナラシメサル可ラサル情實ハ五月以來陳上ノ通リニ候ヘトモ今般大丞殿渡韓遲延相成候ニ付テハ矢張宗氏ノ文引無之テハ一隻船ノ投錨タモ差留メ候ハ顯然ニ候ヘハ一般ノ藩知事ハ免セラレ候ヘトモ對馬太守ハ當分ノ處未タ免セラレサル姿ニ無之テハ反的渡海ニモ差支候樣相成曖昧中絕可仕然レハ沚一旦虛ヲ傳ヱ候儀ハ後圖ニ便ナラサルノミナラス第一宏規大度方今ノ御體裁ニモ反シ可申此邊如何ニモ痛心仕候何卒御熟評ノ上委曲ノ御指揮ヲ蒙リ度事

一 七月ニモ陳上仕候如ク對州ハ絕海ノ孤島ニテ上國ノ模樣容易ク通セス藩縣御復制ノ御主意モ貫徹仕兼人氣委靡ノ際宗氏大丞ニ被任渡韓拜命相成候ニ付テハ少ク氣力モ振起イタシ候半カノ處渡韓遲延相成且ツ今里縣ヘ合併セラル等ノ事ニ付テハ朝鮮尋交ノ儀ハ尋常公役ト心得唯々宗氏及ヒ銘々各々ノ行末如何ントノミ案勞イタシ茫然方嚮ヲ失シタルカ如キハ僻地ノ常情ニ候ヘハ宗大丞殿渡韓ノ儀ハ明春迄ノ內猶彼國委曲ノ情實注進ノ上ト相定メ一應暫時間ナリトモ嚴原迄下向相成朝鮮交際關係ノ面々ヘ委細指揮ニ被及候ハテハ勉勵ノ氣力モ無之ハ必定ニ候間此情實モ宜御諒察被下大島ハ兎モ角大丞殿ニ於テハ暫時ノ下向有之度重疊願ヒ存シ候

右廉々實地上ニ於テ深ク苦慮懸念仕候儀ニ御座候間篤ト御熟評ノ上御指揮ヲ蒙リ度重々歎願仕候以上

未九月廿三日

廣津弘信

【관련문서】

宗氏渡韓建議原由略

庚午冬吉岡弘毅森山茂廣津弘信渡韓ノ上ニテ彼國訓導館ニ就カス遂ニ辛未正月ニ至ル三員互ニ議シテ若シ正月ヲ終ルモ彼レ館ニ就カス使事ヲ陳スルニ由ナキトキハ直チニ東萊府ニ前往シテ面晤ヲ强ユルノ外ナシト決セリ

正月廿五日弘信一議案ヲ二氏ニ示ス曰ク略

舊冬以來訓導托病遷延幾年月ヲ期シ難シ我輩日夜焦苦スルモ之ニ面セサレハ又如何ントモスル事能ハス頃ロ後圖ヲ議スルニ與ニ東萊ニ前往スルヲ以テ上策トス弘信モ亦同シタリ爾后倩案スルニ維新以來彼ニ通報シタルハ總テ對州宗氏ノ人ヲ以テシテ未タ外務官員ニ一面セス今我輩突然禁界ヲ越ヘ東萊ニ前往シ彼之ニ應セサルヤ必セリ此トキ我輩何等ノ名義口實ノ能彼我曲直ヲ明辨スヘキアルヤ我輩今我廟堂ノ深意ヲ知ラス妄ニ進ムノミヲ望ムトモ遂ニ其退ク道ヲ失シ進退維谷ニ至リテ國耻ヲ累ヌルトモ何ノ權力カ之ヲ雪ムルヲ得ンヤ玆ニ愚見アリ三名ノ一嚴原ニ歸リ宗氏ヲシテ躬親ラ渡韓シ上ハ朝廷ノ盛意ヲ達シ下ハ祖先ノ功業ヲ墜サヽラシムルヲ說キ宗氏之ニ同セハ直ニ歸京其事ヲ澤寺島兩公ニ建言シテ朝命ヲ得ルヲ以テ上策トセンカ此事成ルノ日ニ至ルマテ三四ヶ月ヲ經サル可ラス其間彼ト相對スル爲メニハ宗氏ヲシテ急ニ別翰別使ヲ渡シ萊府兩使ニ外務官員ト面接セシヲ請ハシム其應酬ノ間宗氏渡韓ノ議當ニ成ルヘシ此議若シ兩君ノ意ニ適セハ今後四五月ノ間ハ宗氏ノ別翰應酬ノ事ニ托シテ我輩ハ如愚如痴唯一途ニ宗氏渡韓ノ日ヲ待ツ可シ若兩君之ヲ不可トシ到

底東萊前往ヲ以テ良策トセハ弘信猶一升米三斤肉ヲ喫ス必ス能ク先導ノ任ニ當ラン敢テ請フ公論ヲ盡セ

於是吉岡森山小林等協議遂ニ決ス吉森二氏曰ク東萊前往ノ議ハ使事ヲ盡スノ衷情ニ出ルモ其實成功ノ目途充分ナラス廣津氏ハ宗氏ト別懇ノ情由アリ且ツ此議ヲ立ツ宜ク自ラ當リテ熟圖セヨ

二月二日弘信釜山ヲ發シ同十五日着嚴原乃チ知事宗氏ニ面シテ自ラ渡韓盡力アル可キノ理義ヲ議ス宗氏之ニ同シテ曰ク是自家當然ノ義務ナレトモ藩計困迫如何ントモシ難シ願クハ朝廷更ニ渡韓ノ命ヲ下シ玉ハン事ヲ足下周旋セヨ云々弘信又東萊釜山兩使カ外務官員ニ接セン事ヲ請求スル所ノ別翰ヲ航セイメン事ヲ談ス宗氏又諾ス同廿四日別翰ノ文成ルヲ見テ上京

三月十六日弘信歸京會マ米國ノ軍艦朝鮮國ニ進航スルカ爲メニ本省安藤太郎ヲシテ渡韓セシメントスルノ際ニ方ル卽夜澤外務卿弘信ヲ招キテ更ニ直ニ安藤トトモニ渡韓センヲ懇諭アリ弘信乃チ宗氏渡韓ノ議ヲ獻スルカ爲ニ上京セシ事ヲ略陳シ翌十七日出京四月渡韓居ル事十餘日釜山ニ事ナキヲ察シテ前議ヲ成サンカ爲五月復ヒ上京澤公ニ内呈スル所アリ澤公之ヲ納レテ政府ニ建議シ遂ニ宗氏ニ上京ノ命アリ六月二日弘信澤公ノ内命ヲ受ケ出京同十五日嚴原ニ達シ宗氏ヲ勸勵シテ速ニ上京ノ途ニ上ラシム七月十七日宗氏トトモニ上京豈圖ランヤ同十四日廢藩置縣ノ令出テヽ宗氏ハ嚴原知事職ヲ免セラレ澤家モ亦外務卿ヲ免セラレ二月以來弘信カ三回往返宗氏渡韓ノ議ヲ建テシモ水泡畫餅ニ屬セントス然レトモ猶之ニ屈セス同十七日嚴原ニ新ニ人材ヲ撰ミ急ニ參事以下ヲ下サレン事幷ニ宗氏ヲ外務大丞ニ任セラレン事ノ議ヲ獻シタリ岩倉外務卿寺島外務大輔之ヲ可トシ乃チ宗氏ヲ大丞ニ任シラル於是カ餘燼復燃ヘ宗氏ヘノ委任狀ヲ草シ國王以下ヘノ贈進物品代價ヲ賜ハリ宗氏随行官員渡韓ノ命ヲ奉シ九月中旬將ニ發セントスルノ際藩計ノ負債莫大等ノ事故アリテ宗氏渡韓遂ニ中止セリ

右大略爲不失其傳記載之

34

宗重正(宗義達)(1871. 11/明治四年九月) ➞ 外務省

조선 파견 연기에 따른 향후 교섭방침 건의

今般發藩立縣ノ御變革ヲ以重正知事職被免朝鮮國家役ノ儀モ素願ノ通蒙免職候上ハ其顛末拙家ヨリ朝鮮國ヘノ報知不仕候テ難協御座候尤去七月重正外務大丞被任引續渡韓被命候ニ付免職ノ情由超海ノ上親敷陳述百致ノ心得ヲ以報知方猶豫罷在候處此節渡韓ノ儀暫御差延ニ相成候カ廣津弘信壹人一應渡韓ノ内命ヲ奉シ候趣申出候就夫從前韓國ノ交際誠信不相欺ヲ要トシ先般以來御新政通報ノ談判隣誼ノ道實ニ從フテ實ヲ告ルト云ノ誠意ヲ押立入候掛合罷在候中今日ノ御變革重正免職ノ事實ヲモ相秘置自然其説彼國ヘ傳播渠ヨリ起リ及訊問候カ又他日其證相顯詰リヲ受候樣有之候テハ從來ノ信儀不相立曲レル事我ニ在テ我ニ辭ナク渠ハ其口實ヲ得彼我曲直得失ノ堺辨スルヲ不待ノミナラス元來狡獰ノ國風彌疑ニ疑ヲ重ネ將來ノ御用害無限相考候殊更目今各國對峙萬緒公明ノ御時節内外名實齟齬御體裁不相立樣有之候テハ皇威ニモ關係イタシ重正一己ナラサル儀ニ付此度御變革ノ大要重正免職ノ始末ニ至リ急速及通報度左ニ陳述仕候以上

九月

宗大丞

一 前件旨趣通報ノ爲此度可差遣使節ノ儀從前ノ振合モ有之舊嚴原縣士ヨリ相雇渡韓中同縣參事等ノ名稱可被給候ヤ又ハ拙家使節ノ儀ニ付重正私家ノ内ヨリ差越シ最前重臣ノ者使節ニテ渡韓ノ振ニ準可申哉尤大島正朝儀本省出仕ニテ旣ニ渡韓ノ命ヲ拜シ罷在候ニ付御差支無之候ハヽ同人儀拙家使節ノ振合ニテ差渡シ吉岡森山廣津共協議件々報知イタシ且ツ重正渡韓ノ地ヲ成孰爲致度候事

一 御一新告知トシテ差遣置候大修使ノ儀ハ元來拙家家臣ヲ以召仕置候儀ニ付當節免職通報ノ上ハ大修一行速ニ引拂不申候テハ彼國ニ對シ彌不都合ニ候間引揚及差圖候心得ニ候事

一 兩國勘合ノ爲彼國ヨリ鑄造ノ圖書重正實名ヲ用ヒ總テ渡海船切手且ツ

書契往復ニ至右印記相用來候處此節免職相告候上ハ圖書返却ニ及候心得ニ候事

一 草粱館ニ於テ兩國交際事務幷交易邊取扱ノ爲差遣置候役々彼國ニ在テハ今ニ拙家家臣ト相立罷在リ此度免職相告候上ハ一旦端ヲ更メ不申候テ難叶候事

一 歲遣船公貿易ノ儀ハ從來專ラ拙家ニノミ關係ノ事ニ付改革談判ニ及度候事

一 韓國漂人取扱向總テ拙家ヘ引受同國ヘ送届候節ニ使者相添護送イタシ來候ニ付後來ノ規定相立申度候事

右條々ノ內兩國勘合ノ印以下ノ件ハ是非自今外務省ニ於テ管スル所ノ規則講明イタシ承諾不爲致候テハ難叶儀ニ有之總テ細少ノ事件ニ無之何分懸隔ノ地差圖存分行届不申テハ情實貫徹イタシ兼候事ニ付重正渡韓ノ儀ハ遲延候トモ一應對州迄罷下リ件々報知ノ駈引親敷差圖ヲ加ヘ渡海前朝廷御旨意柄先入ノ道心ノ及旋力仕度候間何分至急御決評被下候樣有之度奉願候也

35

柳原前光 等(1871. 11. 17/明治四年十月五日) ➞ 太政官

宗重正 대신 宗氏 사절 파견에 따른 향후 교섭방침

廣津弘信ヨリ別紙伺出候ニ付篤ト評論仕候處元來皇韓交際近時ノ模樣致簡疑訝ヲ重ネ加フルニ侮慢ノ狀ニナリ來候故此上斷然改制報知ノ段ニヲヨヒ候ハヽ尚一層ノ疑訝ヲ增シ例ノ撤饗撤市ノ事ニヲヨヒ候半モ難計然ル時ハ先前ノ如ク姑息ノ處分ニ過キ候テハ却テ侮慢ヲ招キ申ヘク去迚又俄ニ兵ヲ以テ其無禮ヲ詰ルト申ニモイタルマシク事若シ是ニイタリ候ハヽ先兩國ノ交際ハ暫ク斷絶スルモノトミテ在韓ノ士商一先引揚歸朝仕ラステハ不相成樣ノ運ヒニモイタルヘクト存候付取扱振順序左ノ通爲心得可然ト奉存候

一 宗氏ヨリ廢藩立縣ノ事ヲ報知シ其交リヲ私スル能サルヲ示シ兼テ自分外務ノ官員ニ列シタル旨ト其趣意トヲ告ルノ書ヲ賫シソノ舊家臣彼ニ任セス家令ヲシテ渡韓セシムヘシ廣津ハ此使トトモニ渡ルヘシ

一 別ニ外務卿ヨリ禮曹ヘ書ヲ送リ從來ノ形勢ヲ詳カニシ尋交ノ事ヲ述フヘシ

　　此書ハ廣津捧持スヘシ

　　但此書ヲ送ルニイタラハ前外務卿ヨリノ書翰ハ廢スヘシ

一 前文改制報知ノ書翰ヲ受取タル上尋交ノ事ヲ述ルノ書ヲモ受取ルヘキ手續ニイタラハ尚盡力スヘキ筈ナレハ今ヨリソノ積リニテ預メ在韓諸士ヘ宗大丞ヨリ別段ノ説論ヲナシ屹度擔當盡力スル樣ナサシムルコト肝要ナルヘシ

一 右下手ノ上彼レ果シテ疑訝ヲ增シ萬一例ノ撤饗撤市ニヲヨフ事アラハ在韓ノ士商スヘテ引拂歸朝ニイタスヘキ事

一 既已ニ引拂歸朝ニ至リ候上ハ皇韓ノ交際是ニ於テ斷絶スヘク其期ニ於てテ御動揺無此廟謨確然トシテ不被爲動樣有之度事然ルニ彼內情ヲ察スルニ親昵スルニハ疑アリ之ヲ斷ルニ恐レアルカ如シ故ニ是ノ如クセハ恐クハ彼ヨリ和ヲ開クノ道アラン然レトモ急ニハ成ラザルモ循々全ク斷ユルナキハ必然ナリ然ル上ハ時ヲ待テ交ヲ尋ソノ端トナルモノニシテ商民雇徒ノ入來ルヲ許シ且米薪菜醤等モ買得ル位ニハ至ルベシ是

饗ヲ廢シ市ヲ起スノ端ニテ彼ノ謬例ヲ革メ至當ノ法則ヲ立ツヘキ基トモナル事ナレハ歸朝ニ不及其儘持重シテ可然

辛未十月五日

柳原大丞
楠本少丞
田邊少丞
花房大記
渡邊少記

尚前書ノ次第廣津弘信ニモ申談シ異議無之候事

御改制報知ノ為メ宗氏使節ノミ弘信一同被差渡候時公然實ヲ以實ヲ告ルハ當然ノ儀ニ候ヘトモ尋交未熟成前直ニ明白報知致シ候時ハ宗氏見込ミ書ニモ書載有之候通リ歲遣船其外的面改メスシテ難協件々有之五月以來弘信建議仕候目的ハ宗氏自ラ渡韓有之外務省管スル所ノ交際承諾為致候談判中追々其謬例ヲ示諭シ始メテ兩國勘合印ヨリ歲遣船貿易等ノ條約講明納得可為致手順ニ相考居候處唯今遽然ト四百年以來未曾有ノ一大變革ノ儀使節ノミニテ報知候時彼レ實意ヲ了セス其情實明白迄ノ處一應例習ノ撤饗撤市撤饗撤市トハ彼レ日々入送スル所ノ米薪菜漿ノ類ヲ停止シ且ツ日々入來ル所ノ商民雇徒迄モ一人モ入館セシメス關門ヲ緊閉スルヲ云フニ及ヒ候節ハ三百餘人在館ノ士民飢渴ニ及ヒ可申尤是迄度々兩撤ノ儀有之候テモ嚴原ヨリ其間ノ食薪等兎ヤ角差諭リ其中談判濟ミノ上又々舊ニ依リ入送イタシ候樣相成候ハ度々ノ事ニテ既ニ一新報知談論ノ時モ一應兩撤イタシ候末伴高麗藏ノ策略ニテ再ヒ舊図書相用ル等ノ事ニテヌヌ入送イタシ歲遣船モ相受候樣相成候趣ニ御座候宗氏舊職中宗氏ヨリ被差渡置候士民也ト雖トモ齊シク是皇民ノ儀ニ候ヘハ若シ右樣ノ儀ニ及ヒ候節今里縣新官員ヨリ直樣米穀菜漿差渡シ可申道理ニハ候ヘトモ十月後ハ容易ク和船ノ渡海イタシ難キ地ニテ其情實內國ヘ報知モ難致被考候此兩撤ハ拒絶ノ為メニテモ無之其新規ヲ止サセンカ為メニ對州ノ困迫ヲナサシメル為メノ黠策ノミ然ルニ今朝花房大記殿ヨリ宗氏嚴原下向親敷指揮ト申ス儀何分ニモ御差支

有之使節ノミ弘信一同差渡シ可然トノ御内決ノ趣御内意有之候ニ付テハ何分正大公明ノ報知爲致候時ハ夫レ丈ケノ御用心不被成下候テハ弘信渡韓ノ上吉岡森山ヘ省議ノ御趣旨申傳ヘ方モ無之然ラハ迚曖昧ノ報知ニテハ後來御威信ニモ關係イタシ候故過日ノ伺書ニモ申上候通ニ御座弘信此間ニ於テ苦患深重頃日ハ精神疲勞殆ント昏眊仕全ク方嚮ヲ失シ如何申上可然ヤ茫然タルノミニ御座候此邊何卒御憐察被下明日午前諸公御揃ヒニテ弘信カ陳上被聞召候上各公ノ御議定ヲ經尚各公ヨリ卿輔ヘ委曲御建議被下候様涕泣歎願仕候以上

十月四日夜

廣津弘信 再拜

柳原大丞殿御建議ノ趣承知候何レ明日本省同僚中評議ニ可及候也

楠本少丞殿右同斷

宮本少丞殿

田邊少丞殿

花房大記殿

尚以テ御用繁御草臥モ可被爲在奉察候ヘトモ明朝迄ニ御廻覽可被下奉願候事

太政官(1872. 1. 27/明治四年十二月十八日) ➡ 宗重正(宗義達)

宗重正의 조선 파견 중지 명령

관련문서 태정관에 宗重正의 조선파견 중지를 건의

外務大丞 宗重正

朝鮮國へ被差遣候旨被仰付置候處被免候事

辛未十二月十八日 太政官

【관련문서】

今般朝鮮事件御決議相成候ニ付テハ宗外務大丞儀ハ渡韓被免候様イタシ度且七等出仕大島正朝儀ハ渡韓幷本省出仕トモ被免候様イタシ度此段相伺候也

辛未十二月十七日 寺島外務大輔

副島外務卿

正院御中

尙々本文御達書早々御廻有之度候也

(5) 일본 외무성의 왜관 접수와 난출(攔出)

37

太政官(1872. 1. 13/明治四年十二月四日) ➞ 副島種臣 等

폐번치현과 宗氏 가역 파면을 알리는 서계안

宗外務大丞ヨリ朝鮮國へ差遣書案二通伺濟ニ相成候條御廻シ候也

辛未十二月四日

内史

外務卿輔殿

大日本國從四位外務大丞平義達 呈書

朝鮮國禮曹参判某公閤下

我

邦自戊辰之歲國制一新以來

天子親政廢幕府置

太政官革封建爲郡縣於是世襲之官皆罷其職如義達亦解對馬守任及左近衛少將官並止我邦與

貴國交際將命之職更以義達任外務大丞矣今又蒙令外務卿傳

旨曰嚮

朝廷欲與朝鮮國尋舊盟而命汝幹其事但至外國交際之事則既置

外務省管之故昨年十月特遣外務官員某等往晤東萊釜山兩使以令陳述

本邦誠意之所在而於彼國尚未領悉之今雖解汝世職以其舊交有素任汝現官更令汝告尋

兩國舊交之事汝須克體認

朝廷之盛旨速差使以語其狀由幷說彼此脣齒之間宜修舊交講新盟之理以達

國家善隣之誠意以成永遠不渝之良圖義達敬奉其

命既從其事乃使家人相良正樹以報此事

閣下其明諒焉義達有故改名重正合併拜告肅此不宣

明治四年辛未八月

大日本國從四位外務大丞平重正 呈書
朝鮮國東萊釜山兩令公 閤下

我
邦政體一新之狀及重正不能自司
兩國交際將命之職等情乃曽使人家某報知之諒
兩公閤下已賜垂鑒焉蓋
本邦與
貴國隣誼之深業既三百有餘歲重正歷經爲之斡旋今也
朝廷免重正之職猶念數百年舊交之情好特任重正外務大丞命告
兩國尋交之事
本省更令原差官員吉岡弘毅等拜晤
兩公閤下備語其委曲又陳述尋交盛意之所在其惟
兩公閤下以
兩國良圖以爲重從善款接吉岡弘毅等聽納其所陳述萬勿反拂
本省懇篤之情誼爲幸誠信所在言繇衷出伏冀
兩公閤下其諒之矣肅此不宣

明治四年辛未十月

廣津弘信, 森山茂(1872. 1/明治四年十二月) → 外務省

서계 접수 거절시 대처 방안 청훈

今般宗氏ヨリ報知トシテ被差渡候書契舊套ヲ脱却シ現官新印被相用候ニ御決定相成候上ハ先日見込ミ陳上候通リ彼レ其書契ヲ不受ハ必然ト存候ヘトモ猶臨機應變ニ説破シ曲直條理ヲ講明可致ハ勿論ノ處彼益頑愚ヲ呈シ候トキハ對州士民ヲ纏メ其結局一應韓士ヲ引揚可申覺悟ニ候事

一 タトヒ引揚候トモ今ノ草梁館地ハ取留メ置後圖ノ便リト致シ度附テハ十人廿人ノ者ハ撰ミ殘シ度最其食物等ハ用金内ヨリ調ヘ置候積リノ事

一 彌拒絶ノ姿ニ至リ候トキハ引揚候事勿論ニ候ヘトモ和絶ニ不拘從前差渡シ有之候内無用ノ徒ヨリ漸々爲引取人數減少致シ置度事

一 成否相決シ不申内ハ所謂私中ノ私ナル貿易ハ兩國民情ニ隨カヒ商人共ノ見込ミ通リ差許シ試ミ度事

一 成否未決中或ヒハ決定後漂民有之節或ハ留メ置或ヒハ差渡シ候儀ハ時機ニ應シ差圖ニ及候樣仕度事

一 圖書相改メ候ニ付テハ歳遣船送使等ノ事ハ令セスシテ廢止相成候儀ニ付微臣等下向途中長崎表ヨリ米鹽等不可缺ノ品ハ凡二三ヶ月分ノ手當爲積込持渡リ度候事

但シ此分ハ面々朝鮮賄料ノ内ヨリ准備可致積ノ事右ノ條々心得方御指揮奉伺候也

未極月

廣津弘信
森山茂

鰭附紙

初个條彼彌頑愚ヲ呈シタル時ハ官員并嚴原舊縣士丈引拂候テ可然候對州人民ハ引揚ルニ不及ト存候事漂民ハ可成手續ヲナシ送リ遣スベシ抑兩國政府ノ論合サル而已國民ハ互ニ怨恨ヲ抱カシメサル樣處置シ後來兩人民相往來スルノ意ヲ胚胎セシメ置ベシ

其餘伺ノ通ニテ可然候 ㊗

附紙

此別紙ハ委任狀同様ニテ於彼地可示不可示ノ呼吸モ難計先當省ヨリ差變ニ不及暫吉岡一行ノ處分ニ任置候テ可然事

不示トモ可宜　　　　　寺 島 宗 則

下ヶ紙

出候分ヘノ書添

人數殘シ置候事ハ其機ニヨリ候ヘトモ兩國商民ノ情モ有之候間内情ヲ察シテ殘シ置者ハ總テ商民ノ姿ニテ指置クヘキ方ト存候

39

鄭顯德(1872. 2. 27/高宗九年一月十九日) ➞ 議政府

서계를 지참한 왜인의 부산항 입항 보고

承政院開坼

本月十四日辰時臣營于飛烏烽軍劉雲五進告內 當日卯時 朝倭未辨船二隻 自水宗出來 漂向機張境是如 故哨探次 四戰船將李運杓定送 問情譯官起送之意 釜山僉使金澈均處 發關申飭爲白有齊

午時到付機張縣監張龍河馳報內 當日辰時 朝倭未辨船二隻 自水宗現形 似向縣境是如 烽軍進告據曳入次 使舟師代將金亮憲領船出海是如 馳報爲白有旀 一時到付釜山僉使馳報內 當日辰時 朝倭未辨船三隻 兩帆異樣船一隻 自水宗出來是如 烽軍進告據哨探次 豆毛浦萬戶羅致淳定送是如 馳報爲白有等以 而帆異樣船哨探次 包伊浦萬戶吳廷煥定送爲白有齊

一時到付同僉使馳報內 機張境漂向未辨船二隻亦中 馳往問情之意 別差高在健處 傳令申飭是如 馳報爲白有旀 未時到付同僉使馳報內 即到哨探將豆毛浦萬戶馳報爲白有船四隻 果以倭大船二隻 飛船一隻 倭人製造火輪船一隻 領曳前進之際 風逆水湊 巳時到黑巖前洋 下碇守護是如 馳報據馳報爲白有旀 戌時到付同僉使馳報內 機張境海未辨船二隻初看馳通據辭緣 與該縣監所報一樣是白乎旀 十五日子時 到付同僉使馳報內 即到張機張縣監馳通內舟師代將馳報內 縣境漂向未辨船二隻 果以倭大船二隻 我國漂民船一隻 巳時曳泊武知浦是如 故馳往同處 柴水入給 定船守護是如爲有矣 同船果以于烽看告之卯時漂向者 而該縣之辰時看報者 已是做錯是遣 初看報者已以二隻 而止泊之報以三隻者 亦未免詳探之失是如 馳報爲白有旀 巳時到付同僉使馳報內 即到哨探將豆毛萬戶馳報內 黑巖前洋下碇倭大船二隻 我國漂民同騎 無弊經夜後卯時 與飛船一隻同爲擧碇 同時領付館所 火輪船一隻留在同處 仍爲守護是如 馳報據馳報爲白有旀 戌時到付同僉使馳報內 旣到營哨探將包伊浦萬戶馳報內 黑巖前洋下碇火輪船一隻探知次 馳往同處是如 馳報據馳報爲白有旀 十六日子時到付同僉使馳報內 十五日申時到付訓導安東晙手本內 到館倭大船二隻 飛船一隻亦中 即往問情 則島中別無他事 而第一隻段辛未條一特送使倭一號船良中 正官倭藤直固 都船主倭藤則孝 封進押物倭一人 侍奉倭一人 伴從倭四十名 執質漂民一名 領來通事倭一人 交代次別禁徒

倭二人 公下代倭三名等間騎 禮曹了書契別幅各一度 兼帶二特三特送使倭書契別幅各二度 漂民順付書契別幅各一度 東萊釜山了書契一度別幅二度 進上物件賫持爲有旀 第二隻段 濟州漂民領來差倭船良中 正官倭平視長 封進押物倭一人 伴從倭三名 執質漂民男女幷十名 領來通事倭一人 格倭四十名 交代次中禁徒倭二人 小禁徒倭三名等同騎 禮曹了書契別幅各一度 東萊釜山了書契一度別幅二度 進上物件賫特爲有旀 第三隻飛船良中 頭倭一人 格倭五名 交代次小禁徒倭二名 下代倭三名等 持路引同騎 館守倭了私書一度 幷以載持出來爲有矣 同倭等言內 俺等所乘大船二隻 飛船一隻 一行二號船一隻 漂民本船一隻 借騎船一隻合六隻 今月十三日晨朝 自馬島待風所同發到水旨風逆日暮 二號船一隻 漂民本船一隻 借騎船一隻 落後相失 俺等船洋中經夜後 火輪船一隻閃忽來到 船樣雖異 果我人製造 而舟中皆弊邦人物也 十四日辰時同爲前進 巳時到黑巖前洋 下碇經夜 火輪船留在其處 俺等船今日卯時與碇到泊館所 則落後船三隻 今無到館 必是漂風之致 而貴國漂民船一隻 留在府中是如爲乎旀 正官倭等言內 所賫原書契別幅段 茶禮日呈納計料 而海南漂民分騎於領來船機 張漂民順付於一特正官出來是如爲乎等以 書契五度別幅六度 謄本順付書契二度別幅三度路引一度 捧上上送爲乎旀 同漂民等處招問其漂風緣由 役姓名年歲居住 則濟州漂民船主同牧軍官朴興得年六十四沙工貢生任尙連年四十二 妻李召史年三十八 子童蒙妙突年十六 女早是年十一 女早是年八 女早是年二 格軍無役良人任尙卜年五十六 童蒙朴化春年二十二 機張執質漂民無役良人仍孫年五十九 朴興得所告內 矣身以全羅道濟州牧中面牛島里居民 矣身所持本牧屬一把杉船良中 與同里任尙連任尙卜朴化春 作爲沙格 漁採爲業矣 本牧境路臥島 多間曠之地 爲播耦之計 任尙連率其妻李召史子妙突女四口 同李順卜率其妻高召史子光必良必女一口 高行烈率其妻韓召史子季七季八 韓五成率其妻金召史子順孫順男 趙萬卜率其妻權召史與金光卜李千成 各辨種牟糧資 去年八月二十四日早食後 載持同騎 歸往同島 播而耦之 二十八日午時量 回還本土 到中洋西北風大作 䍠帆俱折 漂蕩大洋 九月初三日夕時量 漂着一處 船隻觸破 倭人出救 人命俱全 其地乃日本國五島青方村云云也 率入閭家 朝夕供饋 初八日騎馬離發 倭人領護 十三日到長崎島府中 則白木貼長衣各一領 草席各一立 沙中鉢各二立 南草各十匣 食桶二坐 南飛二坐贈給 觸破船材 倭人曳來 自願燒火 十月二十二日乘倭船離發 倭人領護 十一月十二日到馬州府中 則朝夕供饋 白木貼長衣各一領草席各一立 沙中鉢各二立 南草各十匣 食桶二坐 南飛二坐贈給 機張本船漂

民十名 先在相逢 巨濟本船漂民九名 日不記同月日 追到留連 同漂民落在 矣徒乘倭船 機張漂民乘本船 與領來船二隻他大船一隻 十二月初四日自府中離發 今年正月初十日到待風所 與任尙連等男女幷十名 執質分騎於領來船 十三日晨朝 與他飛船一隻同發 到水旨相失經夜到館事情 與倭人等所告無異 是如爲乎旀 機張執質漂民方芿孫所告內 矣身以機張縣本面項環浦居民 同里朴春孫所持均役廳屬一把杉船良中 與黃命孫黃貴突李同伊李子良李連釗金先苗李長男金卜臣 作爲沙格 漁業資生矣 去年十一月初一日早食後 出漁本里前洋 夕時量西北風大作 船具傷損不能制旋 漂蕩大洋 初二日夕時量 漂着一處 倭人出救 人船俱全 其地乃日本國對馬州鰐浦云云也 率入閭家 朝夕供饋 初四日乘本船離發 倭人領護 初五日到同州府中 則白本貼長衣各一領 草席一立 沙中鉢各二立 南草各十匣 食桶二坐 南飛二坐贈給 草風席十立 弓竹五箇 鐵釘十箇 蛭釘五箇備給 留連之際 濟州破船漂民二十七名 十二日來到 巨濟本船漂民九名 日不記同月日追到 同漂民落在 矣徒乘本船 濟州漂民乘倭船 與各其領來船前進 到待風所日子 與朴興得所告無異 執質移騎與他飛船一隻 同發相失到館事情 亦與倭人等所告一樣是白乎等以 各各號牌現納爲旀 沿民漂越 朝禁至嚴 緣何冒犯是旀 朴興得汝矣段 旣以濟州之民 則到彼時何以發告倭人書契中 以海南書來是喩 眞告亦云爾 則所告內 號牌不持 曾聞濟州之民 漂入倭國 輒皆殺害云 果以海南換告 而生業出海 不意逢風 豈敢故漂 査問至此 罪死難逭是如乙仍于 問情後還歸任所是如 手本據馳報爲白有旀 未時到付同僉使馳報內 辰時到付哨探將豆毛浦萬戶包伊萬戶等馳報內 黑巖前洋下碇火輪船一隻 無弊經夜 卯時擧碇 到設門內洋守護是如爲有旀 巳時到付訓導別差等手本內 館守倭請見卑職等而言曰 弊邦與洋人通貨已久 倣異船之樣 製火輪者多矣 今此設門內來泊船一隻 果自我製造 而長門州有官銜三人 弊州幹傳官二人 同騎以來是如 故聞甚驚訝 卽爲詰問曰 交隣以來 他島人異船渡來 前所未有 有何事端耶 答以爲想因事務而出來 今姑未詳其裡面 第於公幹之日 可以洞悉是如 故船樣雖異 舟人是倭 則旣到之地 不可不問 旣問之後 不可不責退乙仍于 就往照撿 則頭倭三人 幹傳官倭二人 格倭十八名 同騎出來爲有矣 船隻長十七把 廣四把 高五把 杉板下一半漆黑 上一半粉白 飭琉璃房櫳 爲留宿之所 帆竹二箇 長各十二把 各以三箇弓竹 作爲三層問架 白木風席 皆於問架左右邊列繫 多以熟麻注乙無數擺開 有同蛛絲樣 鐵環碇注乙一張 長可五十把 杉傍兩邊 外付鐵輪 如繅車之樣 內設鐵冶 爲引火具鑄銅爲筒 立定船心 以通煙焰之氣 內爇外沸 水火相資 激而躍之 不待蓬蒿

船往如箭 所以設火輪而倣洋船之制也 船樣汴具 極其宏侈 有異倭船 而舟人之言語服着 與館倭無異矣 同倭等處詰問曰 貴固船隻之來往我境者 自有字號制樣 而今此所騎船制度 旣非貴國船隻 明是洋船樣子 則所見極涉可訝 是何事端耶云爾 則答以爲舟揖所到 利涉險海者 莫過火輪 故弊邦果於年前 新造火輪 已爲行用於國中 而今番適有急務 且承朝令 乘此火輪而來是如 故更爲詰責曰 此船雖是貴國之新創者 制樣依倣洋船 則洋船卽我國之遇輒剿滅者也 貴國人之乘此船出來者 如或有遇風漂抵於我境之時 則自漂抵處 誤認洋船 必有剿滅之患 此豈非俱焚失和處乎 日後則無論送使與來往船 出送我國者 切勿乘此船隻以來可也 且朝今因急務出來云者 亦是何事耶 答以爲船隻事情 如是詰問 果是當然 以此急當爲布及於島中 而至於承朝令事 果非俺等之所敢擅定 日後公幹之席 當面陳是如爲乎等以 連加詳詰日 旣從長門州來則馬州人幹傳 緣何偕到耶 答爲馬州專管隣交 素諸凡務 而船固本州之所製造 人亦本州之所跟役也 不無爲慮 路由馬州 要輿偕來是如爲乎等以 嚴辭責論曰 條例有在 格外人船 不可晷刻俺留 卽速還歸亦云爾 則答以爲船隻方爲送還計料 而俺等承朝令以來 則公幹前遽還 未敢造次是如 故無敢聒 併卽入歸之意 旣論且責事 手本據嚴加責論 火速入送之意 任譯處申飭是如 馳報爲白旀 十七日子時到付同僉使馳報內 十六日寅到付機張縣監馳通內 武知浦止泊倭大船二隻 漂民船一隻 十五日申時離發 使舟師代將領曳前進 酉時交替東萊境是如爲有旀 一時哨探將四船將馳報內 上項船三隻領曳前進 十五日戌時到五六島前洋 護送將開雲浦萬戶林鳳祥處交付是如爲有旀 未時到付同護送將馳報內 同船三隻逢授領曳經夜前進 午時領付館所是如爲有旀 酉時到付訓導別差等手本內 回館倭大船二隻 漂民船一隻亦中 卽往問情 則二船主倭藤久敬 分騎倭人及漂民名數 自馬島發船日時 同發船相失漂左緣由 漂民船一隻留府辭緣 與止泊問情無異 自止泊處離發經夜到館事情 與護送將等馳報一樣 而同倭等言內 相失船三隻 已到相逢是如爲乎等以 駕船路引二度捧上上送 二號船路引段 其前面以各道各官防禦所書填者 係是違格 退却不捧 後勿如是之意 同倭及館守倭處責論爲乎旀 濟州機張漂民等役姓名年歲居住 自本土發船漂風情節 到彼時諸船辭緣 與止泊問情 無一差爽 故取招次 漂民等倭人處所捧雜物 推載本船 令守門直抻領上送事手本據 上項路引二度 依前東萊府輸送而同漂民等亦 自本鎭取招內辭緣 與館所問情無異 故依前更招次領都部長抻送東萊府是如 馳報爲白有旀 辰時到付同僉使馳報內 卽到哨探將豆毛浦萬戶馳報內 設門內洋下碇火輪船一隻 寅時擧碇 直向南溟外洋杳惾之

際 仍無形跡是如 馳報據馳報爲白有旀 十八日酉時到付同僉使馳報內 設門內洋移泊火輪船一隻問情時圖本不報之由 離發時人名不論之意 查問任譯矣卽接訓導別差等手本內 同船之制樣雖異 果爲倭人所製 而與洋船有異 故圖本果不擧論是乎旀 頭倭三人 幹傳官倭二人問情時 以日後公幹爲辭 則其落在之狀 已悉於問情之報 故及其離發也 格倭十八名仍騎還歸 而人名數爻 更不提報矣 今承查問船樣圖本上送 而不勝悚惶是如 手本據馳報是白置有亦本月十三日自馬島出來 機張境武知浦止泊送使倭大船一隻 濟州漂民借騎倭大船一隻 機張漂民本船一隻 直到館所送使倭大船一隻 濟州漂民領來差倭大船一隻 飛船一隻 領付館所自長門州出來設門內洋移泊倭人火輪船一隻合七隻 問情取招爲白有在果 沿民漂越 雖極可駭 招供旣非故漂 人命幸而生還是白乎等以 助給糧資 護送于各其原籍官之意 東萊府使鄭顯德處 發關申飭 而濟州漂民段 亦自臣營別加助給爲白乎旀 于飛烏烽臺別將李今生段 漂左船三隻 只以二隻進告 機張縣監張龍河段 同船之卯時漂向 以辰時擧論 初看之報以二隻 止泊之報以三隻者 俱未免詳探之失是白遣 釜山僉使金澈均段 火輪船問情後船樣圖本 離發時人名論列 雖是任譯之擧行 邊情主管之地 今始查報 以到修啓之遲滯 殊涉疏忽乙仍于 上項于烽別將機張縣次知監色 釜山鎭監色等 幷捉致臣營 嚴棍懲後爲白乎旀 今此長門州倭之謂有急務 與馬島倭偕來 已是格外 所乘船之模倣異樣 尤爲乖當 船隻雖卽責諭還歸 所謂公幹 未知何事 而落在倭人 不可俺留 亦速入送事 使任譯等嚴辭責諭於館守倭之意釜山僉使處措辭關飭爲白乎旀 同火輪船圖本粘付 上送于議政府三軍府爲白乎旀 緣由馳啓爲白臥乎事是白良爾 詮次 善啓向敎是事

鄭顯德(1872. 3. 11/高宗九年二月初三日) ➞ 議政府

대수사(大修使) 일행 귀국 보고

承政院開坼

去月十七日申時到付釜山僉使金澈均馳報內 卽到多大僉使李容益馳通內 加德僉使康祐鎭傳通內 十五日酉時望將等進告內 朝倭未辨船四隻 自洋中懸燈出來 一隻落後 三隻漂向于巨濟島了是如 傳通馳通據馳報爲白有於 十八日未時到付同僉使馳報內 卽到加德僉使傳通據多大僉使馳通內 望將等更告內 落後船一隻 待明詳看 則不知所向是如爲有於 玉浦萬戶宋榮淳 助羅浦萬戶金景周馳報內 十五日酉時望軍等進告內 未辨船四隻 自洋中出來 一隻落後 三隻漂向于玉浦境楊洲巖了是如 故探知次前進 則倭大船二隻 漂民船一隻 果爲漂來 戌時逢曳 亥時玉浦江口止泊守護是如 傳通據馳通 而玉助萬戶之十五日酉時初看之由 亥時止泊之報 今日辰時始傳於多大者 殊涉稽緩是如 馳報爲白有於 申時到付同僉使馳報內 卽到加德僉使傳通據多大僉使馳通內 玉助萬戶等馳報內 望軍等更告內 落後船一隻 轉漂知世浦境內島前洋是如 故玉浦軍官金炳寅 助羅浦軍官金應成 使之哨探矣 望軍等更告內 同船果以倭大船 十五日亥時懸燈 內島前洋浮留是如 馳通馳報爲白有於 十九日未時到付同僉使 卽到加德僉使傳通據多大僉使馳通內 知世浦萬戶柳德淵馳報內 十五日酉時望軍進告內 未辨船四隻 自洋中出來 三隻漂向于楊洲巖了 一隻漂向于本浦境內島了是如 故探知次前進 則倭大船一隻果爲漂來 戌時逢曳 亥時同處下碇守護楊洲巖了 漂向船三隻哨探次 軍官朴京石定送是如 而同浦留鎭將朴元哲馳報內 哨探將馳報內 倭大船二隻 漂民船一隻 玉浦止泊形止 與玉助萬戶等馳報一樣是乎於 玉助萬戶等馳報內 哨探將等馳報內 倭大船一隻內島止泊緣由 與知世浦萬戶馳報一樣是如 傳通據馳通 而知世浦萬戶之同船初看與止泊形止今始幷報者 殊涉稽緩是如 馳報爲白有於 二十日酉時到付同僉使馳報內 旣到加德僉使傳通據多大僉使馳通內 知世浦萬戶馳報內 內島前洋下碇倭大船一隻 十六日巳時擧碇 午時內島江口止泊守護是如爲有於 一時玉助萬戶等馳報內 止泊倭大船二隻 漂民船一隻亦中 地方官巨濟府使李朋來 十六日未時馳到 玉浦倭學趙廷老至 小通事李寅澤 眼同問情 則島中別無他事 而第一隻段 辛未條萬松院送使倭船良中 正官倭一人 都船主

倭一人 封進押物倭一人 伴從倭三名 格倭四十名 執質漂民一名 交代次別禁徒倭一人 中禁徒倭二人 通事倭一人 小禁徒倭四名 公下代倭二名 下代倭三名等同騎 禮曹了書契別幅各一度 巨濟漂民順付書契別幅各一度 東萊釜山了書契一度 進上物件齎持爲有旀 第二隻段 同漂民本船良中 漂民八名 領來中禁徒倭二名 指路沙工倭二名等 持路引同騎 漂民等當初所載穀物 倭人處所捧雜物 幷以載持爲有旀 第三隻段 辛未條副特送使倭二號船良中 副官倭一人 二船主倭一人 私卜押物倭一人 侍奉倭一人 伴從倭三名 格倭三十名 交代次別禁徒倭二人 中禁徒倭二人 小禁徒倭二名 公下代倭一名等 持路引同騎出來爲有矣 同倭等言內 俺等大船二隻 漂民本船一隻 一行一號船一隻合四隻 今月十五日晨朝 自馬島待風所同發向館 到水旨風不利 一號船一隻落後俺等船二隻漂民船一隻 轉漂玉浦境淩浦前洋 戌時領護船逢曳 亥時止泊此處是如爲乎旀 正官倭言內 貴國漂民一名 執質以來是如爲乎等以 同漂民等處招問其漂風緣由 役姓名年歲居住 則船主閑良丁性元年四十六 沙工閑良金永順年六十四 格軍朴乃仁年四十五 金興祿年六十三 張士兼年五十六 陳元俊年五十三 金京伯年四十二 崔宗甫年三十九 童蒙張千明年二十六 丁性元所告內 矣徒九名 以巨濟府鶴洞里居民 矣身所持均役廳屬二把杉船良中 作爲沙格商業資生矣 貿穀次 錢二百五十兩 糧米一石 器用雜物載持同騎 去年十月十四日早食後 自本土發船 到多大境 下碇經夜 翌日到機張境項浦 阻風留連 十八日晨朝離發 到蔚山境獐巖浦 米五石 租六石 皮牟十三石 曲子十三箇 給價六十八兩貿載 餘錢盡下 十一月初一日早明離發 回還本土 到中洋西北風大作 前後帆竹 俱折漂蕩大洋 初三日酉時 漂着一處 倭人出救 人船俱全其地乃日本國對馬州牙心浦云云也 朝夕供饋 十八日乘本船離發 倭人領護二十二日到同州府中 則機張本船漂民十名 濟州破船漂民二十七名 先在相逢朝夕供饋 白木貼長衣各一領 雨傘各二柄 南草各十匣 南飛一坐贈給 帆竹二箇 草風席六十七立 藁碇注乙一張 弓竹三十箇 草芚三十二番 蛭釘七箇備給留連 機張標民乘本船 濟州漂民乘倭船 日不記十二月日 先爲出往 矣徒本船一隻 領來船一隻 今年正月十二日自府中離發 十四日到徒風所 張士兼執質移騎於領來船 十五日晨朝 與他大船二隻同發 到水旨相失漂到緣由 與倭人等所告無異是如爲乎等 號牌掌標現納爲旀 沿民漂越朝禁至嚴 緣何冒犯 汝矣等旣以鶴洞之民 則路引封皮 何以玉浦書來是喩 直告亦云爾 則所告內 號牌掌標 俱不佩持 商業資生 出海逢風 豈敢故漂 驚波之餘 果以玉浦換告 査問到此 罪死難逭是如 問情後巨濟府使及倭學小通事 知世浦境止泊船問情次

馳往 同倭船二隻 漂民船一隻 仍留守護是如 馳報據傳通爲有旀 一時護送將玉浦萬戶馳報內 上項船三隻 十九日申時離發 領護前進 及到半洋逢風掛帆外洋直渡 故勢難挽執 仍爲領來是如 當日寅時 交付本鎭 故領付館所次 護送將二戰船將尹光殷差送是如 而今觀問情 則第一隻萬松院送使倭船之不言其副書一度 同騎通事倭一人 果執質漂民之領來 而曚然以交代擧論者 俱違格例 玉浦倭學段 殊未免做錯是如 馳報爲白有旀 戌時到付同僉使馳報內 卽到加德僉使傳通據多大僉使馳通內 知世浦萬戶馳報內 內島江口止泊倭大船一隻亦中 地方官巨濟府使玉浦倭學小通事 十七日申時馳到問情 則島中別無他事 而辛未條副特送使倭一號船良中 正官倭一人 都船主倭一人 留船主倭一人 封進押物倭一人 侍奉倭一人 伴從倭四名 格倭四十名 交代次別禁徒倭一人 中禁徒倭二人 小禁徒倭二名 下代倭一名等同騎 禮曹了書契別幅各一度 進上物件齎持出來爲有矣 同倭等言內 俺等船一隻 一行二號船一隻 他大船一隻 漂民船一隻合四隻 今月十五日晨朝 自馬島待風所同發向館 到水旨風不利 同發船三隻落後 俺等船轉漂知世浦境舊助羅浦內島前洋 戌時迎護船逢曳 亥時同處下碇經夜 十六日巳時擧碇 午時止治此處 而俺等出來時所持風席 爲風觸碇 修補以給亦云 故看審後 容入木五疋 以本浦所在新射木備給後 倭學小通事及巨濟府使各歸 同倭船仍留守護是如 馳通據馳報爲白有旀二十一日午時到付同僉使馳報內 卽到護送將多大二戰船將馳報內 漂右倭大船二隻 漂民船一隻 逢授領曳 洋中經夜 當日辰時到鐵梁前洋 倭大船一隻下碇同處 大船一隻漂民船一隻 同時付館所後 下碇船領曳次 仍爲馳往是如 馳報據馳報爲白有旀 未時到付同僉使馳報內 卽到加德僉使傳通據多大僉使馳通內 天地萬戶張忠漢馳報內 玉浦離發倭大船二隻漂民船一隻哨探次前進 則同船十九日戌時 自外洋直渡左道是如 馳通據馳報爲白有旀 亥時到付同僉使馳報內 申時訓導安東晙別差高在健等手本內 回館倭大船一隻漂民船一隻亦中 卽往問情 則第一隻正官倭平直良 都船主倭源高 領來通事倭東萊了副書一度 其他分騎倭人及漂民名數 自馬島發船日時 一號船相失漂右緣由 與止泊問情無異 自止泊處離發二號船落後到館事情 與護送將等馳報一樣 而同倭等言內 相失船今無到館 必是漂風之致是如爲乎旀 正官倭言內 所齎原書契別幅副書段 茶禮日呈納計料是如爲乎等以 同書契別幅副書謄本上送 同倭及館守倭處詰責曰 漂民送還書契之邑名書來 已例有在 而今此巨濟漂民書契與路引中玉浦書來 係是違格 一倂退却 改書呈納之意責論 而事關邊情書契二度 私自謄本上送爲乎旀 同漂民等役姓名年歲居住 自本土發船月日漂越情

節到彼時諸船辭緣 一如玉浦問情 而所招中明松一百負 給價八十兩貿持 到獐巖捧價二百五十兩發賣 米二石 租十八石 牟十二石 典子等物 貿載回還 逢風漂着於葦見材是如 故號牌掌標 自鶴洞裝發時標圖私通 到獐巖回還時 浦主答通現納爲於 居住之鶴洞 到彼時何以玉浦換告 漂着之葦見村 右問時何牙心浦誤告 松木貿載 初不發告 穀物數爻 何多相左是喩 直告亦云爾 則所告內 號牌掌標不持 浦主文憑現納 而驚波之餘 許多事情矇不詳告 査問到此 罪死難逭是如乙仍于 取見其文憑 則年月日上 各着了標圖 一曰巨濟鶴洞 浦主圖署 一曰蔚山城外浦主防僞 人名卜物 幷爲詳錄 故照撿後出給 取招次 漂民等倭人處所捧雜物 推載本船 令守門直押領上送事手本據 上項書契別幅謄本依前東萊府輸送 而同漂民等亦 自本鎭取招內諸船辭緣 與館所問情無異 依前更招次 領都部長押送東萊府是如 馳報爲白有於 二十二日巳時到付同僉使馳報內 訓導別差等手本內 館守倭請見卑職等而言曰 大修使俺留五年 尙未蒙許接之處分 不無失職之責 卽爲送還之意 自江戶有所通奇 故不得已入送是如爲乎等以 戊午二月十九日出來大修大差倭船良中 正官倭平和節 都船主倭藤尙式 封進押物倭一人 侍奉倭二名 伴從倭十六名 醫倭一人 通事倭一人格倭七十名 其他倭八名等本鎭成給路文一度 載持同騎 當日卯時發船入歸是如 手本據馳報爲白有於 未時到付同僉使馳報內 卽到護送將多大二戰船將馳報內 鐵梁前前洋下碇倭大船一隻 無弊經夜 巳時擧碇領曳前進 同時領付館所是如爲有於 追于訓導別差等手本內 回館倭大船一隻亦中問情 則副官倭平尙寧 二船主倭藤原延孫 其他倭人名數 自馬島發船日時 同發一號船相失漂右緣由 與止泊問情無異 自止泊處離發送使船一隻漂民船一隻前進下碇 經夜到館事情 與護送將等馳報一樣 而同倭等言內 一號船今無到館 必是漂風之致是如爲乎旀 所持路引段 其前面以各道各官防禦所書塡者 係是違格 退却不捧是如爲有於 一時到付加德僉使傳通據多大僉使馳通內 知世浦萬戶馳報內 舊助羅浦止泊倭大船一隻 十八日仍留守護是如 馳通據馳報爲白有於 舊助羅浦止泊倭大船一隻 二十六日至 連因風勢不利 仍留守護是如 次次馳通據 釜山僉使連續馳報爲白有於 二十九日酉時到付同僉使馳報內 卽到加德僉使傳通據多大僉使馳通內 知世浦萬戶馳報內 上項船一隻 二十七日辰時離發領護于玉浦境楊洲巖前洋 酉時助羅浦萬戶處交付是如 馳通據馳報爲白有於本月初二日子時到付同僉使馳報內 卽到多大僉使馳通內 護送將助羅浦萬戶馳報內 玉浦移泊倭大船一隻 初一日巳時離發領護 到半洋逢風掛帆外洋直渡勢難挽執 仍爲領來是如 申時交付本鎭故領付館所次 護送將西平浦萬戶李芝

秀差送是如 馳通據馳報爲白有旀 未時到付同僉使馳報內 卽到護送將西平萬戶馳報內 右漂倭大船一隻逢授領曳達夜前隻 當日巳時領付館所是如爲有旀 追于訓導別差等手本內 回館倭大船一隻亦中問情 則正官倭橘全行 都船主倭陶山守修 留船主倭平安之 其他倭人名數 自馬島發船日時 同發船相失漂右緣由 與止泊問情無異 自止泊處離發移泊到館事情 與護送將等馳報一樣而同倭等言內 相失大船二隻已到 漂民船一隻出往 漂右時所傷風席 修補以來是如 故看審則果爲的實是乎旀 正官倭言內 所賫原書契別幅段 茶禮日豈納計料是知爲乎等以 前到二船主倭處詰問曰 今觀書契 則以藤延孫書來 而前此問情時 何以藤原延孫發告耶答以爲延孫官名也 原延孫一名也 率爾以對至承詰問 不勝惶愧是如乙仍于 上項書契別幅謄本上送事手本據 同謄本依前東萊府輸送是如 馳報爲白有旀 初三日寅時到付同僉使馳報內 卽到加德僉使傳通據多大僉使馳通內 玉助萬戶等馳報內 玉浦移泊倭大船一隻 去月二十八日仍留守護是如爲有旀 天城萬戶馳報內 上項船一隻 從風掛帆 初一日午時自外洋直渡左道是如 馳通據馳報是白置有亦 去月十五日自馬島出來 玉浦止泊送使倭大船二隻 巨濟漂民一隻 知世浦境舊助羅浦止泊送使倭大船一隻 次第領付館所問情取招留館大修大差倭船一隻 二十二日發船入歸爲白有在果船民之冒禁漂越 雖極可駭 招供旣非故漂 人命幸而生還是白乎等以 助給糧資 護送原籍官之意 東萊府使鄭顯德處 發關申飭爲白乎旀 玉浦萬戶宋榮淳助羅浦萬戶金景周 知世浦萬戶柳德淵等段 同船初看止泊之由 晩始幷報 殊涉稽緩分叱除良 玉助萬戶等段 倭船領護 外洋直渡 亦違邊例是白遣 玉浦倭學趙廷老至段 萬松院送使倭副書 不爲提論 漂民領來通事倭泛旀 交代俱未免做錯乙仍于 幷日査處之意 報于統制使爲白乎旀 緣由馳啓爲白臥乎事是白良爾 銓次 善啓向敎是事

41

吉岡弘毅 等(1872. 4. 5/明治五年二月二十八日) ➞ 外務省

서계 전달이 지연되는 사정 보고

正月十三日出ノ御紙面本月廿七日着拜讀扨ハ此地着船ノ及報知置候書翰ハ先月中御落手ノ事ト存候陳者厥后公幹ノ事序次舊例ニ倚リ舒々開手イタシ訓導下來方申遣候處彼託病怡然回下ノ模様モ無之就テハ訓導病氣ノ處强テ下來相促候儀ニハ無之候得共急報ノ事件一刻モ等閑波滯イタシカタク候間何レ歟公幹順擧ノ道相立候様周旋可致旨別差訓導ノ次官ヘ申達シ其後屢次及往復候得共訓導所勞ノ旨ヲ以曖昧阻塞爲致候術策ニ候間猶々申諭右訓導下來相促候爲通辯ノ内兩三人充任處ヘ爲相詰置動静相伺候處累日何ノ報酢モ無之候間又々別差入館申遣候處前夜府使ヨリ至急上府ノ命有之自是上府可致尤用事相濟次第此夕ニモ回下可致旨申聞上府イタシ終ニ其日ハ下來不致候處幸ヒ差備官是ハ假訓導ト唱ヘ訓導別差缺官ノ節相替リ候官吏既ニ本日別差上府ノ節是非此夕回下イタシ候旨引受候者歳遣船使節接遇方ニ付入館イタシ居候間別差入館ノ儀申達シ候處同人府使ノ急命ニヨリ上府イタシ卽速下來可致旨申聞イマタ回下不致甚以不都合ノ儀ニ候間別差入館迄ノ處其方館内ニ留リ居公幹順便ノ道取計ヒ候様申聞右差備官挽留置猶又爲及催促候處別差儀ハ日前送使燕席ノ禮順抵觸ノ譯ヲ以府使ヨリ嚴譴ヲ蒙リ府下ニ謹愼罷在何分入館難致旨翌日ニ至リ申越シ右ハ全ク公幹ノ順路ヲ壅塞シ使价ヲ境上ニ抑留シ氣鋒ヲ拉キ候黠策ニ有之候間右様兩國ノ大關節ヲ耽擱致サレ候テハ甚以誠誼ニ悖リ候儀ニテ何分順卽辦幹ノ周旋有之度旨更ニ訓導ヘ申遣シ候處訓導不相替病痾未痊且通辯ノモノ任所ニ爲相詰幷ニ差備官館内ニ挽留イタシ候事ヲ口實トシ兩間生釁等ノ語ヲ用ヒ候回酬差越候ニ付縷々條理辨明ノ書翰差立置候就テハ此末如何相答可申哉摠テ欺計詐謀ヲ呈シ徒ニ年月ヲ累ネ退屈爲致候ヲ最上ノ長策トイタシ居候儀ニテ舊冬追々陳上候通リ何様條理押立掛合ヲ詰メ結局人數引纒メ等ノ場合ニ至リ候ハテハ彼ノ眞情和絶何レニ出候儀難決候間漸々其場ノ駈引ニ可至晝夜籌畫仕居候右今日迄ノ大略如此御座候猶委細ノ儀ハ後信ノ節申進候也

申二月廿八日

廣津權大錄
森山權大錄
吉岡少記

朝鮮事務課御中
此一書不容易末條也摠テ欺計詐謀云々ノ語ヲ見ルニ前段詳ナラサレハ確答ナシ難シ(朱枠朱書)寺島宗則

吉岡弘毅 等(1872. 4. 30/明治五年三月二十三日) ➞ 外務省

宗重正의 서계 및 相良正樹의 구진서(口陳書) 전달 보고

如月七日出ノ御狀本月十四日落掌各位益御精務欽慕ノ至陳ハ此地景況ハ既ニ先月念八日附ヲ以概略及御報知置候通ニテ厥后屢次條理ヲ推シ緩急彼ノ簡慢ヲ督シ往復數回ヲ重ネ候處漸訓導疾痾少快ニ趣候間本月十八日還府ノ上入館可致旨相答候ニ付此機ニ投シ先般ヨリ任所ヘ爲相詰置候通辯ノ者一先引揚稍駈引ヲ弛メ聲息如何相伺居候處又々訓導ノ實母ナルモノ此節急症ニ罹リ候趣京表ヨリ報知有之旁狼狽ノ至ニ候就テハ公幹ノ緊重ナル耽擱スヘカラスト云トモ亦孝道モ不可虧儀ニ候間今日ヨリ歸省可致尤小通事崔在守ヘ百事委附イタシ置候間拙者同樣御示談被下度旨申越候間夫々迫切挫問ニオヨヒ候積ニテ不取敢崔在守ヲ呼入前條不都合ノ次第取詰サセ候處訓導儀ハ事實不得止儀ニ候得トモ右ニ付此程ヨリ謹愼罷在候待勘被差免明後十九日ハ急度回下可致旨申出候間然ハ同人下來候ハヽ斯速ニ入館公幹順擧可有之旨申達置候處如約十九日夕回下ノ趣届出候間明廿日入館可致旨相達シ當日ニ至リ先館司對人深見六郎ト面接是迄公幹澁滯ノ次第猶此末頃刻モ等閑難致云々諭示ノ上終ニ差使相良正樹面謁ニ及ヒ候迄ノ手續ニ相運ヒ申候扨御用ノ顚末懇々申示シ候上書契開緘致サセ且異例ノ廉々甄錄ヲ以辨明ニ及ハセ候處夫々奉服ノ趣然ニ本書契ハ府使ノ差圖ヲ得候上ナラテハ捧出受取ヲ云難仕ニ付今日御達シノ旨逐一兩使道ヘ傳喝ニ及ヒ追テ回鞫可致旨申出候間則書契草稿及ヒ差使展達書取トモ相渡シ當日ハ出館申渡シ候

但シ是迄公幹波滯ノ末ニ候間微官等東萊釜山兩使ヘ面晤シ尋盟ヲ商量スルノ書契稿モ同時ニ相渡シ候處無異存收掌イタシ候事

(欄外註記)昨廿一日暴雨激風今廿一日別差上府イタシ候間何レ三四日ノ間ニハ回酢可申出ト存候今般ノ書契上從前ノ格例ニ悖リ候廉モ有之定テ一驚動イタシ候儀ト被存候得共舊ノ如ク啻ニ例款古典ヲ叩キ境上ニ掛制スル能ハサル儀ニ候得ハ是非京表ヘ啓聞ノ上左右決答ニ及ヒ可申左候ハヽ其間多少ノ時日ヲ銷シ可申様ト相考申候猶將來ノ時機ニ應シ可申ト一同論評イタシ居候且又相良正樹面謁ノ節廣瀨浦瀨ヲ以清國ト交際往復書翰及其他疑訝ヲ解キ候様ノ書類等爲差示候處別差及ヒ小通事共モ微ク氷解發明イタシ候儀

モ可有之哉ト推計イタシ候

一 シヤハンヘラルト新聞譯書其他米韓ニ干係ノ書類夫々握掌イマタ此地ニテハ何ノ景象モ無之候得共猶精々蒐索致サセ可申候清國在留品川大錄ヘノ御書狀ノ趣是亦拜承何卒同人ヨリ探索ノ次第早々承知イタシ度ト企望此事ニ候

一 伊萬里縣ヨリノ伺書幷ニ本省ヨリ回答書共夫々拜承イタシ候漂民取扱ノ儀ハ當今ニテハ先適主モ無之姿ニ候間新規則相立候迄ハ同縣ニテ厚ク補給致シ置レ度旨先般及掛合候處承知ノ段回答申越候

一 廣瀨直行儀本省十一等出仕被命幷ニ正院ヨリノ御書付共卽日轉達卽別紙御請書(註「別紙」省略)差出サセ候間職務課ヘ御廻シ有之度存候然ニ同人儀支度料其外共御規則通リ御下渡可相成候ハ勿論ノ儀ニ候間此方ニテ用金ノ内ヲ以操合相渡シ申置候且在韓賄料等ノ儀ハ既ニ伺濟ミノ儀ニ候得ハ則相良浦瀨同樣取計可申候間是亦御承知有之度存候猶增減差引等ハ歸國ノ上精算可致候

但小林氏私狀ノ内同人儀渡韓以來拜命迄ノ旅費等ハ其管轄地方官ニテ相渡シ可申ハ至當ノ規則ニ有之云々右等ノ說昨今新律御布行相成候ニ付テノ御處分ハ不存候得共全體同人儀ハ內地ニ在住イタシ居候處當般事務ニ關シ功須ノ人物ニ候間今里縣ヘモ別紙ノ通掛合ニ及ヒ渡韓爲致候儀ニテ既ニ相雇ヒ候ヨリ本省出仕一行中ノ人員ニ有之候得ハ相良浦瀨ニモ相替リ候儀ニ無之筈尤內地旅行ノ儀ニモ無之候得ハ支度日當內國旅費及此地賄料共悉皆本省ヨリ御渡シ可有之ハ應當ノ儀ト存候間右等篤ト御盡論ノ上大藏省ヘ御掛合有之候樣イタシ度爲念此段モ申進置候

右先月廿八日已來ノ景狀大略如此候也

壬申三月廿三日

廣津權大錄
森山權大錄
吉岡少記

朝鮮事務課御中

(欄外註記朱書)「此日付ケ甚可怪今依原書不用改正」

43

吉岡弘毅 等(1872. 5. 9/明治五年四月三日) ➞ 外務省

서계와 구진서(口陳書)의 수리에 관한 별차의 답변 보고

去月廿日別差入館兩書契案トモ捧出イタシ候段過日申進候然ニ右回答如何相待居候處彼ニ在テハ餘程困却ノモヤウニテ既ニ小通事崔在守ヲ以内々申入候ニハ今番公幹ノ事書契中異例ノ廉モ相見ヘ萊釜要路ノ銘々ニモ種々苦評イタシ候得共何分突然之ヲ兩使道ヘ轉達イタシ候テハ兩間ノ事情不相貫シテ忽絶交ノ擧ニモ可立至哉難計就テハ暫時兩使ヘハ相包ミ置幸ヒ當時上京イタシ居候訓導ヘモ申遣シ篤ト朝廷ノ内議ヲ經候上其時宜ヲ以兩使ヘ稟達イタシ候ハヽ順便ノ道ニモ可相運哉抔例ノ黠策ヲ呈シ來候ニ付確乎條理ヲ主張シ速ニ兩使ノ披見ニ入レ回答可承旨申遣候處再次手ヲ易品ヲ附及内談來候得共無透間一片ノ條理押詰爲相達候處終ニ其手順ニ相成過ル廿九日右回答ノタメ別差入館差使相良正樹面接候處過日捧出致シ候書契案幷ニ口陳書取共兩使道ヘ轉達イタシ候然ニ重大ノ事件萊釜一己ノ所分ニハ難相成ニ付秘々廷議ヲ經其上左右可及回酬就テハ都表往復ノ間凡三十餘日ニテ相辨可申旨依頼イタシ候ニ付然ラハ其間相待可申約諾ノ通リ屹度回答可有之其節外務官員萊釜兩使道ヘ面議ノ儀モ併テ確答可被致旨相答別紙ノ通約書被差出申候兼テ申上置候通異例ノ書契一見ニモ及ハス堺上ニ於テ拒絶等ノ時機ニモ可立至哉ト一同案勞罷在候處存外穏ニ相見ヘ此末如何成否難計候得共先我邦萬政改革ノ情狀幷ニ尋盟ヲ議スル等ノ旨趣顛末具ニ彼ノ都表ニ相通シ候事故彼ニ在テモ三思熟慮ノ上ナラテハ輕易ニ排斥可致儀トハ不被存尚且此程ヨリノ動静イカニモ困憊ノ色相顯レ申候間一同益忍耐館内取締愈温醇猶此上成熟ノ處企望イタシ居候就テハ先五月中ハ此地滯在ノ事ト存候

一 右ノ運ヒニ立至候上ハ彼若無異議承服イタシ候ハヽ兼テ覺悟ノ通リ懇々談判ヲ重ネ尚進退相伺候得共萬一彼自國一分ニテ決答イタシカタク先清國ヘモ内啓ヲ經其許ヲ得候上可及確答旨申出候哉モ難計左様ノ節ハ迚モ三五月間ニハ埒明申間敷併シ右様熟談イタシ來候ハヽ早晩成熟ノ方ト被存候間其期ニ臨ミ程克談判ヲ纏メ回答ノ期月ヲ約シ一應引揚可申積ニ御座候然ルニ引揚候上ハ従前在役ノ銘々一同歸國申渡候ハ勿

論ニ候得共舊來居込ノ商人モ有之其上館内擴濶且多數ノ屋宇モ有之其外漂民迎送方假ニ小例ヲ設ケ候節ハ是非官員一名其他通辯小者ニ至ル迄凡十餘名在館爲致置候ハネハ内外取締相立不申則別紙見込大略前以御評論ニ入置候尤從前渡シ來ノ格ヲ以右止置候人員給料幷ニ大小船雇入賃摠入費一ヶ月大約五百金ト相立候ハヽ悉皆補給方行届可申哉ト相考申候右ハ尋盟成熟迄ノ取繫方ニテ成熟ノ上ハ大藏省官員等モ出張ノ上實地適宜ノ見込相立可申存候委曲ノ儀ハ紙上ニ盡シカタク此上彼ノ回答次第至急一名上京相伺可申候

右輓近ノ景況及御報知候也

壬申四月三日夕

吉岡少記

森山茂

廣津弘信

朝鮮事務課御中

吉岡弘毅 等(1872. 6. 13/明治五年五月八日) ➞ 外務省

동래부사 면담을 의뢰한 사정 등 보고

時下薄暑ノ砌卿輔公始各位益御精務欣喜ノ至扨先般申進候三月廿九日假訓導入館相良正樹對面ノ節彼レ京表内啓聞ノ手段モ有之回答ノ儀ハ凡三十餘日ノ間相待呉候樣倚頼ノ末約書取之置候處既ニ期日ニモ推移候間本月二日假訓導入館申達シ館司深見六郎面謁回報如何ノ旨爲及催促候處イマタ回下無之夫ニ付種々周旋イタシ居候段相斷候ニ付先一通リニテ出館爲致其後何ノ模樣モ不申出候間又々昨日入館申達相良正樹面晤段々是迄遅滯ノ末今日ニ至リ猶不得確答奉使職掌ニ於テ切迫惶悚ノ情實逐一陳述此上片响モ等閑スルニ堪ス候間東萊府使ヘ直接對覼及示談度其旨篤ト府使ヘ轉達イタシ面接ノ都合旋力可被致且府使回答ノ儀ハ必來ル九日十日ヲ期シ入館ノ上可申聞旨差詰爲及談判尚口陳書等爲相渡置候間府使面晤等ノ儀ハ直下ニ承諾可致哉トモ不被存候得共府使返答ニヨリ追々迫緩其機ニ投シ結局挫問可致覺悟ニ御座候猶後便可申上候得共昨今動静大略如此候

一 別紙(註「別紙」省略)金銀仕拂略算書差出シ候間不足ノ分急速御差廻相成候樣御盡力被下度尤遠路ノ儀ニ候得ハ途間濡滯存外延着等ニ相成候テハ甚不都合ニ存候間成丈神速御差贈被下候樣頼遣候且微官等官祿日當等ノ儀ハ歸京精算ノ上受納可致積ニ御座候是亦庶務課ヘ御致聲置被下度存候

右提要耳委曲後雁ノ節申進候也

壬申五月八日

廣津權大錄
森山權大錄
吉岡少記

朝鮮事務課御中

鄭顯德(1872. 7. 2/高宗九年五月二十七日) ➜ 議政府

왜인의 왜관 난출 보고

承政院開坼

本月二十七日辰時到付釜山僉使金澈均馳報內 卽刻到付訓導安東晙別差高在健等手本內 留館館守倭及別差使倭等請見卑職等以爲外務省使員面接事書契齎來已久 尙不呈納 不得已告達次 率諸色從人 方欲向往東萊府是如爲乎等以 責諭曰 交隣法意 自有舊規 外務省使員之來懇面接 大違恒例分叱除良 定界外毋敢犯越 亦在約條 而遽作攔出 是豈誠信道理耶 答以爲俺等匪不知法禁所在 而弊邦關白革罷後 設置外務省 使之新好交隣次 長門州官銜人三人 弊州幹傳官二人 前已出來 屢次公幹 尙不許施 必是任官不善周旋之致也 齊聲哀懇次 持書契冒死出往是如 言說據手本爲有等以 邊禁所在 聞極驚連加曉諭 各別防塞之意 星火傳令申飭是如 馳報爲白有旀 巳時到付同僉使馳報內 卽刻到付訓導別差等手本及守門軍官金琪連 設門軍官金善基等告目內 今日卯時留館館守倭及別差使倭等 率諸色倭五十四名 以外務省修好事持書契向往東萊府是如 故一邊捍禦 一邊曉諭是乎矣 終不回聽 打破門鎖 仍爲出往 萬無防塞之路是如爲有等以 多發軍校民人等 期於防塞計料爲乎旀一體嚴防之意 前路開雲豆毛浦良中 發關申飭 而連加曉諭 使之入送之意 訓別等處 亦爲嚴飭是如 馳報爲白有旀 未時到付同僉使馳報內 卽刻到付訓別等手本內 同倭等辰時過新草梁前路 巳時到豆毛浦鎭境是如爲有旀 追于到付豆毛浦萬戶羅致淳馳報內 上項攔出倭五十六名 巳時來到鎭境 故多發軍校民人等 期於攔住 毋得越境計料是如爲有等以 各別防塞 使之入送之意 連加申飭是如 馳報是白置有亦 彼倭之冒禁攔出 事極驚駭 嚴飭任譯 各別責諭 使之還入館所之意 東萊府使鄭顯德釜山僉使金澈均處 發關分付爲白乎旀 緣由爲先馳啓爲白臥乎事是白良爾 詮次 善啓向敎是事

金炳學(1872. 7. 12/高宗九年六月七日)

왜관 난출의 책임 추궁 상주

炳學曰 即見東萊府使鄭顯德狀啓謄報 則館守倭別差倭等 稱以外務省書契呈納 肆然攔出 未能防遏之訓導安東晙別差高在健 爲先罷黜爲辭矣 蓋此書契之相持 雖至半年之久 而所謂使員接面 係是約條以外也 不有講定之義 竟至攔出之境者 誠亦三百年所未有之事 此與尋常攔出 有異 而地方官與各該鎭將之不能團束 致有無前之擧 揆以邊政 寧容若是 并爲先罷黜 雖以任譯言之 曉諭防遮 豈無其道 而任其踰越 莫之禁止 究厥罪狀 不可仍置 并爲先汰去 令攸司拿問勘處 至於兩國禁條 自是移易不得 嚴辭責諭 據理退送 俾無敢更肆頑習之意 分付何如 上曰 事體則然矣 此時此任 捨此莫可 并特爲安徐

鄭顯德 ➡ 議政府(1872. 7. 13/高宗九年六月八日)

왜관 난출 후 동정 보고

東萊府使鄭顯德以館倭等歷鎭抵府馳啓

狀啓以爲去月二十八日未時釜山僉使金澈均馳通內卽接豆毛浦萬戶羅致淳馳報則本浦來到倭人等無弊經夜而當日午時仍向開雲浦境矣開雲浦萬戶林鳳祥馳通內同倭等午時來到本浦境故多發軍校民人等各別防塞云云矣二十九日未時同僉使馳通內卽接開雲浦萬戶馳報則同倭等無弊經夜當日午時向往釜山鎭矣多發鎭校及民人等曉諭捍禦使之入送計料云云矣本月初一日酉時同僉使馳通內同倭等二十九日三十日無弊經夜而發遣軍官據理諭之於館守倭處曰交隣約條自來嚴密而肆然攔出多日煩聒是何道理耶答以爲非不知法禁攸重而面達萊府之前萬死不還而愈肆頑毒死在當場則許久持難易致邊釁不得爭執同倭等當日未時一齊趲程過馬飛峙直向東萊府矣府軍校等馳告內同倭等自馬飛峙前進同日戌時直向府城故擁路防遏則渠等多日攔住之餘擧有飢困之狀且有方病者而時適日暮雨下不可任其露宿矣館倭之歷鎭抵府有此煩聒者雖極痛惡特念懷遠之道不得已姑令拘置於公廨深處使軍校及別砲等各別守直而卽速還送之意任驛等處另加嚴飭而過境時不能防遏之各鎭浦邊將不可無警豆毛浦萬戶等從重科治之意報于左水使處而同倭之踰越三鎭直抵臣府罔非溺職之罪惶恐竢勘事敎以勿待罪事回諭

48

吉岡弘毅 等(1872. 7. 29/明治五年五月八日) ➞ 外務省

왜관 난출 및 相良正樹 일행 복귀 보고

관련문서 ⑴ 옛 규례에서 벗어난 수교 논의는 불가하다는 차비관의 구진서(口陳書)
⑵ 구진서에 대한 深見六郎의 반박

朝鮮事務復命及伺書

客冬森山廣津両名伺定メ候御裁印書ノ意趣ヲ體シ春來一同協議或迫或緩往復數次ヲ經抑揚投機聊微力ヲ盡シ候儀ハ別册(註「別册」省略)應接類書往復類書其他日記等ニテ御高覧被下度然ルニ去ル五月廿五日彼訓導都表ヨリ下來就館候ニ付相良正樹面接公幹澁滯職掌悶迫ノ情等逐一臚陳應答両日ニ及ヒ候得共到底回答ノ期月ヲ約セス曖昧模糊ノ言ヲ以テ待應イタシ候上ハ此末百回舌論ヲ費シ候共決然其確答ヲ得ルノ日ナク剰ヘ進止途ヲ失シ可申然ル上ハ條理ヲ講明シテ彼東萊府ニ入リ府使直接我誠意ヲ可令貫徹議ニ相決シ差使相良正樹館司深見六郎廣瀬直行浦瀬好裕等五月廿六日夜出關六月六日歸館ニ至ル途間ノ動静公幹ノ駈引等別紙入府錄(註別册「入府錄」省略)ニ撮要有之候通リ一行歸館ノ上篤ト現地ノ事情ヲ推酌シ此機ヲ失セス一同引上ケ可申ニ相決シ申候然ニ館内舊來居込ノ士商モ有之館司ナルモノハ微官等ヨリ一二巡相延本省ノ御指示ヲ仰キ候上引揚可申筈ニイタシ右入府ノ節彼ヨリ相認出シ候口陳ニ對シ論駁書ヲ裁シ之ヲ館司ノ傳唱ノ書ニ仕立差備官ナル者ヘ可相渡積ニテ既ニ微官等解纜前右渡方取計ハセ候處差備官儀過日來瘧疾甚篤ク下來難致且一行入府後ハ東萊府使釜山僉使其外水營兵營等ノ役員數名統營ヨリ捕縛或ハ閉籠等被申付既ニ府使ニハ近隣ノ山寺ニ囚セラレ候哉ニ相聞且又訓導ハ叱責別差ハ闕官差備ハ病故加之ニ畢竟差備ノ職任ニテ莫重ノ事件ヲ管理スルノ手段無之段例ノ狡獰目今往復ノ手ヲ塞キ我聲息ヲ覰ヒ候黠策ヲ呈シ來候ニ付尚傳唱書ハ差備官ノ手ニ止メ爲置可申段差詰爲及往復候處是亦其者ノ手ニ難止置何分府使復官カ又ハ新任下府ノ上ハ盡力辨幹可致旨小通事ヲ以請求イタシ來然處右府使訓導等復官又ハ新任下府ノ儀ハ必當月中ニハ相定可申旨申出候間右傳唱書ハ迫テ相受取可申ト存候就テハ時機モ有之微官等三名及相良正樹廣瀬直行合テ五名過ル六月十六日夜發韓同十七日對州嚴原着イタシ候右ノ如ク種々黠策ヲ弄シ頑固無條理ノ言ヲ皇張イタシ候モ全ク從來對人ヲ睥睨籠絡スルノ長策ニ有之候間此上小手

段ヲ以區々ノ小价ヲ馳セ督論確答ヲ促シ候共到底水泡ニ歸シ可申ハ顯然其上我ニ於テ彼小利ニ昏溺スルモノト看做サルヽ時ハ兩情氷炭實ニ國辱ヲ釀シ可申ト存候間斯速ニ館司ヲシテ在館士商一同引纏歸國爲致可申外無御座右不得已情實ヨリ條理ヲ以引纏候上ハ當分ノ處絶交ニ侔シキ姿ニ候得共彼ノ心術支捂必後日解悟氷釋可致時機モ可有之其節ハ何時ニテモ寬猛御下手ノ條理相立可申奉存候且御裁印伺書ニモ御座候通リ萬一館司引揚ノ節居込ノ商民共彼ノ商民ト計リ舊來ノ取引行縺等一時取捌カネ候ニ付一二巡滯館イタシ度段及懇願候節ハ其辭宜ヲ酌察シ其旨聞届是迄一粒タリ共給米ヲ食ミ候モノハ擧テ引拂ハセ可申積ニ館司ヘモ委實申含置候間何分神速御下令相成候様イタシ度然ルニ五月附宗氏ヨリノ伺書ニ數十年引縺ノ末ニ候間其筋ノ役員取纏ノタメ差渡シ度云々有之候得共從前公私貿易渡シ殘リ品幷ニ受取不足トモ彼地ニ於テ代官ト唱ヘ來候役人共ヘ春來精算爲取調別紙(註「別册」見當ラス)之通候間別段差渡シ候ニハ不及此間ノ委曲ハ口陳上ナラテハ難盡候得共先大略陳上イタシ置候尤微官等引揚ノ後外向動静探聞及漂民送迎等ノ儀ニ付彼ヨリ如何可申出哉右等ノ爲浦瀨好裕是亦一巡滯韓爲致置申候且館司引揚方駈引其他庶務引纏歸國ノ上ハ舊冬ノ本末等取調候タメ廣津弘信嚴原ニ相滯リ本省ノ御指旨ニ隨ヒ内外辨理可爲致積リニ候間何卒至急御評決被下候様奉伺上候也

壬申六月廿四日

廣津弘信
森山茂
吉岡弘毅

外務省御中

【관련문서 1】

交隣以來約條堅如金石彼此相守已爲三百餘年矣 貴國所幹如係約條所在則我 國處分必無不施之理若或違晝約條雖千訢萬言斷不聽許已悉雷慣而今以

公幹事言之此是彼此間沿革事務則何可以一朝一夕遽議左右乎前已備陳於朝廷亦當收議於 國中然後始可進退故今番訓導之自京師下來後業以此意回報於舘中則毋論早晩惟當恭俟 處分而以攔出舘門犯越禁界看作能事至於上府騷擾之境者安有 貴國守約條知法禁之意乎假令有貴國施措於國中之事而其所施措有或不便於公議者則其勢不得不還寢而況不可容易議到之事肆然欲行於隣國隣國寧有肯受之理乎以面接事言之宴享時相接外無更相接自是約條亦所共知則此尤萬不近理之説設或許其面接其間訓導公朝之説皆是 使道分付則此外有何樣辭説强請面接乎更勿煩説卽速撤還安頓惟竢早晩間處分而處分回下之前凡係交隣事務遵守舊約無一違畫然後乃可有公議決末之日以此諒之無傷隣好可也

右親率軍官口傳分付以此

照諒焉

壬申六月初六日差備官敬汝韓主薄印

差使尊公

館司尊公

【관련문서 2】

傳喝書

一 春來貴國應接我輩之情狀具陳於外務省官員前官員曰曩日我外務省奉朝旨令余輩納尋交盛意於彼國彼國不款接余輩顧彼國有未了悉我意之所在者故反復鄭重傳致我意有年于玆彼國輕侮終始以曖昧模糊之語對我不毫應來意今亦以所聞察之則托辭於左右以拒我尋交之誠意也夫交隣條理曲直名分世界自有公議正論今不更贅余輩當回報彼國之情態於本省仰處分耳館司其以此告彼國

一 日前某等直入貴府者專使超溟以來頻俾任譯傳致公幹緊重之情由五閱月不得捧出書契奉使之任館司之職不堪悶迫惶悚之情至五月念五日訓導始

就館曰書契捧出之事將收議於國中而後致決答因問其期則曰不可期幾年月嗚呼是何言歟未收議於國中當以府使內啓達京師之日直行之托決議之旨於訓導以答我然曠日踰月至今日曰將收議於國中決議之遲速不可期幾年月也且貴國之大小人民之多少大抵可知貴朝神速下令收議於國中數月可決安有遲速不可知之理乎因恐春來任譯之禀告我情實於使道前或有未盡其委曲者若夫不然則兩國間隣誼友情之所在豈有如此澁滯使令於境上之理乎因欲入貴府親接使道陳述來意之委曲以約決議確答之大限乃告其意於訓導且求其同伴開路訓導曰貴使入府之事非僕所是非然使節之入府非無前例若夫同伴護行卽任譯職分中之事不敢辭其命於是乎入府之議決而其途中每遭村民之抑留公然陳述入府之情由遂得開路穩入貴府者貴國官吏之所共承諾也豈圖軍官所傳差備官所錄書中曰欄出館門犯越禁界云々嗟乎是何誣我之甚乎

一 書中又曰交際條約堅如金石貴國所幹如條約條則從之若或違畫約條則斷不聽許此言遽聞之則似有理細察之則不通之甚也何則交際條約盡起於兩國考察時勢商酌事體以制其宜苟守之利兩國則當堅守無違若至時勢變事體革守舊有障礙之時則不得不相共商議以變通更革我邦之交貴國以武將足利氏爲始其次豊臣氏其次德川氏其間交際約條之變通改革者不遑枚擧是自然之理勢不待智者而知也今本邦時勢大變庶政一新宗氏解州守之任止將命之職更任外務大丞則交際之體亦不可不變通然而頑然拒之曰一違舊約則斷不聽許無類膠柱皷瑟之喩乎以貴國之多士發不通之論如此甚堪怪訝想托辭以欲擯我絶交歟

一 書中又曰有施措於國中之事而其所施措或有不便於公議者云々我邦天子親政百度維新是三千餘年一系萬葉之國體復其古制天地不易之一大盛事其公明正大世界萬國之齊所欣募拜賀今如書中所言 則貴國看以爲尋常施措之事誤之甚也

一 書中又曰不可容易議到之事肆然欲行於隣國隣國寧有肯受之理乎原夫我邦與貴國唇齒相保三百餘年貴國之幸福卽我邦之幸福我邦之盛美卽貴國之盛美是豈可不以事之實告事之實乎顧貴國得我邦政體維新之報宜有慶賀之意今書中却加以肆然云々之語是可謂隣誼歟何不可言隣誼乎

一 書中又曰沿革事務則不論早晚只當恭俟處分今問其早晚期幾年月則曰大事十年若其緊急則六七年是亦何等無條理之言夫隣國有報告之事宜速達其書以酬於來意若其回答之旨趣在貴國之所決耳我豈爲强之乎唯天地間

自有公論而已今貴國以曖昧無條理之言徒遷延歲月春來未見有一言一句答及於我縷々傳致之情實者豈可謂善隣之情誼乎

一 書中又曰處分回下之前凡係交隣事務遵守舊約無一違畫然後可有公議決末之日夫宗氏既解州守之任現任外務大丞及止將命之職外務省管外國交際云々之事情春來縷々陳述今不更贅使道不捧大丞之書契不接大丞之差使却言凡百之事遵守舊約假令今欲遵守舊約以既解之州守與不管之州人欺罔貴國則貴國甘受其欺罔以爲隣誼宜然乎貴國動輒曰誠信曰金石夫口稱誠信而行勸欺罔貴國以之果爲遵守舊約乎

一 書中又曰無傷隣好可也是兩國蒼生之福也我輩區區盡力專爲之耳夫欲敦隣好久遠不渝須言行一致然差使超海以來貴國之遇我無大反此語乎差使雖魯無安然待早晚不可期之回答之理故直去此土至東京報超海以來貴國遇我之情状於大丞如異日來取確答仰大丞之處分而已因托某告別請亮之

一 某以不肖任館司之職職關交際是以春來頗竭微力於此因深覩貴國遇差使之情状有大反善隣之道者爲兩國不堪憂慮乃同差使直至貴府欲見使道以成兩國之歡好然峻拒不接唯使軍官傳旨所傳旨趣盡違交隣之情理如右所論是以欲去此土報告春來事情於大丞然人民尚有滯於此土者不得不管理故暫止行李急取進退於大丞嗚呼事之至此可勝痛歎乎不宣

右項禀告萊府使道前而後同告釜山令公是希

副島種臣(1872. 9. 17/明治五年八月十五日) ➡ 太政官

왜관 유지, 정리를 위한 고관의 파견 상신

朝鮮尋交手續幷目的

一 明治戊辰宗對馬守旨[戊]を奉して大差使を派し隣誼を脩めん事を告く其書中政權一歸皇室不佞嚮奉勅左近衛少將平朝臣某禮曹參判公等之語あり然るに彼謂右皇室奉勅之字は兩國書契中未た之を用ゆる者あらす左近衛少將平朝臣も先規無之押印約の如ならす禮曹參判公は宜く禮曹參判大人と書すへしとて接受不致候事

一 其後談判度重り庚午二月に至り東萊府使尚又單簡を以て大差使へ遣し皇勅等之字を論難致候事

一 然れ共左近衛少將の稱呼丈けは承知致候事

一 皇勅等の字句を用ひす兩政府不差碍様の法語を用ひ交際を收めは可然哉と訓導談合の末書信を作り同十月外務官員等渡韓候へ共訓導一應の面晤さへ許し不申候事

一 辛未六月我漂人數名を和館の前岸に放棄置候事

一 宗對馬藩知事を東萊釜山兩使に送りて外務官員に款接せられん事を請ひ候へ共承知不致旨返簡差越候事

一 同人對馬藩知事を止られ更に外務大丞に任せられ兩國間交際を掌る可き旨の告書幷外務官員等東萊釜山兩使に面晤を請ふの書簡を送れり始め遣せし大差使は四年の時月を費し歸國候事

一 新差使等著韓の日より訓導に應接を懇求する事殆んと二十回に及ふといへとも其儘上京致候事

一 別差下來候に付兩書契の寫しを寄付し速に回答あらん事を求るに三十餘日猶豫あり度段申出候事

一 右期日を過て廿五六日後に至り訓導下來申出候には公幹之事は議を國中に收めて後決答すへく其期限の如きは早晩歲月を定むへからすとの儀に有之候事

一 此上は親しく東萊府使に接して使節苦悶の情決答の大限を約し度に付訓導に同伴開路候様申聞候處承諾に付差使館司等東萊に入り面謁を乞

へとも許さす軍官をして答へしめ候には議を國中に收めて後決答すへし惟恭て早晩間の處分を竢へしとの事に有之故に其早晩間の期を問へは十年乃至六七年と言ふ因て其言ふ處を彼に筆記せしめ空しく歸館候事

一 其後論難書を作り投示せし處一人の接受者無之候事

一 右之情状にては假令十年を期す共何等の都合可相成哉此上は大丞の所分を取るの外無之旨を告け差使等引取り相成候事

一 然れ共右和館は嘉吉以來我人民往來居住我國權も行はれ來り候處にて一朝打棄候は好ましからさる儀に付追て使節差立談判相成迄は左件之通り取計候方方今の便宜に可有之事

一 草梁館司幷代官所は打追の通相立置可申候事

一 無用之士官雜人等は悉く引纏め歸國可爲致事

一 商人の去留勝手たるへき事

一 勘合印は舊章通りの事

一 歲遣船は不差渡候事

一 歲遣滯品宗氏負債と相成候分は勘定可拂渡事

一 對州に滯居候漂民共は盡く送り返し候事

一 右の目的を達すへき爲め一時格段なる官員を草梁まて差遣し穩當所分可致候事

明治五年壬申八月十日

外務卿　副島種臣

正院御中

花房義質 等(1872. 9. 17/明治五年八月十五日) → 外務省

조선 파견시 유의사항 청훈

今度私儀朝鮮國出張被仰付候就ては諸事目的書に照準し専ら方今の便宜を旨とし穩當處分可致義に候へとも尚心得として左の件々相伺候也

一 差使半途歸國の事に付論難申出候事有之候はは接受の期限も定まらす緩慢の罪を恐れ一應歸報せし事故同人又は他人を必らす再ひ渡さるへしとのみ答置かせへく事

逐て必らす格段なる使節可被差渡尤最初の論は何所まても變改無之に付其節は兩國人民安全繁榮の基を確立候様御互に都合能周旋いたし度との旨并に當今世界の氣運進歩の様抔折を以て訓導其他へも談及いたさせ候様可致候事

時宜により代官所は三代官に持切らせ一代官は引取らせ候方内外眞の都合と見定候節は然様取計ひ候儀も可有之事

若し館司又は擧館引拂らひを強て朝鮮より相望候様の義有之候共本國の命に非らすしては一歩も動かさる段穩に論辨し益温和にして決して動遙いたす間敷尤其言辭擧動等は逐一無加除申越候様可爲致候事

一 奥義制には前件に心得させ候外自ら館司代官の下僚の振を以兩官の間を調和し監察の心得を以其心腹に入り代官と韓人との間に存する私交の深淺厚薄其情状等逐一探知し臆斷を雜へす有體見聞の儘可申越若し別に所見あらは本件と混せさる様別に密封して可差出旨極密可申聞置事

一 前件館司并に奥義制へ心得置かせ候付ては同人等身上萬一不慮の儀有之節は家族のもの御見捨無之旨申聞尚當人内存も有之候はゝ承り置申上へく候事

一 代官へは同人等所業に付兼々御聞込の儀も候へ共凡て吟味の沙汰に及はれさるに付既往を顧慮せす前途の都合一遍に心掛盡力可致様是亦内密申聞せへく候事

一 私貿易と唱へ宗氏「モノポリー」の貿易は我長崎唐館のすし元に等しきものに付少々模様替いたし候はゝ引續取行ふへき無害の方法も可有

之乍去差向は此外バハン抜荷の振にて取引いたし候其實公然通常の貿易といふへきもの有之却て此分を盛大になる様相助け漸々勢ひを移し候積りに心得置かせへく候事

一 館司へは別紙之趣へ達覺書を以達し置候積りに候事

壬申八月十五日

花房義質

館司へ可爲心得置件々口達の覺

一 今般廟議の趣も有之其元を撰て更に館司に命し夫々役員をも差添當館に差置かれ候に付一層勉勵堅忍勤務可有之様存候

一 韓人へ接遇の手數等は凡て舊に倚り取計ひ置かるへく萬一一己難結論談等有之節は嚴原出張の向へ打合差圖を得取計ひあるへく事

一 是迄入送し來れる供饌類澁滯候共決て催促いたす間布乍併懇意を以て差向候分は其意に任せ置へく候事

一 歲遣船は中止と可被心得候事

一 歲遣滯品は宗氏負債の分此度清算可拂渡候事

一 勘合印は先つ舊章に從ひ置可申歸帆吹嘘も同斷取計ひ置へき事

一 彼我漂民の義は便宜の處置を以受取渡し可致候事

一 在館商人の儀は去留其ものゝ勝手に可爲致尤正邪鑒定往來切手渡し方嚴重致すへく候事

一 彼我商人互の貿易は可成差障無之様助け遣し候儀と可心得候事

一 在館上下となく不體裁無之様取締可有之萬一心得違のもの於有之は其趣取調らへ可申立事

一 兩國人民交通の義は專ら禮讓を存し粗忽の擧動あるましく義に付屹度取締萬一心得違のものは時宜により早々歸國可爲致候事

一 雜人舟子等に分賦し館內屋宇道路等常に清掃を加へへき事

一 役々邸宅營繕の儀は成丈省費候は勿論當時不用之向は商民とも願にまかせ借渡し不苦候事

一 彼我掛合事は勿論外情風聞に至るまて詳細時々報告可致候事

一 會計向の義は多少に不拘一同檢印の上取計ふへく事

一 月々出納の記錄は證書相添便宜毎に嚴原出張の向迄可差出候事

以上

51

鄭顯德(1872. 10. 26/高宗九年九月二十五日) ➜ 議政府

일본 외무성 파견원의 무단 입관(入館) 보고

本月二十五日巳時到付釜山僉使韓用默馳通內 設門內洋下碇火輪船二隻 當日卯時發船還歸是如 守護將本鎭二戰船將具桓旭馳報及龜峯烽軍姜成郁進告爲有旀 追到訓導安東晙 別差玄豐瑞等手本內 館守倭言內 今以公幹未就事 江戶人一人 幹傳官二人 姑爲下陸留館 其餘原騎人名 仍騎火輪船 卽爲還歸是如乙仍于 公幹一節 更勿擧論 斯速入送之由 嚴辭責諭事手本據緣由馳通爲白有臥乎所 火輪船今雖還歸 江戶倭及幹傳倭之謂有公幹未就 肆然留館欲事煩聒 去益痛惡是白乎等以 毋敢煩聒 斯速入送之意 令任譯等 嚴加責諭於館守倭處爲白乎旀 緣由馳啓爲白臥乎事是良爾 詮次 善啓向敎是事

議政府(1872. 11. 3/高宗九年十月三日)

무단 입관(入館)한 왜인의 귀국 독촉

啓曰卽見東萊府使鄭顯德狀啓則枚擧訓別等手本以爲江戶倭一人幹傳倭二人謂有公幹未就肆然留館欲事煩聒去益痛惡故以斯速入送之意令任譯等嚴加責諭云矣今此內州倭人之稱有公幹乃是幾百年約條之外則不使速還任其淹留寧有如許事體乎若不據理責諭趁卽退歸則當該任譯以法從事之意請嚴飭分付允之

53

花房義質(1872. 12. 6/明治五年 十一月六日[?]) ➜ 外務省

왜관 접수 복명서

朝鮮御用復命略

義質儀壬申八月十八日御用有之朝鮮國へ被差遣候旨被仰付随行森山少記ハ大坂ニ於テ銅其他品々調達ノタメ同廿三日ヨリ出立義質儀ハ同廿八日春日艦ニ乗込ミ有功丸一同品川出帆大坂神戸ニ於テ銅ソノ他品々有功丸ニ積入レ九月五日兩艦大坂兵庫ヨリ出帆春日艦ハ同十日嚴原着有功丸ハ長崎ニテ對州へ可被遣兵隊乗組セ同十二日嚴原着同所滯留廣津少記へ渡韓ノ命ヲ傳へ尚同人等申談シ舊貿易署并舊交隣掛リ等ノ近況内情取シラへ同十五日一行擧テ同所ヲ發シ兼テ嚴原ニ留メ置候朝鮮漂民拾三名ハ別ニ和船ニ乗セ有功丸ニ牽カセ三船等シク同夕第五字草梁館前灣ニ投錨今夜小通事入館間情候ニ付大船ハ和船大船ヲイフナリ對州役々并ニ順付ノ漂民乗込定式ノ勘合印モ持居リ火輪船壹隻ハ外務官員乗組居リ同壹隻ハ護衛船ノ旨答置カセ候

一 着館卽夜館司始代官通事等貿易ノ差引出入并ニ去五月中差使館司入府中密往復ノ次第等取糺シ候處不束ノ義モ相見へ候ニ付更ニ商議ノ上翌十六日館司始代官通詞等マテ歸國又ハ新任等夫々申渡シ歸國ノ向ハ同十九日別船ヨリ出帆爲致候

一 十七日館中不要ノ人員夫々歸國申達シ同廿三日有功丸ヨリ歸國爲致候

一 在館商賈ノ中滯韓志願ノモノハ當分館中見廻リ等相當ノ課役申付其儘殘シ置滯滯品引渡シ等相濟候後ハ外向相對ノ取引ヲ許シ代官所ニテ正實ニ取締リイタシ遣候筈ニ定置候

一 勘合印ノ事ハ當春訓導迄相渡シ候解疑書中ニモ暫ラク舊印ヲ用ル旨申置候ニ付其儘舊印相用ヒ置カセ候

一 歳遣船中止ノ事并ニ滯滯品拂渡シ方ノ事ハ新一代官ヨリ別差へ口陳書ヲ以テ宗氏解任等ノ事ニヨリ當時歳遣貿易從前ノ例格ニ從フ能ハス故ニ今度滯滯物品全額ヲ送致セルニヨリ出入ヲ檢清シ以テ公韓(幹カ)順成ノ日ヲ待ントス速ニ就館査收アラン事ヲ冀フノ旨申遣シ候處右口陳ト行違ヒニ別差ヨリ代官へ申越候ニハ代官歸國ノムネ承知セリ屢年滯滯ノ物

品清算相スマサル間ハ壹人モ歸國スマシキ筈ナリ强テ歸州スルトアラハ隣國所送ノ物品ヲ報フマシトノ事ト見ユサレハ天下公論如何アルヘキヤトノ事ニ付官所ヨリハ出入清算ノタメニハ既ニ物品ヲ持越シ有之代官モ夫々兼務ノ人アリテ既ニ其事ヲ一代官ヨリ口陳書ヲ以テ別差ヘ申送ラレタレハ舊代官ノ歸國ハ心遣ヒニ及ハスト答置カセ候其後舊代官歸船ノ船切手等モ差越候

一 澁滯品彼方取調書差出候様曾テ申入置カセ候處十八日任所調印ノ取調目錄差出候

一 別差ヘ遣シ候口陳書落手シカタキ旨ニテ度々異難申出候ヘトモ辨論シテ持歸ラセ置候所二十日別差ヨリ在守ヘ送レル書ヲ内見ノタメ持出ス大意火輪船滯泊中ハ物品出入ノ事モ擧論スル勿レトノ義ニ付如例廣瀨直行ヨリ辨論セシ所其理ニハ伏シタレトモ別差新任凡事昧例何事モ氷解シガタシ實ハ訓導復職ノ命不日ニ都ヨリ達スヘキ筈ナレハ暫ラク猶豫クレ度旨懇情候ニ付尚陪小通事ハ如此事件ヲ氷解セシムル社其責任ナレト深ク責メ置マツ其儘持歸ラセ置候事

一 右ニ付勘考仕候處今ハ火輪船滯泊モ徒ラニ事務澁滯ノ詞柄ヲ與ヘ候ニ近ク且館中ノ錯(措か)置モ大概相スマセ候ニ付一應退港ト議定荷積卸シ人員乘セ組手繰リイタサセ候

一 二十二日天長節ノ事前以申入近村マテモ觸置カセ候上當日御軍艦オイテ揭旗發砲彩燈號火等如式取行ヒ館中オイテモ上下士商祝酒ヲ賜ヒ終日歡ヲ盡シ候朝鮮人ニモ通事其他當日入館ノモノヘハ祝酒ヲ分與候事

一 二十三日夕一同乘船

一 二十四日朝解艦有功丸ハ卽日嚴原着春日ハ淺海浦ニ滯泊ス灣廣ク且深シ數十ノ大艦ヲ繫クニ宜シ

一 二十六日嚴原着

一 十月三日草梁ヨリノ飛脚船着兩艦退港後ハ朝市商其他館門出入及ヒ諸商賣ノ模様等大概平常ニ復シ尤別差ハ兵營ヘ參居候由ニテ口陳書ノ回答ハ未差越且去朔日在守入館別差傳言ノ旨ニテ別差義昨夜歸府候ヘトモ臥病罷リ下リカタク尤過日ノ口陳書并ニ催促ノ事ハ承知イタシ受前物品ノ事ハ故障無之ト雖トモ府使モ再職訓導モ復職ニ付何レ議定ノ上返答可相成訓導モ五七日中ニハ大丘ヨリ歸府アルヘク歸府ノ上ハ面晤ニモ至ルヘク旨等申立候旨申越ス

一 同廿日飛船便ヨリ訓導大丘ヨリ歸リ來ルモ多分廿四五日頃ニハ相違有之間敷趣在守ヨリ申出候趣申來ルト雖モ彼國從來ノ風習ヲ以考ルニ前述日積リ通リ面晤等相成ヘクモ相見ヘス候ヘハ代官等ヨリ寛ニ引合ハセ置方可然ト評決シ尚無油斷應答致スヘク樣在館ノ面々ヘ申遣シ尚臨時處置振等森山茂ヘ申談置同人ハ嚴原ニ滯リ義質儀ハ同月廿一日春日艦ニテ嚴原出帆十一月六日一行擧テ東京歸着仕候

壬申十一月

外務大丞 花房義質

(6) 고종 친정(親政) 이후 서계 문제

閔致庠(1872. 5. 10/高宗九年四月四日)

동지정사(冬至正使) 閔致庠 복명 기록

召見回還冬至使于紫薇堂仍行召對承旨李敎復檢校典翰李承宇玉堂黃普淵檢校待敎金奎軾假注書朴鍾濚史官徐正淳李根命

復命也○講通鑑

予曰 遠路無事往返乎

正使閔致庠曰 王靈攸暨無事往還矣

予曰 行中亦皆無事乎

致庠曰 譯員一員與副使軍官一人不幸矣

予曰 其亦甚惻然矣

致庠曰 客地情景甚慘絶矣

予曰 今行回還緣何此遲耶

致庠曰 行中旣有不幸之事未免緣此稍遲且譯員輩多有中路落後到柵後不得已留待其齊到故亦費八九日致此稽晩矣

予曰 書狀官落後爲待車卜而然耶

致庠曰 大車卜重於小車每致遲滯故從近例落留書狀於柵外先此復命矣

予曰 經年而歸俱爲仰瞻也

致庠等仰瞻訖

予曰 彼中無他事故乎

致庠曰 各省土匪係是無年無之而近無大爲慮者洋夷之來留皇城者今不滿數百名街路上未能多見彼人之畏惕異於前日見其過去而亦爲指斥矣

予曰 獲瞻皇上乎

致庠曰 三四次宴禮時獲近皇上而擧止凝重視瞻不苟有人君氣象近又篤勤講學留心事務親總萬機擧皆顒仰可見其愛戴期望之群情矣

予曰 去時已諭之而果詳探事情而來乎

致庠曰 有他事情無以詳知而聞去秋洋夷利誘倭人而來要與中國通貨已有約書將行交易云矣

予曰 然則中國將何以接待倭人乎

致庠曰 旣非臣服之國則倭人似不稱臣云矣

予曰 回匪今則何如

致庠曰 近日則不至大段猖獗而中國則秖是戒嚴防守而已云矣

予曰 皇后果已揀擇而冊封在於何間云耶

致庠曰 二月初已爲揀定於翰林侍講學士崇綺之女移處別宮而大婚將行於九月冊后例在大婚前一日云矣

予曰 當有勅使而何時出來云耶

致庠曰 若派勅則必在冊后後計當於冬間上馬矣

予曰 或有順付之道耶

致庠曰 雖賫咨官便可以順付而皇曆之行每於九月晦間如到皇城則其前不爲派勅未可知矣聞其事例若已派定則不許順付矣

予曰 大國人心與風俗何如耶

致庠曰 接人旣罕言語不通則雖未得其詳比之往年所見廛鋪多售奇技淫巧之物非不眩耀人目而俱無實用者也洋人輩有此逞技取銀之計且鴉片煙之無人不吸大可憂悶前日則吸之者恐或人知秘其煙具今行見之反以不吸爲恥煙具爛賣非徒不禁至有自官征稅其習俗之漸變於此可見矣

予曰 卿之燕行在何年乎

致庠曰 庚戌年以書狀官入去矣

予曰 聞洋夷建層閣窺覘禁中云果然否

致庠曰 臣於紫光閣宴禮時見之則洋醜所居屋多在宮城逼近處層設高樓俯瞰禁中而不能禁止其設屋反高其宮墻以遮其俯瞰墻高比之舊築加於三分之二矣

予曰 彼地昨年農形何如耶

致庠曰 關內稍勝關外頗歉荒响馬竊發之類種種有之矣

予曰 不能禁戢耶

致庠曰 必當到底禁捕而在在群聚似不得盡勦而然矣柵外亦有此患自灣往來者近有馬匹物貨之見奪者矣大抵自柵門至鴨江間爲一百二十里此是彼我交界故等捐其地不許民居者當初深意可以見之而挽近七八年來流離逋逃之類冒禁潛居村落已成鷄犬相聞昔之樹木參天處今皆芟斫無寸土之不闢彼我之相居如是隔近鴨江不過一帶水也他日犯越之弊可以逆覩必爲邊門之患誠甚憂悶矣

予曰 此地係於何省不能禁逐其居民乎

致庠曰 此地自是空曠處則似無所係之省而居民俱是無賴籍外之類也今欲盡爲驅出則必致大段騷擾故似爲掩置而反不若屬之鳳城衙門等處以爲編籍管轄矣

予曰 此距瀋陽爲幾里乎

致庠曰 距盛京爲六百餘里矣

予曰 响馬賊旣如是則年年使行亦爲戒愼處也

致庠曰 果爲戒嚴者而今春爲歉荒也故比他年尤多云矣

予曰 入我境沿路所見何如

致庠曰 淸北之昨年歉荒挽近罕有前冬過去時見之則仳離顚連之類相續道路已是愁慘而今春則自義州至嘉山沿路松木殆無餘皮民情之難棘於此可見矣

予曰 彼地則昨冬無雪云果然耶

致庠曰 昨冬皇城則有數次大雪而開春以後雨水則不爲頻數矣

予曰 彼地麥農何如乎

致庠曰 彼地則多種小麥罕見大麥農穀率多糖麥而幽燕之地卽是沙溪不毛土無所產以其皇京都會四方物貨輻奏竝臻賴以爲生矣

予曰 近日有馴象而亦或見之否

致庠曰 果有之而得見矣

予曰 爲幾匹乎

致庠曰 只見二頭而聞是粵南所貢者也皇帝初卽位則例以詔書宣示于產象之地象乃就馴而咸豐時則竟無所得今皇上嗣位之初始得捕來所以彼人至謂之瑞物云矣

朴鳳彬(1872. 6. 5/高宗九年四月三十日)

동지사(冬至使) 朴鳳彬 복명 기록

行召對于紫薇堂召見回還書狀官朴鳳彬承旨李啓魯檢校直閣洪股謨玉堂朴顥陽李𨯶永假注書車有聲史官趙鍾翼李根命

講通鑑○復命也

予曰 遠路無事往還耶

鳳彬曰 憑仗王靈無事往還矣

予曰 落後者車卜未及盡到而然歟

鳳彬曰 然矣

予曰 幾日間落後耶

鳳彬曰 正副使三月十三日先爲渡江落後日子爲三十餘日矣

予曰 聞見錄俄已覽之而彼地農形歉荒云果然乎

鳳彬曰 關內稍勝關外則昨年潦水甚多未免歉荒矣

予曰 中原一斗與我國一斗何如

鳳彬曰 中原一斗幾與我國十斗無異矣

予曰 一斗米價爲三千云比諸我國則一石價爲幾何

鳳彬曰 以我國米價論之一石價爲三十餘兩矣

予曰 皇上聰明好學親總庶政以副民望云果然乎

鳳彬曰 皇上天姿英明好學崇儉朝野之期望藹蔚矣

予曰 洋夷昨年往于琉球國未得遂意而還去果然耶

鳳彬曰 果然矣

予曰 中原無洋夷討平之意耶

鳳彬曰 皇上大婚後臣工齊籲請親總庶務則討平洋夷次第件事而洋夷今雖猖獗卽外寇也雲貴甘肅等地尙有土匪此則內憂也必先討內憂而次除外寇云矣

予曰 回匪侵犯之說前所已聞而苗匪云者何賊耶

鳳彬曰 苗匪卽古所稱有苗之餘種矣

予曰 武備院盔甲之物昨年見失云此是的然耶

鳳彬曰 甲冑見失事在昨年十月間而該衙門刻期譏捕尙未捉得云矣

予曰　回匪與苗匪侵犯果不至大段騷擾耶
鳳彬曰 數年來漸此剿平不久當肅淸云矣
予曰　洋夷招入倭人與中國將有通貨之說云果然乎
鳳彬曰 然矣
予曰　倭國本非臣服於中國則胡不禁制乃反以通貨爲約耶
鳳彬曰 昨年七八月之間洋夷果與倭人來請交易則重違洋夷之言不得已許之而倭國自前不受中國正朔矣
予曰　洋夷之侵犯中國恭親王爲內應而然云果然乎
鳳彬曰 然矣
予曰　恭親王以皇上之叔洋夷不爲禁制而乃反通貨其爲害民漸至浸染豈可以如是耶
鳳彬曰 恭親王利其賄賂陰護洋夷朝野雖有禁制之心莫敢誰何云矣
予曰　關外關內中農形或有稍勝處乎
鳳彬曰 山海關以內至北京稍勝關外至栅門千有餘里未免歉荒矣
予曰　皇后爲阿魯忒氏順嬪亦爲阿魯忒氏則果爲同姓耶
鳳彬曰 然矣
予曰　恭親王招人洋夷內蠹國家臣民或不無憤惋之心乎
鳳彬曰 朝野群情莫不憤歎矣
予曰　恭親王爲天子叔不以國招入外敵亂其國家其人之不善可知也
鳳彬曰 係是帝室懿親則周公夾贊之責固所自任而反招外敵蠹害國家其爲人之不良從此可知矣
予曰　洋夷與回苗匪外別無邊憂耶
鳳彬曰 年來擧皆討平別無深憂云矣
予曰　往還間或不遇雨雪耶
鳳彬曰 昨冬渡江後別無雨雪皇城則有數次大雪矣
予曰　保和殿中正殿皆在何處耶
鳳彬曰 俱是便殿而皆在太和殿之後
予曰　紫光閣在何處乎
鳳彬曰 在太液池西而卽皇上燕宴之所矣
予曰　大國民心比前何如
鳳彬曰 年來恭親王用事生靈未免塗炭而皇上若親政則自當蘇完云矣
予曰　屢見皇上耶

鳳彬曰 屢次祇謁矣

予曰　何公故見之乎

鳳彬曰 除夕太廟祫祭與正朝太廟展拜時祇謁矣

予曰　太廟擧動時出宮以早朝爲之耶

鳳彬曰 在日出時矣

予曰　皇上體樣果爲碩大耶

鳳彬曰 未見移步只見黃轎陞座而天顔豐盈體樣碩大矣

予曰　太廟在闕內云果然乎

鳳彬曰 午門外右有太廟左有社稷矣

予曰　午門比我國則何門乎

鳳彬曰 如我國勤政門矣

予曰　同治親王兄弟爲幾人乎

鳳彬曰 未能詳聞矣

予曰　大婚後派勑似在九月間云果然否

鳳彬曰 大婚以後將頒詔于各省各國而在十月間云矣

予曰　鴉片煙之爲害甚多胡不嚴禁耶

鳳彬曰 鴉片煙卽洋夷毒藥而年前禁其賣買而近來則非徒不禁反有自官征税愚蚩之民轉相賣吸竟乃戕害性命云其害不可勝言矣

予曰　柵門空閒之地匪類漸盛人煙相屬鷄犬相聞云大國胡不禁之耶

鳳彬曰 鴨綠江至柵門一百二十里之間卽彼我交界故等棄其地不許人民之奠居而挽近十年以來流離逋逃之類冒禁潛居村落已成芟除樹木無不聞荒他日邊門之患誠爲可悶矣

予曰　饗東匪類之輩無付屬處云誠然否

鳳彬曰 然矣年來屢有察邊之行燒其廬舍驅逐居民不使奠接然察邊還來後又爲嘯聚如前耕作而近來則人畜甚蕃亦不能一一禁斷云矣

予曰　大國法令比前解弛云矣比諸道光咸豐時則何如

鳳彬曰 道光在位三十年德政仁聞盈溢區宇咸豐時群小用事蠹國病民矣今皇上睿智英明篤勤講學法令申嚴昇平可致云矣

予曰　中原朝臣中或有才能之人乎

鳳彬曰 恭親王用事以後朝士中有雅望者擧皆休退現今在朝者別無其人而皇上親總後藝能之士當不日進用云矣

李根弼, 韓敬源, 趙宇熙(1873. 10. 4/高宗十年八月十三日)

진하사(進賀使) 李根弼 복명 기록

召見回還進賀使于慈慶殿正使李根弼副使韓敬源書狀官趙宇熙

復命也

予曰　無事往還而一行亦皆無頉乎

根弼曰 王靈攸曁無事往還而一行亦皆無頉矣

予曰　去時春候和暢而回路則溽暑劇矣間見錄已覽之而無前潦水果何以往還乎

根弼曰 回還時遇罕有之潦水無限遲滯矣

予曰　間已屢月矣仰瞻可也

根弼等仰瞻訖還爲俯伏

予曰　皇帝姿質聰明而親總以後果有初政之可觀云耶

根弼曰 天下想望太平而親總之後施措之如何臣未之詳聞矣

敬源曰 衆庶之期望甚厚而姑無初政之如何云矣

予曰　熱河與薊州諸處行宮聞皆修繕云使臣得見之而熱河則在於何處耶

根弼曰 熱河在居庸關外距京七百里卽皇帝之避暑山莊矣薊州則臣等歷見之而纔經東陵幸行雉堞樓觀煥然一新而臥佛寺亦一壯觀矣

敬源曰 薊州宮則不甚壯麗而其傍佛寺甚華麗宏大而熱河與薊州相距稍間在其東北云矣

宇熙曰 薊州在於山海關內皇城東距二百里而熱河在於皇城北五百餘里云矣

予曰　然則行宮兩處扁已乎

根弼曰 行宮不知爲幾處而瀋陽亦有行宮與六部諸司一如皇城之制扁極其富饒矣

予曰　吉林黑龍江之地响馬賊擾頗熾調發官軍譏捕云彼賊之擾近果何如耶

根弼曰 昨年响馬流入吉林近地而畢竟官軍追捕殆盡餘黨遠遁于蒙古之境云矣

敬源曰 所謂响馬自前有之而出沒於吉林黑龍等地臣等回路聞之則官兵出

捕聞賊兵甚多還來增兵更欲往捕云矣

予曰　蒙古何不勦捕乎

根弼曰 蒙古地方多有虛壙之地故易爲匿跡云矣

予曰　窩窟在於何處而其非強賊乎

根弼曰 廣寧東北有醫巫閭山山谷之間往往潛伏出沒無常專以商旅爲事而今春則無影形云矣臣等到小黑山聞之則廣寧東南有數百名屯聚處官軍往勦量其衆寡增發傍邑兵而蓋不足爲深憂云矣

予曰　醫巫閭山以我國言之則在於西北間而近於廢四郡耶

根弼曰 東北落脈自長白山始西南逶迤勢其甚大矣

敬源曰 醫巫一脈流入爲我國白頭山其間山野遙闊道里迥絶矣

予曰　然則近於寧古塔亦於我國近之矣

根弼曰 東距瀋陽近四百里矣

宇熙曰 我國白頭山果自此落脈矣

予曰　响馬在於關外而不內侵耶

根弼曰 關內則何敢闖入於大關防乎

予曰　有此賊擾而不能掃淸彼人必多憤慨矣人心如前耶

根弼曰 廛里之人輒被侵擾各自戒嚴而保守矣

予曰　其外更無他盜乎

根弼曰 如干鼠竊之類視之尋常矣

敬源曰 有回匪苗匪越匪多年侵擾云矣

予曰　回匪每年興擾果何如而越匪亦然乎

根弼曰 越匪回匪之興擾歲以爲常距皇城萬餘里雖非近憂徵發之際耗費甚多云矣

予曰　然則越匪在於西南方耶

根弼曰 越匪似是峒猺之類矣

予曰　回匪則在於甘肅耶

根弼曰 在於雲貴之南矣

予曰　俄羅斯其爲西洋之國耶

根弼曰 非西洋之國而在漠北矣

予曰　俄羅國人比洋夷何如而亦有君長耶

根弼曰 俄羅在沙漠之外東接我國北界西抵西洋諸國延袤爲萬餘里如長蛇陣而亦有君長其國莫強洋人亦畏之自淸初設館容接來使云矣

予曰　倭人數十餘名來在皇城而年前則服色尙守渠國之制云矣今則多效洋夷之樣云爲洋夷之所誘變其本色耶

根弼曰 果然矣而擧一國欲從洋制云必生內亂矣

敬源曰 倭醜果着洋服今年春間乘洋船隨洋醜而來接於東牌樓近地廢寺初有久住之意六月初傳其國書遑忙卽歸中朝之士多言渠國必有內亂云矣

宇熙曰 所謂倭主者和同毁棄經傳專尙邪敎至於衣服制度皆如洋夷之一樣矣

予曰　東牌樓何處耶

根弼曰 在東街而近於會同館矣

予曰　倭國今無關白則洋夷之通倭乃是倭主之所爲耶

根弼曰 倭主引入洋酋藉其力而除去關白自以謂總攬權綱而其實則獨坐空山如引遞自衛矣

敬源曰 今則洋與倭無異矣

予曰　西洋諸國人見皇帝時服色何如耶

根弼曰 各服其服而朝見矣

敬源曰 初以中國服色引見爲令矣渠輩不從終必以渠國服色進見云矣

予曰　西洋諸國無朝貢乎

根弼曰 乃是通好也非朝貢矣

敬源曰 無朝貢而與隣國交好之禮相同云矣

予曰　皇帝引見洋酋時盛陳威儀云果然耶

根弼曰 大陳陛衛云而此是街巷傳說矣

予曰　洋夷之往來渠國者乘其火輪船而大國亦造火輪船用之耶

根弼曰 江南商賈往往倣其制而造用漸不貰用洋船故洋人失利云矣

予曰　其造船之費幾何云耶

根弼曰 其小者似不下銀五萬兩云矣

予曰　洋夷之留館於皇城者純是邪學云耶

根弼曰 洋人則純是邪學而多有段落互相詆毁云矣

予曰　五國之留館於皇城者數爲幾何而皇帝親政則將欲逐出云果然耶

根弼曰 留館之數未之的聞而似不甚多皇帝親政之後民情皆以掃淸顒望矣

予曰　琉求國使者四月到京六月還發云或見之而人物與服色與我國略同云果何如耶

根弼曰 臣等入皇城則琉使留館已久未幾還發不得逢見於班次而見其從人則貿着胡服未見其國之衣制而其國素稱衣冠之國矣

敬源曰 服色與倭略同而人物則似殘劣矣

予曰 琉求國本是我國初朝貢之國而與何國爲近乎

根弼曰 在於東南洋與日本稍近而入貢中國之路水路爲五百里旱路爲三千里云矣

敬源曰 果是國初朝貢之國也

予曰 越南國亦爲朝貢來到云方物及服着何如耶

根弼曰 臣等留館時貢使姑未到京未見其服色而方物則綀屬藥材象牙而見於京報矣

予曰 我國初女眞暹羅俱是朝貢之國而越南亦朝之耶

根弼曰 越南卽桂林象郡而似無朝貢於我國之時矣

敬源曰 女眞在北暹羅在南海國初曾爲入貢矣

予曰 關內關外年形何如而市價日高民情遑急云信然否

根弼曰 關內則多有高燥處故雖霖雨之中有有秋之望關外被災處似未免歉荒瀋陽以東則似穴農而關內雜穀一市升價爲四五錢關外爲七八錢似是翔貴於我人行中而然矣

宇熙曰 關內地形高燥雨不爲災而關外則土皆濕洳值玆無前之巨浸溝塍潰缺秧苗腐損民情惶急穀價翔貴秋後日氣雖或善就難免三四分年成矣

予曰 聞見錄外有何所聞耶

宇熙曰 聞見錄外別無所聞者矣

予曰 中國之用人有滿漢之不同者乎

根弼曰 錢穀甲兵之要任必用滿人而漢人則多是淸閒之職滿漢迥有別矣

予曰 然則區別滿漢有欠一視之政矣

根弼曰 滿人視以私人而終是致疑於漢人故不爲一視之矣

予曰 漢人滿人似必有表裏之不同而或相嫁娶云耶

根弼曰 表裏果不同而嫁娶絶罕云矣

敬源曰 不相嫁娶而漢人則常有內心不平底意矣

予曰 漢人尙思皇明云果有言外可揣之情乎

根弼曰 追思皇明之意常在言外而自稱民人卽皇明遺民之意矣

敬源曰 雖不敢顯于辭色至於下賤人亦或有語到皇明矣

予曰　今番獲瞻皇帝爲幾次而皇帝所乘黃屋小轎使幾人擔之乎

根弼曰 地壇及壽皇殿動駕時兩次祗迎而黃屋轎八人擔之矣

予曰　何以爲八人乎

根弼曰 轎前左右轎後左右各一杠擔其兩端故爲八人矣

敬源曰 兩杠外間各四人擔之擔如四人轎矣

予曰　擔者服色及陽繖皆尙黃色而陽繖則與我國之陽繖制度何如乎

根弼曰 陽繖之制與我國大同小異而尙黃色矣

敬源曰 制度稍大而相倣矣

予曰　神武門外壽皇殿卽咸豐影幀奉安處耶

根弼曰 然矣

予曰　見太液池乎

根弼曰 臣等未見太液池只見玉蝀橋矣

予曰　其大如江而餘流注于通州云其中可容舟而荷花滿池乎

根弼曰 玉蝀橋水達于通州江云而臣等往見之時芙蓉方盛開可謂十里荷花矣

敬源曰 蓮花盛開水可容舟而舟則未見矣

予曰　紫光閣玉蝀橋其虹霓甚高大云矣

根弼曰 紫光閣在於宮墻內臣等望見而已玉蝀橋在於墻外左右石欄甚壯矣

予曰　西山殿閣只餘一處云或見之否

根弼曰 海淀殿閣皆被洋○燒毁惟山高水長閣巋然獨存臣等一往見之矣

敬源曰 果往見海淀皆是瓦礫場而一閣獨存所見甚愁慘矣

予曰　創建自金國始之乎

敬源曰 自元明時有之矣

予曰　我國赴燕之路似是向北而折而復南矣

根弼曰 向北而折而南又折而北矣

宇熙曰 自遼直抵西山站不過四五百里之地而我國使行每自瀋陽逶北轉南程里之迂回甚多矣

予曰　貢路之使其捨捷徑而迂回五六百里者無乃有意而然乎

根弼曰 貢路之遵大路優有沿店之住接處而使徑則皆虛曠之地然而當初之使之迂回必是有意者存焉矣

予曰　文廟何如耶

根弼曰 文廟之制非不宏源而庭草不除甚荒涼矣

予曰　殿內位牌與我國等而使臣或瞻謁耶

根弼曰 臣等果謁文廟奉審位版則與我國之制無異而皆以淸字傍書矣

敬源曰 奉審殿內則位版有兩行書一是淸書矣辟雍石徑甚壯觀矣文廟則荒蕪無人其近地有雍和宮蒙古僧住接誦經者近千名云矣

予曰　文廟位牌之有淸書甚可慨也

根弼曰 殿閣門楣皆以淸字傍書蓋似不忘本之意矣

予曰　蒙古服色何如乎

根弼曰 服色與滿人無異而多着黃色周衣剃髮如緇徒矣

予曰　黃色衣未能禁之云耶

根弼曰 屢欲禁之終不聽從故任之云矣

敬源曰 蒙古則不禁矣

予曰　文廟之居齋儒生亦如我國乎雍和宮之勝於文廟尤甚可慨處也

根弼曰 未見居齋生之在於何處而雍和宮之制度異於文廟矣

予曰　京報中奏摺之稱何義耶

根弼曰 一摺似是一度之稱矣

予曰　京報三使臣處各給一件耶

根弼曰 首譯課日得納于三使臣矣

予曰　皇帝體長何如容貌何如耶

根弼曰 坐於黃屋轎未詳體長之何如而容貌則姑未豐盈矣

敬源曰 祇迎時暫爲瞻謁雖未得其詳顔色黃白有瘦容矣

予曰　馴象使臣見之乎

根弼曰 象房有大小二象皆以鐵索繫其後脚大者似馴小者姑未馴而巃然如屋四脚植立如大樑以鼻捲取褒飯草料而納諸口水亦吸而納之矣

予曰　越南國表文中有云欽惟大皇帝之大字大國文字亦用之乎

根弼曰 中國文字則皇帝上不用大字此必越國用文之法而見其表文對偶精篤深得儷文之體可謂書同文矣

予曰　越南國王姓名云何乎

根弼曰 見於京報而臣未之記矣

宇熙曰 阮福時卽其姓名矣

予曰　琉求國王姓名亦云何乎

根弼曰 見其從人之時未及聞之矣

予曰　我國斥洋之說中國甚多之云果然耶

根弼曰 我國之斥邪扶正聞于天下而中國之人莫不欽誦矣

敬源曰 非徒中國多之洋醜輩亦敬畏我國云矣

宇熙曰 臣入館後與中朝士大夫多有往來交遊者而以東國之衛正斥邪甚敬慕之自以中州堂堂萬乘羈縻和通而不能嚴斥掃蕩莫不嘆慨矣

予曰 洋夷甚憚我國云耶

根弼曰 果有敬憚之心云矣

予曰 蒙古聞我國之斥邪甚敬憚云果然耶

根弼曰 蒙古尙釋敎故與洋邪爲氷炭而聞我國之斥邪嚴正自然欽服云矣

予曰 洋夷之在皇城者見我國人輒避之云然乎

根弼曰 非顯然回避也街巷相逢則若不見而不欲相干必有忌憚之心而然矣

敬源曰 洋醜之避我人亦與我人之避洋醜相同矣

予曰 洋夷之於華人不如是回避耶

根弼曰 華人則不爲回避矣

敬源曰 同居衚衕横行道路不相回避矣

予曰 使臣回還時値大雨於彼境云自離發之日衝冒作行乎

根弼曰 臣等於閏六月初一日自皇城離發而大雨連霪無日不衝冒而行矣

予曰 我境年形何如而被災民情得無棲遑之嘆乎

根弼曰 兩西年形未免穴農而被災處幾盡結構奠接民情似晏然矣

予曰 赴燕之時日字爲幾何而回還時則過於幾多日矣是果値潦而然而日行或百餘里乎

根弼曰 臣等自栅門離發二十八日而抵皇城回還時則自京抵栅初以二十二日排站矣阻雨阻水或日行數十里或留店一兩日倍費日字四十日而僅抵栅門而雖不雨之日泥濘之故日行百餘里則其勢末由矣

高宗(1874. 2. 26/高宗十一年一月十日)

동래부사 朴齊寬 사폐(辭陛)시 전교

召見東萊府使朴齊寬于重熙堂

辭陛也

予曰　爾曾於安東府使時善治之績予已所稔知而東萊異於他邑與倭接界故今此擇差下送實心對揚也

齊寬曰 謹當盡心對揚矣

予曰　東萊最是他國接界也益加勉勵也

仍敎曰 下納米木布多積滯有此作奸之弊云當措處歸正而訓導以下如有不從令者先斬後啓可也

齊寬曰 謹奉聖敎詳探措處矣

奥義制(1874. 3. 14) ➞ 森山茂

동래부사 경질설 등 보고

第五號

益御安康御奉務被爲渡敬賀仕候

一東萊府使三月下旬交代可相成説ニ御座候

但五七以前館外ニ散步韓人ニ接シ筆談ノ内ニモ彼ヨリ交代來月初十日我三月卄七日當ル云々と答書致候姓名幷舊職等相尋候得トモ未タ不相分趣ニ候

一 東萊府使其他此邊ノ諸鎭使等交代相成候譯ハ先便一號狀ニ申遣シ候通國王專權ニ相成候ニ付是迄全權ヲ握リ候大院君腹心ノ者ハ自然擯斥ヲ受候勢ニテ諸官共ニ進退有之趣ニ承リ候

一 二月十五日(マヽ)發韓ノ一號狀ニ委細申進候館商二十名ヘ在守ヨリ貳萬貫文貸附ノ儀差停メ候末豊武七阿比留福治三井善右衛門等四五名ニテ木棉五千五百疋大豆八百俵餘煎海鼠三十五俵十二月ヨリ追々取入候右ハ貳萬貫借入變名入送物品ノ内トモ申唱候此儀ニ付テハ館商等一方ハ潤澤一方ハ旱魃ノ由ニテ內心紛擾ノ體ニ存之候

但貳萬貫借入方差停候後極密ニテ更ニ借入ノ證書差出歟ノ説モ在之候全ク右ノ姦曲致候ニ於テハ他ハ姑ク差置第一公館ノ命ヲ遵奉不致者トモニテ此後如何ノ事ヲ仕出モ難計不取締ニ付專ラ探偵中ニ御座候

一 姦商等申合セ輸出入物品或ハ拔荷可取計旨密議致候情實當月八日仕丁川村(マヽ)萬次郎ヨリ別紙ノ通リ申出候當地惡弊ノ甚シキ爲念差進申候

但出入船檢査ハ是迄注意致來候ヘトモ夕刻及夜分入船ノ分ハ翌日相改候得トモ當月ヨリ臨機ヲ以テ入船卽刻檢査取計置候過ル九日入港ノ八幡丸積荷ノ內拔荷有之取揚ケ候ニ付兼テ打合規則ノ通リ長崎縣支廳ヘ差送候筈ニ在之候且本條ノ譯ニ付對韓往來船檢査一層注意在之樣致度心得マテニ申入候趣ニテ同廳出張官員ニ宛義制ヨリ別封差出置候事

一 此度大院君退候テ執政相替リ是迄彼國過半通用致來候淸國鑄錢相廢候

由承リ候随テ韓錢大ニ拂底館商互市ニ差支候程ニテ御用所小拂等ニ殆ト當惑致候

右ノ外別ニ相替候義無御座候也

明治七年三月十四日

草梁公館在勤

奥義制(印)

右局

森山外務七等出仕殿

廣津外務七等出仕殿

尙々公館ヨリ差進候御用狀宛所ハ是迄ノ通ニテ可然哉柳原大丞殿右局長被命候旨過日拜承仕候ニ付此段爲念相伺置候

59

三條實美(1874. 5. 15) → 森山茂

조선 정세 조사 세부지침 하달

外務省六等出仕　森山茂

今般朝鮮國々論一變ノ公報有之且近日種々流説等相聞候依テ同國事情探索トシテ被差遣候ニ付テハ左ノ條件ヲ遵守シ取計可致事

一 先ツ長崎ニ赴キ蒸氣船ヲ雇ヒ對馬ニ航シソレヨリ小形日本船三隻ヲ以テ其一ハ草梁館ニ遣ハシ委ク動靜ヲ問ヒ質シ其二ハ探索トシテ巨濟蔚山邊ノ海岸ニ漂到セシメ彼ヨリノ接遇如何ヲ試ムヘシ右蒸氣船對馬ニ繫泊スル凡ソ二十日間ト見積リ預メ約束ヲ定メ置キ臨機進退ニ備フヘシ尤探索船各歸リ異狀ナキヲ報知セハ速ニ蒸氣船ノ雇ヲ解クヘキ事

一 其國論一變スト雖モ彼此ノ往來接遇ノ厚薄等ニ易ル事ナク且探索ヲ遂ルト雖モ格別異常ノ狀態無之トキハ速ニ宗外務大丞可有渡韓旨上申可致事

一 流説ノ如キ可驚變情無之トモ宗大丞渡韓ノ形勢ニアラサルヲ察セハ委ク其趣ヲ上申ニ及ヒ館內維持ノ方法ヲ立テ臨機上京可致事

但在勤官員竝ニ御雇通辯人等ノ進退ハ其場合ニ應シ可取計事

一 同國ノ景狀流説ノ如クナラスト雖モ或ハ館內ノ維持モ出來難キ近況ノ確報アラハ猶篤ト窺察ノ上其趣至急上申館內諸員ノ進退御指令ヲ可待事

一 三隻ノ船約限ノ如ク歸リ來ラザルカ又ハ草梁館ヘノ一隻ハ歸リ報スト雖モ左右ニ漂到セシ二隻船ノ安否ヲ得サルトキハ更ニ二隻ヲ派シテ其踪跡ヲ探ラシメ是モ亦同ク歸リ來ラサル事アラハ其狀上申ニ可及事

一 我船釜山海口ニ臨ミ若シ彼ヨリ突然砲發等ナス事アラハ速ニ對馬ニ退キ猶臨機館內ノ動靜ヲ探知スルノ手段ヲ盡スヘシ若シ其視察スルノ道絶ユルトキハ速ニ上京其趣回奏ニ可及事

一 今般ノ事件ニ付テハ可成丈ケ彼ノ嫌疑ニ觸レサル樣注意スヘキハ勿論機密ヲ要スル事ナレハ何ノ官ヲ論セス對馬ヨリ同航致度段申出ルトモ右ノ故障ニ相成ルノ見込アラハ之ヲ許ス可ラサル事

明治七年五月十五日

太政大臣　三條實美 花押

60

森山茂(1874. 6. 21) ➞ 寺島宗則

조선 정세 보고 및 宗重正의 신속한 파견 건의

益御淸安奉欣喜候小生儀本月十四日輕舸ニテ渡韓其國論一變前後ノ變常ニ留意探偵候所右ハ探聞書ニ記上候通リノ次第ニテ彼ノ我漂民遭害云々ノ事ハ毫モ疑フ可キナク全ク無根ノ說ト存候且內外往來ノ親疎接遇ノ厚薄等ハ舊ニ變ル事ナク就テハ尙將來御着手ノ如何ヲモ熟察候所兼テ御內議ノ運ニ相成候ハヽ必ラス何分カ其目的ヲ達シ其端緖ヲ得ヘキ時ト奉存候間卽別紙見込書拜呈仕候可然御評議ノ上宗大丞ニハ速ニ下向相成候樣企望致シ候小生儀ハ少時滯韓仕候間卽隨行尾間啓治上京爲致候實地見聞ノ事トモハ親シク御質問被下候樣仕度候此段上申候也

七年六月卄一日

森山茂

寺島外務卿殿

小生謹テ命ヲ奉シ朝鮮國ニ航シ草梁館ニ入リ其國論一變ノ原由內外往來ノ親疎特ニ我漂民遭害ノ事等靜心探索ヲ經候處漂民云々ハ毫モ疑フ可キ無ク其國論一變ノ事原由確知スルニ由ナシト雖トモ凡韓人ノ言語ニ愼戒ヲ加フルハ苟クモ我邦輕輩ノ類ニ非ス然ルニ客冬來專ラ韓人ヨリ傳延セシ該說ヨリ方今ノ形象等ヲ揆察スルニ必ラス別紙探聞書ノ他ニ出サルモノト存候且暗行御使我監察使ニ類シ威權最大ナリノ普ク搜偵スル所ハ兩間阻隔ノ本末及ヒ舊東萊府使訓導等ノ奸跡ヲ探及シ曾テ舊府使ハ免斥訓導ノ浮沈モ亦且[旦]夕ニ迫リ其他奸細ノ輩狼狽途ヲ失スルノ形狀等最モ我ニトリテノ一好事ナルハ論及ヲ竢タサルナリ特ニ久來棄テ顧リミサルカ如キ舊交ヲ再胐センコトヲ示シ暗ニ八送使ノ渡來ヲ求ムル等抑モ我ヲ喚促スルモノニ均シ然リ而シテ其內紛ノ基ヒスル所ロ卽チ邊情邊情トハ兩國交際ノ事ニシテ乃チ彼カ通語ナリノ一端ニ係ル是レ蓋シ我カ約ヲ納ルヽノ牖ト謂フ可キナリ於玆乎序次就例諄々

我カ誠意ヲ表スルニ至ラハ恐ラクハ三聞投杼感アラシム可シ而シテ尋盟ノ端緒ヲ得一面目ヲ更ムルノ地位ヲ占ムルニ於テハ敢テ騣功速成ヲ欲セス舒々其法ヲ講明シ懇々其道ニ勸誘スルハ必ラス難キニ非ス今也現地ノ形狀ニ於ル一疑フ可キ無ク一恠シム可キ無ク其理勢ノ歸スル所兼テ外務大丞宗重正渡韓可被仰付御內議ニ的當ノ好機會ト奉存候卽十五等出仕尾間啓治ヲ以此段上申仕候實地見聞ノ事ハ同人ヱ御下問被下速ニ御評決ノ程跂望仕候小生儀ハ尙將來ノ動靜ヲモ窺ヒ後圖ノ一考ニ充シメ度暫ク滯館臨機對馬ニ退キ何分ノ御指令可奉待候敬白

明治七年六月

外務省六等出仕　森山茂 (印)

朝鮮近情探聞書

一 朝鮮國々論一變ノ事ハ昨冬ヨリ當春ニ至リ專ラ流布セシ傳說ニ頃日淸國政府ヨリ邊情兩國交際ノ事ヲ指スノ事ヲ改革ス可キノ命アリ其故ハ戊辰年來日本ヨリ來ス所ノ使員ヲ斥ケ其述フル所ヲモ聽允セス抑モ善隣ノ道ニ違フ今若シ日本ト和ヲ失スルハ固ヨリ長策ニ非ス宜ク舊誼ヲ收ム可シト於玆國論一變ノ端ヲ啓キ終ニ大院君國王ノ實父ニシテ暴政ノ聞ヘアリテ國人ノ怨嗟ヲ鳴ラス事久シヲ黜シ崔進士ト云フ人領議政ニ上リ國王萬機ヲ親掌スルニ至ル想フニ不日邊情一變ノ擧アラン乎然ラハ東萊府使鄭顯德訓導安俊卿ノ如キハ必ラス放免セラレ兩間ノ互市舊ニ復シ兩民歡好ノ地ヲ得ヘシト此事夜間潛商ノ爲メ館ニ入ル韓民等ノ密話ニ係ル而シテ其頃ハ尙風聞ノミニシテ其形象ヲ見サリシニ漸次物語シ果シテ大丘監司慶尙全道ヲ總括シ兩國交接ノ事ヲモ兼轄シ頗ル有權ナリヲ始メ東萊府使モ免黜セラレ訓導及ヒ陪通事崔在守兩國ニ介立シ專ラ奸黠ヲ逞スル者ノ如キ惘然其措ク所ヲ知ラス且其頃都城ニ變火アリテ數日延燒スト內紛ノ情想像スルニ至ル

因云曾テ在上海領事館ヨリ申告中淸國政府ヨリ軍艦ヲ遣シ一ハ進貢ヲ促シ一ハ我日本ト和ヲ失スル勿ラン事ヲ通スト兩說太タ暗合スルニ似タリ

一 近來暗行ノ御使卽監察ノ官吏數員東萊ノ梵魚寺ニ來ル其本任ノ人姓ハ朴名ハ健休ト云蓋シ新東萊府使朴濟寬ノ甥ニシテ齡漸ク三十ニ充タスト附員中新大丘監司ノ男兪鎭覺幷ニ廣州ノ人鄭光龍等モ之ニ從ヒ和館ノ近傍ニ微行シ來リ交通間絶ノ事情及ヒ舊東萊府使訓導崔在守等ノ奸跡ヲ探リ且戊辰年來彼此相往來スル書類中若クハ舊府使等私ニ袖蔽セルモノアラン乎ト疑ヒ陰カニ探吏ヲ館ニ放ツテ館商ニ就キ其干係ノ書類ヲ索メ頻リニ交際上ニ心思ヲ勞スルノ勢ヒアリ且其探吏ノ所帶ノ馬牌等尤證トスルニ足ル因テ我モ亦從來往復スル所ノ書ヲ摘抜シ館商ニ内附シテ之ヲ投セシム又朴健休館商古谷某ト筆話アリ其對晤ノ間彼カ擧止如何ヲ推尋スルニ頗ル舊交ノ絶ン事ヲ恐レ切ニ府使等ノ輕慢ヨリ生セシ事ト云ヲ諷スルカ如シト鎖々ノ筆話ト雖トモ其意淺キニ非ス最モ内情ヲ穿ツニ足ラン乎

一 訓導安俊卿ハ大院君ノ眷顧ヲ蒙リ奉職既ニ八ヶ年ニ迨ヒ舊東萊府使同穴ノ奸吏也春來忽然兩人共上京ノ旨ヲ承ケシニ久シク邊情ニ從事シ今兩人共ニ此地ヲ去ルトキハ必ラス他ノ恠ミヲ來サント因玆訓導漸ク止マルヲ得タリ然ルニ其頃ノ風說ニ代任玄德民ナルモノ不日下向スト而シテ尙未タ果サス且也今俊卿訓導ノ仍任タルモ御使推糾ノ事アルカ故ナリ其間職ニ居ラシムルモ必ラス放免セラレント訓導舊惡暴露ノ秋ナルヲ苦思シ不敢能安眠ト又崔在守ノ如キ時々館ニ就キ傳語ノモノニ接話スルノ間時勢ノ變ニハ敵ス可カラスト平常痛飮ノ癖アルモ拂然禁酒ヲ示シ手ニ杯ヲ觸レス悶迫ノ狀辭色ニ顯ハレ醜體笑フ可シト

一 我國民ノ漂流セシハ昨冬麑島人ノ一次ニ止リ其後絶テナシ且我困民ヲ殘害セシ等ハ全ク無根ノ流說ニシテ毫モ疑フ可キナシ互相漂民送還ハ通例依舊事簡易ニシテ意丁寧ナリ

一 宗大丞復任ノ事既ニ韓人ノ聞知スル所トイヘトモ前ノ對馬太守ハ卽チ外務大丞ニシテ東京ニアリト曾テ黙知スル所今更ニ恠異トセサルカ如シ然レトモ往々小通事等殿樣ノ渡韓アルハ早晩頃ナリヤ杯ノ語ヲ呈シテ我聲息ヲ闖カフモノ多シ且上下交モ送使舊復ヲ欲セサルモノナシ

一 内地ノ征韓論ハ清國新聞ヨリ之ヲ知リ肥前ノ一擧モ亦聞知シ臺灣ノ事モ早既ニ傳致セリ凡對州ニ傳播スルノ風說ハ事大小トナク彼レニ通遞セサル無シ彼國ノ内向ニハ我日本ヨリ大軍攻來ル等ノ流說モアル由小生此度對馬滯泊ノ事彼レ之ヲ聞知シ其擧動ヲ窺フノ意常ニ倍スト是偏

ニ我邦方今ノ狀勢ヲ恐察スル所ヨリ生スルナラン然ルニ從來外務使員等ノ渡來スルヤ彼レ必ラス商路ヲ閉塞シ市人ヲ減縮スル等小波瀾ヲ起シ館內ヲ窘却ナサシメ敢テ使員ノ久シク留在スル能ワサル事ヲ計ル是彼レカ通策ナリ今ヤ不然小生渡海ノ前嚴ニ閉塞セシ商路モ還テ渡海ノ後ニ開ケ番船モ亦漸ク緩ミ彼崔在守ノ如キ頗ル獻媚ノ語ヲ呈スルニ至ル是レ蓋シ餌ヲ啗ハシテ我氣向ヲ探ラントスル固ヨリ然リ而シテ其間眞情モ亦無キニ非ス又一通事ノ話ニ兩國ノ交通其宜シキニ歸セサレハ甚タ苦悶也且近來專ラ銃器ヲ新造シ以テ試發スルニ藥力ニ破裂シ敢テ用ニ充チ難キモノ多シト是等ハ最モ實狀ヲ吐露スト云ヘシ

一 昨秋禾熟太タ薄シ年兇ニ屬ス然レトモ其米價ノ我邦ニ比スレハ凡三分ノ一ヲ減スルニ似タリ且ツ近來一般錢貨ノ流通ヲ支ヘ物價沸騰スト其故ハ淸錢混用セシヨリ淸錢充テ韓錢亡フ因テ淸錢ノ弘通ヲ停メ之ヲ改鑄セント官ヨリ令ヲ下シ韓錢二百孔ヲ以テ淸錢十百孔ニ換ヘシムト館內ノ商法モ是カ爲ニ阻塞シ日用魚菜ノ買辨ヲモ支ヘ困シムニ至ル

一 館內出入ノ小通事及ヒ傭夫市人等往來舊ノ如シ陪通事等モ館ヨリ之ヲ召セハ來リテ公務ヲ承リ待遇ノ體裁更ニ變ル事ナシ然ルニ陪通事崔在守ナルモノ舊東萊府使訓導等ト合商ヲ企テ射利ヲ營ミシヨリ凡館待ノ事百事在守ノ任スル所ニシテ公幹ノ駈引商路ノ閉塞モ亦之カ喜怒ニ成ル今度暗行ノ御使訓導ヲ召テ曰汝等私ニ括商ヲ爲シ巨財ヲ貪收スト其得ル所ロ數ヲ盡シテ官納セヨト又在守モ商法ニ干與スル事ヲ嚴制セラレ從來ノ束縛ヲ解キ不日都中ト唱ヘ免許商人數名入館シテ公然通商ヲ始ムルト云リ

61

禮部 (1874. 7. 16/同治十三年六月三日) ➜ 高宗(1874. 8. 4/高宗十一年六月二十二日)

일본과 프랑스, 미국 연합군의 조선 침공 가능성 통보

甲戌禮部知會聞洋將所言法美兩國欲助日本兵船咨互洋泊情形

禮部爲密行飛咨事 主客司案呈 准軍機處片 交總理各國事務衙門 片奏傳聞日本有兵五千 載長崎臺灣 退兵後 將從事高麗 法美與高麗 前隙未解 必以兵船助之等語 請由禮部 密咨朝鮮 豫籌辦理一片奉硃批 依議欽此 相應抄錄該衙門片奏 飛咨朝鮮國王 豫籌辦理可也云云 同治十三年六月初三日

片奏

總理各國事務衙門片 再准沈葆楨致臣等函稱據 洋將日意格云 日本尙有五千兵 在長崎台灣 退兵後 將從事高麗 法美與高麗 前隙未解 必以兵船助之 高麗不足以敵三國 若中國 能令高麗與法美 立約通商 則日本勢孤 不敢動兵 高麗之民 得以保全 即使日本妄動 高麗力亦足支等語 査日本覬覦朝鮮 匪伊朝夕 外國新聞紙屢言之 且亦非獨日本也 此次日意格所言 未必無因 若日本果欲逞志朝鮮 兼有法美相助 勢難漠視 至與法美立約通商之說 從前各國 屢有此意 歷經臣衙門 婉轉阻止 今既有所聞 誼應從實告知 擬請旨飭下禮部酌量密咨朝鮮國王 豫籌辦理 謹附片密陳 伏乞皇上聖鑑 謹奏

高宗, 李裕元(1874. 8. 7/ 高宗十一年六月二十五日)

청국 자문(咨文) 관련 논의

(前略)

裕元曰 北咨之出來 是飛行之邊報也 上國之視以內服 有此先告 不勝欽誦 回咨 當以感謝之意 備盡撰送 而島夷與洋醜 雖云交通 其綢繆之狀 我國之所未的知也 脫有不虞之事 邇來器械精鍊 設砲相望 峙粮亦支 幾年之需 然其在安不忘危之道 內而備豫 外而固圉 尤宜申嚴 而古人之言曰 治平日久 天下之人 驕惰脆弱 如婦人孺子 不出於閨門 論戰鬪之事 則縮頭而股栗 聞盜賊之名 則掩耳而不願聽 而士大夫 亦未嘗言兵 以爲生事擾民 漸不可長 此政我國之時病 而畏之太甚者也 顧今修封疆守要害 塹蹊隧壘軍營 謹禁防明斥堠 務農以足力 鍊卒以蓄威 寇少至則遏其衝 寇大至則邀其歸 誠萬全之策也 臣於日前 已飭沿邊防守之臣 使之瞭望馳報 未知擧行之如何 而每以此等事 視若文具 玩愒度日 不無其慮 分付各閫營 俾無敢稽忽之地 何如

上曰 雖無邊報 防守之節 何可一時稽忽 各別申飭可也出擧條

仍敎曰 我國 素不嫻習於用兵 而今欲用兵 則其方畧精勇 當不及於壬辰矣

裕元曰 壬辰之役 我國民不見兵久矣 初有恐㤼逃散之擧 與島夷相習之後 其剛强 彼此無異 卒有成功 而今則無事不習 已知砲放之技 有何疑㤼 且年前 又經洋撓 凡洋醜之長短 習知無餘 當今之兵 比之壬辰時 則反有或勝處 欲用兵 西北之軍爲最 而江界砲手 天下莫强也 耐寒耐暑 忍飢忍渴 一擧手百發百中 此則彼國之所無 而我國之獨有也 洋人及島夷 所長在於砲放 則我人 亦當以砲放敵之 而以彼人言之 亦是人類中物 有何別技之出衆 我國草野之間 豈無人才之可以出而用之者乎 顧今事勢 時行則行 時止則止 所以臣之所見 已盡於奏草矣

上曰 咨文辭意 果何如耶

裕元曰 總理衙門 欲報我國之有事 則只言有事而已 何爲以通商等說 有若恐動而誘之者乎 上國事 有可知者 而我國之準備器械 嚴守邊圉 何可少弛乎 備之而卒無所用 則尤爲大幸 此亦兵書中語也

上曰 卿言是矣 申飭沿海好矣

裕元曰 臣於日前 已有知委 而更當以今日所奏 行會矣 如以騷擾爲慮 則兵事無可修之日矣

上曰 安不忘危之義 何可坐視無備乎 惟在卿籌劃矣

上曰 此時邪學 尤爲痛禁 必緣雜類和應 有此事也 洋人不知我國裏許 則豈敢出侵犯之計乎

裕元曰 兵法最要者內應也 彼人之潛通我人者 欲知我國之事也 如無內應 幾萬里外人 何可輕投異國乎 臣請以他事仰喩矣 凡人潛入他人之家 足將躊躇 殊方之踪 匿影越海 何可容易接足乎 畢竟有攀援之階 其階不出乎邪學之類 而兵書 人之用謀 我亦用之 安知無今有覘國之人乎 今此下敎 禁邪尤嚴之敎 深診鋤根之方矣

上曰 卿言節節是矣 彼人何可無階而潛入乎 所以欲痛禁之意也

裕元曰 筵退 謹當嚴飭左右捕廳 又飭各道鎭營矣

(後略)

高宗 (1874. 8. 9/高宗十一年六月二十七日) ➞ 禮部(1874. 9. 19/同治十三年八月九日)

일본 및 프랑스, 미국 공사에 대한 효유(曉諭) 요청 및 재자관(齎咨官) 파견 통보

謝禮部先事咨通兼請曉諭各國咨 咨官李容肅

朝鮮國王爲咨復事 同治十三年六月二十二日 承准貴部咨節該云云 自主客司案呈止辦理可也 見上原來咨 等因 奉此 竊伏念總理各國事務衙門暨部堂大人 仰體我皇上眷恤東服天地覆燾之至仁盛德 有此先事奏達 飛咨密通 感頌德意 銘佩曷極 小邦自夫明朝萬歷以後 與日本講信修睦 近三百年矣 粵在同治七年 該國邊臣傳來書契稱 以該國官制政令 多有變更 方當大修鄰好云云 而文字稱號多違舊式 小邦東萊守臣 義不敢朦朧受納 以致持難 盖有歲年 然其邊民往來有無相資 未之或廢 則曷嘗有啓衅失和 而五千兵從事高麗之說 乃及於洋將之聞乎 至若法美之謂以前隙未解 必以兵船助之 尤所究說而不得者也 盖自八九年來 洋船之滋擾本國 亦已屢矣 總爲自來尋事 不是本國先擧 則若論前隙宿怨 原來我重彼輕 雖然冷案陳談 已付水流雲空 奈之何不念排難解紛之爲美事 反欲勞衆費餉以助樂禍無名之師哉 此其注意 專在於立約通貨 而向在同治十年 當職歷陳事情 以遭難船舶之勿慮護送 土產物貨之不足交易 無待再行商辨 只宜各安無事之意 由總理各國事務衙門 明白開諭 照會美國使臣 可否利害 未必不知 而又此流言 兵船以嚇之 通貨以誘之 事理之無所當也 事勢之行不得也 前後論辯 久在朝廷之所洞燭矣 如今日本 亦復慕義向化 乃受條約 交市往來於中國地方 其於天朝威德命令 不敢不服從矣 伏乞部堂大人 將此情形 轉達天陛 特降明旨 曉諭日本管事人員 俾勿稱兵妄動 以全兩國生靈 仍復洞諭法美使臣 勿以兩無所益之事 交涉紛紜 使海隅蒼生 咸頌帝力千萬祈懇之至 專差司譯院副司直李容肅 齎咨前去 爲此合行咨覆云云 同治十三年六月二十七日

李裕元(1874. 8. 11/高宗十一年六月二十九日)

도해관(渡海官) 파견 및 安東晙 처벌 상주

命釜山前訓導安東晙令王府拿來正法

領議政李裕元啓言臣以倭館事竊有一言者而含忍度日不勝滋惑今纔仰達臣亦不免因循玩揭之罪矣我國與倭人結隣通信已三百年所而無一釁端有百和好書契之以禮贈給之以時毫無相失忽於三年之間無故阻隔今則無異閉關絶約我國尙不知其所由只信一訓導之言任其所爲渠自得意恣橫放肆廣占家舍偃處邑底囊括三南都賈百貨足跡之不到倭館已至幾年此固法外而別差之入處館所者竝爲遏止事之閃忽意之叵測罔有紀極且其公木之幻弄債殖之無厭一道嗷嗷萬口難掩猶屬薄物細故而按藩守土之臣擧墮迷藏之術雖知其罪莫敢顯言國體之虧損約條之隳壞實由於此春間嚴飭新去道臣及萊守公木則使之收刷以待而放債之尙此狼藉未知何故臣意釜山前訓導 安東晙發遣府羅將拿來嚴覈正罪別定渡海官下送探其委曲後登聞其公私幻弄之物令道臣一一査出竝屬公請補用於軍需從之

朴珪壽(1874. 8. 11/高宗十一年六月二十九日)

어전 회의시 서계 접수 주장

(前略)

珪壽曰 向以安東晙之姑番幹當雖有下教而渠既自作不法全道嗷嗷前後罪犯畢露無餘且以其邊釁言之倭主逐出館伯摠攬國政即其夸張也對馬島主之曰皇曰勅即彼自尊之稱非求我國之稱皇而稱勅也且島主爵秩之與前異稱無怪其加授兼帶也而謂以違式遽却其書至今多年仍無究竟海外蠢俗安得不致生嫌隙乎雖尋常朋友之間人遺書札拒之不納必當含愠而況交隣講好之地乎領相所奏果係時急而安東晙斷施當律矣

上曰 對馬島主左少衛將軍之稱是前日所無耶

珪壽曰 然矣

(後略)

森山茂(1874. 8. 21) ➞ 寺島宗則

조선 정세 변화 보고

관련문서 8월 15일 浦瀨裕, 金福珠의 대화 기록

謹啓

陳ハ尾間啓二儀七月廿二日京着ノ由同廿七日附廣津弘信内信相達シ追々御詮議ノ趣拜承抃喜ニ不堪候此地動靜ハ其後兩三回上申候末小生ノ駑才素ヨリ克ク致ス所ニアラサレト終ニ東萊府内裨將南孝源ヲ惹出シ候ヨリ彼レ彌疑團ヲ破リ候ヤ忽チ奸魁訓導安俊卿ハ附科ヲ以テ都表ニ檻送セラレ陪通事崔在守ハ嚴シク桎梏ヲ施シ獄舍ニアリ其他奸細ノ輩數名悉ク縛ニ就キ且兼テ密探ノ爲擁役イタシ居候通事金福珠ナルモノ既ニ陪通事筆頭ニ登用セラレ内外トモ拂曉ノ有様ニ候殊ニ昨鴉ハ釜山僉使ヨリ俄ニ薪炭等供進イタシ來リ則別紙ノ通リ答ヘ置候間必ラス是モ兩三日ニハ實效ヲ表シ可申歟抑此時機ヲ致スヤ客年前外務卿支那政府ニテ三使談判ノ末御政府ヨリ朝鮮國ニ諭示ノ旨モ可有之尋テ同國ノ論可變且兩國交際ノ事モ改革セントスルノ意アルモ尙我ヲ疑フノ淺ニアラス然ニ於我ハ征蕃ノ一擧アリ而シテ我大勝ナル事等傳播交至リ彼一驚三嘆隨テ小生渡韓彼レ探吏ヲ放ツテ我情ヲ偵索スルノ時宜ニ會シ我ヨリノ放策モ亦當ラサルニアラストイヘトモ蓋シ人爲ノ能ク及フ所ニ非ス惟是自然ノ理勢ノミ然ニ彼レ頗ル狼狽既ニ南孝源應接書ノ通リ頻迫ノ情色自ラ面ニ溢レ我ヨリ說クヘキノ理ヲ却テ彼ヨリ講スルニ至リ殊ニ東萊府使ノ委代ノヨシニテ卽別紙福珠申立ノ如ク只管小生ノ歸期ヲ緩メントノ意ニテ苟モ尋舊講新ノ時ニ當リ輕輩ヲシテ兼テ相心得置吳度抔徒說セシメ其所述總テ陳腐一言以テ蔽之ヘキ事ノミ實ニ虛奪ヲ極メ候此上ハ何分大丞下向ノ程跂望イタシ候若シ我カ荏苒ノ氣勢ヲ闖フ時ハ彼レ必固執ニ戻リ候ハ韓奸ノ常情決テ等閑スヘカラサル場合ニ御座候萬一大丞今ニ滯京候儀共ニ候ハヽ神速御評決祈上候尤彼ノ意欲ヲ察スルニ皇勅ノ文字ヲ恐ルヽ事甚シ是獨リ支那ヘ對シテノ儀ノミニモ有之マシク若シ是ヲ奉スル時ハ卽チ屬國ノ禮ヲ采ラサルヲ得サル抔元我カ對馬人中ヨリ諷シ居候モノモナシトイヒ難ク殊ニ前府使訓導等ハ内政府ニ向ヒ詐僞百出終ニ七年ノ蔽塞ニ涉リ候事ナレハ所謂先入主ト爲ルノ類ニテ一朝疑塊ヲ解カントスレハ多少威力ヲ用ヒサルヘカラス故ニ玆ニ於テハ納約自牖ヲ以テヨシトシ既

ニ先年一端御廟決相成シ如ク先ツ外務卿ト禮曹判書ト對等ノ例ヲ收メ彼ヨリ國使ヲ牽ヒ歸ルカ我ヨリ之ヲ派スルカヲ以テ一小局ヲ成シ漸次公明正大ノ場ニ移リ候方事忽ニ成リ功速ニ擧ランカ併シ韓奴ノ習弊沈深狡獰ヲ以テ大器量ノモノニイタシ居候ヘハ其初充分膽ヲ破リ置スシテハ後時ノ御法ヲ失スヘシ今ヤ僅ニ投餌ニ就テ動キシカ如シトイヘトモ決シテ左ニアラス我内部ニ威光ノ含有スルアルアレハナリ若シ此餘鏑ナクンハ豈如是ノ日アランヤ今此報ヲ得ハ公然皇ト王トノ親交ヲ修メテ可也ト議スル人モアランカ然レトモ廟堂ノ御据リ次第ニテハイカ様トモ御注文通リ可相整勿論ナレト徒ニ筆鋒舌戰ノミニテハ到底成熟ノ見込ナシ若シ夫斷然ノ決ナキ時ハ寧ロ誠信敦篤ノ意ヲ以テ撫安シ開化ノ何モノタルヲモ概知セシメ舒々向上ノ一路ニ誘導スル方益有テ損ナカルヘシ併シ廟議ノアル所ニ從事シ寛猛謀宜ハ唯命ノミ何分宗大丞下向ノ上ハ能ク利害ヲ講究シ成ヘク公明正大ノ地位ヲ占ムルハ勿論固ヨリ進ム有テ退クナシ充分御威信ノ相立候樣必死盡力ノ時ト存候

前述ノ通リ尚未タ公然實效ヲ見ス爾後變常開鎖難計候ヘ共先南孝源ヲ誘出セシ前後ヨリ應接ノ始末及ヒ訓導檻送在守ノ禁獄福珠ノ登用薪炭ノ供送等ヲ以見ル時ハ遂次好都合ト存候以是實地ノ形象ハ御遙察可被成下存候最早外務官員ノ面晤モ唯々諾々ノ事ト被存且宗大丞渡韓アルモ最モ氣遣ヒハ更ニ無之候小生儀昨今ノ時宜ニヨリ暫時滯韓其内大丞對馬ヘ下向可有之可成ハ其一報ハ滯韓中ニ得タキモノト相考ヘ必ラス投機ノ策モ可有之歟何分下向ノミ屈指相待居候此段別飛船ヲ以及報申候也

明治七年八月廿一日

外務六等出仕 森山茂

外務卿 寺島宗則閣下

昨八月十六日內裨將南孝源就館歸途通事金福珠エ低語セシ氣向ニ投シ尚再來ヲ促カサンカ爲メ浦瀨ヲシテ福珠ニ內示セシメシ口陳書

昨昔之一隅 惟是天幸耶 退寓之后 三思來時 則尚有未可安頓者焉 玆館長公

之歸期旣切 而歸後若以 現今兩國之形行 至復命之地 則國議之所出 果不知如其何 豈耐悶迫哉 大抵於此等之情 南令監亦旣所亮知也 方今之時 投機宜然者 不如現職之人 斯速就館 公然議到 以施使館長公 暫緩歸期之道也 予夜來益感於公之篤志 自奮不止 終及此議 汝亦更陳此意乎南令監 以卽時回酬可也矣

明治七年八月十七日　　幹傳官浦瀨

右ノ書ヲ與ヱ置シニ八月廿日福珠及金東憲兩人來リ頃(福)日ノ口陳書ヲ携ヘ一昨東萊ヱ到リシニ南五衛ハ旣ニ他出福珠云察スルニ永川ニ到リ暗行御使ト調議ノ爲ナラン却テ府使ニ親謁スルヲ得タリ然テ府使ヨリ館人ヨリ告ル事アリテ來リシヤト問ハル僕答フ過日南五衛入館館長ト對話ノ末韓(マヽ)傳官ナル人頻ニ館長公ノ歸期ヲ緩メン事ヲ請ハレシニ館長公曰南五衛ハ一時遊覽ノ客ナリ假令今兩國幹事ノ端緒ヲ見ルモ尙未タ期スヘカラス且官啣ヲ表スル人ニアラサレハ我朝ニ向テ歸期ヲ緩シカタシ若シ果シテ吾カ歸期ヲ緩フセント欲セハ公然一价ヲ派スルカ若シクハ其意ヲ書贈スル可也ト卽チ幹傳官此意ヲ下附セシナリ府使曰南五衛ハ今日輕服シテ他出セリ思フニ今館待ニ供フル人ナシ新訓導ハ必ラス來月初旬我九月中旬下來ノ筈ナリ汝チ此意ヲ以テ宜シク館長ノ歸期ヲ緩フスル事ヲ周旋スヘシ汝チ更ニ陪通事ヲ命スヘシト僕答フ訓導交代ノ上拜命スヘシ府使曰訓導安俊卿ハ旣ニ有罪ヲ以テ明間ヨリ都表ニ押送ス可シ何ソ意トスルニ足ラント因玆僕卽チ陪小通事ヲ拜命セリ府使曰其他當任ニ充ツヘキ者アラハ人撰スヘシト僕答フ從前ノ通事輩ハ皆是在守ノ黨派ニシテ其可否ヲ辨シカタシ府使重テ曰誰ニテモ撰出シテ可ナリト於玆久來廢免セラレシ金東憲金哲俊ノ二人ヲ言上ス然ルニ右兩人旣ニ昨日陪通事ヲ拜命セリ府使又曰ク來翰中皇勅ノ文字アルモ於我是非スルノ理ナシト雖トモ元來我々オイテモ國主云々ノ文字ヲ書載セシ事ナシ故ニ日本國ニ於テモ成ルヘク皇勅ノ字ヲ用ヒス換之ニ朝廷朝命等ノ字句ヲ以テセラレン事ヲ望ム又兩國書契往來ハ外務卿ト禮曹判書ト外務大丞ト禮曹參判ニ比等セハ至當ナラン乎又圖書ノ事ハ書契中ニ用ユルモノハ卽所賜ノ銀印ヲ捺シテ固ヨリ可ナリ然ルニ外向封印ノ如キハ我邦勘合ノ爲メ我ヨリ鑄送スル物ヲ用ユルトキハ船隻流到ノ際ニアタリ甚タ照驗ノ便ヲ得方土人民ノ心ヲ安ン

スルニ足ラン宜シク幹傳官ヲシテ館長ニ申出ヲクヘシ

一 今日釜山僉使ノ召命アリテ即チ釜山ニ至レリ僉使曰館内ノ官員ハ皆外夷ニシテ日本人ニアラスト因テ久來炭薪ノ入送中絶セシ由今實ヲ聞クトキハ敢テ棄閣スヘカラス必ラス追次供進スヘシト雖トモ先ツ速ニ炭二俵柴三十把ヲ搬送セン汝チ軍官ト一同ニ到リ何人ナリト宜キニ隨カヒ差送ルヘシト即玆ニ携帶セリ乃僉使ノ厚意ナリ

一 崔在守ナルモノ頃日東萊ノ囹圄ニ下リ最モ嚴シク桎梏ヲ施シ纔ニ飮食スルヲ得ルノミ罪狀既ニ啓聞セリト憶フニ不遠斬首セラレンカ且其他三人ノ陪小通事モ悉ク入獄セラレ是亦恐ラクハ流刑ニ處セラル可シ

右ノ如ク陳述セリ故ニ公幹ノ要領ハ必ラス公然議到セハ事順成スヘシ決シテ恠ム勿レ且薪炭ノ事ハ纔ニ一二名ニ入送スルハ妥當ナラス因テ館長ヲ始メ役々一同ヘ供進シ久來ノ蔽塞ヲ破スルノ實效ヲ顯ハサハ厚意ヲ謝スルニ足ルト福珠此意ヲ承ケ明間上府ヲ約シテ歸ル

八月廿日　　　　浦瀨裕

【관련문서】

八月十五日通事金福珠ナルモノ内告ノ旨アリテ入來浦瀨裕面晤

[福] 嚮ニ公等ニ所請ノ庶書既ニ中房ノ朴氏ヲシテ府使道ニ呈納シ置キシニ去ル十三日料ラス使道ヨリ召致ヲ蒙リ即チ到レハ使道親謁セラル而シテ内裨將南五衛并ニ朴氏等侍坐シアリテ日前僕ヨリ呈入ノ庶書ヲ披閱シ互相講究スル者ノ如シ稍有テ府使含笑テ曰汝カ所納ノ庶書ヲ閱シ殆ト滋味ヲ覺フ故ニ特ニ南裨將ヲ館中ニ遣シ幹傳官初メ外務長官ニ面晤セシメ其信證ヲ准較セシ事ヲ欲ス汝入館シ彼人ノ閑擾ヲ問ヒ無故ノ日ヲ定メテ稟告スヘシ然ルニ即今機張ヨリ公納ノ米ヲ釜山ニ運漕ス故ニ南裨將ヲ差シテ親檢入庫セシメサルヲ得ス尤其間六七日ナルヘシ因テ本日ヨリ六七日ヲ

經テ日次ヲ撰フヘシト僕答テ云凡館人ノ風儀ニヲケル若外客到ル事有ラハ萬事ヲ姑除シテ相接ス何ソ豫メ日次ヲ期スルヲ用ヒン府使再曰然トモ凡事敦厚ヲ善ミス汝須カラク入館以テ日限ヲ定ムヘシト僕恭諾談頗ル乗情終ニ夜ヲ撤シテ城門ヲ出ル事ヲ得タリ且府使等モ既ニ所請ノ證書ヲ得テ事情判明大イニ悅喜ノ色アリ是果シテ善事ノ端ナラン就テハ廿二日舊曆十二日ノ後幾日ヲ以テ約センカ

裕 汝カ答辯セシ如ク館中ニ於テ決シテ有故ノ日ナシ然レトモ長官ノ發解既ニ迫レリ嗚呼裨將ヲシテ長官ニ面晤セシメサル遺憾ニタヘス願クハ公米檢受ヲ後ニシ僅ニ一日ヲ間シテ入館ヲナサハ彼此多幸ナラン

福 僕モ亦思ハサルニアラス然トモ公米運輸ノ法規アリ奈何トモスヘカラス

裕 我レ公事ヲ談スルニ當リ有故ノ日ナシ故ニ汝チ速ニ上府シテ裨將ニ見ヘ其入館スヘキノ日ヲ堅約シ印信ヲ受ケ來ルヘシ

福 諾然

右ニテ畢リ明曉東萊ニ出發スルノ約ナリ然ルニ翌十六日早天遽然トシテ來曰

福 本曉客人守門ニ使シテ云嫡子猝ニ霍亂ヲ發病勢甚タ重シト故ニ門將ニ請テ倉皇歸宅ス豈圖ランヤ病者ハ見ス南裨將ノ童子家丁等ヲ具シテ安座スルヲ見ルノミ裨將曰向ニ汝カ所告館中長官ノ歸期切迫スト故ニ府使ノ指令ニ公米檢受ノ日ヲ緩フシ夜陰ニ乘シテ下往シ淸晨館ニ就テ素志ヲ遂クヘシト卽チ命ヲ奉シテ此ニ致ル汝チ神速入館シ以テ此意ヲ通告スヘシ而シテ予暫ク言ヲ遊覽ノ風客ニ託サン故ニ笠衣共ニ無官ノ形容ヲ造リ童子家丁等ハ守門ニ留メ以單身入館スヘシ汝モ亦此意ヲ體シ實ヲ以テ告ル事勿レト右述ル所ノ如シ公等宜ク迎接セラルヘシ

暫時アツテ金福珠一風客ヲ引テ浦瀨裕ノ寓ニ到ル住永辰妥ト共ニ之ヲ迎接各々座ニ附シ初面ノ話畢テ姓名住居來臨ノ情ヲ問フ

客 曰姓南名孝源忠淸道忠州ノ者ニシテ故アツテ六朔前近地ニ來リ今便ヲ得テ貴館一覽ノ素望ヲ遂ク何ノ幸カ之ニ如カン

裕 本館モ往年ハ稍見ルヘキモノアリシニ近年ニ至リ兩情阻隔隨テ館中モ亦毀敗ス何ソ貴客ノ觀覽ニ充テンヤ

南 今聞兩國阻隔ノ情ニ於ケル最歎スヘキモノ也予固ヨリ一時遊覽ノ徒ト雖モ憂國ノ情ニ於テ豈職掌ノ有無ニ關センヤ憂國ノ情ヲ以テ公事ヲ聞ク蓋シ人民上ノ通義ニシテ政府モ肯テ憲責スヘカラサル者也冀クハ細陳セヨ

裕 不知戊辰以降ノ顚末ヲ聞カン事ヲ欲スルヤ否

南 固ニ聞カン事ヲ欲ス然レトモ予之ヲ聽テ以テ斷正スルノ權ナシ故ニ公等敢テ强迫ヲ用ヒス舒々事理ヲ講明セハ幸甚々々

裕 然ラハ大綱ヲ擧テ説敍スヘシ抑モ我國上ニ天皇ノ在マス有リ下ニ幕府ノ有ルアリシハ是貴國ノ自ラ明知スル所ナリ公モ亦疑ヲ容レサルヲ知ル而シテ古ハ大政悉ク皇室ニ出テ中世之ヲ將家ニ委シ外國交際モ亦之ヲ總管セシム貴我兩國交際ノ如キ則チ足利豊臣德川ノ三氏累遷之ニ任ス然ニ世移リ時變リ泰平ノ久シキ弊害ナキニアラス故ニ國人擧テ古ニ復セン事ヲ遮幾ス於玆時勢ノ然ラシムル所ヲ酌量シ終ニ戊辰ノ改革アリ是レ蓋シ皇政維新ノ原由ナリ夫我邦ト貴國ノ至接ナル僅ニ一葦ノミ脣齒相保チ患難相救フノ誼ナカルヘカラス卽古來金石ノ交誼アル所以ナリ今ヤ幕府ヲ廢シ皇上萬機ヲ親裁シ玉フニ當ツテ舊交益敦ク新盟愈堅カラン事ヲ欲スルカ故ニ前ノ對馬州守ニ勅シテ其旨ヲ貴國ニ通告ス是戊辰ノ冬ニ關カル而シテ貴國其皇勅ノ文字舊格ニ違フト謂テ其書ヲ擯シ百方弄羈玆ニ三年ヲ閱ス於我其皇字ヲ載スルモノハ國狀改革ノ實ヲ陳述スルニ係リ且事件各物ノ如キ不可書ノ字ナク不可言ノ事ナシ若シ其レ之ヲ嫌忌シ將タ何ヲ以テ事ノ實ヲ告ン今試ミニ之ヲ言ン貴國若シ宗親ノ中ヨリ新ニ大王ノ位ニ卽ク人アリ是ヲ外國ニ報スルニ當リ王字ヲ除去シテ以テ其實狀ヲ告クルノ術アルカ決テ不能也而シテ其復書中皇字ヲ擧載スルト否トハ貴國ノ處見アルヘシ我豈之ヲ强迫センヤ然レトモ禮信ノ所係自ラ古今ノ公行ニ從フアルノミ而シテ貴國毫モ理情ニ不涉只タ舊例ニ復セン事ヲ强持シ若シ否ラスンハ乃ロ百年ノ久シキヲ經至スト雖トモ決シテ許應セスト其固陋ナル豈隣國ヲ强誣スルノ理ニアラスヤ凡友國禮ヲ以テ所送ノ書アラハ禮ヲ以テ之ヲ受ク固リ然リ而シテ其事ノ可否如何ヲ論スルニ至ツテハ惟其自國ノ見議ニ在ルノミ公如之何

南 予曾テ是ヲ都城ニ聞ク事無キニアラス然レトモ今公ノ説論スル所ト甚タ差違アルヲ恠ム予カ所聞ノ如キハ貴國其緣由無ウシテ突然我ヲシテ皇勅ヲ奉セシメン事ヲ强迫スト故ニ於我モ貴國ノ擧行甚タ不良ナリトス然ルニ現聞ク所ノ如ク其復古ノ緣由確明ナル何ヲ以テ不良トセンヤ夫各國々主ノ尊稱アリ其臣民ニシテ其尊稱ヲ表スル事理體何ソ妨ケン今若シ甲國乙國ニ通告セラルヲ得サルノ緣由アツテ其是ヲ擧表ス乙國豈全ク忌斥スルノ理アランヤ然レトモ其乙國ニ於テ酬ユルニ奉稱シ難キノ所以アラハ甲國モ亦之ニ從ハサルヲ得サルノミ今聞貴國其尊稱ヲ表セサルヲ得サル

ノ縁由アツテ之ヲ表ス必ス我ニ强迫スル者ニアラス而シテ復書中擧載スルト否ハ自ラ我カ處見ニ任スト是モ亦穩當ナリ

裕 却テ說ク幕府ヲ廢シ大(太カ)政官ヲ置キ藩ヲ廢シ縣ヲ立テ郡縣ノ制玆ニナル外國交際ノ如キハ外務省ヲ以テ之ヲ管ス而シテ對馬州守ノ如キモ其官ヲ解キ其職ヲ罷ムルト雖トモ貴國ト舊交ノ素アルニ由テ特恩外務大丞ニ任セラレ復更ニ使書ヲ差シテ尋交ヲ商議セン事ヲ告ク其所携ノ書契皇勅ノ文字ナシ是蓋シ壬申ノ春ニ係ル予窃カニ思ヘラク果シテ變通ヲ加ヱシ者ノ如シト於玆我朝ノ盛意ヲ逑フル事數旬數月然トイヘトモ尙峻拒不應且云我國ハ對馬島人ヲ知ルノミ敢テ外務ノ官員ナル者ヲ不知不知者ハ相面スルノ理ナシト現ニ大丞ノ信簡ヲ閱シ其事由ヲ了悉スルモ尙且如此其他無狀ノ言輕蔑ノ行枚擧ニ遑アラス然レトモ於我堅忍緘黙スル事玆ニ七年間マタ嘗テ貴國ノ不遜ヲ鳴シ大イニ振論スルモノナキニアラス方今我國ノ形勢ニ於ケル貴國人ノ皆所曁知ナリ公モ亦必ラス之ヲ察セン予姓(マヽ)ヲ對州ニ稟ケ本務ニ從事スル事三十有餘年而シテ戍[戊]辰以來ノ事實ニ貴國ノ失圖ト云ヘシ予竊ニ貴國ノ爲ニ慨歎スル所ナリ且聞奸猾ノ徒アツテ揚言シテ云外務官員ハ是日本人ニアラスト終ニ水火不通ノ擧ニ至ル凡此等ノ事爲貴國訴ヘ督サント欲スルモ敢テ可入ノ牖ナシ豈痛切セサランヤ

南 予生ヲ忠州ニ稟ト雖トモ京城ニ奉仕スル久シ且兩國ノ事頗ル聞ヲ得タリ而シテ今公ノ懇說一々諒悉反省ノ感ナキニアラス予一時遊覽ノ徒ニシテ交際ノ職ニアラスト雖トモ豈之ヲ憂歎セサランヤ凡國事ニ於ケル其之ヲ取捨決定スルノ權ナキモ寧ロ耳之ヲ聞キ口之ヲ說クヘカラサルノ理アランヤ請フ幸ニ通常風流ノ行客ヲ以テ目セス宜ク講明アルヘシ予モ亦疑フヘキモノハ反重質サン事ヲ欲ス玆ニ重テ問フ前ノ對馬州守現ニ外務大丞ニ任セラレタレハ我ヨリ酬ユルノ書簡モ外務大丞宗重正公ヲ以テ揭載セハ可當ナランカ

裕 辛未ノ年大丞ヨリ差ス所ノ書式ヲ以テ見ル時ハ果シテ公ノ示意ノ如クシテ可ナラン

南 前ニ陳スル如ク皇字ハ卽貴國ノ臣民ノ自カラ尊稱スル所ニシテ固リ間然ナシ而シテ我ヨリ酬フ書中之ヲ擧載スルト否ハ我カ處見ニ任シ敢テ强迫ナカランカ

裕 貴國回翰ノ如キ天皇萬機親裁シ玉フノ本義ヲ受ケ瞭然其旨ヲ書中ニ揭クル時ハ文字ノ有無ヲ以テ之ヲ强論スルノ理ナカラン

南 事理頗ル腹膺セリ玆ニ聞外務官員ニ水火ヲ通セスト是蓋シ事ノ輕キニアラス抑貴館ニ薪炭ノ供進間絶スル將タ幾年ナルヤ

裕 壬申ノ秋以來既ニ三年ニ及フ

南 昨年來貴館ヨリ米穀ノ入給ヲ乞ハレシ事アリヤ

裕 壬申年舊代官等退去以來一粒ト雖トモ請求セシ事ナシ米穀薪炭共ニ悉ク本邦ヨリ漕運セリ

南獨語シテ云 中間ノ壅塞モ亦甚タシ

然ラハ舊代官所ノ存在中若シ精米貸用ヲナス事アラハ必ラス貴方ヨリ備用ノ證書ヲ遣ハセシヤ

裕 果シテ然リ手標ト唱シ代官所公印ヲ捺押シテ入送ヲ請フ是例ナリ

南 然ラハ壬申以前ノ事跡ハ自カラ詮鑿ノ道アリ而シテ歲遣船入送ノタメ於我精米ヲ儲蓄シ今尙釜庫ニアリ當初歲遣船ノ中止セシ縁由ハ如何

裕 既ニ述フル所ノ如ク前對馬州守外務大丞ニ現在セラヽ(マヽ)ノ事ヲ告クルニアタリ貴國書契ノ格例舊ニ違フヲ以テ詰難ヲ持張ス焉ソ歲遣船ヲ差スノ道アランヤ今ヤ尋交成局ノ地ニ歸スルニ至テハ兩邦聘問ノ使价幷有無相通スルノ訂約無ンハ有ヘカラス

南 予聞當初圖書ノ擧論アリシト今後我國鑄送ノ圖書ハ決然用ヒサルモノナランカ

裕 凡外交ヲ管スルノ職各銀銅ノ印記アリ大丞ノ如キモ亦既ニ銀印ヲ賜フ卽官銜ト姓名ノミヲ記シ更ニ恠ムヘキモノニアラス

南 賜印ノ典我邦モ亦然リ而シテ往昔我カ圖書ヲ送ル者ハ我ニ信ヲ取ルノ意ナリ今我ヨリ現官姓名ヲ以テ鑄送セハ如何

既ニ天皇所賜ノ銀印アリ何ソ其他ノ印ヲ用ヒム蓋シ往來船隻勘合ノ印記ノ如キハ則チ謀議制宜以テ萬世ニ垂ルヘシ吾輩三十年間本館ニ往來シ頗ル兩國ノ規格ニ通ス而シテ前東萊府使漫ニ嚴令ヲ出シテ貨物ノ出入ヲ禁シ內外商民怨困ヲ極ム且館直ナルモノハ素是本館ノ掃除ニ供ス而シテ叢草一莖ヲ拔カス是レ何等ノ所以ソヤ

南 商譯入館ハ既ニ解許ス惟フニ惡漢アリテ此弊害ヲ釀成スルナラン館人其レ誰ヲカ指スヤ

裕 是等ハ予輩ノ得テ言スルヲ俟タス內外ノ人民ニ問ハヽ忽チ明了セン凡就館ノ客館司ノ亭ニ登遊セスンハ鬱襟ヲ披クニ足ラス且外務官員ノ在マスアリ公登行セハ如何

南 予既ニ志シ有リ若シ長官ノ面晤ヲ許サハ欽幸曷ソ已マン公等ハ卽チ主人ナリ冀クハ周旋アラン事ヲ

右畢テ浦瀨住永同行館司亭ニ來ル少時アツテ森山茂出坐互ニ姓名ヲ通ス

茂 不圖尊公ノ拜晤ヲ得テ欽幸ニ不堪也

茂 予歸期近キニアリ旅情無慰ノ際貴客入來ス心舊知己ニ會スルカ如シ望ラクハ其官銜ヲ聞カン

南 僕ハ山水ヲ遊賞スルノ學士也何ノ官名カ之有ラン然ニ向時幹傳官ヨリ兩國間絶ノ顚末ヲ聞知シ頻ニ感慨ノ懷アリ僕一箇ノ風客トイヘトモ憂國ノ志ナキニアラス故ニ之ヲ聞カン事ヲ欲スルモ亦必ス施ス所ナキヲ保タス冀クハ尊公僕カ微情ヲ洞察シ兩國ノ事ヲ以重ト爲シ確論明辨ヲ給ヘ

茂 足下ノ言詞頗ル至切予甚之ヲ感ス足下ハ果シテ有職ノ人ナラン苟モ之ヲ包藏スルハ予ノ得テ悅ハサル所ナリ望ラクハ快然之ヲ告ケ以テ懇議セハ可ナラン

南 尊公ノ明鑒當ラサルニ非ス然レトモ尙未タ公然通暢スヘカラサルノ情アリ故ニ官服ヲ脫シ賤衣ヲ着シ一風客ヲ以テ枉テ尊公ノ拜晤ヲ請フ冀クハ之ヲ諒シ深ク咎ムル勿レ而シテ僕之ヲ切ニ聞カン事ヲ欲スルモノハ須ラク言ハント欲スレハナリ其言ハント欲スルハ兩國歡好ヲ計ラント欲スル所以ナリ

茂 貴意既ニ諒ス何ソ深ク問ヲ爲サン予ノ所陳述潛心聽取シ若シ或其可疑モノアラハ反復討議以テ面從腹非ノ弊ナカラン事ヲ要ス

南 示意了悉向ニ幹傳官ノ言ニ就テ考フルニ戊辰年來貴邦盛意ノアル所更ニ我朝廷ニ稟徹セサルモノヽ如シ惟フニ僅ニ兩三輩ヲシテ交隣ノ大事ヲ委スルノ弊ナラン乎幹傳官ノ懇說ニヨリ頗ル發朦スル事アリ然リトイヘトモ尙尊公ノ確辯ヲ得ハ彌決心以テ盡サント欲スルナキニアラス玆ニ戊辰以降兩國往復ノ書アラハ請フ一覽ヲ許セ

於玆予兼テ編輯スル所ノ通交摘要一部ヲ戊辰辛未ノ前後ヲ以テ二冊ニ分チ相投ス但シ彼レ每ニ皇勅ノ文字ニ拘泥セルカ故ニ戊辰往復ヲ既往トシ辛未以後ヲ以テ現今ノ主要タリト言フカ如キ意ヲ諷シ專ラ疑懼ヲ破ラント欲スルノ卽策ノミ

茂 此二部ハ卽戊辰年來今ニ至ル往復書ノ摘要ナリ足下肯テ既往ニ拘泥セス現今ノ主務ヲ翫味スヘシ然ラハ先戊辰ノ部ヲ後ニシ辛未ノ部ニ因テ之ヲ究ム

ヘシ予モ亦不咎既往來時ノ如何ヲ講明スヘシ兹ニ我邦維新以來官職制度ノ一書アリ卽チ職官表ト題ス是モ亦其變革ノ狀ヲ併見スルニ足ラン

於兹孝源戊辰辛未ノ兩部ヲ流覽且職官表ヲ熟視シ頗ル疑團氷解ノ色ヲ含ミ欽然トシテ曰

南 予職官表ヲ見ルハ今ヲ以テ初メトス然レトモ貴邦維新已還百制改革ノ事ノ如キ固リ概知スル所豈疑ヲ容ンヤ且通交摘要ノ書モ亦曾テ閱セサルニアラス而シテ其閱スル所ト一差違アルナシ貴邦ノ擧行ニオケル內隱スナク外欺クナキヲ知ル我邦徒ニ舊約ヲ墨守シ其既ニ罷メラル所ノ州守ニアラスンハ往復ヲ許サスト是固リ法外ノ說ト云ヘシ乃ロ情好ノ相貫セサルヨリ起ル所ニアラスンハ豈如是ノ理アランヤ然ルニ皇勅ノ文字ニオケル貴國必ラス之ヲ我ニ奉セシメン事ヲ强迫スト既ニ幹傳官ノ懇說ヲ得テ漸ク解スル所トイヘトモ尙尊公ノ確辯ヲ請フ抑此事ヤ於我不可言ノ難狀アリ今更ニ贅セス乞之ヲ諒セヨ

茂 我ノ稱皇稱勅萬國固リ推認スル所ナリ而シテ貴國不可言ノ難狀アリト我未タ其所以ヲ知ラストイヘトモ兩情相害フ所ニ從テ以テ法ヲ制シ約ヲ立ツ豈强迫スルノ理アランヤ抑貴國ト我邦トノ如キ僅々タル接壤トイヘトモ其風俗ノ異ナル人心モ亦不同故ニ貴國今日疑フモノ明日洒然トシテ信スルニ至ル是蓋シ自然ノ進步ニアラスンハ敢テ得ヘカラス必ラス疑團氷解ノ日アルヘシ下略

於兹兩國古今往來ノ變移ニ始リ戊辰以來我邦盛意ノ所在及ヒ方今萬國ノ形勢ヲモ併セ諷シ鄭重陳辯スル事大概浦瀨ノ所說ニ以タリ彼頗ル解スルモノアルカ如シ

南 確辯ヲ得テ實ニ安着セリ貴國稱皇稱勅固リ其分ノミ豈天下異辭ヲ加フルモノアランヤ予既ニ既往ノ顚末ヲ問知シ敢テ疑フヘキモノナシ惟フニ過去ヲ棄置シ將來ヲ議シテ以テ歡好ノ道ヲ盡クスニ如カン乎兹ニ問フ貴邦外務省ヲ置テ外交ヲ關シ前ノ州守モ亦外務大丞ニ在テ尋盟ノ事ヲ理ス理體當然ナルトキハ今外務大丞ト我禮曹參判參議ト匹適ノ酬書ヲ以テ舊交ヲ修メハ如何

茂 外務大丞ハ本省中一箇ノ官吏ニシテ其外交ヲ總掌スルモノハ卽チ上ニ卿アリ輔アリ

南 固ヨリ上ニ卿輔ノ有ルヲ知ル我國禮曹トイヘトモ判書ヲ以テ長官トシ次ニ參判參議アリ且自餘ノ官員モ亦彼此平行ノ禮無クンハ有ヘカラス喩ハ

尊公ノ如キ我禮曹ノ左右郎ニ對シテ可ナランカ故ニ其交際ヲ掌ルノ主タルモノハ外務卿ト禮曹判書トヲ以テセハ如何

茂 然リ而シテ我外務卿ハ一等ノ官ナリ因テ若シ禮曹判書ノ缺員アラハ議政ノ官ニ對セサル可カラス足下ノ事理ヲ解スル事恰モ淡雪ノ日ニ向フカ如シ貴國足下ノ如キ人アツテ尚久來ノ間絶ヲ黙視ス予ノ不解所也

南 前ニ言フ如ク我朝廷既ニ貴國盛意ノ所在ヲ通悉スルトキハ豈遠人ヲ煩ラハスノ理アランヤ必ス不遠尊公ノ疑團ヲ解クノ日アルヘシ玆ニ一依頼アリ今尊公ノ高論スル所ロ貴邦外務省ト我禮曹ノ兩大臣ヲ以テ等對トシ前ノ州守モ亦外務大丞ニ在テ禮曹匹適ノ官ヲ以テ平行ノ例ヲ修メハ理體當然云々ノ旨ヲ書記シ以テ僕ニ下給アラハ僕將ニ施サントスル所アリ如何

茂 足下既ニ事理ヲ解シ尚且書給ヲ乞フ予甚タ解セサル所ナリ其故如何トナレハ既ニ壬申ノ春差使所齎ノ書契ノ寫シハ卽チ貴國ノ政府ニアリ今ヤ貴國疑團漸ク解ケ舊交ヲ收ント欲セハ宜ク曲(回カ)翰ヲ投スヘシ而テ東萊釜山ノ兩公ト面晤永遠歡好ノ地位ヲ定ム只唯々耳

南 其書契ノ如キハ尚未タ本書ヲ捧出スルモノニアラス僅ニ寫シヲ以テ之ヲ知ルノミ故ニ我國公然受納セシモノト云ヘカラス

茂 決テ不然凡兩國書契ノ受送ニオケル任官下來先ツ其書ヲ開緘シ寫書ヲ以テ之ヲ貴政府ニ稟啓シ例日ヲ經テ回翰ヲ携來リ以テ兩書ヲ交換ス自ラ是格例ナリ殊ニ貴國政府曰議ヲ國中ニ收メテ後決答スヘシト貴國ノ答辭如是トキハ則尋交商量中ニシテ予等再三來往スルモ早晩其回翰ヲ待ノ意ナリ豈逃ルヽヲ得ンヤ

南 僕實ハ廟堂ニ在テ此寫書ヲ一覽セシ事アリ然レトモ爾後數年ノ掩滯ニ涉リ今漸ク事理諒悉セリト謂テ以テ回翰ヲ整ヘ來ルカ如キ寧ロ情勢ノ爲シ得難キモノナリ乞フ之ヲ察セヨ僕尊公ノ書給ヲ欲スルハ其端倪ヲ聞カントノ意ニシテ固リ約定ノ證書ヲ給ヘト云フニアラスタヾ筆話ノ答及ノ如ク書給アラン事ヲ希フノミ

茂 予苟モ尋交商議ノ末職ニアリ其言ト書ト何ソ異ナルアランヤ予固リ書給ヲ難ンスルニアラス我邦自ラ一定ノ特論アリ故ニ貴國ヨリ之ヲ請及スルノ意ヲ以テ內朝廷ニ向ヒ盡力周旋ヲ爲ス豈職トシテ奮勵セサランヤ思フニ足下現ニ官銜ヲ表シ更ニ議到サハ予カ權理ノ所及同心協力以テ順來ノ道ヲ圖ラン

南 僕ノ官銜ヲ表セサル實ニ有故ナリ公ノ所言モ亦理ナキニアラス是已ムヲ

得サル所ナリ更ニ斷念スヘシロニ斷念ヲ說キ色ニ茫乎失望ヲ表ス狡猾ノ心情如畫遂ニ森山才氣發動ヲ促シ得タリ妙々此時若シ森山ヲシテ微笑恬淡ナラシメハ歸着果シテ如何(信)

於玆彼レ茫乎失望ノ色アリ談論將ニ中止セントス故ニ予書示シテ

夫於足下之請求也事理諒然予固嘉納焉然對一時遊來之風客書給公幹之要區是果有闕於予職掌者矣足下若現表官銜從客議到則酌量理情謀宜周旋素予之所任胡爲用拒辭予負荷本務六閱年矣而尙未能通徹本邦盛意之所在今也歸期頻迫抑如此情何嗚呼足下爲謀最善々々然若優々失時則恐有日昏路遠之歎乎足下旣曰非會不槪知本邦之情勢也惟其深察焉凡於公幹之要領事無大小以幹傳官之舌頭以爲信據莫敢容疑幸甚彼國ハ所謂深沉狡獰ニシテ藏頭藏尾ノ術ニ長ス是素ヨリ曖昧國ノ貴フ所ニシテ取ルニ足ラスト雖トモ此位地ノ人ニ對スル又此位置ヲ斟酌セサルハカラス

彼南孝源ハ風來ノ客ト稱シテ官啣ヲ顯ハスヲ辭シ我森山ハ館中ノ長官ヲ以テ面謁シ遂ニ彼カ所乞ノ書ヲ給ス且書中幹傳官ノ舌頭ニ公幹ノ要領事大小トナク信據トセヨトノ語ハ唯目下ノ當話上ニ就テノ事ナレトモ外國ノ人ニ與フルノ書中ニハ甚タ不可ナランカ蓋シ才智ニ餘リアリテ遠慮ニ不足ノ所致宜ク深ク注意スヘキ事カ(信)

於玆孝源再三熟讀喜奮交生ノ情色アリ直ニ採筆

旣知公之意向則更不必多陳以此深諒如何

右書ヲ予ノ前ニ投シテ

南 尊公ノ篤志實ニ感銘セリ僕固リ貴邦ノ近情ヲ聞知セサルニアラス而シテ尊公今此現情ヲ以テ回奏ノ地ニ至ル苦悶ノ情豈察セサランヤ僕苟モ區々トシテ止ム可キニアラス不日上京ノ時アリ恐ラクハ可爲ノ道アラントス旣ニ書示セラルヽ如ク事大小トナク幹傳官ノ舌頭ヲ以テ信據トセヨト是即確證ト云ヘシ何ソ更ニ書給ヲ欲センヤ願フニ此片紙ヲ請フテ以テ僕カ言說ノ信ヲ益サントス冀クハ之ヲ給ヘ

茂 足下ノ胸霧旣ニ散シ予モ亦抃欣セリ其片紙ノ如キ豈請ニ從カハサランヤ

於玆談論勢ヲ得互相歡笑ヲ催ス其間浦瀨等ヨリ從來東萊府使我ヲ侮辱スルノ傳令書及ヒ漂民ヲ送還セシニ却テ我カ誠意ニ反シ不遜ノ語ヲ逞セシ等ノ事ヲ陸續論及彼レ益前府使訓導及崔在守ノ奸猾ヲ惡ミ大イニ耻ルノ色アリ

南 所聞於我皆條理ヲ失セリ蓋シ既往ノ事ナリ敢テ責ル勿レ

茂 予曾テ聞ク貴國館待ニ供スルノ小吏ハ専ラ括商ヲ事トシ多クハ細奸ノ輩ニシテ貪利輕義屢館人ヲ輕侮ス然ルニ貴國政府恬而不顧モノヽ如シ予甚タ所疑也

孝源採筆テ

細奸之輩不知目在那人而既知細奸之輩所爲則何必歸咎於朝廷哉第俟發奸之日萬々爲好々々

茂 貴國一二ノ官吏ヲシテ兩國公幹ノ事ヲ掌理セシメ既ニ弊害ノ生ルアリ豈朝廷其責ニ任セサランヤ惟フニ有志ノ士數名ヲ撰任セハ必ラス此弊ナカラン

南 嗚呼兩國ノ間絶經月モ尚等閑スヘカラス況ヤ阻隔七年ノ久シキニ於テヲヤ豈傍觀スヘケンヤ

茂書示シテ

同心協力以議兩國之歡好豈不欣然哉

南 諾々乞フ此書ヲ給ヘ恐ラクハ尊公ト再會歡好ノ日アルヘシ若尋交成熟ニ至ラハ我國聘問ノ使ヲ差サヽルヲ得ス僕武官ヲ奉シ隨行シ貴邦ノ風土ヲ經覽スル事豈快然ナランヤ是僕生涯一片ノ素志ノミ時ニ快話ニ乗シ日ノ沒スルヲ不覺將ニ歸筇スヘシ

茂 予艤舟風ヲ待ツモ尚未タ其順ヲ得ス足下餘閑アラハ再來アラン事ヲ切望ス

南 尚疑フモノアラハ再ヒ來謁スルカ若クハ別員若クハ書ヲ以テ問議スヘシ

茂 諾然

從是刀劍砲銃等ヲ示シ且予ノ寫眞一葉ヲ與フルニ賞贊無極卽チ袖ニシテ歸ル歸途通事金福珠ニ低語シテ曰汝カ所納ノ書ニ就テ反重搜問スルニ一疑フヘキナク一違フナシ漸次處分セル所アラントス然ルニ汝猶彼人ニ就テ事情ヲ問ヒ若シ吾ニ告ントスル者アラハ克其意ヲ得必ラス明後間上府スヘシト黄昏出館其夜直ニ東萊ニ上府スト云

因云南孝源ナルモノハ年齒五十有餘質朴閑雅ノ風彩アリテ其所言事理判然實ニ尋常韓人ノ比類ニアラス今予ニ面シ通交ノ書類ヲ一覽スルニ前ニ通事福珠ヲシテ東萊府使ニ投示セシメシ摘要書ト一差違アル事ナシ而シテ予カ所說モ亦タ既ニ浦瀨ヲシテ福珠ニ答示セシメシ口陳書ト一支吾アル事ナシ是ヲ以テ彼レ頗ル疑塊ヲ解クモノヽ如シ且談笑ノ間彼レ既往ヲ悔ヒ來時ヲ團成セント欲スルノ情色切ニ充溢ス惟フニ予今度渡韓以來暗行御史又ハ東

萊府使等探吏ヲ放チ頻ニ我カ動靜ヲ伺フ故ニ我モ亦之ニ應シ八方投策ス然ルニ我邦昨年來ノ形情及ヒ方今臺灣ノ一擧等ハ曾テ對馬人ヨリ內外傳播シ一ツ漏スナシ彼レ殊ニ國論一變交際ノ事ヲ掛念ノ時ニ當リ豈驚動セサランヤ故ニ御使府使ヨリ此探狀ヲ稟啓シ終ニ政府中有力ノモノヲ拔テ東萊ニ差シ名ヲ裨將ニ託シ以テ此擧ニ至ルカ又ハ御使隨行中ノ一人ナルカ決テ內裨將等ノ品位ニアラサルヲ覺ユ予積年本務ニ焦苦スルモ彼ニ對シ敢テ寸意ヲ逃ル不能今ヤ此言ノ說話ニ涉ルモ頗ル快心ヲ得タリ而シテ來時如何ノ如キ固リ豫定スヘカラスト雖トモ恐ラクハ盛意貫徹ノ時ナカランカ於玆益氣鋒ヲ包ミ信懇ヲ表シ投機抑揚以テ局成ノ地ヲ占メサルヘカラス豈不愼哉旣ニ昨今內外ノ風說ニ云奸魁訓導安俊卿ハ附科シ都表ニ檻送セラレ陪通事崔在守ナルモノ東萊ノ囚獄ニ下リ其他從累モ亦捕縛ニ就クト惟フニ此事眞ナルニ似タリ若果シテ眞ナル時ハ是モ亦周便ノ地步ヲ進ムノ一端ナランカ

七年八月十九日

森山茂

67

森山茂(1874. 8. 23) ➡ 寺島宗則

廣津弘信의 조선 파견 요청

관련문서 서계 문제 등에 대한 의견서

謹　啓

本地ノ形行ハ追々好都合ノ旨上申候處宗大丞ニハ尙未タ出發ノ運ヒニ不立至ヨシ拜承イタシ焦苦此事ニ候因テ速ニ御評決相成候樣重テ山之城祐長ヲ以代奏仕候實地ノ始末ハ親シク御査問被下度然ニ此上尙出發被仰付カタキ御モヤウニ候ヘハ不及是非小生乍微力擔當仕候何分カ順成ノ道ヲ計リ可申候就テハ廣津弘信ヘ權限等御申含早々渡韓候樣被仰付度奉存候小生見込ノ大要ハ既ニ先書申上置候得トモ猶再呈候間御附紙ヲ以御指揮被成下山之城ニハ打返シ渡韓候樣可被仰付候樣此段至急陳上候也

明治七年八月廿三日

外務省六等出仕　森　山　茂

外務卿　寺島宗則閣下

【관련문서】

略見込書

一 皇勅ノ文字ハ自國ノ尊號ナレハ之ヲ稱スルトモ彼レ肯テ異難ナキ事故是ヲ書中ニ認テ可也併シ彼ヨリノ書中ニ此文字ヲ奉戴セサル迚强テ誣迫スヘカラサル事

一 戊辰ノ初差渡セシ書契ハイマタ本書ハ渡サヽル事故先ツ此マヽニテ默止スヘキ事

一 先ツ外務卿ト禮曹判書ト大丞ト參判ト平行ノ例ヲ以テ尋交ヲ收メ書通スヘキ事

一 壬申ノ春差渡セシ廢藩立縣ヲ告ルノ書ハ既ニ彼ノ政府ヘ寫シヲ以テ通暢シ彼レ答フルニ議ヲ國中ニ收メテ決答スヘシト然レハ此書契ノ返翰ヲ出サシムルヲ要スル事

一 右返翰ヲ受取上ハ之ヲ携ヘ歸京シ再ヒ外務卿ヨリ判書ヘ大丞ヨリ參判等ヘノ書ヲ携ヘ來ルヘキニ付款接スヘキノ約ヲナシ且其節判書ノ返翰ハ彼ヨリ聘使ヲイダシ我カ使員ト同ニ渡航スヘキ旨ヲ議スヘキ事

但シ彼ノ乞フ所モアレハ預メ定メカタシ

一 圖書ハ素ヨリ受ルノ理ナケレハ自記ヲ以テ往來シ封印モ亦兼テ雛形ヲ取換ハセル位ニテ局ヲ成スヘキ事

一 船隻ノ勘合ハ外務省ニテ更ニ印記ヲ造リ舊前ノ文格ヲモ改メ宜ニ從カヒ施行セン事ヲ約スヘキ事

一 歲遣貿易ハ原是有無通スルノ意ナレハ彼レノ請フ所アレハ尙伺ヲ經テ決スヘキ事

右ヲ以テ小局ト成シ其他ノ小節目ニ至リテハ舊例宜キヲ失スルモ國威ノ關セサル位ノ事ハ暫ラク默視シ尙後日舒々改訂ノ期ヲ待ヘキ事

森山茂(1874. 8. 31) ➡ 寺島宗則

森山茂, 암행어사 수행원 3인의 대화

八月廿八日曾テ通事林三伊ヲシテ計ラシメシ御使ノ一行就館ノ報アリ暗行御使某ハ隣邑ニ在ツテ隨行中李竹軒李德卿太凡谷皆別號ヲ用ユルト見ヘタリノ三名ヲ派セリ内李德卿ハ御使ノ伯父ニシテ所謂參謀ナルモノナリ先ツ浦瀨裕ノ寓ヲ訪ヒ尋テ森山茂ノ亭ニ就ク主客ノ應答殆ト終日間故ニ其要領ヲ撮略シテ左ニ掲ク

茂 今日諸子ト相面スルハ喜悅ニ堪ヘスト雖トモ兩國ノ間積年ノ阻情ヲ如何

衆 誠ニ其事也玆ニ數年間絶ヲ生セシモノハ中間陰蔽ノ奸アツテ貴邦ノ盛意毫モ我朝廷ニ貫徹セス近今ニ至リ始テ貴邦ノ情ト壅蔽ノ奸アリシヲ知リ内議既ニ決シ前東萊府使鄭顯德ハ配謫セラレ訓導安俊卿モ檻送陪通事崔在守ハ嚴ニ獄舍ニ繫キ(マヽ)其他連累ノ輩悉ク捕縛今專ラ鞫彈セリ惟フニ重キハ必ラス斬ニ處セラレンカ公之ヲ諒シ須ラク歡好ノ道ヲ周旋アラン事ヲ切望ス

茂 予モ亦貴國ニオイテ能ク我誠意ヲ知リ而シテ尙且如是隣誼ヲ失スルノ理アラサルヲ知ル然レトモ貴國ノ我ヲ待ツ輕藐ノ狀ナキニアラス故ニ於我ハ貴國ノ辱カシメヲ受ルモノトシ物議ナキニアラス且予ノ此ニ來ルモ亦駐留ノ期アリ既ニ發解ニ臨ミ東萊府使ノ厚意ニヨリテ暫ラク行李ヲ止ムト雖トモ過日復歸京ヲ促カスノ報アリ進退失途如何トモスルナシ因テ書ヲ府使ニ呈シテ切ニ面謁ヲ乞ワント即如斯整書シテ幹傳官等ニ謀ル該官等曰ク凡訓導下來モ近キニアリ宜ク暫ク等[苦]待スヘシト於玆其意ニ從カヒ病ニ託シテ歸期ヲ緩フシ既ニ過ル廿三日屬官某ヲ走ラセテ此旨ヲ上申セリ予ノ意中ヲ察セヨ

於玆兼テ投策ノ爲作ル所ノ書翰ヲ示ス左ノ如シ

東萊府使 大人閤下

陳者兩國之情好 不相貫洽者 有年于此 頃更照例見惠薪炭 且諒閤下欲查正所以其兩情不相洽者 以修成隣誼之意 明政之至 厚意之切 曷勝感喜 不佞來此也 固有駐留之期矣 然不從其厚意亦以非道 故暫緩解纜而俟閤下之議到 玆昨宵 復更得以飛船專促歸上之報中果有不可不告之緊件

不佞既諒閣下之厚意 而言不及玆 緘默歸去則恐破信義也 抑如去與止何今也非常時故閣下斯速給面晤乎 或令耐任之人以周辨之乎 兩途一諾 從善款接 然則欲告其不可不告之所緣以謀兩國之福 苟莫拘執于前例 肯失良圖 因陳微誠 切請明答 蓋於本邦之盛旨 閣下亦既所亮悉 何用必煩及統希垂納焉 艸々不罄

明治七年八月廿三日

外務省出仕 森山 茂印

衆公ノ明誠實ニ感激ニ堪ス貴邦ノ近況モ亦知ラサルニ非ラス今ヤ公ノ盡力ニ非スンハ何ニ因テカ兩國ノ幸福ヲ祈ラン僕等固ヨリ其可否如何ヲ取捨スルノ任ニ非スト雖亦聊カ奉スル所アリ故ニ今日公ノ說ヲ承ケテ之ヲ我朝廷ニ內奏シ以テ良圖ヲ爲サントス冀クハ尙暫ク駐在シテ新訓導下來ヲ待チ此公幹順成ヲ以テ自ラ任トセラレン事ヲ訓導下來モ兩三日ニ迫ル着後速ニ入館事ヲ議セシムヘシ且訓導ノ外尙別員ヲ派出セラレル(マヽ)ヽノ報アリ必ラス順成近キニアラン

茂諸子ノ憂慨最モ感スヘシ予苟モ職ヲ交際ノ末ニ奉ス此時ニアタリ豈難キヲ辭シテ易キニ就ノ意アランヤ訓導下來近キニアリ且別員ヲモ派シテ以テ議到セラルヽト貴政府ノ誠意モ亦諒スルニ足ル然ルニ貴國動モスレハ前例ヲ拘守シ因循遲漫不決ニ流ルヽノ弊アリ予甚タ之ヲ憂リ既ニ庶子モ知ル如ク我邦自ラ一定ノ特論ナキニアラス故ニ必ラス九月中ヲ以テ百事纒成セスンハ恐ラクハ良圖ヲ失スルニ至ランカ

衆我國既ニ內奸ヲ攘ヒ新訓導及ヒ別員ヲ派シテ速ニ隣誼ヲ收メントスルノ意尤切ナリ決シテ舊前ノ比ニ非ス此事ニ於テハ敢テ尊意ヲ煩ラハス勿レ果シテ本月彼ノ七月中ヲ云中ニ事順成ノ目的ヲ得ベシ

茂若シ然ランニハ實ニ兩國ノ福也而シテ既ニ今日ノ形行ヲ釀成セシハ敢テ貴政府ノ責ナシト云ヒ難シ其故如何トナラハ今諸子ト一面諸子既ニ我邦ノ盛意ヲ知リ予ノ愚誠ヲ諒ス予モ亦諸子ニ接シ深ク貴政府ノ情誼ヲ知ル若シ夫互ニ相見ヘスンハ何ニ因テ之ヲ知ランヤ予此地ニ來往スル玆ニ六年尙未ク貴政府ノ一官員ニ面セス唯々予等ヲ擯シテ外夷ヲ以ス故ニ蠹奸中間ニ跋扈シテ此難狀ヲ根致ス是喩ハヽ貴國格例ヲ重ンシテ交隣ヲ輕ンスルノ致ス所カ今若シ予輩淸國開港十五口ノ內其何レノ地方ニ到ルモ卽チ地方官ノ款接ヲ得ル蓋シ舊知己ノ成ルカ如シ淸人ノ我七港ニ於ケルモ亦然リ故ニ兩情鏡ノ如ク照合シテ事務秋毫ノ差違アル事ナシ是交隣ノ大道ヲ得タルカ故ナ

リ貴國向ニ予等ト面晤ヲ許シ懇議熟論スルニ至ラハ豈兩情照合セサランヤ因テ玆此理ヲ了シ爾後我ヨリ面晤ヲ欲セハ東萊釜山兩使トモ下來面詢アルカ若クハ我ヨリ東萊釜山ニ至リテ事ヲ議セン然ラハ決シテ弊害アル事ナシ

衆公ノ辨明頗ル了悉セリ今日固ヨリ常時ニアラス何ソ前例ノミヲ謂ハンヤ惟冀クハ公ノ言説今所聞ノ如クシテ以テ訓導ト熟議セラレン事ヲ若不然トキハ僕等公ノ言説ヲ信シ爲來順成ノ道ヲ内奏シ事漸ク支吾アルニ於テハ忽チ僕等大科ニ陥ラン

茂諸子既ニ聞知スル所ノ我邦人貴國ノ不遜ヲ怒リ是レカ爲メ身ヲ屠ルモノ殆三百名ニ近シ然レトモ朝廷兩國ノ隣誼ヲ重ンシ敢テ輕々其議ヲ釆ラス又更ニ予ヲシテ來リテ貴國ノ情勢尚且固執如舊ナリヤ否ヲ洞察セシム嗚呼予ノ復命ニオケル實ニ兩國ノ大事ニ關ス豈苟モスヘケンヤ凡此等ノ事抑朝廷ノ盛意ナラスシテ何ソヤ貴國深ク此意ヲ體シ恭敬以テ盛旨ニ酬フヘシ若シ不然則ハ貴國破和ノ意アルヲ表スルニ足ラン予微力トイヘトモ此緊切ノ間ニ介立シ内隱スナク外欺クナク百會同語豈支離スルアランヤ

於玆浦瀬等一新聞紙ヲ示シテ之ヲ設ク彼頗ル驚嘆益恭順ノ情色ヲ顯シ惣テ予レニ懇願中保ヲ請フノ意ヲ述フルノミ然シテ此新聞紙ヲ請求スルニ至ル予敢テ許サス而シテ歸途浦瀬ヲシテ私カニ之ヲ投セシム蓋シ前論ニ及フハ深ク彼カ悔悟ノ意アルヲ知ルニヨリ一鞭ヲ加フルノミ

衆貴朝廷ノ盛意公ノ明誠實ニ我國ノ大幸トイフヘシ抑兩國三百年ノ好誼ヲ保チ近今間絶ヲ生セシハ固ヨリ朝廷ノ意ニ非ストイヘトモ亦我邦奸吏ノ爲ス所也若シ我國ニ過誤アルヲ以テ切ニ論明セラルヽトキハ豈貴邦ノ盛意ニ悖ランヤ今ヤ公ノ一言克ク百萬ノ兵ヲ以テスルニ勝ル冀クハ交隣ヲ重ンシ盡力斡旋アラン事ヲ玆ニ一依願アリ若シ訓導下來公幹ヲ談スルニ當リ今聞ク所ノ如キハ宜ク包藏アラン事ヲ切望ス

茂固リ然リ今密ニ告クル所ハ卽諸子ハ一憂國ノ人ナリ予モ亦一憂國ノ人也同ニ公幹ヲ議スルニ非ス只兩國ノ阻隔ヲ歎慨スルノ私語ニ出ルノミ公幹議到ノ日ニアタリ豈如此ノ内事ヲ交ヘンヤ諸子亦之ヲ胸中ニ納メ予カ苦焦ヲ通察シ内政府ニ向ツテ到底盡力アラン事ヲ祈ル

衆公ノ厚意尤感承セリ訓導下來セハ月ヲ輕スシテ事圑成ニ歸セン玆ニ又一依頼アリ戊辰年來往復ノ諸書アラハ流覽ヲ許セ

於玆戊辰辛未ノ兩書契ヨリ職官表大東寶鑑等ヲ出シ懇ニ切ニ説明衆一同百疑忽チ解ケ歡抃ニ不堪ノ情色アリ且辛未年廢藩立縣ノ書契大日本

國外務大丞宗重正ト改名セシ所以等ヲ示スニ

象今初メテ此書ヲ見ルニ一トシテ諱斥スル所ナシ之ヲ要スルニ到底中間ニ擁蔽セシト云テ可ナラン實ニ可耻ノ至リ也然ルニ我國歲遣船ニ備フル所ノ儲米數千俵釜庫ニアリ今速ニ之ヲ納レテハ如何

茂歲遣船ノ例格モ亦舒々訂正セサル可カラス既ニ壬申ノ秋宗氏久來負債ノ三銅三品等ヲ輸シテ之ヲ貴國ニ還却セン事ヲ告ク然ルニ拒斥不應宜ク此意ヲ以テ領スヘシ

於玆負債返償セン事ヲ告ルノ事ヲ示シ又彼レノ傳令書我ヲ悔辱スルノ語中換俗變形ノ處ニ至ル

象此換俗變形トイフハ如何

茂予モ亦之ヲ不解然レトモ恐クハ我邦百制古ニ復シ既ニ束髮ヲ斷便服ヲ着スヲ云フカ抑我邦太古ハ固ヨリ束髮ニアラス且長袖ニアラス中古唐制ヲ模擬セショリ近世ニ至リ頗ル一種ノ異風ヲ爲ス蓋シ美ハ美ナリトイヘトモ其官服ヲ着スルニ至リ或ハ二人或三人ノ介手ヲ加ヘサレハ之ヲ穿ツ能ワス不便モ亦甚シ我邦古昔ハ大政悉ク皇室ニ出テ中世之ヲ武門ニ委シ陛下ハ只神ノ如ク九重ノ上ニ在マスアルノミ然ルニ近年萬國ト對峙ノ時ニ當リ萬民擧テ政權ヲ皇室ニ歸セン事ヲ祈ル終ニ時勢ノ然ラシムル所ニヨリテ幕府ヲ廢シ戊辰年ノ改革アリ恭クモ陛下親ラ大元帥トナツテ百萬ノ兵ヲ統ヘ三千萬ノ人ヲ保護シ玉フ於玆斷然中世虛飾ノ風ヲ棄却シ百制復古ノ擧アリ故ニ服制ノ如キノ亦世界各國ノ宜キニヨリ或ハ淸或ハ英佛或ハ天竺或ハ米里堅其我ヨリ長スル所ノモノハ取テ以テ我制ヲ補ク因テ外套細袴ニ如キ稍洋人ノ制ニ似タレトモ是蓋シ簡ノ簡便ノ便ヲ捧ムカ故ナリ實ニ其宜シキヲ得タリト云ヘシ予貴國ノ服制ヲ見ルニ甚タ取ヘキモノアリ其裳ヤ履ヤ尤宜シ我邦古ヘハ上下履ヲ穿チ裳ヲ着セシニ漸次近今ノ汚風ニ流レ今館内ニ使役スル輕輩ニ如キ或ハ脛ヲ顯シ或ハ跣足醜態見ルニ堪ヘス貴國ノ藁履ニ如キ價廉ニシテ且行ハレ易シ因テ是モ亦取テ以テ我制ニ充テント思ヘリ

象公ノ確論頗ル意ニ澈セリ短ヲ棄長ヲ采ル古今ノ同義我國トイヘトモ亦固有ノ服ニアラス卽チ明ノ制ヲ擬ス然ルニ漸々便宜ニ從フトイヘトモ尙笠ノ大ナル袖ノ廣キ亦無用ト云フヘシ而シテ我藁履ヲ稱シテ之ヲ貴國ノ制ニ移サント其實用ニ注意アル感スルニ堪タリ

於玆彼レ浦瀨ニ私語シテ曰外國人吧嗄哩ナルモノ曾テ日本國政事ヲ惣理スルトノ說ヲ聞リ是卽我カ北京在留使員ヨリノ報ナリ我國ニオイテ

頗ル疑フモノアリ今僕等疑ヲ脱ストイヘトモ尚試ニ問フト

茂我邦外國人ニ政事ヲ委スルトハ何ソヤ我邦小ナリトイヘトモ四海兄弟ノ義ヲ以テ各强國ト對峙ス然レトモ其四海兄弟ナルモノ若シ我ニ寇シ我ニ害ヲ加フルアラハ卽敵ナリ豈一般外國人ヲ以テ敵視スルノ理アランヤ故ニ外國人ニ知識アリ先生アリ卽チ之ヲ請テ師トシ學フ富國ノ道强兵ノ術其外百科百藝窮メ盡サヽルナシ今淸國ニ孔子ノ如キ聖アラハ卽チ之ヲ雇ハン貴國ニ古シヘ百濟ノ王仁ノ如キ賢アラハ又之ヲ請フテ師トセンニ何ソ我政事ニ妨ケアランヤ若シ我邦ノ知識先生アリ貴國之ヲ請ヒ師トシ遣フ果シテ貴國政事ヲ委スルト爲スカ

衆卓見明辯實ニ然リ我國ニ於テモ必ラス公ノ明論ノ如ク漸次知識ヲ求メサルヲ得サル也

茂玆ニ尚緊重ノ一件アリ此淸國條約書ヲ見ヨ貴國ト我邦トノ如キ卽修好條規第二條ノ意ヲ以テ相交ラサルヘカラス抑皇淸韓三國ハ固リ鼎峙ノ國ニシテ之ヲ理ニ度リ之ヲ情ニ來ルモ亦必ラス脣齒相保チ患難相求フノ誼ナカルヘカラス故ニ交誼益敦ク敢テ外人ノ輕藐ヲ招カサラン事ヲ要ス然ルニ貴國徒ニ邊海ヲ防クヲ念トシ毫モ後ヘヲ顧ミサルハ何ソヤ於玆萬國地圖ヲ示ス 曾テ魯國山丹滿洲ノ地ヲ占メ鴨綠江ニ沿フヲ將ニ貴境ニ迫ラントス然レトモ淸國委靡不振敢テ貴國ヲ助クルノ權ナシ是竊ニ貴國ノ爲ニ慨歎スル所ナリ而シテ我モ亦魯國ト境ヲ接ス豈意ヲ注カサランヤ今若シ貴國魯人ノ爲ニ害ヲ寇ムラハ卽我モ亦安キヲ得ス我害ヲ受レハ貴國ノ安キヲ保タス貴國ノ福ハ乃我邦ノ福ナリ我邦ノ禍ハ貴國ノ禍ナリ故ニ貴國ヲシテ兵力ヲ培養シ以テ確乎堅守ノ實アラシメン事ヲ欲スル是蓋シ我邦ノ盛意ナリ然ルニ貴國或ハ曰日本人ト外夷ト聯合我ヲ襲フノ意アリト嗚呼貴國ノ悟ラサル亦甚シ豈賊ヲ誘フテ我寶ヲ竊ムモノアランヤ

衆公ノ壯略驚贊ニ堪ヘス僕等心中春ヲ迎フカ如シ貴邦既ニ如是ノ盛意アリテ尚且於我從來不解モノハ實ニ我國ノ不幸トイフヘシ僕等此盛意ヲ併セテ內奏セハ益厚誼ヲ謝スル所アラン我國既ニ外夷ト爭端ヲ開キ卽不共戴天之讐ナリ故ニ近今專ラ武辯ノ士ヲ擧ケ軍制ヲ改正セリ

茂貴國武備ニ心ヲ勞スル最モ善々々而シテ貴國ノ銃器刀械甚タ拙ナルヲ覺フ予竊ニ貴國ノ爲ニ痛歎セリ我邦古制ノ兵器アリ之ヲ貴國ノモノニ較フルトキハ尚勝レリト云ヘシ然ルニ其械具大概實用ニ供シカタシ故ニ大イニ世界ノ利器良械ヲ撰ミ以テ之ヲ習製シ頗ル得ル所アリ精兵ニシテ精器ヲ携フ

豈快ナラスヤ其器械ノ一二ヲ示ス則ハ先ツ如此也

於玆七連銃及ヒ元込銃ヒストール等ヲ射發シテ示スニ衆愕然聲ヲ放ツテ稱贊スルニ至ル

茂尙大砲數種ノ製アリ利器良械枚擧ニ遑アラス然ニ舊前兩國ノ間ニ武器ヲ貿易スル事ヲ禁ス蓋シ敵國ニ糧ヲ予フルニ均シト云フノ意カ今ヤ不然貴國若シ乞フ所アラハ或ハ戰艦或ハ砲銃或ハ刀劍其需ニ應セサルナシ

衆厚意益感激セリ必ラス他日乞フ所アラン嗚呼我國積年貴邦ノ盛意ヲ悟ラス間隔久シキニ至ル實ニ慚愧ニ堪ヘス

茂斯閑話ノ間トイヘトモ本邦ノ飛報アラン事ヲ恐レ常ニ沿海ヲ望ンテ沉念スルノミ望ラクハ予カ焦苦ヲ察セヨ

衆公ノ苦思何ソ察セサラン僕等斯速此狀ヲ朝廷ニ內奏スルモ稍路程ノ日間アリトイヘトモ既ニ新訓導下來セハ事必ラス順便ニ歸セン僕等惟フニ今公ヨリ更ニ一報ヲ貴朝廷ニ馳セテ我國疑團氷解速ニ歡好ノ良圖ヲ爲サント欲スルノ意ヲ告ケラルヽトキハ貴朝廷モ亦我國ノ微誠ヲ諒察アルニ至ラン是僕等敢テ懇禱スル所也

茂諸々訓導面晤ヲ經ハ凡予カ進退及ヒ貴政府ノ情好ヲモ上奏セントス只々訓導下來ヲ苦待スルノ外ナシ前ニ云フ如ク事緊重ニ涉レハ獨リ訓導ニ委スヘキニアラス若シ夫府使等如舊予ト面晤ヲ辭スル時ハ必ラス弊害ヲ生セン予甚之ヲ危シトス

衆今日ノ事決シテ舊日ノ比ニアラス冀クハ公安頓セヨ兩國親睦ナラサルヲ得サルハ不竣論(マヽ)此時ニアタリ我國豈貴邦ノ盛意ヲ仰カサランヤ然レトモ右式ニオイテ少シク難狀アリ希フ之ヲ諒セヨ

茂凡將來順成ノ緖ヲ得ンニハ先外務卿ト禮曹判書ト外務大丞ト亦匹適ノ官ト等對ノ例ヲ設ケ使員往來スルノ期ヲ定ルヲ急務トス

衆固リ然リ是等ハ僕ノ取捨スル所ニアラサレハ百事訓導ト熟議ヲ乞フ僕等モ內ニ在テ專心周旋スヘシ希クハ公ノ辯說金石ノ如クナラン事ヲ

茂本邦ノ盛意ハ既ニ諸子モ知ル所予カ愚誠モ亦然リ且予カ言說ノ如キ固リ石ニ勒セシモノト爲シテ可也

衆然ラハ今日ノ對話ハ總テ金石ノ誓約ト見認ムヘシ

於玆淸國條約書ヲ乞ニヨリ謄寫ノ上明間投與セン事ヲ約シ大東寶鑑其他辛未年書契寫等ヲ與フ彼レ頗ル喜色アリ又職官表ヲモ投與ス

衆此書ヲ乞フハ敢テ私シスルニアラス卽朝廷ニ呈シ僕等カ內奏ノ證左ト

爲サント欲スル也今日ノ清談ヲ得テ實ニ拂曉ノ思ヒアリ

茂予ニ於テモ亦然リ事順成ニ至ラハ必ラス兩國ノ使員相往來セサルヘカラス其時ハ諸子モ共ニ随行シテ本邦ニ渡來アルヘシ都會ノ結構山水ノ風致ヲ見ルニ至ラハ少シク意ヲ新タニスル所アラン

衆貴邦ノ昌盛ナル固ヨリ聞知ス若シ随行ノ命アラハ渡行シテ目ヲ新ラシウセン事ヲ望ム凡人ト相會スルニ其初メ必ラス喜ヲ伸ヘ別手果シテ憂ヒヲ來ス是通情ナリ今日ノ一會ニ於ケル其初メ頗ル憂慮アリ今別手ニ臨ミ甚タ欣躍ヲ催フス冀クハ他日尚快燕ニ參セン事ヲ

茂予モ亦然リ諸子ハ定テ文筆ノ長ナルヘシ乞フ一毫ヲ揮ヘ

於玆各自揮筆

奉呈 森山大人閣下

樓館平臨碧海頭 高人居處澹清秋 信如金石交隣誼 志似苔岑對榻酬 壯略始知驚四國 聲名應是滿中州 良樽渾忘山暉暮 啼鳥歸雲送客愁

笠 畊 未 定 艸

一席清譚意更新 相逢萍水喜相親 寧爲物外閑唫客 肯作蓬間竊祿人 言是口傳應易誤 事非目擊愬難眞 交隣好誼緣何阻 厚謝從今有所伸

靜 六 散 人 題呈

桐 陰 尊 鑒

暫勞雖爲國 久旅豈忘家 未盡心中語 前山日欲斜

竹 軒 生 右 呈

桐 陰 大 人 清鑑

地接脣齒 于海之東 中間阻隔 水流雲客 矢以斥邪 炳如日光 重結舊約 德義宣揚 君子存誠 以信服人 千金然諾 質諸鬼神

笠 畊 生 題

右畢テ歸ル

翌廿九日早朝林三伊浦瀨裕カ寓ニ來リ李德卿ヨリノ書ヲ差出セリ

幹傳仁鑒 前

昨日一席團話 歸來充然 而回首詹款海雲蒼々 悵懷曷已 敬惟霄環 僉候寶啬區々溯仰 如風帆之上水 僕等一是憒劣 而猥荷感款 既醉芳樽 深庯感戢至若仰溷詩勻才質魯莽一無掛眼矣又敢點汚貴篷益切愧反耑合覆瓿而寶局昨承諾敎如已謄出則果或下惠否餘不 肅布此禮

甲戌蘭秋旬八日 李德卿等 頓首

李 公前 回復

雲墨頓至僉公清迪抃喜々々僕如舊瓦全昨烏一會胸霧忽散快意不已僕之愛詩章者固非以風致也只欲言之不反於實耳村酒寧不足喜雅賜鳴謝却如促差慚矣日清約出壹本卽玆呈進查領是祈餘情不罄寸楮草々拜敬

明治七年八月廿九日

浦瀨裕

林三伊昨日來ノ閑話ヲナス左ノ如シ

昨夕三客旋寓ニ歸リ御使ニ面シ彼長ト親接應酬ノ顚末ヲ臚述シ四員互ニ相欣慶シテ曰多年間阻隔ニ至リシハ實ニ我ノ耻ナリト互話深更ニ及ヒ竟ニ一翰ヲ修シテ馳セテ東萊府使ニ呈入シ轉シテ府使ノ回答ヲ得ル時既ニ鷄鳴ニ近シ而シテ初メテ僕ニ暇ヲ給フ玆ニ李竹軒密ニ示シテ曰府使ト談合御使至急上京事體ノ委曲ヲ闕下ニ奏聞セラルヽニ決セリ故ニ汝明朝入館シ所約ノ日清約書并ニ前府使兩門ニ貼掲セシ傳令(我ヲ侮辱シ卽換俗變形ノ傳令文ナリ)ヲ求ムルニ門將等敢テ無トイフ故ニ此ノ二枚モ亦共ニ謄寫シ且幹傳官等ノ姓名官銜ヲ記シ得テ來ルヘシ必ラス明朝ヲ期シテ御使ハ馬軺ノ便ニ從ヒ發程アルヘシ

一 初メ御使ノ訓導俊卿及ヒ在守等ノ奸狡ヲ鞫問セント欲スルニ當リ東萊府使ハ奸徒ニ幻惑セラレ却テ渠等カ無罪ヲ陳護セラレ因テ御使忽然李竹軒ヲ永川ヨリ都ニ派シテ該徒ヲ鳴罪シテ嚴速斷正セン事ヲ奏セラル其時廟堂議ヲ決シ往年東萊府使タリシ南宗俊ヲ特ニ差シテ一ハ奸徒ノ罪ヲ匡シ一ハ交際ヲ纒成セシメントスト然ルニ今御使直ニ上京アラハ果シテ交際ノ事ハ御使ニ任スル所トナルヘシ且仄ニ聞訓導ノ外特ニ譯官ノ長聖始金同知ナル人ヲ差遣シテ事ヲ議ラシムト

一 今八送使ヲ廢斷スルニ至テハ我國此擧ニ關スル上下ノ官人數千忽チ祿

ヲ失スルモノアラン僕等爲ニ希フ異日約定ノ日ニ當リ彼此適宜斟酌ノ所置アラン事ヲ

一 昨日三客相議スルヲ聞クニ兎角我使員ヲ貴邦ニ派遣セサルヘカラスト僕等所思モ亦可當ナランヲ知ル然ルニ從前譯使ヲ派スルスラ多月ノ淹滯スルハ他ニアラス伐木造船ノ擧ニ凡六ケ月ヲ盡ス今若シ貴邦船隻(和船帆船)ヲ借用セハ須ラク三月ヲ期シテ超海ノ約アルニ至ラン

同三十日林三伊來リ報シテ云

一 既ニ御使自ラ上京ノ筈ナリシニ東萊府使曰ク未タ奸徒ノ糾斷モ央ニシテ自ラ發程セラレン事少シク宜ヲ失スルニ似タリト於玆御使ノ上京ヲ止メ之ニ換ルニ李竹軒凡太(マヽ)谷兩名卽今早朝馬ニ鞭ヲ揚ケテ發京ス而シテ來九月十六日(彼レノ八月六日卽十八日間)ヲ期シテ歸來スヘシト其間御使ハ梵魚寺ニ寓セリ外向ノ切迫實ニ不可言

森山茂(1874. 9. 5) ➡ 寺島宗則(1874. 9. 23)

森山茂의 제안에 대한 회답 기일 약정 보고

관련문서 9월 3일 玄昔運과 森山茂의 회담 개략

謹啓

一 新訓導玄昔運字德民別差玄濟舜儀去月三十一日夜東萊下着一昨三日到任昨四日卽本館ヘ入來小生ヲ初在勤一同ヘ初對面ノ式執行直ニ公務ヲ議シ候處是迄中間留滯ノ所緣ハ全ク舊訓導ノ落度ニシテ今日ニ至貴國ノ情好モ相分リ候ニ付何分兩國御用順便ノ道可爲取計拙者到任卽參館仕候趣ヲ以段々序次ヲ立聞議ニ及候間從是ハ肯既往ヲ不咎過日伺上候略見込書ノ趣ニ隨ヒ反復丁寧講明候處彼壬申ノ春寫シヲ以差渡シ置候書契ハ本書捧出不致事故此儘難受キ旨主張イタシ其本意ハ今一應變通ノ線口ヲ得ハ夫ヨリ天子等ノ文字ヲ除去セシメントノ黠策ト窺察候ニ付從是ハ決テ難相成旨申切嚴敷挫問候處頗ル困却ノ勢ニ迫リ候得トモ尙トカク曖昧更ニ結局不相見候間其勢ニ乘シ從是ハ三件ノ問題ヲ以決答ヲ促シ候處彼レ事理ニ屈伏終ニ右三件ヲ以廟議ヲ伺ヒ二十餘日ヲ期シテ回酬可致旨返答申聞候ニ付右約書爲相認先一段落ヲイタシ候今朝ハ答禮トシテ浦瀨等任所ヘ彼カ役所ナリ差遣シ尙別紙イ號ノ趣爲及掛合候處右書ヲ借用イタシ度旨申聞更ニ異難不申出候何分此儀不相調シテハ爾後東萊府使ノ直對不相成ノミナラス必ラス中間澁滯ノ弊ニ退步可致後進ノ一端ナレハ是非遣リ付度モノト存候イツレ期月ニ至リ候ハヽ何トカ可申出先以右ノ次第ニ候間將來ノ如何ハ差置彌本省官員ニ公待イタシ候事ニテ此上ハ面晤ヲ重ネ我成意ヲ徹底セシムル事肝要ト存候昨日ノ所ニテハ恰モ敗將ノ降ヲ納ル如ク戰々兢々ノ有樣實ニ憫然ノ至其內例ノ曖昧朦朧ヲ相構ヘ候ニ付話中夫是論駁イタシ置候廉モ有之小生申向候大綱ハ卽別紙ロ號ニテ御承知被下度尤期日ニ至リ三件ノ內何レカ從善回答申出候ハヽ隨宜約書取替ハセ小生速ニ上京可仕積ニ候實ハ是丈ノ運ヒニハ必ラス十日餘モ相掛リ可申ト覺悟候處不料モ易々纏リ小生等ノ大幸ト存候何分彼カ內情切迫ナルハ不待論乍去此訓導モ沉深狡獰ニシテ曖昧操弄ノ術ニハ長シタルモノト被考候於玆時々火輪船等本地ヘ向出沒往來イタシ候ハヽ餘程ノ聲援ト相成可申唯寸筈(舌カ)ヲ以テ抑揚

ヲ施シ候モ到底充分ノ進步ハ難出來ト深々歎息仕居候御憫察可被下候

一 壬申ノ秋持渡リ候宗氏舊貿易負債ノ分モ近日引渡可申積ニ候然ニ本邦服禮改革ノ事ニ付テハ彼レ頗ル恠シミヲ抱候若シ今突然之ヲ着用イタシ候ハヽ必ラス一時阻滯可致カト是ニハ殆ト當惑因テハ種々沿革論等ヲ綴リ解疑ノ爲投示イタシ居候彼レカ頑癖御洞察可被下候

一 訓導別差等ハ舊前皆字ヲ以往復イタシ來候處其實我ニ對シ頗ル輕蔑ノ意アル事ト承居候ニ付何ハトモアレ於我ハ實名ヲ用ヒ候儀故各々實名ヲ以可有往復旨申聞尚舊式ノ手數等種々有之儀ノヨシニ候ヘトモ皆々停止先第一ニ役所ヘ出頭セシメ夫ヨリ小生寓ヘ來リ椅子ターフルニテ接待候處一言ノ異論ナク其名簿差出シ候モ日本館廳ト充サセ候樣固ヨリ瑣々ノ儀ナカラ實地ノ形象御見合ノ爲メ入御聞候

一 此度小生渡韓ノ儀ハ第一探索ヲ以テ主務トイタシ候ニ付テハ韓人ノ探夫ヲ取入候樣頗ル入用モ多々ニ有之殊ニ本地ヨリ長崎ヘ向候テ時々別船等モ數度差立候儀ニ付御入費モ相嵩可申勿論ニ候ヘハ此段ハ兼テ御聞ニ添置度且庶務局ニ於テモ預メ心得居候樣御達ノ程是祈

右ハ昨今ノ大略ニ御座候小生儀何レ約期ヲ相待可申然ニ征島一件ヨリ當今支那政府トノ御駈引ニ至リ毫モ承知不仕若シ支那ト經緯相生シ候事トモニ候ハヽ本務モ自然退縮可仕カト存候此段モ豫メ申上候間可成ハモヨウ御洩祈上候也

七年九月五日

外務省六等出仕 森山茂

外務卿 寺島宗則閣下

イ號

夫兩國交誼保存者既三百年矣舊例多反於時勢玆雖本約訂議之間苟不可不假定往來待遇之例而有急務之一件卽陳辨如左凡置本邦領事官及屬官於此館辨理公幹約束人民故領事官與東萊府使修匹適等對之例常務之外彼此書翰往復可以辨事務若或照會轉申則府使下來又或領事官及屬官同往於東萊親詢妥議

以盡歡好之道是乃所以重隣誼洽情好也爾來必不可以無此例然而昨宵三件之回答亦與兩使親接須要聞議也今也尋交商量之際至若釀成中間如昔日弊害則忽惹出兩國之危端豈得不注意哉右陳辨者禮信之所係重大之所施蓋爲修好普通之公行也以此意辨明於任官轉達于彼國政府合併請回答焉

明治七年九月　日

外務省出仕　森山茂

右示　幹傳官

ロ號　(掛紙 皇勅ノ文字ヲ包藏セン事ヲ乞フノ意ナリ)九月四日訓導ト談判中申向候節目

一 我國ノ皇ト稱シ勅ト稱シ世界萬國之ヲ推認ス而シテ我書契ニ之ヲ書載スルニ何ノ妨カ之有ラン貴國返書ノ如キ其意味回答ニ的然タレハ豈文字ノ有無ヲ以テ難論ヲ發センヤ彼笑テ曰可相成ハ御同前ニ朝廷ト云文字ニテ御濟シ被下テハ如何

(原註)モリヤマナリ
我ヨリ貴國ハ貴國ノ思召モアルヘシ我ニ於テハ萬國ニ對スル格例アリ此等ハ決シテ相談ハ難承彼默止ス

一 我外務卿ハ參議ヲ兼ル卽貴國ノ左右議政ニ比ス然レトモ外交ノ事ヲ惣掌スル時ハ貴國禮曹判書ト等對スヘシ又大丞ハ宜シク參判ニ對スヘシ彼曰卿ト判書ト然リ大丞ハ稍ク四位ナリ我參判ハ正二品ナリト我ヨリ貴國國王ハ何品ソヤ我邦舊幕府德川氏ノ如キ凡從二位ヨリ從一位ニ昇ラス然ルニ久來等對ヲ以テスルハ如何且我外務卿ハ正四位ナリ而シテ大淸恭親王李鴻章等ニ匹適ノ禮ヲ用フ貴國恭李兩氏ニ匹對スルモノ誰ソヤ又我邦ノ位階ハ勳功アルモノニ之ヲ賜フ貴國淸國ノ比ニアラス如何彼レ赤面一言ナシ

一 彼曰書契ノ印記ハ自印ヲ用ユル尤宜シトス然レトモ勘合印ノ如キハ我方ヨリ鑄送シテ如何我ヨリ外國ニ航スルモノヲ統管スルハ卽本省ナリ而シテ外國航行ノ印式アリ貴我往來ノ如キ尤繁キヲ以テ別ニ路文ノ法印記ノ制ヲ定メ其儀本ヲ送驗シテ假冒ヲ杜ル何ノ不可カ之アラン彼レ默止ス

一 彼レ卿ト判書ト大丞ト參判ノ如キ常ニ何等ノ事ヲ往復スルヤ我ヨリ交際上ノ事百節百務隨時應事何等ヲ書裁スルヤ未然ヲ計ルヘカラス彼レ默ス

一 歲遣船ハ再ヒ御渡シアリヤ使節ノ往來如何我ヨリ使節ハ格立タル事ニハ必ラス往來スヘシ原歲遣ノ意趣タルヤ兩國有無相通スルノ意ヨリ出ル因テ貴國之ヲ請ハルヽニ於テハ名義ヲ明ニシテ妥議スヘシ彼然ラハ强テ之ヲ乞ハルヽニハアラスヤ我素ヨリ强ユルノ理ナシ彼領諾

一 使者ノ往來ハ如何我ヨリ交隣ノ大誼ニ關リ又ハ互ニ國主ノ慶吊等ヲ訪フ是共ニ往來ナカルヘカラス彼然ラハ宗氏又ハ外務卿一家ノ慶吊ハ如何我敢テ不及ナリ彼漂民送還ハ如何我ヨリ本館ニ領事官ヲ置キ百務ヲ辦理ス因テ領事ヨリ東萊府使ト書通送還ノ例ヲ收メテ可ナラン彼諾

一 我ヨリ足下動モスレハ舊約々々ノ語アリ予ニ於テ決テ承クヘカラス彼ヨリ三百年ノ久シキヲ保ツモ條約アリテナリ實ニ萬世不易ノ條約ト云ヘシ我決テ不然萬世不易ノ約條ト云フモノハ卽恒約ナリ貴國ト我邦トノ約條ノ如キ卽常約ニシテ隨時制宜康熙以來幾回ニシテ全備セシヤ其數ヲ知ラス而シテ其約例多クハ皆默約ニナル何ソ萬世不易ノ語ヲ呈スルヤ思フニ貴國ハ約例ヲ尊ンテ好誼ヲ輕ンスルカ如シ如何彼默止ス

一 彼兩國ノ事ハ宗氏ニ掌サトラシムニアラスヤ我ヨリ不然一个ノ官吏ナリ此館ニハ領事官ヲ置キテ事務ヲ辦シ東萊府使ニ等對スヘシ因テ東萊ニモ往來セサルヘカラス彼レ默ス

一 彼レ將來順使ノ道ヲ計ル如何我壬申ノ春我寫シヲ以テ相渡セシ書契ノ返書ヲ遣シ卽チ外務卿ト禮曹判書トノ往復書ヲ奉シ我ヨリ來ルカ貴國ヨリ渡ルカ期ヲ論定スルヲ急務トシ此事定ツテ後修好條規ニ及フ其本約ノ如キハ全權ニアラサレハ假定スヘカラス彼レ壬申ノ書契ハ尙未タ本書ヲ不捧今日迄玆ニ留滯スル所以ノモノハ尙朝廷ニ意味アリテノ事カ僕等ノ知ル所ニアラス因テ其留滯ノ書契ヲ捧出シカタシト於玆千變萬化責論スルニ彼レ理ニ屈ストイヘトモ曖昧糢糊ノ術策ヲ用ヒ一度退去セン事ヲ計ルノ意アルヲ我ヨリ察ス因テ三題ヲ揭ケテ問テ云然ラハ我云フ所ヲ貴政府ニ轉達シ日ヲ期シ決答アルヘシ第一壬申ノ書契ヲ請クルヤ否ヤ若請ルトキハ期日決答ノ節本書契交換ノ事(下ヶ紙受ルナラハ我書契ト彼ノ回翰ト交換ノ事トイフ意ナルベシ)第二右書契難狀ノ事體アラハ更ニ外務卿ヨリ判書ヘ大丞ヨリ參判ヘノ新撰書契ヲ携ヘ來ラハ之ヲ請ケ必ス返書差出スヘキ旨ノ事第三

若前二條難狀アラハ全權使節ヲ東京ニ派シ議定スヘキ旨ノ事彼終ニ理ニ屈シ曰然ラハ朝廷ノ決ヲ仰クヘシ

於玆約定書ヲ認メサスル如左

記

一 壬申年書契回答成否若成則直差回書兩書契交換之事

一 同書如有難安處以至不捧之境則更撰自貴國外務卿對于我禮曹判書自外務大丞對于參判之新書契別定幹使賚抵萊府相接議定事

一 又有難便之端自禮曹成書契送聘使于東京預定期月以回答事

右三件事中一事擇定之意因今日公論備盡轉達于朝廷之計而千里往還必不可踰二十餘日矣只冀竢之焉

甲戌七月二十三日

訓導 玄昔運（印）

別差 玄濟舜（印）

外務省出仕 森山茂 尊公

昨日差出候名簿左ニ

記

一 通政大夫行訓導玄昔運

一 通訓大夫行別差玄濟舜

右今日到任之事

甲戌七月二十二日任所

日本館廳

七年九月五日　　外務省六等出仕 森山茂

【관련문서】

ロ號 [△

九月四日訓導ト談判中申向候節目

一 我國ノ皇ト稱シ勅ト稱シ世界萬國之ヲ推認ス而シテ我書契ニ之ヲ書載スルニ何ノ妨カ之有ラン貴國返書ノ如キ其意味回答ニ的然タレハ豈文字ノ有無ヲ以テ難論ヲ發センヤ彼笑テ曰可相成ハ御同前ニ朝廷ト云文字ニテ御濟シ被下テハ如何

(原註)モリヤマナリ

我ヨリ貴國ハ貴國ノ思召モアルヘシ我ニ於テハ萬國ニ對スル格例アル此等ハ決シテ相談ハ難承彼默止ス

一 我外務卿ハ參議ヲ兼ル即貴國ノ左右議政ニ比ス然レトモ外交ノ事ヲ惣掌スル時ハ貴國禮曹判書ト等對スヘシ又大丞ハ宜シク參判ニ對スヘシ彼曰卿ト判書ト然リ大丞ハ稍ク四位ナリ我參判ハ正二品ナリト我ヨリ貴國國王ハ何品ソヤ我邦舊幕府德川氏ノ如キ凡從二位ヨリ從一位ニ昇ラス然ルニ久來等對ヲ以テスルハ如何且我外務卿ハ正四位ナリ而シテ大淸恭親王李鴻章等ニ匹敵ノ禮ヲ用フ貴國恭李兩氏ニ匹對スルモノ誰ソヤ又我邦ノ位階ハ勳功アルモノニ之ヲ賜フ貴國淸國ノ比ニアラス如何彼レ赤面一言ナシ

一 彼曰書契ノ印記ハ自印ヲ用ユル尤宜シトス然レトモ勘合印ノ如キハ我方ヨリ鑄送シテ如何我ヨリ外國ニ航スルモノヲ統管スルハ即本省ナリ而シテ外國航行ノ印式アル貴我往來ノ如キ尤繁キヲ以テ別ニ路文ノ法印記ノ制ヲ定メ其儀本ヲ送驗シテ假冒ヲ杜ル何ノ不可カ之アラン彼レ默止ス

一 彼レ卿ト判書ト大丞ト參判ノ如キ常ニ何等ノ事ヲ往復スルヤ我ヨリ交際上ノ事百節百務隨時應事何等ヲ書裁スルヤ未然ヲ計ルヘカラス彼レ默ス

一 歲遣船ハ再ヒ御渡シアリヤ使節ノ往來如何我ヨリ使節ハ格立タル事ニハ必ラス往來スヘシ原歲遣ノ意趣タルヤ兩國有無相通スルノ意ヨリ出ル因テ貴國之ヲ請ハルヽニ於テハ名義ヲ明ニシテ妥議スヘシ彼然ラハ强テ之ヲ乞ハルヽニハアラスヤ我素ヨリ强ユルノ理ナシ彼領諾

一 使者ノ往來ハ如何我ヨリ交隣ノ大誼ニ關リ又ハ互ニ國主ノ慶吊等ヲ訪フ是共ニ往來ナカルヘカラス彼然ラハ宗氏又ハ外務卿一家ノ慶吊ハ如何我敢テ不及ナリ彼漂民送還ハ如何我ヨリ本館ニ領事官ヲ置キ百務ヲ辨理ス因テ領事ヨリ東萊府使ト書通送還ノ例ヲ收メテ可ナラン彼諾

一 我ヨリ足下勤モスレハ舊約々々ノ語アリ予ニ於テ決テ承クヘカラス彼

ヨリ三百年ノ久シキヲ保ツモ約條アリテナリ實ニ萬世不易ノ約條ト云ヘシ我決テ不然萬世不易ノ約條ト云フモノハ卽恒約ナリ貴國ト我邦トノ約條ノ如キ卽常約ニシテ隨時制宜康熙以來幾回ニシテ全備セシヤ其數ヲ知ラス而シテ其約例多クハ皆默約ニナル何ソ萬世不易ノ語ヲ呈スルヤ思フニ貴國ハ約例ヲ尊ンテ好誼ヲ輕ンスルカ如シ如何彼默止ス

一 彼兩國ノ事ハ宗氏ニ掌サトラシムニアラスヤ我ヨリ不然一个ノ官吏ナリ此館ニハ領事官ヲ置キテ事務ヲ辨シ東萊府使ニ等對スヘシ因テ東萊ニモ往來セサルヘカラス彼レ默ス

一 彼レ將來順便ノ道ヲ計ル如何我壬申ノ春我寫シヲ以テ相渡セシ書契ノ返書ヲ遣シ卽チ外務卿ト禮曹判書トノ往復書ヲ奉シ我ヨリ來ルカ貴國ヨリ渡ルカ期ヲ論定スルヲ急務トシ此事定ツテ後修好條規ニ及フ其本約ノ如キハ全權ニアラサレハ假定スヘカラス彼レ壬申ノ書契ハ尙未タ本書ヲ不捧今日迄玆ニ留滯スル所以ノモノハ尙朝廷ニ意味アリテノ事カ僕等ノ知ル所ニアラス因テ其留滯ノ書契ヲ捧出シカタシト於玆十變萬化責論スルニ彼レ理ニ屈ストイヘトモ曖昧模糊ノ術策ヲ用ヒ一度退去セン事ヲ計ルノ意アルヲ我ヨリ察ス因テ三題ヲ揭ケテ問テ云 然ラハ我云フ所ヲ貴政府ニ轉達シ日ヲ期シ決答アルヘシ第一壬申ノ書契ヲ請クルヤ否ヤ若請ルトキハ期日決答ノ節本書契交換ノ事第二右書契難［○ 狀ノ事體アラハ更ニ外務卿ヨリ判書ヘ大丞ヨリ參判ヘノ新撰書契ヲ携ヘ來ラハ之ヲ請ケ必ス返書差出スヘキ旨ノ事第三若前二條難狀アラハ全權使節ヲ東京ニ派ソ議定スヘキ旨ノ事彼終ニ理ニ屈シ曰然ラハ朝廷ノ決ヲ仰クヘシ

於玆約定書ヲ認メサスル如左

記

一 壬申年書契回答成否若成則直差回書兩書契交換之事

一 同書如有難安處以至不捧之境則更撰自
貴國外務卿對于我禮曹判書自外務大丞對于參判之新書契別定幹吏賫抵萊府相接議定事

一 又有難便之端自禮曹成書契送聘使于東京預定期月以回答事
右三件事中一事擇定之意因今日公論備盡轉達于朝廷之計而千里往還必不可踰二十餘日矣只冀竢之焉

甲戌七月二十三日

訓導 玄 昔 運 (印)

別差 玄 濟 舜 (印)

外務省出仕 森山茂 尊公

昨日差出候名簿左ニ

記

一 通政大夫行訓導玄昔運

一 通訓大夫行別差玄濟舜

右今日到任之事

甲戌七月二十二日任所

日本館廳

七年九月五日 外務省六等出仕 森 山 茂

寺島宗則(1874. 10. 2) ➞ 三條實美

宗重正의 파견 중지, 廣津弘信의 파견, 森山茂의 귀국 등 결재 요청

관련문서 森山茂에 대한 지령안

外務六等出仕森山茂本(マヽ)月三日朝鮮國草梁公館に於て彼國通政太夫行訓導玄昔運通訓太夫行別差玄濟舜と公然面接の上遂に三ヶ條を以て訓導より彼國政府え轉啓いたし廿日餘を期し政府の指揮を得回答可致約をなし累年尋交阻塞の道今日始めて相開け候趣は既に廻進致し置候同人書信寫に詳悉有之候付ては兼て宗外務大丞え御內意の旨も有之候得共現出張官員を以て尋交の端緒に就候上は宗氏御派出は後議に相廻し此際不失其機不都合無之様三ヶ條の回答を以て森山茂は上京廣津弘信は公館在勤爲致度随て別紙見込み書取調差上候間至急御決議相成候様仕度此段相伺候也

明治七年十月二日　　　　外務卿　寺島宗則
太政大臣　三條實美殿

「伺ノ趣聞屆候尤別紙見込書ノ內草梁館備米三百石ハ大阪出張大藏省出納寮於テ可請取且贈答品買上代三百圓諸雜費用意金百圓可相渡且又歲遣船云々ノ儀ニ付假議可致趣指令ニ不及勘合印ハ従前其省ニ於テ用ヒ來リ候外國交信ノ印章相用候儀ト可心得其餘ハ都テ見込ノ通可取計事
但米金渡方ノ儀別紙ノ通大藏省ヘ相達候條受取方同省ヘ可申出事
明治七年十月七日」(朱印)□

【관련문서】

指　令　案

一 九月三日朝鮮國訓導ヘ示談セシ三ヶ條ノ事竝ニ公館ニ領事ヲ置キ彼國

ヨリ領事待遇ノ振合等ニ付東萊釜山兩使及ヒ訓導等ヨリ彼國政府ノ意ヲ以テ回答セハ其趣上申可致事

[貼紙]一勘合ノ印ハ双方ノ熟談ヲ以テ假リニ信據トナルヘキ印章ノ模形ヲ交換シ追テ一定ノ條約ヲ講スルノ日ニ及ンテ互ニ確議スベキ旨ヲ以テ示談可致事

一 彼我接待上ニ於テ或ハ彼官吏我公館ニ來リ或ハ我官屬彼公廨ニ往ク等熟談ノ都合ニヨリ彼レノ容ルヽ所ニ隨ヒテ釜山東萊其他ノ內地ニ通行スルトモ我ヨリ毫モ强迫ニ涉ラサル樣可心得事

一 彼我ノ漂民送受ノ例格及ヒ之ニ關スル費用等之事宜キニ從ツテ一小例ヲ設ケ不都合ナキ樣可心得事

一 差向キ規格ナクシテハ難叶小節目ハ從前宗家ニ於テ取扱ヒ來リシ章程ヲ斟酌取捨スヘシト雖トモ彼我情好ノ和スルニ隨ヒ苟モ兩國人民ノ幸福開化ニ進ム一端ニ屬スル者ハ臨機宜キヲ慮リテ施行スヘキ事

一 森山茂從前談シ懸リノ大要相纏メ一切ノ事務ハ廣津弘信ヘ引繼キ茂ハ歸京復命弘信ハ在勤可致事

明治七年十月

外務卿 寺島宗則

(貼紙)一勘合ノ印ハ双方熟談ノ上假リニ外務省ノ印章ヲ用ヒ置キ追テ一定ノ條約ヲ講スルノ日ニ及ンテ互ニ確議ス可キ旨ヲ以テ示談可致事

禮部(1874. 10. 17/同治十三年九月八日) ➔ 高宗

일본 및 프랑스, 미국 공사 효유(曉諭) 요청에 대한 회자(回咨)

禮部知會曉諭各國毋庸置議咨

禮部爲知照事主客司案呈本部於同治十三年八月初九日據朝鮮國賫奏咨官齎到咨文一件於八月十四日據情轉奏本日奉旨該衙門知道欽此已抄錄知照在案嗣於八月二十七日准總理各國事務衙門咨稱本衙門密奏朝鮮國事件一摺於同治十三年八月二十五日軍機大臣奉硃批依議欽此欽遵知照到部相應抄錄該衙門原奏轉行朝鮮國王查照可也云云 同治十三年九月初八日

原奏

總理各國事務衙門謹奏爲朝鮮國王腐陳日本法美各國有無交涉情形應由該國王自行留意恭摺密陳仰祈聖鑑事准禮部咨稱本部具奏朝鮮國王遣官陳奏事件一摺於同治十三年八月十四日具奏奉旨該衙門知道欽此抄錄知照前來臣等查禮部原委內稱朝鮮國王姓係因總理各國事務衙門以洋將日意格云日本將從事高麗法美與高麗前隙未解必以兵助之奏請由禮部密咨朝鮮國王預籌辦理今該國王咨文歷述該國向與日本未嘗啓衅及法美兩國意在交涉等情懇請特降諭旨曉諭各國可否飭下總理各國事務衙門酌覈辦理等因溯查本年五月間臣等接據沈葆楨來函以洋將日意格議及前情於朝鮮殊有關係勢難漠視奏請飭下禮部酌量密咨朝鮮國王預籌辦理是其事之究竟虛實及該國應如何預行籌措之處原應由該國王自行審度辦理今據禮部奏咨朝鮮國王覆陳各情是該國與日本既未經生衅法美雖意在交涉此時亦並無擧動更無事先與論及轉致各國或有生心所有該國王請降諭旨曉諭各國之處亦應毋庸置議是否有當伏候聖裁飭下禮部轉行該國王遵照爲此謹繕密摺具奏請旨伏乞皇上聖鑑謹奏

72

森山茂(**1874. 10. 25**) ➞ 寺島宗則

도해관(渡海官) 파견을 표명한 趙寧夏 서한

森山桐陰足下

卽惟孟秋起居淸迪敝邦與貴國交隣修好今三百年信書揭來禮數無愆天下萬國咸知其誼契之篤矣粤自戊辰辛未書契格式有違前規年例米布不爲領受轉輾疑眩莫究故由朝廷擬欲差官渡海布此誠懇查勘源委而爲此先遣按廉採察萊釜覈得訓導與通事輩壅蔽疑亂之狀方行拿戮際接按廉帶官太凡谷等回報則以爲面奉雅敎書契新式務從便宜蒙示官職表等各件冊子始知貴國善隣之誼稟出悃愊誠兩國之福而疑阻之餘事貴審愼變通之初約宜妥當朝廷方將差官委送玆先回發帶官耑致封函幸垂收照將此情款轉告于貴朝廷修舊講新之方深望指日亟圖劃賜覆音肅此不備

朝鮮 趙寗夏 (畫押)

森山茂(1874. 10. 25) ➞ 寺島宗則

조선의 태도 변화 및 귀경이 지체된 사유 보고

嚮ニ迂生朝鮮國近情ヲ偵索シ其状旧ニ変ル事ナキ時ハ外務大丞宗重正渡韓可被仰出命ヲ奉シ同地ニ航シ清心其状ヲ窺探スルニ彼レ曾テ我々春來ノ形況ヲ聞知シ専ラ破和ニ至ラン事ヲ懼レ窃ニ修好ヲ喚促スルノ意アルヲ察シ敢テ此時ヲ失スヘカラサルヲ以テ即大丞渡韓被仰付度旨屢次上申仕リ尓來投機施策其通区ヲ排カン事ヲ計ルニ彼レ積年ノ疑團ヲ解キ本邦ノ盛意ヲ感シ本月二日彼ノ政府ノ命ヲ以テ東萊府使ヨリ我カ使員ヲ懇請スルノ書翰ヲ送リ來ルニ至ルハ偏ニ
皇威ノ延及スル所ニシテ於迂生實ニ望外ノ順成ヲ得候ニ有之者カ爲メ曾テ伺上置候尋交手續畧見込書ノ御指令相待ノ間前後ノ駈引其勢中止スヘカラス而庚午以來御委任ノ廉ヲ然ラシ當機相應ノ談判ニ及ヒ將タ八月廿日附至急上京可致旨ノ御辞令相受候ヘトモ現地ノ形行遽然退帰イタシ難キ内一應概畧相纏リ候ニ付テハ猶豫カシメ將來ヲ議シ本月六日我舘ヲ発シ昨廿四日午後八時着京仕候尤六月以來探聞及ヒ應接ノ序次ハ事大小トナク時々録呈仕置候ヘトモ尙首尾ヲ撮要シ玆ニ附上仕候其顚末ノ精細ニ至リテハ御下問ニ隨ヒ拜叙可仕候敬具

明治七年十月廿五日 外務省六等出仕森山茂印

寺島宗則(1875. 1. 14) ➞ 三條實美(1875. 1. 18)

예조참판에게 보낼 서계안 청훈

관련문서 (1) 森山茂 파견시 절차 문의
(2) 조선의 내빙사 관련 문의

太政大臣殿　　　　　　　　　　　　　　外務卿

朝鮮國尋交の義年來中間に壅塞せし次第彼國をして之を謝せしむるの趣意によれは別紙宗外務大丞書契貳通に相認め一書は詰問の意を具し一書は添書の心得且舊圖書返完迄の事に致し今般の使員着韓の上先詰問の書を遞し其文意に酬ゆるの書を取るの談判成熟の議を見積り候上にて外務卿本書并大丞添書とも差出し候手續にいたし候方と存候仍て別紙新稿の書契案差上候間前日伺置候書契案共御批判の上何れとも御沙汰相成候樣仕度此段至急相伺候也

明治八年一月十四日

(朱書)「別簡」

大日本國外務大丞宗重正 呈書

朝鮮國禮曹參判[某]閣下

恭惟

本邦

皇上親政 廢幕府置太政官 革封建爲郡縣 又置外務省以管外交 於是世襲之官皆罷之 重正亦解對馬守 及左近衛少將之任 並

本邦與貴國交際將命之職 更任現官等之事 業已經屢次差家人報之

本省又遣官員某等 往晤東萊釜山兩使 以告

本邦盛意所在 而

貴國峻拒不納 反隣誼背舊好者 七年於此 重正不佞外不能奉揚勅意 內致士民之激怒 恐惭恐愧 深爲

貴國慨之恠之 將上請躬親渡航 以究明蟠錯之由 以講求善隣之道 會駐館本

省出仕某與
貴國官辨接唔 得審
貴國始覈知有奸譎之徒 在中間而壅塞之 出仕歸京 申奏事由 果信嚮者峻拒
非出
貴國廷議而然也 而今黜罰抵法否 事關兩國之信義 匿怨相友愛 古今所愧 以
是爲問者 將以成兩國駦念永遠交驩之地 非敢務爲此詰難不祥之辭
貴國以爲如何 黜奸罰譎
貴國自應有法典在 若夫濟一時之誼 不慊人心則非保永遠之道
貴國亦豈望如此哉 請速回音 無勝傾企之至 不宣

(朱書)
「添簡」
大日本國外務大丞宗重正 呈書
朝鮮國禮曹參判 閣下
爰我
外務卿修書
貴國禮曹判書 使理事官森山茂往東萊府 致之使道 轉達 以商量尋交
貴國宜款接之 速派來聘使 以訂
兩國萬世不愉之盟 不堪冀望之至 更陳
貴國所曾鑄送之圖書幾顆 併玆返進
照納是祈 肅此不宣

【관련문서 1】

太政大臣　　　外務卿
過日朝鮮國獨立半屬見認め様并來使誘導心得方等の義伺上置候處同國の義
從前德川氏と相對する體裁且淸國關係の義等熟考候得は方今直に獨立半屬
等確と見認め候都合不容易に付ては今般彼國使員派來せしむる目的別紙の

順序を以て辨理候方可然存候此段更に相伺候也

年 月 日

【관련문서 2】

朝鮮國來使の議

一 今般茂等彼國に於て尋交事務を辨し理する順序は先宗外務大丞よりの別簡を遞し其文意を酬ふるの回答を取るへき談判熟するに當り則外務卿の書契を出し彼國より右書契の返翰を携へたる使伻を派來せしむるの期限を約すへし

但し從前彼國より來せし信使なるものは卽國書を携へたる王使なりしかとも方今未た交際の適主も定らさる事にして今般の使伻は外務卿書契の意に應する禮曹判書よりの回翰を携へ來る回報使なれは從前の信使なるものゝ比に非す乍併可成尋舊講新の議を盡すへき有權のものを誘ひ來るを要すへし

高宗, 黃正淵(1875. 1. 17/高宗十一年十二月十日)

동래부사 黃正淵 소견(召見)

召見東萊府使黃正淵于熙政堂

辭陛也

予曰 今此召見誠以此地兩國接壤所重自別其於固圉治民之政不可不十分着念故也爾其悉心對揚無負此特爲召見之意也

正淵曰 臣才識謏陋未知何以對揚極爲惶懍矣臣下去後凡於大小事謹當悉稟于政府而處之矣

予曰 難處之事報于政府爲可而若報政府則予亦當入聞矣

正淵曰 謹當依下敎奉行矣

予曰 政府報狀之外有可以啓聞者則一一修啓而狀啓措語務令昭詳易見無徒全用例套可也

正淵曰 聖敎及此敢不悉心奉行乎

76

寺島宗則(1875. 1. 31) ➞ 三條實美

부속서 두 건을 합철(合綴)한 새 서계안 보고

朝鮮國ヱ差遣シ候宗外務大丞書契案先ニ伺置候別簡添簡ヲ綴合シ更ニ別紙ノ通一書簡ニ認メ替ノ方妥當ニ可有之ト再考致シ候間此段伺上候至急御沙汰相成候様仕度存候也

八年一月三十一日

外務[鄕] 寺島宗則

太政大臣 三條實美殿

(朱書)
「伺之通

明治八年二月三日 | 太政大臣 三條實美印

大日本國外務大丞宗重正書ヲ

朝鮮國禮曹參判 閣下ニ呈ス

曩ニ我

皇上親政幕府ヲ廢シ

太政官ヲ復シ封建ヲ革メ郡縣ト爲ス又

外務省ヲ置テ外交ヲ管シ世襲ノ官皆之ヲ罷ム重正モ亦對馬守及ヒ左近衛少將ノ任竝ニ

本邦ト

貴國ト交際將命ノ職ヲ解キ更ニ現官ニ任スル等ノ事已ニ屢次家人ヲ差シ之ヲ報スルヲ經タリ

本省又官員某等ヲシテ往キテ東萊釜山兩使ニ晤シ

本邦盛意ノ在ル所ヲ告ケシム而シテ

貴國峻拒納レス

隣誼ニ反シ舊好ニ背クモノ此ニ七年重正不佞乏シキヲ現官ニ承ケ外

勅意ヲ奉揚スル能ハス內士民ノ激怒ヲ致シ恐慚恐愧深ク

貴國ノ爲ニ之ヲ慨キ之ヲ怪ム將ニ

上請シ躬親カラ渡航シ蟠錯ノ情ヲ究明シ

善隣ノ道ヲ請求セントス會タマ本省官員森山茂

貴國官辦ト接晤シ貴國始メテ姦譎ノ徒ノ中間ニ在ルアツテ之ヲ壅蔽セシヲ覈知シ方ニ捕縛ヲ行フコトヲ審カニスルヲ得タリ是ニ於テ從前ノ窒礙頓ニ開ケ舊來ノ懇款乃チ復ス茂歸

京事由ヲ申

奏シ

朝廷深ク之ヲ嘉ス不佞果シテ嚮ノ峻拒ハ

貴國廟議ニ出テ然ルニ非ルヲ信ス欣抃曷ソ已ン而シテ其縛ニ就クモノモ亦皆刑ニ處シ法ニ抵ルヤ否ヤ事

兩國ノ信義ニ關カル怨ミヲ匿シテ相友トスルハ古今ノ耻ル所是ヲ以テ問ヲ爲スモノハ將ニ以テ

兩國交驩ノ地ヲ成ントス敢テ務メテ此詰難不祥ノ辭ヲ爲スニ非ス

貴國以テ如何トス姦ヲ黜ケ譎ヲ罰スルハ

貴國自ラ法典ノ在ルアルヘシ若シ夫レ一時ノ誼ヲ濟シテ人心ニ慊ラサルトキハ永遠ヲ保ツノ道ニ非ス

貴國モ亦豈此ノ如キヲ望ンヤ委曲ヲ垂示センコトヲ請フ玆ニ我

外務卿書ヲ

禮曹判書ニ修メ理事官森山茂副官廣津弘信ヲシテ東萊府ニ往キ之ヲ使道ニ致シ轉達シテ以テ尋交ヲ商量セシム

貴國宜ク之ヲ

款接シ速ニ

專便ヲ派來シ以テ萬世不愉ノ盟ヒヲ訂スヘシ冀望ノ至ニ堪エス更ニ陳ス

貴國曾テ

鑄送スル所ノ圖書三顆併テ玆ニ返進ス

照納ヲ是祈ル肅此不宣

明治八年一月　日

外務大丞 宗重正（印）

【漢譯文】

外務大丞書契漢譯

大日本國外務大丞宗重正 呈書

朝鮮國禮曹參判 閣下

曩者我

皇上親政廢幕府復

太政官革封建爲郡縣又置

外務省以管外交世襲之官皆罷之重正亦解對馬守及左近衛少將之任並

本邦與

貴國交際將命之職更任現官等事業已經屢次差家人報之

本省又遣官員某等往晤東萊釜山兩使以告

本邦盛意所在而

貴國峻拒不納反

隣誼背舊好者七年於此重正不佞承乏現官外不能奉揚

勑意內致士民之激怒恐慚恐愧深爲

貴國慨之恠之將

上請躬親渡航以究明齟錯之由以講求

善隣之道會駐館本省官員森山茂與

貴國官辨接晤得審貴國始覈知有奸譎之徒在中間而壅蔽之方行捕縛於是從

前窒礙頓開舊來

懇款乃復茂歸

京申

奏事由

朝廷深嘉之不佞果信嚮者峻拒非出

貴國廟議而然也欣抃曷已而其就縛者亦皆處刑抵法否事關

兩國之信義匿怨相友古今所耻以是爲問者將以成

兩國交驩之地非敢務爲此詰難不祥之辭

貴國以爲如何黜奸罰譎貴國自應有法典在若夫濟一時之誼不慊人心則非保

永遠之道

貴國亦豈望如此哉請
垂示委曲玆我
外務卿修書
禮曹判書使理事官森山茂副官廣津弘信往東萊府致之使道轉達以商量尋交
貴國宜
款接之速派來
專使以訂萬世不渝之盟不堪翼望之至更
陳
貴國所會
鑄送之圖書三顆倂玆返進
照納是祈肅此不宣

明治八年一月　日

外務大丞　宗重正（印）

寺島宗則(1875. 1) ➡ 禮曹判書

森山茂, 廣津弘信 파견 통보 서계

大日本國外務卿寺島宗則書ヲ

朝鮮國禮曹判書閣下ニ呈ス

我

明治元年

皇上極ニ登リ萬機ヲ

親裁シ

紀綱ヲ更張シ汎ク外交ヲ容ル而シテ

本邦ノ

貴國ト

隣誼舊アリ疆土相連ナル蓋是唇齒ノ國宜ク更ニ

懇款ヲ敦クシ共ニ

綏寧ヲ揆ルヘシ爰ニ

勅ヲ奉シ書契ヲ修シ特ニ理事官森山茂副官廣津弘信ヲ派シ明カニ本邦盛意ノ在ル所ヲ告ク

貴國ソレ之ヲ

諒セヨ萬ツ使伻ノ口陳ニ委ス不宣

明治八年一月　日

外務卿　寺島宗則（印）

【漢譯文】

大日本國外務卿寺島宗則 呈書

朝鮮國禮曹判書 閣下

我

明治元年

皇上登極

親裁萬機更張

紀綱汎容外交而

本邦之與

貴國

隣誼有舊疆土相連蓋是唇齒之國宜更敦

懇款共揆

綏寧爰奉

勅修書契特派理事官森山茂副官廣津弘信明告

本邦盛意所在

貴國其

諒焉萬委使伻口陳不宣

明治八年一月

外務卿　寺島宗則

森山茂, 廣津弘信(1875. 1. 24) → 三條實美

조선의 국제법적 지위 판단 및 교섭 방식 청훈

交際ノ目的

朝鮮ヲ何等ノ國ト見認ヤ否此レ臣等ノ豫リ議ス可キコトニ非スト雖トモ今度彼使員ヲ率ヒルノ議ニ付彼ヨリ論及シテ曰

一 我國體ハ内外ノ政事專斷獨裁タリ国テ貴國天皇ト我國王ト等對比權ノ交際ヲ欲スト

右ノ如ク論シ來ラハ我ヨリモ獨立國ト見認メ天皇親交ノ心得ヲ以テ應接ニ涉リ來使ヲ誘導スヘキヤ否

若シ又彼ヨリ曰

一 我國ハ西清國ノ属タリ故ニ天皇ト對等ス可キニ非ス貴國相當ノ大臣ト我國王トヲ以テ尋盟ノ議ヲ修ムヘシト

右ヲ以テ論シ來ラハ彼ノ言ニ拠リ清國ノ屬ト見做シ其意向ニ隨カセテ來使ヲ率ユル心得ニテ可然ヤ否

右二條ハ卽獨立清屬ノ分判然タルモノナリト雖トモ若シ彼レ例ノ黠策ヲ逞シテ曰

一 天皇ト國王トノ親交ハ我國議甚タ歸熟セサルモノアリ因テハ貴國太政官我議政府ノ兩大臣若シクハ外務卿ト禮曹判書トヲ以テ適主ト爲シ交際ヲ修ム可シト

右ヲ以テ論及シ來ラハ其不可ナルヲ弁明スルハ難キニ非スト雖トモ到底其條理ヲ明白ニ論破スルトキハ要スルニ獨立ト清屬トノ分界ヲ擧論セサルヘカラス臣等素ヨリ之ヲ論定約議スルノ權ナケレハ肯テ駁弁ヲ用エルニ及ハスト雖トモ諄々說諭ニ涉ラントセハ必ラス廟議ノ如何ヲ伺定セサルヘカラス但シ此條ノ如キモ詮スル所ロ彼レカ意ヲ破ラス只管來使ヲ誘ヒ導リヲ以テ主眼トス可キヤ否

對應ノ順序

一 宗大丞究問ノ別簡ヲ投シ之ニ酬フル回翰ヲ出サシムルニ付テ萬々一彼レ之レヲ耻ルノ意ヨリ或ハ禮信ニ托シ或ハ枝議ニ移シ曖昧之ヲ免レン

トスルトモ我其理義ヲ推究シ到底其回翰ヲ得ヘキハ必期ノコトト雖トモ其之レヲ得サルノ間ハ外務卿ノ本書大丞ノ添簡共決テ遞與セサル可シ

若シ彼レ右回翰テ出サヽルニ我レ曖昧延滯ニ屬シ前議ヲ中止シ遽テヽ本書ヲ遞與セントスルカ如キハ彼レノ輕蔑ヲ招クノ一端ニシテ固ヨリ不可ナリ因テハ理情ノ歸スル所ロ果シテ七年間壅塞ノコトハ彼レヲシテ謝セシメサル可カラサルトノ廟決ナリヤ否

右陳上スル所若シ不明了ノ廉モ候ヘハ親シク御下問被成下速ニ御明教奉仰候也

明治八年一月二十四日

外務少丞 森山茂
外務六等出仕 廣津弘信

79

三條實美(1875. 2. 2) ➞ 森山茂

조선의 국제법적 지위에 따른 교섭 방식 훈령

外務少丞　森山茂

此度朝鮮國へ被差遣候ニ付彼國ニ於テ應接ノ間可相心得條々

一 彼國若シ自ラ獨立ト稱シ兩國ノ君主等對ニテ交通スヘキ旨ヲ擧論シ來ラハ其趣直ニ上申致シ指令ヲ待ツヘキ事

一 彼國若シ自ラ清國ノ屬藩ト稱シテ事物悉ク清ニ仰クノ旨ヲ主張セハ是亦其趣ヲ上申シ指令ヲ待ツヘキ事

一 彼國ノ獨立ト稱シ淸屬ト云ヲ論セス彼國王ト我太政大臣ト又ハ我外務卿ト禮曹判書トヲ適主ト爲シ舊誼ヲ修メ度旨申出候ハヽ其意ヲ領諾スルノ趣ヲ以テ相答ヘキ事

明治八年二月二日

太政大臣 三條實美

寺島宗則(1875. 2. 2[?]) ➞ 森山茂

조선 파견 이후 교섭 지침

外務少丞　森山茂

一 朝鮮國禮曹判書へノ本書幷ニ外務大丞ヨリ同參判へノ添書トモ彼國應議ノ官辨へ遞與ス可キ事

一 右判書ヨリノ回翰ハ卽チ彼ノ使伻之ヲ携へ渡來スヘキ期限ヲ約スヘキ事

一 其使伻ハ尋舊講新ノ爲ナレハ從前ノ信使ニ下ラサル品級ノモノト可心得事

一 參判ヨリ大丞へノ回答ハ直ニ之ヲ取還ルヘキ事

一 從來彼國ヨリ宗氏へ所贈ノ圖書ヲ返シ今後渡航ノ船隻へ所持セシムヘキ新勘合票ノ儀本ヲ遞シ置キ不差支様可商定事

一 我館駐在ノ官員公務便理之爲東萊釜山等ノ內地へ往來スルハ彼我熟談ノ都合ニ可隨事

一 彼我漂民救給方及ヒ送還等ノ手續ハ便ニ隨ヒ假リニ小則ヲ設ケ置クヘキ事

一 差向キ規格ナクシテ難叶小節目ハ從前宗氏ニ於テ取扱ヒ來リシ章程ヲ斟酌取捨スヘシト雖トモ彼我情好ノ和スルニ隨ヒ苟クモ兩國人民ノ幸福開化ニ進ム一端ニ屬スルモノハ臨機宜キヲ慮リテ施行ス可キ事

一 判任官ノ去留及ヒ一時御雇人ノ增減等ハ取計タル後上申スルモ現地ノ時宜ニ可由事

明治八年二月

外務卿　寺島宗則 (印)

81

森山茂, 廣津弘信(1875. 3. 5) ➞ 柳原前光, 山口尙芳

이사관 일행의 도착 및 교섭상황 보고

二月廿三日嚴原よりの書面及奧義制等仕出の書信とも差出候間御落掌相成候義と存候同夜十二時後嚴原拔錨廿四日午後第九時草梁公館前灣着船直に上陸廿五日第七時訓導別差就館第十時面接夫より廿六日及三月一日二日三日談判の次第應接書にて御承知可被下候右着船早々直に萊府へ前進の儀は稍急劇に渉り候樣有之候得共朝鮮國例の習情に隨ひ玆に出玆に留らさる可らさる臨機の都合も有之且彼の狡獰曖昧は應接書面にても御推讀可被下候然るに先見込の通談判を遂け三月三日より廿五日の期限にて彼政府款接の厚薄等も相分可申自然其機會によりて或は順序を踏或は推參を期し必らす萊府に入るの一擧に出へし其節に至らは多少の聲援上請候義も可有之哉此段兼て御含み被下度先今日迄の景況不取敢御報知旁如此御坐候也

明治八年三月五日

副　官　廣津弘信

理事官　森山茂

全權公使　柳原前光殿

外務少輔　山口尙芳殿

追て兼て御承知の前陪小通事崔在守なる者昨年來蔚山の獄に下し有之處去る一日頃出獄致し東萊え呼下し陪小通事に復し候趣公然館中へ屆け書には無之候得共陪小通事金福珠より內々申出候間實事には疑なき義と存候右等の景況も有之後來萬端深察の上近々可申陳義も有之爲念添報いたし置候也

議政府(1875. 3. 12/高宗十二年二月五日)

동래부사의 연향(宴享) 및 새 서계 접수 상주

命彼倭書契改修來呈復講舊好

議政府啓言 昨秋 釜山訓導所告 年前出來書契 許令改修以來 而如有難從之辭語 則更爲斥退事 已有稟覆行會矣 卽見訓別等手本據萊府狀本 則彼倭所云改修書契中 雖有若而字刪去 終有所未安者 且原本之眞諺相雜 卽三百年所未有之事 而不欲先示任譯 乃以面議該府爲說者 非但約條之外 甚涉乖當 後弊可念 此則嚴加防塞 而第其積年相阻之餘 彼旣爲此幹事 遠勞涉海 交修隣誼 則在我誠信之道 合施拔例之擧 令府使出往館所 別設宴餉 以示朝家慰恤之厚誼 其所謂副本書契 以眞書翻出云 卽地取見 苟有違格處 則逐條詳檢 據理退却 如以一竝改修而來呈云 則隨卽許納 復講舊好事 返覆曉諭於館倭後 形止斯速馳問之意請三懸鈴知委 允之

83

議政府(1875. 3. 16/高宗十二年二月九日)

개수(改修) 서계의 위격(違格)을 이유로 서계 거부 상주

命倭人善辭曉諭俾無更聒

議政府啓言前因萊府狀本倭人齎來改修書契中違格者設饗時取見據理責退事覆啓行會矣卽又見該府使黃正淵狀啓謄報則枚擧訓別等手本以爲書契原副本之彼倭謄示者今方上送而見其書意且有還納圖書自著新印之說路引格式亦爲改來故竝令責諭云矣彼國之官制藉曰變更而圖書造給非徒相信而然旣成不易之規則初無兩國講定遽欲創行於今日乎雖以路引言之改式且係違格竝爲善辭曉諭俾無得更聒形止斯速馳聞事請知委允之

森山茂(1875. 3. 25) ➞ 寺島宗則

동래부사 면담 관련 훈도와의 교섭 내용 보고

(朱書)「三月廿五日發ス　但應接書三綴相添」

近々上申後本月二十一日訓導入館想像の說を以再ひ四五日間の延期を請ひ同二十三日又々就館上京の命を奉るを屆出候儀に付應接の次第は別紙にて御覽置願上候然るに訓導應接上請彼か含蓄不洩の一物あるを察し斷然一棒頭を喫せしめされは眞情を吐露せしめ難きを圖り乃入府に決し旣に出門に臨み候所果して六日間に府使下來面晤を期するの約に及ひ候右は韓人狡獰曖昧の性情所令刑場に臨まされは敢て首伏せすと申傳候如く彼國の習事を熟知せさる人は或は疎暴視を爲す可きも計り難し扨一會々々見込の如く相運ひ候へとも猶此上東萊府使面晤に至り候はゝ彌以彼國の眞情も分明可仕乍併今後東萊前往書契遞與遂に彼國の專使を誘ひ出し候に至るまて百打千磨の力を費さゝる可からさるは今日迄の應接上に於ても御高察可被下候右彌以府使面晤相遂候はゝ委細上申可仕候得とも不取敢昨日迄の景況報上の爲如此候也

明治八年三月廿五日

外務六等出仕　廣津弘信（印）
外務少丞　森山茂（印）

寺島外務卿殿

八年三月廿一日午前九時訓導玄昔運就館

副官　廣津弘信　書記　石幡　貞　通辯　浦瀨　裕　同　住永辰妥　同　住永友輔

訓導　玄昔運

副官 今日正官モ出席可致ナレトモ先拙者一應承リ可申候

訓導 今日ノ面謁別儀ニ無之先般ノ一條都表ヘ轉啓二十五日ヲ期シ候上ハ

右期限ヲ越候義ハ無之筈ニ候得共連日ノ雨雪ニテ往來頗ル難キ趣ニ候得ハ大ニ氣遣有之右等ノ事ニ付若シ延引仕候テハ信ヲ失シ甚タ不相濟事故拜謁ノ上右等ノ事情申上度候也

副 途中雨雪ノ爲メ阻滯ト被申ハ確報アリタル事ニテ候ヤ但シ風聞ニヨリテ推察セラレシ懸念ナリヤ

訓 被仰聞通大切ナル御用件日期モ定リ有ル事ナレハ心配ノ餘リ其期ノ迫ラサル内其趣申出置右期限萬一都ヨリノ報ヲ得サル事モ之レアラハ此上四五日モ御待有之度然ルトキハ必ラス回報ヲ得可申此段兼テ御含被下度相願候

副 先日ヨリ正官公ヘモ妥議シ且本國ヘモ無餘義情實ニ付廿五日間不得已延期之趣伸達致置タル事故今雨雪ノ風聞ニテ四五日モ延引可致ヤ抔ト申想像ノ説ヲ以テ談シラルヽトモ延期ノ事ハ思ヒモヨラス其期已ニ迫ルトモ實ニ期ヲ延サルヲ得サル明白ノ事故アラハ其節被申出タル上ニテ尤ト相聞ヘ條理相立候義ナラハ延期ノ申談方モアル可シ今日ノ話頭ニ於テ延期ノ示談決シテ聞屆ケ難シ

訓 都表マテハ遠路ト申且追々ノ雨雪ニ付諸方ニ相滯リ候モ難計然ルニ此度私ヨリ豫メ不申上候テハ甚汗漫ニ屬シ候懸念モ有之故ニ確ト何故ニ幾日延日ト難申候得トモ私甚心遣ノ餘リ御聞ニ入候

副 其心遣ノ餘リ御用大切ト被存候情實委曲承知致シ候即拙者限リ承リ置候去リナカラ今日豫メ被申立候説ヲ以テ幾日延期スル等ノ事ハ聞屆難キナリ若シ其期ニ至リ如何ニモ無據事實有之延サヽル事能ハサルトキハ素ヨリ兩國情誼相投シ無伏藏懇談ノ上ハ些少ノ延期難致筋ニテハ無之只今日模量曖昧ノ説ニテ豫メ期ス可ラサルノ議ヲ以テ既ニ約スルノ期ヲ彼是可致ニアラス

訓 斯ク申上候モ兼約二十五日ノ期ヲ目的トセサルニハ非ス併シ何分ニモ懸念ノ餘リ申談シ候宜シク御聞可被下候

副 被申出候事情ハ先刻ヨリ委細承知致シ候然レトモ今日ノ談話ヲ以テ萬一他日延期ヲ乞フノ便リト思ハル可ラス萬一其期ニ至リ延期ヲ議セラルヽ事アラハ其條理ト情實トニヨリ示談スヘシ今ヨリ議ス可キニ非ス

訓 畏リ候只期限相迫リ候ニ付右申上置候

副 尤期限近キニアレハ四五日中更ニ相面ス可シ

是ニテ退席

八年三月二十三日午後六時訓導玄昔運就館正副官面接但シ書記通辯如例

正 先日ヨリ御入來ノ節御對面ヲ得ス彌御安祥欣賀候

訓 不相變御淸迪悅敷存候偖今日入館ハ非別儀今般都表ヨリ回報ヲ得候所公幹重大之儀ニ付書信ノミニテハ不相濟付テハ訓導ニ早速登京可致旨朝廷ヨリ達シ有之候間不取敢此段入御聽度罷出候

正 只夫丈ケノ事ニテ都ヨリ別段御申越シノ儀ハ無之哉且其赴ハ府使ヘ申參リ候哉

訓 府使ヘモ書狀ニテ申越サレ私ヘモ別段御達書到來致シ候

正 然ラハ兼約ノ赴ハ如何申參リ候也

副 廿五日間云々ノ約ヲ都表ヘ上啓候所何分私至急罷上リ候樣トノ命ノミニ候間何共御氣ノ毒ナカラ私往還ノ間猶延期相願候

正 廿五日延期ノ事モ無據情實被申立候間聞屆シハ卽チ迎接等仔細ナク順便ニ可至樣周施(*Sic.*)ノ爲メナリ然ルニ今夕ノ談シハ何等ノ道理ナルヤ尤貴朝ノ命ヲ以テ貴朝ノ官員ヲ呼上セラルヽノ事ハ我ヨリ何ノ可否ヲカ言ン但シ此上爲待候ニハ其可待ノ道ヲ立ラルヘシ左ナクハ一日モ可相待道理ナシ

訓 被仰聞所ハ御尤ニ候得トモ何分書面ニテハ分リ兼候間早々罷登リ候樣トノ事ニ有之且廿五日延期ノ約ヲ致シ候モ其間ニハ必ラス都表ノ差圖モ可有之トノ事ニテ則今般上京ノ義差圖越シ候次第ニ有之候

副 昨年貴朝廷ヨリノ命意ヲ以相約セシ上ハ先頃直ニ入府可致所申立ノ事情汲ミ取無據延期セシ趣本國ヘモ報上シ已ニ其期ニ臨ミ訓導自ラ登京ノ命ヲ得タリトテ其期ヲ空ウシテ來使ヲ門外ニ捐置キ夫ニテ貴國禮信上ニ於テ缺ル所ナシトスルヤ訓導如何被思候ヤ

訓 朝廷ニモ事ヲ大切ニ被思召候故先ツ訓導ヲ召見致シ度トノ事ニ候偖兼テ約スル事ハ元ヨリ心頭ニ懸リ決シテ麁略ニ可致心得ニハ無之候得トモ豈料ランヤ朝命此ニ出テ何分無據事情故地ヲ易ヘテ御思慮被下度候

正 訓導ニハ扨々理情ヲ不解言ヲ吐ルヽモノ哉已ニ二十五日間ノ期ニ至リ何等ノ回答モナク唯訓導自ラ登京ス可シトノ命アリトテ又々多數ノ月日ヲ空過スルニ至ラハ抑何ヲ以我朝ニ上報スルノ辭アランヤ若ケ樣ノ儀相聞ヘ候ハヽ如何ノ議論可起哉難計實ニ大事ノ場合ナリ足下モ宜ク自反シテ言ヲ發セラルヘシ

訓 御尤ト存候得共於私モ其期ニ至ラハ必ラス都表ノ決着ヲ取ルヘキ見込候所不圖呼上セニ相成候上ハ私ノ自由ニモ相成兼候

副 訓導自ラ言フ所ヲ反省シテ被考候得ハ了解可有事ナリ何分屢々約ヲ失シ他國ノ使節ヲ待之道ニ背カストセラルヽヤ

訓 我ニ於テモ賓客ヲ待ツニヲロソカニ致ス存寄ハ決テ無之候得共無據事情ニ有之候

副 客ヲ待ニオロソカニセストナラハ今日足下ヲ召上セラルヽトアリテ我等ヲ如何ンカ接待セヨトノ命ナキハ何ソヤ貴國若シ禮ヲ存セハケ樣々々ノ仔細ニヨリ其趣ヲ使員ニ通シテ上京セヨトアラハ稍禮誼アルニ似タリトモ言フ可シ

訓 私ヘ上京被命候得ハ其趣館內ヘ申斷リ候ハ當然ノ事ニ候間使員ヘ別段云々不申來候共私ヘノ命中ニ含ミ有之道理ニテ候

正 訓導上京ノ命ヲ受テ往來セラルヽハ勝手次第ナリ然ルニ其爲ニ又々我等ニ延期ヲ請ハルヽハ卽チ訓導私ノ頼ミニテ貴朝廷ノ意ト云フ可ラス決シテ聞屆ケ難シ

訓 私ヨリ申上候ハ卽チ朝意ニテ私心ヲ以テ申上候儀ニハ無之候

正 幾度モ不堪聞事ノミ此上ハ此地ニ於テ一日モ相待ヘキニアラス參ルヘキ地ニ往キ貴國ノ決答ヲ相待ヘシ

訓 向ニ私申上候事情御信用被下既ニ二十五日間御待被下候程ノ事ナレハ何卒此後モ暫クノ御猶豫被下度此度私上京被命候ハ必ラス惡敷事ニハ無之儀ト存候

副 其方ヨリ度々約ニ背キ今日ニ至リ又如此條理ナキ事申出ラルヽ迚何ヲ證トシテ示談スヘキヤ足下自ラ言ハスヤ初メヨリ薄待スルノ意ニ非ス又約ヲ謬ルノ心得ニモ非ス豈圖ランヤ朝命云々ト然ラハ今日ノ客ヲ待ハ既ニ薄ニ屬シ又約ヲ失セシニ非スヤ而テ猶人ノ之ヲ信シテ期ヲ延スヲ許スト思ハルヽヤ

訓 幾度モ幾度モ背約致シ候心得ハ無之處何分京ヨリ被召候儀ハ不得止事ニテ何卒事情御斟酌暫ラク延期被下候共結局ニ至リ順便ニ歸シ候ハヽ何ソ今日僅ノ御延期モムタ事ト相成マシク存候

正 事情々々ト被申候得トモ元兩國ノ間ハ禮信ヲ以テ主トシテコソ交際ハ熟スヘシ今喋々無庸ノ言ヲ費シ何カセン我ハ到底前約ヲ襲ヒ始終ノ結局ヲ成スノ外ナシ

訓 仰聞ラルヽ事尤ナラストハ存候得共何卒私ニ於テモ安心登京可致樣願上候

正 於我モ安心相待候様禮信ヲ具ヘテ可被申出候

訓 私此節登京候ハ慥ニ順便ニ可至儀ト存候ヘ共御疑惑モ有之哉ト推察仕候ニ付テハイカヽイタシ宜シク候ヤ私ヨリ書面ニテモ出シ可申哉

正 否訓導ノ書面ハ最早何枚被差出候共夫ニテ恬然相待候儀ハ決テ不相成候

訓 都ヨリ是非罷上レトノ事何故ナルヤ聢ト存不申候得トモ罷登レト被命候ハ果シテ順便ニ歸ス可事ト存候得ハ何卒此段御聽納可被下候

正 申出ラルヽ言々彌以曖昧ナリ今日ニ至リ猶何故ナリヤ不知或ハ順便ニ可歸抔種々操弄スルトモ誰カ之ヲ容レンヤ況ヤ今登京被命タルニ付暫時御待アリタキ抔ト云ハ全ク訓導ノ私意ヲ以テ我ヲ待タシムルニアラスヤ訓導ノ私意ニテハ半時モ相待ノ理ナシ

訓 罷リ登リ候義ハ私情ニアラス朝命ニ相違無之候

副 上京ノ命ヲ得ラレシト云フハ分リタリ扨我々ヘ猶延期ヲ乞フハ訓導ノ私意ニ屬ス夫レ他國ニ約シ遠ク海ヲ超ヘ來ラシムルノ賓客ヲ久ク門外ニ置テ不接輕蔑ノ極ト言ハサル可ラス併シ輕蔑ノ如何ヲ今席ニテ論責スルニアラス到底議スヘキ所ニ至リテ議シ論ス可キ人ニ論シテ貴國ノ決答果シテ有禮ニ出ルカ無信ニ歸スルカヲ見スシテ止ムヘキヤ

訓 御聞入無之上ハ不得已候ヘトモ如何ニモ懸念ノ至リナリ初メヨリ貴客ヲ薄ク待ノ積リモナク又此上ノ延期相願候心得ニテモナカリシカトモ上京ノ命ハ致シ方ナキ義ト御汲取可被下候決テ輕蔑スルノ意ニハ無之候

正 訓導ノ申分一ツトシテ禮信ニ合フモノナシ甚タ失敬ノ言ノミナリ

訓 言ノ重複又ハ言ノ失敬ニ渉ルト御咎被下候テハ甚氣ノ毒ニ候乍併私ニ於テハ專ラ修好ヲ欲スルノ意ヨリ外無之候

副 修好ノ成ルヲ欲スルトハ珍ラシキ言ヲ承ルモノカナ改メテ申サレストモ誰カ之ヲ欲セサランヤ拙者モ正官ニモ多年辛苦スルモノハ兩國ノ共綏ヲ計リテ萬一兩國大不幸ノ地ニ至ランヲ懼ルレハナリ宜シク後悔ナキ樣覺悟シテ發セラレヨ偖我ニ於テハ何日迄門前ニ待ツ可キヤ先刻正官公ヨリ被申候通リ到ルヘキ地ニ至リ議スヘキ人ニ議シテ兩國ノ情ヲ達スルノ外ハアル事ナシ

訓 此地ヲ門前々々ト仰セラレ候ヘトモ强チニ門前ト申ニテモナカルヘシ且ツ只今任官ヲ御責メナサレス共此末其結局ニ至テ御責ナサル事アラハ御責メナサルヘシ又御譽ナサル事モ可有之ト存候

正 此地ハ素ヨリ門前ナリ故ニ昨年モ第一東萊府ニ到リテ商議ス可シト約セ

リ且責ムルトカ譽ルトカ結局ニ至リ何ソ私ニ責且譽ルヲ用ユル事ヲナサンヤ成モ朝廷ノ意不成モ朝廷ノ決ニアリ將命ノモノ御互ニ其間ニ周旋シテ國ノ禮信ヲ墜サヽルノ任ノミ

訓 段々御論責承リ候ヘトモ何分此末數日御待被下候段只管願上候

副 萬言一轍聞ニ懶シ此上ハ約ヲ守リテ可到地ニ到ル可シ

訓 何分夫ニテハ懸念ノ至リニ候

正 明曉ハ面談可致義有之候間今晩ハ先此館ニ止宿可被成候

訓 今晩御聞届不被下ニ付テハ明日モ明後日モ必ス就館ノ上御願可申ニ付何ソ當館ニ止宿ニハ及フマシク候

正 否今晩深更ニ及ヒテモ又々面晤スヘキ義アルヤモ難計付テハ唯今ノ內篤ト休息セラル可シ

是ニテ退席時將ニ午後第十一時ナラントス直チニ在館ノ土民一同ヘ明朝東萊ニ前往ノ用意ヲナス事ヲ達ス蓋シ應接中理事正副官ニ於テ深ク訓導ノ意中ニ含藏シタル者アルヲ察シ此ニ出レハ必ス彼レニ露ルヽ處アルヘキヲ計リ又尋常說破ノ力ノ及フ所ニアラサルヲ決シ一途入府ノ勢ヲ示ス訓導亦狡獪此夜心中戰々兢々タルモ猶安眠ノ體ヲ爲シテ却テ我鼻息ヲ圖ラントス而シテ翌曉我一行齊々トシテ既ニ進發スルノ勢ヲ見ルニ及ンテ果シテ神色大ニ變スル所アリ卽後ノ應接ニ委シ

翌三月廿四日第九時昨夜談決ノ都合ニ依リ入府ノ行李ヲ整ヘ訓導ニ先導ノ用意ヲ申入ル訓導出席正副官面接書記通辯如例

正 昨夜申入タル通リ今朝出門東萊ニ罷越候ニ付先導可被致候

訓 承リ候然ルニ昨夜來申上候儀ハ私ニ於テ元々御用順便ノ道ヲ計リ候積リ候得共段々御示諭ノ御主意篤ト相考候得ハ如何ニモ御條理御尤ニ付テハ一應私ヲ東萊ニ御差登セ被下委曲使道ヘ申出其上使道ヨリ書面ヲ以私上京往還ノ間此上ナカラ御待被下度旨被申越候樣取計見度候間此段御聞届被下度候

正 今朝ニ至リ左樣ノ義承ルニ不及府使面接ノ上ハ百事親シク承ルヘク早々開導ノ用意アルヘシ

訓 昨夜御示シ中ニモ府使ヨリ書狀ヲ以テ談シ被越候ハヽ御聞届モ可有之哉ニ承リ候ニ付斯ク申上候儀ニ御座候何卒右ノ邊御聞入可被下候

副 昨夜府使書狀云々申候ハ夜來足下ノ申分餘リ無條理ニ付若シクハ使道ヨリ賴談ノ書狀ニテモ持參被致候ハヽ少シハ條理モ有之義故其文意ニ依リテ

ハ或ハ勘辨ノ致シ方モ可有之トノ畢竟譬喩ノ言ニテ今日改テ左様被致候ハヽ承引可致トノ事ニアラス

訓 左様ニハ可有之候得共何分此儘御出門有之候テハ私斥罰ヲ蒙リ候儀ハ顯然ナレハ私ノ身上ヲ御察シ被下今一應御勘辨願候

正 我々出門スルハ昨秋兼約ノ事殊ニ着後廿五日間ヲ空過セシ上今入府ニ至ルハ我ニ於テ條理確明タリ亦訓導ニ於テモ朝命ノ在ル所一毫隱スナク我ニ傳致スルトナラハ何ソ訓導ノ罪トセンヤ府使面晤ノ上ハ其申分彌朝命ナリヤ否判然スヘシ而テ朝命ニ違フ事ナクハ何モ訓導ノ氣遣ハ無之筈ナリ兎モ角モ是ヨリ同行ス可シ

正副代ル代ル論辯スト雖トモ詰リ同様ノ事而テ彌彼ガ意中ニ包藏スルモノアルヲ看破ス因テ斷然出門ニ及フノ勢ヲ示スニ訓導措ク所ヲ知ラス更ニ云ク一言申殘シ候義有之少時御聞被下度ト正副官拂然座ヲ起テ玄關ニ前ムノ間或袖ヲ引袂ニ縋ルヲ振拂ヒ一行上下百六人終ニ進テ守門ニ臨ム然ルニ訓導陪通事等數人正官ノ馬前ヲ圍繞シ一言申上度暫時御止リ被下度ト只管懇願スル左ノ如シ

訓 近日府使御面接被致候様ニ可取計ニ付何卒御出門御止リ可被下候

正 其府使面接ト云ハ訓導私ノ意カ又ハ朝廷ノ命カ抑府使ノ委代カ

訓 素ヨリ公命ニシテ私ノ意ニアラス即チ府使ノ委代ナリ

正 左様ノ公命ヲ奉シナカラ何故昨日來之ヲ掩ヒ居リ此場ニ臨ミ微陋ノ至リナラスヤ

訓 誠ニ私ノ不束ヨリ如此ニ至リ恐入候

正 然ラハ面接ハ幾日ヲ期スルヤ

訓 數三日ヲ出ス取計可申

正 然ラハ府使面接ノ命ヲ受ケラレタルニ付何日ヲ限リ必ス出會スヘキノ期ヲ約シ若シ相違アラハ入府勝手タルヘキ旨擔當スルヤ否

訓 兎ニ角一應御歸館被下度候

正 決シテ罷リナラス右擔當有之ヤ否確答ス可シ

訓 擔當可仕候

正 然ラハ其趣委細書取ヲ以テ差出サル可シ

訓 畏リ候何分御歸館相願候

談此ニ至リ事充分得ル所アリ因テ副官側ラヨリ是ヲ調和シ先一應御歸館然ル可シト言フヲ以テ正副共ニ馬ヲ返ス但シ書記生通辯ノ外一行ノ上下

總テ其所ニ張幕嚴然排列シテ再發ノ指揮ヲ待ツ正副歸館續テ訓導入來約書ヲ出ス其文左ノ如シ

星槎到泊後 初次報狀朝廷 回下內 本府使道 往宴廳以爲相接 爲敎 故六日中相接之事 當往禀干使道前 議定其日子 以本月二十日 爲之回答 因請本日出門遲之 若有違相接 則唯在貴官之措處矣 深諒是希

乙亥二月十七日

訓導 玄昔運（印）

理事官尊公

副官尊公

右一覽ノ上正副官出席

正 偖書面被差出正ニ落手セリ然ルニ最初ヨリ斯ク條理ヲ立テ申出アラハ何ソ强テ出門ヲ欲センヤ訓導ニハ兎角私ヲ以テ公事ヲ掩ハレ此末トテモ甚タ氣遣ハシク候

訓 曾テ申上候事モ何ソ私ノミニテハ無之候得共必竟御用速成ヲ謀ラントセシヨリ却テ手順ノ先後イタシ斯ク御手入ニ預リ全ク私不敏ノ致ス所ト恐縮ノ限リニ候

副 既往ハ不咎何分兩國重大ノ公幹ナレハ能々前後ヲ酌量シ後悔ナキ樣周旋盡力有ル可シ

訓 畏リ入候

右ニテ結局其間或ハ諷シ或ハ諭シ談判稍時ヲ移ス午後二時ニ至リ訓導退館是ニ於テ一行ノ者ヘ延期ノ旨ヲ示シ聊カ酒肴ヲ給シテ役ヲ免ス

森山茂(1875. 4. 1) ➜ 寺島宗則

동래부사 연향 연기 및 보고를 위해 廣津弘信 상경 보고

茂等着韓後の景況は追々上申候通り過る廿四日訓導入館彼政府の命意を以東萊府使面接の運に議定候上尙宴廳の設け等有之來る四月一日迄延期の儀懇請に付是亦了諾因ては通詞等より本日待遇の儀注(*Sic.*)豫しめ申聞せ其期既に明日に迫り候處不圖訓導上京の旨書取を以申出前約に反し不信の至に付ては兼約の通り直に東萊へ前往するは理勢の不可已場に候へとも偖彼の內情を窺察するに敢て拒斥の意も不相見唯搿例の歸する所を疑ひ候より兎角以て熟議に渉る能はす且服飾の如き固より照會を經候儀に候へとも府使等大いに彼政府に對し忌諱あるに似たり殊に此一款は我國制に係る所苟も輕々論及すへからさるのみならす訓導上京の儀迚も再々違約の末今更陳述の辭柄も無之より終に不得已直に此擧に及ひ候事と被存候就ては兼約ありといへとも却て入府の事を言はす別紙口陳書を別差に付し我も亦自ら處する所ありといふの勢を含んて對峙いたし候然に既に訓導上京の上は彼か國議を盡し早晩其決答申出へく候へとも彼の狡獰なる萬々破和の意にあらさるも曖昧遲延我か困屈の機を待て自然の意に回從せしめんとする是彼か通習此時にあたり若し我か氣鋒を弛むあらは彼か專使を誘ひ出す等容易からさる儀に有之然らは他日訓導回答の一擧は此使事成否の分界にして最大切の時機に有之就ては此事由を親しく上奏の爲副官廣津弘信上京いたし候廟議確立被下益信憑を仰き且聲援を垂玉はん事冀望の至に不堪候訓導の來期は彼かいふ所の如くならは必らす四月一杯には再ひ下來可致に付廣津には何分速に再渡被仰付候樣懇願仕候也

四月一日

外務少丞　森山茂

外務卿　寺島閣下

尙々昨秋彼より款を納れ來り候後民宰相自殺大院君の改立舊訓導及ひ崔在守等の形行聊變異は同氏より親しく可申上候

86

廣津弘信(1875. 4. 18) ➞ 寺島宗則

森山茂에게 보낼 추가 지령안 상신

別紙常變見込書幷其二途ニ付ケ將來心得方伺書之義ハ昨日差出置候彼國變革以來ノ景況概略書と御參考相願候右等之書類御熟覽且明十九日參院委曲上陳之後次ニ稍策略上ニ涉ル一議上陳仕候義も可有之先不取敢別紙差上申候也

八年四月十八日　　廣津弘信

寺嶋外務卿殿

常變見込書

常見

一 彼國大院君入城其他多少ノ變革アルトモ既ニ已ニ昨年彼國交際將命職中ノ者ヨリ森山茂ニ應酬議定セシ事モアリ且二月以來訓導入館應接ノ節深ク彼カ情狀ヲ探リ又陪小通事商民等ノ內話等ヲ照シ考スルニ到底我ヲ拒絕スルノ意アルヲ見サル事

一 彼拒絕ノ意ナシト雖トモ遽ニ我ヲ納ルヽノ貌ヲ見ハサハ我之ヲ乘シテ彼寸退我セハ我尺進シ遂ニ猖獗ヲ擅マヽニセラレンヲ恐ル故ニ曖昧遷延ヲ旨トシテ我意ヲ屈セシメンヲ謀ル事

一 今後訓導再下ノ日我兩書契ヲ禮曹ニ轉致シ其回翰ヲ出スニ至ルハ必期ノ事タルヘシト雖トモ宗外務大丞書中ニ中間壅塞ノ徒黜罰ノ事ヲ載ルノ意ニ慊タル回酬及ヒ其處置ヲ爲ス可キヤ否ハ大ニ說破スルニ非レハ期シ難カルヘシ

一 タトヒ書契回翰ハ我情ニ滿ルノ意ヲ修スルトモ東萊府ニ入ル事ハ百方辭ヲ托シテ之ヲ拒ミ或ハ之ヲ遲タンコトヲ計ルヘシ

一 彼ヨリ發スヘキ使節ハ成丈ケ手輕キ使員宗氏ノ時譯使トテ對州マテ訓導ナントヲ來セシコトアリ本年一月訓導ト浦瀨裕ト話次此事ニ及フ訓導曰ク昨年館長森山ヲ指スト往復書中ニモ聘使トアレハ譯使ヲ對州マテ渡ラシメテ可然カト申セシコトモアリシヨシナリヲ發セントスルナルヘシ

一 其他航海路文及ヒ面接依例等多少ノ異難ヲ論シ來ルヘケレハ我モ充分

説破ノ力要セサル可ラス

右ハ彼我互ニ昨秋ノ約ヲ襲フ上ニ付テノ見込ミ大略ナリ

變見

一 前ニ陳スルカ如ク萬々我ト相絶ツノ意アルヲ見スト雖トモ又豫メ其變ヲ慮ラサル可ラス如何ントナレハ彼國大院君及ヒ其黨一旦擯斥セラレ開和黨方ニ起ツノトキ我支那臺灣等ノ事アレニ會シ遽テヽ森山ニ接シ第二件ノ約ヲ諾セシカ間モナク該東萊府使ハ罷ラレ民宰相ハ變死シ大院君ハ入城シ開和黨モ亦稍顧慮ニ渉ラサルヲ得サルノ際ナレハ昨年ノ如ク輕々我ヲ款待スルニ專ラナル事能ハサルモ算ル可ラスタトヒ然ルモ既ニ已ニ交際將命職中ノ官弁我ト相約セシ事アレハ今之ヲ拒ムノ辭ナカル可シト雖トモ彼國ノ曖昧ナル或ハ罪ヲ前東萊府使ト訓導トニ皈シテ我ヲ謝シ復ヒ國議ヲ取リテ之カ決答ヲ爲ス可キ等ノ辭設ケ以テ我動靜ノ如何ンヲ窺フ等ノ事ニ出ルナキヲ保シ難シ事若シ此ニ出ルトキハ尋交ノ成熟尤モ年月ヲ費サヽル可ラス是レ必無ノ事ト雖トモ聊カ過慮スル所ヲ添錄ス

右ハ彼レ前約ヲ變スル上ニ付テノ見込ミ大略ナリ

心得方伺書

一 訓導再下ノ日事順便ニ皈スト雖トモ東萊府ニ入テ商議スルコトヲ許サス或ハ入府ノコトハ幾年ノ後ヲ遲ツヲ乞フトキ我ハ前約ヲ推シテ必ス入府ヲ遂クヘキヤ若シ彼レ無餘義情實ヲ演ヘ一ノ條理ヲ立テヽ之ヲ緩フスルヲ乞ハヽ時宜ヨリ其年月ヲ期スル約書ヲ取リ之ヲ延ハスヘキヤノ事

一 宗氏書中中間壅塞ノ徒黜罰抵法否ヲ問フノ意ニ慊タル回翰及ヒ其處置ニ至ラサルトキ其回翰ヲ受ケスシテ之ヲ論破スルモ猶我意ニ滿タサルトキハ斷然之ヲ返シテ後其趣上申ス可キヤノ事

一 彼ヨリ發スヘキ使員ノ品級權力輕キニ過ルトキハ我之ヲ受ケス却テ我ヨリ修好條規ヲ議定スヘキ權力ヲ有スル使節ヲ派出シ彼國ノ都城ニ入リテ禮曹判書ニ相議スヘキ意ヲ以テ之ヲ論シ若シ彼之ヲ諾セハ互ニ約書ヲ交換スヘキヤノ事

一 若クハ先ツ可成丈ケ權力ヲ有セル使節ヲ派出スヘキ事ヲ說諭シ兎モ角

モ一應可也品級アル使員ヲ誘導スルノ心得ヲ以テ主眼トスヘキヤノ事

一 禮服及ヒ航海路文等ノ事ハ彼之ヲ拒ムトモ使事ノ成否ニ拘ラス之ヲ變通ス可ラサル義ト可心得ヤノ事

右ハ前ノ常見上ニ付テ伺上候義ニ候也

一 訓導再下セリ再下スルトモ曖昧遷延我意ニ應セスンハ彼國前言ヲ食ムノ議ナリト見サル可ラス此時我ハ約ヲ襲フテ一タヒ進シテ萊府ニ入リ猶決答ヲ見サレハ敢テ退カサル可キカ又ハ彼カ反約ノ罪ヲ數メテ一行ノ使員ハ一應彼地ヲ引揚ケヘキヤノ事

一 彼地ヲ引擧ルトモ前來在勤館員幷館商等ハ見斗ラヒ留メ置ク方ト可心得ヤノ事

一 引擧ケ候トキ一書ヲ投シテ東萊多年隣誼禮信ニ悖ル罪ヲ數ヘ今ハ力不及後來ハ別ニ海路ヲ轉シテ都城ニ入リ强テ之ヲ究ムルノ外ナシ事ノ此ニ至ル彼レカ好ンテ之ヲ爲サシムルニ由ルトノ旨ヲ申殘シ可然ヤノ事

右ハ變見上ニ付テ伺上候義ニ候也

寺島宗則(1875. 4. 25) → 三條實美

森山茂에게 부여할 추가 지령안 결재 요청

(朱書)
「甲第百四號」

在朝鮮國理事官へ指令案伺の儀

去る二月朝鮮國御發遣相成候理事官彼地著後實地上心得方最前指令書中に相洩候廉今般一時歸京仕候外務省六等出仕廣津弘信より伺出候義有之別紙案文の通り更に二ヶ條指令いたし可然存候間至急御評議相成候樣仕度此段相伺候也

八年四月廿五日

外務卿　寺島宗則

太政大臣　三條實美殿

(朱書)
「伺之通

明治八年四月廿九日」[(朱書)太政大臣三條實美(印)]

指令案

一東萊府ニ入ルコト若シ彼レ延期ヲ請ヒ情理相悖ラサル辭アラハ年期ヲ約シテ之ヲ緩フスルハ其時宜ニ由ルヘキ事

一彼國ヨリノ使員卽今直ニ交誼ノ舊ヲ尋キ新ヲ講スヘキ有權ノ使員ヲ出スニ難ンスル事アラハ先ツ我一新ヲ祝賀スル等ノ使ニテモ一應之ヲ誘導シ若シ其事モ澁滯スルトキハ我ヨリ更ニ使ヲ彼京城ニ派遣スル旨ヲ以テ談判致ス可キ事

以上

高宗, 李裕元, 閔奎鎬, 金炳始(1875. 6. 13/高宗十二年五月十日)

일본 외무성의 새 서계 접수 문제 논의

行藥院入診及次對于熙政堂都提調李裕元提調閔奎鎬副提調金炳始

(前略)

裕元曰 臣等伏承時原任一齊來會之命冒登前席有何下詢之事乎

予曰 倭館書契回啓事宜有博詢裁斷而事係邊情不可捱過故有此來會之敎矣

裕元曰 倭館事之尙未出場已有年之久矣臣以此事屢次仰奏至有大擧措而爲今之道惟在於書契之捧不捧矣外間以此事其議不一持正之論行則權宜之政却權宜之政行則持正之論閣邊釁之緩急實係於此也書契捧之則雖有姑息之道將來無窮之憂有不可勝言故其左其右極爲難愼如臣庸陋旣無遠慮無以斷近憂惟願十分裁度而處分焉

炳學曰 領府事已有所仰奏而書契之不許捧納以其數三句語而然矣春秋之吳楚僭王也王於其國而已及夫送使列國不曰王而稱寡君不曰大國而稱蔽邑則今此稱謂之駭妄非但三百年所未有者也卽亦往牒所無此所以積年靳遲者也且宴饗時彼若不着前着之服則實有大關後弊者此又不容不十分審愼顧臣膚淺之見則概如是矣

判府事洪淳穆曰 書契事捧與不捧之間其說有異延拖旣久尙無歸一之論其所難愼有如是矣當捧之論則曰自昔中國待夷狄之道以不治治之爲其不欲生事也今於此事講修隣好包容得其宜未必自我先爲生釁也不當捧之論則曰此文字大違格式非徒不可遽然許納且以渠創條之拘礙宴饗旣不得設則固無以按例捧書縱謂捧書而答之安知無更有他事事係邊政非輕伊重以臣淺見不敢措的立言惟願深加裁處焉

判府事朴珪壽曰 日本書契之有此相持今旣八年于玆矣遠人之滯留煩聒誠非細悶今此詢問之下諸大臣奏對莫非思慮之深遠而彼書之稱謂僭妄果極可駭然而寡君蔽邑禮讓謙恭之辭恐難責備於島夷之鹵莽其國之稱皇帝稱帝蓋自周平王之世今旣數千餘年矣彼書之從其本國所稱其亦臣子之不得不然者則是惟在聖度包容之如何而已彼人之自謂變更國制大修隣好者于今見阻未得許接其必有憾恨生釁之端

十分可慮則今此下詢亶出於裁處之難愼故耳來頭後弊固所當念而其時拒塞不無其道目下事端彼必執言區區憂慮實在於此今於前席不敢張皇凡其書契中某條之關念於聖衷者一一下詢則登筵大臣諸宰皆辨折仰對矣伏願取其所長而處分焉

左議政李最應曰 日本書契不由馬島自外務省送來三百年所無之事也不可許接交隣文字不有謙恭稱號之間妄自尊大不可許接特設宴饗寔出柔遠之德意也諸般儀節頓變前日不可許接也第念彼國既廢馬島變更官制一新政令故交隣之地通好底意也八年之間砲砲不已今非馬島之送來也卽渠國之送來而渠國臣子自尊其君之辭也非可隣邦之强令變改者也其他辭意渠既略有改來而既令改來之後又此相持幾朔有非誠信之道隣國如有失信則生釁是慮至愼至難之事不可臆料仰對上裁處之恐好矣

右議政金炳國曰 書契字樣之一點一畫若不如前規則直爲退却卽例也今此書契中數句語不可與一點一畫之比則至于今相持者此也向以柔遠之意有宴饗之處分而惹出衣服正門等事尙此延拖者誠莫曉其意之所在也今若捧納雖曰無目下生釁之慮而捧納以後又安知無難從之請乎係是交隣大事不可不十分審愼以臣淺見豈敢遽然臆對乎伏俟上裁

行知宗正卿李承輔曰 彼倭情形既未攄得則今何可臆料仰對乎以經法言之決難遽許捧納而若用權宜之道則向後事十分審愼然後可以行之以臣至愚雖千回思慮實無一得之見惟願博詢裁處焉行

上護軍金世均曰 今此日本書契既違約條且乖事體前後情形莫可料度則雖曰柔遠之意難行權宜其在守經之義恐合審愼而大僚所奏備陳無餘臣無容他見矣

行上護軍金炳淅曰 書契之受不受卽經權之義而彼倭之情極涉叵測交隣之地宜示誠信只從事理務歸停當而以臣淺見無臆對惟願博詢裁處焉

行兵曹判書李載元曰 臣之仲父已有所陳達臣豈有他見乎

行上護軍金炳德曰 今此書契之受與退自有經權之殊從前約條今忽違越據理責退斷不可已以彼國之有所變更交隣之或致失和容有可否之論諸大臣已有所備陳以臣淺見不敢質對惟博詢而裁處焉

左參贊朴齊寅曰 彼倭之狡黠情形無所不至而姑未及攄燭其實則今不可以遽然許施以長其有朮必得之習向後事機亦須十分詳審裁處恐合事

宜以臣膚淺之見屢回思量果無一得之愚矣惟願博詢而處之焉行

知三軍府事閔奎鎬曰 諸大臣旣已備陳臣無容他見矣

廣州留守李㘾曰 島夷情狀本自狡黠不可以恒情論今此書契有違格例而許捧則損國體不捧則易生釁隙交隣數百載之餘彼忽以初不講定之事相持未決者尤爲叵測此係有國大事不可不十分斟酌以臣愚淺之見何敢遽爾質對乎惟願殿下念哉念哉

知三軍府事李容熙曰 倭書之經歲不捧實緣格式之大違故也近以兵船跳踉遽爾許捧恐不無示弱之慮而倭情叵測宴饗不行則構釁之漸童子所知今豈可以書契之受不受判爲利害乎以臣膚淺之見不敢仰質矣

禮曹判書徐衡淳曰 彼倭之欲呈書契隔年逗留極爲叵測三百年不易之約條豈可違劃而捧納乎臣意則此外更無可達之事矣

行大護軍李源命曰 書契不捧卽經法之當然固有辭於天下而但因此失和則恐有欠於交隣之義事係十分審愼而第臣識見懵陋旣無事機之明透何敢臆料質對乎惟願博詢而裁處焉

行大護軍鄭健朝曰 日本書契大僚所奏備盡無餘臣無容他見但彼旣變更國制則宜其送使先事報聞而不此之爲擅改約條違越舊規屢年逗留煩聒不已此彼先無禮而失信也今若嚴辭責退則交隣之義慮有失和然揆以事體遽難捧入惟願博詢而裁處焉

行大護軍洪祐吉曰 蓋此書契許捧則損國體不捧則啓邊釁固是今日事情也交情數百載之餘彼忽以意外之端相持未決已爲五六年所實甚可怪而此係有國大事也以臣謏陋之見顧何敢遽爾質對乎書曰至誠感神矧玆有苗惟願聖上念哉念哉

行大護軍金翊鎭曰 倭情叵測未可臆料則今此書契恐難遽許捧納而八年相持一直牢拒雖或有失和之慮其在守經之道自有審愼以臣愚淺之見何敢質對乎惟願博詢而裁處焉

行大護軍金炳地曰 書契之捧與不捧事係審愼而諸大臣所奏已盡經權之義以臣膚淺無容更達

吏曹判書金在顯曰 今此倭書格式旣違約條句語亦涉僭妄不可以彼國之新有變更有難曲恕更爲據理曉諭不必故生釁端諸大臣所奏已陳經權之義以臣膚見不敢質對

戶曹判書閔致庠曰 今此倭書格旣違約條語殊涉於僭妄退果得宜受亦當責許久相時易致失和而大僚所奏俱擧經權惟願亟降處分焉

知三軍府事任商準曰 彼情本是叵測書契極涉僭妄退却今已多年尙此迷不知改必欲構釁情形已著到今受與不受實關交誼欲受則恐易見侮不受則必致生慍以臣愚見無寧仍斥之爲得宜而其在審之道伏願博詢裁處以中經權焉

工曹判書徐相鼎曰 大僚所奏備陳無餘以臣愚淺之見何敢更事臆對而今此書契措辭與前變例遽難捧納國人之所共道也若曰權宜而有所曲副則彼倭之狡黠情形又不可測也此政十分詳審之會惟願博詢而處之焉

知訓鍊梁憲洙曰 彼雖內懷叵測之計有此違式之書然旣以講好爲名則在我則當盡在我之道矣受其書而答之責其僭而斥之恐未知何如而旣有諸大臣奏對臣無庸更達

知宗正卿李會正曰 倭書有違格例邊情實難測度而事係交隣易致生釁退與不退惟在於經權以臣愚見不敢質對矣

刑曹判書李鎬俊曰 幾百年交隣自有不易之約條矣彼國官制之變改雖不必自我可否外務省書契規式一遵島主已行之例然後始爲受上恐合事體而其在柔遠善隣之義亦或有隨宜從權之道惟願博詢裁處焉

行大護軍金輔鉉曰 大僚所奏備陳無餘臣無容他見矣

右參贊尹滋悳曰 事係交隣極涉審愼以臣膚淺之見不敢質對矣

開城留守韓敦源曰 倭情之叵測雖未料度書之遽許捧納以臣淺見固難質對惟願博詢裁處焉

同知三軍府事趙寧夏曰 事係交隣極涉難愼而大僚所奏備盡無餘臣無容他見

同知三軍府事李熙昇曰 彼有違格之書可知叵測之心然而旣云和好則在我事體納其言而責其非恐未知何如而旣有諸大臣奏對臣無敢更達矣

行護軍南廷益曰 彼倭書契多違格例實難遽受事有經權克宜審愼捧納與否大關邊情以臣膚淺不敢臆對

行護軍鄭範朝曰 今此書契之捧與退諸大臣備陳經權之宜而事係交隣極涉難愼以臣膚淺之見有不敢質對矣

予曰 予欲聞衆言而裁處矣今日日氣甚熱退出賓廳與諸宰相議歸正也

裕元曰 此在自上處分有何更爲相議者乎

炳學曰 日熱如此且有退議之下敎退出後諸宰之議謹當以文字書入矣

最應曰 若收議而爲之則恐或張大惟在自上裁處矣

炳國曰 諸宰旣登前席下詢可否好而見今午熱如此矣次第仰奏之際自當稍遲筵退後各陳所見以爲書入亦好矣

炳國曰 臺諫之歲首次對外不爲入參者果非古法矣

予曰 此後則申飭可也

最應曰 謹依下敎申飭矣

予曰 倭館事不得不回啓矣諸宰意見各書以入也

裕元曰 前以倭館事多有仰奏而迄無出場誠可悶然矣今日賓筵異於他時次對而如無歸一之處分臣等循例退出則此不可使聞於隣國隣國以是聞之其將如何爲言乎

予曰 我國事情彼人何以知之耶

裕元曰 對馬島相距不遠續續相傳安知無細作之在於境內乎

炳學曰 每因我國人漏言而然而今於此等事臣等無遠慮只俟上裁不勝惶悚矣

(後略)

議政府(1875. 6. 28/高宗十二年五月二十五日)

서계 접수 여부를 동래부사에게 위임할 것을 상주

命倭人書契自萊府取見以朝廷柔遠之德意爲答以送

議政府啓言卽見東萊府使黃正淵謄報則書契事尙今相持云萊府若以事理曉諭則豈不自覺而必是曉人不如是故也書契曾無直呈朝廷之例必由萊府往復則今亦自萊府取見其書契可斥者斥之可許者許之以朝廷柔遠之德意爲答以送而今此譯官之別遣俾知朝廷命意之重也以此意請飭諭於該府使允之

議政府(1875. 8. 9/高宗十二年七月九日)

서계를 등서해서 올리게 할 것을 상주

命東萊府使先設宴饗取見書契謄書上送先爲開諭

議政府啓言因東萊府使黃正淵狀啓爛商回啓以入事命下矣書契之許久相持有難遽然許受者豈無所以然哉此不可不一番洞諭使彼人知其曲折故矣彼所謂禮服相見旣非約條所在則別遣之不得擅許容無怪焉而一自宴饗命設之後持難於節目間事宴饗之仍不擧論已非事體因此而書契之不受曲折尙不明白曉諭則遠人之淹留疑阻安得不然乎使東萊府使先設宴饗取見書契隨卽謄書上送而書契中稱號自尊雖其國臣子之辭而交隣文字貴恭則彼先失禮貌我亦有礙許受矣今此取見之本若如前所謄上者則使之改修以來彼又終不聽從曲在於彼矣此不得不斥退以此意請先尙謙爲開諭事分付允之

제2부 조일수호조규의 체결

(1) 雲揚號의 강화도 침략

91

廣津弘信(1875. 4. 23) ➡ 太政官

조선 근해 군함 파견 및 무력 시위 요청

軍艦ヲ發遣シ對州近海ヲ測量セシメ以テ朝鮮國ノ內訌ニ乘シ以テ我應接ノ聲援ヲ爲ン事ヲ請フノ議

朝鮮國使事森山茂及ヒ弘信二月二十五日ヨリ本月一日ニ至リ現ニ辨理スルノ狀及彼國內相訌レ昨年九月我ト相約スル所ノ條件未タ速ニ履行スルニ至ラス彼訓導玄昔運カ上京往返間ノ日期ヲ延ルヲ告ル事及ヒ後來彼レ或ハ常ニ變ニ出ツヘキ愚案幷ニ之ニ處スルノ指令ヲ仰ク等頃ロ數通ノ書ヲ獻呈シ業已ニ淸鑑ヲ經一ニ高裁ヲ奉待ス爰ニ茂カ曾テ上請スル所ロ聲援ノ事今其好機會ニシテ間髮ヲ容レサルノ時ナルヲ以テ更ニ一議ヲ連テ其然ラサル可カラサル事由ヲ具陳スル左ノ如シ

弘信今也彼國ノ景況ヲ探知スルニ彼民宰相横死シ大院君入城シ兩黨稍相軋ルノ勢アリテ一ハ漸ク再煽ヲ望ミ一ハ頗ル掣肘ノ累ラトヲ生スルニ似タリト雖モ從來彼國人概ネ大院ノ苛暴ヲ怨ムルヲ以テ未タ俄ニ舊ニ復スルニ至ラス故ニ我ノ擧動能ク暗ニ開和ノ氣勢ヲ助ケ得ヘキナリ萬一他日大院ノ黨志ヲ得テ前約ヲ履マサルニ至ラハ我モ亦大ニ力ヲ用ヒサルヲ得サル可シ如カジ今彼ノ內訌シテ攘鎖黨未タ其勢ヲ成サヽルノ際ニ乘シ力ヲ用ルノ輕クシテ而シテ事ヲ爲スノ易カランニハ卽今我軍艦一二隻ヲ發遣シ對州ト彼國トノ間ニ往還隱見シテ海路ヲ測量シ彼ヲシテ我意ノ所在ヲ測リ得サラシメ又朝廷時ニ我理事ノ遷延ヲ督責スルノ狀ヲ示シ以テ彼ニ逼ルノ辭アラシメハ內外ノ聲援ニ因テ理事ノ順成ヲ促カシ又結交上ニ於テモ幾分ノ權利ヲ進ルヲ得ヘキハ必然ノ勢ナリ況ヤ豫メ彼海ヲ測量スルハ從來事アルト事ナキトヲ問ハス我ニ必要ノ事ナルニ於テオヤ

我ノ力ヲ彼國ニ爲ス只此時ヲ好機會トス而シテ今日一二隻ノ小發遣ハ他日或ハ大ニ發遣セサルヲ得サルノ憂ヒナカランヲ願フノ意ニシテ敢テ輕々凶器ヲ隣國ニ弄舞センヲ欲スルニ非ルナリ謹テ此ニ上申ス速ニ英斷ヲ賜ヘ切願ノ至ニ堪ヘス

明治八年四月

外務省六等出仕　廣津弘信　頓首再拜

森山茂 等(1875. 6. 14) ➡ 柳原前光

雲揚號 1차 시위 후 훈도와의 접견내용 보고

去月廿二日本館在勤山之城書記生歸京申付最早到着候事と存候其節上陳候通り訓導には請罪待勘の身高辭柄を藉り我との通路を備んとする勢を示し來るの際同廿四日不圖御軍艦雲揚號渡來候所翌々廿六日訓導就館恭順以て軍艦の來意を尋問候に付我よりも別紙知第六號附錄の通り相答猶同廿九日訓導別差とも就館後第六號附錄の通り應接いたし候義に御座候

一 初め訓導請罪待勘を口實として就館の道を阻んとせしに雲揚艦渡來に付頗る驚動嚮者の勢ひに反し遽に就館但し恬然無耻は彼の常態因不足怪因て我は唯使事澁滯我朝の責問する所となり惶悚に不堪を陳し徐々其回答の日を詰り他の一切緩急動靜をして測り得さらしむるを旨とせり彼は今般都表え別て綿密啓聞候間聢と日期を訂し難しといへとも我本月廿日乃至廿五日頃迄には必らす回敎を得へき旨申出且浦瀨書記生へ別段懇情申殘し候其決答果して如何は今豫しめ議し難く候得共雲揚艦の渡來は彼か待勘の黠策を擊破し尙將來の聲援となるへくと被察候

一 先書申陳候通り彼國より淸國へ對し何等の協議往復あるや明らかに知る能はすと雖も今後光緖の年號を書載せ度云々又は大日本の大字は事大の典文に碍り云々等暗に淸國關係に說及さん爲の地位を占め候様推察罷在候處果して過日駐淸鄭書記官信書中朝鮮國外患を慮り淸國の保護を乞ふとの議ありて旣に軍機處の大會議に題書せるよし相見へ其是照合すれは其間の疏密はしらす幾分の關係ありと見さるへからす若し此依賴の事實ならは彼れ前年より其自作の孽を殘せし輙に恐念し到底其力の孤立すへからさるを悟り漸く開國に進むの非ならんと被存候就ては駐淸公使館にも一層注意其探偵する所速に報相[知]いたしくれ候様と御達し相成度祈上候

一 彼國京畿道忠淸道の邊にて高麗王苗裔の人謀反其勢稍熾なりとの風說有之且蔚山府に於て土民蜂起の赴卽別紙に錄上候是は確說と存候

一 右等の次第に候得は山ノ城使より伺上候件々御指令拜接の日を屈指企望の至に不堪候也

八年六月十四日

外務六等出仕　廣津弘信（印）

外務少丞　森山茂（印）

全權公使 柳原前光殿

議政府(1875. 9. 22/高宗十二年八月二十三日)

이양선 출현에 대한 조처 상주

命問情譯官另擇下送通津把守軍糧外倉米中劃送瞭望之節嚴加操束

議政府啓言異船溯入內洋其何國人之緣何事來泊不容不詳細問情譯官幾人另擇請除下直下送又啓言卽見京畿監司閔召鎬所報則通津府使領軍把守孫石項而軍糧時急外倉所在米中三百石劃送之意請分付度支又啓言異船之來泊畿沿屢日而外洋諸邑過去形止無一修啓瞭望之節若是疏忽誠非細慮關飭於三南兩西道臣詳查馳聞嚴加操飭請一體知委竝允之

三軍府(1875. 9. 25/高宗十二年八月二十六日))

永宗鎮 방어 실패 이후 조처 상주

二十六日 三軍府啓 永宗失守之報 纔到矣 何許小醜 驀地隳突 孤城殘軍 縱云莫遏 無多賊徒 任其跳踉 廨宇焉蕩爲灰燼 印信則混入銷化 而不斬一酋之馘 退駐五里之程 然則其所備禦者何事 揆以師律 萬萬駭然 該防禦使李敏德爲先罷黜 待交符 令該府拿問定罪 其代令該曹勿拘常格 各別擇差 當日給馬下送 印信卽爲造給事 分付禮曹何如 允之 又啓 卽伏見京畿監司狀啓則 賊船才出外洋云 而行止閃忽 情跡難測 此際戒嚴之方 有不可少弛 而永宗失守之餘 增兵餽糧之節 畿伯與沁留商議籌劃 俾圖堅守之策 沿海要衝等地 一體團束防禦事 申飭行會何如 允之

井上良馨(1875. 9. 29)

雲揚號 사건 일지

当艦儀海路研究トシテ朝鮮西海岸廻航中本月二十日同國京畿道サリー河砲臺ヨリ暴発シ夫ヨリ戦争ニ及ヒシ始末別紙之通ニ御座候則日誌并サリー河図面及永宗城図面等相添此段不取敢致御届候也

明治八年九月廿九日 雲揚艦長 海軍少佐 井上良馨

九月十二日天気晴午後四時長崎出張夫ヨリ五島玉ノ浦ニ到リ天気ヲ見定メ朝鮮國全羅道所安島海図クリチトンダロープヲ経テ海上泰静ニシテ同十九日午後四時三十二分同國京畿道サリー河口「リヱンチヨン」島ノ東端ニ外周墻壁ヲ築キタル一城アリ記中第一砲臺ト記スハ則永宗城是ナリ之ヲ北西ニ望ミ贅月尾島ニ沿ヒ投錨ス

同月二十日天気晴午前第八時三十分同所抜錨第十時永宗城ノ上ニ鷹島海図カツトル島ヲ北西ニ望ミ錨ヲ投ス而後測量及諸事検捜且當國官吏ェ面會萬事尋問ヲナサント海兵四名水夫拾人ニ小銃ヲモタラシ井上少佐星山中機関士立見少尉角田少尉八州少主計高田正久神宮司少尉補午後一時四十分端艇ヲ乗出シ江華島ニ向ケ進ム同島ヨリ海上一里程ノ前ニ一小島アリ此島南東ノ端ニ白壁ノ砲臺アリ是ヲ第二砲臺ト記ス四時七分此前面ニ到リシナレ共兵備更ニナク人家僅カニ七八軒アルヲ見認タリ同時二十二分江華島ノ南端第三砲臺ノ前ニ至レハ航路狭小ニシテ岩礁等散布シ又海岸ノ少シ小高キ平坦ノ地ニ白壁ノ砲臺アリ陣營ノ如キモノ其中ニアリ水軍防營ナランカ夫ヨリ一段低ク南ノ海岸ニ一ノ強臺場アリ此所ハ勇敢ノ兵ヲ以テ之ヲ防禦スルトキハ実ニ有到要害ノ地位ト見認タリ此所ェ上陸セント思ヘ共日モ未タ高ク依テ今少シ奥ニ進ミ帰路上陸ニ決シ同三十分右營門及砲臺ノ前ヲ已ニ経過セントスルトキ端艇ヲ目的トシ彼レ營門及砲臺ヨリ突然大小砲ヲ乱射スルコト陸續雨ヲ注クカ如シ暫ク挙動ヲ見合ト雖進退終テ此ニ究リ故ニ不得止我ヨリ亦其日用意ノ小銃ヲ以テ之ニ應シ暫クハ打合ニ及ビシナレトモ何分彼ハ多人数ニシテ且ツ砲臺ヨリ大小砲ヲ乱射ス我ハ唯小銃十四五挺ノミナリ仍テ之レト競撃スレ共益ナシ故ニ一先帰艦ノ上本艦ヲ以テ之ニ応スルニ不如ト同

時五十七分発砲ヲ止ム然レトモ彼尚砲臺ニ兵ヲ配置シ發砲スルコト一層過熱ナリ第五時ニ至ツテ漸ク止ム第九時一同無事ニシテ本艦ニ帰ル

同月廿一日天気晴午前第四時惣員起揃蒸気罐ニ点火ス第八時檣上ニ御國旗ヲ掲ケ而後分隊整列抑本日戦争ヲ起ス所由ハ一同承知ノ通リ昨日我端舟出測ノ時第三砲臺ヨリ一應ノ尋問モナク乱リニ発砲シ大ニ困却ス此儘捨置クトキハ御國辱ニ相成且軍艦ノ職務ヲ欠可キナリ因テ本日彼ノ砲臺ニ向ケ其罪ヲ攻ントス一同其職務ヲ奉シ國威ヲ落サヾルヤウ勉励シ且海陸共戦争中惣テ粛清ニシテ萬事号令ニ従ヒ不都合ナキヤウ致スヘク旨数ケ条ノ軍法ヲ申渡シ終テ戦争用意ヲ為シ第八時三十分抜錨徐々進ミ砲員其位置ニ整列ス第九時十八分各砲ニ着発弾ヲ装填シ第十時二十分第二砲臺ノ前ヲ過ク尚進ンテ同四十二分第三砲臺ノ前ニ到ル直ニ臺場ニ接近センコトヲ一同切歯スレトモ何分遠浅且ツ流潮烈シク及暗礁散布シ遂ニ近寄ルコト不能因テ不得止凡拾六町ノ所ニ投錨［此所スラ流潮烈シク船ヲ留ルノミニテ船ノ自由甚困難ナリ］直ニ巨離試シノ為メ四拾斤ヲ発スレハ八分時ヲ後レテ彼ヨリモ亦発砲ス夫ヨリ戦争互ニ交撃ヲナス然レトモ彼レカ発スル所ノ弾ハ大約十一二拇ノモノニシテ飛走スルコト六七町偶一弾ノ遠ク超越スルアレトモ艦ヲ距ル僅カ一二町ニシテ海中ニ落ケレトモ功ヲ奏セサルニミナラス其装填放火ノ間タ時ヲ失スルコト数十分時我百拾斤四拾斤ヨリ発スル弾丸海岸砲臺ニ命中シ胸壁ヲ砲却スルコト二ケ所現ニ見認メリ朝来互ニ遠ク競合ストモ急埒不致ヨリテ陸戦ヲ掛ンコトヲ企望スト雖トモ何分遠浅ニシテ深泥ナリ故ニ端艇ハ尚更歩行スラ不出来爰ヲ以テ少人数ニテ上陸ストモ敢テ利ナキヲ計リ是又相止メリ此時最早昼食事時ナリ依テ十二時四十分戦ヲ止メタリ午前十時四十二分ヨリ同時マテ戦争時間一時五十八分其間我弾丸二十七発ヲ費ス艦及人員傷疵ナク十二時五十六分同所抜錨午後一時十五分第二砲臺ノ下ニ投錨シ食事ヲ整フ午後二時四十分第二砲臺ニ上陸其所ヲ焼拂ヒ同六時五分同所抜錨七時三十三分再ヒ鷹島ノ南ニ投錨ス

同月廿二日天気晴微風北ヨリ吹ク午前五時総員起揃同五十五分抜錨第一ノ臺場ニ向フ是則チ永宗城ナリ六時十六分戦争用意ヲナシ各砲ニ榴弾ヲ装填シ七時十八分第一砲臺ノ前面凡八町ノ所ニ進ミ直チニ四拾斤砲ヲ発シ續テ各砲ヲ発射ス其内弍拾斤一弾城中ニ侵入ス然ルニ彼レ粛清シテ一砲ヲ応セス唯城中兵士ノ群集スルヲ見ル七時三十九分城郭前面ニ投錨シ直ニ陸戦ノ用意ヲナシ小笠原中尉星山中機関士角田少尉八州少主計高田正久神宮司少

尉補銃隊弐拾弐名ヲ引率シ同時四十三分端舟二艘ヲ乗出シ已ニ着岸セントスルトキ彼ノ臺場ヨリ頻リニ発砲ス然レトモ少シモ不屈我亦発砲シテ進ム此所浅フシテ端舟陸ニ接近セス故ニ依テ直ニ海ニ飛入リ大喝一聲城門ニ肉薄ス敵亦堅ク守リテ不屈此トキ八分時程尤劇戦ナリ東門ハ角田少尉神宮司少尉補厳シク令シ一声ヲ発シ城壁ヲ乗越ス此時我水夫両名手負タリ是ヨリ先キ八州少主計ハ北門ヨリ小笠原中尉星山中機関士ハ西門ヨリ進ンテ所々ニ放火シ頻リニ発砲シツゝ鯨声ヲ発シ且ツ進撃ノ喇叭ヲ吹カセ急劇三面ヨリ攻撃スルヲ以テ終ニ守ヲ捨テ逃走スルモノ数百人此トキ城中ノ人員目撃スルニ凡ソ五百余人ナリ然ルニ高田政久銃卒二三名壁外ヲ旋リテ彼カ逃走スル南門ニ向フ遂ニ四方ヨリ追撃スルヲ以テ彼レ道ヲ失ヒ壁ヲ越ヘ海濱ニ走リ衣ヲ脱シテ海中ニ入リ逃レントスルモアリ又岩間ニ潜匿スルモアリ此所ニテ敵死スルモノ弐拾五名傷ヲ蒙ルモノ其数ヲ不知逃走スルコト恰モ豚児ノ群リ曠野ヲ飢走スル如ク或者躓キ或者轉倒シ其有様実ニ抱服ノ至リナリ之ヲ鏖殺スルコト至ツテ易シト雖甚タ愍然依テ迯クルモノハ盡ク見ノガシ午前八時二十分退軍ノ喇叭ヲ吹キ諸兵士ヲ率ヒテ東門ノ前ニ集合人員ヲ点検ス我兵傷ヲ蒙ムルモノ水夫弐名ノミ内一名帰艦ノ上午後二時十分死去敵死スルモノ三拾五名余生捕頭分五名其外合セテ拾壱名其他敵ノ手負婦人等ハ尽ク保護シテ無難ノ場所ニ迯ス此際東門ノ前岩上山峰頂上ニ御國旗ヲ翻シ而シテ午飯ヲ整フ此トキ井上少佐上陸シテ兵士ヲ慰労シ暫ク休息シ同九時七分萬世橋等ニ斥候ヲ配置シ追々本艦ヨリモ人数ヲ上陸サセ兵ヲ分テ城内及砲臺ニ至リ武器ヲ分捕ル大砲凡三十六門ヲ始メ其外小銃劔鎗旗軍服兵書樂器其他武器類惣テ分捕リ城ハ盡ク焼拂ヒ彼ノ生捕拾壱名ハ夫卒トシテ分取ノ諸品ヲ端舟マデ持チ運バセ午後九時五十九分皆済ニ付夫々ニ喰物ヲ給與シ助命ヲ申渡シ放免ス同十時三十分惣員引上ケ本艦ニ帰ル此夜諸「ランプ」ヲ餝点シ酒宴ヲ開キ本日勝利ノ祝及戦死ノ者霊魂ヲ慰ムル為メ彼ノ分捕ノ楽器ヲ列奏シ各愉快ヲ盡シ其夜第二時ニ至テ休憩ス

同月廿三日晴午前第十時昨日積残リノ大砲ヲ積込ミ十一時同所発艦午後四時十五分サリー河入口小島前ニ投錨ス

同月廿四日曇午前呑水ヲ積ミ第十時三十分同所抜錨天気見定メノ為午後五時七分「ショーラム」湾ヱ投錨ス

同月廿五日晴午前第三時五十分同所抜錨天気宜シク海上平穏ニシテ同廿八日午前第十時四十九分長崎ニ帰艦ス

一 銅製砲 弐拾壹門

一 同後裝砲 拾四門

　但彈少々

一 同臼砲 壹門

一 小銃

　但我舊三匁銃ト粗同製ノモノ

一 同鉛丸少々

一 三連砲 壹門

一 太鼓 大之分 一ツ

一 小太鼓

一 鼓

一 鎗

一 刀

一 弓箭

一 甲冑

一 諸旗

一 長柄ノ斧

一 采配

一 軍服幷帽

一 兵書類其外

一 琴

一 絃琴

一 横笛

一 ドラ

一 ミヨウハチ

一 各房門額

一 常服幷帽

一 永宗城圖面

右本月廿二日朝鮮國永宗城攻擊之節分捕ノ分其外有之雖艦內混雜ニシテ難取調前書之分モ同斷ニテ員數不分明追テ詳細取調ノ上申出候間不取敢品名而已書出申候也

明治八年九月廿九日　　　　雲揚艦

寺島宗則(1875. 10. 1) ➞ 森山茂

부산항 거주 일본인 보호 지령

理事官外務少丞　森山茂

一 朝鮮國ト我測量船ト相砲擊シタル趣ニ付我在韓ノ人民鎭靜保護ノ爲長崎表ヨリ引返シ再渡可致旨電信ヲ以テ指令ニ及ヒ更ニ心得方申遣候事

一 若シ彼我官民ヲ退去セシムヘシト言ハヽ其主意彼政府ヨリ發シタル旨ヲ記載シタル書面ヲ取リ之ヲ上申シテ可待指令妄リニ退去セシム可ラサル事

一 若シ彼我官民ニ迫リ疎暴ノ擧動アラントスル勢狀ヲ見ハ春日艦長ト協議シ人民損害ナキ樣可取計事

一 何レノ模樣ニ出ルトモ現場ノ巨細ヲ遺サズ詳カニ上報可致事

右指令候事

明治八年十月一日

外務卿　寺島宗則 (印)

97

寺島宗則(1875. 10. 3) ➞ 各國駐日公使

雲揚號 사건 통지

八年十月三日附ニテ達ス

別啓 各公使へ別啓案

九月廿日我雲揚艦朝鮮國都近海江華ト申邊へ航行小艇ヲ下シ測量致候處同國砲臺ヨリ砲發致候ニ付其所以相糺シノ爲相迫候處砲彈頻ニ飛來リ候ユヘ其日ハ引揚ケ翌廿一日ニ至リ懸合ノ爲再ヒ進艦致候折柄又候砲發致シ候ヨリ無據砲門ヲ開キ答發致シ終ニ上陸砲臺燒拂大小砲三十六挺分捕リ長崎迄引取候趣同處ヨリ電信ノ報知有之此段不取敢去ル九月三十日附暗號電ヲ以テ申進義ニ有之候右ニ付本艦々長井上某ハ事實報告ノ爲至急上京下命相成候ニ付不日着京可致其上ニテ詳細ノ義相分可申且森山少丞義ハ草梁館在住ノ我人民ノ保護丈ノ指令致置春日艦モ非常ノ節ノ爲同所に趣キ申候尤猶委曲次便可申進候ヘトモ先右ノ件々申進置候也

十　　月

外務卿 寺島宗則

森山茂(1875. 10. 4) ➡ 寺島宗則

부산 도착 이후 정세 보고

第十五號

崎陽よりの上伸書は定て御電覽被下候事と存上候卽春日艦に乘込本月一日夕崎港拔錨昨三日午前十時本館へ再渡致し候然るに雲揚一件の義未た何たる風說も無之尤彼より何共不申出候得共去月廿一日拙生退館後引續き英艦渡來に付釜山水營等へ數千の兵を募集し海岸防禦の手當をいたし居候所英艦は廿六日退去候に付彼陪通事幷に韓人等の話に今一日間も滯泊候得は愈打拂ふへき決議に有之候所其事無之殘念に候若し戰爭に及ひ候はゝ館內よりは宜布御見物に有之抔と誇言し其後三日間計り釜山等の諸所に屯兵し時々發炮且調練等いたし候よし殊に一昨一日には多太僉使數軍を從ひ牧島に來り牧馬を驅る爲と云ふ但し其行裝人員平常に異なり終て調練いたし大小炮を發し候よし尤三四日前より韓人等の誇言甚しく最早我國は軍議決し兵備整へ何時何國人の來擊あるも妨けなしと云觸申候由に有之候

一 拙生旣に歸り又已に來る彼れの疑惧甚しき趣に有之拙生着の義書記生より訓導へ一寸相告させ候所訓導は兩三日來水營釜山等の邊將に召かれ其是れ奔走いたし一昨夕より俄に大丘へ出張いたし候但し大丘は慶尙一道の全權官員を派駐する所卽按察使なり趣且釜山僉使も昨朝多太僉使方へ參り何か打合せ有之よし陪通事より申出候但し多太浦は館の西に當り距程三里釜山と共に掎角の形を爲す所新任別差李瀛秀幸ひ任所に居合せ候由にて早速入館軍艦拜見の義申出幷て拙生着到を相賀し軍艦一覽程なく歸府いたし候然るに昨日は牧ノ島へ百餘の韓人相集り何故か俄に小屋等を造り昨夜は釜山城左右海岸諸所篝火を點し時々松明の往來有之全く警備の爲とも被察候

一 右過日來兵備整頓の風說多太僉使の牧島調練繼て訓導水營釜山の奔走太(マヽ)丘の出張釜山僉使の多太浦行牧島小屋掛け等は何分雲揚一件の因を孕み候事と存候此末彼國議一決の上は寬急動靜も相見へ可申猶將來の推考は後に相附し候

一 雲揚一件は昨日拙生着後誰となく薄々館內にも風評有之中には危懼を

抱き候者も有之哉に相聞へ且つ昨夕嚴原支廳より原田中屬事情報知の爲め着韓候所對州には既に夫是傳播の趣に候間昨夜公館屬員及ひ重立候館商共へ猥りに傳說に依り洶擾いたすへからす且つ韓人へ妄りに傳播せさる樣各々注意すへく段を達し朝廷人民保護の御旨意を諭し置春日艦とも打合せ夫々保護の處分いたし候

一 過日上伸の通り彼より敢て問ふに非れは我より發言すへき事に無之彼れ默し居れは我も默々對峙專ら謹愼後令相待を旨と致し萬一彼より問來るとも緩急相應し都て御指令の旨を遵守致すへく勿論に存候然るに彼れか狹獰常變不測とは乍申今忽然本館進攘等の義は容易に有之間敷と存候得共訓導大丘行等內議相整ひ候上は如何なる妄擧も難計候へは此末久敷對峙の間到底無事と否やは彼か所爲に因るなれは何分速かに後令を給はり候樣無之ては緩急相應し難く實に掛念不少事勢深く御洞察祈上候

一 彼れの狡獰野性に付て推考するに此末縱令雲揚の一件傳播掩ふ可らさるに至るも彼は漠然知らさる者の如く經過彌久候哉も難計於我は素より默すへからさるものは既に昨秋本春共に國旗の圖本を投與し若し支那海往來の船艦風波及ひ水薪の爲海邊に寄泊する事あらは宜しく保護致し吳候樣懇々相示し彼も頷領致し候其以來雲揚は咸鏡慶尙兩道の邊海に碇泊候節彼の官吏等相當問情を遂け敢て無禮も無之候所豈圖んや今般の事起るに至る然るに今や兩國舊誼を尋き新盟を講するの際而して我國館を設け人民を移住し置く事舊に異ならされは佛米等の如く不問に措く可らさるは理勢の當然なれは縱令彼れ緘默すと雖も於我は推問せさる可らさる譯と被存候拙生素より人民保護の任を承るの上は交隣の大義を履み謹愼固守勿論に候得共一時表面の無事は悠久鎭靜を保ち難きに付多少保護の實を盡され候樣無之して難叶何分春日艦とても御指令延着空しく滯泊候ては不都合に可有之就ては全權委員を特派せられ萬般御指揮相成候樣御評議所希候

右着後の動靜御報知旁將來速に御指令相成候樣事情上申仕候也

八年十月四日

外務少丞 森山茂

外務卿　寺島宗則殿

尙々本日例の通入館朝市韓人を任所に集め內狀を洩さず外狀を探聞候樣嚴重申達し候由に有之候

99

木戸孝允(1875. 10. 5) ➡ 太政官

雲揚號 사건 사후처리의 위임 건의

長崎ノ電報ニ據ルニ前月二十日我カ軍艦朝鮮海ニ於テ彼カ不意ノ砲撃ニ遇ヘリ我カ艦遂ニ進戰シ其砲臺ヲ毀チ民屋ヲ火シ而シテ退ケリト朝鮮交際ノ成否ニ於テ我カ政府ノ力ヲ玆ニ用フルコト久シ今忽此事ニ及フ是レ朝鮮終ニ我ト絶セリト爲ス可キカ朝鮮ノ事國論紛々連歳未止マス昨年ハ既ニ此ニ因リテ政府ノ變革ヲ生シ去春ハ又此ニ因リテ九州ノ騷擾ヲ起セリ今ヤ天下ノ議者必紛々競ヒ起ラントス政府豫メ一定ノ廟略ヲ以テ其義務ヲ盡シ其責ニ任セスンハアル可ラス蓋去年我カ小田縣人及琉球藩人ノ横逆ヲ受クルニ因リテ政府罪ヲ臺灣ニ問ヘリ況ヤ今日ノ事我カ帝國ノ旗章ニ向ヒ故無キノ暴撃ヲ加フルニ於テヲヤ夫レ朝鮮ハ臺灣ト異ナリ我カ官吏人民現ニ其國ニ在リ捨テ之ヲ問ハサルニ付ス可ラス必ス至當ノ處分ヲ以テ我カ帝國ノ光榮ヲ保チ我カ士民ノ安幸ヲ務メサル可ラサルハ論ヲ俟タサルヘシ然レトモ略ヲ定ムルニ形勢アリ事ヲ施スニ先後順序アリ徒ニ世ノ議者ノ慓輕ナル論議ニ從ヒ其流ヲ逐ヒ其波ヲ揚ク可ラス若シ政府豫メ廟略ヲ立テ其施行ノ順序ヲ一定セハ之ヲ以テ臣ニ任セヨ臣愼テ微力ヲ盡シ以テ我カ國ノ爲ニ謀ルコトアラントスルナリ抑先帝ノ季年開國ノ國是ヲ定メ之ヲ天下ニ詔セシヨリ始テ萬國ノ交際ヲ開キ維新ノ初各國公使ヲ京師ニ延見スルニ至リ而モ支那朝鮮ハ古來我ト相通セシ國ニシテ又近ク隣並ニ在リ遠洋各國相交際スルノ時ニ至リ隣並ノ國漠然相信好セス豈公道トスヘケンヤ於是朝議路ヲ支那朝鮮ニ通スルノ策アリ臣等實ニ其議ヲ翼贊セリ己巳十二月三日ニ至リ臣親ク於御前支那朝鮮使節ノ命ヲ奉セリ其後朝鮮ノ事葛藤未解ケス故ヲ以テ歲月ヲ遷延ス臣西洋各國ニ使命ヲ辱クシ皈朝スルニ及テ支那既ニ條約ヲ完フス而シテ朝鮮ノ交未合セス我カ使臣猶途ニ滯ル征韓ノ論起ルニ至リテ臣深ク内治ノ未洽カラサルヲ憂ヒ内ヲ先ニシ外ヲ後ニスルノ論ヲ主張セリ且朝鮮亦未明ニ征スヘキノ罪アラサルナリ今則暴撃ヲ我軍艦ニ加ヘ明ニ我ニ敵セリ於是乎我内治ニ於テ未洽キ能ハスト雖亦徒ニ其内ヲ顧ミ其外ヲ棄ルコト能ハサルモノアリ臣ノ思想モ亦是ニ於テ一變セサルコトヲ得サルナリ然レトモ事ニ先後アリ順序アリ今朝鮮我カ軍艦ヲ砲撃シ我カ兵既ニ戰ヲ開ケリ

然レトモ我カ釜山浦ニ在ルモノ猶尙依然タルナリ未以テ朝鮮我ニ絶セリトナシ直ニ兵ヲ加フ可ラス朝鮮ノ支那ニ於ケル現ニ其正朔ヲ奉セリ其交際ノ相親結スル其患難ノ相關切スル明知スル能ハスト雖其羈屬スル所アルヤ必セリ則我カ朝鮮ノ顚末ヲ擧ケテ一タヒ之ヲ支那政府ニ問ヒ其中保代辦ヲ求メサル可ラス支那政府其屬邦ノ義ヲ以テ我ニ代リテ其罪ヲ誚メ我カ帝國ニ謝スルニ至當ノ處置ヲ以テセシメハ我亦以テ已ム可シ若シ支那政府中保代辦スルヲ肯セスシテ之ヲ我カ帝國ノ自處辦スルニ任セハ我乃始テ其事由ヲ朝鮮ニ詰責シ穩當ノ處分ヲ要スヘシ彼若シ終ニ肯セサレハ其罪ヲ問ハサルヲ得ス然リ而シテ用兵ノ道ハ必ス之ヲ彼我ノ情形ニ視サル可ラス則我カ會計ノ贏縮攻戰ノ遲速必ス其宜ヲ權リ以テ萬全ノ地ニ立タサル可ラス是レ其先後順序ノ間固ヨリ匆卒ノ能ク局ヲ完フスヘキ所ニ非ス若シ朝廷臣ニ委スルニ一切ノ機宜ヲ以テシ始終其事ニ從ハシメハ臣當ニ駑力ヲ竭シ必ス我カ帝國ノ光榮ヲ損スルコトナキヲ務メントス其機變ノ生スル所事政府ノ素略ニ於テ大ナル關涉アルカ如キハ固ヨリ之ヲ朝議ノ決ニ仰クヘシ請フ臣カ前後ノ論議ヲ明ニシ以テ臣カ請フ所ヲ納レヨ此レ臣ノ始終國ニ報スル所以ナリ

100

川村純義(1875. 10. 9) ➡ 三條實美

雲揚號 사건 공식 보고서

第四號

雲揚艦朝鮮ニ於テ砲擊ニ遇候義ニ付上申

雲揚艦朝鮮海岸船海ノ節彼ヨリ突然砲擊ニ遇候旨過日御屆申上候末同艦長井上少佐至急出京委細申出候樣相達置候處今般出京別紙ノ通屆出候旨中艦隊指揮伊東少將ヨリ屆出候間不取敢別紙相副此段上申俟候也

明治八年十月九日 海軍大輔 川村純義

太政大臣 三條實美殿

雲揚艦長井上少佐ヨリ朝鮮海回航ノ節彼ヨリ暴擧ニ及候始末別紙之通屆出候間此段御屆仕候也

明治八年十月九日 伊東海軍少將 (印)

川村純義 海軍大輔殿

雲揚艦朝鮮ニ於テ砲擊ニ遇候始末上申書

海軍少佐 井上良馨

朝鮮航海ノ節我雲揚艦彼ヨリ暴擊ノ始末歸京ノ上委細上陳可仕旨先般長崎港迄ノ電令ヲ奉シ昨七日米脚船コスタリカ號ヨリ歸京ニ付事實上陳スル如左

下官儀

先般對州海灣ヲ測量セシ後朝鮮東南西海岸ヨリ支那牛莊邊マテ航路研究ノ命ヲ奉シ出艦ス而後東南海岸航海既ニ終リ西海岸ヨリ牛莊ニ到ントスル途上艦中ノ蓄水ヲ胸算スルニ牛莊着港ノ日マテ艦裏ニ給與シ難キ故ニ艦ヲ港灣ニ寄セ良水ヲ蓄積セント欲スト雖モ當艦ハ不侫言我艦船未曾航ノ海路ニシテ良港ノ有無海底ノ深淺審ナラス故ニ既刊ノ海圖ヲ展觀研究スルニ特リ

江華島ノ邊京畿道サリー河口ノミ概略ノ深淺ヲ記載スルノ便ヲ得針路ヲ同方位ニ轉シ九月十九日贇月尾島島名ニ沿ヒ投錨ス翌日同處拔錨江華島ニ向ヒ航行シ鷹島ヲ北西ニ望ミ暫時投錨ス固ヨリ此近海ハ未航未開ノ地ナルカ故ニ士官ヲシテ探水或ハ請水セシムルモ心自ラ不安親ク端艇ニ乘リ江華ノ島南ヲ航シ河上ニ泝リ第三砲臺ノ近傍ニ至ル航路狹小岩礁尤多シ河岸ニ矚目スレハ則一小丘ニ陣營ノ如キアリ又一層ノ低地ニ一砲臺アリ此邊ニ上陸良水ヲ請求セントシ右營門及砲臺前ヲ航過セントスルヤ突然彼ヨリ我端艇ヲ目的トシ銃砲ヲ交射スル事尤激烈吾速ニ艇ノ擧動ヲ制シ彼カ彈路ヲ避ントス然レトモ本艇ノ泝水スルヤ流潮ノ河流ヲ壓スルノ力ニ乘スルヲ以テ回艇セントスルヤ逆潮ニ阻ラレ又上陸シテ其所爲ヲ尋訪セントスルヤ彈丸雨注航路ヲ不得進退殆窮危險愈迫ル於此志ヲ一艇防禦一身保護ニ決シ水夫ニ命シ小銃ヲ彼砲臺ニ發射セシメ備來ルノ號火ヲ發シ危窮ヲ我艦ニ報シ徐々退航ス既ニシテ本艦號火ノ暗令ニ應シ國旗ヲ檣上ニ掲ケ航來シ聞我國旗ヲ彼國ニ釜山和館ヨリ兼テ通知セシ由故ニ掲ケシムルナリ直ニ各砲ヲ答發ス彼亦發射各互交擊彈丸亂飛ス然レトモ彼所發ノ彈丸大凡十一二拇ニシテ走力六七丁偶一彈ノ本艦ヲ飛越スルアルノミ此時我百拾斤四拾斤ノ兩砲ヨリ發射スル彈丸臺場ニ命中シ破却スルヲ認得ス此機ニ乘シ上陸其所爲ヲ愈尋問セントスト雖海路最淺ク着岸スル不能又上陸スト雖トモ兵員僅少ニシテ談判其利ナキヲ追思シ止戰ノ命ヲ下ス爾後第一砲臺ニ航進シ各砲ヲ探射シ又士官ヲ指揮シ海兵水夫二十二名ヲ引率セシメ端艇二艘ヲ乘出シ既ニ着岸セントスル時彼ヨリ砲射如雨我艇亦發砲シテ上陸ヲ欲スト雖トモ海淺フシテ艇近ツキ難シ依之兵員奮激直ニ入水大喝一聲城門ニ肉薄ス彼固守シテ不屈劇戰時ヲ費ス于時兩士官嚴令ヲ下シ城壁ニ先登スル者アリ乘機各士官兵夫ヲ分率シ北門ニ西門ニ東門ニ並進シテ放火或ハ發砲シ進擊ノ喇叭ヲ激吹シ三面合擊ス彼大ニ潰ユ此擧ヤ敵死スル者三拾五名我水夫兩名亦疵傷ヲ負其他敵ノ逃走スル者大凡四五百名生捕者上下合セテ拾六名婦人或ハ手負ハ盡ク保護シテ無難ノ場所ニ放還ス城中寂トシテ敵影ヲ不見此時東門ノ岩上山峰丘名頂上ニ國旗ヲ飜シ萬世橋敵ノ逃走路畔ニ斥候ヲ配置シ兵士ヲ慰勞シ休息セシム於此本艦ヨリ兵員ヲ上陸セシメ城内砲臺等ヨリ砲銃劍槍旗章軍服兵書樂器等軍器ヲ分捕ル各有差右品ハ生捕ノ者ニ命シ端艇ニテ運搬セシム然後彼等ニ食料ヲ給與シ生命ヲ許シ盡ク放免還歸セシム城中放火盡ク灰燼トナシ爾後總員本艦ニ歸ル到此飲水愈闕乏諸所搜索ノ處漸樹木繁茂セシ一孤島ヲ見出ス

余ハ樹木ナシ必谿水有ラン事ヲ測リ上陸探求シ果シテ清水ヲ得始テ積水ノ便宜ヲ求ム此行ヤ牛莊邊マテ航行セント欲シ不圖前述ノ暴擧ニ際シ小戰闘ニ及シ故一先同月二十八日午前第八時長崎港ニ歸艦シ直ニ事狀ヲ電通シ歸京縷述ヲ希窺シタリ右實況謹テ上陳ス頓首再拜

明治八年十月八日

雲揚艦長

海軍少佐　井上良馨（印）

榎本武揚(1875. 10. 10) ➡ 寺島宗則

대조선 강경책 건의

十二月二日到
別記第三十五號
以公信致拜啓候然は九月三十日午後六時東京發線の秘號電信翼日(十月一日)午後七時當公使館え相届き御差圖通り即刻我諸公使館え電達いたし候御申越の電文は通例の通途中一二の轉訛を免れず候得共左の意味に了解致候
(朱書)「當月廿日我軍艦朝鮮ミヤコ近邊ノ海岸測量ノ時彼ヨリ發砲セリ故ヲ以テ翼朝其趣意ヲ糺サン爲メ船ヲ進メタリ再ビ發砲遂ニ交戰ニ及ビ我兵上陸臺場ヲ破毀シ引上ケ歸レリ **telegraphiez Cela a toutes Nos Legations Meme Amerique**」
右事件は所謂**Casis beli**と看做すべく就ては廟堂御協議最中の義と杞憂罷在候彌御決議の上は神速に全力を以て彼を壓伏し我が**term**を承諾せしむるより外有之間敷然る時は南隣支那の混入するに暇なかるべく又北隣魯國は目下の形勢袖手坐視の外他事なかるべくと存候尤若干年後朝鮮開國となりたる上は此義保證難致事昨年來申進置候通に可有之候將又征韓出師の手段にゐてはもはや特に我使介を派遣するを要せず直に兵を遣りて對馬嶋の向岸なる一嶋又は一地方を假有し其處に於て彼の重臣を呼出し「ウルチマチュム」を贈る方手短と被存候急速に彼を壓伏するには直ちに其都府に迫るべきは不待論事ながら更に數個の兵船を遣りて「ラザリュス」港を假有する事も亦所謂彼の勢を割くの一策たるべき歟「チウサン」より魯領「ポシエット」灣迄の海岸並に灣港の圖は先年「プーチヤチン」氏の測量せし圖面手に入候間右紀行飜譯を弁せて今日より七日の中に郵便にて差出可申候
前文電報の事柄今に歐洲各國新聞紙に出ざるは全く秘事の漏れざる事と悅居候
一 拙者休暇旅行着魯後亞細亞寮權頭「メルニコフ」氏公使館え來訪いたし候節一個の電報を示され申候其文に據れは魯國理事官「パチユニン」氏は八月十五日魯曆橫濱出帆「クリル」諸嶋え赴き又「バラバシ」

氏は樺太嶋の任事を畢り九月十四日同前「デカストリー」港え着したる趣に候此外何も別に「スツルウヱ」氏よりは電信無之旨申聞候

一 拙者留守中亞細亞寮より今度各嶋交換の我理事官姓名を一々問合せに參たる趣右は多分此事結局後褒牌を與ふる積に可有之歟是れ歐洲の常例なればなり若し然るときは我政府にても「スツレモウホフ」氏を始として御同様の典を御與へ可有之義と存候間乍推量爲念一寸申上置候

一 過日旅行中一寸英國え立寄り松村中佐を以て御誂に相成たる甲鐵船三艘内二艘は一部鐵を裝ふ者の「プラン」を造船師「リード」氏方にて一覽いたし候處頗る堅牢にして且迅速なる戰艦と見受申候右船出來の上は十八ヶ月の後我海軍一層色を生し可申と滿足致候

十月十日

榎本武揚

寺嶋外務卿殿

一 先頃差進置候魯より米商え貸渡置候「コマンヂル」及「チュレン」嶋海猫獵の義に付當十月三日當表「ゴーロス」新聞に出たる者左の通に候

予等風說に聞くに「コマンヂル」及「チュレン」嶋の租卽ち「コチク」海猫「シール」獵を爲すの免許稅及び其獲物高より納る租との高來る七十六年には六萬七千五百四十四「ルーブル」(卽ち今年より多き事千七百四十四「ルーブル」)と預算せりと

此租稅は千八百七十一年二月中內務省と北亞墨利加の商家「ホッチンソン、コール」社中と取結ひたる約定によりて貳十年間此嶋々に獵するの許可の代りとして其間年々五千「ルーブル」づゝを納め其上所獲の海猫(コチク)皮一枚毎に二「ルーブル」づゝを納るものなり

一 先便花房書記官より差進候センタラル、アシヤ、「コカン」國騷亂の義に付昨日別紙乙號の通當表新聞に出候間先便の續として差進申候

鄭永寧 ➡ 總署(1875. 10. 13/光緒元年九月十五日)

雲揚號 사건 통보

九月十五日 日本國公使鄭永甯函稱 昨接本國外務大臣電報 我國砲船往朝鮮彌也古沿海 測量水深 於九月二十日因彼開砲擊我 次日進船 欲問是何主意復被砲擊 遂致交戰 我兵登陸 毁其砲臺 收兵回國等云 本署大臣接此 相應照譯 送備貴王大臣查閱 專此 並頌日祉

外務大少丞(1875. 11. 4) ➡ 太政官

森山茂 복명서

관련문서 (1) 森山茂 복명서
(2) 조선 사절 파견 및 문책 건의

往第六十一號

史官御中　　　　　　　　　　　　　外務大少丞

外務少丞森山茂理事官として朝鮮國へ出張候處昨三日歸京いたし候此段及御屆候也

八年十一月四日「達濟」

【관련문서 1】

復命書

臣茂等曩ニ理事官ノ重命ヲ奉シ二月二十四日朝鮮國草梁公館ニ安抵シ該國官辨訓導ト議ヲ始メ則チ昨約ヲ追フテ東萊ニ抵リ府使ニ親接面議セン事ヲ求ム然ルニ彼レ事例未タ逮ハス禀啓ヲ經ルノ間其期ヲ延ン事ヲ請フ乃チ之ヲ諾シ以テ其回報ヲ待ツ三月ニ至リ訓導躬親ラ上京スヘキ命アル由ヲ以テ更ニ延期ヲ請フ臣等誠ニ以爲ラク荏苒曠滯此ニ至ル須ラク東萊ニ前往シ以テ其成局ヲ期セントニハト乃チ訓導ヲシテ先導セシメシニ彼レ遑遽言ヲ轉シテ府使親カラ宴廳ニ來リ相接スヘキノ命意ヲ承ケタリト陳ス因テ其日字ヲ約シ以テ違フナキヲ誓ハシム雖然服制誹斥ノ因終ニ此ニ胚胎シ訓導遽然上京スルニ及テ書ヲ遺シテ更ニ來往間ノ延期ヲ請フ五月訓導京ヨリ歸ルヤ論難疊次遂ニ我服制ニ干預シ頗ル誹議ニ涉ル我レ之ヲ辯駁シ彼レ理屈シ勢ヒ迫ルニ及テ又啓報裁ヲ待ツノ間更ニ延期ヲ請フト言フ而テ六月ニ至リ終ニ服制ノミナラス凡例舊ニ違フトキハ許施ス可ラスト明答セリ背約ノ實於是乎確然故ニ副官廣津弘信ヲシテ先發事由ヲ伸シ以テ動止ノ指敎ヲ仰カシム蓋シ二月ヨリ六月ニ至リ延期數回交書數遍而シテ彼レ一言前約ノ履背ニ及

ハス彼レ固ヨリ自ラ約シ又自ラ背キ既ニ説明ヲ經ルノ服制ヲ謗誹シ表裏反覆其底意ヲ見ズ之ヲ譴ムレハ則チ僕ノ無信ニ非ス朝意ノ在ル所如何トモス可ラストノ一語ニ過ス臣等忝ナク重任ヲ負ヒ誠ヲ致シ力ヲ竭シ其變詐ヲ恕シ善言以テ誘致スレハ却テ之ヲ慢リ切言以テ開導スレハ則チ之ヲ疑ヒ誘致道ナク開導術盡キ終ニ圓鑿方枘相容レス臣等倩ラ彼カ情狀ノ何ニ緣テ此ニ至ルヤノ因ヲ求ムルニ其國大臣黜陟廷議一變セシニ在リ則チ是臣等口舌ノ能ク了スル所ニ非ルヲ知レリ故ニ含忍以テ動止ノ節度ヲ仰ケリ以上ノ要領ハ弘信既ニ上伸ス而シテ弘信彼地ヲ發スルノ後彼レ猶背約ノ名ヲ避ンカ爲メ特ニ別遣堂上ヲ派シ斷ニ非ス不斷ニ非ルノ機智ヲ用ヰ以テ其非ヲ飾ラントス我レ其侮弄ヲ責メ之ニ接セス爾後彼レ漫然措テ問ハス而ルニ九月二十日彼地退去ノ敎ヲ奉シ卽チ翌二十一日草梁公館ヲ發シ同卄九日長崎ニ至リ始メテ雲揚艦ノ事ヲ聞キ電機ヲ以テ伺フ所アリ而シテ春日艦ニ乘シ再渡以テ人民保護ノ處分ヲ爲スヘシトノ指令ヲ承ク十月三日彼地ニ航シ以テ其情勢ヲ偵スルニ彼レ頗ル警備ノ狀アリ乃チ春日艦ト協議シ以テ保護ノ備ヲ爲ス十三日ニ至リ訓導大丘ヨリ歸府スル旨ヲ以テ入館シ茂カ再渡安裕ノ賀辭ヲ致スノミニシテ雲揚ノ件ニ於テハ漠然知ラサルモノヽ如シ同二十七日中牟田海軍少將著館外務卿ノ指令ヲ接到シ則チ二十九日公館ヲ發シ十一月三日歸京ス玆ニ再渡以來ノ日表ヲ錄上シ謹テ復命ス

明治八年十一月四日

外務少丞　森山茂(印)

【관련문서 2】

(朱書)「森山廣津ヨリ外務卿ニ上申セシ書」

特ニ大使ヲ朝鮮國江華島ニ派シ彼國隣誼ニ悖リタル罪ヲ問フノ議

朝鮮國多年我尋交ノ意ニ反シ剩ヘ昨年我使員ヲ派セハ彼モ亦云云ヲ約シ今又反覆其約ニ背キタルト彼國我雲揚艦ニ砲擊シタルト今其罪ヲ問フニ何レヲカ主トシ何レヲカ客トス可キヤ

彼レ昨年ノ約ニ背キタルハ兩國間必ス尋カサル可ラサル隣交上ニ就テ千評

萬議ヲ盡シタルヨリ出タレハ之ヲ主ト云ヘク雲揚ニ砲擊シタルハ忽然ニ生シ來レハ之ヲ客ト云可シ

然レトモ尋交ハ猶緩ク處スルノ道ナキヲ必ス可ラス妄發ハ一日モ之ヲ不問ニ措ク可ラス

又且ラク步ヲ彼國ノ我ニ對スル情ト理トノ二邊ニ轉シテ之ヲ考フレハ其主ナル者必ス重ク其客ナル者必ス輕シト認メ做ス可ラス

如何トナレハ彼レ昨年ノ約ヲ履マサリシ事ハ假令ヒ內省其非ヲ知ルアルモ古來彼レト對州ト互ニ反覆欺瞞ニ慣習シテ其無信ヲ常トスルノ情我論スル所ノ理ヲ蔽ヒテ未タ自ラ大ニ罪ヲ得タルヲ覺ラサルモノアルニ似タリ雲揚砲擊ノ事ニ至ツテハ彼レ我直ニ其罪ヲ鳴ラスアラン事ヲ恐レ戰々兢々薄氷ヲ履ムノ情ノ爲ニ却テ其理ノ如何ヲ究ムルニ暇アラサラントス

是ヲ以テ之ヲ見レハタトヒ理ヲ推セハ背約ヲ譴ムルヲ以テ主トスヘキモ其情ヲ忖レハ妄發ヲ責ルヲ以テ客トス可ラス更ニ復タ思ヒヲ二者ノ結局邊ニ進ムレハ背約ノ事ハ隣交上通義大經ニ關スル最モ大ナルモノニシテ假令彼レ之ヲ悔ルモ我望ム所或ハ前約ヲ終フルニ止マル可ラス妄發ノ件ハ其之ヲ謝スルニ至レハ事自ラ底止スル所アリ故ニ今之ヲ問フノ擧ハ重キヲ妄發ニ歸スルモ其之ヲ結フノ局ハ輕キヲ背約ニ措ク可ラス

於是カ二者ノ主客輕重ヲ論セス彼レ其背約ノ事ヲ悔ルモ其妄發ヲ責メサル可ラス其妄發ノ件ヲ謝スルモ其背約ヲ譴メサル可ラス背約妄發幷セテ之ヲ問フヲ議ノ得タルモノトスルナリ

乃チ試ニ大使問議旨趣案ヲ草スル左ノ如シ

我明治一年本邦維新ノ情由ヲ貴國ニ告ケ幷ニ舊交ヲ尋ン事ヲ議リシヨリ以來爲歲幾年差使幾回而テ貴國固ク舊例ヲ執リ我意ニ應セス昨年ニ至リ翻然我ト新盟ヲ約シ復タ舊例如何ヲ問ハス本年二月其期ナルヲ以テ我理事官ヲ派シ以テ昨約ヲ履マシム而ルニ貴國爲ス所曖昧遷延議スル所反覆無信六月終ニ凡例違舊則不可許施ト答フルニ至ル又昨約ノ履背ヲ問ヘハ則チ曰ク之ヲ履ムノ道ナシト貴國昨年改圖新例ヲ刱メ今又舊例ヲ援テ相要シ自約自背侮弄亦甚シ而ルヲ況ンヤ我軍艦ノ淸國ニ航スル者路ヲ貴國ノ近海ニ取リ會マ水ニ乏シキヲ以テ之ヲ其海岸ニ求ムルノ際一言以テ來意ヲ問ハス忽然炮擊我國旗ヲ汚辱シ我人民ヲ殺傷ス實ニ是九月二十日ノ事ニ係ル夫レ我旗章ヲ貴國官辨ニ照知シ我火船ノ或ハ風浪薪水ノ爲ニ寄泊スルアラハ則チ之カ保護ヲ爲ヲ乞ノ意ヲ告ル事兩回貴國亦旣ニ收領スル所而シテ今却テ此殘

忍ノ擧動ヲ爲ス貴國暴慢無禮我約ニ背キ我使ヲ擯ケ我旗ヲ汚シ我人ヲ害シ我ヲシテ之ヲ不問ノ地ニ措クヲ得サラシムルニ至ル今朝廷本大使ヲシテ貴國ニ至リ其悖戾ヲ問ヒ以テ貴國ヲシテ其罪ヲ謝シ彼ノ炮擊ノ徒ヲ罪シ又更ニ兩國ノ親睦ヲ敦フシ條約ヲ結ヒ復タ前事ノ如キ事アル無ラシム是我朝廷ノ意ナリ貴國此意ニ副ヘハ則チ兩國安寧ヲ望ム可シ若シ否ラスンハ則本大使職任ノ能ク妥辦スル所ニ非ルナリ貴國之ヲ諒シ三日ヲ出ス示覆セヨ云々

此議既ニ決セハ先ツ一使ヲ釜山ニ馳セテ大使ヲ江華ニ派スル事ヲ報ス可シ是順序ノ闕ク可ラサルモノナリ

特派大使ノ爲ニ先報使ヲ草梁館ニ遣ルノ議

一 先報使ハ外務卿ノ指令ヲ携ヘタル外務官員ヲ派遣ス可シ

一 該使ノ草梁ニ至ルハ大使ノ江華ニ至ルニ先タツ事三十餘日ヲ目途トス可シ

一 既ニ草梁ニ至ラハ指令ノ意ヲ口陳書中ニ記載シ之ヲ彼官辨ニ遞與ス可シ

一 外務卿ノ指令即大使派出ノ先報案左ノ如シ

朝廷將ニ朝鮮國ニ問フ所アラントス特ニ大使某ニ命シ某月某日ヲ期シ以テ彼國江華島ニ至ラシム玆ニ汝某ヲシテ草梁館ニ行キ先ツ此事ヲ彼國ニ報セシム云々

一 右口陳書ヲ遞與スルニ當リ彼レ之ヲ受ルト不受トニ關セス我ハ既ニ之ヲ彼官辨ニ告ケタレハ彼國ニ傳報シタルモノト認ムルノ意ヲ主張シ敢テ多議ニ涉ル可ラス

一 若シ彼レ先報ノ意ヲ京城ニ急報シ其回教ヲ得タル旨ヲ以テ之ヲ我朝廷ニ轉奏セン事ヲ請フトキハ我大使江華ニ至ルノ緩急ハ固ヨリ其期ヲ改ム可ラサル意ヲ確示シ其趣上申ス可シ

右

(2) 조선의 국제적 지위에 관한 청일(淸日) 교섭

寺島宗則(1875. 11. 20) ➡ 森有禮

전권변리대신 조선 파견에 관한 훈령

特命全權公使　森有禮

我政府ハ大淸政府ニ對シ親睦ノ誠意ヲ重スルカ爲ニ駐箚使臣ニ命シテ特ニ大淸衙門ニ抵リ朝鮮ニ係レル左ノ事件ヲ報知セシム

我德川氏ノ朝鮮國ト隣交ヲ修ムル玆ニ三百年ナリ明治元年皇政革新我朝廷禮ニ依テ書ヲ修メ以テ舊交ヲ續キ和親ヲ敦クシタリシニ朝鮮國斥ケテ受ケス爾後書ヲ發スル數次皆報ヲ得ス客歲我外務官員森山朝鮮ノ東萊府使朴ヨリ我外務卿ノ書契ヲ修メテ更ニ幹使ヲ發シ東萊府ニ抵リ相接スヘキノ約ヲ得文憑具ニアリ我政府期ニ從ヒ書ヲ發シタルニ何ソ料ン彼復タ漫言相當リ約ニ違テ接セス又書ヲ受ケス森山空シク歸ルヲ致ス但彼ニ在テ未タ顯ニ相絶ツノ言アラサルヲ以テ我ニ在テハ猶好意相交ラン事ヲ期セリ乃チ九月二十日我火輪船一艘牛莊ニ向テ駛往シ朝鮮江華島ノ邊ニ在テ將ニ淡水ヲ需メントス俄ニ陸地砲臺ノ爲ニ轟擊セラレ勢危急ニ逼リ已ムヲ得ス相當ノ防禦ヲ爲シタリ我政府ハ朝鮮政府ノ心意ノ在ル所ヲ知ラス或ハ其地方官辦ノ擅興暴擧ニ出タル事ヲ疑フ而テ仍隣誼ノ泯ヒサラン事ヲ望メリ今特命全權辨理大臣ヲ發遣シ一面ハ江華島ノ事ヲ問ヒ被ル所ノ暴害ノ補償ヲ求メ一面ハ益懇親ヲ表シ彼ノ要領ヲ得言好ニ歸シ以テ三百年ノ舊交ヲ續カシメント欲ス要スルニ妥便結局ヲ主トス敢テ多事ヲ好マス未タ朝鮮ノ果シテ平穩ナル辨法ヲ爲ス事ヲ保セサルカ爲ニ兵船ヲ將テ使臣ヲ護セサル事ヲ得スト雖トモ然レトモ亦朝鮮ノ深ク相拒ムニ辭ナキ事ヲ知ルナリ但事隣並ニ係ルヲ以テ大淸政府ニ告クルニ此一案ノ起由ト我趣意ノ向フ所トヲ以テシ以テ我政府ノ大淸政府ト誠ヲ推シテ隱ス事無ク悃誼二ツ無ノ意ヲ表スルヲ須要トス使臣宜ク此意ヲ體シ辭命ヲ愆ル事勿レ

明治八年十一月二十日

奉勅 外務卿 寺島宗則

【漢譯文】

北京駐箚全權公使

我朝廷爲對大淸國朝廷重親睦誠意命駐箚使臣特抵大淸國衙門報知我係朝鮮國一案我德川氏與朝鮮國修隣交玆三百年明治元年皇政革新我朝廷依禮修書以繼舊交敦和親朝鮮國斥而不受爾後發使數次並不得報客歲外務官員森山從朝鮮東萊府使朴獲修我外務卿書契更發幹使賫抵東萊府應相接之約文憑具在我朝廷若期發往詎料彼復譃言相當違約不接又不受書致森山空就歸途但以彼未有顯然相絶之語我仍專有期好意相諧矣乃九月二十日大淸○月○○日我火輪船一只向牛莊駛往在朝鮮江華島邊將需淡水暴爲陸地砲臺所轟擊勢逼危急只得自防我朝廷不知朝鮮政府心意所在或疑出于其地方官辨擅興暴擧而猶望隣誼之不泯令發遣特命全權辨理大臣欲使向朝鮮政府一面問江華島事求所被屈辱之補償一面益表懇信獲彼要領言歸于好以續三百年之舊交要主妥便結局不敢好多事雖爲未保朝鮮國果作平穩辨法不免將兵舶護使臣然亦知彼无辭于深相拒也但以事係隣並須要明言大淸國朝廷以此一案起由曁我趣意之所向以益表我朝廷與大淸國朝廷推誠無隱悃誼無貳之意使臣宜體此意辭命勿愆

月　　日

奉勅　外務卿

105

森有禮(1876. 1. 10) ➡ 總署(1876. 1. 10/光緒元年十二月十四日)

전권변리대신의 조선 파견을 알리는 절략서(節略書)

覺　書

一曾テ臨時代理公使鄭ヨリ

貴衙門ニ報スルニ朝鮮國發砲ノ情節ヲ以テセリ玆ニ本大臣更ニ告ル所ノ者ハ客歲九月二十日我火輪船臺隻牛莊ニ駛往シ朝鮮國江華島邊ニ至リ將ニ淡水ヲ需メントス岸上ノ礮臺ヨリ○然發砲我船不意ノ轟擊ニ逢ヒ勢極テ危逼ナルヲ以テ已ヲ得ス相當ノ防禦ヲ爲シ僅ニ難ヲ免レテ本國ニ歸ルヲ得タリ夫朝鮮ハ數百年通交ノ國ニテ殊ニ十年來ハ我政府心ヲ修交ニ盡シ數次使節ヲ派遣シテ其事ヲ謀ラシム彼頑固ニシテ使意ヲ納レス而シテ接遇ノ際頗ル輕陋ヲ形シ將ニ我使命ヲ辱シムルニ至ラントスルモノ數回ナリ我國人之ヲ聞テ皆憤怒ニ堪ス屢暴動セント欲ス而シテ我政府ハ偏ニ平和ヲ主トシ百方之ヲ抑ヘ勉テ其數年來謀ル所ノ平和修交ノ道ヲ貫カシメント欲ス而シテ二年前朝鮮政府稍〻其方ヲ改メ遂ニ東萊府使朴ヨリ我外務卿ノ書ヲ接受スベキヲ約シ並ニ我國使ヲ出タシ書ヲ齎シ府ニ至ルノ期ヲ訂ス我政府期ノ如ク書ヲ發シ特ニ森山茂ヲ理事使臣ト爲シ往テ事ニ從ハシム何ソ料ラン彼前約ニ違ヒ他詞ニ託シテ使ヲ接セス又書ヲ受ケス使臣ロヲ極テ詰論スレトモ終ニ聽カス空ク歸ラシムルヲ致セリ而シテ又江華島礮擊ノ事起レリ我政府實ニ未タ朝鮮政府心意ノ在ル所ヲ知ラス而シテ我國人憤極マリ怒極マリ殆ト狀スベキナシ是ニ於テ我政府深ク其十年來盡ス所ノ平和修交ノ心一旦水泡ト成ルヲ憾ム故ニ今特ニ全權辨理大臣ヲ派シ往テ朝鮮政府心意ノ在ル所ヲ問ヒ兩國ノ親好ヲ永遠ニ保スルノ地ヲ得ント欲ス之ヲ要スルニ妥平結局ヲ主意トシ敢テ多事ヲ好ムニ非ス祇タ未タ朝鮮果シテ平穩ノ辨法ヲ爲スヲ保ツ能ハサルヲ以テ已ヲ得ス或ハ一二ノ兵艦ヲ以テ使臣ヲ護セサルヲ得セルナリ惟事隣竝ニ關スルヲ以テ宜ク此事ノ緣由ト我旨趣ノ向フ所ヲ以テ之ヲ大淸政府ニ告ケ以テ我政府大淸政府ト誠ヲ推シテ隱ス無キノ意ヲ昭ラカニスルナリ本大臣窃ニ祈ル朝鮮國禮ヲ以テ我使臣ニ接シ我求ル所ヲ拒マス以テ能ク永ク平和ヲ保タン事ヲ若クハ然ラスシテ事遂ニ敗ルルニ至ラハ韓人自ラ不測ノ禍ヲ取ル事必然ナリ彼此ノ不幸如何ソヤ今日ノ事機實ニ禍福ノ

判スル所ニ係ル朝鮮ノ見果シテ此ニ及ハハ則言必好ニ歸スルナルヘシ

【漢譯文】

日本國節略

照錄日本國使臣森有禮面遞節略

一曾經由署使鄭報貴衙門以朝鮮國開砲情節玆本大臣所更告者客歲九月二十日我火輪船一隻駛往牛莊船至朝鮮國江華島邊將需淡水岸上礮臺陡然開礮我船俄遭轟擊勢極危逼不得已當行防護僅得免難轉回本國夫朝鮮乃係數百年通交之國而我政府特以盡心修交殆斯十載數次派使往謀其事彼只頑固不納使意而接遇之際頗形輕陋將至辱我使命者數次矣我國人聞知皆憤怒不堪屢欲暴動而我政府惟主和平百方抑之勉欲使貫其數年來所謀平和修交之道而二年前朝鮮政府稍改具方遂約應由東萊府使朴接受我外務卿書信並訂我國出使齎書至用之期我政府照期發書特派森山茂作理事使臣賫往從事詎料彼違前約託他詞不接使不受書使臣極口詰論不聽致令空歸而又江華島礮擊事起我政府實未識朝鮮政府心意所在而我國人憤極怒極殆莫可狀於是我政府深憾其十多年來所盡平和修交之心一旦付之流水故今特派全權辦理大臣往問朝鮮政府心意所在爲兩國得保親好于永遠之地也總之妥平結局是爲主意並非敢要多事耳祇未能保朝鮮果爲平穩辦法或以一二兵艦護從使臣不得已也惟以事關鄰並宜將此案緣由與我旨趣所向告之大淸政府以昭我政府與大淸政府推誠無隱之意也本大臣竊祈朝鮮國以禮接我使臣不拒我所求以能永保平和也若不然事遂至敗則韓人自取不測之禍必矣彼此不幸何似今日事機實係禍福攸判朝鮮見果及此則應言歸于好矣

森有禮(1876. 1. 13) ➞ 三條實美 等

조선문제에 대한 청국의 입장과 교섭상황 보고

「明治九年第二號」(朱書)

機密別信第一號ノ二

本月十日總理衙門ヘ赴キ朝鮮事情開談候趣別紙談判書ノ通ニテ彼ノ所答到底我期望ノ意ニ感適セサルヲ覺候ニ付翌十一日鄭書記官ニ內意ヲ含メ他事ニ托シテ總署ヘ遣シ總辨周家楣ヘ面談ノ序彼カ內情ノ如何ヲ令探索且淸政府ヨリ使ヲ朝鮮ヘ遣シ我辨理大臣ヲ款接シテ必ス日韓ノ隣交ヲ成全スル樣ニ諭セヨト試ニ令諷勸候處淸國ノ朝鮮ニ於ケル只彼ノ方貢ヲ納レ彼ノ王位ヲ封冊シ或ハ兩民互市スル而已ノ事ニテ固ヨリ彼カ內事ニ與聞セス其自主ニ聽カセ候儀ハ獨滿淸ニ始マルニ非ス從前歷代ノ例典ト爲リタル故先年英佛米等ノ船韓ニ往テ彼カ慘暴ニ逢フニ因リ之ヲ淸國政府ヘ告テ理論ニ及ヒシ時モ亦タ如是答ヘ置キ更ニ關與セス卽チ都下ヘ在留シタル韓使モ只貢納頒曆等ノ事ヲ辨理スルノミ且禮部衙門ヨリ韓事ヲ專掌スル故例典ヲ據准スル外總理衙門ヨリ他國ノ事ヲ談入ルトモ一切承辨スル事無之此國守舊ノ頑固ナル如此實ニ奈何トモスヘキナシト相答候由

右同日午後四時我新年ヲ賀スル爲メ大學士寶鋆及成林夏家鎬三名入來ノ序我ヨリ談掛候ハ本月半比我辨理大臣舟ヲ發シ韓ニ赴カルヽ筈ニ付本大臣一使ヲ發シ該辨理大臣ノ到着ヲ俟テ委詳報告致度事件有之ニ付當地ヨリ盛京ヲ經テ朝鮮都城ヘ達スル迄ノ貴衙門護照ヲ發給有之度將又直隷總督李中堂ヘ本國伊達大久保等各大臣ヨリノ寄語有之及本大臣モ一謁ヲ渴望居候處船遲シテ津ニ入ル能ハス未タ所願ヲ遂ケス因テ近日ノ內保定府ヘ赴キ李中堂ヘ一見セント欲ス希クハ貴大臣ヨリ預メ書ヲ李中堂ヘ致シ其可否ヲ定メ給ハヽ大幸也ト寶鋆等答右兩條ハ何レ恭親王ヘ申聞ケ追テ可及御答云々

右我官員ヲ朝鮮ヘ陸行セシムル儀ハ淸政府ニ於テ一大煩難ノ事ト明知スル所ニ候ヘトモ是ヲ題號ト爲シ詰リ淸政府ヨリ或ハ自ラ飛脚ヲ發シ我書信ヲ朝鮮ニ在ル辨理大臣ヘ達セシムルノ地步ト爲スヘキ積リニ候條爲御含此段申啓候也

明治九年一月十三日

森有禮（印）

兩大臣　外務卿輔　各閣下

107

森有禮(1876. 1. 13) ➡ 寺島宗則, 鮫島尚信

總署에서의 회담 보고

(失書)
「明治九年第二號ノ二 密件第一號ノ三」

當十日總理衙門ニ於テ晤談ノ筆記密件中別册ノ通ニ候尤雙方共筆記有之當便迄彼此ノ校合届兼候ニ付何レ後便ヨリ彼レノ筆記送覽ニ可及先ツ不取敢別册呈覽候也

明治九年一月十三日

北京
森有禮

寺島外務卿殿
鮫島外務大輔殿

(朱書)
「明治九年第二號 密件第一號ノ四」

明治九年一月十日午後二時森公使總理衙門ニ於テ清國諸大臣ト晤談大意左ノ知シ

通　譯
鄭書記官
筆　記
潁川書記官
竹添進一
列　座
沈桂芬
毛昶熙
董　恂
崇　厚
郭嵩燾

陪　席

周家楣

(朱書)「一」森大臣開談

今日貴署ニ至ルハ一件事情ヲ告ルカ爲メナリ其告ルトコロ時刻ヲ費スヲ省キ通譯ノ際混雜ヲ防クノ爲メ之ヲ筆シ以テ閱ニ備フニ便ニス請フ之ヲ視ヨト是ニ於テ節略(オボヘカキ)ヲ出シ示ス諸大臣之ヲ接閱ス

略節

覺書

(朱書)「二」郭大臣問

朝鮮ニ派出スル所ノ辨理大臣ハ誰ソ大臣彼ノ國ニ到ル陸ニ上ルヲ要スルヤ

(朱書)「三」森大臣答

本使東京ヲ發スルノ際開拓長官黑田氏上諭ヲ承シヲ聞ク其陸ニ上ルト否トハ彼地ニ到リ談判ノ便宜ニヨルベキカ本使未タ之ヲ豫メ定言スルヲ得ス然レトモ又該使ノ彼地ニ到ルヤ必ス其京城ニ赴ク期スルト聞ク

(朱書)「四」森大臣問

因テ問フ所有ラントス本使此行芝罘ニ到ルヤ朝鮮援兵ヲ貴國ニ乞フトノ風說アリ果シテ其事アルヤ其兵ヲ請フ所以ハ彼國或ハ土寇等ノ發スルヲ以テノ故カ果シテ然ラハ我國今使命ヲ彼地ニ發スルノ際尤其實否ヲ知ルニ關スル所アリ

(朱書)「五」沈大臣答

朝鮮國ハ我國ノ屬管禮部衙門ニ隷スル所ニシテ本大臣等其細底ヲ知ル能ハスト雖モ彼國土寇ノ發スル事有ルヲ聞カス援兵ヲ乞フノ事ニ至テハ更ニ又聞ク所ナシ且必ラス其無キヲ信ス果シテ有ルヤ本大臣等モ亦之ヲ聞カセルヲ得サルナリ

(朱書)「六」森大臣問

本使芝罘ニ於テ朝鮮兵ヲ貴國ニ乞フノ風說其事確實ニ屬スル聞ケリ請フ諸大臣實ニ聞ク所アラハ幸ニ教ヲ吝スル勿レ

「七」(朱書)沈大臣答

朝鮮ハ我屬管タルヲ以テ彼國土寇ノ變援兵ノ乞アラハ本大臣等必ラス聞ク所アルヘシ此事ナキヲ以テ之ヲ聞カス聞カサルヲ以テ其必ラス無キヲ信スルナリ

「八」(朱書)森大臣問

其謂ハユル屬管トハ何分ノ關係スル所アルヤ請フ其詳ヲ聞カン

「九」(朱書)沈大臣答

政敎禁令ノ如キ總テ彼レノ自カラ爲スニ任カス之ヲ告ルアリ告ケサルアリ故ニ土寇ノ事ヲ聞カス又兵ヲ乞フノ事ヲ聞カザルナリ

「十」(朱書)森大臣問

政敎禁令既ニ其國ノ自カラ爲スニ任ス其ノ外國ニ對スル事ニ至ツテハ如何

「十一」(朱書)沈大臣答

外國ト交ル如キモ彼ノ自由ニ任セテ中國之ニ關セザルナリ乃チ朝鮮ノ如キ我カ屬國タルヲ以テ我カ貴國ト親睦ナル如ク彼ノ貴國ト交ルモ猶然ラン事ヲ期望ス

「十二」(朱書)森大臣曰

誠ニ貴諭ノ如ク然リ我政府ノ期望スル所モ專ラ和好ニ在ルノミ然シテ略節中述ル所ノ如クシテ萬一事敗ルニ至ルハ實ニ吾カ深ク憂フル所ナリ

「十三」(朱書)又問

貴國既ニ朝鮮ヲ屬管ト云フ其ノ屬管ノ關係アルヲ以テ應ニ照會スル所アルヘシ

「十四」(朱書)沈大臣答

所謂屬國トハ我カ所有ノ地ニアラズシテ其ノ時ヲ以テ進貢シ我册封頒曆ヲ奉スルヲ以テ云フナリ若シ其ノ國ヲ以テ我カ疆土內ニ屬スルモノト爲ハ關係セサルヲ得スト雖トモ其國疆域內ニ在ラザルヲ以テ其國事ヲ管スル事ナシ

「十五」(朱書)森大臣問

所謂册封トハ貴國其主ヲ撰ミテ之ヲ立ルカ或ハ彼カ立ル所ノ主ノ請ヒニ應シテ單ニ册封ノ禮式ヲ行フモノカ

「十六」(朱書)沈大臣答

我ヨリ撰ミテ立ツルニ非ス彼ノ請ニ從テ册封スルノミ我屬國皆然リ

「(朱書)十七」森大臣問

朝鮮ヲ除クノ外尙ホ何等ノ屬國アリヤ

「(朱書)十八」沈大臣答

アンナンリュキュ例朝鮮ト同シ惟緬甸ハ册封ノ例ナシ又一定ノ貢獻ナシ

「(朱書)十九」森大臣問

屬國ノ外國ト約ヲ通スル事アル如キモ貴國ニ報セスシテ妨ケナキカ

「(朱書)二十」沈大臣答

總テ彼ノ自主ニ任セ管スル所ナシ

「(朱書)廿一」沈大臣問

朝鮮ノ貴國ト通商スル既ニ久シキカ

「(朱書)廿二」森大臣答

然リ

「(朱書)廿三」沈大臣曰

其事亦嘗テ彼ヨリ我ニ報スル所有ルヲ聞カス

「(朱書)廿四」森大臣問

貴諭ノ如クナレハ所謂屬國ナルモノハ彼ヨリ中國ヲ慕懷シ來タルモノニシテ或ハ又其疎闊過キ去ル有レハ屬國ト認メ做ス可キ由ナキモノニ似タリ

「(朱書)廿五」沈大臣答

屬國トシテ貢獻朝覲スル等ノ事本朝ニ創マルニ非ス前代ヨリ然リ惟例ニ照シ其來ルヲ接シ之ヲ册封シ之ニ賜賚ス又別ニ之ヲ處置スルトコロナシ總テ彼ノ自主ニ任スルノミ

「(朱書)廿六」森大臣曰

屬國ハ其貢獻册封等アルヲ以テ其屬國タルノ實體ヲ認ムヘシ緬甸ノ如キ或ハ來リ或ハ來ラス其認ムヘキ實體ナキモノニ似タリ是ノ如キハ屬國ノ名自カラ泯沒スルニ至ルヘシ

「(朱書)廿七」沈大臣答

從來屬國タル者皆其自主ニ任ス而シテ彼來ラザルナク又嘗テ禮ヲ闕クトコロナシ我レ亦例ヲ照シテ之ヲ接遇スルノミ緬甸ハ朝鮮琉球ト固ヨリ異ナルトコロ有リ殊ニ雲南土匪發シ路壅ルヲ以テ來ラサル事久シ

「(朱書)廿八」森大臣問

我レ朝鮮ト交ヲ通スルニ於テハ其ノ中國ノ屬國タルノ名分ヲ明晰領教シ以テ彼ト相交ルニ妨礙ナキニ便セント欲ス因テ再三問テ之ニ及フ請フ明確ニ

之ヲ示セ

「(朱書)廿九」沈大臣答

朝鮮ノ屬國タルヤ本朝ニ創ルニ非ス前代ヨリ然リ順從以テ我ニ屬ス嘗テ禮ヲ闕クトコロナシ

「(朱書)三十」森大臣問

借リニ問フ朝鮮若シクハ中國ニ進貢ノ禮ヲ闕ク事アラハ貴國ニ於テ何等ノ處置ヲ爲スカ我今朝鮮ト議スル事アルノ際關係ナキニ非ス因テ更ニ問テ以テ心照スル所アラントス

「(朱書)卅一」沈大臣答

朝鮮ヨリ進貢ノ禮ヲ闕クハ其無キ事ヲ決ス故ニ未タ嘗テ其事ニ想ヒ至ラス

「(失書)卅二」森大臣曰

朝鮮ノ貴國ニ背ク事ナキ萬モ之ヲ信ス然ト雖トモ彼ノ如キ隣交ノ誼尙ホ解スル能ハス或ハ時勢ノ變遷ニヨツテ其貴國ニ背カザル事亦タ保シ難カルヘシ

「(朱書)卅三」沈大臣答

想フニ朝鮮隣好ノ情誼ヲ會セザルモノニ非ス只其小國ノ故ヲ以テ若シ貴國ト交ヲ訂スルニ及フヤ各外國ニ於テモ亦然ラザルヲ得ザルヲ恐ルヽノ致ス所ナルヘシ

「(朱書)卅四」森大臣問

我國彼ノ性質ヲ知ルヲ以テ其間事乖戾多シト雖モ尙ホ之ヲ恕スル所アリ若シ別外國ニ對シ彼レノ我ニ於ケル如キノ擧アルニ至テ其ノ之ニ處スルニ何等ノ强手ヲ加フルモ亦知ルベカラス其時ニ當リ貴國之レニ對シテ如何ンノ辨法ヲ爲スカ

「(朱書)卅五」沈大臣答

若シ外國其事有ルカ如キハ定約ニ原キ之ヲ論スベキノミ

「(朱書)卅六」森大臣問

各國條約文中ニ屬國辨法ノ明文アリヤ

「(朱書)卅七」沈大臣答

條約文中是ノ明文アル事ナシト雖トモ屬國ヲ侵越スル事ハ情理上ニ於テ作シ得サルノ事ナリ

「(朱書)卅八」森大臣曰

西洋各國ニ於テ其屬國ニ種々ノ差別アリ卽チエジフトノトルコニ於ルホン

ガリヤノヲースタリヤニ於ルカナダノ英吉利斯ニ於ル如キ同一屬國タリト雖トモ各異ナル所アリ或ハ緊要ニ關切スルアリ或ハ甚タ關切セザルアリ是ノ如ク屬國各差異アルヲ以テ尙ホ精細ニ之ヲ問ハザルヲ得ス

「卅九」(朱書)沈大臣曰

條理上屬國ヲ侵ス事ヲ得サルヘシ又條約上ニ此文無キヲ以テ此事無キヲ必ス

「四十」(朱書)森大臣問

玆ニ緊切敎ヲ乞フノ一事アリ若シ不幸ニシテ我ト朝鮮ト事有ルニ至リ我勝チ彼敗レ我兵陸ニ上リ其戰地ニ於ケル勢ヒ寸ヲ得レハ寸ヲ占メ尺ヲ得レハ則尺ニ據ラザルヲ得ス其時ニ至ツテハ貴國ノ之ヲ視ル知ラス何等ノ觀ヲ做スヤ屬國ノ名ヲ以テ異詞ヲ其間ニ容ルヽノ理決シテ無カルヘシ獨我日本ノミナラス外別國ノ彼ト是ノ事アルモ亦然ルヘシ本大臣專ラ和平ヲ欲スト雖モ萬一事此ニ至ルヲ恐ルヤ預メ之ヲ問明理會セザルヲ得ス故ニ更ニ鄭重此ニ及フ此間問テ暫ク答ル所ナシ因テ

「四十一」(朱書)森大臣又曰

此事若シ今日此席ニ於テ回決ヲ得サレハ明後十二日ヲ期シ其回決スル所ヲ書ニシ以テ之ヲ送リ示サルヽ事ヲ望ム且之ヲ今十三日陸遞ニ托シ本國ニ送致セン事ヲ欲ス惟其回答速ナルヲ願フ

「四十二」(朱書)沈大臣答

須ラク之ヲ王爺恭親王ヲ指ス稟シ以テ回決スル所アルヘシ

「四十三」(朱書)又曰

想フニ朝鮮國ノ意獨リ貴國ノ修交ヲ峻拒スルニ非ス惟別外國ノ亦來リ然ラン事ヲ恐ルルナラン

「四十四」(朱書)森大臣曰

玆ニ我カ意ヲ以テ窃ニ問フ所アリ我皇帝我政府ニ於ル極メテ平和ナル事ヲ要シ道ヲ盡シ心ヲ盡ス一モ遺ス所ナキヲ覺フ諸大臣ノ意其レ何如ト思フ諒ルニ貴國ニ於テ我政府ニ毫モ疑ヲ容ルヽ事無カルヘシ

「四十五」(朱書)沈大臣答

誠ニ然リ疑ヲ容レサルナル

「四十六」(朱書)又曰

回決ノ事但十三日ヲ期ス或ハ回決シ及ハサル事ヲ恐ル若シ其期ニ後ルヽ時ハ我レ別ニ郵遞ヲ發シ爲メニ之ヲ上海ニ傳致ヘシ

「(朱書)四十七」森大臣曰

本使命ヲ奉シテ此事ヲ報告スルヤ惟告明ヲ主トスルノミニシテ回答ノ有無ヲ論セス且又回決ヲ待テ後定見スルモノニ非ルナリ

「(朱書)四十八」森大臣曰

我思フニ辨理大臣今已ニ朝鮮ニ派到セルナルヘシ但使意專ラ平和ヲ主トスルニ在ルヲ以テ縱令彼ニ暴擧アリト雖トモ直ニ戰端ヲ開クニ至ラサルヘシ然トモ勢ノ變スル處已ヲ得スシテ此ニ至ラハ貴國我レヲ以テ理アリトシ怪ム所ナカルヘシ

「(朱書)四十九」沈大臣答

我等思フ大臣至ルノ日彼レ必ス開戰ノ事無キヲ信ス或ハ其事アルヤ我但條約ヲ照シ信義ニ原ツキ談別スヘシ貴國ノ朝鮮ニ於ケルハ其條理ヲ盡セルヲ信ス

「(朱書)五十」森大臣曰

條約ニ拘ハラス我日本ヲ理アリト認ムル時ハ當ニ友盟ノ故ヲ以テ我日本ヲ援ケ屬國ヲ以テ異辭有ルニ及ハサルヘシ因テ此意ヲ反復丁寧ス

「(朱書)五十一」沈大臣曰

然リ

「(朱書)五十二」森大臣曰

更ニ敎ヲ乞フ諸大臣良法ノ以テ能ク朝鮮人ヲシテ暴動ニ至ラザラシムル有リヤ

「(朱書)五十三」沈大臣答

思フニ朝鮮人徒ニ峻拒スルニ非サルヘシ辨理大臣彼ニ至ラハ必ス其事ナキヲ保スルナリ

「(朱書)五十四」森大臣曰

朝鮮自來ノ形迹ニヨツテ之ヲ見ルニ我レ其ノ事ナキヲ信スル能ハス

「(朱書)五十五」沈大臣答

貴國好意ヲ以テ之ニ臨ム彼決シテ暴擧ナカルヘシ

「(朱書)五十六」森大臣曰

玆ニ更ニ一言ス萬一戰ヒニ及ハヽ貴國ノ我レヲ助ケ善ク成ス所アルヲ望ム

「(朱書)五十七」沈大臣曰

到底此ノ事ナカルヘシ

「五十八(朱書)」森大臣曰

凡ソ事ヲ慮リ事ヲ爲ス意先ツ其成ル所ノ善惡ヲ判チ豫メ其最惡處ヲ期シ而シテ或ハ其善處ヲ得ルニ至ラハ豈望外ノ喜ヒナラスヤ

「五十九(朱書)」沈大臣答

最善ヲ期シテ最善ヲ得ハ更ニ益々善ナラスヤ

「六十(朱書)」森大臣曰

朝鮮ノ事ノ如キ其萬全ヲ期スルト雖トモ終ニ今日ノ狀形ヲ成スニ至レリ然ラハ則最善ヲ期シテ最善ヲ得ス寧ロ最惡ヲ期シテ其或ハ善處ヲ得ル事有ルヲ望マンノミ

畢テ明後十二日午後二時我カ書記官此署ニ來リ今日對談スル所ノ彼此ノ筆記ヲ對照スル事ヲ約シ辭シ歸ル時已ニ六時ニ近シ

108

森有禮(1876. 1. 13) → 總署(1876. 1. 13/光緖元年十二月十七日)

李鴻章과의 회담 및 여행 증명서 발급 요청

관련문서 總署의 회신

十二月十七日 日本國公使森有禮函稱 日昨貴大臣面談 由陸進京 承李大臣派員照料 擬赴保定面謝 査李大臣派人照料本係應辦之事 何足言謝等因 此節非本大臣主意 當日所面談者 前在本國出都之際 伊達大臣及大久保大臣囑本大臣以路經津門 晋謁李大臣時 面致數語 且本大臣素仰山斗渴 偶因舟遲 由陸進京 未遂瞻韓 殊爲惆悵 是以請由貴衙門致函先容 亟圖赴見耳 豈以天寒遂廢此一行也 仍希貴王大臣照請致函先容 俾本大臣得遂渴仰之私爲禱至擬由京派員赴朝鮮國一節 悉貴衙門向未發過赴朝鮮護照 礙難照辦等因 惟本大臣專心成全彼此和好 現向貴王大臣商議其事 適値本國特派辦理大臣將赴朝鮮 務希貴國行文朝鮮 准本大臣限本國專使在朝鮮辦事間 由京派員前往見該辦理大臣 以通本大臣所期之誠意 則貴衙門卽發護照 應無礙難 特此再懇 並頌日祉

【관련문서】

十二月十八日 致日本國公使森有禮函 詳見密啓 浮籤籤 函述前赴保定與大臣晤談一節 現已代爲函達 惟行文朝鮮及發給護照 本衙門仍難照辦由

總署(1876. 1. 13/光緖元年十二月十七日) ➜ 森有禮(1876. 1. 14)

전권변리대신의 조선 파견을 반대하는 절략서(節略書)

覆日本國節略

照錄臣衙門覆日本國使臣森有禮節略

昨准貴大臣交到節略一件內稱貴國船至高麗江華將需淡水岸上砲臺開砲轟擊現在貴國遣員前往意在和好等因查此事前准貴國署大臣鄭函報以測水致有此事各新聞紙亦縷及之今復准貴大臣節略詳述各情朝鮮自有國以來斤斤自守我中國任其自理不令華人到彼交涉亦信其志在守分故無勉强卽以理揆之朝鮮必非獨與貴國有所芥蒂今因前事貴國欲遣使前往爲兩國得保親好具見意在息兵卽此次貴大臣推念中國和好之情詳述用意無非信守我兩國修好條規敦睦不渝中國之於朝鮮固不强預其政事不能不切望其安全日前貴大臣晤稱辦事固要照約但須看日本要與高麗和好是有道理無道理如今高麗不願和好便是他無道理等因朝鮮如無故稱兵他國境內自不得謂爲有理朝鮮如與他國往來而獨不願與貴國往來亦尙不得謂爲有理貴大臣旣云辦事要照條約唯希貴大臣轉致貴國政府不獨兵不必用卽遣使往問一節亦須自行籌畫萬全務期兩相情願各安疆土終守此修好條規兩國所屬邦土不相侵越之言是則本王大臣所切盼者也

【日譯文】

過日貴大臣ヨリ交到セラレシ節略書一通ヲ接收ス內ニ貴國ノ船高麗ノ江華ニ至リ淡水ヲ需メントスルニ岸上ノ砲臺ヨリ砲ヲ開キ轟擊セシヲ以テ現今貴國ヨリ官員ヲ彼地ヘ差遣ハサルヽ其意ハ和好ニ在リトノ趣ヲ述ラレタリ然ニ此事ハ前月貴國署大臣鄭ヨリノ書函ヲ接收シ海邊ヲ測量シ此事出來スト報セラレシヲ承知シ諸新聞紙ニモ亦縷々申述有之今復タ貴大臣ノ略節ニ各情ヲ詳述セラレシヲ接准セリ抑朝鮮ハ有國ヨリ以來斤々自守スルヲ以テ我中國ハ其自ラ理ムルニ任セ華人ヲシテ彼地ニ至リ交涉セシメサルモ亦其志己カ分ヲ守ルニ在ルヲ信スルナリ故ニ之ヲ强ヒ責ル事無シ卽チ理ヲ以テ之ヲ揆ルニ朝鮮ハ必シモ獨(タク)貴國ト芥蒂スル所アルニ非ス今前事ニ因テ貴國使ヲ彼地ヘ遣シ兩國ノ爲メニ親好ヲ保スルヲ得ント欲セラルヽハ具サニ其

意ノ兵ヲ息ルニ在ルヲ見ルナリ卽チ此度貴大臣中國和好之情ヲ推念シ詳ニ述ヘ意ヲ用ヒラルヽモ我國修好條規ヲ信守シテ敦睦渝ラサルニ非サル無ケン中國ノ朝鮮ニ於ケル固ヨリ強ヒテ其政事ニ預ラサレトモ切ニ其安全ヲ望マサル能ハス過日貴大臣ノ面話ニ事ヲ辨スルニハ固ヨリ條約ヲ照ラスヘケレトモ但須ク日本ノ高麗ト和好ナラン事ヲ要スルハ是レ道理有ル事ナルヤ道理無キ事ナルヤヲ看ヨモシ今高麗和好ヲ願ハスンハ便ハチ是レ彼ニ道理無キナリト申述ラレタリ朝鮮モシ故ナクシテ兵ヲ他國ノ境內ニ稱タラバ自カラ理有リト謂ヒ爲スヲ得ス朝鮮モシ他國ト往來シテ獨貴國ト往來スルヲ願ハズンハ亦タ尙以テ理有リト謂ヒ爲スヲ得サルナリ貴大臣既ニ事ヲ辨スルニハ條約ヲ照スヲ要スト云ヘリ唯希クハ貴大臣之ヲ貴國政府ニ轉致シテ只兵ハ必シモ用ヒザルノミナラズ卽チ使ヲ遣シ往テ問フノ一節モ亦須ク自ラ萬全ヲ籌畫シ務テ雙方ノ情願スルヲ期シ各々疆土ヲ安ンシテ終ニ此ノ修好條規ノ兩國ニ屬セル邦土ハ相侵越セザルトノ言ヲ守リ給ハン事ヲ是則チ本王大臣ノ切ニ盼所ノ者也

十二月十八日我明治九年一月十四日

森有禮(1876. 1. 15) ➡ 總署(1876. 1. 15/光緒元年十二月十九日)

청일수호조규의 '소속방토(所屬邦土)' 규정에 관한 조회 (1)

日本國照會

爲照會事本大臣於明治九年一月十日晤會貴王大臣詳述朝鮮背約拒使況在江華砲擊我船今我政府猶遣主和使臣往彼問事恐其仍前芥蒂而僨事也命本大臣告之貴國以照兩國隣並之誼等情據貴王大臣云朝鮮雖曰屬國地固不隸中國以故中國曾無干預內政其與外國交涉亦聽彼國自主不可相强等語由是觀之朝鮮是一獨立之國而貴國謂之屬國者徒空名耳彼既爲隣加我暴戾而今不得不遣使以責之且爲我國人民自盡保安海疆之義因此凡事起於朝鮮日本間者於淸國與日本國條約上無所關繫玆本大臣臨事決意回明本國如此相應備文照會貴王大臣查照可也須至照會者

【日譯文】

大日本國欽差全權大臣森照會ヲ爲ス事本大臣明治九年一月十日ニ於テ貴王大臣ニ晤會シ朝鮮約ニ背キ使ヲ拒ミ況ヤ江華ニ在テ我船ヲ砲擊ス今我政府猶主和ノ使臣ヲ遣シ彼ニ往テ事ヲ問フ其仍前芥蔕シテ事ヲ僨ルヲ恐ルヽヤ本大臣ニ命シテ之ヲ貴國ヘ告ケ以テ兩國鄰竝ノ誼ヲ昭カニスル等ノ情ヲ詳述セリ貴王大臣ノ云フニ據レハ朝鮮ハ屬國ト曰フト雖トモ地固ヨリ中國ニ隷セス故ヲ以テ中國曾テ內政ニ干預スル無ク其ノ外國ト交涉スルモ亦タ彼國ノ自主スルニ聽セタレハ相强ユ可ラスト ノ語ナリ由是觀之朝鮮ハ是レ一ノ獨立スル國ニシテ貴國ノ之ヲ屬國ト謂ヘルハ徒ニ空名耳ミ彼既ニ鄰ト爲リ我ニ暴戾ヲ加フ而今使ヲ遣シ以テ之ヲ責メ且我國人民ノ爲メニ自ラ海疆ヲ保安スルノ義ヲ盡サヽルヲ得ス此ニ因テ凡ソ事ノ朝鮮日本ノ間ニ起ル者ハ淸國ト日本國トノ條約上ニ於テ關係スル所無シ玆ニ本大臣事ニ臨ミ意ヲ決シ本國ヘ回明スル如此相應サニ文ヲ備シ貴王大臣ヘ照會シ查照セハ可也須ク照會者ニ至ルヘシ右大淸欽命總理各國事務王大臣ヘ照會ス

明治九年一月十五日

111

總署(1876. 1. 17/光緒元年十二月二十一日)

森有禮와의 교섭 경과 및 조일 정세 상주

總理各國事務衙門奏日本欲與朝鮮修好摺

臣奕訢等跪奏為日本國使臣到京據稱欲與朝鮮修好謹錄前來往節略奏祈聖鑒事竊本年九月十五日先據日本國署使鄭永寧函稱接本國外務大臣電報我國砲船往朝鮮彌也古沿海測量水深因彼開砲擊我次日進船欲問是主意復被砲擊遂致交戰其砲臺收兵回國相應照送查閱等因嗣據直隸總督李鴻章咨報日本新任使臣森有禮自煙台由陸路赴京本月初九日即據署使鄭永甯照會駐京全權大臣森有禮於本日到京擬即晤會當經臣衙門覆准於初十日在署相候森有禮遂於初十日偕同鄭永甯來臣衙門會晤臣等亦即先後前往答拜森有禮於十四日復同鄭永甯來臣衙門面遞節略一件臣等公同查閱仍係因朝鮮砲擊其兵船之事現在已派辦理大臣往問朝鮮政府為兩國永保親好之意臣等遂亦答復節略送交森有禮收閱各在案臣等查朝鮮雖隸中國藩服其本處一切政教禁令向由該國自行專主中國從不與聞今日本國欲與朝鮮修好亦當由朝鮮自行主持惟使臣森有禮既到臣衙門面遞節略自應轉交朝鮮謹將日本國使臣森有禮面遞節略一件臣衙門答復節略一件鈔錄清單恭呈御覽所有日本國使臣到京據稱欲與朝鮮修好各緣由理合恭摺具陳伏乞皇太后皇上聖鑒謹奏光緒元年十二月二十一日軍機大臣奉旨依議欽此

總理各國事務衙門奏與日本使臣森有禮辯論片

再查同治四五年間據英國使臣阿禮國威妥瑪等照會英國擬派輪船赴中國海面遙北等處察看海岸形勢至朝鮮海邊一帶務須協力設法又以英國水師輪船近沿朝鮮境內海邊遊歷朝鮮民人不敢售賣食物請爲勸諭並據法國使臣伯洛內照會朝鮮國王將法國主教傳教之人殺害本國兵船不日齊集暫取其國十年間據美國使臣鏤斐迪面遞節略以美國船隻往來必由朝鮮洋面經過未知朝鮮認識美國旗號否擬派水師提督帶領兵船前往商議各等因均經臣衙門先後奏明各在案嗣聞法美兩國兵船往攻朝鮮均未得志近數年間西洋各國使臣亦未以前往朝鮮之說來臣衙門饒舌今日本國使臣森有禮復以修好爲詞由日本國派員前赴朝鮮森有禮並有自行派人由中國前往該國之說日本與朝鮮共隸東洋隣封密邇搆釁甚易

且日本國近已改從西洋政俗衣冠正朔全行變易聞甚爲朝鮮人所鄙夷此次日本搆釁之謀或因爲朝鮮輕視激羞爲怒抑或西洋各國前此皆未得志於朝鮮因而慫慂日本以圖報復均未可知且日本國近日一切改從西法人心不齊莠民亂兵時思竊發朝廷不能駕馭或者其國兵民欲逞志於朝鮮政府因而曲從亦未可定惟查李鴻章前與該國訂立修好條規第一條載明兩國所屬邦土亦各以禮相待不可稍有侵越等語朝鮮向爲中國藩服日本自應恪守條規不得佔其邦土現在使臣森有禮來臣衙門多有辯論臣等總本條規之言力爲阻止能否就我範圍殊難逆料以後如續有與日本使臣辯詰之處仍當隨時奏聞爲此附片密陳謹奏光緒元年十二月二十一日軍機大臣奏旨知道了欽此

112

總署(1876. 1. 18/光緖元年十二月二十二日) ➜ 森有禮(1876. 1. 18)

청일수호조규의 '소속방토' 규정에 관한 조회 (2)

覆日本國照會

爲照覆事光緖元年十二月十九日准貴大臣照會一件以日前貴大臣來本衙門議及貴國欲與朝鮮和好各情謂本王大臣曾有朝鮮雖曰屬國地固不隷中國以故中國曾無干預內政其與外國交涉亦聽彼國自主不可相强等語本王大臣查朝鮮爲中國屬國隷卽屬也旣云屬國自不得云不隷中國且日前回覆貴大臣並無不隷中國之說修好條規內載所屬邦土朝鮮實中國所屬之邦之一無人不知至中國向不勉强各情已於本月十八日具覆節略中備言其義今准貴大臣照會本王大臣仍應聲明合照修好條規所屬邦土不相侵越之意彼此同守不敢斷以己意謂於條約上無所關繫相應照會貴大臣查照可也須至照覆者

森有禮(1876. 1. 19) ➡ 總署(1876. 1. 19/光緒元年十二月二十三日)

청일수호조규의 '소속방토' 규정에 관한 조회 (3)

日本國照會

爲照會事明治九年一月十八日接准貴王大臣覆文內稱修好條規內載所屬邦土朝鮮實中國所屬之邦之一無人不知合照修好條規所屬邦不相侵越之意彼此同守不敢斷以己意謂於條約上無所關繫等語本大臣實未能明解其意所在因思貴王大臣所以引條規所屬邦土不相侵越之意者蓋就將來我國與朝鮮國交涉凡有該國政府及其人民向我所爲之事卽由貴國自任其責之謂也與若謂不能自任其責雖云屬國徒空名耳則我自不得不伸其理於條規有何關繫哉相應照會貴王大臣希卽明覆可也須至照會者

【日譯文】

大日本國欽差全權大臣森照會ヲ爲ス事明治九年一月十八日貴王大臣ノ覆文ヲ接准ス內ニ修好條規內ニ所屬邦土ト載セタルハ朝鮮ハ實ニ中國ヘ屬セル邦ノ一ナル事人ノ知ラサル無シ合サニ修好條規ノ所屬邦土不相侵越之意ヲ照シテ彼此同守シ敢テ斷スルニ己ノ意ヲ以テシ條約上ニ關係スル所無シト謂ハサルヘシ等ノ語ヲ稱シタリ本大臣實ニ未タ其意ノ所在ヲ明解スル能ハス因テ思フ貴王大臣條規ノ所屬邦土不相侵越之意ヲ引ク所以ノ者ハ蓋シ將來我國與朝鮮國交涉シテ凡ソ該國政府及其人民ヨリ我ニ向テ爲ス所ノ事有ルニ就テ卽チ貴國ヨリ自ラ其責ニ任スルノ謂ナル歟若シ自ラ其責ニ任スル能ハスト謂ハヽ屬國ト云フト雖トモ徒ニ空名耳ミナレハ則我國自ラ其理ヲ伸ヘサルヲ得ス條規ニ於テ何ノ關係スル事有ラン哉相應サニ貴王大臣ヘ照會ス希クハ卽チ明復セハ可也須ク照會者ニ至ルヘシ右大淸欽命總理各國事務王大臣ヘ照會ス

明治九年一月十九日

114

禮部(1876. 1. 19/光緒元年 十二月二十三日) ➡ 高宗(1876. 2. 4/高宗十三年 正月十日)

總署의 상주문 및 일본 공사와 왕래한 절략서(節略書) 전달

乙亥禮部知會抄錄總理衙門與日本使臣往來節畧及原奏咨

禮部爲飛咨事主客司案呈准總理各國事務衙門咨稱具奏日本國使臣到京據稱欲與朝鮮修好一摺光緒元年十二月二十一日奉旨依議欽此相應抄錄總理各國事務衙門原奏及該衙門與日本國使臣往來節略各一件由五百里飛咨朝鮮國王酌辦可也云云 光緒元年十二月二十三日

李鴻章(1876. 1. 19/光緖元年十二月二十三日) ➞ 總署(1876. 1. 22/光緖元年十二月二十六日)

조일 교섭을 조선에 위임할 것을 건의

敬覆者 連奉十二月十八 二十二等日公函 以日本森使要來保定謁見 難以阻止 幷鈔示往復議論 朝鮮節略等因 仰見防微杜漸 義正詞嚴 曷任欽佩 該使如必遠道來晤 自應以禮接見 斷無拒絶之理 惟因朝鮮事瀆求鈞署發給護照 派人前往 又欲代遞文信 業經迭次堅拒 敝處亦斷無稍有松勁之理 第閱各處新聞紙 與森使節略大致相同 是日本派使臣帶兵船前往問罪 而朝鮮新受攻毁砲台之辱 不肯平和接待 均在意料之中 兩相怨怒 釁端已肇 則兵端易開 度朝鮮貧弱 其勢不足以敵日本 將來該國或援前明故事求救大邦 我將何以應之 雖執條規責問日本不應侵越屬國 而彼以關說在先 中國推諉不管 亦難怪其侵越 又將何以制之 即仍永遠兩不過問 而使朝鮮失望 日本生心 似已薄待屬國鄰交 顯示天下以不廣 更恐朝鮮爲日本凌逼或加以侵占 東三省根本重地遂失藩蔽 有唇亡齒寒之憂 後患尤不勝言 此皆不可不預爲等及者也 竊窺日本來意既明 言欲求和而不輕用武 無論虛實 尙是好機會 正可將計就計 雖明拒以未便給照遞信 似宜由鈞署迅速設法 密致朝鮮政府一書 勸其忍耐小忿以禮接待 或更遣使赴日本報聘 辯明開砲擊船原委 以釋疑怨 爲息事寧人之計 至該國願與日本通商往來與否 聽其自主 本非中國所能干預 如此立言似亦不爲失體 倘朝鮮允從 固可暫弭兵釁 如必不從 而我所以字小國 待與國之心亦交盡矣 倘異時朝鮮或再乞援 日本或譏膜視 我亦得有詞以自解 至朝鮮于中土恭順實出至誠 若鈞署肯屈尊先施 諒無不奉命惟謹者 日前永平府游守智開轉寄朝鮮使臣李裕元來函 當卽答復 據游守詢 李裕元卽係該國執政之列 鴻章故于覆書中略及外交之意 玆將來往信稿鈔呈鈞鑒 亦以見彼國部臣尙知禮義 幷非拒人太甚也 緦緦愚慮是否有當 伏候鈞裁 除俟森使來見時遵示設法開導外 專肅密布 祗叩中堂 王爺 大人鈞祺 李鴻章謹上 直字一百十六號 再 森使如未啓程 仍候尊處回信 似宜令其元旦后由京啓行 免致時逼岁除公事擾攘無暇接應幷乞鈞酌

森有禮(1876. 1. 20) ➜ 寺島宗則

總署 교섭 경과 보고 및 조일 교섭에 대한 건의

「(失書)明治九年第三號」

機密別信第二號ノ一

清國政府朝鮮ヲ其屬國ナリト揚言スト雖モ既ニ本月十三日郵報ノ通同月十日總理衙門談判中ニ朝鮮ノ地ハ清國ノ所領ニ非ス故ニ彼國ノ內政ニ干預スル事能ハス亦其外交ノ事ニ至テモ彼ノ自主スルニ任スト明ニ言ヲ發セシヲ以テ觀レハ其ノ所謂屬國ノ實更ニ見ル可キ者無シ夫レ內政外交ノ權利ヲ全有スルノ國ハ其政體勢力等ノ如何ニ拘ワラス之ヲ獨立自在ノ國ト云フ是レ公法諸家ノ皆其說ヲ同スル所ニシテ且ツ歐米諸國現ニ此ノ理ヲ公認シ其ノ外交ヲ掌理ス卽エヂプトセルウヰヤ等ノ國ニ對シテ掌理スル所ノ交際是ナリ名家腓力莫爾氏其編著スル所ノ萬國公法第二編第一章第六十三條ニ此理ノ大意ヲ論述セリ夫レ公法ノ理既ニ如此而シテ我カ政府ノ朝鮮ヲ認ル處亦タ獨立國ヲ以スルアルに因リ今後凡ソ日本朝鮮ノ間ニ係ル事件ニ付テハ清國政府ヲシテ片言モ容ルヽ事能ハサラシムルカ爲メニ去十五日總理衙門ニ告致スルニ別紙㋺號ノ照會ヲ以テス又之ヲ用テ十四日衙門ヨリ接收セシ覺書卽別紙㋑號ノ末文兩國所屬邦土不相侵越トノ異議ヲモ同時ニ打チ消シタリ

本使最初ヨリ專ラ親ト寬トヲ主トシテ衙門ノ諸官ニ接シ若シ或ハ朝鮮ノ隣緣ニ係ルヲ以テ之ニ說キ事ヲ穩和ニ整頓セント欲スル意モ有ラン歟ト之ヲ謀ルノ機會ヲ彼ニ許シタレトモ彼等憤發ノ氣色ナク亦更ニ朝鮮ノ禍福ニ意ヲ注クノ狀ヲ顯ワサス思フニ是レ支那內部不治ノ形勢他ヲ顧ルノ餘力無キニ歸スヘシ

朝鮮獨立ノ實ハアリト雖トモ清國屬管ノ名ヲ冒ムルニ由リ猶セルウヰヤ等ノ土耳格國ニ係ルカ如クニシテ純然タル他ノ獨立諸國ト同視スル事ヲ得ス且ツ其品位甚タ異ナルアリ故ニ我派出ノ使節ニ善ク此ノ意ヲ領會セシメ日本朝鮮對等ノ條約卽チ互相京地ニ交際官ヲ駐箚セシムル約ノ類ハ一切揭ル事ナク唯領事官ヲ京地及ヒ諸開港場ニ置ク等ノ事ノミヲ約スルヲ要トス此等ノ事固ヨリ廟謨ノ洩サザル所タルヲ信スト雖トモ聊カ爰ニ之ヲ附言シテ

以テ賢考ニ供ス

明治九年一月二十日

北京

寺島外務卿殿

李鴻章(1876. 1. 26/光緖二年正月一日) ➡ 總署(1876. 1. 28/光緖二年正月三日)

森有禮 회담 보고

敬肅者 去歲十二月二十三 二十七日迭肅蕪緘 計已達到 日本森使與鄭署使於二十八日午刻到省 下午三點鐘同來督署拜晤 鴻章因次日已屆歲除 恐公事紛冗 不能深談 遂豫備蔬酌留坐 並邀黃編修彭年 候補同知略通英語之黃丞惠廉 同坐陪敍 該使留連至是夜十點鐘始散 所有彼此問答緊要節目 撮記另紙附呈鈞覽 森使久在西洋 頗有歐洲雄桀之氣 爲朝鮮事絮聒不休 鴻章先折以條約 而其氣甚驕 旋就台灣前事取譬 方自認從前之差錯 直至酒酣面熟時彼又自謂取了高麗有何益處 因乘其中餒之機 復將大局利害關係剴切言之 語畢又援筆書徒傷和氣毫無利益八字 交該使携去 察其詞色 似頗心動 再三央求轉商鈞處 爲之說法解勸 勢不得不帆隨湘轉 允爲上達 究竟能否設法 亦是游詞宕筆 或冀有事緩則圓之 時該使瀕去 復曰 此次算是森某與李某好朋友說話 不作日本欽差議事可也 將來該使回京進謁時 如論及如何勸說之處 或仍照前函及節略照會語意 明示以無法可設 彼固不得藉口 或將奏請禮部轉行朝鮮一節作爲收場 以示格外和好 藉答來意 而略緩其逞强黷武之心 更於大局有益 想卓裁必有權衡 非下走所敢妄擬矣 二十九日巳刻 鴻章同黃編修等前往答拜 僅泛論西國時事 未及正文 匆匆話別 該使等因元日行旅不便 定於初二日起程回京 專肅奉報 敬叩中堂 王爺 大人新禧 順頌鈞祺 李鴻章謹上直字一百十八號

附 日本使臣森有禮署使鄭永寧來直隷督署內晤談節略

光緖元年十二月二十八日

鄭署使傳森大臣語 致仰慕之意 答云豈敢 森大臣致謝道途款洽 答云因得總理衙門信 知森大人要來 故遣弁相迓 因問森大臣在京總理衙門見過各位中堂大人 森大臣云見過 問見過王爺 森大臣云見過 問森大臣多少年紀 森大臣云整三十歲 問森大臣到過西洋 森大臣云自幼出外國周流 在英國學堂三年 地球走過兩周 又在華盛頓當欽差三年 現在外務省官大輔 問中西學問何如 森使云西國所學十分有用 中國學問只有三分可取 其餘七分仍係舊樣 已無用了 問日本西學有七分否 森使云五分尙沒有 問日本衣冠都變了 怎說沒有五

分 鄭署使云這是外貌 其實在本領尙未盡學會 森使云敝國上下俱好學 只學得現成器藝 沒有像西國從自己心中想出法兒的一個人 答云久久自有 森使云在美國時識得貴國容閎曾蘭生二人 極有學問 答云容閎現派駐美國欽差大臣 森使云極好 又答云曾蘭生現調回天津當委員 明年森大人過天津可以訪他 森使云在美國見許多中國幼童均極聰明 答云是遣去外國留學的 聞他們尙肯讀書 森使云 這起人長大學成 將來辦外國事是極好的 又云當初遊歷各國 看地球並不大 未在局中 看各國事極淸楚 如貴國與日本同在亞細亞洲 可惜被西國壓住了 答云我們東方諸國 中國最大 日本次之 其餘各小國均須同心和氣 挽回局面 方敵得歐羅巴住 森使云據我看來 和約沒甚用處 答云兩國和好全憑條約 如何說沒用 森使云和約不過爲通商事可以照辦 至國家擧事只看誰强 不必盡依著條約 答云此是謬論 恃强違約 萬國公法所不許 森使云萬國公法亦可不用 答云叛約背公法 將爲萬國所不容 因指桌上酒杯告鄭署使云和是和氣 約是約束人的心 如這酒杯圍住了 這酒不敎泛溢 森使云 這箇和氣無孔不入 有縫卽去 杯子如何攔得住 答云森大人年少氣盛 發此謬論 鄭署使是我們立約時的人 須要詳細告他 森使云敝國與中國的和約是中堂定的麽 答云是我與貴國伊達大人商定 伊達現在何處 森使云 伊達現在退居林下 朝廷給他俸祿 自來和約立約之人去了 便靠不住 答云約書奉有諭旨 蓋用國寶 兩國臣民子子孫孫當世守之 森使云也有在約內的 也有在約外的 不變通如何辦得去 答云未及十年條約之期 不能議及變通 森使云高麗與印度同在亞細亞 不算中國屬國 答云高麗奉正朔 如何不是屬國 森使云各國都說高麗不過朝貢受冊封 中國不收其錢粮 不管他政事 所以不算屬國 答云高麗屬國幾千年 何人不知 和約上所說所屬邦土 土字指中國各直省 此是內地爲內屬 征錢粮管政事 邦字指高麗諸國 此是外藩爲外屬 錢粮政事向歸本國經理 歷來如此 不始自本朝 如何說不算屬國 森使云日本極要與高麗和好 高麗不肯與日本和好 答云不是不肯與貴國和好 是他自知國小 所以謹守不敢應酬 其於各國皆然 不獨日本 森使云日本與高麗是鄰國 所以必要通好 高麗如何不肯 答云平秀吉擾高麗之後 恐不能無疑慮 鄭署使云平秀吉之後 日本與高麗也曾往來 中間忽斷了 前數年與高麗約定接待使臣 後因日本改變衣冠國書 字體也變了 他就不受 答云這個自然 高麗不敢與西國相通 日本旣改西制 他自應生疑 恐與日本往來 他國卽隨進來了 鄭署使云從前不過拒使 近來日本兵船至高麗海邊取淡水 他便開砲傷壞我船隻 答云你兵船是去高麗海口量水 查萬國公法 近岸十里之地卽屬本國境地 日本旣未與通商 本不應前往測量 高麗開砲有因 森

使云中國 日本與西國 可引用萬國公法 高麗未立約 不能引用公法 答云雖是如此 但日本總不應前往測量 是日本錯在先 高麗遽然開砲 也不能無小錯 日本又上岸毁他的砲台 殺他的人 又是日本的錯 高麗不出來滋擾 日本只管去擾他做麽 鄭署使云日本臣民俱懷憤恨 要與高麗打仗 森大人說 從前看高麗能謹守 不與外國相通 尙是可愛之國 今可恨了 答云旣知是可愛 便不要去擾他 日本是大國 要包容小國 鄭署使云森大人也是此意 所以壓住本國不要用兵 自請到中國 以爲高麗是中國屬國 必有上策令高麗與日本和好 答云高麗非不欲與日本和好 但恐各國相因而至 中國若代日本說項 將來各國都要中國去說 所以料得高麗未必答應 森使云西洋各國均無必通高麗之意 答云這誰保得 森使云我可保 答云須日本國家保得 森使云日本國家亦可保 鄭署使云森大人來到中國 有三宗失望的事 一是不能保全要與高麗和好的意思 一是總理衙門不明白他要和好的心思 三是恐本國臣民知道中國不管 定要與高麗打仗 答云總署不是不明白實是要和好的意思 凡事不可一味逞强 若要逞强 人能讓過 天不讓過 若天不怕地不怕 終不爲天地所容 從前我兩國甫經換約未及半年 日本卽用兵台灣 我曾責備柳原 他亦無辭 如今不可又錯了 森使云台灣之事 日本原不能無錯 但因誤聽人言生番係中國化外之地 尙屬有因 後來接著總理衙門的信 國家卽派大久保前來說明 鄭署使云森大人來意 本望中國設法俾日本與高麗無事 答云高麗斷不出來尋事 日本不可多事 鄭署使云日本現又遣使往高麗 僅使臣一人前去 與之商量 看他如何 如果可商 並不要與他通商 不爲多事 只要議定三件 一高麗以後接待我使臣 一日本或有被風船隻 代爲照料 一商船測量海礁 不要計較 如果使臣到彼再不接納該使回到本國 必不能無事 一定要動兵了 答云遣使不納 古亦有之 元時兩次遣使至日本 日本不納 北條時宗並將元使殺了 森使不答 但云以後恐不免要打仗 答云高麗與日本同在亞細亞洲 若開起仗來 高麗係中國屬國 你旣顯違條約 中國怎樣處置 我們一洲 自生疑釁 豈不被歐羅巴笑話 森使云歐羅巴正要看我們的笑話 答云爲甚麽要給他笑 森使云這也沒法 日本百姓要去打仗 恐國家止不住 答云日本是民政之國抑君主之國 鄭署使云是君主之國 答云旣係君主之國 則君與大臣爲政 如何任聽百姓違了條約行事 尙得爲君主之國乎 鄭署使云森大人因總署說中國不管高麗內政 所以疑不是屬國 答云條約明言所屬邦土 若不指高麗尙指那國 總署說的不錯 森使云 條約雖有所屬邦土字樣 但語涉含混 未曾載明高麗是屬邦 日本臣民皆謂指中國十八省而言 不謂高麗亦在所屬之內 答云將來修約時 所屬邦土句下可添寫十八省及高麗琉球字樣 鄭署使云總要求

總理衙門與李中堂設法 令高麗接待日本使臣 答云日本砲船被擊 固有不平之氣 高麗砲台被毁 兵士被殺 諒亦有不平之氣 高麗國雖小 其臣民之氣一也 正在氣頭上 卽旁人解說亦無益 我勸日本此事且可緩議 俟一二年彼此氣平後再通好亦不遲 森使云 西國人言日本辦事性過急 中國辦事性過緩 急性遇著緩性難以商量 答云事有宜急宜緩 如學機器技藝等事 此宜急者也 如兩國相爭急則不相下 緩則氣自平 所全者大 森使云承敎承敎 試思日本取得了高麗有何益處 原是嘔氣不過 答云高麗地瘠 取之誠無益 且聞俄羅斯見日本要打高麗 卽擬派兵進紮黑龍江口 不但俄國要進兵 中國也難保不進兵 那時亂鬧起來眞無益處 因書徒傷和氣毫無利益八字 授鄭署使 鄭署使與森使閱畢卽將原紙携去 森使云此指高麗傷和氣而言 答云若眞要打仗 非但傷高麗和氣 連中國也怕要傷和氣 因於紙尾加書忠告二字授之曰 我爲兩國相好 開心見誠奉勸非有別意 森使 鄭署使首肯云日本打仗亦可暫時壓住 務求中堂轉商總署 設一妥法勸說高麗 答云總署回覆你的節略 明是無可設法 但你旣託我轉說 我必將這話達到 看從緩商量可有法否 遂辭去

118

總署(1876. 1. 29/光緖二年正月四日) ➞ 森有禮(1876. 1. 29)

청일수호조규의 '소속방토' 규정에 관한 조회 (4)

覆日本國照會

爲照覆事光緖元年十二月二十三日准貴大臣照會一件以本王大臣前此照覆未能明解其意因思所引條規所屬邦土不相侵越之意蓋就將來交涉凡有該國政府及其人民所爲之事卽自任其責之謂若不任其責雖云屬國徒空名耳於條約有何關繫等情查朝鮮爲中國屬國中外共知屬國有屬國分際古今所同本王大臣前次照會所稱朝鮮實中國所屬之邦之一卽中國之自任也豈得謂屬國爲空名豈得謂於條約無所關繫貴國旣與中國和好訂明修好條規理應彼此同守所屬邦土不可稍有侵越之約前月十八二十二等日所覆節略照會業已詳哉言之所期於貴大臣者祇在按照修好條規所言永遠遵守不違其用意甚平其措詞甚顯相應照覆貴大臣一並查照可也須至照會者

森有禮(1876. 2. 1) ➡ 總署(1876. 2. 1/光緒二年正月七日)

청일수호조규의 '소속방토' 규정에 관한 조회 (5)

日本國照會

爲照會事明治九年一月二十九日接准貴王大臣覆文內稱朝鮮爲中國屬國中外共知屬國有屬國分際古今所同朝鮮實中國所屬之邦之一卽中國之自任也豈得謂屬國爲空名豈得謂於條約無所關繫等語本大臣査所謂中國自任一語言短意微其所自任者果何事實猶未能明悉其意又謂屬國不空名而其不空名之實似亦不曾見又頻以兩國所屬邦土不可稍有侵越等語見教是何可劇以侵越爲言哉此等之處本大臣實未能解又不敢己意自解爲本大臣前次照會所稱我國與朝鮮國交涉其該政府及其人民向我所爲之事貴國能否自任其責之處其前其後嘗未獲一確斷之言則本大臣仍當以前次所稱朝鮮是一獨立之國貴國謂之屬國亦徒空名而凡事起於朝鮮日本間者斷謂於淸國與日本國條約上無所關繫等語爲准耳仍應照會貴王大臣希卽分別示復可也須至照會者

【日譯文】

大日本國欽差全權大臣森照會スル爲メノ事明治九年壹月廿九日貴王大臣ノ覆文ヲ接准ス內ニ朝鮮ノ中國ノ屬國タル事中外共ニ知ル屬國ハ屬國ノ分際アル古今ノ同キ所ロ朝鮮ハ實ニ中國ニ屬スル所ノ邦ノ一ニシテ卽チ中國之レ自ラ任スル也豈屬國ヲ空名ト爲スト謂フヲ得ン豈條約ニ於テ關繫スル所無シト謂フヲ得ン等ノ語ヲ稱ス本大臣査スルニ謂フ所ノ中國自ラ任スルノ一語言短ク意微ニシテ其自ラ任スル所ノ者 果シテ何事カ 實ニ猶ホ未タ明カニ其意ヲ悉クス能ハス又屬國空名ナラスト謂フ而シテ其空名ナラサルノ實亦タ曾テ見サルニ似タリ又頻リニ兩國屬スル所ノ邦土稍々侵越アル可カラサル等ノ語ヲ以テ敎ヘラル是レ何ソ劇カニ侵越ヲ以テ言ト爲ンヤ 此等ノ處本大臣實ニ未タ解スル能ハス又敢テ己ノ意モテ自ラ解セス惟タ本大臣前次ノ照會ニ稱スル所ノ我國ト朝鮮ト交涉ス其該政府 及ヒ其人民 我ニ向ヒ爲ス所ノ事 貴國能ク自ラ其責メニ任スルヤ否ヤノ處 其前其後 嘗テ未タ一ノ確斷ノ言ヲ獲サレハ則チ本大臣仍テ當サニ前次稱スル所ノ朝鮮ハ是レ

一ノ獨立國貴國之レヲ屬國ト謂フモ亦タ徒タ空名而シテ凡ソノ事朝鮮日本間ニ起ル者斷シテ淸國ト日本國トノ條約上ニ於テ關係スル所無シト謂フ等ノ語ヲ以テ准ト爲ル耳 仍テ貴王大臣ニ照會シ希フハ卽チ分別示復スヘクシテ可ナリ須ク照會者ニ至ルヘシ右大淸欽命總理各國事務王大臣ヘ照會ス

明治九年二月一日

森有禮(1876. 2. 3) ➡ 三條實美, 寺島宗則

總署 교섭 경과 및 李鴻章과의 회담 요지 보고

「明治(失書)九年第四號」

機密別信第三號ノ一

以別信啓達候有禮奉委朝鮮事件今度總理衙門ェ開談候大趣意ハ我政府該國ノタメ飽迄好友和平ノ心ヲ懷キ前拾年來彼ニ尋交ヲ求ルノ旨趣ヲ貫徹セント專ラ注意セル情理ヲ懇々ト語リ告ケ我政府是程迄ニ手ヲ盡セシ上彼若シ依然相拒其事成サル時ハ我國嗣後彼ニ向テ何等ノ事ヲ爲ストモ清國ヨリ一言モ異詞有ル間敷ト申述實ハ清政府ヲシテ爰ニ顧ミ自ラ朝鮮ェ說諭スル所有ラシメント希望候處彼大臣等所答ハ朝鮮ノ鎖國スルハ其自主ニ由リ中國之ヲ奈何トモスヘキナシ然レトモ受封獻貢シテ我ニ藩屬ノ國タルハ天下共ニ所知ナレハ日本ハ我ト兩國結ヒタル條規ヲ相守リ所屬邦土ヲ侵越ス可ラスト云ヒ既ニ我屬國ナルヲ以テ此事件ニ付テハ何ト歟方法ヲ可施トノ意ハ毫末モ無之只々含糊不斷全無氣力ノ體案外ノ次第遺憾ニ不堪玆ニ大學士李鴻章ハ原來日清條約ヲ取結ヒ方今內閣ノ首位ニ居リ京外ニ威望ヲ振ヒ候人物ニ付此人マテモ我政府ノ朝鮮ェ向ヒ誠實好意ヲ以テ辨理スル所ヲ解セス皆ト共ニ之ヲ不是ト看做ス時ハ後來自然我國ノ害ト成ル事モ有ラントト慮リ且之ト語ラハ或ハ得ル所モ可有之ト見込去月二十日京城ヲ出廿四日保定府ェ着シ卽日面晤ヲ遂ケ此日ハ彼ノ十二月廿八日歲暮ノ處午後三時ヨリ九時迄及長談候開話ノ始ハ我說ク所ノ朝鮮事情ヲ總署ヨリ疾ク同人ェ通知セシ由ニテ總理大臣ト同體ノ論意ニ有之我話殆ト彼カ機ニ投セス然レトモ我政府誠意ノ所在ヲ總理大臣實ニ未タ了解セス淸國自ラ朝鮮ヲシテ無限ノ不幸ニ陷ラシムルノ理堂々論破候處李鴻章終ニ致明悟總署ヨリ僅ニ所屬邦土不可侵越ノ句ヲ引テ答ヘシハ甚麁忽ニ覺候就テハ自分モ當政府ノ事ニ於テ一々與聞候故右事件ニ付屹度建言可致存意有之因テ貴大臣ヨリ總署ェ對シテ切迫ノ談判ハ暫時見合呉候樣賴出候迄ニ至リ歲寒ヲ冒シ彼地ェ相運候甲斐ハ有之候得共畢竟如何結落候哉未タ料ル可ラス尤同人ニテ斯迄呑込候上ハ何程歟趣意ハ相立可申ト存候隨テ廿七日該地出發三十日歸館右談話ノ委詳昨今編述中ニ有之候故筆記落成候ハヽ次便可呈出候間先以此段槪略啓達候也

明治九年二月三日

北京

森有禮

太政大臣　外務卿　兩閣下

森有禮(1876. 2. 3) → 寺島宗則

李鴻章 회담 보고

機密洋文別信第三號ノ三

保定府ニテ李鴻章ト兩度ノ面晤彼ヨリ洋語ノ譯者ヲ以テ通譯致シ候ニ付右談判ノ次第總テ横文子ニテ書取リ此便迄ハ飜譯間ニ合兼候間横文ノマヽ呈覽候右ハ初會ノ面晤ニ有之第二會ノ談判ハ書取ノ上次便可及呈覽候也

明治九年二月三日

北京
森有禮

寺島外務卿殿

紀元二千五百三十六年一月廿四廿五日パォチン府ニ於テ日本國公使森ト總督李鴻章ト應接ノ記

初回ノ應接

右兩大臣ノ外ニ日本國公使館一等書記官鄭氏翰林院學士ホアンニン氏此人碩儒ノ聞アリ幷ニ英語譯官ホアンウェイリン氏席ニ列ス先ツ互ニ禮詞數言ヲ敍シ畢リ次テ彼ヨリ歐米經歷中實驗ノ事ヲ問フ

森　拙者世界ヲ周廻セシ事前後二回初回ニハ西ニ向テ發航シテ東ヨリ歸リ次回ニハ恰モ前回ニ反シ東ニ向テ發航シテ西ヨリ歸レリ而シテ最モ心ヲ樂マシメシ者ハ渺茫タル大洋航通ノ際ニ在リ此間更ニ陸地ヲ見サル事數晝夜唯仰テハ天ノ穹窿タルヲ視俯シテハ水面ノ團圓ナルヲ視ルノミ耳ニ塵世諠譁ノ聲ヲ聽カス目ニ船內雜遝ノ狀ヲ見ス精神全ク靜ニシテ旅客互ニ相親シム實ニ恍然夢裡ノ思ヲナセリ

李　其快樂實ニ知ル可キナリ

森　眞ニ然リ而シテ陸地ニ到着ノ後世上ノ事物ヲ見聞スルニ更ニ夢境ニ入

ルカ如シ人ハ互ニ心ヲ分チ國ハ各々趣ヲ異ニス或ハ抑壓セラルヽ者アリ或ハ蹂躪セラルヽ者アリ卽チ土耳其印度幷ニ淸國ノ如キハ其最タルモノ也

李 閣下ハ普ク全世界ヲ經歷シ博ク事物ヲ硏究シテ大ニ知識ニ富リ今ニ方テ是等ノ數國ヲ扶テ抑壓ヲ免カレシメ國力ヲ興シ國榮ヲ復スルノ明智妙謀モ亦定テコレアラン請フ幸ニ高諭ヲ垂レヨ

森 拙者ハ現ニ見給フ如キ年少ノ徒ナリ豈ニ閣下ノ望ニ應スルノ才識アル可ンヤ只常ニ期スル所ハ勉メテ閣下ノ如キ大家ニ親接シテ其敎ヲ受ケ以テ知識ヲ弘メント欲スルニ在ルノミ幸ニ今般ノ機會ヲ得ルニ至リシモ畢竟此素志ノ致ス所ナリ

李 乞フ謙遜スル勿レ試ニ亞細亞洲開化ノ度ヲ歐洲ニ比スレハ賢慮如何

森 敢テ鄙見ヲ陳述セン今公正ノ論者ヲシテ亞細亞ノ現狀ヲ判定セシメハ頗ル開化ノ度ニ達シタリト云ハン例ヘハ開化ノ最高度ヲ十度ト定メンニ亞細亞ハ三度ノ上ニ達シ歐羅巴ハ七度ニ下ラサル點ニ在ルヘシ

李 コレ極メテ公平ノ比較ナリ我淸國ヲ振興スルノ良圖ハ如何願クハ高論ヲ聞カン

森 問題重大ナリ敢テ當ル可ラス況ヤ昨今此一大國ニ來リ未タ國內ノ狀形ヲ熟知セサルニ於テヲヤ但シ斯ノ如キ大國ヲ振興センニハ先ツ此大事業ニ匹敵スヘキ一大勢力ヲ得サル可ラス是或ハ穩當ノ論ナルヘシ然レトモ今更ニ三十名ノ李鴻章貴國ニ輩出スルニ非サレハ此事行ハレ難シ

李 (微笑シ)其故如何敝邦ニハ現ニ百李鴻章アリ

森 或ハ然ラン然リト雖トモ是等ノ人未タ適當ノ地位卽チ十八省ノ長官乃至總理衙門大臣ノ如キ官廳ニ在ラサルヲ如何セン愚察スルニ現ニ米國ニテ敎育ヲ受ル少年輩ハ成長ノ後果シテ目今閣下ノ有セラルヽ如キ權力ヲ握リ顯官ニ昇ルノ人トナルヘシ

李 實ニ貴說ノ如シ彼ノ少年等ヲ派出セシハ實ニ拙者ノ所爲ニ係ル故ニ將來ノ望ヲ深ク彼輩ニ期ス閣下ハ敎ヲ歐洲ニ受ク希クハ其學ヒ得タル學術ノ科目ヲ聞カン

森 遊學ノ期長カラス故ニ何ノ學術ヲモ修メ得スコレ現ニ閣下カ親視スル如ク公務ノ爲ニ身ヲ役セラルヽ所以ナリ

李 敢リ貴庚ヲ問フ

森 稍三十ニ近シ

李 此妙齡ニシテコノ奇才アリ賤庚ハ幾ント貴庚ニ倍シ秋霜旣ニ鬢邊ニ上

レリ

森　貴我兩國ノ間ニ訂盟セシ條約ノ實效ニ就テハ賢慮果シテ如何知ラス多少雙國ノ稗益ヲ生セシ者アリヤ

李　實ニ然リ貴國ニ於テ條約中特ニ雙國ノ內一方ヨリ他方ノ封土屬地ヲ侵シ或ハ之ヲ掠ムル等ノ所業ヲ豫防ノ爲ニ設クル所ノ條款ヲ信守セラルヽ以上ハ長ヘニ斯ノ如クナル可シ

森　凡ソ書册上ニ記シタル事ト雖トモ之カ明解ナキトキハ往々紛議ヲ釀成シ來ル者アリ假令黑白ノ相違アル事ニテモ讀者ノ見解ニ依テ幾様ニモ釋義セラル可シ例ヘハ今承リタル和親條款ト雖トモ雙方ニテ全ク相背反セル見解ヲ下タスヲ得ヘキ也

李　其故如何其類ノ事恐クハ致シ難カラン我淸國ニ於テハ一旦固結セシ條約ニ背戾スル事決シテアル可ラス該條約ハ永久雙國ニテ遵守スヘキ者ナリ

森　永久トハ何ノ言ソヤ極テ望ム可ラス極テ喜フ可ラサル事ナリ

李　望ム可ラス喜フ可ラサル事トハ知ラス如何ナル意ソヤ夫ノ犯ス可ラサル條約ヲ意トセス自家ノ便利ニ任セテ之ヲ破ルモ妨ナシトノ言歟

森　希有ノ尋問ナルカナ此類ノ奇問ヲ解得セン日本人ハ一個モアル可ラス夫レ條約ハ曾テ議立ノ際ニ當テ全ク雙方ノ意ニ適セシモノト雖トモ事務ノ變遷ニ從ヒ早晩之ヲ改メサル可ラス

李　然リト雖トモ貴我兩國ノ間ニ現存セル條約ハ良正完全ノ者ナリ況ヤ締結ノ日ヨリ少クモ十年ノ間ハ雙方共ニ固守セサル可ラサル者ニ於テヲヤ

森　實ニ然リ該條約定期ノ間ハ雙方共ニ固守スヘキ者ナリ然レトモ現ニ貴察スル如キ良正完全ノ約ニアラサル事ハ閣下忽チニ之ヲ看出スルニ至ラン

李　如何ナル故ソヤ何ニ由テ然ルヤ

森　總理衙門大臣等拙者ニ告テ云ク朝鮮ハ淸ノ屬國ナリ故ニ條約ニ揭ケアル屬地ノ一ナリト

李　固ヨリ然リ朝鮮事件ニ付テ衙門ト貴公使館トノ間ニ往復セシ書翰中ノ趣ハ拙者之ヲ詳知セリ衙門大臣等ノ所說全ク鄙見ニ同シ卽チ朝鮮ハ淸國ノ屬隸ニシテ貴我ノ條約ニ基キ貴國ノ爲ニ屬國視セラル可キ者ノ一タリ

森　條約中ニ朝鮮ハ貴邦ノ屬國タル旨ヲ明示セル條款アルヲ見ス之ニ反シテ我政府ハ終始朝鮮ヲ獨立不羈ノ國ト看做シ現ニ獨立國ヲ以テ彼ヲ待セリ蓋シ自餘ノ列國ハ云フ迄モナク尙貴政府ト雖トモ亦彼ヲ待スルノ道爰ニ出サルヘシ貴政府曾テ明言シテ云フ朝鮮ニハ自家ノ政府アリテ隨意ニ內外ノ事務ヲ整理ス清國ハ毫モ之ニ干與スル事ナシト

李　實ニ貴說ノ如ク朝鮮ハ獨立ノ國ナリ然リト雖トモ其國王ハ現皇帝ノ命ニ依テ立ツ是ヲ以テ清國ノ屬隸トス

森　然ルカ如キハ單ニ貴邦ト朝鮮トノ校誼ニ關スル禮式ノミ此類敬禮上ノ事豈ニ朝鮮獨立ノ論ニ關センヤ

李　朝鮮ハ實ニ清ノ屬國ナリ是舊來世人ノ能ク知ル所ナリ

森　此一事ハ假令幾回討論スルトモ到底歸着スル所ナカルヘシ此上之ヲ論スルモ最早無益ノ事ナリ但シ爰ニ閣下ノ注心ヲ乞フヘキ一事ノ在ルアリ今之ヲ陳述セン貴我條約中ニ一方ヨリ他方ノ封土ヲ侵掠スルヲ禁スルノ一款アリト雖トモ其封土ノ限界ヲ確定セス曾テ臺灣事件ヲ生シ今將タ朝鮮事件ヲ起セシハ畢竟該款內ニコノ限界ヲ明記セサルノ致ス所ナリ此類無用ノ條款ヲ依然ト存シ置クトキハ後來再ハ前轍ヲ踐ノ恐アルヘシ是レ現在ノ條約ヲ永存スルヲ欲セサル由緣ニシテ具理辨ヲ俟タスシテ知ルヘキ也和親ノ一款ヨリシテ斯ノ如ク紛紜ヲ釀成スルハ獨リ敝邦ノ爲ノミナラス殊ニ貴邦ノ爲ニ憂アル所ナリ

李　苟クモ貴邦ニ於テ無事ヲ守ラハ何ノ紛紜カ生ス可ケンヤ貴邦ヨリ砲船ヲ出シテ朝鮮海ヲ測量セスンハ彼レ如何ソ之ニ發砲スルノ理アランヤ之ニ由テ考フレハ貴邦ヨリ苦情ヲ訴フルノ事由モナク又朝鮮ヲ伐ツノ口實モアル事ナシ畢竟彼ヨリ砲船ニ發砲セシ一擧ハ其實貴邦ノ自ラ招ク所ナリ況ヤ該砲船海岸附近ノ所卽チ公法上所禁ノ三英里以內ノ所ニ進入シ之ニ加フルニ城地ヲ陷レ人ヲ殺シ財ヲ掠ムル等ノ事ヲナセリ然ルニ今又使節ヲ遣テ理非ヲ糺サント要ス是レ何爲ノ事ソヤ

森　閣下ハ朝鮮人カ我砲船ニ發砲セシ擧動ヲ罪ナシトスルノミナラス現ニ我國ヨリ派遣セル使節ヲ以テ惡意ヲ抱ク者ト見做スニ似タリ思フニ朝鮮事件ニ就テハ多少誤聞セラレシ所アリ請フ閣下ノ爲ニ其實況ヲ縷述セン

第一我砲船ハ專ラ海水測量ノ爲ノミニ朝鮮ニ赴キタルニ非ラス偶々船用ノ水ヲ求メンカタメ 船ヲ寄セタルナリ但シ之ヲ近寄センニハ先ツ

海水ノ淺深ヲ實測シ以テ船ノ進退ヲ無難ニセサル可ラス殊ニハ其桅頭ニ我國ノ旗章ヲ標シタレハ朝鮮人ハ固ヨリ之ヲ認識セシ筈ナリ然ルニ國旗アルヲ顧ミス突然該船ニ向テ發砲セリ閣下モ定テ知リ給ハン抑モ我國ト朝鮮トハ二百餘年ノ間友誼ノ情ヲ通シ輓近更ニ兩政府ノ間ニ取極ヲナシ以後ハ互ニ公言ヲ通シ愈々雙國ノ友誼ヲ親密ニセン事ヲ約セリ後幾クモ無シテ彼レ約ニ背キ妄リニ我國ノ名譽ヲ汚シ次テ我砲船ニ向テ發砲セリ

是ニ於テ使ヲ遣テ是等暴行ノ故ヲ問ハシム其之ヲ問フノ理アル事辨ヲ費サスシテ知ル可キナリ素ヨリ立刻ニ問罪ノ師ヲ出シテ彼ヲ膺懲スルハ我ニ於テ容易ノ事トス然リト雖トモ我國ハ此擧ヲナスヲ欲セス可成丈ハ懇信和好ノ意ヲ旨トシ勉メテ彼カ頑心ヲ改良シ以テ我榮譽ヲ全フスルニ如スト思考シ乃チ修好ノ使ヲ派遣シタル也

第二閣下ハ我國ノ砲船公法上所禁ノ近海ニ進入セリト云フ請フ之ヲ思ヘ夫レ公法ハ之ヲ遵守スルノ國ニ用ユヘク朝鮮ノ如キ公法ノ何タルヲ知ラス却テ之ヲ壓惡スルノ國ニ用ユ可ラス彼レ仁愛ノ道ヲ守ラス餘國ノ民ヲ入レス偶々外來ノ船アレハ妄ニ之ニ發砲シ剰ヘ沿海ノ測量ヲ許サス之カ爲ニ諸國船舶ノ中殊ニ朝鮮海上ヲ往來スル隣國ノ船舶往々沈沒ノ災ニ罹ル者少ナカラス故ニ隣國ノ一タル我國ノ船人ニ對シ斯ル不仁ノ事ヲ爲サシムルヲ得サル也

李　朝鮮ニ於テハ貴國ト交通ヲ開クノ意ナキニシモアラサル可シト雖トモ彼レ深ク其影響ヲ憂慮スル也若シ他ノ各國貴邦ノ例ヲ追ヒ彼ノ狡黠ナル商業ヲ營マハ朝鮮ハ忽チニ衰亡セン是レ彼レノ恐ルヽ所ナリ

森　此事憂フルニ足ラサルナリ苟クモ朝鮮ニ於テ其海岸ニ漂着ノ外國人ヲ懇待スル以上ハ外國通商ノ爲ニ國ヲ開クヲ要セス只外國人ヲシテ航海無難ノタメ朝鮮海測量ノ自由ヲ得セシメハ乃チ可ナラン

李　然リト雖トモ外國商人等ノ欲望ハ閣下カ說ク所ノ事ノミニ止ラサルヘシ

森　或ハ然ラン假令然ルモ鄙說ノ外ニ出ス外國人ト雖トモ强テ通商ヲ朝鮮ニ迫ル事能ハス又我國ト雖トモ斯ノ如キ强迫ヲ朝鮮ニ加フルヲ欲セサル也

李　閣下之ヲ保シ能フヤ

森　固ヨリ然リ苟クモ朝鮮ニ於テ外交ヲ拒絶スルノ正理アラハ之ヲ行フモ

妨ケナシ或ハ日本清國ノ如キ唇歯ノ國ヲ容レ自餘ノ遠邦ヲ拒ムモ亦然リトス

李　其事成シ得ヘキヤ

森　固ヨリナリ請フ我國ノ例ニ就テ之ヲ明知セヨ曾テ我國ニ歐洲ノ若干國ヲ容レテ交易ヲ營ミシ事アリタリ此事今ヲ距ル大約三百年前ニアリ然ルニ彼レ我内國ノ事務ニ干與セシヲ以テ和蘭國ヲ除クノ外ハ悉ク之ヲ逐斥シテ再ヒ日本ニ來ルヲ禁セリ爾來蘭人ハ良好友愛ノ情ヲ我ニ示セシ事猶舊來貴國ノ我國ニ於ルカ如シ故ニ貴國及ヒ蘭國ハ數百年ノ間我國ト交通シ其間自餘ノ西洋諸國ハ一切我國ニ來タルヲ拒マレタリ漸ク二十年前ニ至リ外交ヲ開クヲ是ナリトシ遂ニ各國ト交ヲ結ヒタリ

李　果シテ斯ノ如クンハ朝鮮モ亦ソノ計畫ヲ變セサル可ラス

參　拙者ハ貴政府ノ協力同心ヲ得ン事ヲ切望シ依テ此國ニ來リシカ今ニ於テ貴政府ノ意ヲ察スルニ甚タ我所期ニ違ヘル者アリ

李　其然ル所以ハ如何

森　貴國大臣等云ク朝鮮ハ清國ノ隷屬ナリ故ニ彼レ清國ヲ尊崇スト然ルニ貴國大臣等ハ朝鮮ノ爲ニ事務ヲ理スルヲ欲セス素ヨリ我國ヨリ使節ヲ朝鮮ニ遣ハセシ眞主意ハ貴大臣等ノ既ニ了知スル所ナリト雖トモ之ヲ翼成スルニ意ナク條約中和親ノ條款否ナ寧ロ招難ノ條款ト云フヘシ此無用ノ條款ノ事ニ付拙者ニ書ヲ寄スル事數回ニ及ヒタリ斯ノ如キ接遇ヲ受クルハ實ニ失望ノ至ニ堪ヘス

李　閣下ノ失望實ニ之ヲ察セリ然リト雖トモ我政府ハ何故ニ朝鮮ノ事ニ於テ斯ル措置ヲ致セシヤ請フ閣下ノ爲ニ之ヲ辨セン我政府ノ目スル所ニ據レハ貴政府ハ事ヲ行フニ甚タ急劇ニ過クル所アリ況ヤ朝鮮ハ未タ貴國ノ望ヲ滿足スル景況ニ至ラサルヲヤ然リ而シテ貴國ハ臺灣事件ノ例ニ倣ヒ動モスレハ其隣邦ヲ攪亂シ機ニ乘シテ之ヲ奪領セント欲スル者ノ如シ

森　我國ヲ貴國ニ比セハ或ハ實ニ躁急快捷ノ風アル可シ歐人モ亦此兩國人ノ性情ニ大差異アルヲ見テ概ネ皆之ヲ怪メリ歐人ノ見ル所ニ依レハ我日本人ハ極テ敏捷ノ質ヲ具ヘ清國人ハ極テ耐忍ノ性ヲ備フ是ニ由テ視ルニ清國人タル閣下ノ目ニハ我國ノ朝鮮事件ヲ處スルノ法頗ル短慮ノ樣ニ見ユルモ亦宜ヘナリ但シ貴說中朝鮮ハ未タ我望ヲ滿タシムルノ景況ニ至ラスト云フニ至テハ蓋シ閣下ハ我其望如何ヲ辨知セサルニ似タ

リ我ヨリ朝鮮政府ニ要ムル所ノ者ハ極テ容易ノ一二件ニ過キス之ヲ許スニ將タ何ノ準備ヲ要センヤ

其一朝鮮ヨリ我國威相當ノ禮ヲ盡サン事ヲ要シ

其二朝鮮海ニテ我船人求護ノタメ必須ノ方法ヲ盡サン事ヲ要ス

我國ノ彼レニ需ムル所ノ者ハ此二件ノ外ニ出ス斯ノ如キ至簡至當ノ請求ヲ拒ムハ實ニ天譴ヲ怖レサルノ所爲ト云フヘシ又貴說中ニ日本國ハ動モスレハ隣邦ヲ攪亂シ云々ト云ヘリ此語ハ英明ナル閣下ノ說ニ似ス請フ我國ノ位置如何ヲ察セヨ四方環海ノ國ニシテ卽チ一個ノ島國ナリ故ニ水ニ依テ以テ生ヲ營ムモノト陸ニ依テ生ヲ營ムモノト其數幾ント相同シ是レ卽チ我國ノ人民カ專ラ海利ノ事ニ關セル諸般ノ業ニ熱心スル由緣ニシテ我政府モ亦之カ爲ニ保護ノ道ヲ設ケサルヲ得サル所ナリ今閣下カ云ヘル征臺一件ト雖トモ全ク前條止ヲ得サルノ事情ニ出シモノ也將タ現ニ派出セル遣幹使モソノ主意全ク爰ニ基ケリ抑モ我政府ニ於テ莫大ノ費用ト苦辛トヲ厭ハスシテヨク是等ノ事ヲ爲スハコレ政府ノ政府タル義務ヲ盡サンカタメノミ事情斯ノ如シ果シテ知ルヘシ我國ノ志向ハ曾テ閣下カ臆測セシ如キ類ノモノニアラサル事ヲ苟クモ征伐ヲ以テ我主意トセハ如何ソ嚮キニ占有セシ臺灣ノ一部ヲ棄ルノ理アランヤ又目下朝鮮事件ノ如キモ何ソ箇程迄ニ心ヲ苦シム可ケンヤ前ニモ述タル如ク我政府ノ趣意ハ良善實直ナリ貴政府之ヲ悟ルノ速カナラサルハ深ク遺憾トスル所ナリ

李　朝鮮ノ事ニ就テハ拙者急ニ一書ヲ總理衙門ニ致サン嚮キニ我政府貴翰ニ答フル書中ニ條約中和親ノ條款卽チ雙方互ニ領地ヲ侵ス事ヲ禁スル條款ヲ援引セシハ我政府ニ於テ少シク輕忽ノ事ナリキ

森　其一語ヲ拜聽シ實ニ怡悅ノ至ニ堪ヘス切ニ望ムラクハ貴政府ニ於テ充分我政府ノ眞意ヲ解得アラン事ヲ

李　願クハ暫ラク之ヲ忍ヘ總理衙門ニ於テ拙簡中ノ趣旨ヲ熟思セン間ハ幸ニ之ニ迫ル勿レ

森　誠ニ幸甚貴國ニ到着以來未タ斯ノ如キ愉悅ヲ覺ヘス今宵ハ必ラス枕ヲ高シテ快眠スヘシ

第二回應接

此日列席ノ人員森日本公使總督李鴻章日本公使館附鄭一等官書記官翰林院

學士「ハンホニヤン」氏並英語通辯官「ホンウュイリヤン」氏ナリ初應接ノ時ニ同シ二三細事ノ雜話ニ凡ソ十五分時ヲ移スノ後

李　近來貴國ニ於テ擧行セラルヽ所殆ト皆賞贊スヘキ事ナラサルハナシ然リ而シテ獨リ然ルヲ得サルモノアルハ貴國舊來ノ服制ヲ變シテ歐風ヲ模セラルヽノ一事是ナリ

森　其由緣甚タ單ナリ啻少シノ辨解ヲ要スルノミ抑々我國舊來ノ服制タルヤ閣下モ見賜ヒシ事アルヘシ實濶爽快ニシテ無事安逸ニ世ヲ渡ルノ人ニ於テハ極メテ可ナリ然リト雖トモ多事勤勞ヲ事トスルノ人ニ在テハ全ク適セサル者トス然ルヲ以テ舊時ノ事態ニハ能ク應シタルモ既ニ今日ノ時勢ニ至テハ甚タ其不便ナルヲ覺ユ是故ニ舊制ヲ改メ新式ヲ用ヒ之カ爲我國ニ於テ裨益ヲ得ル尠シトセス

李　一體衣服制度ハ人ヲシテ祖先ノ遺意ヲ追憶セシムル所ノ一ニシテ其子孫タル者ニ在テハ宜ク之ヲ貴重シ萬世保存スヘキ事ナリ

森　若我國ノ祖先ヲシテ尙今日存セシメハ此ノ一事ニ於テハ其爲ス所モ亦我等ニ異ナラサルヘキハ一點モ疑ヲ容サル所ナリ今ヲ去ル凡ソ一千年前我祖先ハ貴國ノ服ノ我ニ優ル所アルヲ視テ忽チ之ヲ採用シタル凡ソ何事ニセヨ他ノ善ヲ模擬スルハ是レ我國ノ一美風ト云フヘシ

李　貴國祖先ノ我國ノ服ヲ採用アリシハ最モ賢キ事ナリ蓋シ我國ノ服ハ織ルニ甚タ便利ニシテ且悉皆貴國內ノ出產物ニテ之ヲ製スルニ足リ現今歐服ヲ模倣セラルヽカ如ク莫大ノ冗費ヲ要スル事ナシ

森　然ルヘシト雖トモ我等ヲ以テ之ヲ視レハ一體貴國ノ衣服ハ歐服ノ精良ニシテ且便利ナルニ比スレハ其半ニモ及サルカ如シ頭髮長ク垂レ鞋ハ大ニシテ且粗ナリ殆ト我國人民ニ應セス此他尙貴國諸般ノ事能ク我等ニ適スルモノトハ思ハレス然ルニ歐服ハ然ラス假令經濟ノ要理ヲ熟知セサルノ人ハ之ヲ徒費ニ屬スルカ如ク察スヘシト雖トモ勤勞ハ富榮ノ基怠慢ハ貧枯ノ原ナリ之レ閣下ノ知ル處ナリ我舊服ハ寬快ナリモ輕便ナラス前ニモ申セシ如ク怠慢ニ應シテ勤勞ニ應セス之ヲ以テ我國ハ怠慢ニシテ貧ナルヲ好マス勤勞ヲ以テ富ン事ヲ欲スルカ故ニ舊ヲ捨テ新ニ就キ現今ノ費ス所ハ將來ヲ追テ無限ノ報アルヲ期スルナリ

李　然リト雖トモ閣下ハ貴國舊來ノ服制ヲ捨テ歐俗ニ倣ヒ貴國獨立ノ精神ヲ歐州ノ制配ニ委ネ聊カ耻ル所ナキ乎

森　毫モ耻ルナキノムナラス我等ハ却テ此ノ變革ヲ以テ將ニ誇ラントス此

ノ變革タル決テ他ヨリ强迫セラレタルニ非ス全ク我國自己ノ所好ニ出ツ殊ニ我國ハ古ヨリ亞細亞亞米利加其他何レノ國ト雖トモ凡テ其長スル所アレハ常ニ之ヲ取テ我國ニ施サン事ヲ欲スルナリ

李　我國ニ在テハ決テ如斯ノ變革ヲ行フ事勿ルヘシ只軍器鐵道電信其他諸器械ノ如キハ之レ必須ノ品ニシテ彼ノ最モ長スル所タレハ之ヲ外國ニ取ラサルヲ得サルナリ

森　凡ソ將來ノ事ニ付テ誰カ預メ其所好ヲ確定スルヲ得ンヤ貴國四百年前ニ在テハ當朝ノ初メヨリ行ハレタル此ノ服制ヲ好ミシ人ハ非サルヘシ

李　是レ只我國ノミノ變革ニシテ決シテ歐俗ヲ用ヒシニ非ス

森　然レトモ變革ハ則變革ナリ殊ニ貴國ノ此變革ハ强迫ニ出テ貴國人民ノ忌嫌セシ所ニ非スヤ

李　是レ我等勤王ノ篤志ニ依リ斯クハ致セシナリ偖亞細亞ト歐羅巴ノ交際ハ將來如何ノ狀ヲ見ルニ至ルヘキ乎閣下之ヲ如何ニ明察セラルヽ哉

森　是レ大ナル問題ナリ此問題ノ趣旨ハ各種ノ人民各種ノ宗教互ニ其ノ權威ヲ相爭ヒ竝ニ世界ノ二大州互ニ其ノ人智富强ヲ相競フノ事ニ關スル者ト察セサルヲ得ス然レハ拙者モ亦亞細亞ノ人ナリト雖トモ鄙見ニ依レハ亞細亞カ歐羅巴ト犄角スルヲ得ヘキノ日ハ未タ迥カニ幾百年ノ後ニ在リト云サルヲ得サルナリ概面ヲ以テ論スルニ今日亞細亞人民ノ俗タル下賤野卑禽獸ヲ相距ル遠キニ非ラス

李　何ノ故ヲ以テ然ル乎

森　抑々婦人ノ貴重スヘキハ之レ天ノ定ムル所ナリ則チ婦人ハ人間ノ母ナリ一國一家ノ母ナリ然ルニ亞細亞州中何レノ地方ニテモ其婦人ヲ卑視シテ之ヲ遇スルノ無道ナル殆ト獸類ヲ遇スルニ等カラントス拙者カ亞細亞人民ヲ下賤ナリト論シタルモ其理ナキニ非サルハ多言ヲ要セス閣下了解セラルヘシ

李　是レ甚タ奇異ノ論ナリ閣下ハ西教ノ徒乎

森　拙者ニ於テハ西教佛教或ハ回教其他ト雖トモ一モ宗教ノ名アルモノヲ奉スル事ナシ現ニ如斯ノ俗人ナリ只平素正道ヲ守リ人ヲ害スルナキヲ以テ一身ノ目的トナスノミ然レトモ又我心ノ我心ヲ迷ハスアリテ甚タ之ヲ行ヒ難シトス

李　閣下ノ大才實ニ驚クヘシ大孔夫子ト雖トモ猶如此ノ談ハ謹テ之ヲ聞ン事ヲ欲セラルヘキナリ閣下ノ如キ大才ヲ以テ何ソ貴國ニ外征等 征韓ヲ指ス

淺慮ノ輕擧勿ラシメラレサルヤ況ンヤ貴國ハ方今國乏甚ク債ヲ歐洲ニ負フ程ノ時勢ナルニ於テヲヤ

森　苟モ思慮アル人ニシテ預メ計畫スル所ナクシテ妄リニ事業ヲ起ス者ハ在サルヘシ

李　勿論ナリ然ルニ今日ノ如ク莫大ノ經費ヲ顧ミス益々外債ヲ積ムトキハ遂ニ貴國ノ滅亡ヲ招クニ至ラン

森　負債一事ハ方法サヘ其宜キヲ得レハ敢テ忌憚スヘキモノニ非ス現ニ我國ノ歐洲ニ負債スル如キハ爲ニ甚タ實益ヲ見ル所ノ者アルナリ

李　何ヲ以テ然ル乎負債ハ決シテ是トスヘキ者ニ非ラス

森　我國先キニ外債ナキノ時ニ在テハ人民理財ノ方法ヲ知ラス國家ノ形勢ヲモ察セサリシカ今日ニ至テハ甚タ少額ト雖トモ外債之アリカ故ニ人民理財ノ方法ヲ解得シ其可否ヲモ論シ深ク事ニ注意シ殊ニ理財上ニ付テハ一擧措モ其宜ヲ失スル者ト認ムルトキハ喋々之ヲ論辯スルニ至レリ又百般ノ工業ヲ起シ其ノ利潤ヲ以テ外債支消ニ充ント謀リ目今大ニ其實功ヲ見ルモノアリ既ニ如此ナレハ則チ我國ノ此負債ハ我國ノ財政ヲ善良ナラシメシ者ト云フヘシ

李　貴國ニ於テ負債ト服制ノ變換トハ貴國人民ヲシテ幸福ヲ得セシムルノ源因トナルハ實ニ可喜ノ事ナリ然レトモ負債益々增加スレハ貴國ノ獨立ハ益々束縛セラルヘシ依テ自今更ニ歐洲ニ負債ヲ求メラルヽノ事勿ランヲ貴國ノ爲翼望セサルヲ得サルナリ

森　閣下悃情ノ切ナル感謝ニ堪ヘス伏テ希望ス閣下日本ニ來臨ノ日アラン事ヲ若來ルアラハ閣下ノ知友及我全國ノ人民ハ欣然トシテ將ニ閣下ヲ歡迎セント欲スルナリ

李　鳴謝時機ノ在ルアラハ必ス來遊スヘシ

高宗(1876. 2. 7/高宗十三年正月十三日) ➡ 禮部

일본 사절선의 강화부 도착 통보

回咨丙子

朝鮮國王爲咨覆事 光緖二年正月十一日 承准貴部咨節該云云自主客司案呈 至酌辦可也 見上原咨等因奉此 除將貴部咨內事意一一承領外 竊念弊邦近因他國船舶迭來侵擾 每貽大朝惓惓之憂 凡係邊情 隨聞隨機耑咨通諭 洪庇優渥 愈往隆摯 今又日本往來節約具咨開示 至由五百里飛遞 感頌德意 銘佩曷極 第今日本使船來到弊邦江華府前洋 方將差遣大官會晤商辦 續當詳述前後顚末 以備鑑諒 爲此先行咨覆 請照驗施云云 光緖二年正月十三日

森有禮(1876. 2. 10) ➡ 三條實美, 寺島宗則

森有禮 절략서의 조선 전달 보고

九年第五號

機密別信第四號

以別信啓達候前便申進候李鴻章建言ノ模様未タ端倪ヲ得ス本月七日別事ニ寄セ鄭書記官ヲ總署エ遣シ周家楣ト晤談ノ序探訪セシメ候處周家楣云朝鮮事件ニ付日來往復已ニ再三ニ及フモ未タ妥協ニ至ラス抑我衙門ハ從來佛米等ノ國ヨリ朝鮮エモノセント我へ報告セシ時ニモ我ハ彼カ內政ニ關與セサルヲ以テ辭シタル故今度森大臣ノ報告ハ我ト兩國ノ爲メ十分ノ好意有ル事ヲ了解シタレトモ各國交渉ノ事理總テ一律ニ歸スヘキヲ旨トスレハ我王大臣ハ前次照覆ノ如ク答へサルヲ得スシテ森大臣終ニ朝鮮ヲ空名ノ屬國ト論セラルヽニ至ル然ルニ此程李中堂ヨリ森公使ノ報告ハ日本政府ノ意誠ニ出テタルヲ我國ハ只朝鮮ノ自主ニ任セテ關與セスト云フ其宜キ所ニ非ス故ニ我政府ハ森公使ヨリ報告ノ節略書ヲ以テ朝鮮國王ヲ示諭セラルヽヲ是トスル旨ヲ建言セラレタリ是ハ我王大臣ノ所見ト符節ヲ合スルカ如ク我衙門ニテハ始ヨリ森大臣ノ好意ヲ理會シタル故疾クヨリ其節略書ヲ抄シ禮部衙門へ廻シテ朝鮮國王エ行知致シ有之併シ前各國トノ交渉振トモ一律ナラス我政府內々意ヲ盡ス迄ノ儀ニテ日來敢テ發言セス卽今森大臣エ在應ノ照覆ニ可及モ何分此意ヲ公文ニ明言スル能ハス我王大臣殆ト心痛ナリ因テ公文中ニ言ヒ及ハサル所ハ幸ニ貴下ヨリ此意ヲ以テ森大臣へ辯解シ給ン事ヲ希フト鄭書記官又問右節略書ヲ行知被致候節彼ヨリ可否ノ回復申出候様貴政府ヨリ被命候哉周家楣答夫レ迄ノ命令ニハ不至居候如何トナレハ朝鮮頑固ニシテ若シ我命ヲ拒ム事有ラバ我中國ノ失禮トナルヲ慮ルノ意有リ云々右周家楣ニ因テ探訪セシ情由ニ據リ方今清政府ノ朝鮮ニ於ケル形狀ヲ概知スルニ足ルヘク尤我節略書ヲ朝鮮國王エ示諭セシ云々ハ十ニ七八分李鴻章ノ建言後ニ取計候義ト推料致候猶我カ㊃印ノ照會ニ彼ヨリ照覆文來候上事情申達可仕候得トモ先此段御含ノ爲メ今便致啓達候也

明治九年二月十日

北京

森有禮

三條太政大臣　寺島外務卿　兩位閣下

總署(1876. 2. 12/光緒二年正月十八日) ➜ 森有禮(1876. 2. 12)

청일수호조규의 '소속방토' 규정에 관한 조회 (6)

覆日本國照會

為照覆事光緒二年正月初七日接准貴大臣照會仍為中國自任一語未能明悉其意屬國不空名之實似不曾見又以前引修好條規謂何可劇以侵越爲言而以事起於朝鮮日本間者於條約上無所關繫等因本王大臣查朝鮮爲中國所屬之邦與中國所屬之土有異而其合於修好條規兩國所屬邦土不可稍有侵越之言者則一蓋修其貢獻奉我正朔朝鮮之於中國應盡之分也收其錢粮齊其政令朝鮮之所自爲也此屬邦之實也紓其難解其紛期其安全中國之於朝鮮自任之事也此待屬邦之實也不肯强以所難不忍漠視其急今日中國如是伊古以來所以待屬國皆如是也本王大臣照會所引不稍侵越之言正以不侵越者厚期於貴國 非劇以侵越爲言也貴大臣謂事起於朝鮮日本間者斷爲與條約無異則修好條規言之甚明未能諱也惟中國之於貴國友邦也鄰國也朝鮮則中國屬國也中國之望其相安無事則一也今貴國之於朝鮮猶期無事而與我中國先開辨難之端揆之事理似非所宜至於中國苟有可爲之處自由本王大臣早籌酌辦以期彼此相安正不待貴大臣再三言之也相應照會貴大臣查照須至照會者

森有禮(1876. 2. 14) ➞ 總署(1876. 2. 14/光緒二年正月二十日)

청일수호조규의 '소속방토' 규정에 관한 조회 (7)

日本國照會

爲照會覆事明治九年二月十二日接准貴王大臣復文逐層閱悉本大臣查前論朝鮮一節極稱本國遣使以期無事原夫朝鮮實具獨立之體其內外政令悉由自主我國亦以自主對之是以除該國自主政令外其與貴國間所有關繫事理我國決不顧及貴國亦不得引條規中侵越等字加諸我國故曰所謂屬國徒空名耳凡事起於朝鮮日本間者於條約上固無與也今閱來文旣以紓難解紛爲中國自任之事復稱中國苟有可爲之處自由本王大臣早籌酌辦以期彼此相安等語是與本大臣所期望於鄰國者正相符合曷不額慶現在本國已派欽使往韓自可樂觀其成矣相應照復貴王大臣查照須至照會者

【日譯文】

大日本國欽差全權大臣森照復ノ爲メニスル事明治九年二月十二日貴王大臣ノ復文ヲ接准シ逐層閱悉セリ本大臣査ス前ニ朝鮮ノ一節ヲ論シ極メテ本國使ヲ遣シ以テ無事ヲ期スルヲ稱セリ夫ノ朝鮮ヲ原スルニ實ニ獨立ノ體ヲ具シ其內外ノ政令悉ク自主ヲ以テ之ニ對ス是ヲ以テ該國自主ノ政令ヲ除クノ外其貴國トノ間ニ所有關係事理ハ我國決シテ顧及セス貴國モ亦條規中侵越等ノ字ヲ引テ我國ヘ加諸スルヲ得ズ故ニ所謂屬國トハ徒ニ空名ノミ凡ソ事朝鮮日本ノ間ニ起ル者ハ條約上ニ固ヨリ與カル無シト曰ヒシナリ今來文ヲ閱スルニ旣ニ難ヲ紓ヘ紛ヲ解クヲ以テ中國自任之事トナシ復タ中國苟ニ爲ス可キノ事有レハ自ラ本王大臣ヨリ早籌酌辦シ以テ彼此相安スルヲ期ス等ノ語ヲ稱ス是本大臣ノ隣國ヘ期望スル所ノ者ト正ニ相符合セリ曷ソ額慶セサランヤ現在本國已ニ欽使ヲ派シテ韓ニ往タレハ自ラ其成ルヲ樂ミ觀ル可キナリ相應サニ貴王大臣ヘ照復シテ查照ス須ク照會者ニ至ルヘシ右

工部左侍郎成

頭品頂戴兵部左侍郎崇

吏部尙書毛

	軍機大臣大學士管理吏部事務寶	
大清欽命總理各國事務	和碩恭親王	へ照會ス
	軍機大臣大學士文	
	軍機大臣協辦大學士兵部尚書沈	
	戶部尚書董	
	署兵部左侍郎郭	
	三品頂戴通政使司副使夏	

明治九年二月十四日

總署(1876. 2. 24/光緒二年正月三十日)

일본 사신과의 왕복조회문 등의 조선 전달 상주

總理各國事務衙門奏與日本使臣往來照會等件擬咨送禮部轉行朝鮮摺
光緒二年正月三十日

臣奕訢等跪奏爲日本國使臣因朝鮮事屢向臣衙門往覆辯論擬請將照會等件照案咨送禮部續行該國俾資審度恭摺具陳仰祈聖鑒事竊臣衙門前據日本國使臣森有禮呈遞節略以朝鮮開砲擊其兵船之事現派大臣往問朝鮮爲兩國永保和好等情經臣等面論亦具節略答復並鈔録前項節略二件於上年十二月二十一日奏陳擬由臣衙門照案咨行禮部備文轉交朝鮮等因奉旨依議欽此欽遵由臣衙門知照禮部轉行朝鮮在案臣等所覆節略原謂朝鮮志在自守中國素不勉强並據中國與日本訂換修好條規所稱兩國所屬邦土不相侵越之言告以不但兵不必用即遣使往問一節亦須籌畫萬全至與森有禮面論之辭亦不外乎此詎森有禮復遞照會謂朝鮮之爲中國屬國徒空名耳彼既爲鄰加我暴戾不得不遣使責之因此凡事起於朝鮮日本間者於條約無所關係等語復經臣等聲明修好條規彼此同守不敢斷以己意謂於條約無關照覆去後旋又據森有禮照會其意謂既引條規不相侵越之意將來日本與朝鮮交涉等事即由中國自任其責若不能自任於條約並無關係正在擬給照覆間森有禮有欲赴保定見李鴻章之請其時森有禮先欲派員同中國官前往朝鮮則答以向來無此辦法又與中國代爲遞寄朝鮮信函則告以曾經禮部奏准凡外國文信概勿轉遞至其欲見李鴻章自係爲復申各説起見臣等俟其由保定旋京給予照覆仍申明屬國分際及條規應守之義森有禮又遞照會仍以前稱屬國爲空名於條約爲無關之説爲答適接李鴻章來信並録與森有禮問答節略其所以告之者與臣等用意略同臣等因其問答中有徒傷和氣及將轉商設法等詞達到之説擬就此暫作收束遂於森有禮遣鄭永甯來臣衙門詢及李鴻章來信之際微露前接節略業經鈔錄奏明由禮部轉行朝鮮一層仍聲言朝鮮接到行知後爲何辦法中國不能勉强等因然後再給照會略示其意玆接其照覆猶引及前説尚不至全無領會臣等公同商酌以上彼此議論情形自應續行朝鮮國王俾資審度謹將日本使臣森有禮續遞照會四件臣衙門給森有禮照會三件李鴻章抄送問答節略一件鈔錄恭呈御覧一面由臣衙門照案鈔錄照會及問答節略等件咨送禮部轉行朝鮮國王

查閱是否有當伏乞皇太后皇上聖鑒訓示謹奏光緒二年正月三十日軍機大臣奉
旨依議欽此

禮部(1876. 2. 27/光緒二年二月初三日) ➡ 高宗(1876. 3. 15/高宗十三年二月二十日)

일본 사신과의 왕복조회문 등 전달

禮部知會抄錄總理衙門原奏及與日本使臣往來照並附北洋大臣與日本使臣問答節畧咨

禮部爲飛咨事主客司案呈准總理各國事務衙門稱續行陳奏日本國使臣因朝鮮事與本衙門往復辨論請將照會等件由禮部轉行朝鮮等因一摺光緒二年正月三十日奉旨依議欽此應咨行禮部密速備文轉交朝鮮俾資審度等因前來相應抄錄總理各國事務衙門原奏及與日本國使臣森有禮往來照會七件竝北洋大臣李與該使臣問答節略一件由五百里咨行朝鮮國王查照可也云云

光緒二年二月初三日

(3) 강화부 협상

128

寺島宗則(1875. 11. 22[?]) ➡ 三條實美

선보사(先報使) 파견 결재 요청

관련문서 변리대신 파견 통고를 위해 도한한 廣津弘信의 보고 개략

甲

今般外務省六等出仕廣津弘信先報として朝鮮國へ被差遣候に付ては別紙指令案幷に伺書共至急御決議相成候樣仕度此段相伺候也

明治八年十一月

外務卿　寺島宗則

太政大臣　三條實美殿

指　令　案

外務省六等出仕　廣津弘信

一 今般特命○○○○朝鮮國へ派出相成候先報トシテ○○艦ニ乘組ミ同國草梁館へ被差遣候事

一 彼地ニ達シ彼官辨ニ面シ○○派出旨意敷陳書幷ニ口陳書ヲ遞與可致事

一 右授與スルニ方リ若シ彼レ難受取趣申立候トモ重大ノ公幹途中ニ於テ受否擅斷可致道理ナキ旨ヲ辯明シ必ス轉達可爲致ハ勿論ナレトモ猶故障申立候トキハ我ニ於テ彼國官辨ニ告示セシ上ハ彼國政府ニ報知シタルト認ルノ意ヲ主張シ敢テ多議ニ涉ル可ラサル事

一 旨意書授與致シ候ハヽ速ニ彼地退去其趣歸奏可致事

右

明治八年十一月　日

外務卿

乙

別紙の趣更に御伺申上度則差上候間御指揮御願候也

十一月廿二日

廣津弘信

寺島外務卿殿

至急伺書

一 先報口陳書面ニハ先報使姓某ト認メ可然ト存候事

一 先報使着韓ノ節訓導別差等例ノ病故ニ托シ暫ク我氣息ノ如何ンヲ窺ヒ候トモ遂ニ就館致サセ候ハ勿論ナカラ若數日間遲延候時ハ另函幷ニ口陳書トモ封緘致シ陪小通事ニ爲持遣ハシ訓導ノ落手證書ヲ取ル可シ萬一其義モ果敢取兼候節ハ事ノ緊急重要ナル趣ヲ告ケ穩カニ釜山若クハ途中迄罷越シ彼官辨ヘ遞與可致事

但シ釜山ヘ罷越ス迄ノ內遞與致スハ必然ノ義ト存候ヘトモ萬一ノ爲メ相伺置候事

一 右ニ付テハ着韓後早クモ五日遲クモ十日間ニハ遞與可致候ヘトモ交代歸航軍艦ノ彼地拔錨ノ間ニ合兼候モ難計隨テ商船滿珠丸事來月八日迄ハ他所ノ雇中ニ有之趣ニ候ヘハ其雇終リ次第長崎縣令ヨリ更ニ相雇ヒ直ニ渡韓申付サセ緩急ノ用ニ備置度候事

一 先報書相遞シ候ハヽ欽差大臣萬一備考ノ爲メ對州ニ於テ草梁ノ委狀面陳可致事

一 元通詞荒川德滋中野許太郎ノ內萬一無據事情有之拜命致シ兼候節ハ別人相撰ミ御雇ヒ申付置候事

以上

一 廣津弘信は海軍省より發遣の軍艦に爲乘組渡韓可爲致事

但し海軍省の都合によりては急便を謀り別船より渡韓候事

一 發遣の軍艦は猛春艦と交代致し候儀に候はゝ同人は猛春艦より歸京致候事

一 既に先報を發し候はゝ草梁館在留の官民保護の義は更に海軍省へ御達し相成度候事

一 蒸氣商船滿珠丸相雇ひ渡韓申付臨時の往返に備置候事

一 長崎縣と嚴原元通詞商中野許太郎荒川德滋義本省判任出仕申付於嚴原欽差大臣の需用に備置へき事

一 在朝鮮國稽古通詞の內通辯上達のもの三四名一時御雇ひ申付嚴原へ爲引取置へき事

以　　上

外務省六等出仕　廣津弘信

一 今般朝鮮國へ被差遣候ニ付テハ海軍省發遣ノ艦へ乘組渡航可致事

一 彼地ニ達シ彼官辨ニ面シ別函幷口陳書ヲ遞與可致事

一 右遞與スルニ方リ若彼難受取趣申立ルトモ重大ノ公幹中ニ於テ阻閣可致道理無之旨ヲ說諭シ猶故障申立候時ハ我ニ於テ彼國官辨へ告示セシ上ハ彼國政府ニ報知シタルト認ムルノ意ヲ主張シ敢テ多議ニ涉ル可ラサル事

一 若シ彼レ病故ニ托シ候トモ遂ニ就館可爲致ハ勿論ナカラ數日遷延候トキハ書面ヲ陪小通事ニ遞與シ訓導別差ノ落手書ヲ取ルヘク萬一其儀モ果敢取リ兼候トキハ事ノ緊急重要ナル趣ヲ諭シ穩カニ釜山若クハ途中迄前往シ彼官辨ニ遞與致ス可キ事

一 書面遞與致シ候ハヽ速ニ彼地退去其委狀ヲ欽差大臣ニ面陳シ又直ニ其趣歸奏可致事

右

明治八年十一月　日

外務卿 寺島（印）

【관련문서】

辨理大臣發遣朝鮮國近況

一 明治八年十二月一日理事官廣津弘信東京ヲ發シ同十七日朝鮮國釜山浦草梁館ニ到達

一 同十九日彼國訓導玄昔運就館廣津ヨリ我朝廷現ニ特命全權大臣ヲ派シ江華島ニ前往シ將ニ京城ニ進マントス我外務卿之カ爲メニ專ラ本職ヲ遣テ事前相報シ更ニ使命旨意ノ梗概ヲ別函ニ開具シテ豫メ相通知スルニ便ニス速ニ之ヲ京城ニ轉達セヨト告ケテ別函 我朝廷中興ノ際專書相告ク意寔ニ好舊ヲ續ク出使三四經歲七八一字一函相報セラルヽナシ客歲東萊府使ヨリ我外務卿書契ヲ修メ萊府ニ來リ抵ラハ相接スルノ約ヲ獲タリ我朝廷期ノ如ク發往ス詎ソ料ラン違約不接乃我九月二十日我火輪船往向牛莊過江華島需水暴ニ砲擊セラル我朝廷貴國心意ノ所在ヲ知ラス未タ敢テ兩國ノ好ヲ以テ塗泥ニ付スルニ忍ヒス玆ニ陸軍中將兼參議黑田ヲ以テ特命全權辨理大臣ト爲シ貴國ニ派シ確的查問必ス要領ヲ獲セシム我明治九年一月中旬ヲ期トシ直ニ江華島ニ向ヒ前往セシム但使事重大ニシテ邊陬兵民情事測リ叵キカ故ニ今使臣ヲ護スルニ兵船ヲ以テスルハ非得止也等ノ大意 幷ニ口陳書ヲ遞與セシニ訓導答ヘテ規外ノ書ハ元本ヲ捧出スルハ自ラ專ラニスル能ハサレトモ如此緊急重大ノ事件之ヲ中途ニ阻ム可カラス今目前自ラ之ヲ謄書シ東萊府使ニ稟シ速ニ京司ニ轉啓スルヲ計ランヲ請フト言ヘリ依テ之ヲ謄寫セシメタリ

一 同二十一日訓導就館テ曰ク別函幷ニ口陳書トモ府使ト謀テ既ニ謄本ヲ以テ京城ニ轉啓セリ元本捧出ト否トハ京司ノ回數ヲ得ルヲ待テト乃チ辨理大臣江華前往通知ノ旨意既ニ京城ニ轉啓セリト云フ訓導ヨリノ證書ヲ致サシメ事前通知ノ要務終リタレハ廣津ハ歸朝シテ外務卿ニ上申スヘキ旨ヲ告ケ同二十三日釜山浦ヲ發シテ對州ニ歸レリ

八年二月森山廣津カ外務卿ノ書ヲ携ヘテ彼國ニ至リシトキト今般廣津カ先報ノ爲超溟セシトキト彼ノ禮賓ヲ比考スレハ其丁寧ノ狀自ラ前ヨリ加フルモノアルニ似タリ

一 同九年一月十三日特命全權辨理大臣黑田副辨理大臣井上ハ玄武丸ヨリ對州竹敷ニ達シ隨航ノ諸艦 日進孟春矯龍高雄函館 前後皆至ル

一 同十五日玄武及諸艦同ク釜山草梁館前灣ニ航達セリ此日館長代理山之城四等書記生ヨリ前ニ我外務卿ヨリ理事官ヲ遣テ豫メ相通知セシメタル我特命全權辨理大臣黑田副辨理大臣井上現ニ對州ニ到レリ將ニ江華ニ前往シ貴國大臣ニ會商セントス若シ大臣出接セスンハ直ニ京城ニ進ムヲ要ス時正ニ嚴冬風浪阻程其該島ニ達スルノ期或七八日後ニ在ラン此意更ニ京城ニ轉申セヨト云報告書ヲ彼國別差李濬秀ニ遞與セリ 但兩大臣ノ釜山ニ至リシハ彼ニ告ケサル事

一 同十八日東萊府使ハ諸艦ノ江華ニ轉航スルノ狀ヲ見テ遽カニ陪通事中ノ尤我邦語ニ通シタル者兩人ヲ撰ミ上京セシメタル由ノ事

一 同二十三日兩大臣ハ玄武丸ヨリ釜山浦ヲ發シ江華ニ向テ進航セリ 他ノ諸艦ハ十七日ヨリ前後江華ニ向テ發航セリ

右ハ二月三日廣津弘信歸京上申スル所ノ大略ニ係ル

三條實美(1875. 12. 9) ➡ 黑田淸隆

특명전권변리대신으로서 조선 파견을 명하는 사령장

관련문서 (1) 三條實美가 黑田淸隆에게 내린 훈조(訓條) (1875.12)
(2) 三條實美가 黑田淸隆에게 내린 내유(內諭) (1875.12)
(3) 내유(內諭) 중 강화 항구 개항 및 항행권(航行權) 협상에 관한 위임 (1875. 12. 28)
(4) 黑田淸隆 파견의 취지

陸軍中將兼參議 黑田淸隆
特命全權辨理大臣トシテ朝鮮國ヘ被差遣候事
明治八年十二月九日

【관련문서 1】

訓條

特命全權辨理大臣 黑田淸隆

一 我カ政府ハ專ラ朝鮮國ト舊交ヲ續キ和親ヲ敦クセン事ヲ望ヲ以テ主旨トセルカ爲ニ朝鮮ノ我カ書ヲ斥ケ我理事官ヲ接セサルニ關ラズ仍ホ平和ヲ以テ良好ナル結局ヲ得ン事ヲ期シタルニ何ソ料ン俄カニ雲揚艦砲擊ノ事アルニ逢ヘリ右ノ暴害ハ當時相當ナル防戰ヲ爲シタリト云ヘトモ然レトモ我カ國旗ノ受タル汚辱ハ應ニ相當ナル賠償ヲ求ムヘシ

一 然レトモ朝鮮政府ハ未タ顯ハニ相絶ツノ言ヲ吐カス而シテ我カ人民ノ釜山ニ至ル者ヲ待遇スル事舊時ニ異ナル事ナシ又其砲擊ハ果シテ彼ノ政府ノ命若クハ意ニ出タル歟或ハ地方官辨ノ擅興ニ出タル歟モ未タ知ルヘカラサルヲ以テ我カ政府ハ敢テ親交全ク絶ヘタリト看做サス

一 故ニ我主意ノ注ク所ハ交ヲ續クニ在ルヲ以テ今全權使節タル者ハ和約ヲ結フ事ヲ主トシ彼能我カ和交ヲ修メ貿易ヲ廣ムルノ求ニ順フトキハ卽此ヲ以テ雲揚艦ノ賠償ト看做シ承諾スル事使臣ノ委任ニ在リ

一 右兩個ノ成効ハ必ス相連貫シテ結局スヘシ而シテ鈐印ハ兩案同時ニ於テスト云トモ和約條款ノ文案ヲ求メテ叶議ニ至ル事ハ必ス雲揚艦ノ事結案承諾ノ前ニ在ルヘシ

一 雲揚艦ノ砲撃ハ果シテ朝鮮政府ノ意若クハ命ニ出タル歟我要求ハ尤モ大ニシテ且急ナルヘシ或ハ其地方官辨ノ擅興ニ出タル歟朝鮮政府亦其責ニ任セサル事ヲ得サルヘシ

一 雲揚艦ノ事ニ付若シ朝鮮政府其責ニ任シ我レト舊交ヲ續クノ誠意ヲ表セズ却テ再ヒ暴擧ヲ行ヒ我政府ノ榮威ヲ汚サントスルニ至テハ臨機ノ處分ニ出ル事使臣ノ委任ニアリ要スルニ朝鮮人慣用スル所ノ依違遷延ノ手段ノ爲ニ悞ラルヽ事勿レ

一 和交果シテ成ルニ至テハ德川氏ノ舊例ニ拘ル事無ク更ニ一歩ヲ進メ左ノ條件ヲ完結スヘシ

一 我日本國ト朝鮮國ト永久ノ親睦ヲ盟約シ彼我對當ノ禮ヲ以テ交接スヘシ

一 兩國臣民ハ兩政府ノ定メタル場所ニ於テ貿易スル事ヲ得ヘシ

一 朝鮮國政府ハ釜山ニ於テ彼我人民自由ニ商業ヲ營マシムヘシ且江華府又ハ都府近方ニ於テ運輸便宜ノ場所ヲ撰ヒ日本臣民居住貿易ノ地ト爲スヘシ

一 都府ト釜山又ハ他ノ日本臣民貿易場トノ間ニ日本人往來ノ自由ヲ許シ朝鮮政府相當ノ扶助ヲ加フヘシ

一 日本軍艦又ハ商賣船ヲ以テ朝鮮海何レノ所ニテモ航海測量スル事ヲ得ヘシ

一 彼我ノ漂民ヲ扶助護還スルノ方法ヲ設クヘシ

一 彼我ノ親睦ヲ保存スル爲ニ兩國ノ都府ニ互ニ使臣ヲ在留セシメ其使臣ハ禮曹判書ト對等ノ禮ヲ執ルヘシ

一 彼我人民ノ紛爭ヲ防ク爲ニ貿易ノ地ニ領事館ヲ置キ貿易ノ臣民ヲ管理ス

以上諸款ノ内時宜ニ應シ即今必要ナラサル件ヲ省略スル事ヲ得ヘシ

明治八年十二月

太政大臣 三條實美

【관련문서 2】

內諭

特命全權辨理大臣 黑田淸隆

一 朝鮮人我カ求望ニ應スルノ接待ヲ爲ス事ヲ除クノ外ハ左ノ三ツノ所作ニ出ルニ過キザルヘシ

第一

使節ニ對シ凌辱ヲ加ヘ或ハ使節ヲ認メズシテ暴擧ヲ行フ

第二

使節ヲ接セス又暴擧ヲ行ハズ書ヲ投ズレトモ答ヘス

第三

新約ヲ求メハ支那ノ命ヲ受ケサレハ答ヘ難シト云ニ托シ又ハ他ノ辭柄ヲ設ケ巧ミニ遷延ノ計ヲ爲ス

一 右第一ノ所爲ニ出ルトキハ相當ノ防禦ヲナシ一旦對馬マテ引揚ケ速ニ使船ヲ以テ實地ノ情狀ヲ奏報シ再命ヲ待ツヘシ第二ノ所爲ニ出ル時ハ我ノ隣誼ヲ重ンシ和平ヲ主トスルノ好意ヲ認メサルノ罪ヲ責メ我政府別ニ處分アルベシトノ旨趣ヲ以テ彼ニ一書ヲ投シ速ニ其旨ヲ奏報シ後命ヲ待ツヘシ第三ノ場合ニ於テハ左ノ旨趣ヲ以テ詰責スヘシ

一 兩國ノ舊交ハ未タ曾テ支那ノ仲介ニ由ラズ

一 昨年東萊府使朴ヨリ森山ニ向テ外務卿ノ書ヲ接スベキノ約ヲ爲シタルハ支那ノ許可ヲ經タルカ今年又前約ヲ違ヘタルモ支那ノ許可ヲ經タル歟江華島ノ事ハ亦支那ノ許可ヲ經タルカ以上諸件已ニ支那ノ意ニ出ルニ非ルトキハ江華暴擧ノ辨償ト將來ノ新約トハ俄カニ支那ニ經由スルノ理ナシ我カ日本ハ必ス直チニ之ヲ朝鮮政府ニ向テ要求スヘシ

一 若シ朝鮮政府ハ必ス支那ニ問テ後ニ我カ求メニ應セントナラバ其往復ノ時間ハ我カ兵隊ヲ京城ニ屯駐セシメ而シテ彼ノ餉給ヲ要シ又江華城ヲ占有シテ公法ノ所謂强償ノ方法ヲ行フベシトノ難題ヲ發スヘシ

一 以上諸件ハ豫畫スル所ト云ヘトモ實地ノ景況ニヨリテハ臨機取捨スルハ使臣ノ權內ニアルヘシ

一 我カ朝鮮政府ニ求ムル所ノ件々ニ付其必要ナラサル部分ハ兩國ノ幸福

ナル和好ヲ重スルカ爲ニハ臨機酌宜シテ我カ意ヲ降シ彼レノ言ヲ申フル事ヲ得ヘシト云トモ左ノ數項ハ必ス我カ初議ヲ執ルヲ要スヘシ

一 釜山ノ外江華港口貿易ノ地ヲ定ム

一 朝鮮海航行ノ自由

一 江華事件ノ謝辭

一 彼レ其說ヲ主張シ若クハ虛飾シテ到底我カ必要ナル求望ニ應セサルニ至ルトキハ縱令ヒ顯ハナル暴擧ト凌辱トヲ行ハスト雖トモ使節ハ兩國和好ノ望ミ已ニ斷ヘ我カ政府ハ另ニ處分アルヘシトノ旨趣ヲ以テ決絶ノ一書ヲ投シ速ニ歸航シテ後命ヲ俟チ以テ使節ノ體面ヲ全フスヘシ

明治八年十二月

太政大臣 三條實美

【관련문서 3】

特命全權辨理大臣 黑田清隆

內諭書要求三項中

一 釜山ノ外江華港口貿易ノ地ヲ定ム

一 朝鮮海航行ノ自由

右兩件彼國全權ト談判ノ上實地施行ノ時限緩急決定ノ權ハ使臣ヘ御委任ノ儀ト可相心得事

明治八年十二月廿八日

太政大臣 三條實美

【관련문서 4】

一 我カ朝鮮ト隣交實ニ三百年ノ舊アルヲ以テ戊辰以來禮ニ依テ書ヲ發シ我カ政府ノ改革ヲ告ケ以テ交誼ヲ保續センコトヲ求メタリ然ルニ朝鮮ハ文書格式衣服制度ノ舊ニ非ルニ托言シテ我カ書契ヲ接セス我カ理事官ヲ斥ケタリ今當ニ特命全權辨理大臣ヲ派シ更ニ一層ノ懇誼ヲ表シ而シテ使節ニ委スルニ便宜處分ノ權ヲ以テシ要スルニ兩國ノ交好ヲ尋キ相當ノ條約ヲ修メシムヘシ

一 去ル九月十九日我カ雲揚艦ハ水ヲ需ムルカ爲ニ朝鮮江華島邊ニ進ムニ暴カニ朝鮮兵ノ爲ニ砲擊ヲ受ケタリ是レ朝鮮政府ハ顯ハニ我ヲ敵視スル者ノ如シ今尋交ノ爲メ辨理大臣ヲ派スルニ付應ニ其故ヲ伺ヒ相當ノ補償ヲ求メシムヘシ

130

廣津弘信(1875. 12. 19(?)) → 玄昔運(?)

전권변리대신의 江華島 파견을 통고하는 구진서(口陳書)

관련문서 (1) 구진서 사본을 동래부사에게 송달했음을 통보
(2) 구진서 사본을 조선 조정에 송달했음을 통보

口陳書

我朝廷現派 特命全權辨理大臣由江華灣前往將直進 京城爲此 我外務卿專遣本職事前相報更將使命旨意梗概別函開具以便預相通知

右望幷別函轉達 京城不錯

明治八年十二月

大日本國理事官 廣津弘信 (印)

另具者

我朝廷中興之際專書相告意寔續舊好爾後使出三四經歲七八無一字一函見以相報客歲我外務官員森山從東萊府使朴獲更修 外務卿書契來抵東萊相接之約 我朝廷如期發往詎料違約不接乃我九月二十日我火輪船往向牛莊過江華島將抵江口需水暴被砲擊 我朝廷不知 貴國心意所在未忍敢以兩國之好付之塗泥玆以陸軍中將兼參議黑田爲特命全權辨理大臣派遣 貴國的確査問必欲獲要領期我明治九年一月中旬 貴國本年十二月十五日至二十四日 直向江華島前往若不得接答將直進 京城要不容有依違遷延之慣法然亦匪寇婚媾言婦于好但以使事重大而邊陬兵民情事叵測故今護使臣以兵船非得已也

右爲 辨理大臣使命大旨本職玆先敷陳專便豫相通知若其問辨特係 辨理大臣專對之任非本職所敢干涉也

【관련문서 1】

貴國特命全權辨理大臣由江華灣前往 使命旨意梗概數陳別函與先報口陳書之捧出非任官自專故并爲謄書呈納本府以速達 京師之意仰稟計料而元本之捧出事承本府之敎更爲回報矣 俯諒是希

乙亥十一月二十二日 訓導 玄昔運 (印)

【관련문서 2】

使道敎內別函及口陳書旨意已爲轉達京司而元本則不敢自專捧出待 京司回下更爲相報之意爲敎故玆仰陳 俯諒幸甚

乙亥十一月二十五日 訓導 玄昔運 (印)

131

黑田淸隆(1876. 1. 5)

화의 결렬시 출병 건의안

관련문서 朝鮮征討 사단 사령장

黑田清隆建議

明治九年一月六日(假)

朝鮮出兵ニ關スル策案

朝鮮政府舊交ヲ修メ條約ヲ爲ストキハ則已ム或ハ暴擧砲擊使臣ヲ凌辱スル歟或ハ依違遷延百方辨論スレトモ使命ヲ達スル能ハス遂ニ決絶ノ書ヲ贈ルニ至ル歟我政府豫メ警備ヲ爲サヽル可カラス今竊ニ清隆ノ所見ヲ陳スル左ノ如シ

一 和議成ラス内諭書中掲クル所ノ如キ場合ニ於テ之ヲ奏報スルニ至ラハ和戦ノ決ハ天皇陛下ノ英断ニ出ツヘシト雖モ其事ノ由來スル所ニ因テ上意ノ在ル所ヲ察スル勢必ス之ヲ不問ニ置カス夫レ懲伐ノ事神速ニ出テ時機ヲ失フ可ラス苟モ遷延月日ヲ曠セハ清魯諸國ノ葛藤ヲ生スルナキヲ保ツ能ハス且國内人心ノ嚮背ヲ誤リ不測ノ變ヲ生スルモ未タ量ル可ラス故ニ清隆發遣ノ日ニ於テ早ク已ニ和議諧ハサルノ慮ヲ爲シ若シ決絶ノ報ヲ得ハ直ニ王師ヲ發シ彼ヲシテ防禦ノ遑アラサラシメ以テ機會ヲ誤ルナキヲ要ス

一 和議ノ諧ハサルヲ以テ懲伐ノ擧ヲ行フ彼レ屈服悔悟我意ヲ達スルニ至レハ則足レリ固ヨリ土地ヲ貪リ版圖ヲ廣ムルヲ欲スルニ非ス故ニ師ヲ出スノ初ニ當テ豫メ明諭ヲ下シ普ク此意ヲ知ラシメ我カ國體ヲ全フスルヲ要ス

一 發遣スヘキ陸海軍ノ部署ヲ豫定シ小倉廣島兩分營等ノ如キ發往ノ近便ナル者ヲ以テスヘシ故ニ山縣陸軍卿河村海軍大輔ニ内命アリ密ニ之カ處分ヲ爲サシムヘシ

一 陸海軍ノ部署既ニ平日ニ定マレハ清隆奏報ノ後必ス三日ヲ期シテ發遣スル者トス奏報ノ書信或ハ電報暗號ヲ用ヒタル者清隆ノ名アル者ヲ以テ確證トスヘシ

一 進口及各處分遣ノ兵員多寡ノ如キハ清隆彼地ニ於テ全國ノ形勢ヲ審ニシタル後臨機具陳スヘシ

一 文武各常識アル固ヨリ論ヲ待タス非常ノ際ニ當リ或ハ文官ヲ以テ將校ニ充テ或ハ其情願ニ仍テ軍事ニ干預セシムルノ弊アル可ラス又徵兵ノ法既ニ成規アリ士族ヲ募リ卒伍ニ加フ獨リ邦制ニ違フノミナラス他ノ弊害ヲ招ク誠ニ鮮カラスト此二ノ者最モ宜ク愼重スヘキ者トス
一 王師ヲ發スルノ日ニ當テハ交戰條規ニ照シ同盟各國ニ宣布シ局外中立ノ法ヲ執ラシムルノ手續ヲ爲スハ固ヨリ論ヲ待タス然トモ之カ爲ニ出兵ノ期ヲ淹滯シ或ハ軍機ヲ澹スルノ憂ナキヲ要ス
一 懲伐ノ擧ヲ行フノ旨趣ヲ具ニ各國駐箚我公使ニ報シ各國政府ヲシテ我ノ公明ナル義擧ヲ認メ相疑フナカラシムルヲ要ス

明治九年一月

特命全權辨理大臣 黒田淸隆

【관련문서】

官 姓 名

朝鮮征討師團司令長官被仰付候

陸軍少將 大 山 巖

朝鮮征討師團參謀長被仰付候

陸軍少將 野 津 鎭 雄

朝鮮征討師團第一旅團司令官被仰付候

陸軍少將 三 好 重 臣

朝鮮征討師團第二旅團司令長官被仰付候

右之通被仰付度此段申進候也

明治九年一月十六日

陸軍卿　山 縣 有 朋

太政大臣 三 條 實 美 殿

陸軍省

今般朝鮮征討軍トシテ先ヅ一師團出張被仰付候條順次發遣可致候此旨相達候事

年　月　一

陸軍少將 曾 我 祐 準

第二師團第一旅團司令官被仰付候

右 同 人

陸軍少將大山巖出張中陸軍省第一局長兼勤被仰付候

右 同 人

陸軍少將種田政明出張中東京鎭臺司令長官兼勤被仰付候

陸軍少將 四 條 隆 謌

第二師團第一旅團司令官被仰付候

右 同 人

陸軍少將野津鎭雄出張中熊本鎭臺司令長官兼勤被仰付候

陸軍少將 井 田 讓

第二師團第三旅團司令官被仰付候

右 同 人

陸軍少將三好重臣出張中大阪鎭臺司令長官兼勤被仰付候

朝鮮征討軍師團司令長官某

朕汝朝鮮征討軍師團司令長官某ニ節鉞ヲ授ケ委スルニ閫外ノ權ヲ以テス汝能ク朕ガ意ヲ體シ左ノ條款ヲ遵守シ速カニ歸奏スル所アレ

第一 征討陸軍ノ節度進止ヲ委任ス

第二 征討海軍ノ少將某ト相謀リ海陸ノ劃策犄角相助クルヲ要ス

第三 征討軍輜重軍需陸軍海漕ノ事ハ總テ汝ノ主轄ニ任ス

第四 陸軍將校以下ノ罪案ハ軍律ニ照シ處決スルヲ許ス但佐官以上ノ死罪ハ宜シク奏問ヲ經上裁ヲ取ルヘシ

第五 佐官以下進級褒賞ノ事ハ時宜ニ依リ之ヲ奉行スルヲ許ス

第六 一時停戰ノ權一地投降ノ約ハ之ヲ施行スルヲ允ス

第七 抵償ノ爲メ敵境ヲ抄掠スルハ宜シク事宜ヲ酌量シテ之ヲ行フヘシ

第八 請求討求等ノ事ヲ行ヒ戰利ノ所屬ヲ斷シ俘虜ヲ交換スル等悉ク汝カ權内ニ委ス但王族等ヲ虜シタルハ猶上裁ヲ仰クヘシ

朕休戰ノ報ヲ得ルニ臨ミ別ニ全權大臣ヲ派定シ別ニ裁定スル所アラントス此ヲ欽メヤ

参軍ハ參謀長ト相稱シ其參謀長ノ職務ハ兼テ一定ノ規則有之モノナレハ別段ノ御沙汰及ハスト存候

朝鮮征討參軍將官某

朕汝朝鮮征討參軍ニ任スルニ〇〇カ軍事ニ參畫スルヲ以テ凡ソ朕カ擧テ以テ〇〇ニ委任スル所ハ汝能ク朕カ意ヲ體シ左右輔弼シテ遺策アル勿レ若シ時宜ヲ計リ分シテ前後軍ヲ督シ或ハ分遣隊ヲ率キ一方ノ戰地ヲ督スルコトアラハ首長ノ事務ヲ代理シ專決シテ兵機ヲ誤ルコト勿レ此ヲ欽メヤ

朝鮮征討元帥何品親王某官

朕汝朝鮮征討元帥ニ節鉞ヲ授ケ委スルニ閫外ノ權ヲ以テス汝能ク朕カ意ヲ體シ左ノ條款ヲ遵守シ速カニ歸奏スル所アレ奏スル所アレ

第一 征討陸軍ノ節度進止ヲ委任ス

第二 征討海軍ノ節度進止ヲ委任ス

第三 征討軍輜重軍需ノ陸軍海漕ノ事ハ總テ汝ノ主轄ニ任ス

第四 行營ノ運動大小分軍ノ發差ハ汝宜ク兵機ニ應シ其宜キヲ制スヘシ

第五 海陸將官以下ノ罪案ハ軍律ニ照シ處決スルヲ許ス但將官ノ死罪ハ宜ク奏問ヲ經上裁ヲ取ルヘシ

第六 進級褒賞ノ事ハ時宜ニ依リ之ヲ奉行スルヲ許ス

第七 一時停戰ノ權一地投降之約ハ之ヲ施行スルヲ約ス

第八 抵償ノ爲敵境ヲ抄掠スルハ宜シク事宜ヲ酌量シ之ヲ行フヘシ

第九 請求討求等ノ事ヲ行ヒ戰利ノ公私ニ屬スルヲ斷スル等ハ悉ク卿カ權內ニ在リ

第十 俘虜ノ交換モ卿カ權內ニ在リ但王族等ハ猶上裁ヲ取ルヘシ

第十一 休戰講和ヨリ敵國處分立約合盟ノ事ニ至ルマテ悉ク以テ卿ニ委任ス

明治九年一月　　日

御璽

朝鮮征討參軍長官某

朕汝朝鮮征討參軍ニ任スルニ○○ガ軍事ニ參劃スルヲ以テス凡ソ朕カ擧ケテ以テ○○ニ委任スル所ハ汝能ク朕カ意ヲ體シ左右輔弼シテ遺策アル勿レ若シ時宜ヲ計リ分レテ前後軍ヲ督シ或ハ分遣隊ヲ率ヰ一方ノ戰地ヲ督スルコトアラハ元帥ノ事務ヲ代理シ專決シテ兵機ヲ誤ルコト勿レ此ヲ欽メヤ

參戎大臣 某

朕汝ニ命シ朝鮮征討軍元帥ノ帷幕ニ屬シ戎事ニ參佐タラシム凡ソ朕カ擧ケテ以テ○○ニ委任スル所ハ汝能ク朕カ意ヲ體シ輔相參劃シテ遺略アルナウ特ニ外邦交際ノ權義內外政事ニ關涉スル者ニ於テハ殊ニ意ヲ加ヘ講和成ルニ及ハヽ速ニ敵國ヲ處分シ和約章程ヲ立テヽ國威ヲ隕スアル勿レ是レ朕カ特ニ汝ニ寄任スル所ナリ此ヲ欽メヨヤ

海軍秘書官(1876. 1. 14) ➡ 田邊太一

전권변리대신 호위 무관 및 병력 명부

「事(失書)三套第三十壹號」

使韓大臣隨行ノ船艦將佐官并兵隊員數等御承知相成度云々御照會ノ趣致承知候然ル處隨行ノ名義ニ無之別紙ノ通警衛或ハ視察及儀仗ノ名義ニ有之候此旨及御通知候也

明治九年一月十四日

海軍秘書官

外務大丞　田邊太一殿

海軍大佐　仁禮景範

海軍中佐　有地品之允

爲視察朝鮮國へ被差遣候事

日進艦艦長以下　百七十壹人

孟春艦同　八十五人

高雄丸同　百壹人

右辨理大臣警衛トシテ朝鮮國へ回艦ノ事

日進艦々長　海軍少佐　伊東祐亨

高雄丸船長　海軍少佐　井上良馨

孟春艦々長　海軍少佐　笠間廣盾

砲兵一小隊人員　八十壹人

歩兵一中隊同　百六十七人

右辨理大臣儀仗兵トシテ朝鮮國へ出張ノ事

砲兵司令官　海軍大尉　柴山矢八

歩兵中隊長　海軍大尉　志岐守行

133

洪祐昌 ➜ 議政府(1876. 1. 15/高宗十二年十二月十九日)

黑田淸隆 사절선단 중 4척의 강화 이동 보고

東萊府使洪祐昌狀啓

十二月二十三日到付訓別等手本內本月十九日火輪船七隻下碇于黑巖前洋是如故卽爲就館先探事狀于住永倭處則答以爲書契公幹事到今事勢不得不向往江華乃已而今此出來船七隻卽江華向往之路爲報事由而來是如是遣出示口陳書以呈納本府爲說故責之以書契若果歸正以待回下之處分尙未晩矣若未歸正雖往江華有何所益更勿做此駭妄之說姑竢下回爲可而口陳書不可捧納之意責諭爲乎旀二十一日午時火輪船七隻到泊水門外故問情次乘船前進則就中四隻不待問情未時先卽發船三隻留在同處故卽爲照檢問情則第一隻火船良中頭倭海軍中佐天龍格倭五十名海軍三百五十名等同騎爲有旀第二隻火船良中頭倭海軍少佐姜籠格倭四十名海軍三百名等同騎爲有旀第三隻火船良中頭倭海軍少佐山崎正則格倭三十名海軍二百五十名等同騎爲有矣同倭等言內俺等船三隻他火輪船四隻合七隻今月十九日自馬島同發次第到黑巖前洋下碇二十一日午時到泊水門外他火輪船四隻卽爲離發向往江華俺等船三隻追後隨護次落在是如爲乎等以詰責曰火船之多數出來已是意外而江華卽我國京都近地也頃因洋船之閃忽防守戒嚴非復前日江華則決非尋常冒越之地而今者向往云云是何道理是旀先發船四隻所騎船長姓名爲誰人名爲幾許耶答以爲江華之行果是弊朝廷命令則非帶去人之所可進退亦非俺等之所可詳知而船長誰某人名數爻果未的知是如爲乎等以看檢船樣什物則第一隻長八十把高廣各七把帆竹二箇各長十九把汲水小船六隻各長三把高廣各一把鐵環碇乼一張長可八十把糧米二百石石炭一百五十石大砲八坐鳥銃刀劍各四百柄火藥五十樻鉛丸四十樻大鐵丸三百箇載持爲有旀第二隻長六十把高廣各五把帆竹二箇各長十五把汲水小船五隻長各三把高廣各一把鐵環碇乼一張長可五十把糧米二百石石炭一百五十石大砲六坐鳥銃刀劍各三百四十柄火藥四十樻鉛丸三十樻大鐵丸二百五十箇載持爲有旀第三隻長四十把高廣各四把帆竹三箇各長十三把汲水小船五隻長各二把高廣各一把鐵環碇乼一張長可四十把糧米一百五十石石炭一百石大砲六坐鳥銃刀劍各二百八十柄火藥三十五樻鉛丸二十樻大鐵丸二百八十箇載持爲有矣帆竹之三層間架乼物之無數擺開房櫳之飾以琉璃船體

之粉白漆黑表旗之質白點紅大砲小船之列置左右火輪烟筒之設置制樣與前到火船無異舟人之言語面目與館倭無異是乎等以同船圖本及上項口陳書私自謄本上送事手本據同圖本與謄本各一件修送云云以書契一款前後公幹不啻綜詳則彼宜從便改修無違舊式事固當然而終始執拗惟意變幻敢以向往江華肆然爲說者狡倭情狀去益痛惋是白遣七隻船中四隻之先發而直向外洋者縱難臨時挽執旣未能到底問情則揆以邊例極爲疎忽假訓導李濬秀假別差韓寅鎭等段不可無重勘是白遣彼倭所呈口陳書雖爲斥退任譯旣已謄本而事係邊情故別爲謄本竝與船樣圖本長廣高把數什物成冊而修正上送于議政府三軍府爲白乎旀臣責在交鄰接濟之地旣不得臨事斡旋又不能宣威彈壓致使狡倭敢生無前冒越之計者罔非臣不職之罪也惶恐竢勘云云

134

山之城祐長(1876. 1. 15) ➞ 李濬秀

전권사절단의 출항 통보

朝鮮國別差李濬秀ニ付スル口陳書

我朝廷派辨理大臣前往貴國一事前者我外務卿遣理事官豫告知玆我特命全權辨理大臣陸軍中將兼參議開拓長官黑田淸隆特命副全權辨理大臣議官井上馨已到對馬將向江華島前往會貴國秉權大臣若大臣不出接須要直進京城但時正嚴冬風浪阻程其達該島之期或在七八日後也

右更轉申京城

明治九年一月十五日

館長代理

外務四等書記生　山之城祐長

黑田淸隆(1876. 1. 17) ➜ 三條實美

강화도에 2개 대대 병력 증파 요청

電報寫 一月十七日夜

三條太政大臣殿　　　　　　　　　　黑田辨理大臣

對馬ヨリ都合ニヨリ釜山へ向ケ十五日ニ到着セリ廣津ニ聞クニ先報書ハ大事件ニ付朝鮮政府ノ命無レハ受取難シト彼官員主張セシガ十二月廿日漸ク寫ヲ以テ京畿ニ達セシメタリ其後當地ニテ彼ノ悔悟ラシキコトモ申シ出ザルヨシナレハ矢張バクゼン江華ニ到ルモ一先ツ懲サヽレハ其頑固ヲ變ゼサルコト必然ナリ尤モ海路甚タ困難ノ季節殊ニ江華近海出兵ノコトニ至レハ其手配機ヲ失ハサル様御取計可被下候談判ノ穩便ニナラサルハ略シ見切モ付キタレハ断然二大隊至急御差越可被下候右ハ我ヨリ暴擧セザルハ兼テ約束ノ通リ御懸念被下間敷候但シ見込ミ有之故其名義ハ儀仗兵ノ増員トシテ御取計可被下候江華ニ到リモシ破談ノ事宜ニ至レハ高雄丸玄武丸ノ内ヲ以テ更ニ報知セシムヘシ其節各国へ宣布相成タシ今回ノ出兵ハ辨理大臣ノ警備トミナサレ此電報到着セルヤ否ヤ是非五日間ニ馬関出帆兵糧等用意兵隊ト一同御差越可被下候滿珠丸ヲ馬闕へヤソ此電報ヲ發シ又釜山ニカヘルハヅ夫迄ハ馬関ニ碇泊シテマツ十八日午前九時迄ニ御差越可被下候硯海樓へ至急御返事可被下候若シ返事ナクモ御承知之事ト心得取計フヘシ

136

山縣有朋, 鳥尾小弥太(1876. 1. 19)

조선과의 개전시 군사 작전안

朝鮮國ト開戰ノ機ニ臨ミ卽今行軍ノ編制ニ在一師團ヲ以テ征軍ニ備ヘ且ツ之カ需用ニ應ス可キ運送船ヲ供スノミナラス海上ノ護送ト彼地ニ於テ揚陸ス可キ地形ハ要害ヲ得ンカ爲メ少ナクモ戰艦四五隻ヲ要セサル可カラス

以上以テ出征第一師團ト定メ其海陸總軍ノ指揮ハ專ラ第一出征師團司令官ノ專任トナス可シ

此出征第一師團ノ開帆スルニ當リ馬關ニ海陸軍需用ノ物品ヲ蓄積シ吏員ヲ置テ其事ヲ司ラシメ韓地諸軍ノ需ニ應セサルヲ得ス其物品凡ソ左件ノ如シ

第一 彈藥及ヒ攻戰ノ諸器械

第二 食料被服及ヒ他ノ諸雜品

第三 石炭

此馬關ニ駐在スル吏員ハ敢テ多數ヲ要セス如何トナレハ大概ノ諸物品ハ之レヲ東京本省ノ指令ヲ以テ豫シメ之カ備ヲナシ彼地ニ蓄積庫ヲ設ケ置モノナレハ該地ノ吏員ハ只ニ運般及ヒ受取方ノ手續ヲナシ及ヒ食料等其他臨機些少ノ品物ヲ買入其求ニ應スルノ任ニ過ザレハナリ

此師團出軍ノ機ニ及テハ直チニ熊本鎭臺ノ本營ヲ當分小倉ニ移シ廣島鎭臺ノ步兵一大隊ヲ長府ニ屯在セシム以テ此要衝ヲ保護シ韓地ノ交通線上ニ不測ノ患ナカラシム可シ故ニ海軍ヨリモ堅固ナル戰艦一二隻ヲ出シ此港內ニ備フコト尤モ緊要トナス

此第一出征師團ノ發程スルヤ直ニ第二出征師團ノ編制ニ着手ス可シ此第二出征師團ハ實ニ國家不測ノ禍害ニ備フル者ナルカ故ニ出師ノ目的ハ必シモ韓地征軍ノ援軍トノミ着目セス故ニ之ヲシテ中西國ノ間ニ召集シテ臨機ノ運動ヲナスニ備ヘ置ク可キハ左ノ三件ニ限ル

第一 韓地ノ征軍不利ノ景況

第二 淸國トノ關係ノ景況

第三 內國ノ景況

此第二出征師團ノ召集ヲ布令スルノ機ニ臨メハ必ス

鳳輦ヲ大坂ニ駐メ以テ征軍ノ本營ト定ム可シ故ニ此第二出征師團ハ專ラ本

營ノ指揮ヲ仰クノミナラス其第一出征師團モ隔地ニ命ヲ奉シテ全ク一軍ノ連絡ノ部分ニ在ル可シ

若シ清國トノ關涉ニ於テ第二出征師團ヲ召集スル時ハ海軍ノ全力ヲ盡シテ以テ幹地ノ交通線ヲ防禦シ且ハ瀨戸內及ヒ馬關ノ不虞ニ備ヘ清國艦隊ヲシテ我禍害トナラシメサルコトヲ図ラサルヲ得ス

若シ內國ノ景況ニ於テ第二出征師團ヲ召集スル時ハ敢テ海軍ノ全力ヲ要セス聊カ不虞ニ備ルノ數ニテ足ル可シ

若シ[韓]地征軍不利ノ景況ニ於テハ第二出征師團ノ第一旅團ヲ直ニ召集シ從テ其全軍ト共ニ大坂ニ本營ヲ遷シ先ツ海軍戰隊ヲ遣ツテ其急ヲ救ヒ徐ニ進退ノ図ヲ議ス可シ此第ニ征軍ノ第一旅團ヲ直ニ召集スルモ之ヲシテ韓地ニ進入セシムルノ景況ハ其時機ニ關スル者ナリト雖トモ萬一此ノ不利ノ報告ヲ受ル時ハ內地ノ景況ニ關係少ナカラサルカ故ニ速ニ之ヲ召集シテ中西國ノ間ニ屯在セシムルヲ以テ最緊要トス

昨春解隊セシ壯兵ハ第二出征師團編制ノ時宜ニ於テ之ヲ再ヒ召募ス可シ

明治九年一月十九日　　　　　陸軍卿　山縣有朋　(印)

陸軍大輔　鳥尾小彌太(印)

137

趙秉式 ➡ 議政府(1876. 1. 29/高宗十三年一月四日)

강화부 판관 朴齊近의 문정 결과 보고

관련문서 일본측 기록

江華留守趙秉式狀啓

今初三日寅時本府判官朴齊近與軍官高永周偕入彼船問情後至午時出來以其答話件記後錄馳報云云

後

問向聞我國萊府傳報則日本國船去月二十七八日間將向弊境云矣貴船果是日本國船耶當此嚴冬遠涉大洋一行平穩而亦無柴糧匱乏之患耶答我船是大日本帝國軍艦孟春艦而艦長卽海軍少佐笠間廣盾也因我國派出特命全權辨理大臣黑田淸隆將去貴京城會艦南陽府灣唐津浦而先使該艦測量水路矣一行則俱爲泰平所乏者只是飮水而已柴粮實無不足之患然厚意則感謝云云又問爾船中人名爲幾何而更無他國人耶答船中俱是日本人而數爻九十一人內艦長一人士官十二名海兵十名水兵六十八名也將欲下陸汲水未知何處有水乎云故答以草芝境內有水而幾人將欲下陸汲水耶彼答曰將使從船二隻限十五人領去汲水云云故指府吏二名曰當使此人輩指路汲水云云又問因甚事來此而何日還去耶彼答自今日至再明日限三日內尺量海水盡揣深淺然後更爲下往唐津浦導特命全權辨理大臣所乘公事船一隻與其餘四隻船以來而竝此船則爲六隻矣至於甚事云云在於公事船到泊後與貴朝廷商確之如何而吾們則只是保護公事船而已初未詳知雖知之不必言之云云又問來當何泊乎彼答曰待此船回報然後在於公事船之止於止處何可質言云云又問今此酬答人見居何官而姓甚名誰彼答曰外務省譯官阿比留祐作矣彼譯倭仍以艦長言欲爲請入渠之居處木室以致感謝之意故不能排却黽勉隨入則坐定寒暄後斟酒勸飮故擧盃仍置曰厚意雖感而本不飮酒云云彼又問此去江華爲幾里自江華而去京城爲幾里乎答云江華則爲百餘里自江華距京城爲二百餘里所謂艦長使該譯傳語曰今此勞問極爲感謝將於貴官還去之後下陸致謝云云答曰汲水猶可說也至於致謝次下陸揆以格例大爲不可更勿以此掛念爲好仍謂彼輩曰此船雖至此境卽我國內洋也我國法意外國船艦不許闖入內洋須勿更爲溯上爲好云云彼答曰此亦在於公事船上來後進退之如何

果非吾們之所質對云云彼曰欲得野菜及鷄魚而見有貴國常平錢以此給價云云答曰柔遠之誼寧以些少之物至於賣買乎彼又曰欲爲空給此是前例乎又或因貴國朝令而然乎答曰奚暇有朝令亦豈有前例乎其在柔遠之誼不可以論價彼笑以點頭此外別無可問之端故仍與作別而還歸本船船樣段長可三十把許廣可四五把許水上浮高爲一丈半許內白外黑船板厚以木尺近爲一尺船上有三帆竹及鐵烟筩二坐連爲起烟旗標則白質紅心船中汁物段大砲爲五坐而諸般銃釼與器皿難以殫記人樣段皆是剃頭與鬚形貌俊秀者居多所着衣服段擧皆黑氈窄縫頭戴之物洽似黑柒盒樣而前有小簷皆以金銀爲飾外他房屋排設炫煌眼目難以枚擧爲乎齊

【관련문서】

一月廿八日午前八時問情ノ二字ヲ大書シ船首ニ旗ヲ立テ來ルアリ二名上艦ヲ許シ姓名及官名ヲ問フニ草芝ノ衙前趙義永公吏朴升均ト答フ問情書ヲ出ス左ニ擧グ

向聞我國萊府傳報則日本國船去月廿七八日間將向弊境云矣貴船果是日本國船耶當此嚴冬遠涉大洋一行平穩而亦無柴糧匱乏之患耶地方官將欲勞問次先使我們通告

時ニ亦一艘ノ船來ルアリ則地方官問情ノ船ナリ依テ二名ヲ上艦セシム官姓名ヲ問

答江華府判官四品朴齊近京職五品官高永周ナリ問情ノ返翰ヲ請フ

大日本國派出特命全權辨理大臣黑田清隆將去京城會艦南陽府灣唐津浦而先使該艦測量水路因通告之各位來艦多謝

問遠航ノ所ミナ平安ナリヤ且柴糧乏ラズヤ

答無恙厚情ニ隨ツテ請求セン水何所在ルヤ

問前島草芝ニアリ且ツ水汲ハ何名下陸致サレ候哉

答小船二艘人員十五名下陸セン

問當浦ニ幾日留ルヤ

答今日ヨリ三日滯在水路ヲ量リ而シテ后チ唐津ニ歸航大臣ニ報知セン

[問]艦數都テ幾クカ

[答]大臣ノ乗艦ヲ省キ合テ守護艦五艘ナリ先ツコノ船ヲシテ水路ヲ量ラシムルナリ

[問]然ラハ回報ノ后チ直チニ向ワレ候ヤ

[答]未タ計リ難シ我レ知ラズ

[問]艦長官姓名及乗組人員幾クカ

艦長幷乗組人員士官海兵水兵ノ區別ヲナシ書記シ與フ

[答]江華府マデ何ン里亦京城マテ何里ナルカ

[問]江華府迄ワガ百里京城迄ワガ三百里

右談合終テ艦長房内ニ誘ヒ酒ヲ歡メ且ツ地圖寫眞等ヲ見セ問フ昨日到泊我カ國旗ハ預テ承知モアルベク本日上陸水路測量云々ノ談判セント覺悟ノトコロ偶マ來訪ニ相成リ候故復答禮セザルヲ得ズ依テ午後上陸イタシ度貴地ニ於テ差支ナキヤ

[問]我輩ハ事實ヲ知レトモ無知ノ百姓等駭愕セン事恐ル願クハ下陸御斷リイタシタク併シナカラ過刻談判ノ水汲ハ砲臺下ニ端舟着セバゴ先導仕ベク

[答]測量ノ後本艦幷守護艦共ニ碇泊大臣上陸ノセツハ命ニ隨ツテ公等先導ノ職務ナルカ

[問]我輩ハ然ラズ唯問情ノ爲江華府ヨリ來リシ者ナレハ卽刻上府セン然リ而シテ不日我政府ヨリ上官ノ者出役アラント云

[答]公等直チニ上府セントナラバ當方ヨリ若シ談合ノ次第有之セツ何官ニ談判シテ可然哉官名姓名ヲ聞カン

[問]過刻ヨリ上艦セシ啇前及公吏當地在留ノ者ニツキ萬事彼等ニ御引合有之度

[答]コノ砲臺ニ常備ノ兵幾ク在リヤ

[問]常備ノ兵ナシ事アルトキハ京城ヨリ出兵アルナリ

特命全權辨理大臣ハ何ノ談判アリテコヽニ來ルヤ

[答]我等ハ大臣守護ノ者タリ談判ノ旨意知リ難シ

[問]大臣ハ何日コノ地ニ來ルヤ

[答]我レ之レヲ知ラズ

右ノ談判終ツテ彼レ等我レニ告ク隨分平安ヲ希望スト云テ甲板上ニ登ル

閔台鎬 ➜ 議政府(1876. 1. 29/高宗十三年一月四日)

남양부사 姜潤의 문정 결과 보고

京畿監司閔台鎬狀啓

枚擧南陽府使姜潤所報內今初二日府使持饋遺物種擇定將吏冒險馳往于異船所住之際二帆船一隻忽起烟熖出去楓島後洋故艱到于上流所泊三帆船住碇處使人先通地方官持物目來此之意仍問何國船則彼曰大日本帝國軍艦也曰緣何來此乎曰僕惟傳語者而不知何緣由也曰然則此意告于船中所管人如何曰地方官旣來云一一問情則大槪知之矣彼人還入船中有頃下來我船相邀而彼曰官長與下人三名登船餘人勿許入船事船長致意云故府使率下吏三人登船則別有一譯前導止于一所曰此船長接賓處也云少住於門外先入通報後邀入矣始有二倭繼入定坐後其中一倭手傳名帖乃是外務大丞宮本小一也慰其遠來問其來意則彼曰大人此行豈是朝廷所命乎曰否也我係地方官而先此委到耳彼稱感謝曰我船將往于江華而初行之致水路未熟暫止于此爾問貴船幾時發行將往江華果居何意曰此是已有通報于貴朝廷之事而發船卽我曆明治八年一月初旬而在貴國曆十二月念後也曰然則黑田在船乎曰在于他船而又有副大臣一人同爲騎船耳曰副大臣姓名云何乎曰井上也俱係一品之官黑田則管理陸軍省地方幾爲貴國之半而參議內閣號稱勅任官我兩人卽奏任官此前對馬島主之職也而數日間往于江華則我兩人中一人似可下陸與江華留守對話矣曰彼位姓名云何曰大臣外我輩共是五人期欲盡知其姓名乎曰願聞之其一倭起坐出去拾紙而入手書五人以示而此倭卽外務權大丞森山茂是乎旀問大臣之來必有義諦或可聞耶曰我國凡務與前有異交鄰之際亦有所變更則不得不有此行而大抵無他卽爲修好也若非此等大事則以若貴大臣何可出境乎曰三百餘年相好之誼更有何別般修好也曰裏面事情我等不能揣知也此去江華爲幾里曰水路二百餘里彼曰此船自南極至此容費一日半曰各船人數幾何曰未可詳知而槪各五百名內外也仍爲勸茶勸烟及果子彼問貴國主上殿下體候若何曰聖體萬康曰大院君氣候如何朝廷官員擧皆太平曰俱爲安寧耳彼曰今我此來貽勞非細甚不安也曰何足過念彼曰饋遺物種深領盛意而冒受極未安敢玆還納矣曰如此不腆之物有此厚謝極爲愧赧幸望哂領曰自有粮餼之備不必貽憂矣曰雖知如此地方官之奉法擧行有難廢却矣曰後次之來當隨賜隨領也曰數日間似有朝廷所送問情官之來也曰然則必使直

臨此船之地至好他船多擾不如此船之穩耳曰黑田或可面見否曰貴朝廷大臣來臨後始可接面餘外萬無是理矣曰昨今兩日出去二隻船果去何地曰轉向于江華境欲尺水之淺深而先去也語畢卽欲起身彼曰欲賞船中物容則謹當指揮各所矣府使初意有不欲見更以思之一番周視不害爲探其虛實故欣然許之則譯倭前導處處指示甚至於軍器所在而小無所隱銃及環刀列立者各爲百餘柄一邊有綿帒之可容十斗者纍纍掛置故問此何物曰軍服也每軍各持銃刀及此物概船上人數似未滿二百名是乎遣其外雜物實難爲目而船上左右置大砲各三門正中臥置大砲承之以盤機砲長量爲一丈有半腹高及於臍下而一倭出示砲丸長可一尺圓經可爲半尺矣府使還收饋物回棹顧眄則二帆船一隻又爲出去卽申時量是乎旀彼人職姓名記粘連上送于議政府云云

特命全權辨理大臣隨員
外務大丞宮本小一
外務權大丞森山茂
開拓少判官安田定則
開拓幹事小牧昌業
開拓使七等出仕鈴木大亮

森山茂手書
外務省四等書記生浦瀨
六等書記生荒川
六等書記生中野

問情後錄書

宮本小一, 森山茂(1876. 1. 29)

吳慶錫, 玄昔運 내방 기록

同廿九日午前七時司譯院堂上官從一品吳慶錫東萊府訓導玄昔運二名來レリ先ツ上船ヲ許シ姓名幷事實ヲ問フ

答艦長ニ面談ヲ請フニヨツテ房內ニ誘ヒ測量云々及ビ類船數等孟春艦乘組士官姓名尋問ノ如キハ昨日地方官ニ談判ノ如シ

問大臣ハ何レニ向ハルヽヤ

未タ定ラズ先ツ孟春艦ヲシテ水路ヲ量リ回報ノ後一決スベシ

問我等特ニ朝命ヲ奉シ京城ヨリ直ニ來リシハ貴大臣ノ向處ヲ知リ復命ノ後ハ我ガ朝モ大臣ヲシテ迎接セシムルニヨツテ尋ルナリ

問本艦ハ何レニ碇泊スルヤ

南陽ニ碇泊ス

答然ラハ卽時陸路ヨリ南陽ニ赴クベシ若シ貴艦ニ後ルヽ時ハ兩名ノ上船セシト我ガ大臣ノ迎接スル事ヲ上申セラレヨ又タ諸艦長ノ姓名ヲ問フ

高雄日進二艦長ノ姓名ヲ記シ且ツ大臣乘艦ノ日章ヲ檣上ニ立ツルヲ示シ日進ノ艦形ヲ麁圖シ與フ右談話中亦タ韓船來ルアリ書面幷鷄三十首秀魚十尾ヲ地方官ヨリ献ゼント請フ固ク辭ジ書答ハ左ニ記ス

貴國公吏二名再問加之贈鳥魚厚情謝之雖然無缺乏患唯飮水耳告之江華府判官因今排却之幸勿咎

彼レ魚鳥ト共ニ持チ來ル書左ニ記ス

昨來江華公吏二人慰問次來此久矣謹詢夜來貴船一行太平耶

同午後九時三十分カンニユンポニ於テ小蒸氣船水路測量ノ爲メ碇泊ノ節問情ニ來ル其文ニ曰

國心量爲之如何　字問之然他國船不入我到矣貴船浮去故下去數掛云故貴國船浮送此來我國都百一本船我國右他國人物何事到江華耶

大日本國派出全權大臣將去貴國京城本艦會同南陽府下竝草芝而使該船測量水路因昨日事由通告江華府判官竝京職而今日來于此投錨俟明天欲歸草芝碇泊本艦各位問情報告之

140

議政府(1876. 1. 30/高宗十三年一月五日)

접견 대관과 부관의 임명

命接見大官申櫶副官尹滋承除下直同去

議政府啓言連接問情辭緣則期欲見我國大官云依其願一番接話恐爲允當判府事申櫶出去接見處所請從便爲之又啓言大官纔已蒙允矣不可無副官副總管尹滋承除下直請同爲下去竝允之

趙秉式 ➡ 議政府(1876. 1. 30/高宗十三年一月五日)

李熙聞, 李應浚의 문정 결과 보고

江華留守趙秉式狀啓

問情官李熙聞李應浚手本內問情次馳到寅火堡則彼船發船遡上故徑路跟隨至本府屬月串鎭下松亭浦前洋留碇處放船直入則因彼禁不得登船彼下我船寒暄後仍爲問情而問情記開錄云云

後

問情官手本

本月初三日酉時自京離發初四日申時到江華府探問異樣船之消息則初三日自楓島三帆火輪船一隻來泊于草芝鎭前洋地方官已爲問情而將欲連夜馳往問情矣又聞二帆異樣船一隻初四日來停於府西三十里地寅火堡是如自本府已爲差送問情監色故同爲問情次初五日卯時趲進是如可未及本鎭數里許接見彼船開帆遡上之文簿仍爲回程隨行至昇天堡前洋住碇處乘船入去問情則彼自船中迎下我船出示口陳書一張名帖一張故欲上彼船則彼云旣有口陳又無他事不必上船云故與坐于我船欲爲筆談則彼使通事倭以我言傳語然或有糢糊難認句語亦不能運筆是乎旀船樣段長可二十餘把廣可三四把船上有二帆竹旗號則白質紅圈是乺遣服色段出入之人擧皆洋服而人名數爻及船中什物火砲兵器等物以未上船之致不得詳知是乎旀申時還歸時望見彼船起烟還歸來路是白遣口陳書與名帖粘連上送而問情記後錄進呈云云

彼人名帖

大日本帝國全權辨理大臣隨行開拓少判官 安田定則

口陳

我明治九年一月十五日釜山浦在留館長代理某豫如暢達陸軍中將兼參議開拓專管特命全權辨理大臣黑田淸隆議官特命全權辨理副大臣井上馨旣到於江華近島欲測量河水深淺使此火輪船向於江華府前往而已矣

明治九年一月三十日

我問 貴全權大臣及副大臣同爲在何處耶

彼答 在江華近島云

我問 水路幾里許

彼答 三百里

我問 島名甚麽

彼答 但知浦口不知地名

彼問 貴國大臣何時出來耶

我答 俺們來此已過幾日未能詳知

我問 貴大臣緣何事來此乎

彼答 大臣何所爲非吾所知

[我問] 森山今在何處乎

彼答 亦在近島耳

我問 今此火船將往何處乎

彼答 還歸前日留住處

我問 留住處是何地乎

彼答 亦在近島

閔台鎬 ➡ 議政府(1876. 2. 1/高宗十三年一月七日)

吳慶錫, 玄昔運의 문정 결과 보고

관련문서 일본측 기록

京畿監司閔台鎬狀啓

枚擧德積僉使韓鎭龜牒呈內 今初四日午時 彼人十四名 乘從船二隻 下陸於仁川府西面甕巖漢津兩洞 或登山或入村家是白去乙 卽使本洞 備酒饌餽之彼人但稱謝不受 申時仍爲乘船 還去延興項 留在異船三隻 問情次 問情官吳慶錫玄昔運 率本營將校金舜榮下吏金鎭秀等 今日辰時行船 當日戌時還到本府境濟物津 而濟物津之於延興項 相去可一百五十里許 則往返之間 潮起潮落 行船極艱 自然遲滯 極爲悚惶是如云 而問情官手本 謄上議政府云云

問情記

今初五日曉頭乘船 午時到延興項內洋 先問於三帆船留碇處 則最助倭出迎故同入該船

先責曰　爾於入歸時 以書契變通 使行停止另圖事 有所爛量 至於訓導之歸朝稟事 而今此使船至此 是何無信之甚乎

彼曰　僕以幹事之任 積年勤勞之餘 遽當兩國安危之時 不忍束手坐視 故有所奉議倖望者 而及到馬州 則使船卽至 時致已晩 計無可施 故間有專書於住永 使之轉及於訓導者 則庶可參恕 而此豈今日可執之說乎

相詰之際 有一倭請入 故隨入一處 則外務省大丞宮本小一與權大丞森山茂出接曰 我國派出全權大臣一事 已有我官吏在釜山兩次通知者 而今又見公等相報者 我大臣先送兵船二隻 從江華前江南北二口 擇衆軍艦可以便往之路而暫住此處 俟測水二船回報 直入江華城中 我兩人則卽與留守面談後 陪我大臣 直進京城云

故我答曰 廣津弘信入歸時 有另圖停止使行云矣 何不踐言而出來乎

彼曰　出使小官 安得擅便於國之大事乎 此非吾等之辨說者也

我曰　江華卽我國海門重地 豈可使他國人 無難入城 與守臣面談乎 況直進京城之說 蔑有事體矣 貴國若如是無禮 則我國防禦益嚴 亦豈可縱入乎

彼曰　此非吾輩 與公等所可言也 須以此意 歸告貴朝廷云
故我曰　我等旣奉命來此 則見黑田 詳探其意後 歸告我朝廷矣
彼曰　我大臣卽一等大臣也 豈可與公等面談乎
我曰　今來船 共爲幾隻乎
彼曰　今來爲六隻 又當有追來者 而吾等之亦不可詳知云
故聞極駭然 更欲辨言 則彼曰 公等雖千言萬語 毫無有益 且我輩不可與公等更爲問答云 而稱有事務 欲爲起身 故不得已還歸本船 到濟物浦云云

【관련문서】

應接始末書　浦瀨裕通辯　末松謙澄筆記

一月三十日午前九時三十分大阜島ノ碇泊場ニ於テ朝鮮ノ中猛船一艘小船二艘ヲ維キ來テ玄武丸ノ傍ニ碇ヲ下ス卽チ之ヲシテ日進艦ニ至ラシメ同艦ニ於テ宮本大丞森山權大丞相接ス韓客ハ司譯院堂上吳慶錫幷ニ訓導玄昔運トナリ

尋常ノ接禮畢ル

訓　前日既ニ來駕ノ由ヲ承リ早ク面晤ヲ得ン事ヲ切望セシガ今拜眉ヲ得ル欣賀々々

森　子ノ此地ニ來ル何レノ日ゾ

訓某　客臘二十八日ヲ以テ京ヲ出テ仁川ニ至リ貴船ノ既ニ南陽ニ在ルヲ聞ク南陽ハ仁川ヲ距ル事十三里(日本里)而シテ貴船ハ追々開行ノ趣アレハ某若シ南陽ニ至ラハ却テ中途ノ行違ヒヲ生セン事ヲ恐ルヽガ故ニ故サラニ仁川ニ留リ跂待セシニ昨日果シテ御來泊ニナリシユヱ今日訪來イタセリ

宮　殊ニ尋訪ヲ勞セラレ千萬多謝ス前日ハ南陽府使君マタ過訪セラレ兼テ航中ノ見舞トシテ物品種々ノ賚抵ニ預ル厚意ノ至リ深ク感荷イタス唯船中ノ準備マタ略整フテ未ダ欠盡ニ至ラズ故ヲ以テ物品ヲバ返璧イタシタリ今玆ニ併セ謝ス

訓　南陽府使ハ其地方官タルヲ以テ意ヲ用フルハ固ヨリ其所ナリ今謝言

ヲ辱ス却テ差耻イタスナリ吾々事今日訪來イタスハ實ニ京ヨリノ命ニ依ル

堂　吾々今朝命ヲ奉スル所ハ向ニ釜山表ヨリ理事官廣津公ノ口陳相達シ略貴意ヲ領セシニ次テ又館長代理山之城君ノ口陳書來リ我ガ朝廷モ既ニ能ク之ヲ領知ス付テハ辨理大臣ハ口陳書ト同時ニ早ク既ニ御航來ニナリシヤ否尋問セヨトノ命ニヨリ訪來イタセシナリ

宮　兩大臣卽黑田井上兩公トモ既ニ無異着港ニ相成レリ過日南陽府使ニ面晤ノ節某ヨリ兩大臣ハ直ニ江華島ヘ進マルベキヲ述ベシガ水路猶不熟ヲ免レザル所アルヲ以テ能ク測量ヲ盡サセテ夫レヨリ開行ノ積ナリ

是ニテ兼テ用意ノ口陳書ヲ出シ

宮　且ツ其レ等ノ事ニ付キ口陳書ヲ南陽府使ニ送リ事狀ヲ告ル積ニテ此ノ如ク書マデ認メタレトモ府使占居ノ所在モ未ダ分明ナラズ且ツ折節風波モ高ク彼是延引イタシタリ幸ニ今兩君ニ會ス此邊諒知セラレヨ既ニ面話スレハ別ニ此書ヲ要セザル如クナレトモ微意ヲ表スルマデニ覽ニ供ス

是ニテ二人共ニ前書ヲ讀ム

堂　某等途中ニテ孟春艦長ニモ會話イタシタルニ矯龍丸ト二隻ニテ彼地測量ニ至ルト承リタリ然ルニ此書中ニ在ル「漢江南北口」ト云フハ漢江ハ都城ニ接近シ極メテ小流ニシテ卽江華ヨリ上ニ在リ其レ等御熟知ノ上ニテノ事ナルヤ

森　河流ノ淺小ニ關セス都城近傍ト雖トモ彼邊航行ノ序船ノ至リ得ル地ヲ測ルナリ

堂　森山公ニハ數年來釜山表ニ御渡海アリテ多少ノ公幹ニ勞意セラレシ事ハ兼テ傳承スル所ナリ而シテ兩國ノ議遂ニ順成ニ歸セズ今日ニ及ビ玉趾ヲ此地ニ勞セラル吾吾ニ於テ氣ノ毒ニ存ス

森　某兩間ノ事ニ微力ヲ盡ス已ニ八年一昨年始メテ玄訓導ニ逢遭セシヨリ殊ニ辛勤ヲ盡シタルモ事遂ニ協ハズ以テ今日ノ境ニ至レリ某ガ精力ハ厭フ所ニ非ラザレトモ今ヨリ後チモ共ニ談スル所アルベシ君等マタ一層ノ勉勵アラレヨ

訓　既ニ兩三年間御談判申上ゲシ事ナルガ遂ニ講和ニ至ラズ甚ダ氣毒ノ至ナリ今日ニ及ビ大臣ノ航來ニ會ス大臣ノ爲ス所如何ナルヤ元ヨリ

某等ノ如クノ應ニ議シ得ベキニ非ラズ唯此地ニ於テ面晤ヲ得ル御本意ニハ非ラザルベケレトモ面晤ヲ得ルニ至テハ竊ニ欣然ニ堪ヘズ

森　某モマタ舒懷ス事順便ニ歸スルヲ希望スルノ念ハ今モ猶變ル事ナシ

訓　先般廣津公ヨリ遞與セラレタル口陳書ヲ受ケ獨リ書ノミヲ我ガ朝廷ニ送ル可ラズ是ニ因テ某自ラ上京シ且ツ既往ノ情曲ヲ具陳セザルヲ得ザルニ付キ備ニ之ヲ陳述セシニ我朝廷モマタ發明セシ所アリ因テ某既ニ本月二日(陰曆)釜山ニ往クノ筈ナリシニ思ハザリキ貴船既ニ至レリ付テハ釜山行ヲ止マリタリ扨吳堂上ハ久ク外交ニ關係セル人ユヘ今般同伴イタシタリ

森　既往ヲ具陳シ朝廷モ發明スル所アリトハ足下ノ誠忠ノ徹セシナリ御盡力想フベシ但シ此方ノ事狀ハ先刻大丞殿ノ陳ベシ通リ不日大臣ハ江華ニ前進アルベシ此上ハ迎接向等不都合ナキヤウ周旋アレ

堂　是ハ公然ト申ス所ニ非ザレトモ敢テ某ガ年來ノ衷情ヲ吐露セントス乞フ御淸聽下サレヨ某ハ身司譯院ニ在リテ久シク外國應接ニ關係イタセリ尤モ外國ト申スモ貴國ト淸朝トナリ某未ダ貴國ノ大臣ニ接スル事ヲ得ズト雖トモ貴國ト情誼ノ永ク開通セザルハ某爲メ慨歎ヲ懷ク久シ訓導モ屢朝ニ出テ陳述セシ事アリト雖トモ奈何ニセンヤ我ガ朝廷ノ事情ニ疎暗ナル事ヲ實ヲ以テ語レハ昨年貴國ノ來書ノ如キハ疾クニモ領受スベキナリ受ケテ若シ安シ難キ處アラバ時ニ臨ンデ商量ヲ遂ケ可ナリ我國前年大院君一タビ退キシガ次テ復タ世ニ出テ威權ヲ專ニシ貴國ト阻隔ノ情狀ノ如キ某徹心苦慮スルモ鄙官ノ故ヲ以テ更ニ廟謨ニ參スル事ヲ得セシメズ實ニ慨スベキノ至リナリキ今ヤ貴國大臣ノ來賁アルモ某如キ鄙官拜趨接光スルヲ得ズ唯幸ニ君等ニ見ル事ヲ得タリ今般大臣ノ來航アリト云ヘトモ我ガ朝廷ハ如何ニシテ迎接スベキヤ如何ニシテ酬酢スベキヤ禮式モ何モ更ニ辨知スル所ナシ付テ某等ニ命シ一應問情セヨトノ命ナリ宿昔ノ建策ハ一モ採用セラルヽ所ナク而シテ今日ノ如キノ境界ニ逼レハ卽チ却テ微力ヲ盡シテ斡旋セヨトノ事ナリ然シ是等ハ兎モアレ某モ歸京シテ委狀ヲ我カ大臣ニ懇說セバ事自ラ順便ニ歸スルナルベシ付テハ迎接ノ禮等如何ナル心得ヲナシテ然ル可キヤ

森　君等ニ斡旋セヨトノ朝命アルニ至ルマタ君等多年ノ勤苦ニヨル扨迎接ノ禮如何ニ心得テ然ルベキヤノ貴問某等元ヨリ大臣ノ心ノ如何ナ

ルヲ知ラズ但シ大臣ハ釜山ヨリモ申シ通セシ如ク陸軍中將ニシテ兵馬ノ大權ヲ掌握シ參議ノ地位ニアリテ內閣ニ參與シ一切ノ政務ヲ議決シ兼テ開拓長官トシテ兵ヲ置キ民ヲ移シ一身ニテ北海道十三州卽チ方二百里餘ノ大地ヲ總管セリ實ニ貴重ノ高官ナリ猶今般兩國重大ノ事件ナルヲ以テ故ニ特命全權大臣ニ任セラレテ派遣セラレタリ貴國ニ對シテハ仲々崇敬ノ盛意ナリ又副大臣ハ元老院議官トテ衆多ノ機務ヲ管セリ貴國ニ於テモ宜シク之ニ相當ノ大臣ヲ選出アリテ不都合ナキ様ニ致サレタシ

堂　大臣ノ品格ハ我カ國ノ何品官ト心得テ然ルベキヤ

森　兩大臣ハ無論我カ國ノ一等官ナリ卽チ之ヲ貴國政務全權ノ一品官ニ比セバ稍々似タルガ如シ

堂　貴國ヨリ各國ニ派出セラレ又各國相差遣スル欽差ニモ幾種ノ階級アリ今般ノ大臣ハ矢張其一等ト思フテ然ルベキヤ

宮　併シ其處ニ猶差違アリ他國ニ派遣スル欽差ハ派遣ノ爲ニ特ニ位階ヲ進メテ差發ス今ヤ辨理大臣ハ之ニ異ナリ大臣ハ內國ニ於テ既ニ一日モ缺ク可ラサル大任ヲ負フタル貴官ナリ但シ兩國ノ事亦甚タ緊要ノ大事ナルガ故ニ我皇帝特ニ此貴官ヲ派遣シテ辨理大臣ノ稱ヲ付ス故ニ特命ト云フ尋常欽差ト正ニ異ナリ

堂　我國ノ判書中ニモ一品ノ人アリ是ニテ對等イタシテ可然哉

譯官　自ラ其レニテハ中々等對セザルヘキ事ヲ說キタリ

堂　此ノ如キノ談ハ總テ某等カ意中ヨリ出テ卒度御伺ヒ申スナリ云々

宮　森山氏トハ年來ノ御相知ニモアリ此等ノ事ヲ問ハルヽモ兩國ノ誼ニ於テ何ノ非カアラン猶語ルヘキハ語ラレヨ

堂　然ラハ猶心腹ヲ吐露イタサン我々小官何モ國事ニ携帶スルヲ得ス併シ小官ハ小官丈ノ責ナキニ非ラズ而シテ我カ內國ノ事情ハ實ニ搔痒ノ事多シ唯今ヨリ後チ務メテ犬馬ノ勞ヲ致サント欲ス

宮　過刻ヨリ段々御心情ノ談アリ流石外交ニ關係イタサレシホド有テ外國ノ事情ヲモ通熟ナサレルガ如シ猶其ノ見込ノ愈々貫徹スル様ニ盡力アリタシ

訓　過刻ヨリ申セシ所ハ段々採聽セラレテ感荷ニ至ヘズ付テハ森山公ノ是マデ苦慮セラレシ所モ通達セザルニ非ラザルベシ前年ヨリノ遷延ハ强チニ某ノ罪ニ非ザルベシ我ガ國ノ事情ヲモ詳悉下サレシト存ス

宮　去レバ都ノ事情モ追々ト承リタリ且ツ森山氏年來ノ苦辛モ畵餠ニ屬セザランヲ望ム先日南陽使君ニモ御咄申セシ如ク貴國ハ仍大陰暦遵行ノ事ナレバ此頃ハ丁度正月初メニ當レリ此際ニ當リ今般ノ來航アリ定メテ多事ト氣ノ毒ニ存ス併シ注視スレバ貴國モ大平無事ニテ國王殿下モ淸福ナリト大賀々々

堂　南陽府使ハ地方官ナレバ其地ニ船舶ノ來ル之ヲ問情スルハ其任ナリ某等ト雖モ何ノ多事ヲカ厭ハン且ツ國勢ヨリ殿下ノ事マデモ訊問下サレ別シテ有リ難シ

森　向ニ釜山ニテ通告セシ通リ彼地ヨリ開航セシニ途中風波順ナラス時日モ遲レテ此地ニ來レリ全體我國船艦中船小ニ底淺キヲ選ビ來リシニモ此地ニ來リ見レバ猶過大ナルカ如シ因テ先ツ淺深ヲ測量ニ從事セシメ猶跡ヨリ續キ來ルヘキ軍艦モアレバ之レヲ待合セルナリ併シ測量サヘ終レバ跡船ヲハ待ヲ須ヒズ直ニ諸艦前往ノ積リナリ

是ニテ茶果ヲ出ス

宮　今日抔ハ別シテ快晴ノ好天氣ナリ一體氣候ハ餘程シマリテ好キ樣ニ思ハル

堂　今日ハ別シテ宜シ

森　過刻大丞殿ヨリ申セシ如ク大臣公ハ諸船ヲ待合セテ不日江華ニ前往セラルベシ訓導ニハ別シテ迎接等不都合ナキ樣ニ注意アラレヨ此邊某ヨリ御氣付申ス

訓　如何ニモ承知シマシタ

堂　是レハ打明ケテ御咄申ス事ナルガ某ハ數度淸國ニモ至リ其事情ヲモ目擊シ我國モ到底外交ヲ開ザル可ラズ孤立ノ久ク堪ザル事ヲ屢々朝廷ニ上言シ貴國ト交誼ヲ全セザル可ラザルヲ陳スト雖トモ毫モ之ヲ採用スル事ナク大日本ヲ見ル事對馬州一般位ニ思ヒナセリ而シテ此頃ノ大事ニ至リ却テ某ニ依托スナド云ヘリ此節ニ限ラズ先年ヨリ森山公ノ來航モ一々皆貴國ノ厚意ニ出ルノミ他アルナシ而シテ今日遂ニ特ニ大臣ノ超溟ニ及ビタリ大臣ハ直チニ江華ニ於テ談判ヲナサルヽヤ將タ如何ナル次序アリヤ我カ朝廷ハ其邊ハ茫トシテ更ニ辨知セズ一通リノ目安モナシ

宮　誠ニ然リ只我輩ヲ以テ見レバ淸國ノ外交モ誠ニ拙ナリ故ニ屢々蹉跌シテ侮ヲ外洋ニ遺ス併シ何レニセヨ外交ヲバ開ケリ貴國ハ對馬ノ事

情ダニ詳悉セズ況ンヤ海外萬國ヲヤ唯君既ニ此ノ如ノ心志アラバ仍盡力アラレヨ兎角ニ友朋ノ增スヲ願フ

是ニテ酒ヲ出ス

堂　何分ニモ突然江華ニ前進セラレテハ人々皆遁匿スベク留守官モ朝命ナケレハ外國ノ官人ニ會見スルヲ得サルユヘマタ何レヘカニ匿ルベシ此ノ如クバ罪大ナリ某淸國ニ往キ全權使臣ノ事ヲ知ル決戰講和其手ニアリ而シテ我朝ニテハ全權ガ何物タルヤモ知ラズ且ツ現今大院君ハ退居シ執政官別ニ在リ然モ諸政皆極密ニ院君ノ決ヲ仰ク故ヲ以テ諸事因循遷延ニ及ブ事ノミ多シ付テハ孟春ハ何時頃歸航ニナルヤ其レニ應シテ大凡何日頃江華ニ前往スト云フ事ヲ決定下サレ京ニ報シテ其邊ノ預備ヲナサシムルノ便宜ヲ與ヘテハ如何ヤ

宮　是カラ何程ノ時日ニテ京ニ達スルヤ

堂訓　仁川ニ至リ其レヨリ一日行ニテ達シ得ベシ

森　其邊ハ我々ヨリ陳述シ難シ全體疾ニモ前往ノ筈ナリシニ大丞ヨリ申セシ如ク猶航路ヲ精測スルガ爲メ料ラズ暫間ノ遲漫ヲナシタルノミ此方ニテハ既ニ貴國ニ先報ヲモ爲シタレバ疾ニモ迎接ノ都合ハ御差圖アルヘキ筈ナリ我ハ是レヨリ順次ニ彼地ヲ指シ行クノミ其方ニテハ何レモ順便ニナサレテ然ラン

堂　先刻ヨリ申ス所ハ實ニ內情ヲ開披シタル談ニテ是事萬々一我ガ國ニ漏レバ某ハ復タ五尺ノ身ヲ容ルヽ所ナシ尤モ我朝ヨリモ如何ノ形狀ナルヤ問情セヨトノ命ハアリシト雖トモ某ガ陳述セシ所ハ一々皆某ノ意中ニ出テ決シテ朝命ニヨルニ非ラス此邊ハ萬々深諒セラレン事ヲ懇願ス扨大臣ノ江華ニ向ハルヽヤ御用向ノ如何ナルヤハ與リ知ル事ヲ得ル所ニ非ラザルハ固ヨリナリト雖トモ唯々諸事不都合ナキ樣御相議イタシ度ハ是レ某等ノ只管望ム所ナリ

森　不都合ナキ樣ニ相議イタサレ度トノ事誠ニ然リ而モ此方ニテハ固ヨリ直ニ彼地ニ至ルヘキヲ已ム事ヲ得ス暫ク遲漫セシ情ハ既ニ屢々申演セシ通リナリ故ニ直ニ前往シテモ不都合ナキ樣ニナサルヽハ君等ノ斡旋ニモ在リ又貴朝廷ヨリモ此ノ如ニ爲サヽル可ラズ能ク領頷アレ

堂訓　然リ實ニ江華ニ於テ恭ク迎接セザル可ラス

宮　是ハマタ某ヨリノ私談ナルガ先生ハ屢々北京ヘモ往レシナレバ其事

情モ熟知ナルベシ一體國ノ大事ヲ談スルニハ必ラス其國ノ都城ニ於テスルヲ常例トス北京ニハ各國ノ使臣來往シ中ニハ我國ノ使臣モアリ此ノ如キ形勢ナルガ故ニ此般ノ事ノ如キハ我ガ國人ヨリ見レバ直ニ貴京ニ前往シテ處分スル所アルハ事ノ當前ニシテ左ノミ怪シキ事トモ思惟セザルナリ然ルニ貴國ハ外人ヲ內地ニ入レテハ風俗ヲ見ラルヽトカ國勢ヲ察セラルトカ云ヒ婦人ノ身體ヲ他人ニ窺ハルヽガ如クニ思ヘルニ似タリ此等ヲ洞察シ故サラニ京都前往ノ前事ヲ江華島ニ定メントス併シ留守官ハ朝命ヲ受ザレバ迎接セズナド云フ事アラバ已ム事ヲ得ズ仁川ヨリ京マテ一日程位ト承マハレバ陸行デモシテ直ニ入京スル位ニ思ヘリ是モ此方ニテハ北京ニ使節ノ來往スルト一般ニ思ヘルナレバ深ク怪事トモ致サス

堂　先刻ヨリ申ス所ハ丸テ我ガ國情ヲ打明ケテノ事ニテ當所ハ勿論釜山邊ニ於テモ此談若シ少モ我カ國人ニ漏レハ實ニ罪ノ當ル所ヲ知ル可ラズ故ニ今日ノ談ハ悉皆聞棄ニシ下サレヨ聞棄ニシ下サルトナラハ猶陳說セント欲スル所ナキニ非ラズ

宮　誠ニ然ナリ今日ノ事ハ相互ニ懇談トナサン深ク勞意セラレザレ

堂　[波+心]心ヨリ付スガ江華島ニ前往シ上陸ノ際ニ當リ若シ兇徒等ノ暴擧等アラハ何ト思召サルヽヤ

宮　其事モシ貴朝ノ意ニ出ルニ非ズシテ實ニ野民ノ擧ニ出ルナラハ此方ニテハ之ヲ犬ノ吠ユル位ニ見做シ深ク無禮ト認メザルナリ

堂　實ニ我國ニ對シ身ヲ措ク所ナキ談ナレバ萬モ外泄セザランヲ乞フ未年阿米利加船ノ來ルヤ大院君恰モ全權最中ナリ爾時某ハ君ニ說ニ到底外交ヲ開ザル可ラザル所以ヲ以テセリ然ルニ米船ハ僅々ノ砲發ヲ受ケテ其儘ニ退去セシニヨリ爾來某ヲハ目スルニ開港家ト云フヲ以テシ何等ノ事ヲ陳スルモ更ニ採取セラルヽ事ナシ貴國トノ交際モ之ヲ修メサルヲ論スルモ申サハ蛙面ノ水ニテ今日ニ至ルト雖モ矢張米船ノ容易ニ退去セシト同一般ノ事位ニ想像セリ故ニ江華ニ前往セラレバ或ハ不虞ノ小暴動位ハ之レナキヲ保シ難シ且ツ留守官モ是マデ洋形ノ船舶ハ打攘フヘキノ令アレハ今回ノ如キモ別ニ制止ノ朝命ナキニ於テハ必定抗拒スル事アルベシ今日ノ勢ヲ以テ見レバ大臣彼地ニ至ラハ直チニ上陸シ威嚴ヲ示サルヽニ若クハナシ然ラザレバ復タ遷延滯淀釜山ノ談判ト異ナラザルノ形況ニテモ某等ヨリ是ヲ啓報ス

ルモ一モ信心スル者ハナシ今回ノ事タルヤ一タビ蹉跌スレハ實ニ萬民茶炭ノ苦ヲ惹出ス之ヲ恐ルヽカ故ニ斯クマテ內事ヲ打明ルナリ

宮　此方ニテモ御注意申サン彼ノ八年前阿米利加來船ノ事ハ北京駐留ノ米國公使ト東洋滯航ノ海軍將官トノ意見ニ出テ事ヲ擧ケタルニテ本政府ノ意ニ非ラズ故ニ其後再擧ニモ及バストノ事佛蘭西モ其通ナリト併シ今回辨理大臣ノ一事ハ現ニ日本天皇ノ嚴命ヲ奉セラレテノ事ナレハ之ヲ八年前ノ事變ニ比セラレテハ提燈ト釣鐘天ト淵トノ差アリ序ニ咄シマス

堂　其事ハ某モマタ能ク辨知ス而モ某今假ヒ此等ヲ京ニ啓報スルモ信實トナス者ハ一モナシ先年某ノ支那ニ在リシヤ衙門ニ於テ貴國欽差ノ我カ國ト臺灣ト瑪港ノ三事ノ談判ニ涉レルヲ見テ之ヲ我カ朝ニ上陳セシカド擧朝更ニ之ヲ信セズ次テ征臺ノ擧アルニ及ビ其レ見タカ此次ニハ事我國ニ及ブゾト迄ニ論說シタルモ猶且ツ信ヲ置クナカリキ歎スヘシ

宮　其レハ常々用意愼密感服ノ至リ

堂　今一見アリ思フニ海外各國ヨリ早晚手ヲ我國ニ出スニ相違ナシ一體ハ我國ヨリコソ交ヲ貴國ニ修メ緩急ニ際シテ斡旋ヲモ願フヘキ筈ナリ其レニ引替ヘ今日ノ現況ナリ歎ス可シ

森　其程ノ御志ナラハ此上トモ御骨折ヲ願フ

堂　此回ノ事ハ何レ萬民ノ茶炭ヲ惹出スニ至ラン事ヲ恐ル某今自國ニ對シテ此言ヲ吐クハ實ニ如何ノ譯ナレトモ貴大臣ノ江華ニ至ラルヽヤ可成丈ハ威嚴ヲ張ラレヨ某屢々事ヲ我カ大臣ニ陳スルモ大臣ハ更ニ世ノ形勢ヲ知ラス今日ニ及ブトモ茫然昨ノ如シ江華ニ前進セラレハ或ハ小暴擧ナキヲ保ス可ラザルモ我朝議ニテ抗拒スル事ハ迚モ出來ズ是ニ因テ精一杯ニ國威ヲ張ラレヨ兩君能ク領セラレヨ

森　領意ス然シ大臣ノ意ノ何ニ出ルヲ知ラズ

堂　此程迄ニ陳說セバ我國ノ事情ハ大抵ニ洞察セラレシナラン

宮　左樣大抵詳悉イタシタリ

森　最前御咄シノ孟春艦ニハ何レノ地ニテ遇ハレシヤ

堂訓　江華島ヨリ三里(日本里)ノ海上ニテ艦長ニ面セリ

以下閑話ニ出レハ雙方共二人共ニ語ル事アリ故ニ彼我ノ二字ヲ以テ區分スル條アリ

森　扨今日ハ問情下サレテ忝ナシ懇談ハサテ置キ先刻ヨリ兩人ニテ申セシ如ク不日江華ニ前往スベキニヨリ不都合ナキ様ニ取計ラハレヨ今改メテ公告ス

堂　謹領ス兎角江華ニ飛槎セラレテ御用着手ニ及ブベシ某マタ盡力セン

堂　是レヨリ雜話ニ渉ル

堂　御兩君ノ年齢ハ

宮　四十歳

森　三十五歳

宮　兩君ハ

堂　四十六歳

宮　然ラハ餘程長ク力ヲ國事ニ盡サンシト存ス

訓　某ハ四十歳卽チ大丞殿ト同行ナリ

宮　壬申(ママ)テ御坐ルカ

訓　丁酉

宮　然ラハ陽陰兩暦ノ差アリ某ハ君ニ長スル一歳ナリ

訓　扨是レマテ多年ノ往事ハ森山君ニハ最初ヨリ某ガ力ノ及ザル所トハ思ハレズ力ヲ盡スノ足ラザル所ト思ハレシナランガ併シ今日此地ニ相面晤ス心ニ自ラ樂シ

森　某モ然リ

訓ト譯ト堂トノ說話アリ　但シ浦瀨訓導ヨリ密話アリ浦瀨書附ス

宮　江華留守ハ趙秉式氏ト聞ク然ルヤ

彼　然リ

森　趙甯夏氏ト同族カ

彼　全ク別ナリ

森　甯夏氏ハ恙ナキヤ

彼　然リ

堂　何レ江華ニ開行アリテ趙秉式ト面接アラハ種々事情モ明亮イタスベシ貴諭ノ如ク直ニ京城ニ向ハルヽヨリ江華ヨリセラルヽ方順ナラント申シテモ某ガ貴大臣ノ京城開行ヲ忌ンテ申スニハ非ラス又趙甯夏ガ書ヲ森山公ニ贈リシ一事モ某善ク之ヲ知レリ然ルニ同氏ハ彼書ヲ贈リシカ爲メ今日ニテハ不首尾ノ次第ナリ

當時民宰相ノ事變アリテ貴書ヲ受ザリシハ固ヨリ至理ニ非サレトモ

今日ニ至リ公平ニ之ヲ論ズレハ却テ彼時受ケザリシ事ガ幸ナリシカ如シ何トナレバ彼時彼書ヲ受クルモ我内國ニ必ラズ不測ノ苦情起ルベキ筈ナリキ今日ニ至リテハ事一擧ニ決シ事効却テ擧ラン

森　我國ニ於テモ特ニ大臣ヲ派セラル要スルニ成否必決ニ在リ

譯ト堂トノ談アリ 訓導又浦瀨ト密話ス浦瀨書取中ニアリ

譯　大丞ニ告ク堂申スニ今回ノ談判ニ於テ趙甯夏ノ贈書モ照會ニ出ルヤトノ事ナルニヨリ順序次第ニヨリテハ出サルベシト答ヘシニ然ラバ今日某等ガ申ス所モト申スニヨリ夫レハ今日ノ事ハ大ナル相違ナリ云々ト答ヘタリ

宮　北京ニ至ルニハ山海關ヨリ牛莊ニカヽリテ行クヤ

堂　否晋陽ヲ過ル

　　天津ヲバ經過セラレシカ

宮　某ハ彼ノ地方ニ至ラス

森　某モ彼ノ地ニ至ラス

宮　同行中ニハ彼所ニ至リシ者多クアレトモ某等兩人ハ未タ遊期ヲ得ズ

堂　昨年北京ニテ貴國欽差大臣返旆後鄭氏ナル人駐留セシト覺フ

森　然リ鄭永寧ナル人ニテ暫ク欽差代理タリ

宮　山海關ヨリ上レバ人烟ナシト聞ク然リヤ

堂　山海關ヲ超ユルモ人烟ナキニ非ラズ泣途ノ歎アルニ至ラス

宮　然レトモ雪深ク此頃ノ來往使節ハ行路甚ダ難カラン

堂　寒ハ極テ甚シ

宮　某カ一友支那地方ヨリ貴國境上マデ遍遊セシガ地形不潔ニシテ且ツ寒ク甚ダ困難セシトテ詩ナド作リシ事アリ

我　鴨(*Sic.*)綠江ヨリ牛莊マデノ距離ハ

堂　四五十里

　　牛莊ニハ領事官ヲ置カレルカ

宮　天津ト兼帶ナリ

堂　領事官ハ支那中ニテ何處々々ニ在ルヤ

宮　天津上海澳門及ヒ英領ナレトモ廣東省ノ香港

堂　其邊ノ地方ニハ屢々遊覽セリ

堂略地理ヲ談ス

堂　貴國人ノ淸國ニ往キ行商スルモノハ甚タ多カラザレトモ淸人ノ貴國

ニ往クハ殊ニ夥シキガ如シ

我　近來極メテ多ク商客三千人モアラン其他使僮包丁トナリ或ハ船舶ノ仕役トナレルモノ甚タ多シ

堂　吾々如キモ家族ヲ提ケ貴國ニ往カバ善ク入レラルヽヤ

我　欣然トシテ迎ヘン

二人輾然ト笑ヲ呈ス

宮　日本京城ニ至レバ世界ノ事情悉ク知ルベシ各國ノ人在ラザルナシ

堂　某善ク其然ルヲ知ル

森　火船開ケテヨリ貴國ノ如キハ直チニ隣並ノ如シ

彼　誠ニ然リ

　　汽船軍船貴國ニ幾多隻アル

我　日本形ハ數萬西洋形ハ三百位ナラン

　　某等內務ニ關セス之ヲ明知セザルモ大抵此ノ如シ

彼　陸路蒸氣ハ

我　神戶ヨリ大坂ニ至ル一條橫濱ヨリ東京ニ至ル一條旣ニ成レリ今マタ西京ト東京ノ中間ニ一條ヲ架セントセリ長サ數百里

堂電字ヲ手書ス

我　然リ電信機ハ全國ニ縱橫シテ網ノ如シ

　　東京ヨリ上海ト一日中ニ坐談スベシ事ヲ朝廷ニ啓陳スルモ東京ニ至ルヲ要セス

堂　左樣ナリ左樣ニアリテコソ人間ノ住スヘキ世界ト云フベケレ

時ニ訓、艦內ヲ一見セント乞フ乃チ之ヲ船長ニ謀ル

森　是ヨリ猶小ナル船舶アリ却テ用ヲナス

堂　大モ小モナク火輪船トサヘ云ヘバ此ノ如キ者ト思ヘリ成程小ナル方ガ便ナラン

宮　貴國ナドモ火船ヲ造リ鳥渡天津ナドニ通航スルニハ小ナル好シ

堂　我國ニ火船ヲ備フル樣ニ立チ至ルハ中々程長キ事ナルベシ何時トモ之ヲ見ルノ日アランカ

森　何國ニテモ同一形勢ナリ唯開明ノ進步ニ隨テ自ラ成ルベシ

堂　去リナカラ世界中ニテモ我國抔ハ殊ニ迂遠ノ國ナレハ如何セン

宮　石炭アリヤ

堂　有リ而モ之ヲ堀リ又ハ之ヲ用フルノ法ヲ知ラズ

宮　石炭アレハ大ニ好シ

堂　然リ我國モ鐵ト石炭ヲ堀ル事ヲ知ラハ國必ズ富マン

我　然リ々々

堂　開化ノ人ニ遇ヒ開化ノ談ヲ爲ス情意殊ニ舒ブ

今日ハ是ニテ御暇申サン

先刻ヨリ某ガ陳スル所一々眞ナリ更ニ虛僞ナシ眞實ヲ告ザレバ一方ガ茫然トシテ何モ辨知セザル相手ナルニヨリ事ノ大錯誤ヲ生スルヲ恐ル

某等ハ今日ノ事情ヲ詳細ニ具陳スルモ我朝之レヲ信スル者ナキニヨリ唯一通リヲ啓報シ其上命ヲ待テ歸京スベシ

宮　過刻ヨリ種々ノ懇談有リ難シ併シ一通リ啓報ト申サレテモ江華前往ノ義ハ必ラズ遺漏セラル可ラズ

堂　其ハ固ヨリナリ因テ京ヨリ直ニ江華留守ニ下命アラバ敬ヲ失スル所ナカルベシト雖トモ若シ其前ニ急ニ前往ノ事アラバ掛念ナキニアラサレトモ之ニ關係スル事ナク直チニ上陸セラレズテハ事自ラ埒明ザルベシ

堂上予ノ官職姓名ヲ問フ而テ予官名ノ應ズベキナシ乃チ太政官出仕末松謙澄ト云フヲ以テシ且ツ今回辨理大臣ノ隨行トシテ書記官ノ後ニ從ヘバ今ヨリ時々接光スル事アルベキノ意ヲ致ス堂曰ク江華迎接ノ日ニ及ハヽ屢々會晤ノ期アラン

是ニテ談畢ル扨南陽府使ニ宛タル口陳書ハ持チ歸ラズトモ格別ノ影響ナキニヨリ某等ヨリ其主趣ヲ啓報スル方可然トノ事ナルニ宮曰フ此書ハ風波モ惡ク且ツ漫々人ヲ上陸セシメテ却テ物情ヲ擾サン事ヲ恐レテ今日マデ遲延シタレトモ見合マデニ持返ラルヽ方然ラント云フ彼レ云フ漢江トハ江華ヨリモ上流ニ在リテ南北等ノ別アルナシ之ヲ我朝ニ出サハ却テ之ヲ見テ日本人地理ニ暗シナドト疑念ヲ起スベキヲ恐ル森曰ク我人ハ江華島ノ左右ニ流ルヽ所ヲ總稱シテ漢江ト云フ彼曰ク我ガ鮮人ハ左樣ニハ思ハス然ラバ字ヲ改メテ孫石江トシテハ如何ト我卽チ孫石江ノ何レノ部タルヲ問フニ圖シテ江華前ノ海濱ヲ指ス森曰江華前灣トナサン堂曰ク江華前江トナスノ愈レニ若カス議遂ニ決シテ江華前江ト改竄シテ其書ヲ渡ス堂之ヲ受ケ曰ク本書ヲ遞送スルトモ主旨ヲ陳述スルトモ唯當ニ便宜ニ從ヒ啓報シ事ノ順成ヲ主トスヘシト是ニ於テ二人艦中ヲ一覽シテ去ル時ニ午後三時半ナリ

143

尹映 ➡ 閔台鎬(1876. 2. 1/高宗十三年一月七日)

尹映의 문정기록(1)

仁川府使錄報巡營問情記

今月初七日未明時 彼人十五名 乘從船二隻 又爲來泊於濟物津汲水 而其中有能作我語者一人 領率而來云 故下官微服 屛人潛行 往尋 與之酬酌 則其虛實未可攄得 而箇中頗有可採者 其問答記 錄上 而境內諸處 彼人頻頻汲水 往來無常 若無別般層節 番番修啓 還爲煩瑣 故汲水以來 不爲登啓 以此洞燭公議後 下示之伏望

下官寒暄後 問其姓名 引其衣服曰 此與貴國服似異 無乃洋人乎 彼答曰 戊辰以後 我皇帝悉變國制 皆從此服也 我曰 我與貴國 視無彼此 而今見此服 還爲羞耻 彼赧然大有羞愧之色 强答曰 此未嘗不古制也 我曰 貴國人 皆如一而樂爲之乎 彼曰 我皇帝之令 不得不從 江戶以東北 間有不叶者尙多 我問 今番此擧 別有意趣乎 彼問下官姓名 記諸彼冊後 答曰 大人以微服來此 露誠問之 俺豈不隨我聞知之事 而略言之乎 俺乃對馬島人 方在黑田船中 周旋水軍之小職 今汲水之行 軍人到貴境 慮有撓攘 故大(人)[臣]使俺禁束而來矣 今番之擧 我大臣主意 未可知 而大略則實無惡意 但與貴國大臣面約而已 大抵我國公論 日本與貴國及中國 書同文之間 近者日本爲洋人所困 勢莫自振 則將與三國合誼 乘便逐洋 先以書契開路 器械技用 彼此講習 相資之本意也 戊辰初年 貴國若順聽 則但東萊可以約成 今不至此擧也 實非我國稱尊之事 而貴國過爲固執 我豈爲洋而爲哉 我國慨然於貴國書契之拒絶 不可不有此行也 我曰 若洋人則雖汲水 我當以兵臨之 豈可微服來見耶 我則無間 而爾之言頗有未盡 可歎 彼曰 大人爲仁川幾時 我曰 纔去月也 彼笑曰 貴朝廷過慮 故如是張大 不過兩大臣面逢 一言而決矣 小無惡意 俺雖在卑賤之列 指天爲告也 我曰 然則何時行船 彼曰 上流之船 昨日下來 西路船一隻 今明間入來 將向江華云 我曰 水政宜求於陸 貴船人每下陸 則我境頗有疑恠 我每以無憂諭飭也 彼曰 我大臣 已有戒飭 故昨今兩日 果有一卒入人家者乎 以大人之意 將歸告於黑田 凡於粮備 各船上 將四箇月需 少無弊於於貴國也

瀬問答大概如此 其言雖不可半分準信 而旣爲問答 故錄上

彼人所書紙本 封上

浦瀨裕問答彼人姓名

睦仁倭皇名 彼云姓自來不用云

二十三四間倭皇年歲

太政大臣 三條實美倭國相

144

尹映 ➜ 趙秉式(1876. 2. 2/高宗十三年一月八日)

尹映의 문정기록 (2)

관련문서 일본측 기록

仁川府使與森山茂問答記報沁營者

今日午時量 異樣從船一隻 直到濟物津 仍爲下陸 彼人二名 直上本鎭山腰 以我國語 請地方官出來 故臣出往 與之鼎坐 問其姓名 能我國語者 稱浦瀨裕一人則請遠屛雜人 故依其言 則彼以筆談 書示森山茂三字 故問其來由 則答以我爲兩國事情 苦心已多年矣 今則決事在不日內矣 吉凶所繫 心內撓撓 因地方官 以我意轉稟于貴朝廷之意 一番與汲水軍問來也 曰 然則意諦何幹 彼曰 我全權大臣 數日間將往江華 貴大臣(間)[簡]派江華否 答曰 我朝廷已命送大臣於江華府 已有日矣 彼曰 然則當與我大臣 應議使事 該大臣之姓名職品何如 答曰 判府事申[櫶] 卽正一品 彼曰 判府事者 係是何等衙門 何等權力乎 答曰 已經丞相之品職 如貴國太政府 彼曰 然則爲左右議政乎 答曰 然矣 彼曰 副官誰也 答曰 禮曹尙書尹滋承也 彼曰 尙書之官 未得問 禮曹長官卽是判書 尙書判書 有何等別乎 答曰 我國判書參判 通稱爲尙書侍郞 彼點頭曰 知之 彼曰 往年肥前州佐賀縣舊參議司法卿江藤新平欲伐貴國 右大臣巖倉以爲搆釁 殺新平 則陸軍大將參議西(卿)[鄕]外務卿文武辭職退者 數十名貴國知之乎 答曰 未聞也 彼曰 去去年我軍五千 自臺灣欲伐貴國 我力挽止貴國聞之乎 答曰 未聞 然爾之用力如是 感謝 彼曰 書契之拒絶 乃貴國之過慮 大字皇字 乃自家之事 何傷於隣國 彼此書契 同等列書 有何所損 前漢書曰 大倭王 居邪麻土 此大字卽有國之號 何別於隣國 答曰 此乃朝廷處分 守邊之將 何以知之 去留間 將何時遷動 彼答曰 本國船一隻來到 將向江華 該船數日來似到矣 我曰 江華之行 爾亦伴去否 彼答曰 我與全權大臣 行無異同也 近日汲水敵軍人或無爲撓於村閭否 答以雖過人家 一無窺門者 可知貴令之嚴 仍以酒肴餽之 不辭而飮 今日酉時量 仍爲還去云云

【관련문서】

二月二日午後二時森山茂浦瀬裕と共に濟物浦に到る濟物浦は仁川府を距る里餘にあり此地海岸に砲臺を設け大砲を備ふ　于時仁川府使尹暎來り接し互相禮畢つて暎筆して 僕爲仁川府使尹暎敢問貴姓尊號

茂　弟姓森山名茂職爲外務權大丞

暎　書を一目して忽ち茂の手を握り肩を磨し欣々然として

暎　聲華を雷貫する既に久し如此芝眉に接する何等の大慶そや僕兼て先生に深く依賴せんと欲する事あり先生之を聽納ありや否

茂　弟昔時俄領ウラシホツク及ひ貴國咸鏡道邊を拔涉せし時先生は慶興の府使たり其風采を耳にし一度相見ん事を欲すといへ共終に不能りしに今日不料拜晤を得るは抃喜不啻也謹て先生の敎を聞ん

暎　貴國と我邦は三百年の隣誼を保存し唇齒相保つの國柄なるに近年兩情阻絶今又貴使を煩らはすに至る其事の顚末は未た詳かにする能はされと窃かに我邦の失錯なるを知る扨此末如何なる事に及ふへきや先生懇に敎示せられよ

茂　兩國の事終に此に至るものは一朝一夕に非す先生邊事に勤苦し今又此問ある衷情察すへし故に弟も亦積年經歷の大旨を述へて先生の聽を煩さんとす

暎筆して 本日之邂逅此喜可掬 又書して 心平愛矣如兄如弟

此時尹暎自ら先にたちて其居に誘ふ到り見るに不潔不淨近附へからす其室漸く三疊位にして內に酒瓶二箇を竝へ夜具を敷き其傍ら燈臺烟具筆硯便器等散亂し臭氣鼻を穿つ殆と一廐內に坐談する如し

暎　過刻も先生の下敎を給はん事を述へしといへ共先僕か此地に來る由を告くへし僕先月此地防禦使の命を奉したるは卽貴國船艦來泊を以ての故也其實仁川府使とは假唱にて實は水軍節度使の本任也然に發京に臨み僕建議して曰日本の使船を來すは必らず惡意に非さるへし卽兩國修好の意なるへし然に兵を張り砲を列ねて之を待つは甚だ不敬といふへし且和使上京するに至るも決て之を拒斥すへからす宜しく厚待すへき也と朝廷之を可とし貴使を待つ最も丁重の趣意なり故に僕此地に臨むも素より單身一騎にして防禦使は名あるのみ見らるゝ通り此地は砲臺

を設けたれは他國人の敢て近附を許さゝるは國法なれと今は不然過日來貴國人常に砲臺に來り砲器を弄樂するも亦咎めす和好を謀るの日に於ては大砲は無用の長物なれは也是を以て我朝講和に切なると僕ら衷情を察し玉へ

茂　先生の情意既に拜空せり弟豈事實を告さらんやと是より戊辰の冬皇政維新の報知より彼れ七年間我を斥し且侮辱せしにより將に問ふ所あらんと副島大使淸國に於て臺灣朝鮮瑪港の三談判に涉り癸酉十月征韓論より終に大臣官辨の變遞あり佐賀縣の暴擧に至るといへ共朝廷猶兩國和好を以て重しとし征韓の論を采らす其黨を討平せらる然るに尋て臺灣の役あり鐵艦を整へ精兵を募り將に淸國と鋒を爭はんとす淸人五十萬兩の償金を出して事和成すといへ共兵氣勃々餘鋒將に朝鮮を衝んとの勢あり此時弟釜山にあり東萊府使按廉使等遽かに款を納れ左將軍趙氏書を致し訓導玄昔運來りて弟に接し終に尋交節次三件を擬議して貴國政府の採擇に任せり十月に至り三件議中第二件に決せりとの確答ありしにより弟歸京之を奏す朝廷之を嘉納し直に令を四方に下し朝鮮今昨非を自悔し和議を納れたりと以是弟をして如斯釜山に發せられしに貴國朝鮮政變の故を以て曖昧遷延終に背約無信に歸す加之に我軍艦の淡水を需めん爲江華島に至りしに一言の來意を問はす忽然砲擊我旗章を汚せり貴國背約暴戾現に我を仇視する也故に我國議斷然問罪の師を向へしと言といへ共朝廷猶舊好の土泥に附するに忍ひす貴重の大臣を派して其反信不禮を問ひ貴國答ふる所に由て大いに力を用ひられんとす實に和戰の一擧は貴國の一答言の下に決すへしと抑揚之を示すに尹暎汗を流し或は寒悚し頗る驚愕の情色にて

暎　今事由を詳にすれは實に我國の無禮といふへし先生其間に在て前後我國の爲に周旋あるは感謝に堪たり僕此に至り何より陳し何より依賴すへきや先思ふに僕此より直に上京して事由を陳せんとす先生より一次上京せよとの書給あらん事を求む

茂　先生の上京は何の爲なりや

暎　和好を願ふは我朝廷の趣意なれと猶此事由を陳し事々不都合なき樣との微衷也

茂　誠によし此より上京の路程幾里にして何日間にして此地に歸り來るや

暎　仁川より僅に五六里に出す今宵直に上京し要路の大臣に面し猶國王殿

下へ親覲して切實直奏せんとす就ては京師の狀由を細報すへきに付明後日午後浦瀨氏をして此地に來らしめん事を請ふ然らは僕より書を以て細報すへし先生にも少しく書示を玉へ

茂　浦瀨を遣るに於ては別に書簡にも及はされと先生よりは悉敷事の狀を報告あらん事を欲す併し弟多年兩國の事に關したれは今一行中にも軍官等頗る猛烈の人もあれは弟か動止を窺ひ或は和事を講する等の意あらんかと疑ひ恠しむものなきにあらす若し今日先生と斯く懇話せし事等發露せは忽ち身に寄禍を來し進退途を失すへし故に明後日浦瀨を派するか如きも公然すへからさるは勿論也時機を見探水等に事よせ遣す事もあらんか而して先生若し弟に告んと欲する事あらは弟は玄武艦にあり同艦へ向け貴國小船を派し近傍に碇を下して相待たは艦中より必らす其來意を問ふへし但し弟は通辯人を惣轄すれは其來意を問ふは必らす浦瀨を以てすへし隨つて先生の密使に一封を齎らし表面は魚菜を入送せんと唱へ竊かに其書を浦瀨に附與せは可也

暎　教の如くすへし而して先生は果して朝廷の信任あるならん

茂　朝廷の大臣は素より辨理大臣といへ共弟か多年の勞役は通知ありといへ共いかにせん貴國人の反覆無信なるを以て竊かに弟に疑ひなしといひかたし因て弟は志を定め一身を水火に投して其私なきを明らかにし以て兩國の爲に盡さんとするのみ併し東萊府使訓導等の曖昧閃弄には困却せり

暎　先生今日の教は卽我國の寶也先生の盡力にあらすんは決て我國情は徹底すへからす又府使訓導の如き決て實を以て朝廷に啓聞せし事なし皆彼等の私に出るといへ共積年阻隔に過しは我國の過ち也併し今日に至りては既往を咎めす將來を好くするを願ふのみ且貴船を砲擊せしは實に其旗號を知らされは也然れ共貴船とありては實に我過ち也とす併し右船を砲擊せしは江華の砲臺也然るに永宗城を屠り人民を傷害ありしは其殘酷甚し此事は少しく憫憐を垂玉へかし

茂　我船の旗章を投與し貴國沿岸に寄泊せは保護ありたしとの事は前後三回訓導に面商せり素より貴政府に於て疾に照知せられし筈也豈圖や妄擧我旗を汚し我人を害するは貴國の所爲こそ殘酷といふへし其報酬を爲すは各國軍艦の大法にて永宗の人民は憫むへしといへ共是も貴國より自ら求められし禍といふへし

映　何分既往の事は咎めさるやう周旋を請ふ我國決して貴國に抗する意なし先生僕か此の一言を信用し宜しく服膺して猶盡力ありたし貴大臣に應接の爲め我朝廷判府事を簡派せられ既に昨日江華に向はれたり

茂　其大臣の官啣如何

映筆して　上輔國御營大將判官事申櫶卽正一品昨日到江華　副官禮曹判書尹滋承

茂　判府事とは何等の職掌なりや

映　備邊司の官也備邊司は內外軍國の機務を掌り外國事務をも專議するの啣門にして卽前に承相の職を經し老臣を擧用する所也申櫶は文筆の達者にて頗る德望ある人也

茂　我大臣は和戰を專決するの全權を有せり貴大臣の權力有無如何

映　我國法典ありて和戰を決するの權力はあらす貴大臣應接の旨を以て直に朝廷に伺ひ決答するに至らん

茂　我朝廷兩國蒼生を憐み和好を欲せらるゝといへ共若し我より問ふ所に應せす曖昧遷延に流るゝ時は事忽ち破るへし是弟の窃かに貴國の爲に憂ふる所也

映　決て澁滯に涉る事なし先生釜山にありて我訓導等の不敬をなせし類にあらず安心せられよ

茂　猶先生に言ふへき事あり貴國既に萬國に敵を受けたり決して貴國數年の安寧を望むへからず先生俄國の情を知るか既に滿洲を倂呑して貴國に垂涎する久し今日若し事あらは俄人變に乘して何事をか爲す未た知るへからす且佛米も亦此隙を窺ひ舊怨を酬ふに至らは貴國如何すへき我邦各强國の牙を磨し爪を硏き貴國窺ふの意あるをしる貴國若し事あれは我邦も亦安きを得す貴國の禍は我邦の禍也因て我邦頗る修好を求め堅く條約を立て以て他の慢りを防かんとす是長短相補ふの公義のみ然に貴國頑夢未た覺めす我盛意を阻み天皇と國王といふを以て或は優劣ありとし甚しきは日本より貢を促かすの爲也抔と我を擯斥するは可笑の甚しき也帝と言王と言固より一國の君主也一國の君主は卽獨立自主とす既に獨立自主といへは帝も王も亦惟同等比權のみ先生特論ありや

映　先生の言を聞實に春を迎ふか如し而して國書式等は如何すへきや試に書示を乞ふ

茂筆して 大日本國皇帝致書　　　　朝鮮國王敬復
　　　　朝鮮國王殿下　　　　　　大日本國皇帝陛下

又筆して

大日本者固有國號也人皇始祖神武天皇所都卽謂大和大日本與大和同邦訓共謂之耶麻土

暎　君に教を承け快然たるを覺ふ貴國は素より大日本也何そ恠しむ事あらん必らす訓導等身を厭ふの故を以て事實を以て狀啓せさるもの也如是時は我邦は實に榮譽を得るといふへし先生の苦勤も一旦烏有と成りしに似たれ共今般に於ては必らす先生の誠忠徹底する疑を容れさる也

茂　弟の素志貫徹せは兩國の福也といへ共貴國は決て此福を福とせさるは歎すへし故に今般迚も恐らく事破るゝならん然れ共弟素より講和の職たり矢石彈丸の中といへ共初心は失はされは終に相和し相好するの日あるへし談此に至りては憤歎に不堪也

暎　誠に察すへし僕上京せは事必らす順便ならん決て疑ひ玉ふな

茂　先生を疑ふにあらされと貴國官辨の無信には困却せり清國既に各國と交通すといへ共其交通の道を得さる故彼の土廣人衆を以て動もすれは各國の輕侮を受け委靡振はす我國小なりといへ共決て西人の抑制を受けさるものは始終彼か欲意に先んして事を謀るを以て也先生弟か此一言を翫味せよ今若し兩國破和に至り貴國勢屈し力撓みて後强迫以て條約を促かさるゝと無事の日に在て互相禮待を以て和約を成すと何れか勝れりとするや終に成さゝるを得さるの隣誼修好を拒み萬歲の社稷を危くするは實に無智の至りならすや

暎　誠に然り僕速に上京すへし因て過刻請求せし一書を玉へ

茂　諾卽書して

先生若有憂國之情志則一次上京以盡力於此間如何

暎　拜謝々々僕此近傍防禦の任なれば寸刻も此任所を離るへからされと此一書を信憑として上京せは朝廷の信用も亦大也

茂　先生京より歸り來らは江華に到り此使事一件に關係周旋せは如何

暎　誠に然りといへ共僕苟も國家の信任を得て此地に出陣せしは一身にとりては大任也然れ共正官申櫶は僕の信友也同氏に就て仁川府使尹暎に面晤したしとあらは僕速に該地に往を得へし

茂　弟先生の名を指稱する時は差支なきか

映　決して差支なし却て榮譽とす

茂　先生咸鏡道人金鱗昇なるものを知るか

映　此人俄界に逃れ入り今所在を知らす此人は僕慶興にありし日書記生として仕役せり先生此人を知るか願はくは所在を聞かん

茂　弟之を知れり而して今清國に在るを聞く他日日本にも來るへし

映　戲に曰 事若し破るゝ時は先生如何するや

茂　弟は單身貴陣に穿入すへし

映　僕は鐵砲に玉をこめず鏃をはづして相向ふへし

茂　先生に猶いふ事あり直諫讜議の人は世に信容せられさるは古今の同慨也先生國家の爲に盡しといへ共若し之を斥けられ事終に破るゝに至る時は先生直に我艦に來れ弟一身を以て之を保護すへし

映　厚意忝なしと抃喜の餘り書して曰

仁川府防禦使尹暎外務權大丞森山茂兄弟人と今より兄弟の約をなさん

茂　敎意に從ふへし猶問ふ事あり貴國我大臣を京城に迎待するの手順は之れあるへし

映　未た其詳なるを知らされと必らず上京あるべきを知る也上京の時は僕前導して路憊を慰むへし

右大略

議政府 ➡ 申櫶(1876. 2. 5/高宗十三年一月十一日)

동래부사의 대마도 왜인 古藤 탐정기(探情記)

萊伯探情記

馬州人古藤 留館既久 爲火船食主人矣 使我人中親信者 詳問近日事曰 火船果往江華乎 彼曰 先發四隻 想已到泊 追後一隻亦去矣 我曰 主事何事也 彼曰 書契事也 幾年相持 出末無期 而東萊則常以貴朝廷指揮言之 則彼勢固然矣 而在此地 歸正非所可擬 不顧遠程 冒死齊往 而今番則期於出末後乃已也 我曰 此處幾百年交隣情誼親熟 無彼此 火船之來往頻數 視若尋常 而江都則不然 一經洋擾以後 見火船 歸之洋船矣 況貴國服色 與洋一般 何以信貴國人物乎 不知所由 畢竟我國防守之兵 放砲禦之例也 而如此之際 貴國之人受傷可慮 此將奈何 彼曰 已料之事也 爲國事之人 雖有如干喪命 烏可避乎 然而鄙邦全主圖成矣 願乞於貴邦 則乞往之人 初次則不知 喪命容或無恠 既知後豈可一直喪命乎 我曰 公言然矣 向者最助公幹時 書契改來之意 申申相約 且黑田停行事 申申相約 而至於勸送公使 中路背約 如是作梗 是豈道理乎 彼曰 若無此事 訓導萬無上京之理 故生此之計也 我曰 日前火輪二隻 又往江華乎 彼曰 一隻往江華 而今番黑田森山弘信輩 同船而發之 一隻往馬州 不數日 守護官中使還來矣 我曰 有何守護等事耶 彼曰 不然 近日貴府別砲加設 兵器修繕 則不無爲慮之故也 我曰 黑田何如人也 彼曰 非惡人 寬厚長者 萬無加兵之理 圖事之人 豈可以兵刃惡戰乎 又曰 貴國江原道金麟昇 同船而去矣 我曰 何以相逢 又何服色乎 彼曰 本自中國來到鄙邦 同吾服色去矣 非久露出姓名 每事相議之 爲其聽貴國之言故也 且此人漢語洋語爲善耳 彼又曰 前日舊訓導貿去銃釼矣 今則胡不買去乎 我曰 兵器 彼我國禁物 胡出此言 彼曰 鄙邦出大砲以後 此等兵器 可爲無用件矣 所以僕等不佩劍矣 彼又曰 書契 兩國大事也 今番僕之所見 貴國必順從矣 我曰 大不然者 不遵舊式 別定新式 而且今日多率兵船 施載恐喝 豈可㥘於此風而受之乎 每事雍容做去可也 而若是行悖 屢百年隣好之意安在 可歎可歎 彼曰 今番兵船 非爲恐喝 或慮貴國侵犯之故也 今於貴國必圖成事之人 亦何可行悖乎 大抵鄙邦萬無興兵之理 放心開市 頻數賣買 爲好爲好

申櫶 ➜ 議政府(1876. 2. 5/高宗十三年一月十一日)

吳慶錫, 玄昔運의 森山茂 문정 결과 보고

관련문서 일본측 기록

啓草

臣等今月初十日 轉向仁川府之意 已爲馳啓爲有在果 當日午時量 行到通津府 卽接該府使李奎遠所報 則以爲彼大船五隻 一齊上來 留碇於項山島前洋是如是白乎所 彼船旣爲溯上 則臣等不可前進 故姑留本府 連探船信矣 今十一日寅時量 接見問情官吳慶錫玄昔運手本 則以爲小人等 本月初八日亥時量 到八尾島前洋 則彼船五隻 起煙上來 故卽欲向往 則彼船迅駛 不得相接 追及項山島住碇處 見森山茂 以我朝鮮派定接見大官副官 將於貴使船所泊處接見 及講定日字之意 通諭 則森山茂言內 貴國已派曾經左右相之大官 來留江華事 聞於仁川府地方官 而接見節次與日字 則俺等明日入江華城中 見留守面談後議定矣 以此往告于江華府留守 使之曉諭軍民 切勿驚動 若或先犯俺等亦有自當之道云 故答以接見節次與日字 方有我大官議定 不當就議於江華府 且入城 ·款 有我朝廷命令然後 始可擧論爲言是乎乃 聽若不聞 更不接語 至於催迫下船 故不得已還歸本船是如爲白乎所 森山茂之必欲下陸入府見留守 講定接見云者 實爲可駭 使問情譯官等 善辭曉喩 期於勿令入府是白乎旀 臣等今方馳往江華府 緣由馳啓云云

【관련문서】

應接始末書　　　　荒川德滋通辨 末松謙澄筆記

二月四日午後四時朝鮮問情使司譯院堂上吳慶錫京職五品官高永周訓導玄昔運來ル森山鈴木二氏例ノ如ク日進艦ニ於テ之ヲ接對ス

接禮畢ル

森　扨兩大臣ハ愈々無事當處ニ着艦セラレタルニ付テハ明日アタリ随員中ノ人ヲ以テ江華府差越サルヽ都合ニ付左様御心得アラレヨ

吳　先般御來艦ノ義ハ既ニ仁川ニ於テ承リタリ付テハ其趣ヲ都表ニ啓報イタシ是ニ因テ迎接トシテ京ヨリ我カ大臣出張ニ相成タリ

森　明日發向イタスニ因リ貴所等ヨリ其趣ヲ江華府使ニ通達下サレ

吳　其趣ハ通達イタス可シ第一我カ大臣ハ貴辨理兩大臣面接ノ爲メニコソ出張セシナレ

森　其レハ早速ノ迎接ニテ欣スベシ該大臣ノ名氏ハ何トス

高永周之ヲ紙署セント筆硯ヲ索ム余卽チ之ヲ船僮ニ命ス

森　明日發向ノ義ハ必ス通達下サレ兩國大臣面接ノ義モ當下ニ於テ商議セン

吳　貴大臣ハ直チニ江華府ニ發向セラル可シトモ心得ズ因テ實ハ江華島ノ草芝ト云フ所ニテ帷幕ナド引テ會合所ノ準備ヲナス積リナリ

森　兩國大臣面接ノ場所モ明日吾々ヨリ定メ申ス可シ

吳　直チニ江華府ニ發軔セラルヽヤ

森　然リ

彼レ思フ所アリテ言フ能ハサル如キ狀アリ

時ニ筆硯來ル高永周乃チ筆ヲ採リ

判中樞府事　　申櫶
都總府副總管　　尹滋承

ト書シ荒川ニ遞與ス荒川之ヲ森鈴二氏ニ出ス

森　中樞府トハ何ゾ

彼　左右議政ト同品ナリ

(以下彼レ三人互ニ言ヒ定者ナキヲ以テ唯彼ノ字ヲ用フ)

森　中樞府トハ何等ノ事務ヲ掌ルカ

彼　矢張三公ナドト同シ

森　大典會通等ニ據テ見レバ左樣ニハ見ヘズ

彼　我國ニテ豈三公同地位ニモ非ラザル者ヲ出シテ僞詐ヲ呈スル等ノ事ヲセンヤ

森　强テ之ヲ疑フニ非ラズ唯中樞府トハ何等ノ官銜ト問フノミ

彼　亦三公ト同一般ノ事ヲ管ス

森　申櫶ト申ス人ハ三公ノ職ヲ勤メ來リシカ又ハ兼帶デモ爲セシ事アリヤ

彼　申櫶ハ元來三公ノ官タル事アラザルモ其丈ノ價格アル人物ナルガ故ニ此般此職ヲ命セラレタリ貴大臣ニ應接スル事能ハザルノ人物ニハ非ラ

ズ

森　總都府トハ

彼　王側ニ在リテ侍從ノ如キ府ナリ

森　申櫶ノ品位ハ

彼　正一品卽チ三公ト同品

以下地理ノ談ニ涉ル卽チ其主意ヲ左ニ記ス

彼　此地ヨリ江華府ニ至ル水陸路共ニ三里(日本里)ナリ

此地ヨリ草芝ニ至ル彼ノ一里ニシテ夫ヨリ江華伏波樓門マテ我三里又衙門マテ一里トス

草芝ニハ僅々ノ小官吏ト僉使アリ而モ同一ノ僉使ナレトモ釜山僉使ヨリ下レリ

草芝ヨリ江華府ニ至ル陸路三里ハ磯邊ニアラス山路ナリ

此邊僉使アルモ固ヨリ貧瘠ノ地ニシテ馬ハ卽チ無シ

草芝ニハ好水アリ河岸ヨリ四丁許内部ニ在リ此邊此水ヲ最近トス

森　船多クシテ人マタ衆シ我レ水ヲ汲ム猶仁川ノ如クセントス或ハ人民ノ疑懼センヲ恐ル因テ兼テ此邊ヲ布告セラレヨ

彼　諾

森　明日ヨリニテモ汲水夫ヲ上シ付スルニ韓語通辨一人フ以テスベシ村吏ニデモ命シテ水ノ所在ヲ案内セシメラレヨ是レ却テ人民ノ疑惑ヲ提起セズシテ好シ

彼　諾

又地理談トナル(以下問語多ク略ス)

彼　仁川ヨリ京ニ至ル八里

富平ヨリ京ニ至ル六里

通津ヨリ京ニ至ル十里

森　一體京ヨリ江華府ニ下ル通律(マヽ)ニ向テ行クカ將タ仁川ニ出テ富平ヲ過キ而テ該地ニ達スルカ

彼　某等ハ江華ニ行キ富平ニ出テ此地ニ來レリ

京ヨリノ下路ハ富平ニ出ルモ通津ニ出ルモ廣狹格別ナラズ何レヲ大道ト判シ難シ

通津ニ出ルノ路ハ山路ナリ

京ヨリ江華府ニ至ル十二里ニシテ途中江三ヲ涉ル

江華ヨリ開城ニ至ル里程ハ明知セザレトモ凡ソ十里ナラン

京ヨリ開城ニ至ル十六里

京ヨリ平壤ニ至ル五十五里

森　此江中ヨリ望ムニ山上ニ石垣アリ城壘ノ如キハ何ソヤ

彼　鼎足山ナリ

森　瓦屋ノ相聳フルハ何ゾヤ

彼　官人居宅ト寺院トナリ民舍ハナシ

貴船碇泊場ヨリ正面ニ見ユルハ草芝ナリ人家ハ多數ナラザレトモ其數ヲ知ラズ

伏波樓ニ至ル三里ナリ伏波樓門ヨリ江華府衙門ニ至ル一里トス故ニ今ノ碇泊場ヨリ江華府衙門ニ至ルマデハ四里ナリ但シ伏波樓門ハ卽チ江華府東南門ニシテ伏波樓門ヲ入レバ卽チ江華府ナリ因テ前ニ江華府ニ至ル三里ナリト云ヘリ

伏波樓門ハ鎭海門ト相隔ル一丁許ニシテ云バ鎭海門ノ副門ナリ故ニ伏波樓門ト指名スルヨリ鎭海門ト云ハルヽヲ好シトス

陸路ハ峻嶮多シ故ニ水路ヨリ鎭海門ニ出ルヲ好トス但シ水路モマタ嶮ナラズト云ヒ難シ

森　扨今日ハ有リ難シ先刻モ申セシ如ク兩大臣モ無異ニ着船セラレタレバ明日ハ吾々ノ中ヨリ江華府ニ參ルニヨリ左樣御達シ下サレヨ此段更ニ申述ブ

吳　明日ハ貴所方ノミカ何レ兵士デモ率ヒラルヽカ

森　其邊ハ未タ決セス何レ唯一兩人ト云フ譯ニモアラザルベシ

吳　明日發向ノ趣ハ江華留守ニモ通報セン

森　江華留守ニモ何レ面接スル積リナレバ必ラズ達セラレヨ

吳　今ヨリ歸府シ明早貴命ノ如クセン

森　汲水ノ一件モ能ク達セラレヨ

吳　吾々是レヨリ草芝ニ至リ親ク之ヲ命スヘシ

既ニ黄昏ニ及ヒ當ニ辭シ去テ歸テ通報ヲ爲スベシ

將ニ辭シ去ラントス森山曰ク明日發向ノ事ハ若シ大風雨ニ遇ヘバ期ヲ延フルモ料リ難シ彼曰ク諾遂ニ去ル時ハ午後五時ナリ

147

朴齊近(1876. 2. 5/高宗十三年一月十一日) ➜ 議政府

森山茂 일행 접견 보고

江華判官朴齊近狀啓

今十一日午時 彼人二十四名 乘從船二隻 來到甲串津前洋下陸 而難於啓釁 不得先犯 任他入城 設卓接見 通問官啣 則頭倭外務權大丞森山茂開拓少判官安田定則 使通事倭以我言答話 而彼聞知我大官之尙未到境 願留以俟 故許令留住於等閒公廨後 通報于接見大官所住處是白遣 答話句語 開錄于後爲白乎旀 留守臣趙秉式 謂以罪著溺職 出伏私次 廢却公務 故臣不得已替行云云

後

彼曰 今日我辨理大臣 送我二人 面見閤下 先知兩國大臣接見時禮節之如何定議云

答曰 我則守土之臣 不敢擅議於接見禮節 而我大臣 已向貴船留碇處矣 今貴船至敝境 則大臣亦當不日到此

彼曰 俺等在仁川 已聞貴大臣來留貴府 故特來先探諸般儀節矣 今聞閤下之言 貴大臣尙在他境云 則俺等姑爲留此 以此意 欲報于我大臣矣 閤下亦以此意 轉報于貴大臣云云

黑田淸隆, 井上馨(1876. 2. 5) ➡ 森山茂 等

호위 병력의 숙소 마련 독촉 지령

江華御到着ノ上該府留守應接云々水陸兩道ノ公函ニテ逐一領承陳ハ彼大臣既ニ江華ニ出張シタル旨尹晾竝吳慶錫等ヨリ再三申聞有之今更通津滯在ト申ハ何分不審ノ次第殊ニ慶錫等我隨員ニ對シ內話ノ事實齟齬致候段實ニ不都合不尠以後厚ク御注意ノ上取詰談判相成度我兵員屯集所等ノ義彼レ若承諾無之候ハヽ我カ大臣上陸ノ上ハ不得止强テ借用ノ義ニ可立至モ難計旨相斷リ是非トモ明日中ニ歸艦ノ都合ニ御運ヒ有之度最前釜山ニ於テ先報以來猶又報知ヲ經彼ヨリモ再應ノ問情モ有之今日ニ至リ該府留守ハ此事ニ關係候義難出來等申立候ハ畢竟彼政府我カ大臣ヲ接待セサルノ旨意トモ相見得依テ先報以來ノ順序ヲ經篤ト御談判相成度候且尹晾ノ說話前後相違ヲ生シ是又疑ヲ不免ニ付本日猶又荒川ヲ遣シ時宜ニ依リテハ仁川地方ヘモ兵員上陸可爲致ニ付宿營等ノ義豫メ照會ノ旨趣ヲ以演述スヘキ旨申付候且地理取調ノ爲陸軍武官三名同行爲致候間若御差含ノ上其表ノ都合速ニ被取計相成度回答旁此段申進候也

九年二月五日

井上副辨理大臣
黑田辨理大臣

森山外務權大丞殿
安田開拓少判官殿

149

森山茂, 安田定則(1876. 2. 6) ➞ 黑田淸隆 等

강화부 유수와의 회견 결과 보고

관련문서 森山茂 등과 趙秉式의 회견 기록

本日午前八時三十五分鎭海門ニ入リ夫ヨリ江華本道通リ大凡我一里程ヲ經テ該府ニ達シ午前十時三十分居留衙門大廳ニ於テ江華府留守趙秉式ニ面接イタシ兩大臣迎接ノ手續取糺シ候處彼大臣ハ通津當地ヲ距ル大凡我二里ニ在リテ未ダ此ニ來着セザルニ付其到着迄ハ地方官ノ權限ヲ越ヘ敢テ我大臣ヲ迎接スルノ手續等ニ關シ候儀難出來然モ多分今日中ニハ來着ノ積リユヘ其上指令ヲ受ケ委細取極メ可申旨申聞ケ候ニ付此方ニハ是非トモ其手續キノ取極ラザル間ハ我大臣ニ復命スル能ハズ依テ急便ヲ以テ其大臣ヲ當地ニ迎ヘ面晤ノ上速カニ手續キヲ定ムベク且ツ我レ此趣ヲ我兩大臣ニ報ジ置ザル可ラザルニ付同行ノ者數名ヲ本船ニ返シ度然モ水路ニハ汐時ノ都合ニヨリ澁滯不尠候間艸芝マテ陸行爲致可申其邊至當ノ手數有之度旨申談シ候處夫々承諾イタシ候就テハ何レ明日迄ニハ是非トモ談判ヲ終ヘ歸船可仕心組ニ候得トモ一應此段上申仕リ置候本府ニテ小官等ヲ迎待スル頗ル厚ク相見ヘ不都合ノ義無之候此亦併テ申上候也

九年二月六日

森山 外務權大丞(印)

安田 開拓少判官(印)

兩大臣閣下

追伸陸路通行手續相立候ニ付卽チ海陸軍士官兩三名陸行爲致候尙艸芝下陸等ノ都合ハ同士官ヨリ御聞取被下度尙別紙略圖一葉差上ケ候也

【관련문서】

江華府ニ於テ我辨理大臣應接ノ手續旅館及ヒ儀仗兵屯所等調整ノ爲明治九年二月日(五脫カ)午前七時二十分森山外務權大丞安田開拓少判官通辨浦瀨書記生等ト共ニ項山島ノ本船ヲ發シ八時三十分鎭海門ニ至リ江華本道通リ軍官等ヲ前導トシ江都南門ヲ經テ十時五分執事廳ニ達ス市中家々皆ナ戶ヲ鎖シ前導者路傍ノ觀者ヲ驅逐ス報(執カ)事廳ニハ差備官李熙聞及ヒ李應浚アリ出テヽ我ヲ迎接ス少時アリテ訓導玄昔運入リ來リ今日留守トノ御應接ハ御幾人ナリヤト問フ卽權大丞少判官及ヒ書記官兩名ト答フ訓導之ヲ談シ頓テ御按內申上ベシ但シ大廳ノ門前ニ兵士ヲ羅列スル事ハ是我カ常例ナリ不惡了承アラン事ヲ請フト歸リ去ル少時シテ應接所ニ招待シタキ旨申越シタリ爰ニ於テ十時三十分鎭撫保釐營門ヲ入リ居留衛(衙カ)門大廳ニ到ル廳ノ中央ニ卓子ヲ置キ其兩側ニ椅子ヲ竝ベ且ツ別ニ正面ノ上座ニ椅子一脚アリ權大丞少判官ト共ニ之ヲ見テ意頗ル平カナラズ權大丞訓導ニ問フテ曰ク此坐ハ誰カタメニ設ケタルモノナルヤト是レ留守ノ坐ナリ權大丞亦曰ク左スレバ是レ對話ノ席ニアラザルガ如シ賓主相ヒ對シテ座スルニ非ザレハ對話ト云フベカラズ速ニ改置セラレヨ訓導爰ニ於テ忽チ其椅子ヲ撤シテ卓子ノ兩側ニ置直ス乃チ賓主等對留守ノ坐ハ權大丞少判官ノ坐ト相對シ賓主初メテ平等ノ位置ヲ占メタリ而シテ留守出席權大丞是少判官ト共ニ名刺ヲ出シテ留守ノ性名ヲ問フ留守乃チ傍人ニ命シ其性名ヲ書セシメ之ヲ權大丞ニ付ス曰ク嘉善太夫江華府留守兼鎭撫使趙秉式

留守　長海御航進殊ニ今日ハ遠路御來臨ニテ御疲勞ナキヤ御機謙ヨキヤ

權大丞　兩大臣ヲ始メ一統無難ナリ請フ貴意ヲ煩ス勿レ我朝廷特命全權辨理大臣ヲ派出セラルヽ義ハ早々貴國ニ告ゲ置キシガ水路ノ都合ニヨリ彼此遲延イタシ漸ク昨日草芝ニ到着セラレシユヘ貴國大臣御迎接ノ手續キヲ御問合セノタメ特ニ今日拙者等ヲ差遣セラレタリ定メテ貴朝廷ニハ迎接大臣ヲ當府ニ派出セラレシナラン此義承知致シタシ

留守　貴國大臣御發向ノ義ハ陋邦モ兼テ承知セリ今日頃ニハ相當ノ大臣當地ニ來着ノ筈ナリ

權　然ラバ未ダ來着セラレザル義ナルヤ昨日吳慶錫及ビ訓導等我艦ニ來訪セラレ既ニ貴大臣ニハ當地ニ於テ我大臣ヲ待受ケラルヽ趣聢

ト告知セラレタリシガ左スレバ右ハ間違ヒナルヤ甚ダ以テ不審ナリ

訓導　成程一タビ此地ニ着セラレシガ貴國船艦ノ來着晩カリシヨリ貴艦へ御尋問申スベキタメ通津ニ越サレシヨシ吳氏ハ之ヲ知ラズシテ當地ニ待受ケラルヽ旨申サレタルナラン是非今明日ニハ來着セラルベキ筈ユヘ不惡御承引下サレタシ

權　今日ハ兼テ報伸シタル如ク兩國大臣親接ノ儀節及ビ旅館等ノ事ヲ御相談ノタメ參向セシ義ユヘ緩々御懇談ニ及ブベシ貴國ノ制規モアルナルベケレド近臣ヲ除クノ外都テ無用ノ人ハ退ケラルヽ樣イタシタシ

留守　諾諸人何レモ退避セシムベシ於是衆ニ命シテ席ヲ退カシム

權　扨我兩大臣ノ參着ニ付定テ貴府ニハ御多用ナラン

留守　兩國大臣ノ御親接ニテ永遠和親ノ交リヲ結バルヽ義ナレハ是レ乃チ兩國ノ幸福ナリ多用位ヒノ義ハ決シテ厭フ所ニ非ズ

權　今日貴大臣御來着相成ル上ハ我大臣モ不日當府ニ前進セラルヽハ固ヨリナレバ貴方ニ於テハ豫メ御用意モ之レアル筈ユヘ御差支ハ有之間敷ナレド式儀手續等ヲ御打合セイタシ雙方ノ都合ヲ計ランタメ拙者等態々差遣ハサレタル義ユヘ御接待御用意如何相運ビタル哉逐一承知イタシタシ

留守　其日柄及ビ儀式等ノ義ニ至リテハ我大臣來着ノ上當方ヨリ御報知イタスベシ余ハ唯當府ノ地方官ナレバ貴大臣迎接ノ義ニ關セザルナリ請フ公等之ヲ領セラレヨ

權　我等ハ其邊ノ事ヲ貴府ト御面談申サンタメコソ罷越シタルニ斯ル次第ニテハ甚タ以テ不本意トス且ツ貴國ヨリモ態々堂上官吳氏等ヲ以テ貴大臣ノ着付ヲ我ニ報シ置ナガラ今ニ至テ右樣ノ義ヲ申立ラレテハ甚タ事疎略ニ屬スルニ似タリ余等今日ノ訪問モ之ガタメ全ク無用ニ歸セン貴府以テ如何トナス

留守　實ニ御尤モナガラ今日來着セザレバ明日ハ是非着スベシ事ノ行違ヒヨリシテ斯ク不都合ニ至リシ段重々氣ノ毒千萬ナレド來着ノ上ハ卽刻其差圖ヲ受ケ御返答申スベキマヽ何卒右マテ御猶豫下サレタシ

權　昨日吳氏ノ告知ニ貴大臣ハ已ニ當府ニ在リテ我大臣ヲ待チ帳幕等

ヲ備ヘ重々接待ノ支度ヲセラルヽト聞ケリ今日貴府ノ御話シノ次第トハ眞ニ大違ヒナリ支吾モ亦甚シカラズヤ余等ハ決シテ空シク歸ルベカラス依テ貴大臣ノ來着迄ハ當地ニ於テ待合スベシ速ニ人ヲ通津ニ馳セ貴大臣ヲ迎ヘ來ラレンヲ請フ 訓導於是留守ニ向ヒ權大丞ノ言ニ從ヒ使ヲ馳セテ大臣ヲ迎ヘン事然ルベシト云フ

權　是非トモ御迎ヒヲ差立ラレ速ニ貴大臣御來着有之樣御周便アリタシ余等我大臣ノ命ヲ受ケ此地ニ來リシハ乃チ大臣ノ代理ナレバ貴國正副大臣ノ中御來着ノ上ハ親シク御面接イタシ貴大臣ノ前ニ於テ尙貴府トモ御相談ヲ遂ケ委細其手續キヲ取定ムルハ當然ナレバ夫迄ハ當地ニ滯在セン

留守　貴下ノ言ノ如ク直ニ兩大臣ヲ當地ニ招クベシ併シ一先ヅ御歸船アリテ御待被下テハ如何ン委曲訓導ヲ以テ貴下ニ報ゼシムベシ

權　決シテ訓導ヲ煩ハサズ余等ハ其等ノ取極ル迄ハ此地ヲ去ルベカラズ是非トモ當地ニ於テ待受ケ申スベシ這回我大臣ノ使事ハ眞ニ重大ノ條件ニ付片時モ早ク其接待方ヲ取定ムルハ兩國ノ便ナリ

留守　然ラバ直ニ飛脚ヲ立是非トモ今日來着セラルヽ樣手配イタスベシ

權　然ラバ余等ノ旅宿等ハ貴府ニ於テ御周便被下度且ツ此趣一應我大臣ヘ報告セザルベカラザルニ水路ハ汐時ノ都合ニヨリ澁滯ノ患ヒ不尠依テ同行ノ人員數名ヲ陸路ヨリ草芝マデ返サン事必要ナリ貴府幸ニ沿道ニ布告シ前導者ヲ付シ不都合ナキ樣御取計被下度且草芝ヨリ本艦ヘ至ルニハ其地所屬ノ端艇ニテ相辨ジ可申樣夫々至當ノ御所分下サレタシ斯ク貴府ヲ煩スハ實ニ御氣ノ毒ノ次第ナレド貴大臣未ダ來着セラレザルト水路ノ便ヨロシカラザルヨリ起リタル事ナレバ速ニ其邊御周旋之レアランヲ請フ

留守　陸路歸艦ノ人々ハ幾名ナルヤ

權　同行人員大約二十名ノ内數名ヲ歸サント欲スルナリ

留守　諾御望ミノ通リ夫々手數イタスベシ

權　序ナガラ御賴ミ申置カン何分草芝マデハ水路極メテ不便利ユヘ本日ニ限ラズ此後モ時々陸路往復スル事アルベシ其節ハ道按內及ビ端船等ヲ該地ニテ相雇フ事アルベシ其義兼テ該地官民トモ心得居ル樣御達シ之レアリタシ

留守　水路陸路ノ別ナク遠方御來臨ハ御苦勞ユヘ陋邦ヨリ特ニ官吏ヲ草

芝邊ニ派シ御用辨ニ相成樣致スベシ

權　其邊ハ貴意ヲ煩シ賜フ勿レ尤モ貴府ハ當島及ビ近傍ノ治民官ナレバ百方人民ノ治安ヲ計ラルヽハ勿論ナレド我兩大臣ニ於テモ其儀ハ同樣ノ事ユヘ陸路通行ノ節トテモ決シテ貴意ヲ煩ス樣ノ擧動ハ之レナキマヽ御管下人民モ我ニ對シテ失敬ノ義等有之間敷此邊ハ兼テ固ク御布達アリタシ

留守　夫々承諾イタシタリ

大丞少判官 然ラバ余輩ハ休息所ニ戻リ待合スベシ急ニ貴大臣ヲ迎ヘ賜ヘ

留守　諾先ツ麁茶一椀ヲ喫セラレヨ且ツ麁菓ヲ差上ゲタシ 權大丞少判官及ビ其他一周於是謝情ヲ伸ヘテ其茶ヲ喫ス

權少　貴府モ御多用ナルベケレド唯々速ニ貴大臣ヲ迎ヘラレン事ヲ是レ祈ル

留守　諾

衆是ニ於テ告別ス

尹滋承(1876. 2. 6/高宗十三年一月十二日) ➡ 議政府(1876. 2. 7/高宗十三年一月十三日)

森山茂와의 예비교섭 결과 보고

관련문서 일본측 기록

啓草

臣等馳往江華府之由 纔已馳啓是白是在果 當日午時量 還到本府是白乎則 彼人森山茂等二十四名 已爲下陸 卽入沁府 見留守趙秉式 謂有講定之事是白去乙 該留守 以待大官還來講定之意 曉諭 而使之姑留於公廨是如是白乎旀 臣等使任譯 要之以往復講定 則彼人以爲決不欲與任譯講定節次 期欲見使臣講定是如是白乎所 其在莫重使事 慮或拂意而失事 故副官臣尹滋承 不得已 亥時量 與外務權大乘森山茂開拓小判官安田定則從倭四名 接見於該府中營 餽以茶果後 彼人仍爲退宿於廨舍是白乎旀 問答句語 開錄于後是白如乎 彼人徑先下陸 至見留守於府中 已萬萬驚駭 況於副官問答中 請以發關仁川富平下陸居接云云之說 尤極痛惋 雖以言說防塞 彼必謂以先通 徑自下陸 十分可慮 正宜預有定算 以嚴防守之策乙仍于 幷只馳啓云云

副官與森山茂問答記

我先問寒暄勞苦

彼曰 感謝

彼曰 我大臣 今遣俺等 接見節次 欲先講定而來矣

我曰 已送任官於貴船 自我先請講定節次 則何必遠來沁府乎 我大官 以在主人之道 嫌於坐屈 將欲邀接於貴船所泊處之草芝鎭 有所往復議定 何勞遠勤至此乎

彼曰 有我大臣之命至此 而旣有沁府廨舍 何必以草芝狹窄之鎭爲定乎 處所以此沁府決定 我大臣下陸時 不可草率 必有率領兵卒 不得不預定處所矣 我大臣居接 與隨員與兵卒居接 共三處定給然後 回覆我大臣 始可下陸以進矣

我曰 居接處所 當與留守議定 而廨舍本來狹窄 有難容衆 且我大官亦以賓主之禮 不爲多帶騶從 歸告貴大臣 亦須務從簡率爲好矣

彼曰 今來兵卒爲四千名 慮難容接 欲帶四百名來矣

我曰 四百兵卒 非不簡率 旣無廣廨 似多難便 更加存減爲好矣

彼曰 大臣之行 自有禮儀 四百名不可減矣 又有追來兵二千名 海上事姑難的期 而不能容接於此地 則請關子於仁川富平等地 預定住接處爲好矣

我曰 今此兩國大臣接見 出於續舊好之意 何用多兵乎 且貴兵自有其船 內地下陸 恐驚國人 設館 舊約 不出草梁設門之外 則其有防限可知 今此仁富下陸云云 實所未解 此等事不必講論也

彼曰 此亦有我大臣之命 故先此告知矣

我曰 兩國大臣欲以禮相見 則彼此各祛兵器 亦勿鳴砲 無使愚民輩驚恠好矣

彼曰 兵器卽我國之儀仗 不可去也 至於鳴砲 卽乘船下陸之號令 有聲無丸 無足怪也

我曰 接見 何日爲定乎

彼曰 敦定三處所 使俺等看審 而歸報於我大臣後 始可定日矣

我曰 彼此使事 復命爲急 速圖竣事爲好矣

彼曰 我大臣下陸後 柴炭不可不需用 而當酬其價矣

我曰 此種物 豈可論價乎 誠萬萬意外也

彼曰 盛意雖感謝 何可如是貽弊也

【관련문서】

御細示ノ趣逐一拜承仕候陳ハ江華留守面晤ノ處彼大臣此地ニ不在云々前後支吾イタシ候ニ付御不審ノ趣御尤モト存シ上ケ候然ルニ留守ノ申ス所ハ只ニ大臣此地ニ不在ト申スニモ無之此程大臣一應着セラレシ處本艦艸芝ニ下碇相成候ニ付坐シテ貴大臣ヲ等待スルハ不敬ニ屬シ候間須ラク本艦ヘ訪問仕ルベキ積リニテ通津ヘ罷越サレ候杯婉回申述ヘ又留守ニ於テハ使事ニ不關身ニ候得ハ使事ニ屬シ候儀ハ大臣ヘ對應ノ上拙者ハ大臣ノ令ニ從ヒ可申トノ事ニ候間然ラハ貴大臣所在ヘ急使ヲ派シ速に此地ヘ被罷越候様可被取計旨申聞ケ候處彼レ承諾イタシ候彼レガ此地ニ在ラスト云ヒシハ其虛實計リ難シト雖トモ詰リ自尊ノ地ヲ占メントノ故智ニ過ズ故ニ直ニ此地ニ招入スベシトノ言ヲ以テ之ヲ挫キタリ夫ヨ

リ大凡三時間ヲ經テ大臣唯今到着ノ旨ニテ副大臣別亭ニ於テ面會可相成少時見合セ呉レトノ事ニ付相待居候處又タ暫クシテ兩國大臣相接儀節等ハ訓導等へ御下示相成候カ又ハ書面ニテ御往復申上候テハ如何ト申來候間既ニ面會スベシト云ヒ相待セ置今更斯ル御相談ハ承リ難シ書面往復及ビ訓導相談トモ素ヨリ承引シ難シト相答へ候處暫時アリテ然ラハ頓テ面會可仕坐席取設ケニ聊カ手間取可申トノ返答ユヘ又タ少時相待居候處大臣風邪ニテ頗ル困難被致且晩景ニモ相成貴客御一泊ノ義ニモ候得バ明朝ハ必ラズ拜面可致若シ明朝副官差支候ヘハ正官御對面ニ可及トノ儀ニ付其反覆無禮ヲ詰責シ如此ナレバ副官ヨリ其旨書面ニテ被申越候ハヽ相待ベシ左ナクバ決シテ默止シ難シ因テハ直ニ府廳ニ入リ又ハ副官病間ニ至リ面晤ヲ請フベシト緩急取詰メ候處少時ニシテ左様仰セラルヽヲ押テ相斷候ハ失禮ニ候間病中ナカラ頓テ相接可仕ト返答イタシ來リ候半日間中反覆操弄如此以テ彼レガ情ヲ見ルベシ終ニ八時三十分廳別ニ於テ副官尹滋承ト面接御下命ノ次第ハ逐一演舌候所悉トク承伏イタシ候然ル處旅館取設ケノ義ハ留守ト相談ノ上取極可申トノ事故此方ヨリモ各所檢分イタシ可申トノ儀ニ決シ今朝ハ其手數相立可申事ニテ發落十時前歸館仕リ候抑モ昨日ノ談判駈引ハ一時短書ニ名狀シ難シト雖ドモ彼ガ黠策ヲ破リ我意ヲ徹シタルハ快ヨキ事ト存シ候右ノ都合ニ候間今日ハ旅館向等取極メ次第速ニ歸艦ノ心得ニ御座候聊カ遲刻イタシ候トモ御心配被下間敷存ジ上ケ候猶御細示ノ趣拜承ノ上ハ萬々無手拔樣可仕此段不取敢御報申上候也

九年二月六日

森山 外務權大丞

安田 開拓少判官

兩大臣閣下

追申右上申ノ爲メ高雄艦乗組通詞淺山顯藏陸路歸艦取計ヒ候昨日來地方ノ形行共ハ同人ヨリ直ニ御聞取可被下候

午後二時喇叭ノ聲アリ數十ノ兵士二箇ノ肩輿ヲ護衛シ居留衛門ニ入ル市民馳驅奔走シテ曰ク大臣到ルナリ午後三時報アリ曰ク兩大臣來着シタルニヨ

リ副大臣頓テ別館ニ於テ貴官方ニ面接スベシ坐席備ハリ次第尙御報知可致ニ付少時御待下サレタシト頓テ午後四時ニ至リ訓導玄昔運及ヒ李熙聞等訪問シ訓導曰ク先刻副大臣ノ御面接可致旨伸報イタシ置カレタレト貴大臣ヲ迎接スル手續キ等ハ別段御面晤ニハ及ブ間敷ニ付委細拙者ト御熟議被下カ又ハ書牘ヲ以テ副大臣ト御照會アリテハ如何ナラン此義一應御尋申スベシト副大臣ヨリ命ゼラレタリ權大丞曰貴下トノ面談若シクハ書牘ノ往復位ニテ辨スル義ナラバ態々我大臣ヨリ余等ヲ此地ニ派出セラルヽノ理ナク且留守ヲ煩シテ貴大臣ヲ招入スルノ理モナシ剩ヒ過刻副大臣ヨリ拙者等ニ御面接アルベキ旨御通知アリシニヨリ早ク既ニ支度ヲナシ今一應ノ御挨拶ヲ待チ居タルニ今ニ至リテ斯ル反覆ノ義御申出ニテハ迚モ承諾イタシ難シ此旨速ニ御通シ下サレタシト訓導於是默止スル能ハズ李熙聞ヲシテ之ヲ副大臣ニ傳ヘシム少時アリテ歸リテ曰ク委細貴官方ノ仰セノ趣副大臣ニ申入レタル處實以テ御尤モノ義ユヘ急キ椅子卓子等ヲ取竝ベサセ坐席整ヒ次第速ニ御接待イタスベシトノ事ユヘ暫時御猶豫下サレタシ權大丞及ビ少判官之ヲ諾シ待ツ事時アリ然ルニ坐席全備ノ報知ナシ依テ頻リニ之ヲ訓導等ニ捉カス李熙聞不得止又タ往テ副大臣ヲ訪ヒ大凡一時間ヲ經テ歸リテ曰ク生憎副大臣ハ不快ユヘ今日ハ御目ニ掛リ難シ依テ明早朝マテ御猶豫下サルヽ樣御通知イタスベキ旨申聞ケラレタリ權大丞及ビ少判官之ヲ聞キ曰ク吁奇怪ノ言ナル哉貴國ハ自ラ禮樂ノ邦ト稱シナガラ賓客ヲ待スルニ禮ナキ一ニ此ニ至ラントハ實以テ意外ノ事ナリ既ニ過刻貴方ヨリ拙者等ニ面接セン事ヲ約セラレ次テ又タ訓導ト議スル乎又ハ書牘ヲ以テ照會セン事ヲ請ハレ拙者等之ヲ承諾セザリシヨリ終ニ再ヒ面會ヲ約シ置ナカラ今又タ其約ヲ變ゼントス反覆曖昧モ亦タ甚シト云フベシ拙者等何ゾ斯ル不信ノ談ヲ聞ク事ヲ得ン此ヨリ直樣副大臣ノ旅館ニ到リ是非トモ御面會ヲ請ハザルベカラズト李曰仰セノ次第ハ御尤モ至極ナレド必ズ明日ハ間違ヒナク御面會イタサルベキニ付何卒今五日ノ處ハ御猶豫アリタシ權大丞曰彌々御不快トナラバ早ク既ニ其御報知モアルベキ筈ナルニ再三約ヲ變ジタル上終ニ病ヒヲ稱シテ面接ヲ延サルヽハ是レ拙者等ノ心得難キ一事ナリ且ツ眞ニ御不快トナラバ明日ニ至ルモ必ズ御全快ハ期シ難シ李曰若シ明朝ニ至リ副大臣ノ面接セラレ難キ節ハ正大臣自ラ貴官方ニ接セラルベシ余請フ之ヲ保證セン權少曰足下假令ヒ千萬言ヲ費スモ拙者等決シテ之ヲ信セズ然モ是非トモ副官ノ差支アル節ハ正官自ラ拙者等ニ接セラルヽトナラバ足下往テ副大臣ニ告ゲ親シク其

旨ヲ書面ニ認メ拙者等ニ贈ラルヽ様致サレヨ左ナクバ決シテ承諾シ難シ李曰發汗ノタメ既ニ寢ニ就カレシユヘ何分余ヨリ更ニ書面ヲ認メラレヨ樣トハ申シ入レ難シ且ツ貴官方モ是非今晩ハ御一泊ノ事ユヘ明朝迄御待チ下サレテ然ラン少判官曰ク足下ハ自國大臣ノ寢所ニ就キ斯ル些事ヲ申報スルヲ以テ無禮爲スニ忍ズト爲シナガラ却テ他國人ニ對シ再三約ニ背クモ構ハザルヤ若シ先約ノ如ク直樣御面會アリシナラバ余輩ハ今晩當所ニ一泊スルニ及ハズ既ニ已ニ歸船セシナランニ其約ニ背カレシユヘ止ムヲ得ズ今ニ爰ニ淹留スルナリ余輩ハ最早一刻モ猶豫シ難シ直ニ副大臣ノ居所ニ往キ假令ヒ臥床ニ就カレシニセヨ是非トモ御面會イタスベシ兩人坐ヲ起チテ將ニ階ヲ下ラントス彼レ百方遁辭ヲ設ケ之ヲ防ガント欲スレドモ勢ヒ禁ズベキニアラズ終ニ左樣ナラバ今一應副大臣ヲ訪ヒ書面ヲ贈ラルヽ樣申告スベシト出テヽ行ク須臾ニシテ歸リテ曰ク委細貴官方御談ジノ趣副大臣ニ伸報セシ處一々御尤モノ次第ニ付不快ナガラ押テ御目ニ掛ルベシ少時御待チ下サレタシト申サレタリト權大臣曰足下速カニ余輩ノ承知シタル趣キヲ副大臣ニ報ゼラレヨ李熙聞終ニ訓導ト共ニ去ル少時アリテ二三十名ノ人夫四箇ノ肩輿ヲ擔ヒ來リテ曰ク坐席整ヒタルマヽ其迎ヒトシテ罷出タリ路程ノ滑ラカナレバ請フ輿ニ駕シテ來ラレヨ權大丞等之ヲ辭ス迎ヒノ者ドモ爰ニ於テ紗燈及ビ松明等ヲ點ジ導ヒテ副帥營ニ到ル我給仕二人亦タ各々「ランテルン」ヲ携ヒテ隨行シ何レモ帥營ノ正門ヨリ入リ應接ノ間ニ到ル頓テ副大臣出テヽ之ニ接シ互ヒニ名刺ヲ交換シ賓主各々席ニ就ク

尹　遠路ヨクコソ御來臨アリタリ起居御平安ナルヤ

權　兩大臣初メ一統無難ナリ貴國大臣モ今日當府ヘ御安着ノヨシ傳承仕リ大慶ニ存ズ遠路御迎接ノ段御大義至極ナリ扨不取散(敢カ)御談シ申上ケ度義アリ請フ無用ノ人ヲ退ケラレヨ

尹　諾於是衆ニ退席ヲ命ズ

權　我兩大臣モ不日當府ヘ參ラルベキニ付旅館等ノ義御打合セノタメ特ニ拙者等ヲ差遣セラレタリ希クハ緩々御面談被下タシ

少　尤モ我兩大臣ノ旅館拙者兼テ貴國ニ於テ豫メ御備ヘ置下サレタルナランナレド隨員及ビ儀仗兵等ヲモ引率スベキニ付其邊ノ御都合モ被下タシ

尹　貴國兩大臣ノ御渡海ハ早々承知イタシタレド余輩徒ラニ坐シテ當地迄ノ御來着ヲ待受クルハ頗ル失敬ノ事ユヘ此方ヨリ御本艦ヘ相伺ヒ申ス

ベキ心組ミナリ其義ハ如何御考ヒ成サルヽヤ

權　唯今少判官ノ申サレシ如ク是非上陸ノ上當府ヘ差越サルベキ筈ニ付其邊御用意下サレタシ

尹　余輩此所ニ於テ貴大臣ノ御來臨ヲ待ツハ失敬ト存ジタルユヘ斯ク申述ベタルナレド貴大臣ノ御都合ニヨリ御枉賀(駕カ)被下義ナラバ陋邦ニ於テハ大慶至極ナリ御旅館等ノ義ハ御不都合ナキ様注意イタスベシ

權　我兩大臣隨行及ビ護衛ノタメ現今既ニ草芝迄參着セシ人員ハ惣計大凡三千人ニシテ其御內儀仗兵ト稱スル者ハ千五百人ナリ其千五百人ト手許隨行ノ人員トノミハ是非トモ上陸ノ節引率スベキ筈ナレド旅館等ノ儀ニ付キ彼是貴國ニ御迷惑ヲ掛クルモ氣ノ毒千萬ト存シ格別ノ詮議ヲ以テ儀仗兵ノ分ハ先ツ差當リ四分ノ一乃チ四百人計リヲ召連レル筈ナリ其御心得ニテ旅館御用意下サレタシ

尹　承知仕レリ陋邦ニハ御存ジノ通リ貴國ト違ヒ猥陋ノ家屋ノミニシテ貴大臣ノ御望ミニ相應スル様ナル産閣トテハナケレド兩大臣及ビ諸隨員ノ爲メ精々御取待イタスベシ且儀仗兵ノタメニモ數軒ノ家ヲ用意スベシ併シ御減少ノ上ニモ尙御減少下サル様何卒御注意之レアリタリ

權　固ヨリ減少ノ出來ル丈ケハ減少スベシト雖ドモ既ニ申述タル如ク四白人ニ減少シタルモ實ニ非常ノ詮議ニ出テタル事ユヘ此上ノ減少ハ出來難カルベシ依テ何分夫レ丈ケハ是非トモ御用意アリタシ

尹　承諾仕レリ特ニ陋邦ノ都合ヲ御斟酌アリテ斯ク御減省アリシ段感謝ニ堪ヘズ仰セノ如ク各國皆ナ其制規ニ從ハザルベカラザルハ勿論ノ事ユヘ其引率セラルヽ人々ハ何レモ精々厚ク御取待イタスベシ然モ萬一疎略ノ義等之レアリテハ相濟マザル事ユヘ尙可相成ハ御歸船ノ上今一應貴大臣ヘ御伺ヒ被下タシ

權　御依賴ノ義ハ委細大臣ヘ上申スベシ併シ何分四百人ハ引率セザルベカラザルナラン其御積リニテ御用意アリタシ且其外ニ近日數艘ノ軍艦ニテ尙來着スベキ儀仗兵二千人及ビ護衛兵三千人計リモアリ右ヲモ何レ上陸セシメザルベカラズ是亦タ豫メ御承知置下サレタシ

尹　既ニ四百人ノ儀仗兵ヲモ尙御減少下サレタキ位ヒナルニ尙二千人ノ旅館ハ如何アラン然モ格別急卒ノ義ニモ有之間敷何レ緩々御相談仕ルベシ

少　固ヨリ嚴冬ノ際風波ノ都合ニヨリ其來着ノ遲速ハ計リ難ケレド今晩ニ

モ參着スル事アルモ計リ難シ早晩其人數ハ來ルニ相違ナキモノユヘ是非トモ其御用意之レアル樣致シタク且ツ拙者等モ親シク實地點檢ノ上御相談イタシタシ

尹　旅館等ノ義ハ都テ當府留守ト相談ノ上取極ムル事ユヘ今晩ニハ決シ難シ然モ貴官方自ラ御點檢之レナクトモ決シテ不都合ノ義ハ致スマジ

權　唯今少判官ノ申サルヽ如ク拙者等ハ兩國間ニ不都合ナキ樣特ニ來リタル事ユヘ明朝ハ是非實地一見ノ上御相談申上ケタシ

尹　然ラバ御點檢アリテ然ルベシ何レ夫等ノ事ハ留守ニ命シテ調理セシムベキ義ニ付若シ貴官方ニ於テ御待遠ニ存ゼラレテハ失敬ト考ヒシユヘ斯ク申述ヘタル義ナリ親シク點檢下サレバ當方ニ於テモ重疊ナリ

權　仰セノ如ク留守君ニ御下命之レアル事ナラン併シ夫レトテモ別段手間取ルベキ樣モナケレバ明早朝ニハ全備スルナラン

尹　然リ明朝迄ニ夫々手數イタシ置ベシ

權　然ルニ兼テ前ニモ申述ヘタル如ク夫ノ二千人ノ儀仗兵ノ外ニ三千人ノ護衛兵モ來ルベキ筈ユヘ其兵ヲモ仁川及ビ富平邊ニ上陸屯集セシムル事アルベシ其趣豫メ地方官ニ御通知アリタシ

尹　固ヨリ儀仗及ビ護衛ノ兵トナラバ其都合ハ致スベシ然モ仁川ハ申スモ更ナリ當地トテモ斯ル多人數ヲ容ルヽ處ハ決シテナシ是非不得止節ハ何レ御相談イタスベシト雖ドモ可相成ハ御減少下サレタシ

權　減少スベキ義ハ兼テ申述タル通リナレド是非夫レ丈ケノ人數ハ早晩渡海イタスベキニ付豫メ御承知置下サレタシ

尹　諾然ルニ貴大臣ハ今ヨリ幾日ニシテ當府ヘ御來臨アルベキ哉

權　大臣發向ノ義ハ拙者等ノ得テ關リ知ルベキ所ロナラネド余輩明早朝旅館點檢ノ上復命ノ模樣ニヨリ其日限ヲ取極メラルヽ事ナルベシ諸車(事カ)全備スル迄ハ決シテ輕卒ニ出發セラルヘキ理ナシ何レ出發日限定マリ次第前以テ御報知イタスベシ左スレバ閣下方ニモ御都合ナラン

尹　何卒御前觸之レアリタシ斯ク久シク隔絶ノ後チ兩國互ヒニ相接スルハ實ニ陋邦ノ大幸ナレバ片時モ早ク御來臨アランヲ祈ル

權　實ニ閣下ノ言ノ如ク我大臣ニ於テモ早ク面接セラレ度ハ勿論ノ義ユヘ明朝旅館ノ用意モ迅速ニ御運ビ下サレタシ

尹　委細承知イタシタリ實ニ此度貴國大臣ノ御來臨ハ我邦ノ大幸ユヘ御旅館ノ義ハ速ニ周便イタスベシ左スレバ明後々日頃ニハ御來臨下サルヽ

樣可相成哉

少　旅館ノ用意速ニ整ヘバ我大臣ノ發向モ自ラ迅速ナルベシ然モ其日限ハ余輩之ヲ豫知ス能ハズ

尹　御尤モ至極ナリ然ルニ這回兩國大臣ノ親接ハ永ク兩國ノ交誼ヲ敦クセンノタメナレバ互ヒニ兵器ヲ携帶スル等ノ義ハ雙方止メニシテハ如何貴官等ノ御考ヒ承リタシ

權　我儀仗兵等ノ兵器ヲ携帶スルハ是レ我邦ノ儀節ナレバ決シテ之ヲ廢スル義ハ出來難シ然モ兩國互ヒニ交誼ヲ敦クシ平和ヲ保ツニ注意スベキハ勿論ナリ

尹　併シ敢テ兵器ヲ帶スルヲ以テ儀仗兵ノ本分トナスニモアラザルベケレバ愚昧ナル土民共ノ狼狽ヲ御推察アリテ何卒御廢シ下サル樣イタシタシ

權　御尤モノ次第ナレド既ニ申述タル如ク是レ我邦ノ制規ナレバ猥リニ之ヲ廢スベカラズ且ツ時宜ニヨレバ劍ヲ拔ク等ノ儀式モアルベシ其邊豫メ御承知ノ上愚民等ヘハ決シテ狼狽セザル樣兼々御說諭之レアリタシ

尹　人民ヘハ必ズ說諭イタシ置クベシ併シ再三御依賴申スモ失敬ナガラ可相成ハ其邊御斟酌被下ル樣願ヒタシ然モ是非貴國ノ制規トナラハ不得止次第ナリ

少　然ルニ多人數上陸ニ就テハ薪炭等モ兼テ御用意下サレタシ其代價ニ至リテハ相當ニ當方ヨリ償還イタスベシ

尹　其邊ノ義ハ必ズ御懸念下サルベカラズ貴客ヲ待スルハ陋邦ノ本分ナレバ充分ニ用意イタシ置クベシ代價ヲ御償還下サル樣トハ存ジ寄ラザル次第ナリ余輩ノ貴國ニ往ク事アル節ハ矢張貴國ヘ御無心申スベシ決シテ其邊ノ御斟酌ナキ樣致シタシ

少　併シ我ヨリ物品ヲ求需セバ代價ヲ拂フハ至當ノ義ナリ御厚意ノ程ハ銘謝ニ堪ザレド必ズ代價ヲ其筋ヘ御受納アリタシ何レ臨機御熟談イタスベシ

權　且ツ我兩大臣上陸ノ節ハ祝砲ヲ發スルヲ例規トス是レ尤モ空炮ナレド若シ土民等之カタメニ狼狽スル樣ノ義之レアリテハ氣ノ毒千萬ナレバ豫メ御布告アル樣イタシタシ

尹　御例規ニハアルベケレド假令ヒ空炮ニセヨ土民ノ狼狽想フベシ依テ其義ノミハ何卒御止メ下サレタシ

權　折角ノ御依賴ナレド例典ヲ廢スル義ハ出來カタシ
尹　然ラバ是非ニ及ハザル次第ナリ御例典通リ御施行アリテ然ルベシ人民ハ布告イタシヲクベシ尹氏爰ニ於テ茶菓及ヒ酒ヲ供ス客唯茶ヲ喫シテ其他ヲ辭ス
權　然ルニ閣下モ先刻ヨリ申サルヽ如ク我大臣ニ於テモ早ク其使事ヲ開陳スルノ場ニ至ラン事ヲ欲セラルヽ事ユヘ明日旅館點檢ノ如キニ至ツテモ決シテ澁滯セザル樣御懸念下サレタシ若シ留守君若シクハ其他取次ギノ者樣ニ御委托アリテ澁滯スル事モアラバ留守君ヘハ勿論閣下ヘモ再ビ推參シテ御面晤ヲ請ハザルベカラザルニ至ルベシ既ニ今日モ彼是取次ギノ者ノ不注意ヨリ不都合ノ義尠カラザリシマヽ念ノタメ此段申シ述ベ置クナリ閣下ニ御面晤イタストキハ現ニ今宵ノ如ク諸事速ニ辨ジ大ニ都合ナリ
尹　決シテ明日ハ澁滯スル樣ノ義ハ之レアルマジ然モ尙委細心得置クベシ

賓主終ニ於是告別ス時ニ午前九時四十分ナリ
斯クテ翌六日午前十時ニ至ルモ旅館ノ定マリタル報ナケレバ數度之ヲ訓導ニ捉ガシタル後チ權大丞少判官ト共ニ副帥營ニ至ル終ニ其營ヲ以テ我旅館ト定メ且ツ別ニ其近傍ノ一官廳ヲモ貸シ渡シタリ諸員於是全ク諸事ヲ辨了シ午後三時權大丞及ビ少判官更ニ副大臣ノ宅ニ至リ訓導ヲ以テ副大臣及ビ留守ニ別ヲ告ゲ且ツ昨夜面談ノ次第委細我兩大臣ニ復命スベキ旨ヲ述ベテ歸リ四時三十分同所ヲ發シ七時四十分本船ニ着ス

趙秉式 ➞ 高宗(1876. 2. 7/高宗十三年一月十三日)

폐무(廢務) 후 자인소(自引疏)

伏以臣冒據匪據 已經三載于玆矣 尸素居多 愧懼冞深 迺者異船臨境 備禦莫嚴 而不能發一矢 放一砲 坐視彼酋之跳踉 憤惋之心 其何可食息忘諸中 而不意日前從船四隻 留碇甲津 下陸入城 請其接見 固當嚴斥不許 而柔遠之義 難拂其意 不獲已一許接 然防禦固臣職也 而不能堅守海防 以致異類 任其行止 顧臣溺職 於是大矣 退伏私次 廢務俟勘 不惟不加之以罰 乃反有敦飭之命 臣雖愚迷 豈不知此時言私之爲悚懍萬萬 而今臣所言 非私伊公也 蓋賊情叵測者 非一二件事矣 藉其先見留守之說 因入此城 逗留不去 次請講儀節 而及論黑田之入城也 將有四百軍領率之擧 公廨安頓 預令指揮 又有三千軍將到泊仁富間 亦令下陸奠接 語次間 往往問距京道里 察其情狀 外若和好 內實藏禍 則國家安危迫在呼吸 而彼雖以好意而來者 其誅求應酬 國家疲弊乃已 豈不大可寒心者乎 且臣之一回許接 已極事體之乖當 而恐貽民國之憂 行此無前之事 寔出不獲已也 而究其實 則罪著罔赦 合置何辟 況彼四百軍入城之日 卽江都失守之時也 玩愒度日 任彼去來 虛設把守 獨坐空營 已有日矣 賊情之眞僞 國勢之危辱 明若觀火 而不思所以背城一戰 以身殉國 只以不先犯三字 爲目下姑息之計 古今天下 寧有是理 一則臣罪 二則臣罪也 扣胸流涕 言不知裁 伏乞聖明 下臣司敗 亟施當勘 以謝軍民 不勝大願

江華判官書目 留守趙秉式上疏上送事

答 旣云修好而來 故先從厚撫 卽出於交隣誠信之誼也 如或有叵測之情 亦豈無處之之道乎 卿勿更引 益勉對揚十四日

議政府(1876. 2. 8/高宗十三年一月十四日)

일본 사절단의 강화부 입성 여부를 접견대관에게 위임

命大官副官接見從便爲之竣事後復命更待知委

議政府啓言卽見接見大官副官聯啓則沁府重地入城接見不敢擅便而旣稱修好則亦難拒塞請令廟堂稟處矣向日草記卽以從便爲之爲辭則今不必更論請以此知委又啓言接見大官副官雖竣事之後不可徑先復命更待知委以爲進退之意請行會竝允之

153

議政府(1876. 2. 9/高宗十三年一月十五日) ➜ 尹滋承

일본 사절단의 입경 불허 지시

發關接見副官

今此接見 事體自別 防守之節 另飭留營 務令團束 以爲十分整肅之地爲旀 閒雜輩之喧聒紛還 嚴加禁斷是矣 將此關辭先爲布諭 如有違令者 亟施師律 是遣形止馳啓云云

發關接見副官

向見東萊府馳上日本國送來廣津弘信另具文字及口陳 稱其國辨理大臣 向往江華島 如不得接語 直進京城 今者日本船舶 已到江華界海 我朝廷特遣正一品使相大官 與之接見 未知接見之際 作何辦理 而講信修睦 惟當以禮終始 夫何故隨以兵船 致令沿海生靈 騷擾不安 此不但愚民之疑惑也 卽以事體言之 必不當如是矣 且其云直進京城 尤見違禮之甚 旣見大官 則設或有議論之參差 祇宜與大官爛熳講確 而大官亦自馳奏朝廷 務歸得當 未爲晩也 何必曰直進京城乎 如其擁兵涉海 欲入都邑 而我不設備 古今之所未有也 雖至轟砲相對 毋謂接遠人不以禮之意 明白說及 而苟或因此 而竟失三百年舊好 豈非兩國之大不幸乎 備傳此意云云

申櫶(1876. 2. 10/高宗十三年一月十六日) ➔ 議政府(1876. 2. 11/高宗十三年 一月十七日)

일본 사절단의 강화부 입성 및 접견례

관련문서 일본측 기록

啓草

當日申時量 彼大官黑田淸隆副官井上馨外務大丞宮本小一外務權大乘森山茂開拓小判官安田定則開拓幹事小牧昌業開拓使七等出仕鈴木大亮 率其兵卒假量四百名 入府中 故先使訓導玄昔運 致問勞苦是白加尼 彼大官卽使傳語官金助來言曰 彼大臣卽來相見於臣等所住處云 故不可排却 以各具公服仍行接見之意 答送矣 旋卽具其公服 略率銃劔 與宮本小一森山茂同至是白只 臣等亦具公服 仍行接見 彼使權大乘森山茂要請回謝 故與副官尹滋承 同爲往見是白遣 彼我問答 開錄于後爲白乎旀 宴饗明日約定計料 緣由云云

接見時問答

彼曰 使人先問 感謝

我曰 遠涉滄溟 勞苦旣多 貴體保重 隨員勻福 朝廷命俺等勞慰矣

彼曰 感謝

彼曰 俺等所留處 隨員及兵卒居接 多有貽弊 極爲不安

我曰 屢百年修好之地 今此復講 甚幸甚幸 此等事何足爲弊

彼曰 只爲接見而來 旋卽回去也

我曰 卽當回謝矣

回謝時

彼曰 如是枉顧 甚感甚感

我曰 俄者暫面 故爲回謝而來矣

我曰 處所狹陋 爲主人之心 不安

彼曰 不須爲念也

彼曰 今冬日氣溫和 宜於人而叶於歲占也

我曰 日氣連和 非但爲豊兆 且貴船似免海上寒苦 亦可喜

【관련문서】

江華府應接第一日筆記　　　　(末松)

二月十日

我兩大臣ハ隨行諸員ヲ率ヰ海兵四分隊ニ護セラレ何レモ大禮服ニテ午後三時四十分江華府内ナル副帥廳ト號スル公館ニ着ス東萊訓導玄昔運并差備官李瀛秀(前東萊別差)就館シテ着駕ヲ賀ス森山氏應接シ且ツ我兩大臣ハ直チニ彼レノ大臣ノ旅館ヲ訪フヘキヲ告ク二人唯シテ去ル尋テ兩大臣ハ宮本森山二氏ヲ率ヰ大禮服ノ儘ニテ海兵(ママ)分隊(海兵モ禮裝ノ儘)ニ護セラレ朝鮮政府派出大臣判中樞府事申櫶ノ旅寓(即チ沙都通判衙門)ニ至リ第一門ヲ入リ兵士半隊ヲバ第二門外ニ留メ半隊ヲ帶ヒ直ニ正階ノ下ニ至リ一列ニ立タシメ兩大臣ハ革靴ノ儘ニテ進ミ上ル宮本氏之ニ繼ク(森山氏ハ坐席ノ位置ヲ檢察スル爲メ大臣ニ先チ上ル數步)兩大臣ハ設クル所ノ椅前ニ東面シテ立ツ彼ノ大臣申櫶氏幷副大臣都總府副總管尹滋承氏共ニ西面シテ同ク椅前ニ立ツ中間ニ卓二脚ヲ安セリ宮本森山二氏ハ兩大臣ノ右邊ニ立ツ彼レノ京官五名彼ノ大臣ノ左邊ニ立ツ浦瀨氏通辨トシテ右卓ノ側ニ北面シテ立ツ圖ノ如シ

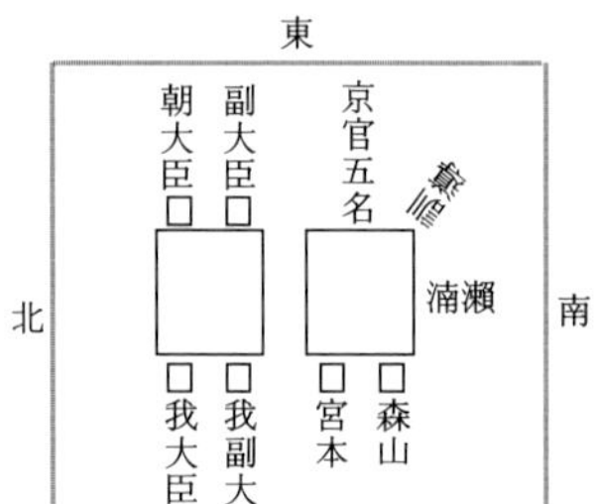

□印ナキハ侍マデニテ椅子ニアラザル者ト知ルベシ

森山氏我兩大臣ノ名刺ヲ取リ出シ兩大臣ノ一見ニ供シ浦瀨ニ遞與シ彼ノ大臣ニ出ス大臣之ヲ其副大臣ニ授ク訓導マタ彼ノ兩大臣ノ名刺ヲ出シ彼ノ兩大臣ノ一覽ヲ經テ之ヲ浦瀨ニ出ス浦瀨接受シテ我大臣先ツ發言シテ曰ク本日本大臣到着ニ付キ差措カズ訊問イタス彼大臣曰ク萬里ノ波濤恙ナク航渡

セラル大賀々々又曰ク請フ且ツ椅ニ倚ラレヨ乃チ一同座ニ就ク此時茶出ツ一同之ヲ喫ス我大臣曰ク貴國王殿下以下諸大臣諸官辨ニ至ルマデ安泰無事ナルヤ彼大臣曰ク貴諭ノ如ク一體無事銷光又曰萬里海上寒威ニ冒サレズ航着セラル欣慶ニ堪ヘズ我大臣曰ク過日以來旅館向ノ事ニ付キ貴意ヲ煩ス多シ玆ニ謝ス彼大臣曰ク我ガ貴國ニ於ケル久シク交誼ノ在ルアリ此等ノ事ハ固ヨリ當然トス焉ゾ謝言ヲ煩サン我大臣曰ク本日ハ唯是レ訊問一過ノ爲ニ來ルノミ請フ相辭シテ館ニ就カン彼大臣曰ク某等マタ拜趍シテ答禮セント乃チ別ル

我兩大臣歸館ス引續キ彼ノ兩大臣一群ノ兵ニ護セラレ喇叭喝鼓ニテ樂ヲ奏シ我ガ公館ヱ來リ外門ニテ樂ヲ停メ公館第一門ニ進ム我兵整列シテ捧銃ノ禮ヲナシ喇叭ヲ奏ス第二門ニ來ル守門卒門扉ヲ開ク彼ノ兩大臣轎子ヨリ下リ左右人ニ扶ケラレ進テ正階ニ近ク安田開拓少判官之ヲ階前ニ迎ヘ應接堂ニ上ル我ガ兩大臣出接ス席次前ノ如シ但シ彼レノ隨官ハ三名ナリ我ガ安田小牧鈴木ノ三氏ハ侍立ス彼ノ兩大臣ハ共ニ公服ヲ穿ツ彼國之ヲ粉紅團領ト稱ス貴人ノ服ナリ(白衣ノ袍ニシテ胸前ニ石帶ヲ横ヘ冠ハ雙纓四翼俗ニ唐冠ト稱スルモノ是ナリ)彼大臣曰ク過刻ハ枉駕セラレ感荷ノ至ニ堪ヘズ我大臣曰ク特ニ回禮ヲ煩ス多謝此時茶菓幷ニ小卷烟草ヲ出ス彼レ茶ヲ喫シ烟ヲ吹カズ彼大臣曰ク重テ拜芝ノ期アルベシ本日ハ請フ辭セン我大臣曰ク然ラバ是レヨリ相別レン請フ自重セヨ是ニ於テ彼ノ兩大臣ハ隨官ト共ニ徐々階ヲ下ル安田氏之ヲ階前ニ送ル第三門外ヨリ轎子ニ駕シ去ル捧銃奏樂來時ノ如シ

155

榎本武揚(1876. 2. 10) ➔ 寺島宗則(1876. 4. 5)

조약 체결 후 花房義質의 조선 주차(駐箚) 건의

四月五日到

內啓

甚寒の節彌御清榮被爲有遙頌此事に候然は花房書記官歸國の儀に付ては本人より閣下迄願出候義も有之趣右願意の中朝鮮國云々の義は拙官兼て同人とも論談いたし候件にて一體朝鮮國は其地理上の位置といゝ政理上の關繫といゝ我邦より亞細亞近隣間に對する威權上に直感する事甚大なるを以て好時機に乘して我威福を彼に波及せしむるの緖を開くは我邦「ポリシー」上の一要件にして政家の宜く忽にすべからさる者と存候現下我邦國務多端倉廩不滿なるを以て實益の無き所は急に手を延さゞるを要する者の如しと雖とも實益と要務とは常に合幷するを得がたき者にて要務(ネセシチー)の有る所は時宜により單に實益上のみに着目するを得さる事多し朝鮮の我邦に於て經濟上の實益は微少なるべしと雖とも「ポリチカル」及「スタラテジカル」上の要務に至ては現下世間の稱する所權謀術數等をさて措き其尙來に關する所實に淺鮮ならすとす是れ固より閣下の方寸中に在り拙官敢て其緖由を縷するを要せずと雖とも只一言の寸愧を吐露せんと欲する者は皇國の「ポリシー」たる單に內國治安而已に限らす更に隻眼を具して亞細亞全局上の去來今に注意せざるべからざるの一事にて候かの客歲征臺の擧の如き世の論者或は之を目して單に無益の外征と看做す者ありと雖とも是れ所謂知一而未知二者の言と謂ざるを得ず何となれば征臺の一擧よりして我が國民憂國の熱心は判然世人の認知する所となり又支那に向て志を逞せんと決せし勇氣は暗に歐人の敬憚する所となり我輩亦外に在て肩身の廣きを覺ゆる者の如し何となれば現下無氣力の亞細亞洲におゐて此一事は稍勇奮の氣略を現し英米の拋却せし擧を荷て能く其効を奏したればなり此氣略の世界人心に感動せしは六百萬圓を以て買ひがたき者たり一國を評するは一人を評するが如く啻に其貧富を以て論すべからざる者あり然れども是れ猶小なり夫の朝鮮着手の如きに至ては特に事に大小の差ある而已ならず其事の我「ポリシー」上に直切なる亦大不同あるを覺ふかの佛米二國の半途にして業を廢せしは其事の

二國に實益なき而已ならず其「ポリチカル」及「スタラテジカル」上の要務に於ても關係なきを以てなるべし然れ共もし此事をして英國の任する所たらしめば假令以上二個の要務に關せざるも必らずこれを佛米二國の如く漫然に附せざるべし況や日本にとりては釜山の埠頭を領するが如きは其「スタラテジカル」の要務たるは論を待たず又朝鮮を開て萬國に通ぜしめ江華或は漢陽に於て互市場を開かしむるが如きも亦我「ポリチカル」上に多少の聲光を發する事豈に僅々ならんや何となれば此事未た世人の着鞭せざる所にして殊に支那安南暹邏等同種民の意想及ざる所たるを獨り我日本能くこれが先を爲せばなり是れ實に我國「ポリシー」上の一大要務と謂ざるべからず頃者黑田辨理大臣赴韓以來未だ其信息を得ざるを以て其形勢如何を知るを得ずと雖ども到底彼國は今般我政府の着手よりして遂に鎖國を廢せざるを得ざるに至るべきは復疑を容れざる事にて今般我邦一着鞭の聲譽は永く開化史上に名を留むべし黑田氏既に使命を了するの後は直ちに彼國京城に我が「ヂブロマチツキ、エーゼント」を駐て益我が「インフリユエンス」を擴張するは不可欠の典に屬すべく而して其任に當る者は能く內外の事情に通じ兼て亞細亞全局の「ポリシー」上に屬目する者にあらざれば不可なり花房書記官同居既に二年其識見の向ふ所を見るに頗る此任に當るべき人物と看做し候に付同人本年歸朝の上は篤と御面談の上同人志願採用有之度候依之愚衷を吐露して閣下の取捨を待つ如斯に候敬白

明治九年二月十日

榎本武揚

寺嶋宗則殿

申櫶(1876. 2. 11/高宗十三年一月十七日) ➞ 議政府(1876. 2. 13/高宗十三年一月十九日)

제1차 공식회담

관련문서 일본측 기록

臣等昨日申時量 接見彼人 宴饗設行之意 已爲馳啓爲白有在果 臣等今日午時量 宴饗彼人次 各具公服 略設威儀 開坐於營下鍊武堂是白加尼 彼大臣黑田淸隆副官井上馨 只率隨員宮本小一森山茂安田定則傳語官最助而來 相與問答 仍行宴饗是白乎所 問答句語 開錄于後是白乎旀 彼人又請明日相見 嗣後形止 連續登聞計料云云

宴饗時問答記

我曰　夜來平安 可喜

彼曰　感謝

彼曰　今日日氣淸佳 且兩公平安 甚喜

我曰　窃聞貴船中兵卒二名渰死云 慘惻 以鉤拯事 本府留守已有另飭於各該浦口沿海守宰矣

彼曰　感謝

彼曰　今日面接 非他故 兩國各派大臣者 卽爲辨理大事也 又爲復修舊好之事 當次第爲語矣

我曰　三百年舊好 今焉復尋 講信修睦 誠是兩國盛事 欽感欽感

彼曰　今番使事 卽向者廣津弘信別函中辭意也 交隣之道 何不和合而若是阻絶乎

我曰　交隣以來 每以格式相爭 便成久例 而旣違舊式 則邊臣只守舊例而然也 又此些少事端 何必張皇於修舊好之地乎

彼曰　我船雲良艦 昨年向牛莊之路 歷過貴境 被貴境人砲擊 焉有交隣之誼耶

我曰　入境問禁 禮經所載 而前秋來船 初不以某國船爲某事 先通來由 而直進防守之處 則邊戍之發砲 亦不得已之事也

彼曰　雲良艦過貴境鳴砲時 三帆皆建國旗 以標我國船 何謂不知也

我曰　其時船旗 卽是黃旗 則認以他國船故也 設令是貴國旗號 邊戍容或不

知也

彼曰　本國旗號 卽以某色先通 則何不關諭於沿海各處乎

我曰　凡事未及講定 故亦未及知委矣 其時永宗鎭戍 一切焚蕩 取去軍物 恐非交隣厚誼 於此得失 庶可見諒 今番先從萊府 通以使命 故待之以賓禮 又可見諒也 至於漂船 亦以柔遠之意 待之款厚 則何可轟擊貴兵船乎

彼曰　今番使事 兩國大臣面接講定 則事之可否 貴大臣可以擅斷否

我曰　貴大臣奉命絶域 無以稟白施行 故有全權之職 至於弊邦 國內無全權之號 況於畿沿乎 我則只爲接見而來 當隨事稟達 以待處分矣

彼曰　向者廣津弘信 以我國派遣全權大臣事 有所報者 而貴大臣旣爲來接則豈不能擅斷乎

我曰　弊邦本無全權之任 又未知有何事件 則何可預爲稟定而來乎

彼曰　不接使臣 不受書契 至於七八年之久 是何故也 願聞其由

我曰　此有曲折 往在丁卯 中國送來新聞紙 有曰 貴國人八戶順叔所送新聞紙 以爲朝鮮王每五年必至於江戶 拜謁大君獻貢 卽古例也 朝鮮王廢此例久 故發兵 責其罪云 此後弊邦朝野 莫不以貴國厚誣我邦 又於萬國公報中 有曰 包(第)[茅]不入 故貴國欲攻我邦 包(第)[茅]不入 卽齊桓之爲周室 責讓楚子之言 則復乖引喩之義 此實爲阻書之一大根由也 今則講好之地 不必追提往事也

彼曰　貴國之有如此曲折 我國何以知之乎 此不過風聞之說 而屢百年交隣之厚誼 豈可以此爲疑阻乎 設有此等謊說 更無我國政府之所報於貴國政府 則何足取信而有此阻絶乎 還爲貴國慨歎

我曰　新聞紙出於貴國人 刊播各國 則豈可歸之於虛誕 而無國人之懷憤乎

彼曰　所謂新聞紙 雖渠國郡州事 尙或無實 若信此紙 則干戈無寢息之日 只可一番笑看而已 貴國今知此書之爲虛謊 則庶可悔悟矣

我曰　我朝野未嘗不疑恠者久矣 大抵交隣之道 誠信禮敬四字爲大 彼此復講舊好 此實兩國之事

彼曰　我們之今番使事 大關節箇箇有依據 次次爲說矣 貴國若信新聞紙 欲絶舊好之誼 則兩國萬民 皆入於塗炭之中 日後則此等事更勿準信也

彼曰　以虛謊之事 久絶交隣之誼可乎 其時眞假 探問於我國 故答以無實矣有何迄今 可疑者乎

我曰　旣爲刊行各國者 故我邦朝野 至于今疑恠者也 (後玆)[玆後]以往 說

有可疑之事 彼此往復解惑爲可也

彼曰　前日相持之事 與年前新書契不受之事 又當言之矣

我曰　蔽一言 前事渙然氷釋矣 更何道哉

彼曰　無論得失 置之爲好云者 誠不當之言 假使與朋友有約 尙不可背 況兩國交好之誼乎

我曰　七八年阻絶之曲折 已暴無餘矣

彼曰　如是爲說 則事無出末之時矣 雲良艦事 今知爲我船 則是非何居 其時砲擊之邊戍 何以處置乎

我曰　此與知而故砲 有異也

彼曰　今日已晚 莫可盡話 大抵講定兩國條約 以爲永永不渝然後 可以修好而若非兩大臣面接之時 則當使隨員相通矣

我曰　任官自在 何必以隨員往來相接乎

彼曰　我隨員各有奉命職任 皆參於公事者也 貴隨員亦以可參於公事者 相接好矣

我曰　我隨員非奉命 而使臣之自辟者也

彼曰　然則我隨員 與貴副官相接 似好矣

我曰　任官則無異奉命也 任官中品高者相接 似好矣

彼曰　此則不相當矣

我曰　相接雖不相當 若有往復事 使之往來 似好矣

彼曰　無妨矣

我曰　略備茶果 請暫啜也

彼曰　厚意感謝 置之甚好

我曰　旣爲準備 幸須下箸也

彼曰　勤意至此 不敢固辭

【관련문서】

明治九年二月十一日午後一時黑田大臣井上副大臣朝鮮國判中樞府事申櫶都總府副摠管尹滋承ト江華府西門內練武堂ニ於テ談判浦瀨裕通譯宮本小一森

山茂小牧昌業陪坐相見ルノ禮畢リテ大臣茂ヲシテ意ヲ傳ヘシム

茂此坐ハ過日申通シ置キシ如ク兩國重大ノ事件ヲ論スレハ貴大臣隨員五名ノ外ハ盡ク之ヲ避ケシメヨ

細ニ談話セン席ヲ前メテハ如何

彼諾シテ人ヲ退ケ席ヲ前ム

申聞ク前日貴國兵士二名頂山島下ニ於テ溺死セシト驚歎ニ堪ヘス速ニ各地方ヘモ嚴達セリ浮尸ヲ得ハ直ニ之ヲ報知スヘシ

大臣

厚意多謝

申過刻任官ヨリ請フ所ノ兵卒各處ニ遊歩セサル云々ノ儀速ニ御下命ナサレ感佩セリ

大臣兵卒多シ若シ不行屆ノ事アラハ幸ニ之ヲ告ケヨ過慮ヲ勞スル勿レ

申貴大臣ノ意ヲ用ル此ニ至ル深ク感謝ス

大臣今日ノ會晤ハ乃チ我等使命ノ意ヲ述ンガ爲ナレハ請フ之ヲ陳セン

申敬承

大臣我皇帝陛下兩國三百年ノ舊交ヲ敦フスルノ意ヲ以テ貴國接待ノ大臣ト細ニ晤談イタスヘシト鄭重ニ命セラレタリ

申兩國三百年來ノ交誼誠ニ廢ス可ラサルナリ今更ニ舊交ヲ敦フスルノ言ヲ承ケ殊ニ感謝ニ堪ヘス

大臣使命ノ大意ハ向キニ我外務卿理事官廣津弘信ヲ派シ之ヲ報セリ

申此事已ニ承知セリ

大臣我國王政維新ノ始書ヲ貴國ニ贈リ其由ヲ告ケ舊好ヲ修ム然ルニ貴國之ニ接セス其後屢々使ヲ出セシカトモ今ニ至リ何等ノ回答ナシ兩國情意ノ洽カラサル此ニ因ルニ非スヤ

申兩國間ニ從來慣習ノ例格アリ其例格上ヨリ情意ノ阻隔ヲ生セシ故アラン今更憫忙セリ憫忙ハ心痛ノ意ナリ

大臣之ニ加フルニ先般我汽船雲揚艦淸國牛荘地方ニ航スル途中水ヲ需メンカ爲メ草芝鎭ニ到リシニ遽ニ砲擊ニ遭ヘリ此又交情ノ洽カラサルヨリ起リシナリ

申江華島ハ京城接近ノ地故ニ守衛ヲ嚴ニス貴國徽章見本ハ既ニ我政府ヘ御差出シ相成シナレトモ未タ地方ヘハ達シ置カス尤其船ハ黄色ノ旗ヲ立タレハ全ク別國ノ船ト認メ防守ノ爲砲聲ヲ發セシナリ

大臣黃色ノ旗ヲ立テシトハ疑フヘシ正シク日本國旗ヲ揚ケタルニ相違コレナシ此件ハ逐次御談判ニ及フヘシ

申地方ヨリハ黃旗ナリシ由ヲ屆ケ出タリ誤リ認メタルカ尤貴國旗章見本ハ未タ江華ヘ達知セス且其際異樣ノ船舶近海ヘ來往スルノ說アリ故ニ貴國船ナルヲ知ラス砲聲ヲ發シタルナリ今般廣津ヨリノ報ニテ初テ貴國船ナリシヲ知レリ

大臣我國支那ト條約ヲ結ヒシ以來汽船ノ貴國沿海ヲ往來スル殊ニ繁シ故ニ誤認等ノ害ナキヲ要スル爲國旗見本ヲ貴國ニ交付セシハ已ニ久シ

申貴國旗見本我朝ニ達シタルハ確乎タリト雖トモ全國ヘ公布セサルハ兩國交際ノ事未タ十分ナラサル處アレハ外務卿ノ書契ヲ收ムルノ事ニ至テ後公布スヘシト思ヒシナリ今地方ニ於テハ別ニ公布ヲ聞カス忽チ黃色ノ旗ヲ見發砲セシナラン然ラサレハ平常商船等ノ海上風波ノ難ニ罹ルノ事アレハ直ニ之ヲ救恤スルヲ爲ス況ヤ貴國軍艦ニ謂レナク無禮ヲ加フ可ケンヤ

大臣縱令交際ノ事十分ナラス書契ノ往復ハナキトモ兩國敵視スルニ非サレハ暴擊スルノ理ナシ故ニ誤認等ノ害ヲ防クカ爲メ故ラニ通知シタル徽號ヲ人民ニ告知セサルハ事等閑ニ屬セリ

申當時其船若シ我國ニ留リ果シテ貴國船ナルヲ知ラハ處分ノ道モアルヘキニ其船ハ永宗城ニ至リ火ヲ放チ兵器ヲ奪ヒ直チニ歸リ去リシニヨリ全ク外夷ノ所爲ナルト思ヒシナリ自後此等ノ事出來セサル樣注意イタスヘシ

大臣此等ノ事件ハ畢竟兩國情意ノ阻隔ヨリシテ生スル所ナレハ今回和好ノ大局ヲ全フセハ向來此ノ如キ不都合ハアルマシ今永宗城云云ノ件ハ當時該船江華府ニ到リ其故ヲ問ハント更ニ國旗ヲ三桅ニ揭ケ進往セシモ砲擊益急ナルニヨリ不得已退去困難ヲ極メ防禦ノ術ヲ盡シタルナリ是ハ我國ヲ敵視セラレシニ當レリ又我國ノ書問ニ應セラレサル已ニ八箇年ヲ經タリ何レモ其順序ヲ逐テ書類ヲ差出シ談判ニ及フヘシ

申其御書類ハ拜見イタスヘシ

大臣我等ハ貴國ト使事ヲ議スルノ全權ヲ委付セラレタリ貴大臣モ亦然ルヤ

申貴大臣ハ他國ヘ出使ノ事ナレハ左モアルヘシ我國ニ於テハ使ヲ他國ニ遣ルトキハ格別今般ハ近京ノ地ニ在テ接對スレハ時々稟報ヲ經テ公幹ヲ主理スヘシ

[大臣]乍然幾許カ御委任ノ權限アルヘシ

[申]貴大臣ヲ接待スヘキノ命ヲ奉シタレトモ貴大臣ノ議スル所何等ノ事ニ及フカ計リ難シ故ニ未タ其界限ヲ定メ得ス

[大臣]然レトモ兩國交際ノ事務ヲ商議スルニ當テ條ヲ逐テ區分セハ必ス貴大臣ノ專對シ得ヘキト否サルトノ別アラン

[申]我輩ノ派出セシハ唯貴大臣ヲ接待スルノ命ヲ受ケシノミナレハ談判ノ事件ニヨリ京師ニ報シ處分ヲ仰クハ今日ノ職分ナリ

[大臣]初メ釜山ヨリ貴國ノ秉權大臣ニ面商スヘキヲ報知セリ然ルニ今貴大臣出接シテ委任ノ權ナシト云フハ心得難シ

[申]我國ニ於テハ使臣ニ付スルニ全權ヲ以テスル事ナシ此地ハ京城ヲ距ル遠カラサレハ御談判ノ件ニヨリ奉報スルト否トヲ區別シ時々相商スヘシ

[副大臣]向キニ貴大臣云フ從前兩國情意ノ阻隔スル甚ク憫忙スト是レ貴朝廷ノ意ナルヤ將タ貴大臣ノ意ナルヤ

[申]滿廷ノ君臣皆憫忙ス然レトモ此ニ頗曲折アリ言ハスシテ止マンカ若シ聞クヲ欲セハ請フ之ヲ說カン

[副大臣]國王殿下憫忙諸大臣モ亦憫忙ストナラハ既往ノ事强テ之ヲ聞クヲ要セス

[申,尹]强テ之ヲ說クヲ要セスト雖トモ其大略ヲ陳セン

[申]曾テ日本ノ八戶順叔ナル者ノ淸國ニ在ルヤ貴國兵ヲ出シテ我國ヲ征シ進貢ヲ責ントスルノ謀アルヲ說ク此事新聞紙ニ載セ各國ニ宣布セリ故ニ淸國政府之ヲ我國ニ諮問ス我國正ニ疑懼ノ際貴國維新ヲ告ルノ書偶マ至ル書中皇勅等ノ字アリ且書體舊例ニ違フ是ヲ以テ益疑惑ヲ生シ以テ情意阻隔ヲ致ス然レトモ今日ニ至テハ事皆氷解セリ今談從前ノ事ニ及ブ故ニ之ヲ說クノミ

[副大臣]貴國內情如何ハ我カ與リ知ル所ニ非ス各國互ニ禮ヲ以テ相待シ書問必ス報スルハ交際ノ道ナリ貴國ノ我國ヲ待スル數次ノ書簡八年ノ久ヲ經ルモ一言ノ回報ナキハ何ノ故ソ

[申]貴諭ノ如ク兩國ノ阻隔ヲ致セシハ我ヨリ之ヲ爲セリト雖トモ八戶說ク所ノ件ハ各國ニ流傳シ人々貴國ノ我國ヲ辱ムルヲ愧憤スルノ際書契例ニ違フヲ觀テ益疑惑ヲ生セシハ向ニ說ク所ノ如シ然レトモ事既往ニ屬ス姑ク置テ論セス今後親睦ヲ厚フシ以テ情意阻隔ノ憂ナカラシムヘシ

[副大臣]勿論强テ既往ヲ論スルニ非スト雖トモ八戶ノ說ニ因テ疑惑ヲ生セシハ

貴國ノ自カラ爲ス所ニシテ我政府ノ知ル所ニ非ス若シ人民ノ説ヲ取テ交際ノ事ニ關渉セシメハ我國或ハ征韓ノ説ヲ唱フルモノモアルヘシ貴國人民或ハ政府ヲ怨望スル者アルモ計リ難シ各政府相交ルノ言ニ非サレハ憑テ以テ證トス可ラス故ニ此等ノ疑惑ヲ以テ兩國ノ和ヲ妨クルハ今既ニ悔悟セラレシナラン

申我自ラ此疑惑ヲ起セシトノ義實ニ然リ但日本人民ノ此ノ如キ說ヲ爲シ遂ニ新聞紙ニ載スルニ至リシハ實ニ恨ムヘシ然レトモ此事今已ニ氷釋ス今後益和好ヲ謀ルヘシ

副大臣今貴大臣頻リニ新聞紙ヲ提起ス夫レ新聞紙ハ政府ノ關知スヘキ者ニ非ス各國ノ新聞紙或ハ其君主ノ非ヲ指付シテ之ヲ揚クル者アリ若シ新聞紙ヲ以テ交際ノ事ニ關渉セハ各國相爭ヒ干戈絶ユルナカラン此等ノ事ニ疑ヲ懐キシヲ悔悟セラルハ當然ナリ

申,尹今日ヨリ之ヲ觀レハ實ニ笑フ可シト雖トモ當時ハ該件ノ新聞紙ニ載セタルヲ聞キ恥辱ヲ外國ニ招ケリト思ヘリ向後ハ敢テ之ヲ信セス貴國ト必ス舊好ヲ修メ兩國ノ交リ誠信敬禮ヲ以テ旨トス可シ

大臣今副大臣ノ陳セシ如ク新聞紙ハ信スヘキ者ニ非ス若シ一々之ヲ信セハ兩國ノ和好ヲ破リ終ニ數百萬ノ生靈ヲ塗炭ニ陷ルニ至ラン既往ハ置テ之ヲ論セスト云ト雖トモ向後又此ノ如キ事アルトキハ兩國ノ交和必ス保ツ可ラス實ニ歎息ニ堪ヘス且從前兩國關渉ノ事ハ都テ證據トスヘキノ案アリ彼ノ八戸カ虛說ノ如キモ當時已ニ宗氏之ヲ辨明セリ

申當時ハ新聞紙ノ何物タルヲ知ラス宗氏ニ照會セシニ八戸ハ日本人ニ非サル旨回答アリシヤニ覺ヘタリ

大臣右ハ當時往復ノ書面ヲ奉示スヘシ

前年森山ノ貴國東萊府使朴ト約セシ事件遂ニ背反ニ至リシハ我カ朝廷甚不快ナリ

申,尹八戸一條ハ内情ヲ明シ陳述シタルコトニテ向後新聞紙ニ關係スルコトナケレハ別ニ書面ヲ受クルヲ欲セス

大臣念ノ爲メ一應承リヲキタシ從前兩國情意阻隔我ノ書問ニ答ヘス八年ノ久ヲ經遷延今日ニ至リシハ非理ト思ハルヤ

申戊辰以來書契ノ件從前之ヲ拒ミタル者今悉ク氷釋セリ向後之ヲ拒マス異議ナク領受スヘシ

副大臣然ラハ我國ノ情意既ニ能ク相通ス貴國ノ之ヲ拒ミシハ今悔悟セラレシ

ナラン

申,尹我等貴大臣ヲ接待スル一介ノ使臣ナレハ悔悟ノ字面ハ說キ出シ難シ從前ノ疑團都テ氷解セシナリ

副大臣然ラハ此ノ如キ事件友國ニ對シ至當ナルト思ハルヤ

申既往ノ事ハ必スシモ是非ヲ論セス今後ノ和好ヲ謀ラント已ニ之ヲ說ケリ

副大臣事ノ是非ヲ判セストハ其意ヲ得ス今姑ク兩國交際ノ事ヲ以テ之ヲ論セス惟貴大臣自ラ反省セヨ朋友相交ル約ニ背キ信ヲ失フハ理ニ合フトスルカ悖ルトスルカ

申向ニ數々說ク所ノ如ク戊辰以來新書契等ノ意都テ之ヲ拒ムナシ但シ前日ノ非ヲ陳謝スルハ本大臣ノ敢テ爲スヲ得サル所ナリ

大臣此儀ハ何分御確答コレナキニ付姑ク之ヲ置ク今一應雲揚艦ノ事ヲ問ハン過刻貴大臣云フ雲揚艦ハ守兵其日本船ナルヲ知ラスシテ誤テ之ヲ砲擊スト貴朝廷之ヲ何トカ謂フ

申貴國船ナルヲ知ラスシテ發炮ス故ニ守兵罪ナシ

大臣然ラハ其誤擊ニ遭シハ如何

申既ニ貴國船ナリシヲ知レハ我朝廷宜シカラサル事ヲ爲セシト思フナリ

大臣今日ハ時刻移レリ之ヲ明日ノ會晤ニ讓ルヘシ

申諾

大臣談判ノ事件兩意徹底シ難キ儀モ可有之互ニ隨員ノ中然ルヘキ者ヲ擇ヒ細目ヲ商議セシメ意義貫通スル樣イタシタシ

申決議ハ兩國大臣ノ面晤ニ付スヘシ隨員ヲ以テ細目ヲ議問スルハ異議コレナシ

大臣決議ハ固ヨリ然リ但隨員ノ應接ハ談判上意義ノ通シ難キ者等ヲ質問センカ爲ナリ貴隨員ハ何某ヲ出サルヽヤ此方ヨリ差出ス者モ姓名ヲ申上置クヘシ

申我ノ隨員ハ我等ノ官爵ニ對シ隨從セラレタル者ニシテ朝命ヲ奉シ公務ヲ管スル者ニ非ス貴隨員トハ自カラ差格アリ如何シテ可然哉

大臣我國勅任官ヲ以テ大臣トシ其次ハ奏任官トス我カ隨員ハ公務ヲ行フモノニシテ奏任ノ輩ナリ卑職ニ非ス故ニ副官ニ接シテ可ナラン

尹我朝命ヲ奉シ貴大臣ニ接待ス貴國隨員ニ接スル能ハス

申任官等ハ公務ニ關スル者ナレハ隨員ニ應接セハ如何

大臣相當セス

申貴國隨員ト異ナレハ相當ノ者コレナシ要務アラハ任官等ヲ貴館ニ召ヒ其意ヲ本大臣ニ轉知セラルヘシ

大臣諾

談畢ル彼酒ヲ供セント請フ大臣之ヲ辭ス彼固ク請テ已マス少アリテ酒肴羅列シ樂ヲ階下ニ奏ス五時歸館

申櫶(1876. 2. 12/高宗十三年一月十八日) ➡ 議政府(1876. 2. 14/高宗十三年一月二十日)

제2차 공식회담

관련문서 일본측 기록

啓草

臣等接見彼人宴饗後問答記 開錄于後 已爲馳啓爲白有在果 宴饗之後 亦不無餉其隨率兵士 故牛五隻鷄五十首贈給矣 彼以謂使事幹當之前 不敢有所受 若不受則亦非相敬之意 姑令任官受置是如是白乎旀 昨日午時量 彼人更要接見 故卽爲邀接黑田淸隆井上馨宮本小一森山茂安田定則小牧昌業鈴木大亮傳語官最助金助等于鎭撫營執事廳 終日問答 薄暮罷歸 彼此詰難之言 支離反覆 一一開錄于後是白乎旀 至於條約冊子 苦懇捧納是白乎矣 有難擅卽捧納 以爲先謄納之意 答之 纔送任譯 則不許謄出 置而不問之 又有彼大船一隻昨日來到永宗境 彼又要見 以爲時急所幹 不可不面達 而卽當委進之意爲言 故不得不更爲相見於昨日所接之處是白乎旀 彼人所恳冊子中大略 卽設館通商事之條例也 姑不得上送 當使任譯更爲謄來計料是白乎乃 彼情叵測 亦未知其意之所在 今日相接後 更爲登聞計料云云

問答記

彼曰 昨日厚待感謝 牛鷄厚饋 雖極感謝 而使事告竣之前 有不敢領受 然而不受 亦非禮也 故令任官任置 亦甚悚仄

我曰 簡褻爲愧 何足稱謝 日前貴兵之渰死者 以各別速拯之意 我朝廷方有嚴飭 而尙未拯得 甚悶

彼曰 貴朝廷盛意至此 不勝感激 但潮勢甚急 其鉤拯未可必也

彼曰 今當更續昨日未了之語矣 以八戶順叔事及新聞紙事 貴國臣民莫不懷憤由是而三百年隣誼阻絶云 誠未曉處也 新聞紙 初非我政府往復於貴政府者 憑何爲信乎 我國臣民則以受侮於貴國 莫不懷鬱 然我國爲念三百年隣誼 故拖至于今日矣

彼曰 自戊辰以來 我國制一變 不得不通報隣國 故遣使齎書 請接萊府 以爲修好之意所陳 非止一再 而森山茂(剛吉)[吉岡]弘毅廣津弘信往于萊府亦未得見接 其時任官 積年未接 淹滯久矣 至於年前 有許外務省新書契

修來 然尙未見容接 其在復修舊好之地 豈可無辨明乎

我曰 新聞紙事 昨已酬酌 今不必更提 其間事狀 不可一一領會 及今講舊之地 但當和好而已

彼曰 今此修好之誼 旣爲諒悉 而我國使臣 屢次出送 未得見接 我國人心拂菀 欲問其委折於貴國 故不可不有此使命 以貴國擯斥使臣之故 我朝廷論議紛紜 至有大臣四員之遞罷 又一員見戮 且水陸軍民屢萬名 屯聚於肥前州佐賀縣等地 必欲加兵於貴國 此人心自然也 是則再昨年事也 內務卿出送佐賀縣者 非他人 卽前年坮灣出去之大久寶[保]也 而我朝廷特送此人 鎭撫軍民 如此厚誼 倘或諒燭否 貴大臣 只以往事不須更論爲言 然則我之使事 無歸奏之辭 其悔悟與否 詳細質言之可也

我曰 貴國衆心拂菀 而不爲加兵云者 極爲感謝 然貴大臣歸奏之辭 果未知其何謂也 我等只爲接見而來 則何可質言於此乎 悔悟二字 昨亦言之 此非迫問於使臣之辭也

森山茂出坐曰 戊辰年分 我國派送使臣 要呈書契之事 詳細知之乎

我曰 此是萊府事也 遠外傳聞 未能詳知也

彼乃出日記冊子而言曰 對馬島主與萊府往來文蹟 自戊辰至于庚午十二月 非止一再 且俺與剛吉[吉岡]弘毅廣津弘信 辛未年分 從萊府欲呈書契 亦未得呈 副本謄給於前訓導 則想在貴朝廷也 其時俺等三人 入于萊府 則府使使人爲答曰 書契不得遽受 訓導亦爲稱託 終不出見 不得已以口陳書一本置之而還歸矣 貴國則但尋古例 我國則一變舊制 對馬島主旣已革罷 自此憑問無處 與外務大丞花房共來 又未得呈 雖有漂流之民 亦不顧恤 而傳令守設門之辭 亦有挆逼之句語 俺等猶未忘隣厚誼 逗留於館中矣 至於甲戌秋 始知阻絶之故 若待[苦待]使事之順成 新訓導下來後以年前賫來書契卽納事 外務省新書契修來事 聘使東京事 三件中指一處分之意 有訓導仰稟朝廷 及其回報 以第二件新書契修來 而又未見接矣

森山茂曰 空留客館 實無善策之際 別遣任官下來 亦以服色相持 未得相接 前後事狀 實無書契可受之期 歲月自致許久 不得已還歸 至有今日辨理之擧矣

我曰 略可領會也

彼曰 使事辨理 唯此等事 而不得一辭辨理於貴朝廷 俺等以何辭 復命於我朝廷乎 然則使事無所辨理 實爲行人之可悶 庶可諒之矣 必得貴朝廷的當

文字而歸 卽我職分事 願達貴朝廷 以爲有辭復命之地 幸甚

我曰 第當稟達朝廷矣

彼曰 今與貴國復修舊好 實爲兩國之幸 講信修睦 別有一件事可以商定者 抄錄條約十三款 須詳覽 而貴大臣躬進朝廷 面達稟處 切爲仰望

仍出示條規冊子

我曰 條約是何事也

彼曰 開館於貴國地方 與之通商也

我曰 三百年間 何時不通商 而今忽以此 別有所請 實所未解也

彼曰 見今天下各國通行之事 而日本亦於各國已多開館矣

我曰 我邦僻在海左 自守而已 果未知各國近事之如何矣 大抵兩國旣要永以爲好 則當念無弊久遠之道矣 我國異於他邦 濱海蘆葦 荒寒斥鹵 一無財貨湊集之地 土産穀綿而已 絶無金銀珠玉之富 綾羅錦繡之侈 國俗儉嗇 狃於舊習 厭苦新令 雖或朝家强令行之 必不樂從 今若貨利相交 到處行走 則愚民犯法 必從此而繁 安知今日永好之計 反致他時失和之階乎 在貴國不足爲利 而於我邦所失大矣 言念來後 利害可見 不如依舊交易於屢百年已行之萊館也

彼曰 兩國之這間阻隔 卽條例不明故也 不可不講定約條 以爲永久不渝之章程 則兩國必無更阻之端 而此皆萬國公法之不可廢 以此決處爲可

我曰 今此開館通商之論 卽我邦所未有之事 我民所未聞睹之擧 則此等大事 豈可不聽之於國民而許之乎 雖自我政府 有難卽以自意許之 以況在外之使臣乎

彼曰 貴大臣旣不能全權 則大事論定 必致遷延矣 貴國執政領議政來接然後可以決定也

我作色曰 我亦大臣 旣見大臣 又何更請領議政來接乎 決非可聽而可行之事 更勿出此言也

彼曰 此事從何以議定乎

我曰 此不可不稟達朝廷 而今此條納[約]冊子 亦難擅自受之 當謄出往復朝廷後 可否間回報矣

彼曰 然則兩公躬進面達 以爲商確回報 亦自好矣

我曰 旣受命矣 亦難擅離 第當文字往復矣

彼曰 往來間將費日子 我等事務實爲難堪 數日間可以回報否

我曰 去來論難之際 自費多少日矣

彼曰 俺等奉命出疆 亦已久矣 又有一船 促我復命而來 一時可悶 若又遷延何可遲待於此乎 必須速圖 以爲行人速還之地 顒望

我曰 亦當以此往復矣

【관련문서】

明治九年二月十二日午後第一時黑田辨理大臣井上副辨理大臣朝鮮國大臣申櫶尹滋承ト江華府鎭撫保釐營門前執事廳ニ於テ談判浦瀨裕通譯宮本小一森山茂安田定則小牧昌業荒川德滋陪坐相見ルノ儀畢リテ

申貴兵士溺死ノ儀京師ヘ上申シタルニ朝廷ニ於テモ甚タ氣ノ毒ニ存スル旨申來レリ尤地方ヘモ普告致シヲキタレトモ未タ流屍ヲ得タル報知無之

大臣貴朝廷ノ厚意別テ辱ナシ

大臣昨日談判ノ續キヲ申上クヘシ是迄兩國情意阻隔セシハ八戶順叔ノ說新聞紙ニ記載スルニヨリ貴國民情紛紜ノ次第モ承知セリ然ルニ新聞紙ノ信スルニ足ラサルハ既ニ昨日委詳陳述セシ通ナリ我國維新以來ノ書問八年ヲ經ルノ久シキ一言ノ御答ヘコレナク我朝廷ニ於テモ甚不滿足ニテ既ニ國辱ヲ受ケタル上ハ其儘差置ク可ラストノ國論紛起我皇帝陛下深ク憂慮セラレ本兩大臣ヲ派シ兩國ノ情意ヲ通シ三百年ノ舊好ヲ修ムルヲ命セラレタリ然ルニ昨貴大臣ノ說ヲ聞クニ從前ノ阻隔ハ既ニ氷解セリト申サルレトモ此重大ノ事件唯氷解トノミニテハ其意ヲ得ス尤從前ノ手續キ證據トナルヘキ書類悉皆持參セリ森山茂其事ヲ關知セシ者ニ付同人ヨリ委シク申述スヘシ

卽チ茂ニ命シ書類ヲ出シ明治元年以來ノ事件條ヲ逐テ陳述ス

大臣只今森山ヨリ申上シ通ノ手續キナリ然ルニ唯新聞紙ノ事ヲ引キ內情分疏有リト雖トモ夫ニテハ我朝廷ヘ稟報イタシ難シ何分發輝ト御答承リタシ

申昨日新聞ノ事ヲ申上ケシハ數年阻隔ノ事ニ付略內情ヲ明セシ迄ニテ今日ニ至テハ前ニ書契等論辨セシ件モ最早異議コレナシ何卒向後兩國親睦ノ道ヲ御商量下サレタシ

大臣其儀ハ承知セリ抑先年以來貴國我ガ書契ヲ斥ケ我ガ使臣ヲ拒ミシニヨリ全國憤恨之ヲ不問ニ付ス可ラサルノ議起レリ輿情既ニ此ノ如シ廟堂ニ於

テモ深ク配慮種々困難ノ情實アリ此儀ニ付今ヨリ四年前大臣數名議論合ハサルニヨリ解職セシ事アリ其一名ハ是非其黨一手ヲ以テ罪ヲ貴國ニ問ハントシ肥前佐賀ト云フ地ニ屯集シタリ尤海陸軍兵員ニ各心ヲ協セ問罪ノ擧ニ從ハント欲スル者數多アリ佐賀ノ黨勢切迫ナルニヨリ朝廷之ヲ鎭撫ノ爲大臣ヲ佐賀ニ遣セリ其人ハ卽チ參議兼內務卿大久保利通ニテ一昨年臺灣ノ事件ニ付辨理大臣ノ命ヲ奉シ淸國北京ニ於テ同國政府ト談判セシ者ナリ然ルニ佐賀ノ黨鎭撫ヲ受ケス遂ニ干戈ヲ尋ヌルニ至リ或ハ鋒鏑ニ罹リ或ハ刑戮ヲ被ル者少ナカラス事已ニ此ニ至ル而シテ朝廷之ヲ鎭撫シテ激動ニ至ラシメサルハ遽ニ兩國三百年ノ好ヲ破ルヲ欲セサルノ意ナリ今回兩大臣ヲ派出セラル時モ海陸軍許多ノ兵ヲ付スヘキノ議アリシニ本大臣ハ多兵ヲ率ユルヲ須ヒサル旨論述セリ其他情實尙巨細陳說セント欲スレトモ其說長シ姑ク之ヲ略ス右ノ次第ニ有之從前貴國ノ無禮ヲ加ヘラレタル儀ハ相當ノ御挨拶承リ度氷解トノミニテハ本大臣復命ノ途ナシ何分既往ヲ咎メストノ儀ニハ至リカタシ

申我國貴國ト數年間阻隔ヲ生セシヨリ遂ニ貴國內情安カラサル次第ニ立至リ殊ニ佐賀變動ノ事件今日初テ拜承貴朝廷ノ用意深厚ナル委細領承感謝ニ堪ヘス我國ニ於テモ從前阻隔ヲ生セシメタル東萊府使ヲ遠竄シ訓導ヲ斬戮セシコトハ既ニ御承知モアルヘシ乍併我等ハ唯接待ノ命ヲ奉シテ來リシナレハ卒爾ニ御挨拶モイタサレス何レ朝廷ヘ稟報ノ上朝廷ヨリ貴大臣御復命相成丈ノ相當ナル御挨拶致スヘキナリ

大臣唯今貴國朝廷從前ノ非ヲ悔悟イタサレシ情實相分リタリ就テハ向後兩國ノ交情阻隔ヲ致サヽル樣永遠共守ノ條約取結ヒ度宗氏ノ舊例ニテハ確乎タル條約モ無之ニヨリ又紛議ヲ生ジ兩國不虞ノ難ヲ釀スモ測ラレス現今ノ要務ハ條約ヲ議立スルニ在リ既ニ條約案ヲ取調ヘヲケリ譯官ヲシテ之ヲ傳ヘシムヘシ

申, 尹條約案拜見致スヘシ

副大臣此ハ國文ニテ記シタレハ譯官ヨリ申上ヘシ此條約ハ貴國モ自主ノ邦ニシテ日本國同等ノ權ヲ有スルニ付萬國交際普通ノ例ニ依リ天地ノ公道ニ基キ取調タレハ先ツ猜疑ノ念ヲ除キ御考案コレアルヘシ

浦瀨裕條約案ヲ披キ逐次講明ス

副大臣不分明ノ件ハ御訊問有之ヘシ

申譯漢文ヲ見ン事ヲ請フ

副大臣即今差上ケス互換ノ節ハ自カラ相副フヘシ

申譯官ノ說ク所ニテ大意ハ了解イタスト雖京師ヘ詳細報告イタスヘキニ付漢文ヲ付セラルヽ義ハ出來間敷哉

副大臣後刻ニテモ訓導ヲ旅館ヘ御差出シアラハ此本ヲ以テ講明スヘシ夫ヲ書記イタシ可然

申然ラハ後刻訓導等ヲ差出スヘシ

大臣從來兩國情意洽カラサルノ憂ヲ除カンカ爲メ此條約ヲ結ヒ互ニ鈐印交換シテ永遠遵守ノ證トスルハ卽チ我カ皇帝陛下本大臣ヲ派セラルヽノ趣旨ナリ此儀ノ御決答ハ預メ期ヲ剋セサル可カラサレハ議政ノ中ニテモ全權ヲ有シタル大臣來接セラルヽカ又ハ貴兩大臣更ニ委任ヲ受ラルヽカ何レニモセヨ條約ヲ議立シ鈐印ノ運ニナル丈ノ大臣ニ引合申ス可シ

申承知セリ我等ハ貴國舊好ヲ繼クノ意ハ萬事舊格ニ遵ヒ取計ハント心得居シニ此條約書案ヲ拜見スレハ新規ノ箇條多ク我等ノ專決ヲ爲シ難ケレハ先ツ大意ヲ京師ニ奏シ然ル後此條約書案ヲ差出ス順序ニ相成ヘク我國ノ例格ニテハ縱令領議政來リ接ストモ獨斷ハ出來不申日ヲ期シテ決答スルハ出來申スマシ

大臣從前宗氏ノ慣用シ來リシ例ハ彼我條約ヲ結ヒタルニ非ス決シテ永遠相安ンスルノ道ニ無之今斯條約ハ天地ノ公道ニ基ツキ萬國普通ノ例ニ依リ取調タル者ナリ況ンヤ隣國ノ交ニ於テハ尤モ缺ク可カラサル緊要ノ事タリ若シ京師ヘ奏問ノ上條約ヲ結フヲ肯ンセサルトキハ卽チ貴朝廷舊好ヲ繼クノ意ナキナリ

申我國ハ從來貴國トノ交アルノミ外國ヘ通商シタル事ナキ故萬國交際ノ法モ不案內ナリ今愚見ヲ以テスレハ朝鮮ハ至テ貧國ニテ物産トテモ僅ニ棉及ヒ牛皮等ナレハ處々ニ開港イタスモ夫程ノ益アルマシ乍然此ハ私見ナリ兎ニ角京師ニ奏聞ノ上ハ可否ノ確答アルヘシ

大臣貴朝廷ノ御決答ヲ待ツヘシ尤此內ニハ從前用ヒ來リシ箇條モ多ク格別御評議ノ時間モ費サヽル可ケレハ日ヲ期シヲクヘシ然ルニ之ヲ朝廷ニ奏聞ノコト愚考ニハ御兩人ノ內御上京ノ上奏聞可然五日間ニ可否ノ決答承リタシ

申京師ニ於テ衆員會集協議ヲ盡スヘキニ付五日ニテハ御受合イタシ難シ就テハ兩名ノ內上京イタスカ都合ヨク取計フヘケレトモ貴大臣態々御待ノ處ニ萬一期ヲ失シテハ不相濟事ナリ

[大臣]精々御盡力ハ可有之ナレト箇様ノ儀ハ預メ期日ヲ剋セスシテハ必ス遷延ノ憂アラン

[申]縦令時日ヲ刻セストモ決シテ等閑ニイタス筈ハ無之精々捗取様可致ニ付一旬間ト定メ置タシ

[大臣]何卒明日ヨリ七日ヲ期シ御答有之度

[申]廷臣衆議ヲ經然ル後國王ヘ奏聞ノ都合モアレハ是非十日ト相願度

[大臣]貴大臣上京相成ルナレハ船路ノ都合等モ可有之我小汽船一時御借渡可申右ニテ仁川等ノ地方ヘ航行有ラハ至テ迅速ニ達スヘク是非七日ニ相願ヒタシ

[申]航路ノ御懸念下サレ辱ナシ乍然若シ七日ヲ期シ萬一相後レテハ不都合ニ付十日間ト申上ケシナリ

[大臣]當方モ都合アルニ付押テ七日間ニイタシタシ

[申]京師ヨリノ決答或ハ七日前ニ相運フモ知レサレ共萬一違約ノ事ニ至ラサル爲メ御氣ノ毒ナカラ十日ヲ期シタシ

[副大臣]今刻スル所ノ期ハ條約鈐印完成ノ期ト思ハルヤ又ハ可否ノ決答ノミカ

[尹]我等ハ全權ヲ委付セラレタルニ非ス京師ニ奏聞シテ可否ノ決ヲ仰ク可キナレハ固ヨリ十日間ニ完成スル能ハス可否ノ決答ノミニテモ我等上京スルカ或ハ急使ヲ發スルカ往復ノ時日ヲ費スヘシ故ニ十日間ト願フナリ

[大臣]然ラハ貴意ニ應シ十日間ヲ期シ若シ夫迄ニ回答コレナキ時ハ本大臣不得止歸國ス可シ然ラハ兩國交際ノ事終ニ相止ムニ至ルモ測ラレス念ノ爲申置ナリ

[尹]條約案中某條ハ可某條ハ否ト可否ヲ定メ申上ル事ニ可相成ト存スルナリ

[大臣]可否ノ決答アリテ後我ヨリ論辨ノ件一々京師ヘ稟報セラルヘキ筈ナルヤ然ラハ又時日ヲ移スニ付相當ノ權ヲ有シタル人來接アルヘシ

[申, 尹]此儀ヲ奏聞ノ上ハ如何指令コレアルヘキヤ相分リ難シ我國從來全權大臣ヲ命スルノ例ナシ

[副大臣]然ラハ一々國王ニ奏聞セサレハ決セサルカ

[申]時々議政府ニ於テ評議ノ上議案ヲ國王ニ出シ決ヲ取ルナリ

[大臣]度々ノ御相談ニヨリ十日間ニ相定メタル上ハ萬一期ヲ失シ回答ナキトキハ曠日之ヲ待ツ能ハス直ニ歸國ス可シ既ニ五六日前本國ヨリ督促ノ者來航セリ此義ハ返ス々々モ申述置ナリ

[申]承知セリ

右ニテ談畢ル五時四十分歸館

158

黑田淸隆(1876. 2. 12/高宗十三年一月十八日) ➜ 申櫶

일본 측 수호조규 안(案)

修好條規

大日本國與 朝鮮國 素敦厚誼 歷有年所 今兩國情誼 視猶有未洽處 更欲重修舊好 固親睦 是以 大日本國 皇帝陛下 簡特命全權辨理大臣陸軍中將兼參議開拓長官黑田淸隆 特命副全權辨理大臣議官井上馨 詣朝鮮國江華府 朝鮮國王殿下 簡何官何某 各從所奉諭旨 玆議立條款 開列于左

第一款

朝鮮國 自主之邦 與 日本國 保有平等之權 爾後兩國欲表和親之實 彼此互以同等之禮儀相接待 不可毫有侵越猜嫌 先以從前爲交情阻塞之患諸例規 悉革除 開擴寬裕弘通之法 盡力以期永遠安寧

第二款

日本國朝廷 自修好之日 十五月後 派出使臣到朝鮮國京城 須得親接秉權大臣 商議交際事務 此使臣或留滯京城 或隨事務整理 直歸國 共任其時宜

朝鮮國朝廷 隨時派出使臣到日本國東京 須得親接外務省貴官 商議交際事務 此使臣 或留滯東京 或隨事務整理 直歸國 亦任其時宜

第三款

爾後 兩國往復公文 日本國用其國文 朝鮮國用眞文

第四款

朝鮮國釜山草梁日本公館 久已爲兩國人民通商之場 自今改革從前慣例 今般以新立條款爲憑準 措辦貿易事務 且朝鮮國朝廷 開第五款所指定之二口 準聽日本國人民往來通商 就該所賃借地面 造營家屋 又賃借所在朝鮮國人民屋宅 亦各隨其便

第五款

永興府海口屬咸鏡道永興府 開港之期 自日本曆明治九年二月 朝鮮曆丙子正月算之 以十五月爲其期

一口京畿忠淸全羅慶尙四道中 檢視通商便利之口岸 可以指定地名 開港之期 自日本曆明治九年二月 朝鮮曆自丙子正月起算 共以二十月爲其期

第六款

爾後 日本國船隻 在朝鮮國沿海 遭際大風 又薪粮窮竭 不能達指定港口時 不論何港灣 寄泊船隻 避風波之險 可得買辦要用物品 修繕船具 買求柴炭等 其供給費用 雖船主賠償 凡是等事 地方官及人民 體察其困難 加眞實憐恤 無救援不至 勿敢吝惜補給 倘又兩國船隻 於大洋中 全破壞 舟人漂着於地方 則該地方人民 卽時施救助保全 各員姓名 稟地方官 該官護送其本國 或交付其近傍在留本國官員

第七款

朝鮮國沿海島嶼巖礁 從前無經審檢 故極爲危險 依日本國航海者 自由測量海岸 定其位置淺深 編製圖誌 使兩國船客 得避危險 安穩航通

第八款

爾後 日本國朝廷 隨時設置管理日本國商民之官於朝鮮國指定港口 交涉兩國之事件 則須會商該地方官 因辨理

第九款

兩國旣經通好 彼此人民 各自任意貿易 兩國官吏毫無關涉 不得立貿易限制禁阻之

第十款

日本國人民 在留朝鮮國指定之港口 若犯罪科交涉朝鮮國人民之事狀 須歸日本國官員審斷 若朝鮮國人民 犯罪科交涉日本國人民之事件 均歸朝鮮國官員之查辨 各自據其國律裁判 毫無偏頗 務示公平允當

第十一款

兩國既經通好 須別設立通商章程 以與兩國商民之便利 且現今所議立各條款中 宜更補添細目 以要分解條件 則自今不出六箇月 兩國別命委員 會朝鮮京城或江華府 以商議定立

第十二款

日本國從前 准外國人民通商各港口 均許朝鮮國人民來往貿賣 他國爾後朝鮮國修通好 議立和約 若有此條約內所不裁 而別許他國條件 則日本國亦無不同得其特典

第十三款

右十二章條約內 以議定之日 兩國朝廷 信守遵行之始 不得復變革 須逮之永遠 固兩國和親 爲此作約書二本 兩國委任大臣 各印互相交付 以昭遵信

大日本國 神武紀元 二千五百三十六年 明治九年　　月　　日
特命全權辨理大臣陸軍中將兼參議開拓長官黑田淸隆
特命副全權辨理大臣議官井上馨

朝鮮國丙子正月　　日

朝鮮國王 丙子何月何日何官某奏 本年何月何日 大日本國特命全權辨理大臣黑田淸隆 副全權辨理大臣井上馨 與朝鮮國何官何某 會同某地 互換條約一摺 逐款允當 已予批准 行諸永遠 益敦親睦 其條約內應行各事 汝等奉此意一體接照辨理

朝鮮國王御寶

159

大院君(1876. 2. 12/高宗十三年正月十八日) ➜ 議政府大臣

대일 협상에 반대하는 대원군 서한

正月十八日 雲峴書

僉君子日會 爲國良苦 所議者何事 僕之不與聞久矣 雖言不見采 劃不見施 五百年宗社如墟矣 此僕之罪也 僕安得默然而止乎 數條卞如左

一 倭與我 舊稱兄弟之國 三百年約條井井 今日所謂書契云者 變亂舊規 自稱大日本大皇帝 又敕字 皆極凶極凶 至於我國 平行爲之 有若詔制文字 以前日之所不敢加者 肆然稱之於我 豈不痛惋哉

一 近來倭使之來嚇于萊府者 其船械衣服 俱是洋制 此無他 受制洋夷之節制 欲爲洋人之計 而特爲前矛者也 寧可坐受其瞞 自取滅亡者乎

一 入使燕饗 本有定所 今日使臣 忽以兵船 直犯內洋 已知朝廷之無人 乃者擧朝廷恇怮 未聞一辭之嚴斥 隱然有受納之意 斯曷故焉

一 八年相持 別無責言 而以向者別具言之 則稱以東萊府使朴齊寬 豈非自招釁端乎

一 試看今日之國家 竟是誰人之國家乎 不料朝議之猝亂 至此極也 書契之受不受 廟堂自有之 國家之保不保 職一人在焉 我有家僮 可率以殉 則青邱三千里 豈非賢聖祖宗培養之遺裔乎

到此之地 僉君子倘以我爲妄發耶 言至於此 惟在僉諒之

申櫶(1876. 2. 13/高宗十三年一月十九日) ➞ 議政府(1876. 2. 15/高宗十三年一月二十一日)

제3차 공식회담

관련문서 일본측 기록

啓草

今月十八日 倭人接見問答記 開錄于後 彼所呈條約冊子 姑不得上送 當使任譯更爲謄來事 及十九日問答 更爲登聞計料之由 纔已馳啓爲白有在果 同日未時量 彼人黑田淸隆井上馨宮本小一森山茂安田定則傳語官最助金助等 接見於昨日所接處 而問答記後錄爲白乎旀 彼之情狀 去益叵測 至於當面以稱兵之說 肆然恐嚇者 實萬萬痛惋是白如乎 若謂以專事恐嚇 則彼旣有兵 若謂以專事要戰 則姑無變動 然而凡兵事起疑於萬全之中 尙有機變之難測者 況今彼情到此 在我備虞之方 固宜倍加戒嚴是白乎旀 所謂條約冊子 任譯輩有所謄來者 故爲先上送于議政府 其原冊子捧納與否 及彼人以書契不捧之由 屢懇其可以復命文字是如是白如乎 右項兩件事 竝請令廟堂稟處爲白只爲

問答記

彼曰 夜來平安

我曰 俄聞安寢 諸隨員亦均安 可幸

彼曰 今又要接 貽惱太多 甚悚

我曰 何勞之有 但身恙爲苦也

彼曰 今此接見 非他故 我政府送火輪船 促還使命 來泊濟物津 歸期一時爲急 昨所云云之書契事 條約事 兩條 速卽稟達 無或遲滯是望

我曰 俱可稟達 而亦未知朝家處分 至於通商事 卽是未聞睹者 不可無爛商於盈廷之論 深察於擧國之情 其所議論可否 豈容易於數日之間乎

彼曰 條約冊子謄書事 此乃貴大臣分付訓導者耶 訓導自擅者耶 願聞其詳

我曰 今此條約冊子原本 有不敢擅受 俄使訓導謄來矣 貴大臣靳許謄出云 然則有何憑據而可以往復者乎

彼曰 貴大臣之言旣如此 卽使任譯謄去 而貴朝廷以此條約商確後 果若許施 則速卽還歸 萬一不如意 使事已矣 似無更面之道矣

我曰 第當稟達 而朝家處分 何可預知

彼曰　今又言之者 爲欲舊好相保之意也 此事不能歸正 則兩國之不幸 恐有後悔也 我國軍民屯聚 皆欲合力出來貴國 而俺們爲念舊好 一倂拒絶而來 然軍兵尙今屯聚不散 若至失和之境 則必當有我兵下陸之弊矣以此預諒 不渝舊好之地是企

彼曰　昨日備盡言之矣 戊辰以來 對馬島主遣使齎書 終不接見 玆後受侮 不可形言 其時是非曲直 庶可見諒矣 貴朝廷有致謝之處分 亦有悔悟之意然後 我們可以有辭復命矣

我曰　昨已說破 何庸更提 貴國軍民之合力出來云云 復修舊好之地 何必以稱兵之說 向人輒道 甚非善與人交之義 其失何在 庶可諒悉矣 至若悔悟二字屢次迫問 亦非相敬之道也

我曰　向聞貴船後至之兵 將欲下陸於仁富等地云 其說雖不盡信 旣有語之者此何可輕易發口乎 濱海荒村 旣不可駐接 民若見兵 將有驚駭離散之慮 況入人之國 不問其邦禁 輕自下陸 其咎誰執 將謂之奉使之船乎 且或近防守之處 若有彼我意外之患 豈非可念者乎 另飭貴船 俾無生事之患 是所望也

彼曰　向有云云 已聞貴大臣之意 故已下令禁止 似不至此矣

【관련문서】

明治九年二月十三日午後一時黑田辨理大臣井上副辨理大臣朝鮮國大臣申櫶尹滋承ト江華府鎭撫保釐營門前執事廳ニ於テ談判浦瀨裕荒川德滋通譯官宮本小一森山茂安田定則鈴木大亮陪坐相見ルノ儀畢テ

大臣我カ朝廷特ニ本大臣ニ命セラレ貴國ト舊交ヲ續キ和約ヲ儀立スヘキ件々既ニ貴大臣ト談判ヲ經本日ヨリ十日內ヲ限リ貴朝廷ノ御決答アルヘキハ既ニ御約定致セシ通ナリ然ルニ我朝廷ヨリ該件督促ノ爲汽船ヲ遣シ昨日濟物浦ニ達シタリ貴朝廷ニ於テ速ニ御運ヒアルヘキハ勿論ナレトモ必ス一旬內ニ御決答承リ度猶又面晤ヲ請タル次第ナリ

申承知致セリ條約案ハ本大臣初テ拜見致シタル事ニテ我朝廷ニ於テモ從前例規ナキ事柄ナレハ速ニ奏聞致シ度右寫方訓導ヘ申付置タレトモ未タ

謄寫セザル由成丈ケ至急ニ京城ヘ稟報致シ度存居候

大臣訓導ヲ旅館ヘ遣サレタラハ該案ヲ講明シテ書記セシムヘキ旨昨日堅ク御約定致シ置タレハ貴大臣ニ於テハ必ス違約無之筈ナルニ未タ其事ナシ甚タ不審ノ事ナリ一旦決約シタル事斯迄モ齟齬スルハ遺憾ニ堪ヘス且ツ昨日濟物浦ヘ來航セシ汽船ハ本大臣東京出發ノ節殘シ置キタル儀仗兵ノ一部ヲ載セ本大臣ノ使事督促ノ爲我朝廷ヨリ差遣シタルナレハ事速ニ結局シテ兩國ノ好和ヲ永遠ニ繼續致度

申右寫ハ本官ニ於テモ差急キ居リタレトモ出來セサル故京城ヘノ稟報今ニ遲延セリ猶嚴重ニ申付速ニ書取ラセ可申而シテ該案ノ寫ヲ京城ヘ差送ラハ必ス本書ヲ遣スヘキ旨申越スヘク夫ニ就テモ寫方ハ差急キ可申ナリ

申櫶ヨリ昔運慶錫ニ寫取ノ遲延ヲ詰貴(マヽ)ス二人未タ其命ヲ奉セスト答フ

大臣條約案ハ譯官ニテ書取リ直ニ京城ニ申報ノ手順ナル哉

申, 尹譯官ヨリ本兩大臣ヘ差出シ夫ヨリ京城ヘ稟報スヘキ筈ナリ

大臣譯官ハ其命ヲ奉セサルモ職掌上ニ於テ寫取ルヘキ譯ナル歟

申, 尹草稿ヲ寫取ルハ譯官ノ職ナリ故ニ貴館ヘ參上シ寫取ルヘキ旨ヲ命シタリ本大臣等參館寫取ヘキ筈ハコレナシ

大臣否ヲ問ヒタルニハ非ス譯官ハ寫取ルヘキ旨ヲ命セラレストモ其職掌上ニ於テ旅館ニ來リ寫取ルヘキ譯ナルヤトノ義ヲ御尋致セシナリ

申, 尹御旅館ヘ參上寫取ルヘキ旨ハ本大臣ヨリ命シタリ然ルニ昨夜ハ御談判ノ件々ヲ京城ニ稟報スキヘ爲メ書類ノ取調等ニテ何分ニモ行届兼タル故今朝ハ早々參上致サスヘキ積ノ處今ニ淹滯致居ルニ付速ニ相運ハセ可申

大臣昨日ハ貴朝廷ノ御決答ヲ七日內ニ承リ度段申述タレトモ御懇請ノ次第モ有之止ム事ヲ得ズ十日間ト御約定ニ及ヘリ然ルニ前ニ申述ル通我朝廷ヨリ催促之レ有ル上ハ若シモ遲延シテ此期限ヲ愆ラレナハ我國ノ內情ニ關シ或ハ好和ヲ保ツ能ワサルモ計リ難シ萬一モ右等ノ事ニ立至リテハ我天皇陛下ヨリ本大臣ニ命セラレタル舊交ヲ續キ益親睦ヲ敦フシ兩國人民ノ安寧ヲ保護セラルヽノ聖旨ヲ貫徹スル能ハサル事アランヲ恐レ日夜苦心ノ餘リ本日モ面接ノ上篤ト御談判可致心得ニテ參上セシナリ

申委細ニ承諾セリ貴朝廷ヨリ又々汽船ヲ遣サレ貴國內情切迫ニ付和約ノ結局御督促アリタル趣ハ我朝廷ヘ逐一奏聞可致

大臣右之次第貴朝廷ヘ御奏聞ノ上期日內ニ御決答之ナキ歟或ハ照會シタル

條約案實際互換ノ義相行レサル時ハ兩國ノ好和必ス永續ヲ保タス依テハ貴大臣等ト平和ノ時ニ在テ面接ヲ得ル能ハサルヘシ是本大臣ノ苦心ニ堪ヘサル所ナリ

申,尹確ト承リタリ奏聞ヲ經タル上ハ定テ我國情ヲ申述ル義モ可有之トイヘ共何レニモ京報ヲ得タル後篤ト御談判可仕條約案ハ取急キ寫方ヲ取計ラハセヘシ

大臣既ニ本日マテ御談判致タル旨意ハ好和ヲ專トシ兩國ノ安全ヲ主トセリ猶又相共ニ一層注意シ神明ニ哲(誓カ)ヒ好和ヲ永續スヘキ様盡力致度萬一モ御互ニ條約書ヘ鈐印致シ兼ヌル時ハ交際全ク斷絶シテ遂ニ兩國ノ安危ニ關スヘク此義ハ豫メ申置ヘシ之ヲ他日ニ驗セラレ度

儀仗兵ノ內追々差送ルヘキニ取極リ居リタレトモ專ラ好和ノ本旨ナルヲ以暫ク差止メ置ケリ然ルニ濟物浦ニ着シタル汽船品川丸ヨリ其一部ヲ相送リタリ多人數上陸セシメテハ地方官ノ煩勞ニ相成ルヘシト慮リ一切上陸ヲ差止メ置キタリ此義モ一應申入置ヘシ

我朝廷王政維新ノ始メ書ヲ貴國ニ送リ其由ヲ告ケ貴國之ヲ斥ケラレシヨリ以來ノ手續ハ昨日森山ヲ以テ細述致サセタル通ナレハ貴朝廷ヨリ相當ナル御挨拶相成リ本大臣歸奏ノ上我朝廷ニ於テ滿足セラルヽ丈ノ御處分有之度依テ該件ニ關シタル書類寫一綴差進シ置ヘシ

申,尹昨日ヨリ篤ト承リタレトモ猶又拜見可致

大臣該件ニ就テハ貴朝廷ヨリ相當ナル御挨拶可相成哉否確ト承置度

申京城ヘ申報ノ上ハ定テ貴朝廷ニ對シ相當ノ挨拶ニ可相成トハ存スレ共本大臣一分ヲ以テ確ナ差極決答イタシカタシ

兩大臣此御決答ハ格別手間取ルヘキ事柄ニ無之五六日間ニ承リ度申

申成丈ケ速ニ御答可致

右ニテ談畢リ午後三時歸館ス

森山茂(1876. 2. 13)

吳慶錫과의 필담

二月十三日吳慶錫我大臣の公館に來り森山茂之に接するに內話の間筆舌相告て曰

貴大臣禮議を重んじ穩當を主として應對あるか故に我大臣は頗る曖昧を主とし旣に言約せし條約書の草稿を寫し取さへ之を許さす僕輩に命して悉く約書條款を記憶し來れ抔といへり且昨日も貴大臣の言に若し十日內諾否の決答を承り否とならは我輩は此場を引去へしと申されしを我大臣は然らは無事に此場を引取に相成れは誠に都合よし抔とわけもわからぬ人物也若し貴大臣空しく此場を引取給ふ事あらは我國八道の人民は塗炭に陥るへし此儀を不悟は笑止千萬也筆して曰

此次入京然後可以成事又曰く大院君の兄現に領議政たる人あり然して院令と不和也又閔奎鎬なる人あり皆和事を主とせりと因て茂問て曰

大院君則李是應院君之兄而爲領議政人性名如何

李最應與院君不合

閔奎鎬人何等官乎

吏曹判書卽閔升鎬之從弟也閔升鎬今亡

此兩人皆主和而親信於國王

與院君調和而阻和事者誰乎

擧國人莫不有和心然皆畏大院不敢明言

李最應現職爲領議政而猶爲院君所阻和心如何

院君爲王之父故雖其兄亦憚之

貴國派遣兩大臣則將院君之徒乎抑最應奎鎬之類乎

從院君者也

右にて畢る

二月十三日午後條約書草稿謄寫の爲吳慶錫玄昔運就館

森山茂吳慶錫と筆話の大略如左

茂　聞院君與其兄意向反對議論相軋蓋眞乎

錫　誠然

茂　何爲然乎

錫　院君主戰其兄與國王主和也

茂　國王旣主和則百官有司從王命固其所也而和戰不決特派院君愛顧之大臣以謀此次大事豈無疑乎

錫　國王柔弱院君剛愎故百官皆不能明言和議

茂　聞李公卽爲領議政而非統理國家之器如何

錫　所以不能主意也雖然院君今不得如前秉權

茂　目今和事不成戰端旣開則兩黨所爲如何

錫　皆無定算各爭口舌而已兵亦不多又無紀律

茂　僕向相遭仁川府防禦使尹㻋人此人頗憂方今之形行先生知此爲人乎

錫　此人表裡不同向與先生所言之事已達朝廷欲爲阻塞計此是院君舊親人也

茂　與僕相遭唯言志耳而以相遭之故爲阻塞之計不可解也

錫　以先生之言粉飾添詞以誣之也朝廷皆信之而小生獨知其意耳

茂　僕欲得貴國京城之地圖書久矣而未能得之也冀先生給之

錫　京城無圖只有今八道全圖然耳目煩多今不敢奉納悚々

茂　問京城及八道戶數人口幾干乎

錫　京城人口無的確數爻況八道乎非僕不詳知也朝廷亦不知是以可歎見此則國規可以諒悉

茂　不能知其詳細面然只以大約所目示之如何

錫　現多逃散無幾干人兵則老弱合不過數千人耳仁川狼兵千餘云

茂　八道人口大約幾干乎

錫　屢十萬人

茂　恐可不過壹千萬口也

錫　誠然

此時事或不成一朝院君復得正權必大動干戈多殺生靈豈不極可悶乎望須今般竣事切勿空返以救我八道人民

右にて畢る

金炳學, 李裕元, 李最應, 金炳國, 朴珪壽, 閔致庠(1876. 2. 14/高宗十三年一月二十日)

일본의 수호조규 체결 요구에 관한 어전회의

行藥院入診及次對于修政殿都提調朴珪壽提調金有淵副提調沈履澤

日次請診也

予曰 春日每多風寒也

領敦寧金炳學曰 是謂惻寒也

予曰 日本三百年修好之地今以書契事有此多日相持甚可叵測自政府預爲講究以爲停當之策似好矣

領府事李裕元曰 臣等日日來會政府商確久矣而見今彼人之狡黠畢乃似不歸順矣

炳學曰 彼人雖云修好而來許多情狀非修好卽構釁也未知竟當如何而臣等方日會商確矣

判府事洪淳穆曰 敵國外患何代無之苟是朝廷處置得宜衆心成城自然歸順矣

珪壽曰 日本稱以修好而帶來兵船其情叵測矣旣云修好之使則未可自我先攻而如其有意外之事則不可不用兵矣第念三千里封疆如果盡內修外攘之方致國富兵强之效則蕞爾島國豈敢來窺畿甸恣行恐嚇乃至於此乎誠不勝憤惋之極矣

領議政李最應曰 臣等連見狀啓之登聞者而彼人情狀極爲叵測日會政府商確措處之方矣

右議政金炳國曰 彼人情狀其果修好而然乎下去大官今方連日相接待其所報當有講究之策矣

予曰 今日時原任大臣入侍者卽爲此事而然也諸大臣爛加相議善爲停當也

163

議政府(1876. 2. 15/高宗十三年一月二十一日) ➡ 申櫶(1876. 2. 16/高宗十三年一月二十二日)

수호조규 전문(前文) 및 의정부 조회문안에 관한 지침

發關接見從事官

此冊子 卽納大官 以爲轉送于辨理大臣云云

冊子

條規謄本 開卷之初 有難處之端 只稱日本國簡特命云云 朝鮮國簡特命云云 斯可矣 何必書兩國君上位號然後 爲典重事體乎 雖曰平等之權 同等之禮 而終是有礙於事面 先從此段釐改 只擧國號 方可論下款諸條可否

旣是修好條規 則兩國爛漫商確 彼此便宜然後 其事可行而其行可久 書契事向來阻隔之由 今者續好之意 當敍述文字 以爲憑據之資

申櫶(1876. 2. 15/高宗十三年一月二十一日)

吳慶錫과 浦瀨裕, 荒川德滋 필담

彼人最助來見差備官處所 故待以酒肉 則連飮數杯曰 飮酒食肉 對諸公話舊是太平事也 任譯曰 然矣 公等速歸 吾輩亦享太平 彼曰 事之順成與否 在於貴朝廷處分如何 而若不順成 直往京城 與領議政大監講約矣 任譯曰 方今氷澌不解 且有隘口之防守 安得容易進京乎 彼笑曰 自有進去之道矣 我問貴大臣何州人 彼曰 大臣薩馬州 副大臣長門州人也 仍辭歸 彼人四十名 自南門入來 每日出入 似是水陸軍卒之替番也 往見副官與留守 哺時還歸 傳語官最助金助兩人來見吳慶錫 討酒食後 吳譯問曰 貴國人所騎火船 皆賃船云 然則其所費似不少也 彼曰 然矣 且鉄路之舖爲數千里 以使火輪車往來 而自江戶至長崎島 有電線相報之法 我曰 電線謂何物 彼曰 以銅鐵作索 掛山沉水 連亘幾千里 叩兩端作音 以通言語 故雖外國事 霎時相通云 我曰 交隣中 何國最强 彼曰 魯西亞最强卽俄羅斯 各國所憚也 而我國交隣各十七國 皆有一副條約無不均不平之事 又無彼尊我卑之別 一有定規 誼同兄弟 無論各國 船可以通商處 則彼此互相開館 有長官 各邑與該地方最長官 隨事相議 以便互市 且禁亂褋 而開館近傍幾十里 許其任意往來 定界外 無敢犯越 如有定界外遊賞處則請于該地方官 自該官差人 領來領往 無或作弊 其開館凡節 亦無一毫貽弊於隣國 而館宇亦自或賃或建 至於些少物 亦必給價求貿 此則開館處各國法制 大略如是 所謂公使 則略率從人幾十名 互往隣國京城 亦賃基 而或賃屋或建屋而居處 其所幹則自通商各館有事 而該館長付書於該地方官 使之轉通於公使 則公使 與該國京官 公平論斷 公使所居近傍幾十里 亦許來往 無敢作弊也 一有定規而違越 則各國問罪 故所謂約條 卽天下公法也 我曰 他國之法雖如此 至於我國 則自有東萊交市之舊例 則何必刱行不可得之事乎 彼曰 在於東萊交隣約條 則偏苦於貴國 偏利於馬州 豈是交隣之誼乎 彼此無一毫貽弊然後 可謂公法 故此使之行 在所不已也云 而謂其大官急招而去矣 故更不得問

165

崔益鉉(1876. 2. 16/高宗十三年一月二十二日)

지부복궐척화의소(持斧伏闕斥和議疏)

持斧伏闕斥和議疏丙子正月二十二日

伏以先正文烈公臣趙憲 以言事 謫吉州嶺東驛 聞倭釁有大可憂者 復瀝血陳疏曰 荊人三刖而不懲者 以所抱者玉也 張浚在謫十疏而不休者 以所願者忠也 竊惟趙憲 當東西分黨秀吉請好之日 憂深慮遠 竭忠盡言 以致滿朝仇嫉 搆成貝錦 至於流殛之慘 而爲驛卒之役 則爲趙憲者 當懲其事 緘口甲管 如越視秦瘠 而顧其畢義願忠之誠 一節不渝 百世之下 讀其疏論其世 使人感歎而灑泣也 今臣名在罪籍 然曩者 伏蒙聖慈察臣無他 特寬安置 放歸田里 使之任便居住 供養老父 則較之在謫 事體又若有間矣 今當賊艘入海 聖上宵旰 臣尤切區區之懷 雖在左右諸大夫 皆曰可殺之中 何忍有銜不祛 以負我聖明自孤其素心 而爲先正之罪人哉 臣聞賊船之報 意謂廊廟之上 當有定論 迅掃兇醜 不留時日 厠聽幾日 尙無所聞 至於外間喧傳 一則曰意在求和 二則曰意在求和 萬口同憤 四境洶洶 未知此說實有苗脉耶 抑內治外禦 本有定計 而此特民間之訛言耶 如其訛也 公私豈不幸甚 如其實也 則是爲賊人地也 非爲國家謀也 此說施行則殿下之事去矣 夫程朱亞聖也 其言之可信 宜賢於今之君子之見 而程子以講和爲亂華之道 朱子言講和之計决 則三綱頽而萬事隳 此大患之本也 以程朱之訓 揆今日之事 則與賊講和 所以必致亂亡之禍 而無萬一之幸 略數之有五端 臣請昧死條列 願聖明試求諸道焉 臣竊聞之 和出於彼之乞憐 則是強在於我 而我足以制彼矣 其和可恃也 和出於我之示弱 則是權在於彼 而彼反以制我矣 其和不足恃也 臣不敢知 今者之和出於彼之乞憐耶 出於我之示弱耶 我之宴安而無備 畏怯而求和 爲目前姑息之計者 夫人皆見之 雖欲諱之 不可得也 彼知無備示弱之實 而與我結和 則向後谿壑之欲 何以充之 我之物有限 而彼之求無已 一有不副 則狠怒隨之 侵掠蹂躪 前功盡棄 此和之所以致亂亡者 一也 一日結和 則彼賊所欲 在於交易物貨 而彼之物貨 類皆淫奢奇玩 生於手而無窮者也 我之物貨 類皆民命所寄 產於地而有限者也 以有限之津液膏腴民命所寄者 易無窮之淫奢奇玩蠱心敗俗者 而歲必以鉅萬計 則不數年而東土數千里荒疇敗屋 無復支存 而國必隨之矣 此和之所以致亂亡者 二也 彼雖託名倭人 其實洋賊也 和事一成 則邪學之書 天主之像 混入於交易之

中 少焉師生傳授 遍滿一國矣 欲自捕廳譏詗捉誅 則彼人之狠怒又加 而講和之宿盟歸虛 欲任之而勿問 則少焉將見其家家邪學 人人邪學 子焉而不父其父 臣焉而不君其君 衣裳淪於糞壤 而人類化爲禽獸矣 此和之所以致亂亡者三也 和成之後 彼欲下陸 交相往來 或築室而居於境內 則我業已講和 無說以拒之 拒之不得而任之 則財帛婦女之攘奪劫取 惟意所欲 夫亦孰能禦之 且彼人面獸心 少不愜意 殺人越人 無復忌憚 烈婦孝子 哀痛呼天 求爲復讐 而在上者畏其失和 不敢聽訟 若此之類 終日言之 不可殫擧 則人理蕩然掃地 而生靈不可一日聊生矣 此和之所以致亂亡者 四也 倡爲此說者 動引丙子南漢事曰 丙子講和之後 彼此交歡 千里封疆 至今保磐石之安 今日與彼和好 何獨不然 臣以爲此與兒童之見無異 丙子之講和 害義大矣 衣裳之人 不可立於天地之間矣 是故 如文正公臣金尙憲 忠正公臣洪翼漢等 倡言排之 九死不改矣 然淸人志在帝中國而撫四海 故猶能略效中國之伯主 假借仁義之近似 則是止夷狄耳 夷狄 人也 故卽不問道理如何 若能以小事人 則彼此交好 式至于今 雖有不愜彼意者 有寬恕之量而無侵虐之患 至若彼賊 徒知貨色 而無復毫分人理 則直是禽獸而已 人與禽獸 和好同羣 而保無憂虞者 臣不知其何說也 此和之所以致亂亡者 五也 造次畧擧 有此五端 粗識東西者 可辨其非計 況旣和之後 藉曰彼此永歡 沿海無警 百姓安業 邪敎不入 雖有不愜 保不生患 然臣愚意有大不然者 異日中國秉春秋綱目之筆者 大書其事曰 某年某月 洋人入朝鮮 盟于某地云爾 則是箕聖之故疆 大明之東屛 太祖大王以來用夏變夷 制禮作樂 彝倫丕叙之邦域 一朝而沒於泰西之腥羶也 不寧惟是 自來操國柄主國論 而倡爲此議如秦檜孫近之倫者 類皆不勝其便宜宴安 全軀保妻子之私計 而爲此無狀之擧 使其君父 獨蒙惡聲於天下萬世也 噫 人臣事君 宜在陳善閉邪 納之堯舜之域 而乃反以亂亡之術 陷君於萬仞之坑坎 非天下之至不仁 胡忍爲此 非天下之至不忠 胡敢爲此 臣竊痛心 寧死 不忍聞同僚之臣 一或有此輩之行也 仍竊伏念 我純廟辛酉間 洋人潛入我國 誑誘我民 汙染邪學者日衆 純祖大王憂深慮遠 赫然斯怒 譏捕誅鋤 不少假貸 亦越我憲宗大王 善繼善述 凡入譏詗 悉加顯戮 不使種下種子於邦域之內 衣裳之間 是以人倫明於上小民親於下 子不遺親 臣不後君 禮義廉耻 維持鞏固 國勢奠安 邦運靈長 式克至于今日休 此大聖人典則 所以貽厥子孫者也 此非殿下之家法乎 故曩在丙寅年間 殿下始初淸明 好惡嚴正 賊臣鍾三 嘗試朝廷 而異樣船艦 出沒海上 於是頑鈍嗜利無耻之輩 倡爲和好交易之說 甚者如李鄴之張皇金虜者 寔繁有徒 少墮其計 國必無類 幸賴聖明志在斥和 而前同敦寧臣奇正鎭 臣師故參判

臣李恒老 以老成宿德 明識遠慮 瀝血封章 力言其不可和 殿下實入其言 守之如金石 是故十年之內 洋賊之覼我朶頤 雖無悛心 而亦不敢遽逞其志 今朝廷之上 大臣文武 誠宜克體祖宗之意 將順殿下之美 决不當溺於目前之宴安 誤了殿下之聰明 欲與此賊 和好交易 自取亂亡之禍矣 殿下入承二聖大統 其可不守二聖之典則 而曲循古來主和亡國者之餘謀乎 嗚呼 海內之地 中原全幅是堯舜文武之故疆也 而二百年來 薙髮毁冕 化爲胡虜 凡有人心者 孰不隕心搥胸也 况復以類相從 海外眞胡 奇形怪種 莫不交跡中國 久久恬然 不以爲異 其效遂使洋胡衝突 所向無敵 環海內外圓顱方趾者 擧皆伈伈泄泄 爲之倀鬼 獨我箕封一區 憑藉祖宗之威靈 不失好惡之正性 譬則剝之上九 碩果之象也 若擧此一區之臣民 而納之禽獸之域 爲純坤無陽之世界 則是豈仁人君子之所忍爲乎 擧國臣民 受制於洋胡 少間 棄禮義陷邪敎 不知天理人倫爲何樣物事 則殿下將何憑恃 而立於臣民之上 保全九五之位乎 設令高枕安寢 無他禍患 殿下何顔入二聖之廟乎 天下後世 又以殿下爲何如主也 此其事理之是非 前頭之效害 明若觀火 愚知皆見 街童走卒 田父野老 莫不心寒膓熱 獨以殿下之聖明而不之悟 臣竊惑焉 殿下之意 豈不曰彼來者旣是倭而非洋 其所執言者 旣曰修舊好而無他 則與倭修舊好 亦何害於道義云爾乎 以臣愚見 此有大不然者 設使彼來者 眞箇是倭而非洋 倭人之情迹 古今懸殊 不可不察 古之倭 鄰國也 今之倭 冦賊也 鄰國可和 寇賊不可和也 倭之爲冦賊 果何以眞知也 以其爲岸賊之前導矣 其必爲洋賊之前導 亦何以的見也 倭洋二醜 膓肚相連 横行于中州 厥惟久矣 年前北來揔理司文字 有法美二國 與倭幷出之說 昨年東萊訓導輩傳說 有倭人請立靈祠 請勿禁異服人之語 今倭人之來者 服洋服 用洋砲 乘洋舶 凡此皆倭洋一體之明證也 且况去月北咨 專爲今番倭舶之來 而其中乃有丙寅敗歸之說 丙寅敗歸者 旣是洋而非倭 則洋卽倭 倭卽洋一言而可决矣 彼所謂倭而非洋者 亦何足信也 是故 臣愚斷然以爲設使彼來者 眞箇是倭而非洋 的是洋賊之前導 而非復前日之倭也 然則與倭修舊好云者 驟聽雖若無傷 而與倭修舊好之日 直是與洋結和之秋也 與洋結和之 必致亂亡者 旣如右所陳 則如之何其可也 但彼旣曰倭而非洋 我人之見瞞於彼者亦皆曰倭而非洋 今且試以與倭相接一事 爲殿下陳之 與倭相接 亦有道焉 大官出見之初 當聲言于彼曰 洋賊之獸行蠱惑者 以言乎天地父母之前 則直是所不容之賊子也 以言乎華夏聖王之世 則直是所必誅之亂臣也 凡天下萬古以人爲名者 皆得以討之 一有黨助 則直是拂人之性者也 貴國尊信孔朱 敦尙禮義 見信於與國久矣 今反因彼輩之所誘脅 而甘爲之倀鬼 深爲貴國代羞也

春秋之法 亂臣賊子 先治其黨與 有王者作 則貴國當先洋賊而伏法矣 貴國其亟圖之 鄙國雖甚不武 斥洋一事 已爲祖宗以來傳授勿替之家法 今與貴國 不得修舊好者 豈特書契稱號之濫爲可駭哉 陰陽大向背 旣若是其相反 則不惟不相爲謀 方將聲討之不暇 貴國自今以往 若能幡然痛改 嚴絶洋賊 好惡之正可質神明 則依舊是前日交好之隣國 非復亂賊之黨助也 夫然後始可講定修好之說於我國矣 如不能然 則便當卽日回船 不宜久留我境 自速敗亡矣 如是聲言 然後隨其所接 而處之以義 則名正言順 可以有辭於天下萬世矣 奈之何計不出此 爲其所瞞 託以修好 而虛棄數百年來保障重地 致使賊黨 得有晷刻盤據於其間哉 臣不勝犬馬之誠 葵藿之忱 以罪纍餘生 冒昧前後 敢用麗朝禹倬先正, 趙憲故事 持斧伏闕 鳴號於天日之下 伏願殿下 少加矜察 亟定大策 任賢使能 專意修攘 而朝紳之間 一有爲主和賣國攣獸食人之計者 則痛加嚴斥置之大辟 斷不饒貸 如孫討虜斫案之勇 雖喑聾跛躄 亦且增百倍之氣 咸願爲殿下一死 而小小凶醜 有不日掃盪之機矣 是不惟全活我三千里赤子 保安我五百年宗社 爲大幸 天下之大義 由殿下而得伸 萬世之斯道 由殿下而不墜 功德之盛 卓然與禹孟 同其高大矣 豈不萬萬幸甚乎 如其不然 臣目見域中之人沒於禽獸 誠不願靦面苟活 與之爲伍 乞以此斧 加臣顯戮 使得歸侍二聖於地下 亦朝廷之大恩也 臣無任哀痛迫切之至 謹昧死以聞

166

議政府(1876. 2. 18/高宗十三年一月二十四日)

통상 허용 및 조규 문안에 관한 상주

政府啓曰 卽見接見副官謄報 則以日本使臣所言修好通商事 謄上條規冊子而請令廟堂稟處矣 我國之與日本 三百年信使修睦 設館互市 而年來雖以書契事相持 然今於續好之地 不必牢拒其通商 而至於條約等節 不容不爛加商確 兩相便宜 先以此意 知委於接見大官何如 答曰允

議政府(1876. 2. 19/高宗十三年一月二十五日)

협상 전권 부여

命條規裁斷知委接見大官

議政府啓言昨以修好通商事啓稟發關矣條規講定每煩公移於廟堂自致日子之淹延而有可以便民利國則專之可也古訓卽然以委任便宜隨事裁斷之意請知委於接見大官允之

申櫶(1876. 2. 19/高宗十三年一月二十五日)

수호조규 조관별 심의

관련문서 일본측 기록

彼大臣黑田要接見 辭之以病 更欲爲問病 只率傳語官而來 且公接之時 未能盡懷 從容私見爲好云 故答以彼我大臣 體貌不輕 私相接對 有碍具瞻 必勿輕遽之意爲答矣 彼替送外務大丞宮本小一權大乘野村靖傳語官最助 來要問病 無以更拒 不得已接見

問答記

我曰　貴大臣委送貴官 問我賤疾 極爲感謝 兩位大臣諸隨員 近阻多日 亦極悵然 雖於公坐中 屢次相面 亦不能從容一話 方以爲悵 幸接顔範 亦甚喜荷

彼曰　云云

彼曰　日前條約 未知何以措處 而遠人之心 甚切悶鬱

因出其條約冊子 故我亦出條約冊子 條條指陳口授 互相論難

我曰　條約冊子中 開卷第一義 實有難處之端 大日本之大字 與兩國君上位號 始自萊館爲大段難愼之端 今日之事 與萊館之擧 同一難愼 昔之不受 今亦何辭以受之乎

彼曰　大字卽國號也 行於各國之國號 有何妨於貴國 而至於位號 各其臣子之稱號於君上者 何以去之乎 貴國亦以陛下書之 有何妨乎

我曰　此何說也 我邦自檀箕以來 未嘗稱之 今何以遽加也 我邦以禮自守 惟卑讓於事大交隣之際 是則決非可言之事

我又曰 此是臣下之受 而上於君上 則擧國臣民 孰不有別嫌之意乎 欲與之修好講睦 而使此一邦之臣民 遺之以未安之心 則是外好而內實不好也 安有修好之意哉 然則貴國之必欲請受 我國之靳受 必相睽離 勢所固然 以我分義道理 萊館之所不受 亦何以授之於今日乎 此亦强所不强 我既無可受之道 則朝廷何以論及於今日條規等事乎 然則此非自我阻

之 乃貴國之自阻也 何不諒於此也

彼默默不言 良久沉吟曰 此言是矣 因此一事 以至失和 則亦兩國之不幸 第當善辭稟議於我大臣 以爲改正矣

仍於其冊子 抹去大字與皇帝陛下字國王殿下字於日本國下

仍曰　朝鮮國下 當以何書之則可乎 必有命令之處 指的書之爲好云云

我曰　各以政府書之 似好矣

彼曰　好矣

我曰　周旋至此 使我一邦臣民 去其未安之心 事歸得當 從此彼我使事 有速圖成就之機 萬萬幸甚 極爲感謝 不容名踰

彼曰　萊館八九年 若如今日之會 而開釋無餘 則何至有今日之擧乎 可慨

我曰　貴大臣旣是全權之行 則宜無書契之齎來 而日後使行 亦可無書契來往耶

彼曰　公使行則當有書契矣

我曰　將有書契 則亦宜有國書乎

彼曰　公使有一二三等 而不可無國書 貴國亦當有引見之禮 三等公使則原無國書齎持也 大抵一二等禮貌甚重 費用許多 故一等則未可輕議 二等禮貌費用 稍有省減 三等禮殺而費約 自不免於稍欠禮敬 貴國若不以卑禮爲咎 則可以三等之禮行之 然亦所不敢請也

我曰　我禮曹與貴外務省往復書契 則已有萊館前約者 雖三等禮 亦何嫌也 但書契格式 每有相持 今於講約之時 宜不無先事之慮 書契格式 預有講定 以爲來後相憑之地 幸甚

彼曰　書契格式之由前相持 已有稔知者 當與我大臣 熟論以圖著式矣

彼曰　貴使抵我境 則當與我外務卿親接 商議事務 我使抵貴京 則當與禮曹判書親接 商議事務

我曰　條規中 六箇月後 別送使臣 講定細目 或於江華 或於京城云 使臣接見處所 必以江華府的定 似好矣

彼曰　各國送使 皆在京幹事 獨於貴國不可異議 必於京城爲公使住接之處所 千萬幸甚

我曰　旣有條款 當有朝廷處分矣

彼曰　第三款 往復公文 貴國則用眞文 我國則用具諺之國文 每以漢書繙繹一件伴呈矣

我曰　固然矣

我曰　第四款中 釜山公館 自今改革從前慣例 今般以新立條款爲措辦貿易事務云云 萊館將與新開港設館條款 同一例 而舊條盡革之謂歟

彼曰　然矣 旣有新約 舊日之例 何可因循 大抵兩國通好而定規 則務從公平 昔日萊館事 但利於馬州 害於貴國 不可謂公平 一依新約 定例而已

我曰　所論果是矣 然則萊館之諸務可去 至於公貿易館料柴炭雜種 與凡所入給之物 皆可革除 而一從新館約條而行之否

彼曰　何可異同 如是然後 爲一定之規矣 至於通商 日本物貨之來賣貴國者 貴國收其商稅 貴國物貨之來賣日本者 日本收其商稅 館舍借其地面則 亦納其地稅於貴國 造營家屋 或賃居貴國人民屋宅 各隨其便 皆自日本人 自辦物財而爲之而已 何可煩費於貴國乎

最助曰 如是則萊館亦可納價而買之 於貴國當納地稅矣

彼曰　亦然矣

我曰　此亦具入於條規冊子 好矣

彼曰　然矣

我曰　永興是我太祖大王龍興之地 原廟在焉 又其隣邑 先祖陵寢在焉 北關則朝廷有不敢許施 更爲另擇別處於他道而爲之 好矣

彼出地圖一張曰 我之北陸道蝦島等地 相對於永興地 故果以此府指定者也 貴朝廷難許 則當稟議於我大臣 以爲商量移定矣

彼曰　第九款所陳 彼此人民 各自任意貿易 兩國官吏 毫無關涉云者 非他 若有逋負與欺瞞等事 則必當拿其人而嚴懲責償 非責其官長而論償之謂也

我曰　事理當如是也

我曰　第十二款所陳中 爾後朝鮮國 與他國修好云云者 我國自守素規 與他不相通者 卽人臣無外交之義也 至於貴國 三百年有兄弟之誼也 故今復修好 豈有別許他國通好之理乎 此一款 抹去可也

彼曰　此則與我大臣 爛商善處也

我曰　第十一款所陳 六箇月內 別命委員 會我京城或江華 以爲商議云者 果緣何事 而委員亦將以何品派送乎 旣欲委員 則必於此修好之沁府會議可矣 京城之說 甚不當也

彼曰　六箇月派來官員 姑未知何品職名 而條約細目 將爲講定 抵京城幹事然後 可免遷延之端也

我曰　細目講定 會商於江華 可爲左右便好矣 何必張大而抵京城耶 以遲速

言之 豈有會沁而爲遲 抵京而爲速之別乎 抵京一款 不須覼縷者也

彼曰　公使官各處 開港後出來 留京以爲幹事 卽是各國通行之一部規模 欲已之 而不可得者也 旣以三等官出來 則亦無肅拜之例也

我曰　公使之留京 雖曰各國同然之規 然今我兩國交際之地 此等事 當有別般停當之論 可也

我曰　條約講定時 當有禁條諸款 而至於姦淫等事 尤(可)[加]嚴斷 可也

彼曰　姦淫等事 自有禁條之截嚴 商確可也

彼曰　日前條約冊子尾付所陳 御寶奉安書 成二本 一置於朝鮮政府 一置於日本政府 而我國御寶奉安書 亦成二本 一置於朝鮮政府 一置於日本政府 以爲兩國永世之典然後 可保久遠不渝也

我曰　御寶奉安 事係重大 以兩國政府公文 互相明證 可也

彼曰　此則不可已之事也

我曰　此則從當更爲商確 而先以我意 歸稟於貴大臣 可也

彼曰　條約釐正後 成出二本 兩國大臣具啣着署 互換受去 以爲憑信之資矣

我曰　此亦在於朝廷處分 今不可質言也

【관련문서】

條約案內議

二月十九日申櫶訓導玄昔運ヲシテ來タラレシメ云フ京師ニ於テ條約條款中內議ノ件アル旨吳慶錫ヨリ申シ來レリ貴大臣ニ親接シ公然會商スルハ互ニ不便アリ故ニ請フ隨員ニ命ジ我旅館ニ來ラシメヨ應ニ其底細ヲ陳スヘシ是ニ於テ大臣宮本小一野村靖ニ命ジ申ノ旅館ニ抵ラシム其議スル所左ノ如シ

首款

大日本國朝鮮國云々

彼云大日本國朝鮮國對擧スルトキハ兩國對等ノ禮ニ於テ未タ安カラサルニ似タリ成ル可クハ大ノ字ヲ省キタシ

大日本國皇帝陛下ハ云々朝鮮國王殿下ハ云々

彼云皇帝陛下ト稱シ國王殿下ト稱ス差等アルニ似タリ因テ日本國政府朝鮮國政府ト改メタシ

第二款

朝鮮國京城ニ到リ秉權大臣ニ親接シ云々

彼云秉權大臣ハ其指ス所判然タラス禮曹判書ト改メタシ我答云我使臣交際事務ヲ商議スルハ秉權ノ大臣ニ非レハ不可ナリ禮曹判書ノ權幾許ナルヤ禮曹判書ハ只禮典ニ關係スルノミニテ交際事務ニ關係スルヤ否モ知ル可ラス何官ニテモ談判ニ差支ナキ程ノ權ヲ有スル者ナレハ我ニテハ差支ナキナリ

彼云以來ハ日本交際禮曹判書ニテ引受ヘシ故ニ其官名ヲ指定シタシ

第三款

日本ハ其國文ヲ用ヒ朝鮮ハ眞文ヲ用ユヘシ

彼云朝鮮人日本文ヲ讀得ルモノナシ若シ日本文ヲ單送セラルレハ卽チ事務ノ差支ヲ生スヘシ願クハ漢文ヲ添ヘラレヨ

第四款

今ヨリ從前ノ慣例ヲ改革シ今般新立セル條款ヲ憑準トシ云々

從來宗氏歲遣船公貿易ノ事ハ朝鮮政府ノ欲セサル所ナルニ付キ從前ノ慣例ヲ改革ストハ歲遣船公貿易モ亦其中ニアリヤ否彼ノ意未タ安ンセサルアリ故ニ慣例ノ下ニ歲遣船公貿易等ノ數語ヲ加ヘントス

第五款

永興府海口云々

彼云永興府ニハ朝鮮國王開祖ノ廟アリ此地ニ於テ開港スレハ外國人ノ爲メ如何ナル事アルヘキヤモ計リ難ケレハ此地ノ開港ヲ止メ他ノ港ヲ擇ヒタシ

第九款

彼此ノ人民各自己ノ意見ニ任セ貿易セシムヘシ云々

彼云此條若シ朝鮮人民日本人民ニ對シ引負或ハ違約等アル時ハ朝鮮政府其責ニ任セサル能ハサルノ事ニ至ラン事ヲ憂慮スト我答云各自己ノ意見

ニ任セ貿易セシム兩國官吏毫モ之ニ關係スルナシトアレハ政府固ヨリ其責ニ任スルノ理ナシ若シ政府此貿易ニ干預スル時ハ又隨テ其責ニ任セサルヲ得スト然トモ彼意未タ安ンセス遂ニ款末ニ數言ヲ加ヘ來リ商ル其文意晦澁不明ナルニヨリ相議シテ倘シ兩國ノ商民欺罔衒賣云々ノ數語ヲ加タリ

第十二款

日本國從前外國人民ニ准シテ通商スル各口ハ均シク朝鮮國人民ノ來往貿易スルヲ免許シ他國ト異ナルナシ又朝鮮國ニテ爾後他國ト通好ヲ修メ和約ヲ議立スル事アル時此條約內載セサル所ニシテ別ニ他國ニ許セル箇條アラハ日本國ニテモ同シク其特典ヲ蒙ラサルナシ

彼云此條朝鮮ハ西洋各國ト多クハ讐敵ナリ決シテ條約ヲ結フヲ爲サス假令ヒ條約ヲ結フニ至ルモ必ス先ツ日本ト謀リ揔テ日本ノ周旋ニ賴ラサルヲ得ス其時ニ當リ若シ日本ニ許サヽル所ノ條件ヲ各國ニ許スニ至ラハ日本政府ヨリ朝鮮政府ニ照會シテ可ナリ然ラハ事ニ於テ成ラサルナシ今預メ此條款ヲ設ケヲクトキハ外國ト條約ヲ結フノ意アルニ似タリ請フ此款ヲ削除セン

宮本等回報ス大臣乃チ各條皆彼ノ求ムル所ニ應シ斟酌改定ス其後大日本ノ大ノ字彼猶原案ニ仍リ之ヲ存シ朝鮮ノ上亦大ノ字ヲ加ヘタリ

169

議政府(1876. 2. 19/高宗十三年一月二十五日) ➡ 黑田淸隆(1876. 2. 20/高宗十三年一月二十六日)

일본의 사죄요구에 대한 조회문안

敍述冊子連上段別行書之

兩國修睦 行且三百年矣 情若兄弟 遵守舊制 各安人民 無相爭嚇 交聘之儀 不越其限 慰賀之訊 互恤其弊 有往必復 有贈必酬 馬島接信 以達事情 萊館開市 毋踰疆界 論其鄰好之永保 卽不出禮義誠信四字耳 豈意近年以書契事兩相疑阻也 其疑阻之端 寔有曲折 兩國書契 本自謹嚴 雖一字不中規式 則斷斷執辨 此爲兩國舊例然也 東萊守臣及任譯之不敢遽受 亦照此例而然也 曾在丁卯春間中國禮部咨文專來 據摠理各國事務衙門奏 天津上海通商大臣送呈新聞紙內云 有日本客人名八戶順叔 送來新聞原稿云 近來日本國 現有火輪軍艦八十艘 有討朝鮮之志 又云 朝鮮國王 每五年必至江戶 拜謁大君獻貢是卽古例也 朝鮮王廢例久 故發兵責其罪 又云 現有興師往討朝鮮之志 因朝鮮五年一朝貢 至今負固不服 此例久廢故也 大抵八戶順叔 旣是貴國之人 則宜解貴國之事 而做出虛罔之言 加以巇辱之辭 拜謁朝貢 誣之於交鄰相敬之邦 可乎 興師往討 施之於修好無釁之地 可乎 譸張如此等語 流布海內海外是誠何意也 弊邦臣民 安得無訝恠乎 又安得無憤惋乎 戊辰至庚午書契之不敢遽受者 不惟規式之有礙 諒由誣說之致疑 然弊國之所守者 卽禮義誠信 故傳令挆逼之萊守 竄以邊遠 壅蔽欺罔之訓導 施以梟殛 而貴國外務省新書契修來之後 聞以禮服正門 許久相持 故自弊國政府關飭於萊守 不拘瑣細儀節俾卽受納于朝廷矣 適値外務省官之還入 未及公幹 旋聞貴大臣辨理之行臨境矣 今聞貴大臣與我國使相問答 則以弊國擯斥貴國使臣爲辭 而書契遲滯之由悉陳如右 豈或有擯斥使臣之意哉 兩國之互相疑阻以至於此 慙愧痛歎 有不可勝言 朝廷之議論紛紜 則罷戮相繼 軍民之欲爲加兵 則遣使鎭撫 貴國厚意何可忘也 萬萬感謝 但弊國則旣竄萊守 又誅訓導 務盡在我之道矣 未審貴國將八戶順叔虛罔巇辱之事 如何以處之耶 貴大臣 與弊國使相接見 辭氣之忠厚 辨理之坦白 兩國猜疑 一朝開釋 有以見大人君子秉心和平 爲國勤藎 竊不勝欽仰 若其書契禮物 重尋和輯 只當遵依三百年舊規 而大事則貴國政府與弊國政府 小幹則貴國外務省與弊國禮曹 比等往復 永以爲好 或有約條之新

定者 則其在痛癢相關之地 必究兩相便宜 倘有彼利而此害 此通而彼窒 則事理之在所當念 惟願推以仁恕 爛加商略焉

朝鮮國議政府 照會
日本國辨理大臣

光緖二年正月日

170

宮本小一(1876. 2. 20/高宗十三年一月二十六日) ➞ 申櫶(1876. 2. 21/高宗十三年一月二十七日)

비준 양식 관련 제안

大字皇帝陛下國王殿下字及十二款 皆是字眼 緊要之條 不可削去也 雖然貴國 若於他條款及末尾御批 無有異議 則貴國求削字句 我邦亦聽從之

右我兩大臣之內意謝辭之件

申櫶(1876. 2. 20/高宗十三年一月二十六日)

제4차 공식회담

관련문서 일본측 기록

昨與宮本小一 相接酬酌之際 因以條規中 最難從者 次第說去 以至大日本之大字皇帝陛下字國王殿下字 反覆詰難 竟得自手抹去 永興開港一款 亦置之第十二款 若與他國通好之說 刪去 萊館舊例 幷皆革除之意 措語 事皆依前說釐正矣 及其正書條規冊子之時 第末段朝鮮國王御寶奉安 漆書御名之說 猝然而發 訓導輩先以千萬不當之事 舌爭之 聽若不聞 但請兩大官接見云 故不得已接見於執事廳 多少說話 到罷漏時 兩相持難 不決而罷 彼情轉益叵測 不勝憤惋

問答記不爲啓聞 但往復政府

彼曰 今夜甚寒 勞擾甚悚

我曰 何勞之有 昨欲問病 又使隨員委問 多感

彼曰 使人勞問 感激

我曰 間因薪憂 未得面接 甚悵

彼曰 昨送隨員 待之甚厚 尤極感謝

我曰 有何厚待 多少酬酌 頗有講定 可幸

彼曰 宮本隨員 欲與同會 適因宿病 未得偕來也

我曰 貴隨員之病 未偕來 可悵

彼曰 有緊急商議事 而宮本旣病臥 故敢此要接也

我曰 我朝廷有公文 故俄使訓導送呈矣 未及入覽而還 今旣接見 可一覽否 我政府以開港通商事 及其餘條件商確歸便之意 奏達蒙允 而又有關文 以書契阻絶之由 另具冊子 照會於貴所者也 又有我政府商確條款之公文一度 舌官吳慶錫方來云 而姑未來到 故前來關文與冊子二卷 先爲呈覽也

彼曰 當携去 詳覽後 還送也

我曰 我政府 欲爲轉覽而送來者 携去詳覽後 還送也

彼曰 今夜面接之由 當次第言之矣 俄者訓導入來 與宮本小一相接公幹 而大抵條條商確 兩爲便宜然後 事可順成 條規冊子尾附一款 不可不有御名之御寶 然後可作永遠不渝之資 故爲此講定而要接也 宮本酬酌時 有多少改正者 而至於批準 必有此御名之御寶 可爲眞個修好 若無此憑信 則修好之事 皆歸虛矣 此一款 期於聽施也 兩國批準 各有御名之御寶 卽彼此同等之例 有何碍乎 他條猶可刪正 至於此事 萬不可已者 幸須深諒也

我曰 自古交隣之道 誠信禮敬爲第一義 而不在於儀節之末 御名御寶 莫重莫嚴 爲人臣子 口不敢言 況敢書之於文字乎 條約冊子 訓導等向來謄出故上送于我政府 已經我朝廷爛漫商確 至有兩度關文之知委 我國臣民亦皆聞知 昨夕與宮本商議時 但以御寶爲言 而最助問其御寶所鐫之文故答以爲政以德之寶 初不說到御名 而今忽變改 求書御名 在我臣子之道 何敢仰請 以貴大臣言之 昨者所無之事 今忽起端 是豈爲相敬之道乎君之於臣 不啻父之於子也 父詔其子 尙不可以書名 而況君詔其臣 有書名之理乎 使事寧可不成 而此事斷無聽從之道 言止於此 更勿提說也

彼曰 御名御寶 雖曰綦重 此乃各國常行之事 則貴國之惟獨異論 誠可訝也

我曰 此則雖千言萬辭 徒弊脣舌而已 在臣子之道 莫可行之 天下各國 禮法不同 行之於彼者 有不可行之於此 今以決不可行之事 强欲行之 竊爲貴大臣 深慨也

彼曰 如是爲言 何可强迫 從此條規之議 不須更提 我則認以御寶之刻御名 故前者不曾提起 而未知其御寶之無御名也

我顧謂最助曰 爾於昨日詳問御寶之文 故我以爲政以德之寶言之 則答曰知得矣 今忽以不知爲說者 甚可恠也

彼曰 我國則有御名然後 可以憑信 雖至絶和之境 果不許乎

我曰 此則爲臣子者所不敢仰請於君父之事也 貴國若因此而阻絶 則是無事而故欲阻絶者 語到於此 不勝慨然 其在兩國修好之地 不必如是也

彼曰 竟不欲聽施耶

我曰 此若可聽之事 豈有不聽之理乎

彼曰 兩國之絶和 極爲慨惜 有此言矣 我國之禮旣如是 則貴國之禮又當如是議論相孚然後 可爲修好之道矣 若不受御名而還歸 則我民亦不信其修好矣 使事從此已矣 至於動干戈之境 終不聽施乎

我曰 禮義不可壞 綱常不可紊 禮義綱常之廢墜 而國亦隨之 何待干戈乎 此所

以寧至絶和 而不敢聽施者也 爲講論者 必審其彼通此窒 使有餘地然後可以同歸于好 昨日宮本之言 亦以兩國政府 各奉君命 成出文蹟 則足爲憑信之資 而今何以萬難干冒之事 如是逼迫乎

彼曰 傳曰允者 是皆御書乎 左右書之乎

我曰 御書與否 不必問 旣爲允下 則人孰疑焉 無論其事 朝廷稟奏 則可者爲允 不可者不允 以今番事言之 我政府以貴國開港通商事 奏達而蒙允 允者書下之後 播於朝報 塗於耳目 雖千萬年 永遵不渝 可謂金石之文 豈有不信王言之道理乎

彼曰 更思之 貴國雖以允字爲信蹟 至於我國 全爲修好 派送大臣 而只受允字而歸 則是豈爲永久憑信之蹟乎 貴國以自守之禮 强欲行之於隣國 此非他 卽不好交隣之故 甚訝惑焉

我曰 若無交隣之誼 三百年何以修睦 今番又何以派送大官 屢次接見 如是講舊耶 今此不好交隣之說 極涉悵然

彼曰 我之條規中 貴國所不欲者 亦多聽施 至於批準一款 勢不可已者也 只說國法 終乃浼浼 事之順成 不可望也 俺等歸奏此由 則我朝廷必曰 各國常行之事 貴國惟獨不行 以其八戶順叔虛誕之辭 空作欛柄 怨尤我國乎 我國則廷議紛紛 寧殺大臣 不可以失和 向者肥前州屢萬兵 倂姑置之 此眞情所以修睦之誼也 貴國如有一分修好之心 不可無信蹟 有信蹟則亦不可無御名 但說貴國禮法 不諒隣國事情 思之又思 寢息不安 是將何以則爲好耶 日前我國品川艦之追來者 非他故 我朝廷慮俺等之死而未歸議論又復紛紜 以御名一款 屢屢爲言 終不回聽 則俺等不可不歸去 後日兵興 至於失和之境 則必當有後悔也 俺等只望使事之善就 如是覼縷 而其於事不從心 奈何

我曰 我朝廷已許其開港通商 稟奏蒙允 我等亦奉使而來 屢次面接 爛漫商確稟達朝廷 已有回下處分 推此 可知其事之順就矣 昨日講論何等和平 而今忽變改 是貴國之自阻也 非我國之辜負也 若無此御名一款 條規中未了諸款 今卽馳奏 此使事 可以不日告竣 豈非兩國之厚幸乎

彼曰 大抵物理之變通 不可勝窮 且以大砲鳥銃等機器言之 前日之笨鈍者 今爲精利 前日自口裝藥者 今則自背裝藥 昔以右手 不能善放 今以左手無不命中 且大銃不能及遠 而小銃反過大銃 此皆隨時變通之道 貴國則不知變通之方 執拗不改 豈爲國之道乎 切爲慨然

我曰 譬諭之論 非不諒悉 無論某器 其用之之法 雖有隨時變通 器之體則自如

也 所論銃砲之微物 亦復如是 況禮也哉 禮亦有隨時隆殺之節 而至於分義也綱常也 何敢違越乎 禮則自在 無可變通 大抵我國本不與他國相通 惟獨與貴國修好者 寔由三百年舊誼也 非惟我國之尊我君上 貴大臣尊我君上 宜不下於吾所尊君 何若是强人所不强之辭 如是張皇煩問耶

彼曰 爲臣之道 不敢書君父之名 非不知事理當然 然而今此批準 與他有異者也 貴大臣則以愼重爲言 而我國亦無仰從之理 屢次與貴大臣接話 事竟未諧 不可不歸奏乃已 今夕卽當告別 姑歸所住處 明日更或面別矣

我曰 通商一款 旣爲稟達朝廷 幸蒙允下 至於講定條規 幾乎究竟 我心之不爲泛忽 庶可洞悉矣 其於末可奈何之地 有何變通者乎 更加深諒焉

彼曰 果是悵然無涯 彼此一般 俺等初擬復修舊好 利竣使事 好顔分別之時 鳥銃與大砲 呈納於貴大臣矣 今則好意已矣 卽此告別 明若有意 更當相面也

我曰 惟在貴大臣深諒而已

【관련문서】

二月廿日午後七時三十分黑田辨理大臣井上副辨理大臣朝鮮國大臣申櫶尹滋承ト執事廳ニ於テ談判浦瀨裕通譯森山茂野村靖安田定則小牧昌業鈴木大亮荒川德滋陪坐相見ルノ儀畢テ

大臣今夕來訪スルハ今日訓導ヨリ宮本ヘ引合タル條約案ノ儀ニ付面接ヲ請タル儀ナリ

申今日議政府ヨリ公文到來之ヲ貴大臣ヘ御覽ニ入ルヘキ旨申越セリ過刻訓導ニ命シ御旅館ヘ持セ遣シタルハ卽チ是ナリ當所ヘ御出會前ニテ御一閱無之趣ニ付今貴覽ニ呈ス

大臣拜見致スヘシ

此時議政府ヨリ申尹二大臣ヘノ委任狀(註 見當ラス)我ヵ大臣ヘノ照會文(註 附記參照)ヲ出ス一覽了テ

申議政府照會案ハ此文面ニテ御異存無之ハ其趣京師ヘ申遣シ署印ノ上差上可申先ツ御內見ニ供シタルナリ

大臣已ニ一覽ハ經タレ共猶持チ歸リ熟考ノ上後日何分ノ回答致スヘシ

申承知セリ

大臣今日訓導ヨリ宮本へ引合ノ趣ニテハ條約批准ノ儀御異存有之旨承リタリ條約案ノ儀ニ付過日來御談判ノ次第モ有之相改メシ箇條不少然ルニ批准ノ儀ハ條約ノ大眼目ニシテ必ス君主ノ署名鈐印ヲ要スルハ過日宮本ヨリモ申述タル通ナリ今國王ノ御名ヲ署サルヽ事出來難シトナレハ條約ヲ結フノ詮無之最初御協議ニ及ヒシ條款中緊要ノ件モ曲テ貴意ニ應シ我カ政府ニテ不滿意ノ儀トハ存シタレド初稿ヨリ許多減削セリ但批准署名相省クノ事ニ至ツテハ決シテ貴意ニ從ヒ難シ乃チ我カ皇帝陛下ノ御批モ追テ差進スヘキ筈ナレハ國王批准署名ナキノ條約書ハ受取リ復命イタシ難シ

申兩國交際ノ道ハ誠信禮義ヲ以テ主トス批准ノ儀ハ先日吳慶錫玄昔運ヲ貴館へ差出シ寫取ラセタルニ朝鮮國王御寶トノミ認メ有之其儘京師ニ稟報セリ尤モ右批准ハ臣下ニ對シタルノ文意ナレハ我が國ニ於テハ臣下ニ對シ王名ヲ署スル儀無之右ハ夜前宮本氏へモ縷々申述置タリ然ルニ臣下ヨリ其君ニ對シ署名ヲ請フハ禮ニ於テ不可トス此事ハ本大臣死ストモ能ハス且先日示サレシ文案ニモ御名ヲ署スルノ事ナク既ニ朝廷ノ決議ヲ經タリ今更申立ルハ如何ニモ不都合ナリ

大臣我國ト淸國トノ條約モ互ニ御批ノ國文ヲ交換ス各國皆然リ尤モ從前貴國國書ニモ國王ノ御名ヲ署セリ今批准署名ナケレハ條約相結ヒ候儀ニ至リカタシ

申最前申上シ通此事ハ京師へ稟報ノ節御名ナキ者ニテ差出タレハ今又署名ノ儀ヲ稟議スルトキハ大ニ人心ニ關係シテ容易ナラス且各國ノ例ヲ引キ論サルヽトイへ共國各其法アリ我國ハ我國法ヲ守ルヲ以ヲ至當トセリ

大臣原稿ニ朝鮮國王御寶トアリシハ署名押印ノ儀ナリ

申我國ニ於テハ外國通信ニハ爲政以德ノ御寶ヲ用ヒ朝鮮國王及御名ヲ刻シタル印章ナシ

副大臣國王署名ハ如何ニモ不相叶之カ爲メ條約成ラス交際破ルニ至ルモ已ムヲ得サルヤ

申, 尹人臣ノ身トシテ國王署名ノ儀ヲ申請スルハ何分相叶不申併シナカラ貴大臣等ニ接晤シ修好ノ議殆ンド完成スルノ際ニ至リ批准一條ヲ以テ交誼ヲ傷ルハ誠ニ遺憾ノ次第ナレハ情實篤ト御諒有之度

副大臣勿論兩國ノ交誼ヲ傷ルヲ欲セサルガ故ニ反覆辨論ニ及ヒシナリ貴大臣等動モスレハ禮典ヲ主張イタサルレ共各國交際ニ於テハ自國ノ禮ヲ執テ之

ヲ他國ニ行ヒ難キ事アリ兩國條約ヲ結フニ御批ナケレハ其國君ノ許可ヲ經タルヤ否ノ儀判然タル證憑ナシ御名ヲ署スルハ貴國ノ禮ニ礙アルニモセヨ之カ爲ニ交誼ヲ傷リ民ヲ塗炭ニ苦ムルト孰カ重キ孰レカ輕キ

申 臣トシテ君ニ請フニ署名ヲ以テスルハ禮ニ於テ吾ノ能ハサル所ナリ何卒本官等爲シ得ヘキ事ヲ御相談被下タシ批准ノ體裁議政府ノ奏本ニ國王ヨリ允ノ字ヲ署セラレタル者ニテハ如何

副大臣 國王ノ署名ナク唯允ノ字ヲ記シタル而已ニテハ證憑トスヘキ者ナク兩國君主ノ結約タルヲ公認スルヲ得ス一體條約ハ必ス其君主ノ御批アルハ萬國普通ノ法ナルニ貴大臣等言ヲ左右ニ托シ之ヲ拒ムハ交誼ヲ傷ルノ意アルニ非スヤ

申,尹 我カ政府ニ於テ舊好ヲ重ンスルカ故ニ我輩ヲ派シ貴大臣等ニ接見シ修好ノ事ヲ議セシメタリ豈ニ猜嫌ノ意アランヤ唯批准ノ一事ハ臣下ニ對シ御名ヲ署スルハ猶父ノ其子ニ對シ己カ名ヲ親書スルカ如ク其理ナシ

大臣 貴國ノ禮ニ於テハ然ルヘシト雖トモ條約批准其君主ノ署名アルハ普通ノ法ナリ本大臣等命ヲ奉シ國ヲ出ルヤ兩國永遠不易ノ條約ヲ議立スヘキヲ委任セラレシニ今御名一事ヲ以テ和議諧ハサルニ至ルトキハ實ニ遺憾ニ堪ヘス我國年來貴國ト舊好ヲ續クノ盛意貴國之ヲ省セス今又專ラ自家ノ禮典ヲ主張セラルヽニヨリテ條約ナラサルニ至ラハ我國情紛紜兩國必ス平和ヲ保ツヲ得サルヘシ抑我國長崎ヨリ此地ニテ貴國里法ニテ二千二三百里下ノ關ハ少シク之ニ過ク汽船ニテ此地ニ航スル二晝夜ヲ踰ヘス今和好ノ議決定スル迄此兩港ヘ我カ兵隊屯集シ居レリ既ニ先日品川丸下ノ關ヲ發スル時本大臣等ハ貴國ニテ暴擊ニ遭ヒタル抔ノ風說アリ稍紛紜ヲ生セシ由尤兩國商議ノ條件互ニ相讓リ得ヘキ事ハ曲從ス可シト雖モ緊要ノ處ニ至テハ相讓ル能ハス卽チ御批一節是レナリ此事諧ハサレハ兩國調和ノ道モ絶ヘ必ス紛紜ヲ生セン其時ニ至ラハ貴大臣等必ス思ヒ當ラルヘシ右ハ直ニ肺腑ヲ吐露シ陳述ス遺憾ナレトモ貴大臣等ニ會晤スルモ今夕ヲ限リトス

申 我國ニ於テハ決シテ和好ヲ傷ルノ意コレ無ク乃チ釜山ヨリ先報ノ意ヲ承ケ本大臣爰ニ派出接見シ修好立約ノ件已ニ七八分ニ至レリ批准ニ國王ノ御寶ヲ押スルハ稟議ノ上ハ相運フヘシ御名ヲ署スルハ何分ニモ行ハレ難シ夫ニ就テハ然ルヘク更ニ便法ヲ示サレタシ

大臣 貴國禮典ノ儀ハ既ニ已ニ承知セリ然シナカラ事ニ變通ナカル可ラス卽

チ此茶碗ノ如キ茶ヲ斟ムノ器ナレトモ亦他ノ物ヲ盛ルニ換用スヘシ世ノ開化ニ随テハ一概ニ拘泥ス可ラサル者アリ大小銃ノ如キ往昔ハ火縄ヲ用ヒ火ヲ發ス今貴國ニ用フル所ノ者是ナリ其後燧ヲ用ヒ之ヲ鑽リテ火ヲ發スルニ變シ現今ハ雷管ヲ用ユ施條銃アリ元込アリ圓彈ヲ變シテ長彈トナス變スル毎ニ益精功ナリ大砲ノ最精ナル者一脈ニ三發十丁ニ達スヘキアリ此地ニ携ヘ來レリ日新ノ効已ニ是ノ如シ然ルニ批准一條貴國ノ禮典ニ拘泥シテ變通セス遂ニ交誼ヲ傷ルニ至ルヘク誠ニ惜ム可シ本大臣ノ言フ所今日ハ御領解ナラサルモ他日必ス御領解アラン

申,尹器物ヲ以テ御比喩ノ趣了解セリ併カラ器物ハ左モアルヘシ君臣ノ情ハ之ニ異ナリ變通ハ不相成ナリ但貴國ニ對シテハ過刻貴覺ニ供シタル議政府照會文ニモ情同兄弟ト有之如ク益舊好ヲ敦クセントノ意ナレトモ批准署名ノ儀ハ是非御斷リ申度尤貴國ヲ除クノ外各國トハ何所迄モ修好結約ハ爲サヽルナリ

大臣君臣ノ情義變通不相成ハ承知セリ然トモ條約批准ハ臣下ニ對スルノ辭ト雖モ兩國交換スヘキ者ナレハ友國ヘ對シ交際ノ禮ニ關係ス右ハ昨夜宮本ヨリモ縷述セシ筈更ニ便法ナシ貴大臣等一概執拗御名ノ事ヲ肯ンセサレハ幾回辨論スルモ無益ナリ今夕ハ是ニテ辭去スヘシ

申,尹仰ノ通夜深ニ及ヘハ辭別イタスヘク御名一條ハ猶御熟考被下度其他ノ箇條ハ總テ異議コレナキナリ

大臣誠ニ遺憾ノ次第ナリ御名ノ儀モ異議ナカルヘシト察シ不日雙方鈐印ノ運ニ至リ諸事結局ノ上ハ過刻申述ヘシ當地ヘ携來ル所ノ大砲一座國王殿下ヘ献シ貴大臣等ニハ短銃ヲ贈呈セント專ラ修好順成ノ日ヲ待チ居シニ豈料ランヤ匆々起程ノ事ニ立至レリ貴大臣等他日悔フル事無キヲ要ス乍然先ツ今晩ハ當地ニ滯留スヘシ

右ニテ談畢ル十二時歸館

議政府(1876. 2. 20/高宗十三年一月二十六日) ➡ 申櫶(1876. 2. 21/高宗十三年一月二十七日)

수호조규 원안 수정 및 조항 추가 지시

彼人所懇十三條回答 令接見官傳之

修好條規冊子頭辭 只擧國號 而不必稱以兩國君上位號之意 旣有前送冊子 而此爲大關節未安之事故 所以有前送冊子也 今有一可援之例 中國現行英國條款頭辭 只稱大淸國特簡大學士某大英國特簡伯爵某云云 今者只稱國號有何不可乎

第一款 別無可論

第二款 修好之後 不可無兩國使价往來 而我使則到彼 親接外務省貴官 彼使則來此 親接秉權大臣云者 恐非平等之禮也 彼使見我大臣 則我使亦見彼大臣 我使只接外務省 則彼使當接禮曹 蓋我國則交鄰之事 禮曹掌之 與彼之外務省 何異焉

開館港口定約通商以後 不必更有整理之事務 設或有之 隨其大小 自該國官及該地方官 會商辦理 可也 何必使臣之留滯於京城乎 且地隔滄溟 涉險惟艱 使价聘報 實屬兩國大事 而有難頻繁 不得不十年或十五年酌定期限而往來 是爲兩國俱便之道 此意明白講定

第三款 不必爲拘

第四款 旣許通商 則事勢自然如此 但他處設館 亦必有定界之防限 不可越界行走 與我民雜處 必生事端 大非和好永久之道矣 且所定界限之當爲幾里 似必各隨地形劃定 而不可稍大於草梁館大小耳

第五款 永興乃是國家龍興之基 而奉有原廟 其所肅敬 與他自別 豈無他處而必於此地乎 咸興安邊文川俱是先寢所奉 萬無以聽許耳 又一口之畿湖兩南中云者 京畿兩湖之不可許 無容更言 嶺南沿海中 聽其指定可許一處耳

第六款

第七款

第八款

第九款　俱可聽施

第十款　彼我人有罪犯 各自彼我官 卽地會同 查辨用律 尤爲明白相孚之道

第十一款 各條款中細節目 只宜今番一一分解講定 何必更煩委員會商耶

第十二款 我國本不與他國相通 而惟日本則鄰誼相好久矣 安有他別國之通好立約等事 本不必擧論矣 以此明白答之 爲好耳

第十三款 亦可聽施

冊子末段 兩國大官 會同立約 鈐印憑信 則亦可以永久勿替 何必申之以此段文字 至安御寶耶云云

彼旣有此諸條之求 我國亦豈無講定者乎

第一則 常平錢之不可許用也

第二則 米穀之不可交易也 米穀萊館之所未嘗交易者也

第三則 交易只可以物換 物不可外上先賣 亦不可散債取息 此二者 兩國無窮之大弊源也 必須明白立約

第四則 我國只與日本交好 如有他國人 混來雜處 則大不可 亦須明白立約

第五則 鴉烟國人之所不吸也 西敎國法之所嚴禁也 其烟其書 如或帶來 則和好萬無永久之道 須明白立約

第六則 兩國漂民之兩相救回 自是舊規 而至若亡命故漂之類 必爲摘發 各回本國致法 須明白立約

173

野村靖(1876. 2. 21)

森山茂·宮本小一와 申櫶의 회담

二月二十一日午前十一時森山茂鈴木大亮朝鮮國大臣申櫶ト其旅館ニ於テ談判浦瀨裕通譯宮本小一野村靖同座

森山 昨夜執事廳ニ於テ御應接ノ際貴國王殿下ノ批准御名ノ義ニツキ貴大臣云フ我大臣演述ノ旨趣前後相違セリト然ルニ該件ハ我大臣ニ於テ相違シタル廉絶テ無之ニヨリ最前兩訓導吳慶錫玄昔運我旅館ニ來リ條約案ヲ寫取リタル手續等篤ト申述ヘ齟齬ヲ生シタル原由ヲ詳明ニ致スヘキ旨我兩大臣ノ命ヲ受ケ參館セリ

申 我國王殿下ノ御名ヲ署スルノ一案ハ縱令最初ヨリ御談判ニ相成タルニモセヨ國法上ニ於テ必ス施シ得ヘキ事柄ニ無之況ヤ條約案ノ寫既ニ我朝廷ニ奏聞シタル上ハ御寶ノミニテ相濟候樣致度

森山 兩訓導ノ寫取タル條約案一應拜見致度候

申大臣玄昔運ニ命シ該案寫ヲ出サシム乃チ我ノ原稿ニ照合シ王御寶三字ヲ塗抹シタルヲ見出タリ

鈴木 本月十二日執事廳應接ノ時我大臣此草案日本國文ヲ以テ修好結約ノ條款ヲ演述シ了リ後刻訓導ヲ我公館ニ遣リ寫取ラセントノ旨貴大臣明言セラレタルニ翌十三日午後一時マテ該員就館セス同日ノ談判ニ於テ我大臣ヨリ之ヲ貴大臣ニ促シ午後四時慶錫昔運乃チ來ル森山及予之ニ接シ原稿ニ就キ逐款講明シ昔運筆ヲ執リ之ヲ漢文ニ譯セリ御批案ノ尾ニ朝鮮國王李某ノ下ニ方形ヲ畫シ鈐印ノ位置ヲ示シタルヲ見兩人ヨリ臣子ノ分國王ノ姓名ヲ眞寫スル能ハス朝鮮國王御寶ト譯シタキ旨ヲ申述タリ依テ意譯ヲ用ルハ敢テ禁スヘキニ非ス然レトモ兩國互換スヘキ本書ハ現ニ御名ヲ署セラルヘキ旨ヲ答ヘ且此譯文ハ我國文ト適合セサル字面夥多アリ故ニ今唯其主意ヲ認タルノミナレハ行文ハ他日ノ協議ニ付スヘキ旨ヲ確ニ兩人ヘ申開置タリ然ルニ王御寶ノ三字ヲ塗抹シ別ニ擡頭シテ之ヲ改書シ單ニ御寶ヲ鈐スルノミニテ朝鮮國王御名ヲ記スルノ意ニ非スト言フハ甚タ不審ナリ加ルニ昨廿日宮本大丞小牧幹事及余三人昔運ト會シ該案文字ノ適否ヲ協議添刪ノ上御名ノ二字ヲ補入シタリ是固ヨリ意譯ヲ改メ直書シタルノミナレハ更ニ紛議ヲ生スヘ

キノ理ナシ今幸ニ昔運モ座ニ在リ篤ト御調査ノ上間違タル原由ヲ詳明致度候

申我國王御名ヲ記スルハ國法ニ於テ何分ニモ施シ叵シ單ニ御寶ノミニテ相濟シ候樣幾重ニモ御周旋ニ預リ度候

森山御名之ナクテハ條約交換不相調旨既ニ我大臣ヨリ申述ラレタル通ナレハ我等ヨリ周旋ノ義ハ御斷致候唯今鈴木ヨリ演述シタル手續ニ據レハ我大臣ニ於テ前後相違ノ廉毫モ無之然ルニ昨夜ノ御辭ハ何等ノ御考ニ候哉

申誰ノ間違ニモセヨ今更取糺スニモ及フ間敷唯御寶ノミニテ結約ノ義ヲ企望候

鈴木該案寫取ノ手續既ニ縷陳ノ通ナリ我方ニ於テハ毫モ間違ノ廉無之ハ勿論殊ニ三字ヲ塗抹シタル證據モ判然タレハ全ク貴方ニ生シタル齟齬ト相認メ候

森山我大臣ノ談判前後相違シタリト申サレタル主意承リ度候

申既ニ御寶ノミト我朝廷ヘ奏聞シ置タル故再ヒ御名ノ事ヲ申遣サハ在京ノ諸大臣等前後齟齬セリト疑念スヘクトノ意ヲ陳ヘタル事ニテ全ク貴國大臣ニ於テ相違セラレタリトノ譯ニハ無之候間貴大臣ヘ可然御申立相成度候

森山承知致シ候我大臣ニ對シ相違シタリトノ義ヲ申サレタルコト無之段貴大臣ノ御答詞慥ニ稟報可致候

右談畢テ森山鈴木歸館宮本野村留リテ別ニ議スル所アリ

申櫶(1876. 2. 22/高宗十三年一月二十八日)

安田定則, 荒川德滋와의 회담

관련문서 일본측 기록

彼人黑田送安田定則與傳語官金助曰 今將下船 忙未面別 安田亦悤悤告別 我曰 我政府已許通商 餘條則將修文書以來而已 日前以意外御名之說 致此往復之遲滯 今日雖過半日 自今爲始 限五日留俟 則兩國大事 可以究竟 以此由 善稟於貴大臣 期圖停旆云 安田曰 貴大臣慇懃盛意 當善爲歸稟 而我大臣 性本剛嚴 一次下令 必踐乃已 恐無停止之望云 故又囑其善圖之 仍使訓導與吳譯入送彼大臣所 以我挽留之意先通 即伴副官 往接彼人於中營 我曰五日退限 則兩國大事 可以究竟 今若不俟數日而下船 則善就之事 中道瓦解 豈不可悶乎 深諒裁處云 則彼曰 旣以十日爲限 今日是限滿日也 而尙無歸正 又俟五日 事之出抄 亦未可期 遷延月日 是所不欲爲也 條規冊子中 不可削者 爲其貴大臣之便於稟達 多有刪削 不顧我朝廷之是非 若是奉行者 欲修三百年舊好之意也 惟獨貴國尙此靳持 似有捱過之意 雖五日之後 又復如是矣 兵卒等 已爲出送 今莫可停止云 故我曰 其間費日 非他故 貴大臣奉命出彊 有全權之任 我則本非專權之使臣 每事輒稟達朝廷 以待處分 而我朝廷爲修舊好 已許通商 其間又有他事 其文書等節 姑未暇及 且以日前御名云云之說 浪費數日 原本冊子 今日發送 往來之間 不踰四五日矣 且非延拖之計 勢固然矣 旣爲遠涉滄溟 許多喫苦 而今此五日之差退 有何不可耶 我便是主人也 屢次接話之餘 無端徑發 實爲悵訝萬萬 爲此顔色 更加諒之也 彼曰 貴大臣之說 極爲感謝 然行期已定 莫可進退 潮信在卽 不可久話 未盡之說 與副大臣對討也 仍爲起身 褰幗而入 我更向副大官 黽勉挽留 則彼曰 貴意若是鄭重 我隨員宮本小一野村靖 姑留於此 俺等乘船 留碇於草芝前洋 以俟幾日矣 其後事與宮本野村 相議可也 亦卽告別 午正下船 彼人每言一出 令一發 更無違劃也

【관련문서】

二月廿二日兩大臣密ニ計ル所アリ將サニ去テ本船ニ歸ラントス午前十時三十分安田少判官ヲシテ代ツテ別ヲ彼兩大臣ニ告ゲシム少判官先ツ申櫶ノ寓至ニリ面接ヲ乞フ荒川德滋通譯ス

少判官 今爰ニ貴大臣ニ面晤ヲ乞ヒシハ他事ニアラズ乃チ貴大臣ニモ兼テ了知セラルヽ如ク我兩大臣本日イヨ々々歸船セラレントスルニ就キ自ラ貴寓ニ來リ告別スルハ本意ナレド行事樣々其儀ニ能ハズ依テ余ヲシテ代テ別ヲ貴大臣ニ告ゲシムナリ

申 貴大臣今マヨリ歸艦セラルヽトハ眞ニ愕然ノ次第ナリ敢テ問フ其儀既ニ決定セルヤ

少判官 既ニ已ニ決定シテ今將サニ發セントシ余ヲシテ別ヲ貴大臣ニ告ケシムルナリ

申 兩國商量ノ事今マ將サニ美果ヲ呈セントスルニ際シ貴大臣ノ歸船セラルヽハ實ニ余ノ遺憾ナリ希クハ君余ノタメニ貴大臣ニ請ヒ四五日間其發程ヲ弛クセヨ

少判官 余ハ唯我大臣ニ代リ別ヲ貴大臣ニ告グルノミヲ任ゼラレタル者ユヘ出發ノ期ヲ弛クスル義ハ御約束イタシ難シ

申 君ノ言ノ如クナラバ余將タ如何セン君偏ニ余ノ心事ヲ亮察シ如何シテ可宜哉請フ爲ニ之ヲ示セ

少判官 如何シテ可宜儀ヤ余ヨリ陳述イタシ難シ然モ余ノ意見ニヨレバ約束ヲ嚴ニセラルヽヨリ外有之間敷何トナレバ昨夜モ野村權大丞ト內話セラレタル末玄訓導ヲ今早朝我館ニ被遣ノ約束ナリシト聞ケリ然ルニ今マ日既ニ午ナラントシ訓導未ダ來タラズ此等ハ眞ニ些細ノ事ニ屬スト雖ドモ約ニ違フヲ意トセザル者誰カ之ヲ信ズル者アラン況ンヤ我大臣ニ於テハ苟モ人ト約スル事アレバ毫モ之ヲ變スル事ナソ(シカ)且ツ一タヒ決意セシ事ハ敢テ中道ニシテ之ヲ廢セズ故ニ假令余ハ貴大臣ノ心事ヲ料リ百方之ヲ止メント欲スルモ我兩大臣何ゾ余輩ノ言ヲ聽カン貴大官夫レ之ヲ諒察セヨ

申 眞ニ君ノ言ノ如ク約束ハ堅確ヲ尊ブハ勿論ナレド昨夜深更ニ及ン

デ吳慶錫京師ヨリ歸リ同人ノ帶ビ來リタル朝命ノ旨モアリテ訓導モ之ガ爲メニ頗ル多忙ナリシユヘ本意ナラズモ斯ク遲延セシナリ然モ今マ吳慶錫ト共ニ既ニ趨走貴館ニ到ルベキ筈ナレバ請フ君其意ヲ了恕セヨ

少判官　其情實ハ兎モ角モ昨夜ノ約ニ違ヒシニハ相違ナシ追々時刻モ押移レバ我大臣モ既ニ出發セラルナルベシ請フ辭シテ退散セン 少判官爰ニ於テ遂ニ申大官ト別レ頓テ尹滋承ノ寓ニ到リ面晤ヲ乞フ少判官陳說ノ次第ハ申櫶ト對話ノ時ニ異ナラズ

尹　君ノ告知ヲ領シ余ノ驚愕何ゾ之ニ加ヘン然ルニ申大官ハ君ノ其言ヲ聞キ如何拜答致セシ耶

少判官　申大官ハ四五日間其出發ヲ猶豫セン樣余ヨリ我大臣ニ懇請スベキ旨余ニ依賴セラレタレド余輩ノ敢テ止メ得ベキニアラザレバ唯其意ヲ逐一陳述スベキノミヲ約シ置タリ

尹　貴大臣ノ斯ク輕遽ニ出發セラルヽハ實ニ意外ノ事ト云ベシ兩國商議ノ次第モ遂ニ之ガタメニ畵餠ニ屬セン余ハ遺感ニ堪ザルナリ

少判官　我大臣ノ本日此地ヲ發セラルヽヲ以テ輕遽ト稱セラルヽハ了解イタシガタシ既ニ先夜兩國大臣面接ノ節ニ於テ我大臣ノ此地ヲ發スベキ旨ヲ述ベラレシハ閣下ノ親シク聞カレシ所ナラズヤ加之宮本野村兩大丞ヨリモ屢々其旨ヲ具陳イタシ置タル筈ナリ何ゾ之ヲ以テ輕遽ト爲スヲ得ン

尹　是レ眞ニ君ノ言ノ如シ而シテ君ノ申大官ニ說カレシ所ニヨレバ余輩君ニ依賴シテ貴大臣ノ出發ヲ止ムル事モ出來ザルガ如シ然レバ此上ハ余輩自ラ貴館ニ就キ貴大臣ニ面シ余輩ノ情事ヲ吐露シ以テ本日ノ出發ヲ思ヒ止メラルヽ樣懇請スルノ外ナシ 於是傍人ニ酒ヲ命ズ請フ先ヅ一杯ヲ酌メ

少判官　厚意謝スルニ堪ヘズト雖ドモ追々時刻モ押移レバ請フ辭シテ退出セント遂ニ歸館ス頓テ彼兩大臣趨走我館ニ就キ我兩大臣ニ接シ頻リニ使事ノ結局既ニ近キニ在ル旨ヲ說キ四五日間其出發ヲ見合サン事ヲ請フ兩大臣聽カズ應接ノ次第ハ別紙詳カナリ

午後一時過大臣文武隨員ヲ率ヒ儀仗兵ニ護セラレ公館ヲ發ス副大臣宮本野村小牧鈴木ハ尙ホ止ツテ該府ニ在リ午後三時大臣哨舟ニ駕シ鎭海門ヲ發ス

外ニ哨舟三隻護送ノ海兵三十名及ビ若干ノ携帶品ヲ載セテ隨フ日進艦附屬ノ汽艇之ヲ曳ク時正ニ起潮ニ際シ航行頗ル遲緩ナリシガ遂ニ六時三十分ニ至リ一統本船ニ安着ス

175

申櫶(1876. 2. 22/高宗十三年一月二十八日)

申櫶의 반간책(反間策)

每於彼大官接見時 詳察彼諸人容貌辭色 則黑田淸隆 爲人外雖寬裕 內實剛猛 井上馨 有雍容之態 隨員安田定則鈴木大亮亦皆端詳 宮本小一野村靖兩人 容貌儒雅 言語綜詳 在彼國能參世務 在行中卽是主謀者也 森山茂 爲人巧譎 辭色鬱拂 陰沮大事 轉生葛藤者也 且干涉於彼我大官酬酌之間 其擧措極涉悄悅 而彼大官亦多聽從其言 揣度事機 森也之作戱 最可慮也 切欲反間於黑田 挫其氣銳 而計無所出 傳語官最助 自兒時生長於萊館 我國物情詳知者也 故余顧謂最助曰 君之筋骨 雖是貴國所生 肌肉實爲我國所長 君能知也未最助合掌頫首 屢拜而答曰 果然矣 豈敢不知乎 我曰 然則我國事 君能務盡誠力乎 最助曰 何敢泛忽也 我以手撫其頭曰 奇特奇特 此日如斯而止 其後最助之來見也 厚饋酒肉 以示慇懃 酒酣而往 我曰 森山茂何如人也 於我國事 或有助耶 最助掉頭曰 否也 此人性品 本不順坦 且以積年含憾 甘心於雪憤 每事生釁爲主 貴大臣何以洞燭乎 我曰 兩國大事 此人如是作戱 實爲可悶 何以則有好道理耶 貴大臣與諸隨員 萬里駕溟 多日勞苦 專爲修好一款 而緣此一人 使事遷延 轉生層節 則此非貴國之狼狽乎 君須深諒事機 別出奇計 事歸順便 君之勞勩 當何如也 最助曰 曉得矣 仍辭去 數日后 最助又來 餽以酒餠 最助曰 有秘達事 而座煩未敢也 我卽屛左右 進坐膝席而言曰 小人果有奇計 行間於我大臣 而幸得中森也之前後作梗 今皆洞燭 自日前每議使事 不許森也之參涉 森也憮然退在渠之處所 從此拔去眼釘 事皆可諧矣 願貴大臣更勿爲慮云 故我答曰 君於我國事 誠心若是 到底嘉尙 尙以終始善周旋之意 申申諭送矣 及其宮本小一野村靖之來接也 達宵論難 畢竟大日本之大字皇帝陛下字殿下字皆抹去 永興事亦受諾 此雖與宮本野村 抑揚反覆 弊盡脣舌而得諾 然其實最助從中設計 擯斥森也之效也 彼之條約冊子中 最所難從者 皆抹去 使事可期無擾出抄矣 忽於二十七日 宮本野村 與最助來言曰 批準末段 安御名之御寶然後 可以憑信云云 無限詰難 至於接見彼大官 據理開諭 終不回聽 翌日兩大臣有慍色而下船 順就之事 猝地變改 莫知其裏許 彼大臣下船時 姑留宮本野村兩人 使之更接云 聞此言而墨揣 則是乃斡旋之一機關也 其夜宮野兩人果來見 故費千萬言 更以安寶爲約 詳據兩人肝肚 則森也見疎於彼大臣

以後 中心怏怏 做出此說者也 宮野兩人始覺森也之虛妄 歸告彼大臣 則森也以其誣告 見忤於彼大臣 將有罪責 彼之法令 森嚴罪 不容貸云 翌日宮本野村又來見 故强病邀接 話到日前事 彼曰 我大臣實暫時錯認之事也 非涇渭不明所致云云 際玆森也又踵至 亦以此語無限發明 故我笑 向宮本而託曰 森公於我國事 不能詳知 暫時誤錯 容或無恠 此與知而故犯 逈有異焉 且大事順成之地 雖一人 若至受罪之境 則於我心 亦甚慽慽 幸兩公 以我意善稟於貴大臣俾圖無事妥帖也 兩人曰 貴大臣勤敎如是 第當善稟矣 森也仍辭出 見訓導於軒中 百拜稱謝而去 此乃機變之大略 故錄之

176

黑田淸隆(1876. 2. 22) ➜ 申櫶

일본측 비준서 안(案)

日使擬案批準冊

保有天佑 踐萬世一系之帝祚 大日本國皇帝 以此書 宣示汝有衆 朕良友大朝鮮國君王 固厚隣交 玆今欽命全權大臣某 往大朝鮮國 與全權某 所締約之條款 朕閱覽之 逐款允當 已與批準 汝等百官 奉朕此意 一體遵照辨理 宣 神武天皇紀元二千五百三十六年 明治九年月日 於東京皇宮親鈐國璽 大日本國皇帝奉勅 外務卿某 外務大丞某 外務權大丞某 右擬案也

申櫶(1876. 2. 22/高宗十三年一月二十八日) ➡ 高宗(1876. 2. 23/高宗十三年一月二十九日)

협상 전권의 환수를 청하는 상소

관련문서 상소에 대한 비답

伏以臣卽接政府關辭 以爲昨以修好通商事 啓稟發關矣 條規等諸般講定 每煩公移於廟堂 自致日子之淹延 有可以便民利國 則專之可也 古訓則然 以委任便宜 隨事裁斷之意 知委於接見大官事 草記蒙允 促臣專幹修好通商許大事務 講定條款 臣聞命震駴 罔知攸爲 臣之素昧彼情 暗於機宜 而幹當大任 隨致僨誤 則臣身狼狽 固不足恤 而其於國計何也 民事何也 春秋傳曰 大夫出彊 有可以安社稷利國家者 專之可也 故古以出彊之使 謂之專命 然則不出彊而專命 古無是訓也 矧今畿輔之內 稟復照會往來之程 不出數日 而其事則民社安危之攸係也 彼今托名使价 謂修舊好 實率精銳 超溟而來 其意所在 雖不可測 必非苟然而止 率爾而歸者也 內有禦暴之備而外宣柔遠之義 使此蓄憾之敵 順且無事 是非一介之使寸舌所辦 一遵廟算 佈之於彼 猶懼不勝其任 以臣昏耄 自意裁斷 而詎望其無失乎 與彼相接 亦旣有日 彼亦知我朝廷庶務 皆經政府稟定而行 奉命之臣 傳宣而已 故輒勸臣等之歸朝 導達其意 而又要見執政大臣 面承咨決 彼知條例講定 出於臣等之擅便 則必不準信 而堅求於政府 致玆事端 有不可不慮者 此時此任 何等緊重 而顧委於庸懦淵劣如臣者哉 臣本迹由韎韋 濫冒至此 轒轀之戒 恒所兢兢 而乃假以使相之名 替行廊廟之事 敵有知者 易我更甚 且臣少而不學 壯亦無聞 責臣以擐執之勞 在所不辭 文事之役 臣豈敢任 加以楡景已晩 驥志徒在 未伸攘斥之義 而猶懷敵愾之願 倉卒受命 不暇推賢 而旣乏素講 又負氣性 殊俗異情 莫肯上下 而或昧於臨事之懼 以致橫決 則樽俎之席 易有遺矢之言 亦武夫之恒情也 是則不惟任臣者之不能知臣 臣亦不能自知也 詩云 方叔元老 克壯其猷 又曰 文武吉甫 萬邦爲憲 皆所以尊廟堂之辭也 見今廟堂之上 有憲有猷 豈或資萬一於如臣者也 量其才具 揆以事體 今此便宜裁斷之命 臣雖萬隕 所不敢承 敢陳短章 冒瀆崇嚴 伏乞聖慈 俯垂鑑諒 亟收成命 俾國體重 而私分安焉

【관련문서】

江華留守書目 知事申櫶上疏上送事 答曰 省疏具悉 使命之重 何時不然 而今番倭使之來 雖稱修好 不無安危攸關 卿以文武全才 夙著重望 故朝論咸以爲非此莫可 而臨機應變 不得不任專管 雖非出疆 援照古例矣 卿何巽辭之至此乎 覆議廟堂 籌度寅協 使事今旣竣完 豈非國家之幸乎 予恃卿 屹若長城 卿須體予至意

日本全權部(1876. 2. 22)

黑田淸隆의 협상 결렬 선언 후 회담

관련문서 대조선 절교서안

二月二十二日黑田大臣井上副大臣將ニ本艦ニ歸ラントシ理裝既ニ了ル午前十一時三十分接見大官申櫶副官尹滋承我公館ニ就キ談判浦瀨裕通話宮本小一野村靖鈴木大亮陪坐

申本日歸駕ヲ命セラレタル旨貴隨員安田ヲ以テ報セラレ驚愕爲サン所ヲ知ラス只管歸程ヲ緩フセラレン事ヲ乞ン爲ニ參館イタセリ

大臣殊ニ高趾ヲ勞セラレ感荷ニ堪ヘス然ルニ前日來會商ヲ經タル件中追々齟齬ヲ生シタル事アリ熟之ヲ察スルニ遂ニ修好ノ目的ヲ達スル能ハサル可シ故ニ遽ニ歸艦ニ決意シタリ本大臣自ラ貴寓ニ抵リ別ヲ告グヘキ筈ナレトモ潮候ノ都合アリ時限已ニ迫レリ請フ此ヨリ辭別セン

申, 尹日來會商ノ件殆ント順便ニ就ク今ニシテ歸ラルヽハ本大臣等實ニ遺憾ニ耐ヘス今ヨリ五日間ノ猶豫ヲ賜ラハ實ニ無限ノ大幸ナリ

大臣修好ハ彼我人民ノ安危ニ關スル兩國政府ノ重大事件ナリ速ニ順成ノ功ヲ奏セサル可ラザルハ頃日以來幾回モ辨論セリ然レトモ今マ仍ホ其結果ヲ得ルノ目的ナシ故ニ本日歸船ノ事ニ決シタリ

申昨夜吳慶錫京城ヨリ歸レリ其報ニ依レハ今般ノ事廟議皆順成ニ就ケリト想フニ條約案ヲ淸書スル迄ナリ猶又直ニ同人ヲ上京セシメ廷議ヲ促カスヘシ故ニ四五日間ノ猶豫ハ是非トモ許諾セラレタシ

大臣此次會商スル所ノ事順成ニ至ラサレハ兩國ノ舊好三百年ノ久アルモ一朝之ヲ塗泥ニ委スルノミナラス繼クニ干戈ヲ以テスルナキヲ保スル能ハス是本大臣ノ深ク憂フル所ナリ貴國和好ノ議アル果シテ貴大臣ノ言ノ如クナラハ順成ノ功期ヲ刻シテ俟ツヘシ然ラハ姑ラク解纜ヲ駐メ明日ヨリ四日間船中ニ在テ決答ヲ俟タン委細ハ副大臣ヨリ申述フヘシ本大臣出發前ニ辨スヘキ急務アリ請フ此ヨリ辭別セン

黑田大臣乃チ辭シテ出ツ

副大臣既ニ黑田大臣ノ言ノ如ク此回ノ議ハ容易ニ協成シ難カルヘシ何ントナレハ貴國政府ヨリ交付セラルヘキ謝辭ノ草案ヲ見ルニ語氣辨解ニ涉リ謝辭ノ實ナシ加フルニ過日既ニ我意ヲ領セラレタル雲揚艦ノ件ニ至テハ案中一

言此ニ及フナシ且前日來我隨員中へ協議セラレシ件々兎角齟齬ノ事多ク殊ニ呉慶錫玄昔運二訓導ノ寫取シタル條約案其結尾ニ朝鮮國王御名印トアルヲ濫リニ朝鮮國王御寶ト寫シ替フ此事ハ昨日已ニ森山鈴木ヲシテ辨セシメタリ貴大臣又御批交換ノ事六ヶ月ノ後ト約セシナド申サレシ由皆齟齬ノ甚シキ者ト謂フヘシ故ニ寧ロ荏苒日ヲ度ランヨリハ辭決書ヲ送リ速ニ發艦セントシ案既ニ成レリ今貴大臣ノ懇請ニ仍リ明日ヨリ四日間ノ猶豫ヲ約スト雖トモ若シ期ヲ愆クレハ直ニ拔錨スヘシ尤モ隨員二三名ヲ此ニ駐留セシメ以テ報知ニ便ニス委情ハ就テ商議セラルヘシ本大臣等既ニ數回ノ談判ニ於テ盡ク心情ヲ吐露セリ今日ニ及テハ別ニ議スヘキノ件ナシ若シ條約順成ニ至ルノ運ニ會セハ再ヒ來リテ協辨セントス

申 貴隨員宮本野村ヨリ商議セラレシ件々奏聞ノ爲メ二訓導ヲ至急ニ上京致サスベシ仍テハ不日ニ貴意ヲ安スルヲ得ヘシ貴大臣今日ノ發軔ハ强テ止ムルヲ得スト雖モ四日間ニハ必ス順成ヲ期ス可シ其時間ハ必ス貴艦ニ在テ待タレン事ヲ懇請ス

副大臣 然ラハ此ヨリ辭別セン兩國ノ和平ヲ破リ彼我ノ人民不則ノ殘害ニ罹ル等ノ事萬一モ之ナキヲ希望ス猶詳細ノ事ハ宮本等ノ注意モアルヘシ篤ト熟議セラルヘシ

申 事全ク順成シ貴兩大臣再ヒ上陸アルノ間ヲ待ツテ面晤ヲ得ヘシ

右畢テ申尹歸ル即時黑田大臣儀仗兵ヲ率ヒ公館ヲ發ス井上副大臣ハ潜カニ館中ニ留ル

【관련문서】

附錄

大臣ノ議事諧ハサルヲ以テ當ニ歸國スヘキヲ發言スルニ方テヤ將サニ送ルニ決絶書ヲ以テセントス其草案既ニ成ル但未タ潤色ヲ經ス事順成ニ歸スルニ會シ此稿終ニ廢紙ニ屬ス然レトモ其略ホ後前兩國交涉ノ始末ヲ觀ルニ足ルヲ以テ此ニ附存ス

大日本國特命全權辨理大臣某特命副全權辨理大臣某致書

朝鮮國判中樞府事申都摠府副摠管尹閤下本大臣等奉命派貴國以來屢次與貴大臣接晤詢商以善隣修好之義剖陳詳晰不遺底蘊莫非爲兩國蒼生計又經將新立和約之案遞付呈覽貴大臣不我遐棄見示以一々稟報京師之意本大臣等剋期俟報詎料頃承回敎所議各節均不見聽納不獨於從前交誼睽隔之故無一點悔悟之意巧辭飾過佞辨禦人本大臣等自知使事不成矣今將束裝上途惟恐我國惓々於隣誼之誠未蒙明悉而徒以爲嚻々相擾故不憚煩瀆歷敍其梗槩以願貴大臣自反省焉抑我朝中葉以降政權歸武門之手迨德川家康開幕府于江戶始與貴國訂隣交令對馬守宗氏掌聘使通商之事爾來三百年矣我明治一年戊辰王室中興收德川氏政權一歸天子親裁乃命對馬守宗義達依禮修書差其臣樋口某于貴國告我朝革新狀由幷商尋交事宜如其書契體裁皆依當時新制卽其用皇室奉勅等字樣是人臣相交各尊其君主以表友邦親睦之義者亦情理之當然也何曾有一失禮之語而貴國訓導安俊卿以其違舊規斥而不受使臣辨論不已安俊卿遂至曰苟其一言違格雖百年相持徒傷隣好而已豈有濟事之期東萊府使鄭顯德亦送書拒之意略與安同樋口留滯五年遂不得達其書而歸庚午十月我外務權少丞吉岡弘毅等賫外務卿澤宣嘉致于貴國禮曹判書之書抵于釜山尋宗義達送書于東萊釜山兩使求其善待我使臣東萊府使鄭顯德釜山僉使金澈均回書以從來無接外務省使員之例拒而不接訓導安俊卿別差李山如亦有書云此事一款雖千言萬語決無回德之理於是外務卿書契不得達矣先是我邦廢封建爲郡縣解宗義達對馬守官又止其日本朝鮮交際將命之職外國交際之事專管之外務省更以義達爲外務大丞至辛未八月義達修書于禮曹判書告此事又遣書于萊釜兩使求其面接外務官員使其家臣相良正樹賫之旣抵釜山求晤訓導者至二十四回而不應及假訓導高剛汝始就館乃遞書契謄本幷陳來意以促其速接本書伊遷延經月旣而訓導安俊卿來曰收議於國中而後爲受否決答於是相良前往東萊將面接府使鄭々拒而不接使差備官韓敬汝答曰惟當靜候處分問其期則曰大事十年如其緊急者則七八年於是乎又不得達其書矣當時我國使員辨論無所不盡而貴國以事遵前規爲辭拒斥益力因疑貴國不認我國革新爲是而意實不願交好也是後任官久不就館交際殆絶矣時又有東萊府使傳令書揭于館門多指斥侮慢之語傳令書中有曰近日彼我人相持可以一言打破我則一依三百年約條而彼之變不易之法抑獨何心乎事若違例則雖行之本國又所難强而況可以行於隣國而唯意行之乎彼雖受制於人不耻其變形易俗此則不可謂日本之人不可許其來往我境所騎船隻若非日本舊樣則亦不可許入我境又曰諸凡交聘通商必由和館而往來留接止於馬州之人設有暫時依附而來者苟非日本人則不可而近聞來接館中其形貌衣服多非日本人彼之變形易俗非我所管而以千百年自大

之國一朝受制於人以至於此而爲天下所笑恬不知恥出而示我人亦足可慨而況我堂々禮義之邦彼乃奚爲而至乎我之於彼人本欲信義相交一遵成約則其於原約之外猝有洋船洋服之至者不可謂日本人也雖晷刻迫逐彼國無辭而反囂々不已乎自作當屈之事氣何從出而欲伸其志於守正之國不亦愚且妄乎

然我國特思隣誼之舊猶期好意相諧未忍遽爾告絶我官吏在釜山者來往如舊至甲戌七月東萊府使朴濟寬遽遣內稗將南孝源晤館長森山茂致尋舊好講新盟之意尋按廉帶官太凡谷等就館晤森山云多年阻隔非出我朝廷之意中間有壅蔽之徒而然也及訓導玄昔運別差玄濟舜自京至與森山相接擬定三件便法昔運濟舜呈書曰一壬申年書契回答成不若成則直差回書兩書契交換之事一同書如有難安處以至不捧之境則更撰自貴國外務卿對于我禮曹判書自外務大丞對于參判之新書契別定幹使賚抵萊府相接議定之事一又有難便之端自禮曹成書契送聘使于東京預定期月以回答事右三件事中一事擇定之意因今日公論備盡轉達于朝廷之計而千里往還必不可踰二十餘日矣只翼竢之焉

既而太凡谷亦賚左將軍趙寗夏書至敍交和之意十月朴濟寬致書於森山報所擬三件便法廷議決于第二件且約不出五朔內修外務卿丞之書契別定幹使至東萊府相接森山乃反報我朝廷謂貴國始有所省悟兩國之交可自是而成卽以森山爲理事官廣津弘信爲副官以翌年二月如期發往至則情勢一變大異前日訓導玄昔運屢請緩接府使之期及其期及其期已迫玄俄留書上京去既而又還至屢論我禮服之制與舊時異森山等論辨不已玄遂至有凡事違例則不可許施之語則其侮慢亦已甚矣要之不過藉端設詞以飾失信之過於是乎貴國絶我之意決矣森山等空返國時又有江華砲擊之事先是以我汽船過貴國沿海者　日多恐沿海人民或未認我旗章故我官吏在釜山以旗章儀本送呈于貴國官員望預布告全國而貴國禁令戒飭之不至遂致有是暴擧我朝廷未忍以兩國之好委之塗泥特派本大臣前來初次與貴大臣接晤時貴大臣乃言從來兩國睽隔之故今已渙然氷釋矣當共圖今後和好之道因思兩國相交苟不有條約以相維信盟以相徵則猜嫌疑阻之端起矣非永遠相安之道是故首以修好條規爲相質貴大臣論難各節俱已曲意俯從思以周全和好而批准一節貴大臣藉口禮典不肯署御諱然則兩國帶礪之盟終成一無證憑之物大與本大臣等奉詢之意相反故於日者面晤之時往復辨論至再至三貴大臣一意執拗至云無復處之々道是貴大臣口說和好而意實不願諧約也夫自戊辰至今八年前後使書竝不見接而又砲擊加我船舶是何等事件而前者承示議政府照會稿本於從前使書擯斥之事喋々回護辨說不見悔謝之意且無一字及砲擊之擧豈不辱我國之甚乎哉此事已非筆舌之所能爭也本大臣等不復能曠日延滯惟有據實復命而已我朝廷必應另有處分矣貴大臣勿悔之

申櫶, 尹滋承(1876. 2. 22) ➞ 宮本小一 等

조정의 회답 기일에 관한 각서

관련문서 (1) 비준양식 등에 관한 일본측 제안
(2) 의정부 조회문안

(朱書)「宮本野村ニ交シタル憑單」

條約與御批同時交付事卽送任官稟議周旋大朝鮮國君王批准規式批准中辭意無異字句當潤色政府照會文字亦當從其文簡意約以五日交付條約各款中可以添入者幷於細目議定時更議事

右諸條定議日字期於以五日爲定

丙子正月二十八日

接見大官　申櫶
副大官　尹滋承

【관련문서 1】

(朱書)「宮本野村ヨリ申櫶ニ渡シタル彼ヨリ約スヘキ文案」

一 條約鈐印之時須倂國王御批同時交付

一 御批欵式如左 朝鮮國王□用爲政以德之章

一 御批須與日前送來原稿意莫少異如其字句有少潤色亦爲無妨

一 條約定議自今日期五日至該日相互鈐印將本約書及御批交付

一 條約各欵有欲加入各節若於貴國有異議申尹兩大臣與貴官等商量直決其事必須莫愆五日互換之期

一 議政府照會文要文簡意盡須如前夜由野村送來文案之意又自今日期五日交付

【관련문서 2】

「(朱書)朝鮮國議政府照會文擬案」

兩國修睦行且三百年矣使幣往來情若兄弟各安人民無相爭嚇戊辰以來因未審貴國革新狀由以來種々疑端貴國屢次使書未遽接受終爲隣誼阻隔之地昨秋會貴國汽船抵江華島又致有紛擾迨此次貴大臣奉使臨境與敝國使相接得領盛意從前猜疑一朝開釋曷勝痛歎如承示立約各款我朝廷旣委敝國使會商戊辰以來兩國往來公文應均廢爲故紙庶永遠親睦共謀兩國之慶亦足以昭我國善鄰之誼矣

朝鮮國領議政某照會

日本國特命全權辨理大臣某

申櫶(1876. 2. 24/高宗十三年一月三十日)

宮本小一과의 협상

彼人最助見差備官玄濟舜曰 使事告完之日 不可無禮物進獻於貴國家 貴大副官與留守吳玄兩人處 皆有禮物 故物種書呈 以此入鑑 若有稟處之事 預爲洞燭云云 最助手書禮物件記 貽入於領閤上書中 其捧納與否 答禮之物 預爲下諒 指敎罔夜下送之意 專塘 彼人宮本小一 有面報事 屢次要接 故以病未酬接 明日若稍可 卽此先通 以爲相接 甚好之意 答之 亥時量 宮本小一 與金助來到門外 請接見 故不得已招接 宮本曰 俄承靡寧之報 貢慮萬萬 今此乘夜請接 極涉猥屑 有一可告者 故如是冒悚而來矣 仍言 我東京政府大臣 欲探使事之順成與否 又送璦[瓊]浦艦一隻 俄已來到 行李之促急如是 且有政府書札於我大臣者 自懷中出示 以其國文 解眞文者 不可詳知 而大略辭意 我國方以使事之遲 擧國臣民議論拂菀 使陸軍卿山縣有朋 宿兵於赤馬關 雖知吳玄兩譯 趁限而來 然其前此由先爲來告 幸須秘之也云云 我曰 委來通奇 甚感 而條約一款 我朝廷旣有許施之處分 到今萬無違劃之理 文書修正 則吳玄兩人必當持來 毫無可疑 貴船中火輪艦一隻 先爲入送貴國 以使事順成之由 通奇無妨 此意卽報於貴大臣如何 彼曰 承聆此敎 果是兩國之萬幸 不勝欣感云云 我出示政府下送之六則曰 我朝廷先爲錄送者 而此雖細目講定時添入者 然皆我國之禁條 不可不明白立約者 以此紙轉覽于貴大臣 亦爲善辭周旋 期圖貴大臣諒會之書字 則我當歸奏朝廷後 曉諭四境 以破衆民之惑也 彼曰 常平錢不爲許用 恐是行不得之事 常平入於我國 則雖爲不用件 至於館中 些少賣買非此莫可 便同束手 何以交貿 且米穀事 兩國若値歉歲 民情顒顒 至於盡劉之境 欲互相貿穀而救濟蒼生 則亦不許貿去 一向越視耶 然則烏在其交隣修好之誼耶 此兩條 我大臣必不聽從 方今使事告完之時 以此些少事 致煩於我大臣 又生一層節耶 我大臣 性度褊狹 若聞此說 恐有疑阻之慮 姑置之 日後細目時 左右之甚好 我曰 我國地方褊小 土力斥鹵 米穀歲計 不過我民資生而已實無餘穀之流入於隣國 然貴我間 若値大荒 民皆盡劉之境 而貴國若有救民之公文 則何可越視不顧耶 米穀出入 皆以公文憑據 而嚴杜其私貿之弊好矣彼曰 貴大臣所敎曉明矣 且外上先賣 與散錢取息之革除 此乃兩國人民息訟之計 甚好甚好 西學與鴉烟 我國亦禁令至嚴 此則雖非貴國之托 萬無犯冒之

理 當手書左契文字 明朝送呈矣 俾作信蹟 以破衆惑如何 又曰 明日使事告竣之時 我大臣必下船入此府 與貴大臣面接後 各書文書 着署鈐印 亦有些少物種進獻於貴國朝家及大副官留守 至於隨員任譯諸員 各有禮物矣 其物種 則貴朝所納者 大砲鳥銃紗緞時表等物 兩大臣 手銃紗緞佩刀等物也 預爲諒燭幸勿孤我大臣悃誠如何 若至不受之境 則我大臣必有慍意 不參宴饗而回去矣大事順成之日 終始相好 豈不樂哉 此亦預諒也 我曰 當稟議朝廷 俾圖相好矣又曰 貴大臣應有下船禮 我大臣亦不可無答禮 一以謝貴國之盛意 一以伸我等之悵懷 必請兩大臣及留守於我船上 設宴話別矣 幸勿見却千萬千萬 我曰吾則方以風眩之證添苦 登高涉險 非所可望 爲主之道 不可坐別 當往草芝 相與叙悵矣 其登船一款 幸圖初無發說如何 副官則奉使之行止 不得擅便 草芝則境內 猶可往別 至若乘船 無異疆外 不可不狀聞後進退 何可以此 又費幾日耶 留守亦然 以此由預爲往復于貴大臣 無或有悵然底意也 彼曰 當善辭往復待回報更告矣 我大臣則必不草草相別於草芝也 若至此境則奈何 茶歇仍歸

181

議政府(1876. 2. 24/高宗十三年一月三十日) ➡ 申櫶(1876. 2. 25/高宗十三年二月一日)

조일수호조규 조선 측 비준서

批准冊子

丙子二月初一日 判中樞府事申櫶 副總管尹滋承奏 將於本年二月初二月 大日本國 特命全權辨理大臣黑田淸隆 特命副全權辨理大臣井上馨 與臣櫶臣滋承 會同江華府 互換條約一摺 逐款允當 已予批准 行諸久遠 益敦親睦 其條約內 應行各事 凡爾官民 悉奉此意 一體按照辦理

大朝鮮國主上[手決] 大朝鮮國主上之寶[手決]

議政府(1876. 2. 24/高宗十三年一月三十日) ➡ 黑田淸隆(1876. 2. 25/高宗十三年二月一日)

일본의 사죄 요구에 대한 수정 조회문

敍事冊子

議政府爲照會事 兩國修睦 行且三百年矣 使幣往來 情若兄弟 各安人民 無相爭嚇 戊辰以來 因未審貴國革新狀由 所以有種種疑端 貴國屢次使書 未遽接受 終爲鄰誼阻隔之地 昨秋會 貴國汽船抵江華島 又致有紛擾 迨此次貴大臣奉使臨境 與敝國使相接 得領盛意 從前猜疑 一朝開釋 曷勝痛歎 如承示立約各款 我朝廷旣委敝國使會商 戊辰以來兩國往來公文 應均廢爲故紙 庶永遠親睦 共謀兩國之慶 亦足以昭我國善鄰之誼矣

右照會
大日本國辨理大臣

大朝鮮國開國四百八十五年丙子二月初二日[手決] 議政府印[手決]

申櫶(1876. 2. 25/高宗十三年二月一日)

비준 문서 양식 협상

使訓導送于彼所 傳言曰 日前以朝鮮國君王之寶云云 本非君王二字 卽主上二字 藏在大內 未及詳知故也

彼曰 第當往復於彼大臣 左右之云

我曰 貴國批準 必以主上塡來云

彼曰 此則歸國後 商量爲之云

我曰 我兩大臣乘船 莫可奈何 必往草芝作別

彼曰 貴大臣行次草芝 則我大臣亦當下船矣 彼此間不必如是 吳玄兩人 出送船所 以爲慰餞 則足可爲生色矣

我曰 當出送矣

彼曰 今此使事之告完 實兩國莫大之慶 我國法例 有慶事 則放祝砲卄一放 今初三日宴饗後 我大臣上船時 爲貴國主上殿祝福 放卄一放矣 貴國亦應砲二十一放 似好云云

我曰 當往復留營而施行矣

彼曰 我大臣與貴大臣接見 當於初三日辰時量爲之矣 處所何處爲定耶

我曰 向者接見所 西門內閱武亭爲之矣

宮本小一(1876. 2. 26/高宗十三年二月二日) ➜ 申櫶

宮本小一 수록(手錄)

宮本小一手契

凡日本國商船 因貿易等事 進往他國 莫不領帶所付之船牌及航海公證 既到港口 不出四十八時貴國二十四時 該船主呈船牌公證于駐在該地方領事館 驗明然後 本國船隻也確乎有憑據 又每船必立國旗 國旗是至貴至重之物 有甲國船假冒乙國旗號 則視與海賊同 乙國兵艦緝拿懲罰

一 朝鮮政府 禁鵝片進口 與日本人民無礙

一 現今不聞日本人民奉耶蘇教 朝鮮政府 爲預防日本人民或有傳耶蘇教于朝鮮人民 欲禁止之事 日本政府 應無不允

一 別國人民 在朝鮮國通商各口 假日本人之名籍 居住貿易事 是日本政府所不許也

右件 蒙申大官詢問 故陳鄙見如此

外務大丞 宮本小一

【日譯文】

凡貿易の爲め外國の諸港へ往く日本商船は必す日本政府より渡したる航海公證及ひ該船の船籍を帶往せざるなし外國の港へ到着し二十四時を過きさる內に船主より右等の諸書類を其地に在る日本領事官へ引渡し領事官は是を點撿して後船主は其地方に在る役所へ入津したる屆書を出すなり此屆書には領事官證書あり故に日本船にあらさる疑ある事なし國旗は至大至重の物なり若甲國の船乙國の旗章を假冒する事ある時は海賊の所業と見て乙國の軍艦是を捕へて十分に罰して可也

一 鴉片の輸入は朝鮮政府是を禁して日本人に差支ある事なし

一 現今日本人民耶蘇教を奉するを聞かす若朝鮮政府日本人民の耶蘇教を朝鮮人民に傳ふる事あらんを恐るゝが爲め是を禁止せんと欲するは朝鮮政府の望次第たるべし

一 朝鮮國にて日本人民の爲開きたる港の居留地へ他の外國人日本人の籍
　を借り居留商買する事は日本政府の許さゝる所なり
右判中樞府事申閣下の御尋に付愚意演述し置候也

明治九年二月

外務大丞　宮本小一

申櫶(1876. 2. 27/高宗十三年二月三日) ➞ 議政府(1876. 2. 29/高宗十三年二月五日)

조일수호조규 조인 보고

관련문서 일본측 기록

今日辰時量 臣等以彼人宴饗次 各具公服 開坐於營下鍊武堂是白加尼 彼大臣黑田淸隆副大臣井上馨隨員宮本小一森山茂安田定則小牧昌業鈴木大亮陸軍少將種田明陸軍中佐樺山資記及傳語官最助金助 率兵卒七十餘名而來 相與接見 修好條規二冊 互相署名鈐印後 一本與批準一冊叙事一冊 幷傳給于彼人是白遣 彼人亦以條規譯漢文一冊修好條規彼國文一冊傳納 故詳細看檢後 幷與批準原本一冊彼使臣臨行書贈一本宮本小一洋船鴉烟西學等嚴斥事手錄一本 使差備官玄濟舜 賫上于議政府是白乎旀 彼人進獻物種 及臣等從事官及諸任譯處所贈物種 依彼單子 一一照數 捧留於本府留守臣趙秉式處爲白乎旀 留守處與草芝僉使洪運泰及本府將校之爲館內擧行者 亦有所贈給 故卽爲傳授於留守臣趙秉式 狀問是白乎旀 彼大臣黑田淸隆副大臣井上馨 率隨員及兵卒 卽還彼船 只留宮本小一野村靖傳語官最助金助 及餘名七八十餘名於前日所住處是白如乎 待其彼人沒數出去 更爲登聞計料是白乎旀 彼人問答記開錄于後云云

問答記 二月初三日

彼曰 日氣淸佳 修好冊子 今將鈐印交付 實爲兩國之萬幸

我曰 數日海上勞苦應多 方切阻悵 更接淸儀 已極欣慰 而況三百年舊好 今旣復修 彼我使事告完 俱爲萬幸

彼仍出條規冊子正本 要與鈐印 我亦奉出批準冊子寶文

彼曰 日前以大朝鮮國君王之寶安之矣 今忽以主上之寶安之者 誠爲訝惑 行期急迫 不得已姑爲受去 我朝廷似或有議論 以是憧憧矣

我曰 主上君王同一位號 且君上之諭官民者 豈不可以主上稱號乎

彼曰 大抵交隣之道 詳察風俗然後 可破疑端 雖六個月公幹之前 貴國先送解事一人 詳察物情 則我國之爲此修好 積費心力 自可洞悉 群疑皆釋 及其細目講定時 似無更詰之慮 貴使來往 從此以後 極便且迅 自釜山賃騎赤間關火輪船 則六七日間可抵東京 亦無禮幣與賫糧之弊矣 必圖斯速

派送 則非但我國人民之十分孚信 在貴國事 安知無有益者多乎

我曰 昔年通信使之行 多有儀節之張大 果不得頻數派送矣 諸般舊例 竝皆革除 則更無貽弊於兩國 且聞貴大臣之言 我使之行 以火輪來往 則不費財力 事甚便速 第當歸奏朝廷矣 從玆以往 我使入於貴國也 居接等節 諸般事務 貴兩大臣善爲周旋 無至齟齬 凡屬我國事 無論大小輕重 到底顧念 看作自己事 俾有今日修睦之義 深望也

彼曰 豈敢泛忽也 或有他國覬覦之端 亦當預圖先通 而其外事 當歸議朝廷 務盡修睦之道矣 幸勿爲念

彼人出示一紙曰 値玆兩國喜幸日 無以報貴大臣盛意 敢陳德談一書

我曰 甚感甚感

彼出一單曰 此雖誠淺物薄 幸望進獻也

我曰 謹當進獻也 仍以彼兩大官及諸隨員傳語官贈給單子 傳給曰 物雖非薄 切欲表情也

彼曰 贐物若是腆厚 至及於隨員諸人 尤極感謝

彼亦有我大副官及從事官軍官任譯輩及本府留守所贈物種單子 故答以感謝

彼曰 陸軍少將種田明陸軍中佐樺山資紀 後船追來者 而此兩人卽我國有軍功之武臣也 旣參今日宴饗 敢要一接話也

我曰 云有軍功甚盛甚盛 共參此宴 亦爲可幸

彼曰 潮信已迫 悤悤告別 不勝悵缺也

我曰 何時發船耶

彼曰 明早發船也

我曰 旣未能赴貴船請宴之盛意 病未能遠別 亦切悵然 惟望兩大臣與諸隨員無恙涉海也

【관련문서】

二月廿五日申櫶宮本小一埜村靖ニ報テ曰ク吳慶錫玄昔運京師ヨリ歸ル條約幷謝辭共ニ貴大臣ノ商ル所ニ從ヒ異議アルナシ當ニ廿七日ニ於テ交換スヘシト乃チ之ヲ大臣ニ報ス 時ニ副大臣猶留テ府ニアリ 廿六日大臣項山島ヲ發シ再

ヒ府ニ入ル廿七日錬武堂ニ於テ兩大臣申尹ト會同條約鈐印アリ

[大臣]此御批ニ朝鮮國主上トアルハ前日ノ約ニ反ス是何故ナルヤ既ニ條約互換ノ際ニ臨ミ斯齟齬ヲ致スハ誠ニ解シ難シ

[申]貴諭ノ如ク前日ハ朝鮮國君主ト書スヘキヲ約セシ所京城ヨリ斯ノ如ク書載シ來リ今更如何トモスル能ハス成程前約ニハ反スレトモ我國王臣下ニ對シテハ君王或ハ主上ト稱スル故主上ト書キタル譯ナレハ是ニテ御領受相成ルニ於テハ本大臣共別テ幸甚ナリ

[大臣]前ニ陳スル如ク既ニ條約互換ノ際ニ臨ミ曾テ一應ノ御照會モナク前約ニ反スルハ實ニ遺憾ニ堪ヘス併カラ君王ヲ主上ニ改メラレタルノミニテ事ニ害アルトモ思ハレサレハ先ツ此御批ヲ領受スヘシト雖トモ我朝廷ニ於テハ如何思ハル可キヤ計リ難シ此儀ハ念ノ爲申置ナリ

[申]貴諭ノ趣委細承知セリ

互換ノ儀畢リ彼酒菓ヲ供シ音樂ヲ奏ス我祝詞ヲ述ヘ畢リ別ヲ告ケテ本艦ニ歸ル

條約互換二月廿七日ニアリ而シテ條約書廿六日ヲ署スル者ハ彼ト訂スル所ノ定議日期廿六日ヲ限トス故ニ吳慶錫等京師ヨリ歸ル其齎シ至ル所ノ淨本二月初二日我二月廿六日ヲ署シ更改ニ便ナラス然トモ我大臣報ヲ得テ本艦ヨリ來ル日時太タ迫ル是ヲ以テ廿七日ニ於テ會同互換セシナリ讀者ノ疑ヲ來スヲ恐レ此ニ附記ス

黑田淸隆(1876. 2. 27) ➞ 申櫶

전권변리대신의 조인식 축사

條約順成ノ祝辭

我國貴國ト亞細亞洲東洋中ニ在リ疆土隣近海岸相對ス使幣往來玆ニ三百祀但中間齟齬アルニ因テ以テ情意ノ洽ネカラサルヲ致ス今本大臣等貴國ニ奉使シ貴大臣等ニ會同シ重テ舊交ヲ修メ新約ヲ議立シ兩國共守ノ信ヲ昭カニシ萬代不易ノ典ヲ成ス寔ニ國家無疆ノ福トス本大臣等モ亦與カツテ榮アリ謹テ貴國君王及ヒ諸有司ノ康寧ヲ祝シ併セテ貴大臣等誠心協和本大臣等ヲシテ我カ使命ヲ全フセシムルノ厚誼ヲ謝スト云

明治九年二月廿七日

【漢譯文】

日本大官竣事歸時頌禱手錄

我國與貴國 在亞細亞洲東洋中 疆土隣近 海岸相對 使幣往來 玆三百祀 但因中間有齟齬 以致情意之不洽 今本大臣等 奉使貴國 會同于貴大臣等 重修舊交 議立新約 昭兩國共守之信威 萬代不易之典 寔爲國家無疆之福矣 本大臣等 亦與有榮焉 謹祝貴國君王及諸有司之康寧 併謝貴大臣等誠心協和 令本大臣等 全我使命之厚誼云 明治九年二月二十七日

187

申櫶 (1876. 2. 27/高宗十三年二月三日)

宮本小一 등과의 회견 기록

관련문서 일본측 기록

初三日宮本小一來接時問答

彼曰 我國皇帝誕日 卽十一月初三日 謂之天長節也 每於是日 竪白質紅心國旗 放祝砲卄一放矣 貴國主上誕日 亦建大朝鮮國旗 放卄一砲 凡於他慶亦如之 甚好 今見貴國各處公廨大門 畵太極 貴國旗 畵以此爲定式 甚好也

我曰 本無建旗放砲之例 前所未行之事 今忽倣之 以[似]恐衆民之瞻視也 此一款 我朝廷必不印可也

彼曰 六個月內 貴國公使先爲起送 觀我風俗與事爲 則自有詳知之道 從今以往 使价之行 不可以贈給等事爲務 亦不必多率人員 只帶五六人 或十餘人來往 除弊莫過於此 六個月細目講定前 先使解事人 入送我國 則山川風物 雖無足壯觀 我國與貴國 如是修好 必有詳察國內物情然後 及其細目時 似無更詰之端 且貴使之行 自釜山賃騎赤間關火輪船 則不過六七日可抵東京 豈不便且迅乎 貴大臣歸朝商議 期於六個月派使 則非但爲我國人民之信此修好 於貴國事 安知無有益乎

我曰 俄從貴大臣 亦已聞之矣 派使一款 第當歸奏朝廷 而昔年通信使之行 以儀節之張大 未能頻派矣 今則舊例 一幷革罷 來往極便速 兩國之省費如此 似必有從近派使之處分矣

彼曰 六個月內 貴使若不來察俗 則細目講定時 必當有多少詰難也

我曰 彼此一定規式之後 豈有變改之理 亦不必煩提也

彼曰 我國與貴國 亞細亞洲也 今與復修舊好者 卽富國强兵之意也 强兵之意卽欲拒洋人故也 我國兵器與農器 精銳便利 他國莫敢覬覦 貴國亦卽送人 倣造器械 則外寇可禦 農業必勤 强兵富國莫過於此也 且西洋之怨懟俄人之窺覘 相議備禦 爲貴國甚幸 以此意稟達 未知如何 貴國只自安分守拙 凡各國通行之事 惟獨不欲 則人民必不安穩 外寇亦不可禦也 且商賈貿易等事 卽爲國爲民之事 不可廢者也 我國二十年前 亦如貴國自守其規 不肯與外國相關矣 其後漸有覺悟 近年以來 全事富强之術 今則能

禦外寇之侵侮也

我曰 貴國兵器農器 從當仿造 而我國本不與他國相通 惟獨與貴國修好 卽爲三百年舊交也 其在交隣之誼 奚但以兵農器械之仿制爲言哉 無論大小輕重 凡屬我國事 貴國到底顧護 設有意外之端 貴國若自己當之 戮力禁止 俾有修睦之誼也

彼曰 六個月細目講定前 萊館互市等節 姑爲仍存 設有違越之事 無或苛責之意 卽爲關諭於萊伯也

我曰 當歸議 關諭也

彼曰 貴國如坐深山之中 只守拙規 不省局外事矣 從今大覺之後 應有可悔處也 日後細節目 又若自立己見 相詰可否 則今番修好之誼 歸於水泡矣

我曰 今聞此言 亦一掀髯處也 細目講定事已有言及矣 我國亦不無添入者 貴國亦不無除減者 兩相便宜然後 是可曰修好之義也 何若是重言復言耶 唯望貴國務前誠信 俾圖永遠不渝也

彼曰 向有常平錢切勿許用云云 此行不得之事也

仍出彼錢數三葉 或塗金 或塗銀 彫刻頗妙 卽明治通寶也

彼曰 此錢可以許用耶 不然 紙錢通用則可以許之乎

我曰 錢貨邦制各殊 何可通用 我民不信 令莫可行 是則我朝廷必無聽施之理矣

彼曰 他日開港時 設門之限 必以四面十里爲定也

我曰 我國地方褊小 十里定界 非所可論 此不必今日可否者 唯在開港時 相議約定矣

彼曰 今番修好之由 演作公文 刊行四境 無或一民不知也 我國亦當刊行天下矣

我曰 此亦歸議政府也

【관련문서】

二月二十七日條約調印旣ニ濟ミ黑田井上兩大使江華府ヲ發シ頂山島碇泊場ニ歸ラル宮本野村二氏仍留マリテ彼ノ申櫶大臣ノ寓ニ就キ說話スル所ノ略記

本日條約調印濟ノ祝辭挨拶等畢ル

野　旣ニ兩國和親ノ條約調印マデモ相濟ミシ上ハ本日ハ殊更懇情ヲ以テ縷々ヲ盡シ生等出發ノ期ニ臨ミ猶貴聽ニ達シ置度件々御咄シ可申ニ付篤ト御聽取之レアリタシ

申　貴意ヲ了ス

野　今般我國ニ於テ現ニ兩大臣ヲ被差立タルニ付テハ貴國ニ於テモ速ニ答禮ノ使節ヲ我國ヘ差立ラレタキ事ト存ズ元來兩國ニテ對等ノ禮ヲ立ツル上ハ務メテ事物ノ平ヲ得ル樣ニスベキ事ハ勿論ナリ追々御咄申セシ如ク我國ニ於テハ偏ニ三百年ノ舊交ヲ重ジ候ヨリ現ニ御承知ノ通リ貴重ノ大臣ヲ派出シ數隻ノ軍艦ヲ以テ千里ノ波濤ヲ超ヘ從來ノ紛紜ヲ排除シ更ニ和好ヲ結ビタル一義ハ右ノ出費ノミヲ算シテモ眞ニ容易ナラザル事ナリ況ンヤ從來貴國ノ我ヲ處スルノ形行ヲ以テスレバ今般モ尋常ノ談判ニテハ迚モ取纏ル間敷ト見込ミ兼テ咄シ申セシ如ク馬關長崎等ノ地ニハ數多ノ軍艦及ビ兵隊ヲ繰リ出シ之レ有リ此等モ皆是レ兩國ノ舊好ヲ重ンスルノ主意ヨリ出タル事ナリ此邊ヲ考ヘラレテモ貴國ニ於テ和好ノ本意ヲ表シ速ニ使節ヲ答派セラルベキハ當然ノ儀ニ被存候然ルニ我ガ舊幕府ノ時ニ貴國ヨリ使節ヲ我國ニ差立ラルヽハ容易ナラヌ雜費モ掛ル由承タリ右等ハ今日ニナリテハ實ニ無用ノ事ニテ方今ハ各國トモ使節ヲ派出スルニハ書記官トモ僅五六名ニ過スシテ其簡便ヲ貴ヒ其繁擾ヲ省キ惟々情味ノ相通スルヲ主トス故ニ自然貴國ヨリ使節ヲ發スル事ニ至ラバ釜山マデ出向キニサヘナレバ時々我國ヨリ往復ノ便アル汽船ニ乗込マルレバ事誠ニ容易ナリ呉々モ此事アリタシ

申　縷々ノ貴意事理自カラ當ニ然ルベシト存ス詳ニ我朝廷ヘ具申スベシ

宮　只今野村ヨリ申上ケシ如ク貴國ニテ愈々使節派遣ノ順路ニ相運ヘバ誠ニ大慶ノ事ナリ釜山ヨリ我國ノ蒸氣船ニ乗込マレ下ノ關ニ至リ夫ヨリ郵便船ニ乗リ替ヘ東京ニ至レバ實ニ簡便ニテ成ルダケ出費モ掛ラヌ樣ニ周旋致スベシ且ツ政府ヘハ進贈物等ハ一切之レナクシテ可ナリ昔ハ

贈答ヲ厚シテ禮トセシカトモ方今ハ孰レノ國ニテモ贈品ヲ持參スル等ノ事ハ更ニ無シ此兩大臣ヨリ諸品ヲ呈出シタレトモ是レハ條約順成ヲ喜ブノ心ノ溢レテ其レガ爲メニ斯クシタルニテ決シテ常時使節往來ノ例禮ニハ之レ無シ扨貴使差遣ノ事ハ此方ニテ期限ヲ刻スル譯ニハ之レナシト雖トモ成ルベクハ六ヶ月後通商章程取調ニナル其前ニナサルレバ我國ノ事情モ備サニ分リ我政府ノ誠意ヲモ解了セラルベシ乍去六ヶ月内ト申シテハ貴國ニテ猶其都合ニ運ビ難キ事ナラバ先ヅ本使節ニ及バズ理事官カ又ハ遊覽書生ニテモ我國ノ形勢ヲ視察スルニ足ルベキ人物ヲ差立ラルヽ樣ニ相成ル時ハ猶更手輕ニテ能ク相分ルベシ一體貴國ニテハ我國人ノ洋服ヲ着クルヲ見テ日本人ハ殘ラズ夷狄ニ變性シタリナド云フ人多クアリ又其外ニモ種々六ヶシキ議論ナドスル人モ有ルヨシ可成ハ斯ル人達ヲ出サレ我國ノ實況ヲ目撃シテ會心スル所アラシメバ殊ニ貴國ノ都合ニモ好カルベシト存ズ

申　成程左樣ノ者ヲ遣ス方至極可宜ト存セラル何レニモ朝廷ヘ申立必ラズ右ノ運ビニ立至ル樣ニ斡旋スベシ若シ其域ニ至ラバ殊ニ兩君ノ意ヲ煩スヲ請フ

宮,野　領承何樣ニモ周旋スベシ

野　釜山浦ノ義ハ從來ノ交易場ナルガ六ヶ月後通商章程取極メマデハ先ヅ諸事舊慣ニ由ラザルヲ得ザルベシ乍去貴國ニテモ此マデノ通リ餘リ過嚴ニ取締ラレテハ自然紛緒ヲ釀シ今般條約ノ主意ニ悖ルノ境ニ至ル事ナキモ必ス可ラズ故ニ成ルタケ寬裕ニセラレタシ譬ヘバ纔ニ石垣ヲ超ヘ出レバ輒チ之ヲ嚴斥シ又ハ際門前ニ至レバ忽チ扉ヲ閉ツル杯ノ事ハ無キ樣ニナサレタシ尤モ此方ニ於テモ精々注意シ强壓ラシキ樣ナル事ハ成サセマジ

申　是レマタ領承ス速ニ之ヲ東萊府使ニ通達スベシ併シ貴方ニ於テモ成ルタケ注意セン事ヲ望ム

野　本日條約調印濟ノ上ハ獨リ東萊府ヘ達スルノミナラズ彼ノ御批ノ意ニ準ジ速ニ全國ニ布令セラルベキ事ト存ス我國ニテハ速ニ條約文ヲ刊刻シテ全國ニ布ク事例ナリ

申　勿論全國ヘ布告ナスベシ

野　前日照會セシ貴國々旗ノ義ハ速ニ造整シテ一本ヲ送遞セラレタシ右ハ同盟國互ニ慶弔ノ事アル時ニ必要ノ具ナレバ送遞ノ速ナルヲ期ス

申　領承ス是亦朝廷ヘ具陳シ我使節差遣ノ事アル時ニ携帶セシムベシ

野　扨今一事改メテ申入レタキ事アリ他ニアラズ本日既ニ和親通商ノ條約結了ニ付テハ六ヶ月後ニハ彼ノ通商章程ヲ議立スベシ然ルニ本日ノ條約ハ云ハヾ兩國相和親スト云フノ名ト目スベシ通商章程ハ其實ナリ實ヲ踐マザレバ名則チ無用物ニ屬ス故ニ若シ彼ノ章程ヲ議スルノ時ニ至リ隻方ノ議相背馳紛錯スル事アレバ自ラ本條約ノ意ニ悖違スルナルヲ以テ再ビ不測ノ事體ニモ立チ至ルベシ其期ニ至ラバ閣下今日ノ勞意モ空シク水泡ニ歸スベシ此事呉々モ申上置クニヨリ名實相反セザル樣ニ精々貴慮ヲ注ガレタシ元來兩國ノ間對等ノ權ヲ相有シ其盟ヲ永遠ニ傳ヘント欲セバ則チ互ニ富國强兵ヲ以テ其國本ヲ固クセザル可ラズ而シテ富國强兵ノ道ハ其本人民繁殖シ有無相通スルニ在ルベシ有無相通シ人民繁殖スルニ非ザレバ以テ富國强兵ニ由ナシ富國强兵ニ非ザレバ則チ永遠ノ親盟ヲ期シ難シ況ンヤ方今世勢一變シ歐米各國互ニ其富强ヲ競ヒ萬里ノ波濤モ時日ヲ刻シテ來往スルノ活動世界ニ際シ徒ニ無形ノ精神ヲ說キ空ク定數ノ天險ヲ賴ンデ萬國ヲ拒絶シ自ラ孤立セントスルハ實ニ思ハザルノ甚シキ志ナリ過日モ灰(仄カ)ニ聽ク通商章程議立ノ日ニハ米穀輸出ヲバ禁止ナシタキトノヨシ又國内物産寡少以テ他ニ出スニ足ラズ去リトテ他ヨリ仰ガザルヲ得ザル者モアリ云々ノ陳說アリシヨシ右ハ一通リ御尤ノ樣ニ聞ユレドモ唯乍失敬經濟上ニ於テ大ナル相違ノ御所見ト云ハザルヲ得ズ我國ニテモ二十年前ハ矢張右ノ如キ說ヲ主張セシ人多數之レ有リ某ノ如キモ卽チ其一人ナリシガ追々ト經濟學問ノ開クルニ從ヒ今日ニ至リテハ全ク前日ト反對ノ見込ト相成リタリ

於是米穀輸出ヲ許セシ前後ノ形況飢饉年飢餓人ノ有無及ビ物産運輸ノ事等ヲ論述ス

右ノ譯ニ付キ盟約永續富國强兵モ到底通商章程ノ實事ニ歸スルナリ且又大世界ノ現況ヲ察スルニ淸國日本及ビ貴國トモ相互ニ孜々トシテ富强ノ實ヲ謀ラザル可ラザル事ハ過日モ陳述セシガ如シ思フニ失敬ノ申分ナガラ貴國ニテハ此上人民ニ增税ヲ課スル事ハ難カル可シ付テハ此儘ニテハ差當リ軍艦ヲ造リ立ル等ノ業ニ着手セラルヽ事モ難カルベシ右等ハ失敬ノ樣ニ聞ユレトモ生等吾國ニテ從來經驗上ヨリ撿シ得タル事ヲ懇談ニ及ブ也

申　軍艦製造等ハ我微力ニテ中々企及ブ所ニアラズ且ツ吾國ニテハ開祖以

來三綱五倫ノ學ニ從事シ天嶮ニ據リ外冦ヲ禦クヲ知リ絶テ外國ト交通セズ經濟ノ學等ニ至テハ實ニ茫乎トシテ之ヲ知ラズ本日ノ高談具ニ會心ス猶篤ト朝廷ニ申告セン

宮　只今野村ヨリ富國强兵論ヲ申述タリ右ハ經世上ノ要務ニテ一日モ打棄ラレ難キ事ナルハ申ス迄モ無シ右ニ付キ愚考スルニ貴國人民ハ兎角勉强力ニ乏シキヨシ承ハレドモ人間ハ誰ニテモ慾ノナキモノハ之レナシ導クニ慾ヲ以テスレバ自然ニ憤發イタスベシ其レニ付キ今爰ニ貨幣ノ論ヲ申シ上クベシ一體上古ハ物ヲ以テ物ニ換ヘ之ヲ有無貿易スト云フ事ハ內地ハ勿論外國貿易モ同樣ニテ何レノ國モ同シ然ルニ其レ計リノコトニテハ譬ヘバ甲ノ人ハ銅ヲ所持シ之レヲ賣ラント欲シ乙ノ人ハマタ米ヲ賣ラント欲ス然モ乙ノ人ハ銅ノ入用之レナク甲ノ人モ米ノ入用無之時ハ互ニ賣買モ出來ス又甲ノ人ハ米ヲ買ハント欲スルモ所持ノ銅更ニ賣レサレハ其ノ米ヲ買フヘキ代物ナシケ樣ナル譯ナルニヨリ錢貨ナル者ヲ制シテ貿易ノ媒妁トス既ニ貴國ニテモ常平錢之レアレハ右ノ理ハ解了セラルヽナルヘシ今殊ニ贅説ヲ費サス唯其ノ便利ヲ一層進マセント望ム所ハ金銀貨ナリ金銀貨ナケレバ人民ノ憤發力ノ起ラサル者ナリ夫レ故ニ孰レノ國ニモ鑛山ヲ開キ金銀採掘ノ便ヲ謀ルナリ

是ニ於テ日本金銀銅紙幣ノ四種ヲ出シ乃チ銅錢百枚ヲ以テ銀錢一枚ニ換ヘ銀錢十枚ヲ以テ金錢一枚ニ換フル譯幷一圓金ハ貨幣ノ本位ナル事金銀ニ銅ヲ混和スル分量ノ譯等ヲ一々細示ス

斯ク銅錢ハ小數ノ者ヲ賣買スル爲ニ作リタル者ニテ若シ此ノ銅貨幣ノミナル時ハ譬ヘハ一艘ノ船ヲ買ハントスル時ハ山ノ如クニ銅錢ヲ積ミ立サレハ其物ヲ買入得ス其不便ナル是ノミナラス譬ヘハ旅行セント欲スル時ハ携帶スルニ便ナラス又譬ヘバ前ニ云ヒシ如ク乙ノ米ヲ賣ラント欲スルモノ銅ハ不用ナル時ハ金銀ヲ受取リ米ヲ賣ランニ其金銀ハ何程ニテモ貯ヘ置ルヽモノ故是レガ卽チ自然ト富民ノ出來ル譯ニテ此富民ノ多キ則チ富國ノ基ト云フ者ナリ支那ニテモ馬蹄銀ハ之レ有リポツヽヽト切リテ使用スル由ナレトモ今玆ニ貴覽ニ入ルヽ通リニ大小幾種ヲモ製シ出シ一般ニ融通スル程ノ便利ニハ及ハス

申　貴説明了感服ス然ルニ一朝急ニ之ヲ我國ニ施サント欲スルモ中々行ハレサルヘシ既ニ先年我國ニテ當百錢ヲ作リ出セシ處農民共ハ之レニ服セス六年計リノ內ニ忽チ不用トナリタリ今日ト雖此貨幣談判テモ外ニ

漏ルレハ民間ニテハ又々何事ヲ仕出スヤラントテ忽チ沸騰スヘキニ付我國ニテハ容易ニハケ様ノ事ニ手ヲ着ケ兼ヌルナリ

宮　申サルヽ所ノ當百錢トハ何程ノ量目ニテ製造ナサレシヤ常平錢百枚ノ重サカ又ハ七八十枚位カ或ハ拾枚若クハ二拾枚位ノ重サカ

申　大概拾枚位ト考ヘラル

宮　其レ故ニ民間ノ沸騰ヲ起セシモノト思ハルソノ故ハ紙幣モ同様ニテ眞ニ常平錢百枚ノ價之レナキモノヲ以テ强テ百枚ニ通用セシメントスル故人心ニ適セサルヘシ我日本ニテモ昔日ハ此ニ類スル事許多アリテ人民不承服ノ末段々ト工夫ヲ回ラシ此ノ新貨ヲ用フル事ニ至リタリ紙幣ト申ス者ハ眞價ノ金銀アリテ之ニ代用スル者ニテ人民モ旅行等ニハ眞金銀貨ヲ携帶スルヨリ紙幣ヲ携帶スル事ノ輕便ナル等ノ便利ヨリシテ金銀ノ代用ニ行ハル則チ此ニ貴覽ニ入ルヽ我ガ紙幣モ專ラ內地ニ通用致スナリケ様ナル譯ナレハ貴國ニテモ眞ノ金銀貨ニテ通行セサル事ハ有マシト考ヘラル鑛山ハ堀リ盡ス際限ノアル様ノ者ニハ之レ無ク申サハ無盡藏ト同様ナリ玆ニ出セル此ノ金銀貨ハ貴政府ヘ差シ出シ申スヘシ今日貴政府ニテ是非金銀ヲ製造セラレヨト申スニハアラサレトモ經濟ノ事ニハ必用ノ者故參考ニ備フル迄ナリ

申　御尤ノ事ニテ好意ハ忝ナケレトモ此金銀ヲ預リ申スニハ又々朝廷ニ啓聞セサルヲ得サルニ付キ先ツ預リ申シ上ケ難シ高説ノ趣並ニ珍ラシキ金銀貨ヲ一覽シタル次第ヲハ備ニ朝廷ニ申告シ經濟ノ參考ニ備フベシ

右ノ通リニテ新貨ヲハ受取ラサル故持チ歸リテ會計係ヘ引渡ス

野　貴國ノ北タノカタ現今魯領ノ中ポセツトヽ云フ所アリ此ニハ貴國人ノ移住スルモノ甚タ多シ其人々ハ皆々魯國ノ貨幣ヲ使用セルヲ見レハ貴國人ト雖モ慣レサヘスレハ貨幣ヲ忌ミ嫌フト云フ事ハアルマシ

宮　魯西亞國界ノ事ニ付キ唯今野村ヨリ申上タリ偖テ此事ニ付テモ一應申上置キタシ(繪圖ヲ出シ)此處豆滿江ニテ貴國ト魯領トノ境界ナリ此ポツセツト港ヘハ昨年我政府ヨリ官員ヲ差シ篤ト地理並ニ貴國人民ノ追々魯領ヘ投入スル實況ヲ視察セシメタリ其上冬ニナリテ更ニ官員ヲ出シ此冬ヲ越シ今以滯動セリ此ノポセツトニハ魯國ノ精兵凡ソ三千計モ屯在シ貴國人民ヲ追々ト撫ケ來シ境界ヲ曖昧ニシ次第ニ貴國ヲ蠶食セントスル姿アリ且ツ又拙ノ朋友ニテ當時魯ノ國都ニ在ル日本公使館ニ在勤セル人アリ其人ヨリ申シ來リシニハ魯國近來ノ目的ヲ探クルニポ

セツトハ寒氣强ク冬天ハ氷海ニナリ不便利故朝鮮領ニテ此繪圖面ニ在ル此永興府ノ港ヲ占有シ此處ニ屯兵所ヲ引移ス見込ミナル由ナリ果シテ然ル時ハ貴國ハ勿論日本支那等ノ爲メニモ後來ノ大害ト成ルヘシ將亦今此繪圖面ニハ載ラサレトモ此地ノ方ニ北海道ト云フテ大ナル島アリ卽チ黑田大臣其開拓ノ任ヲ蒙リ大ニ其業ニ着手セラレル所ナリ此奧ニ又樺太ト云フ大島アリ此地ヘ魯國人移住イタシ我ガ管民ニ恩惠ヲ施シタル事アリ今玆ニハ委シクハ申上カタキ事ナガラ右ニ付テハ日本政府ニテモ殊ノ外心配セシ事アリ依テ貴國ニテモ今後必定右様ノ患害之レアルベク只今ヨリ注意成サレステハ相濟マジト考ヘ候

申　其ハ實以テ大事ナリ併シ他人ノ國ヲ剝奪スルト申ス事ハ不義ノ甚シキモノナリ何卒左様ノ事ハ致サヌ様ニ貴國ヨリ差留メ下サレタシ

宮　其レハ決シテ出來申サス第一我政府ニテ表向ニ此事ヲ承リタル事ニハ非ス拙カ親友ヨリ申シ來リシ事マテニ之レアリ其上他國ノ爲ス事ヲ差留ムル抔トハ彼レノ內政ニ預ル事ユヱ迚モ出來サル道理ナリ一體ケ様ノ咄シニテスラ猥リニ發言スヘカラサル事ナレトモ今日ハ條約モ結了シタレハコソ拙者ヨリ內々忠告申スナレ是レ則チ最初ニ懇談ト申セシ所ナリ

申　乍去他國ノ危害ト成ル事ハ濟ヒ下サレヨ右等ノ爲メニコソ條約ヲモ結ヒタルナレ何卒貴國ヨリ魯國ヘ說諭ハ出來申サヌモノナリヤ

宮　何分左様ニハ參リ申サス唯今貴國ニテ境界ヲ嚴ニシ十分ニ注意之レアリテ魯西亞ト爭端ヲ開カサル様ニ取締ヲ成サルレハ右ニテ相濟ムヘシ一躰孰レノ場所ニテモ隣國トノ境目ハ能々注意セネハナラヌ事ナリ則チ此繪圖面ノ如シ臺灣ハ半分靑色ニテ支那領ナリ半分ハ白色ニテ土蠻ナリ此土蠻此赤キ島島卽チ琉球ノ八重山ト申ス所ノ舟人ヲ五十人計リ土蠻ノ爲メニ殺サレタリ因テ今朝鍊武堂ニテ御接遇申シタル樺山氏抔ハ此土蠻ヲ征伐シ大ニ苦辛シ彼地ヲ攻取リタル所ニ支那ニテハ此地ハ我領地內ナリト云ヒ出セリ因テ日本ニテハ然ラハ何故我カ屬藩タル琉球人ヲ屠殺セシヲ其儘ニ打捨置タルヤト支那政府ヘ掛合ヒ支那政府ハ餘儀ナク我ニ謝シテ五十萬テールノ償金ヲ出シタリ兎角境界ノ事ハ注意無シテハ不相濟

扨又乍序申上クヘシ先日江華灣外碇泊中ニ我通辨ノモノ仁川ヘ上陸セシ所尹睞ト云フ人ニ面會ス同人ノ說ヲ承リタリ其說ハ多分通辨ノ間違

カト存セラルレトモ先ツ承リタル所ニテハ尹暎氏ハ豆滿江ノ邊ニ居ラレ曾テ魯人ヲ百五十人計リ殺シタル由ヲ誇リテ申サレタリ彌々其事實説ナラハ貴國ハ疾ニ魯西亞ノ爲メニ攻メ込マルベキ勢ニモ之レアルベキニ只今ニ至ルマデ何事モ承ラサルユエ實説トハ心得ラレス假令百五十人ハサテ置キ一人タリトモ魯人ヲ殺ス様ナル事之レ有リテハ貴國ノ爲メ大變ヲ生スベシ

申櫶吳慶錫トモ打笑ヒ尹暎ノ申ス所ハ全ク虚説ニ之レアリ

宮　永興府ノ港ノ事ハ能ク々用心メサレヨ一體我國ニテ此地ニ開港ヲ望ミシハ北海道産物運輸ノ便利ナルヲ主意ニシテ傍ラ我國ヨリ港ヲ開キ置キ候ヘバ自然ト貴國トモ取締リ行屆候事ユエ同所ヲ名指シテ申上タル事ナレトモ祖先ノ凌(陵カ)アル故不都合トノ事強テハ申上ケズ併シ未タ二十ヶ月ノ期モ之レアル事故篤ト御勘考之レアリタシ

此處ニテ亞細亞東部圖並ニ朝鮮圖トモ申氏ニ贈ル彼レ收受ス

訓導都ヨリノ指令書ヲ取出シ

此ノ如ク永興ノ地ニハ祖先ノ陵廟之レアル事故何分ニモ開港シテハ不相濟故也決シテ故ナク斷リ申シタル事ニハ之ナシ

宮 其儀ハ篤ト承知イタセリ

申 我國王ヘ献上下サレシ大砲及ヒ小銃ハ貴國製ナルカ將タ洋製ナルカ

此前訓導來リ浦瀬譯官ニ面會シ右砲ニ横文アル故定メテ洋製ナラン然レハ國王ヘ献納スルニ甚タ都合惡シ如何センヤ云々申シ談セシ事アリ

野　國製洋製孰レノ分カ某之ヲ明知セザレトモ我國武庫ニ藏セシヲ我ガ大臣ノ儀仗ニ附セラレシ品ヲ以テ國王殿下ヘ献上セラレタリ其洋字ヲ刻シタル如キハ只今御覽セラレタル吾國貨幣ニモ洋字アリ皆是レ我レ之ヲ用テ彼ニ通セシムナリ造幣寮造船寮器械製造鑛山其外製作場數多アリ貴國人若シ我國ニ來ルアラハ之ヲ實見スル事ヲ得ベシ右等製作スルニハ洋字ナラザレハ切口ナドガヨク合兼ヌル事モアリ

野　今一事問合セ置クベシ指定港口居留ノ日本人遊歩規定ハ大概吾カ十里卽チ貴國百里四方位ニ之レナクテハ大ニ困窮イタスヘシ如何考ヘナサルヤ

申　我ガ百里ト申シテハ餘リ廣ロ過ル様ニ考ヘ候併シ是等ハ細目ヲ議スルニ當リ其當ヲ定メ申スベシ

右ニテ畢ル別ヲ告ケ歸ル

李裕元, 金炳學, 洪淳穆, 朴珪壽, 李最應, 金炳國(1876. 2. 29/高宗十三年二月五日)

대신들이 어전에서 사직을 청함

領府事李裕元領敦寧金炳學判府事洪淳穆朴珪壽領議政李最應右議政金炳國啓陳自引幷賜批

裕元啓言 倭船之其進其退蓋由於修好而有間人言之峻發論斥臣等無復餘地國事惟急不遑顧他冒沒府坐亦已踰月備心惡蹙靡所容措今當方寸之地包悚仰白伏望遄降威罰焉

炳學啓言 臣等遭罹之奇怪情蹤之危蹙僚相已有所仰奏臣無容更達而府坐撤罷之後惟復恬然若無故實非廉防攸在伏願遄降威罰以全微諒焉

淳穆啓言 自有悖該以來臣等之危蹙情蹤豈容晷刻敢安於心乎今當府坐撤罷思所以自爲之圖承命登對轉益靡所措躬俯鑑微諒遄降感罰焉

珪壽啓言 臣等之以若遭罹日赴廟堂有似不識世間羞恥事者矣今於承命登對私情之危蹙雖安同然一辭惟伏俟譴何而已

最應啓言 倭人之來旣稱修好則我國亦當以修好待之而已朝議之不先犯不啓釁亦盡在我之道而已何意悖該迭出忽以主和通洋之說捏做誣謊欲爲網打朝著之計然主和云者本不近似卽悖該之譸張也通洋云者尤無影響卽悖該之輿訛也臣以無似冒據是職在平日旣未能見孚臨事會亦未能鎭服彼議之眩惑構陷一至於此臣雖欲恬然居位董飭百僚可得已乎顧今倭船已退府坐才徹伏承前席引接故不避猥越玆敢仰陳伏乞聖明俯諒臣等危蹙之情蹤亟賜斥退焉

炳國啓言 臣等之邇來遭彈不止一再而時値廟務之旁午不遑他恤課日赴公今則府坐已撤罷矣退伏胥次有可以少伸廉防際承來待之命雖不得不冒登前席情蹤之危蹙不敢自已惟遄被嚴譴以安私分千萬顒祝幷批以今番事卽不過修舊好而已賴有卿等之措劃得宜今旣孚斷無事矣今以挾雜之悖疏謂以人言而追作可引之端豈非萬萬意外而亦豈非反損國體乎更勿以此相問是所深望也

申櫶, 尹滋承(1876. 2. 30/高宗十三年二月六日)

조일수호조규 체결 복명

上曰　無事往還乎

大官曰 王靈攸曁 無事往還矣

副官曰 云云

上曰　今番多有勞勩矣

大官曰 王事靡盬 臣等何敢言勞乎

上曰　彼船皆已退去 實爲萬幸

大官曰 當初果有安危攸關 今已退去 實國家之洪福矣

上曰　向見問答狀啓 則果善爲說辭矣

大官曰 寔仗王靈 仰成廟籌 幸免辱命矣

上曰　今番勞苦 予有知之者矣

大官曰 溫音至此 臣不勝且惶且感矣

上曰　狀啓外 亦有接見酬酢之可聞者 詳奏之 可也

大官曰 果以批準事 有所相持 而彼之國俗 異於常法 其君上名字 不甚諱之 至於大小文書安寶 則必書御名 故彼要我國亦倣其例 臣等據以義理 而爭之 以至一晝夜不許 故黑田淸隆不無慍意 至於徑出彼船矣

副官曰 臣等之語 雖至絶好 萬難從其所請矣

大官曰 反以思之 則彼旣涉險遠來 所請依准 亦不宜以文書邊事 徑去之理 旣料彼情 故拖數日 果有宮本小一野村靖來往 竟以安寶事發說 故亦以非朝廷處分 不敢擅許之意 答之 而畢竟批准文字 只以安寶施行矣

上曰　宮本小一野村靖職品 以我國論之 比何等乎

大官曰 宮本小一是大丞 似爲從二品 野村靖是權大丞 似爲三四品矣

上曰　後來者是何幹

大官曰 野村靖 如軍中御史 爲探使事之成否而來 種田明樺山資紀卽有軍功之武將也 亦爲探知使事而來 彼中所聞 以爲留兵赤間關 以爲後援云 以此推之 不無叵測

上曰　赤間關在於何處乎

大官曰 在我境之最近處 與釜山不遠云矣

上曰　森山茂爲人何如

大官曰 外貌頗不美 亦一弊人 心地似不馴良矣

上曰　宮本小一何如

大官曰 臣時適有疾 黑田清隆送人傳語曰 將欲躬來問病云 故答以體重之地 不必往來私見云矣 因委送其隨員宮本小一野村靖傳語官最助等來見 兩人頗穎悟 仍與論使事 除其大字皇帝陛下字 餘外多少略有改正者 頗有其力 所謂最助 自十五歲 來留萊館 最習譯語 居間酬酢 然而言外之旨 亦難見矣 彼酬此酢 中間傳說 亦不無疑訝矣 今之譯員亦無解習其國文與譯語者 當此多事之會 實爲可悶 必當另飭 學習精通 亦是急務矣

上曰　從今國書無之乎

大官曰 然矣 我國政府與彼太政府 禮曹與外務省 互相往復 已爲敦定矣 聞彼教人之法 八歲入學 至十六歲讀書 而以後則專尙名物度數之學 故漢文從此漸至昧方矣 至於條規中漢文繙譯 止十年爲限 然則十年之後 莫可曉解 實非細事 必當嫺習彼文 可以通其情而論其事矣

上曰　又有可聞者乎

大官曰 淸隆之言 六個月內 卽爲送使 一以爲回謝 一以爲採其謠俗 一以爲遊覽似好 而自釜山乘赤間關火輪船 自赤間關至東京 可以七八日卽達 別無勞苦云矣

上曰　然則此是通信使乎

大官曰 不拘品秩常例 只以解事人送之云 從此彼我使 竝除禮幣 到彼給房貰而居接 買飯供而吃喫 此與信使不同矣

仍奏曰 宮本小一野村靖等曰 日本兵農之器 甲於天下 若有意貿取 亦送匠人倣製 則俱當到底周旋矣 若得其妙法 可行於貴國 則實多收效云矣

上曰　可以有益於農務乎

大官曰 器械之精利 耕作之便宜 其所收功 比前三倍利云矣

上曰　進獻兵器 果精利乎

大官曰 所謂回旋砲云者 卽古法之所無 合銃身十一爲一位 而載之車上 從其銃身之後而裝放 轉斡其機 如彈綿之繅車 左旋則連放不絶 右旋則出其裝藥之銅箭 裝藥之法 鑄銅如筆管二寸許 空其中 貯藥 上加銅火帽 納丸其上 不限其數 以手納於銃筒之後 連續不絶 其制甚巧 果爲禦敵之好器械

上曰　或試放乎
大官曰 臣雖未能躬試 使臣帶率軍官之頗解兵事者 江華別破陣之習於火器者 試放矣
上曰　與彼人同爲試之乎
大官曰 然矣
上曰　銅火帽 予曾見之矣
大官曰 臣待罪訓將 亦有貿置於本營者矣 銅火帽之洋吹燈 天下皆用之 獨本國無此種 彼人近製 其法可以倣得云矣
上曰　其製得無難乎
大官曰 學其妙則寧或甚難乎
上曰　此砲能至幾步乎
大官曰 遠近惟在其銃口低昂 彼言則可以過千餘步云矣
上曰　何能如是遠去也
大官曰 器械甚精 藥力且猛 則亦足及遠矣
上曰　進獻物種中 果無洋物乎 自政府往復 則似可得聞矣
大官曰 政府往復 到於黑田出去之夕 臣始爲坼見 諸物頗有洋字號 故使訓導往言其由於本宮小一野村靖等 詰問則實非詳製 卽自日本造製 而爲內府武庫所藏 今行內出 使使臣進獻貴國 以爲放製禦寇之地 別無他疑 洋字號則造器時 多用洋工 故其標識如此 貴國若或退斥 實無歸國可達之辭 使臣已出 亦無奈何云 故不得已受之 臣亦惶悚矣
上曰　火輪船制度何如耶
大官曰 臣未曾見之 但於文字上略見製法 亦未詳悉矣 物力太過 材木出於緬甸云 亦非容易事也
上曰　然則貿材緬甸者乎
大官曰 然矣
上曰　彼人亦能善造此船乎
大官曰 今番出來船中 亦有彼之所造者 而其行稍遲於洋船云矣 我國若用此船 則漕運最便矣
上曰　洋屬禁斷事 言及於彼人耶
大官曰 果屢屢言及 亦於宮本小一處 以洋船洋人不得帶來 西學鴉片烟 亦爲嚴禁之意 受其手錄以來 以爲左契矣
上曰　彼緣何而着洋服云耶

大官曰 彼云 火輪船升降 非廣袖闊衣所可爲 故不得已着此洋服 而國中亦或有仍舊不改者云矣

上曰 然則服色甚淆雜矣

大官曰 然矣

仍奏曰 彼人以爲當今天下各國用兵之時 以貴國山川之險阻 戰守有餘 而兵備甚疏虞 富國强兵之術 屢屢言之矣

上曰 此言似出交隣誠心也 我國軍數 甚不敷矣

大官曰 臣今待罪御營 正兵不多 禁營亦如之 訓局雖稍大 若出正兵 亦無幾多 外方則又無節制之兵 以此用兵 雖有智者 何以爲將 兵力之不振 已在虜目中矣 臣武將也 旣見可虞 不以實陳 臣罪萬死 顧今天下大勢 各國用兵 前後受侮 亦已屢矣 兵力之如此 若或播之各國 臣未知其所慢侮又將如何 臣實甚憂 兵志曰 攻則不足 守則有餘 天下寧有以其民不守其國者乎 所以滕薛之小 亦一以事大交隣 一以備禦守國 亦能全保於戰國之世 伏況殿下以三千里封疆 亦豈無守禦之良方乎 此所謂不爲也 非不能也 伏願殿下奮發聖志 亟降備虞之處分 則軍國幸甚 臣已耄且昏 不足比數於將兵之列 躬閱目見 有不能自已者 敢此冒悚仰達矣

上曰 卿言甚當矣

190

議政府(1876. 2. 30/高宗十三年二月九日)

조일수호조규 하달 관문(關文)

發關八道監司四都留守東萊府使

今番日本使臣之專來沁都 亶由於交隣續好而然 而彼我講定之批準冊子條規冊子 與彼人手錄冊子各一件下送 以爲留置憑考 今後彼船之過去或到泊也 詳察其旗號 若以白質紅心爲標 則明是日本人也 且有路引之書 以航海公證 雖火輪船 必以旗號爲準的 切勿徑犯 務存和好之道事 沿海各邑 翻關知委於所管 而三冊子一體謄布 咸使知悉云云嶺南東萊 此亦中此後段 日本人所騎火輪船 更勿責諭次

191

黑田淸隆(1876. 3. 5)

조일수호조규 체결 복명서

臣淸隆臣馨無似ヲ以テ叨リニ重任ヲ忝フシ朝鮮國ニ奉使シ彼國接待ノ大臣ト會商シ幸ニ使命ヲ達スルヲ得タリ因テ其始末ヲ左ニ上陳ス臣等一月六日闕下ヲ辭シ對州竹敷港ニ抵リ外務少丞廣津弘信ノ釜山ヨリ歸ルニ會シ其先報口陳書ヲ彼官員ニ面交シ既ニ京城ニ轉報シタル旨ヲ聞知ス然トモ彼猶其事ノ實ナラサルヲ疑フノ意アルヲ察シ使船果シテ江華ニ前往スルノ實況ヲ示サンカ爲メ護衛艦ノ一部ト稱シ釜山ニ回航シ同地在留ノ官員ニ命シ其趣ヲ彼ニ通知セシメ夫ヨリ江華ニ向テ進往シ護衛艦一同南陽府下沿岸ニ碇泊シ先ツ孟春矯龍二艦ヲ分遣シテ江華江ヲ溯リ江華府ニ至ル南北二口ヲ測量セシメ始テ南口ノ進行ニ便ナルヲ知リ二月四日南口ヨリ進ミ草芝鎭前ニ停泊同十日江華府ニ入リ彼國接見大官判中樞府事申櫶副官都摠府副摠管尹滋承ニ面會シ翌十一日訓條ノ旨趣ニ原キ江華砲擊ノ事及彼ノ從前我使書ヲ接受セサルノ件ヲ談判ニ及ヒシニ彼云フ雲揚艦ヲ砲擊セシハ其日本船タルヲ認メサルニ由ル今已ニ日本船タルヲ知ル豈驚歎セサランヤ而シテ使書ヲ接受セサルハ全ク當時ノ疑惑ニ出テ今日ニ在テハ既ニ盡ク氷解セリト糊塗模稜未タ其要領ヲ獲サルニ由リ續テ翌十二日戊辰以來無禮ヲ我ニ加ヘタル事實幷ニ曩キニ我船舶ノ旗號ヲ送付シタル件ヲ歷叙シ文憑ヲ取リ問詰セシニ彼初テ此事必ス朝廷ヨリ相當ノ謝辭アルヘシト明言セリ是ニ於テ兩國相交ル必ス條約アリテ以テ其信ヲ固フセサル可ラサルノ意ヲ陳シ條約案ヲ出シ商議ニ及ヒシニ彼レ京師ニ稟報シ其處分ヲ待ツヲ求メ十日ノ期ヲ剋シ決答スヘキヲ約ス乃チ府ニ留リ報ヲ待ツ然ルニ彼其屬官ヲシテ意ヲ通セシメ條約中異議アルノ件ヲ刪改センヲ乞フ臣等以爲ク和好ノ大局ヲ全フセンニハ亦少シヲ寬恕スル所アルヘシト因テ彼ノ欲スル所ニ從ヒ其緊要ナラサル條件一二ヲ刪改ス但批准ノ一節ニ至テ彼已ニ國王ノ名ヲ署スルヲ欲セス僅ニ其御寶ヲ鈐スルヲ肯ンスルノミ蓋シ彼陽ニ和好ヲ主トスト雖モ內情猜嫌ヲ懷キ苟且局ヲ了セント欲スルノ意アルヲ揣リ二十日ニ至リ遽ニ面接ヲ乞ヒ批准ノ事ヲ議シ反覆辨論スレドモ彼禮典ヲ以テ口ニ藉キ多方飾辭我ノ言フ所ニ服セス適マ京師回報アルニ會ス彼又議政府照會スル所ノ謝辭文案ヲ出示

ス之ヲ見ルニ言頗ル辨解ニ渉リ申謝ノ實ナシ是ニ於テ使事協ハサルヲ知リ已ムヲ得ス歸國スヘキヲ發言シ斷然決去ノ意ヲ示セリ二十二日歸裝ヲ理メ將ニ去ラントスルノ際申尹二人旅館ニ來リ爲ニ行期ヲ緩フスルヲ請ヒシカトモ聽カス彼又云フ明日ヨリ五日ヲ限リ事順成ニ至ルヲ期スヘシト乃チ答フルニ明日ヨリ四日間船ヲ止メ報ヲ待ツヘキヲ以テシ府ヲ發シ船ニ回ル二十五日ニ至リ彼一切我ノ求ムル所ニ應シ條約ヲ互換スヘキヲ決答セシニヨリ二十六日再ヒ江華府ニ入リ二十七日申尹ト會同シ條約互換ノ事全ク畢リ卽日府ヲ發シ二十八日護衛艦一同解纜歸朝セリ謹テ事狀ヲ具シ併テ修好條規及ヒ批准謝辭ヲ呈シ以聞ス頓首再拜

明治九年三月

特命全權辨理大臣　黑田淸隆

特命副全權辨理大臣　井上馨

宮本小一(1876. 3. 10) ➡ 寺島宗則

조선 측에서 요청한 6개조에 관한 보고

下官儀朝鮮接見大官申櫶へ條約の條款談判中同官申聞候には同國政府にて日本政府より差示たる條約條款案の內へ差加度ヶ條有之由を以一通のヶ條書を差示候或は條約の附錄にいたし度旨をも申聞候則其條々は

一 日本人常平錢の使用を許さゞる事

一 米穀を貿易するを禁する事

一 貿易はすべて物を以物に易ふる事幷彼我商人賣買に手附金又は錢物貸借及利息を取る事を禁する事

一 外國歐米を指人民朝鮮開港場へ入込を禁する事

一 鴉片烟輸入幷洋教宣布禁止の事

一 彼我逃亡人を互に隱慝し置事幷故漂を禁する事

右六ヶ條の文章は其紙面を談判の末彼へ差戻候に付記憶不致候得共大要右の通に有之候依て下官其席に於て申櫶へ申談候には既に條約調印の期限一兩日中に切迫の場合におよひ又々新に右様のヶ條を被望候ては不都合に有之彼是と往復の內日限を過ぎ談判取纏らさる時は兩國の大事に及候に付此ヶ條をは暫相止め候方可然旨申談候得共申櫶おゐては政府よりの命令に付中間にて廢止候譯には至りかたき旨强て申立候依て下官より申談候は此ヶ條の如きは何れも六ヶ月後通商章程を議する時會商して可なるべし今度の條約には揭載に及ばすして濟べきヶ條也と申聞候得共彼大官の身に取候ては何分點(マヽ)止かたき趣に有之由也依て下官より更に一二條を辯解して曰常平錢を日本人民使用する能はさる時は日本人朝鮮に在つて菓物一顆烟草一斤を買入るゝ事も能はさる譯に相成寬裕貿易を許したる詮なき事にて決して行はれさる事なり第二條米穀の事は假令貴國より輸出を禁するとも輸入は禁するに及まし貴國饑饉の時は我國より米穀輸入自由に候得は貴國人民餓莩を免れ候理也然れは此條も不用也第三條物を以物に易ゆるは古風の貿易法にて方今各國にても更に用ひさる法也則寬裕貿易とはヶ樣の事に規則を用ひさる事也と段々辯解に及候處彼におひても頗了解いたしたる體にて更に申聞候には然らは此六ヶ條中我國にて最注意いたし禁止を乞度ヶ條は鴉

片なり洋教を日本人より傳播するや外國人をして日本人の名を以朝鮮居留地へ雜居せしむるや此ヶ條は是非とも日本政府にて承諾無之候ては我政府にて甚困却いたし候事故是非とも此度表向の談判に及はねは不相濟也と申聞候下官熟考候處鴉片は我邦外國條約中既に嚴禁中のもの也洋教は現今國禁中の一則なり外國人日本人の名籍を冒し朝鮮地方に來住するも方今外國人我支配の下に在らす又内外商社組合の許可も無之上は是亦我政府の許可せさる處なり然らは彼の要用として禁忌するヶ條は我に於て敢て差支無之ヶ條に付其席にて彼へ相答候には右三條の如きは我政府にて格別差支候筋有之間敷と考候なり故に追て條約の節目を議候時此ヶ條を加入せん事を被望候て可然候今日此切迫の日に臨み新に談判を興されすとも可ならんと再三說喩候處彼れは本政府の命令なれは何分困却の樣子にて然れは此三ヶ條は貴下見込の趣を此場にて書付になしくれ候樣いたし度其餘のヶ條は何樣にも我政府へ申立べくとの事にて一篇の書付を懇請候に付右書付差遣し候得は彼れも安堵いたし既に八九分結果に至候條約談判も無滯相濟可申と愚考候に付右書付差遣し候事は承諾いたし候得共其席にては不相渡歸來の上副辨理大臣へも其始末申立候末別紙草稿をも同大臣の內見を經たる後彼大臣へさし遣候處右にて大に安心いたし候樣子にて我方より差出候條約下案へ別條を加入候事は彼より公然と不申立廿五日夕に至り彌條約調印相決候段政府より指令有之旨申櫶より相答候事

但別紙は和文漢文とも半紙罫紙に書記し花押調印とも不致さし遣し置候也

其翌日朝訓導玄昔運來り昨日申櫶より依賴の書付催促いたし且西洋船日本の國旗を假冒し朝鮮に來候事有之節は如何との問に付左樣の事は決して無之則其れか爲領事有之船籍書類等を船より預り候に付假冒する能はさる事なりもし甲國の商船濫りに乙國の旗章を掲ける如きは乙國の軍艦是を取捕て差支なしと相答候處訓導申聞候には右の趣も今朝政府より申來り大に憂慮する處なれは昨日依賴に及候書付中へ序に書加へくれ候樣との賴に付則右のヶ條をも差加へ候事なり

此段上伸いたし置候條追て條約節目を議候爲出張の官員へ御傳達有之右の者差含居候樣いたし度候也敬具

明治九年丙子三月十日

外務大丞　宮本小一

外務卿　寺島宗則殿

寺島宗則(1876. 3. 22) ➞ 朝鮮政府

조일수호조규 일본 측 비준서

天佑ヲ保有シ萬世一系ノ帝祚ヲ踐タル大日本國皇帝此書ヲ以テ宣旨ス大日本國大朝鮮國ト世々隣交ニ厚シ玆ニ全權辨理大臣陸軍中將兼參議開拓長官黑田淸隆副全權辨理大臣議官井上馨ニ特命シ朝鮮國ニ往カシム淸隆等判中樞府事申櫶都總府副總管尹滋承ト締約スル所ノ修好條規ヲ歸奏ス朕之ヲ閱覽シ逐欵允當ナルヲ以テ批准ヲ予フ宜シク之ヲ永遠ニ遵行シ以テ兩國ノ親睦ヲ固フスヘシ

神武天皇卽位紀元二千五百三十六年明治九年三月廿二日東京宮中ニ於テ親ラ名ヲ署シ國璽ヲ鈐セシム

御名　國璽

奉勅　外務大臣　寺島宗則 (印)

【漢譯文】

日本國批準冊六月 日理事官宮本小一持來

保有天佑踐萬世一系之帝祚大日本國皇帝以此書宣示大日本國與大朝鮮世厚隣交玆今特命全權辨理大臣陸軍中將兼參議開拓長官黑田淸隆副全權辨理大臣議官井上馨往朝鮮國淸隆等將與判中樞府事申櫶都總府副總管尹滋承所締約之條規歸奏朕閱覽之逐款允當予批準宜永遠遵行固兩國親睦

神武天皇卽位紀元二千五百三十六年明治九年三月二十二日於東京宮中親署名鈐國璽 睦仁日王名 着日本國璽奉勅外務大臣寺島宗則着寺島宗則印

(4) 조일수호조규 전후 청조(淸朝)의 대응

李裕元 ➡ 李鴻章(1876. 1. 9/光緒元年十二月十四日)

李裕元–李鴻章 서한(1)

照錄朝鮮使臣李裕元來函並答覆函稿

朝鮮使臣李裕元來函 光緒元年十二月十三日到 中堂伯爺爵前 東方雖偏 伏聞忠義貫日 聲聞遍天下 常所景仰 今秋奉使人 皇城 回到永平府 逢游知府憑探鈞體萬安 有若拜于床下 不勝仰喜 小生生於海隅 所見無異坐井 焉有管窺乎 一游大方 平生足矣 天津遙隔 末由晉候 以聽鈞教 含悵歸國 妄回游兄數字 仰累清聽 罪悚之極 僭越莫甚 若下答教 與榮無比 不任惶慄之至 不備謹呈 橘山小生李裕元再拜 白蔘一觔 清心元二十丸 蘇合元一百丸 三種微物敢此表忱 悚甚悚甚

李鴻章(1876. 1. 10/光緖元年十二月十四日) ➡ 李裕元

李裕元-李鴻章 서한 (2)

答肅毅伯李中堂鴻章書 附 原書

橘山尊兄大人閣下 兩地睽違 末由晤叙 頃由永平府游太守轉呈惠翰 奬藉逾分 幷荷雅貺蔘藥三種 何誼之隆而意之拳拳若是 遙聞閣下佐理宣化 膏澤生民 比已奉使歸國 馳驅皇路 雨雪載塗 藎勞可念 東方爲中華屛蔽 方今海濱多故 尙冀努力加飯 益攄忠謨 宏濟時艱 實所厚望 日本與貴國 壤宇相望 通來交際如何 中土幅員過廣 三面環海 揆厥形勢 旣未能閉關自治 不得不時加防備 僕蒙朝廷倚畀之重 昕夕焦悚 思弗勝任 頻年駐節天津 每遣水陸弁兵 往通溝海面巡哨 據報 貴境安堵如常 人民同享太平之福 曷任慰頌 附致湖穎十管徽墨二匣抗縐二匹 聊答盛意 書不盡懷 冬寒惟珍衛 不次

高宗(1876. 3. 7/高宗十三年二月十二日) ➡ 禮部(1876. 4. 20/光緒二年三月二十六日)

조일수호조규 체결 경위 및 내용을 알리는 자문(咨文)

謝禮部兼程飛咨兼陳與日本使臣辦理條約咨

朝鮮國王爲咨覆與日本辦理條約 照舊修好 詳述顚末事 光緒二年正月十一日 承准貴部咨節該主客司案呈 准總理各國事務衙門咨稱 具奏日本國使臣到京 據稱欲與朝鮮修好一摺 光緒元年十二月二十一日奉旨 依議 欽此 相應抄錄總理各國事務衙門原奏及該衙門與日本國使臣往來節略各一件 由五百里飛咨朝鮮國王酌辦可也等因奉此 除將抄錄原奏及往來節略 一一承領 稍待日本修好事件酌辦了完後 備陳本末之意 先行咨覆外 竊照日本使臣報總理衙門節略內 致疑於小邦 一則遣使致書不見接受也 一則船到港口開砲遭擊也 凡此紛紜蓋有其故 小邦之於日本 講信修睦 行且三百年矣 交聘之儀 賀慰之禮 馬島之接信 萊館之通商 各遵式例 不失鄰誼 同治七年 該國稱以官制政令新有變更 來投書契 以相告知 而稱號文字 有違舊式 小邦邊吏之司其出納者 詰其違式 不敢遽受 而前此同治六年 有日本人名八戶順叔 譸張虛罔之說 衊辱鄰國 無復人理 幸賴總理衙門憫慮小邦之被誣被兵 至有貴部之據奏馳咨 而小邦臣民憤惋之極 疑阻萬端 其使之不接 其書之不受 職由於此 江華島者 國都之門戶也 海港之阨口也 爲防暴客之窺覘 恒有砲臺之堵禦 前歲九月 忽有黃旗異船突如闖入 則守卒開砲 只示有備 船不曾碎 人不曾傷 而彼乃起怒 轟砲燒蕩永宗鎭城 小邦尙不知其爲日本船也 乃於客歲十二月 日本使臣黑田清隆 副使臣井上馨等 先通起程消息 遂來要修舊好 小邦遣判中樞府事申櫶 副總管尹滋承 接見江華府中 問答辨析 歷日相持 彼以八戶順叔認是新聞謊說 初非其國所知 我以江華開砲 實因不辨旗號 明非惡意相加 竟以舊誼之素厚 居然疑嫌之開釋 重尋宿好 條約有具 以其稱號之有所嫌礙 故大事小事只用兩國臣僚平等通信 以其互市交易 非今剙行 故許其港口通商 劃有界限 以安主客 以其混淆無別 易致滋事 故不許携帶他國客商及奇技淫巧物事 綱領節目 大略如是 而據申櫶等呈稱 本月初五日 樽俎之享旣洽醉飽 縞紵之物互有贈遺 日本使船竝卽發還等因 竊念小邦厚蒙聖朝洪恩 非可一二數計也 今玆鄰國修好 亦惟總理衙門暨部堂大人切盼其籌劃萬全 各安疆土 遂至轉稟皇旨紓恤緩急 馳咨兼程 天朝字小之仁 隆天厚地 何以爲報 前頭使便當伸表謝之

忱 而玆將交好日本辦理條約等款 略具顚末 仰塵崇鑑 煩乞貴部照詳轉奏施行云云 光緖元年二月十二日

森有禮 ➡ 總署(1876. 3. 12/光緒二年二月十七日)

조일수호조규 체결 통고

관련문서 總署의 회신

二月十七日 日本公使森有禮函稱 頃接本國外務大臣本月二日發由東京電信內開 於我二月十七日已與朝鮮訂定和約 欽使言旋等語前來 本大臣接此 相應函達貴王大臣查照

【관련문서】

二月二十四日 致日本國森公使函稱 本月十七日接准貴大臣函稱 本國外務大臣電信內開 二月十七日已與朝鮮訂定和約 欽使言旋等語 相應函達等因前來 本王大臣均閱悉 特此布復 並頌日祉

高宗(1876. 3. 20/高宗十三年二月二十五日) ➞ 禮部(1876. 5. 30/光緖二年五月初八日)

일본 사신과의 교섭에 대한 사의(謝意)를 표하는 자문(咨文)

回咨

朝鮮國王爲咨覆事 光緖二年二月二十一日 承准貴部咨節該云云自主客司案呈 止查照可也 見上原咨等因 一一承領外 竊念小邦厚蒙皇朝恩眷 每有緩急之事 關涉各國 輒藉總理衙門暨部堂大人曲念深護 排難解紛 非止一再 銘鏤在心 何日可忌 今者自有日本事幹 再荷飛咨指示機要 不惟照會往復辯論消詳 至若北洋大臣問答 說話委曲懇摯 顧恤小邦 靡不用極 雖使小邦人自爲之說 何以加是 析理之明快 立論之正大 一團忠厚藹然於紙墨之間 徒傷和氣毫無利益八字及忠告二字之書授 竟使日本使臣感動承教 其爲小邦萬全周畫 乃至於此 仰惟諸大人體聖朝庇覆懷綏之至仁盛德 費辭用力迥出尋常 小邦君臣受賜大矣 小邦與日本修好立約 纔已詳述咨覆 而今承荐咨 尤切感誦 前頭使便謹當幷伸表謝之忱 先玆奉覆 煩乞貴部照詳轉奏施行云云

光緖二年二月二十五日

199

總署(1876. 5. 30/光緖二年五月初八日)

조일수호조규 체결 경위 상주

總理各國事務衙門奏日本已與朝鮮換約摺

光緖二年四月初六日

臣奕訢等跪奏為日本已與朝鮮換約恭摺奏聞事竊臣衙門前因日本國使臣森有禮以朝鮮開砲擊其兵船一事現派大臣往問朝鮮永保兩國親好等情屢向臣衙門呈遞節略照會並往見李鴻章往復辯論臣等於上年十二月二十一日本年正月三十日先後奏由禮部轉行朝鮮國王知悉各在案嗣於二月十七日據日本使臣森有禮函報接本國外務大臣電信於日本國二月二十七日已與朝鮮訂定和約欽使言旋等語十九日據英國使臣威妥瑪函報接本國駐東洋大臣電咨東洋與朝鮮立約一事聞議定准由東洋簡派大臣駐紮朝鮮並在朝鮮察看情形將海口三處開為通商馬頭等語三月十六日據德國使臣巴蘭德函送日本與朝鮮所立合同洋文新聞紙一分當即交譯漢文係兩國和約共十二款大致與英國使臣威妥瑪函報相同三月二十四日日本使臣森有禮偕其書記鄭永寗來臣衙門呈出抄錄日本與朝鮮新立條約十二款與巴蘭德送到譯出之件詞雖異而意相符復於三月二十七日准禮部咨抄錄朝鮮國王原咨雖未據將條款抄送而所稱辦理條約現在弭兵修好等情大致亦屬相同並據日本使臣森有禮照會內稱該大臣暫時回國其間一切交涉事宜即交書記官鄭永寗暫作署理欽差大臣等因森有禮亦即於三月二十六日出京所有日本國業與朝鮮換約並日本使臣出京各緣由恭摺奏聞伏乞皇太后皇上聖鑒謹奏光緖二年四月初六日軍機大臣奉旨知道了欽此

李裕元(1876. 6. 6/高宗十三年五月十五日) ➜ 李鴻章

李裕元−李鴻章 서한 (3)

答肅毅伯李中堂鴻章書

李中堂爵前 上年入都 蒙皇恩竣使事 回到永平府 因游太守 敢呈一函 粗伸慕德之忱 幸荷厚眷 特有下答之盛 兼賜三品之珍 未知海外鯫生 有何所取而得此不遐棄之曲念乎 感旆之極 無以形達 仲夏天氣旱澇無常 匀體候對時萬康 不以按撫軍民擔擧重務 致有所損 遙望攢頌 不任區區 顧今東西之洋 阿羅之界 祲氛頻擾 艱虞侵軼 此時生靈 孰不欽望於爵前握樞管轄 震讋邊啚之鴻功大烈 而小邦偏被岳鎭海包之盛德 再馳飛咨 先示戒嚴之方 繼有解紛之擧 嚴正快豁 節節辨析 字字委曲 而以問答日子 較量於下覆之時 尤認盛意懇摯 靡不用極 擧國感激依仰滋大 廼者會沁 接見遣使修信 其好如舊 而向後周全 專靠於爵前終始之地 至於外他不虞之事 小邦無以預度 亦惟望於另垂顧恤之惠矣 小生無輔於國 徒貽竊祿之譏 而庇護之下 罄陳所蘊 不勝惶愧之至 不備

201

李鴻章(1876. 9~10[?]) ➡ 李裕元

李裕元-李鴻章 서한 (4)

代李伯相答朝鮮國相李裕元書

橘山尊兄太師閣下客臘裁復寸箋稍攄積愫頃永平游太守轉送五月十五日惠翰引義謙而見推過當非所敢任復荷雅貺殷拳拜登之餘愧謝愧謝敬審起居曼福動靜多豫內贊密勿外敦鄰好藎勞可念日本與貴國介在東表前以邊境小忿憪然有示武之意嗣聞消釋嫌疑言歸于好信使往還息事靖民爲之一慰僕忝領畿輔與貴國疆宇相望且思歷朝交誼之厚解紛排難乃分之宜西洋英俄諸國專務通商地球以內幾無不到玆日本既導先路諸國或思步其後塵彼亦明知貴國物産非豐洋貨銷路不暢而歐洲風氣每以多開口岸互相矜耀或雖得請以去旋因貿易無益而遲遲不至者亦閒有之此中操縱機括諒老成謀國者必能措注咸宜也僕力小任重春夏以來雨澤愆期頃已疊霈甘霖三農徧慰似可轉歉爲豐附致非儀十六種稍答盛誼涼風洊至順時節宜書不盡意某頓首

李鴻章(1878. 9. 29/光緖四年九月四日) ➞ 李裕元

李裕元-李鴻章 서한 (5)

答肅毅伯書 原書

橘山尊兄太師閣下前 由永平游太守 轉送丁丑十月望日惠書 引義過謙 雅誼殷拳 發凾伸紙 把玩無已 復荷珍貺十六種 不啻瓊瑤之贈 拜登之餘 媿謝媿謝 祇以郵程乏便 闕然未報 歲月如馳 寒燠忽更 比維勛猷雲蔚 餐衛咸宜 撫綏羣黎 愼固四封 藎勤碩畫 至爲企念 日本與貴國議約修好 將及三年 萊館設關互市貿易 尙未暢旺 商民錯處 能否相安 彼國自平秀吉以來 恃其詐力 囂然不靖 近者西鄕隆盛 弄兵潢池 不戢自焚 彼君臣見國小多難 殷鑒不遠 或者漸知守分 往歲中國駐倭公使何侍講前赴東洋 僕以貴國交涉之事 用爲耿耿 屬令留意體察 隨時調停 旋接何侍講來書 知日本近以俄人較焉 啓疆貪得無已 頗思戒備 懍然如猛虎在卧榻之旁 其於貴國 不特並無惡意 似欲聯爲輔車 引爲唇齒 頗疑貴國不肯傾誠相待 僕揆度大勢 泰西英美各邦 相距過遠 志在通商無利人土地之心 俄跨有三洲邊境 實與我東北各界毗連 又時以蠶食鯨呑爲事 貴國與日本 濱臨東海 俄國兵船 游突窺伺 而終不能免 當猶虞虢之備晉 韓魏之畏秦也 前聞日本欲在貴國咸鏡道之元山津 開口通商 俄人陰相勸阻 謂他日設有戰事 恐於日本商務有礙 英人囑日本介紹通商 俄復勸止之 若果屬實欲使貴國孤立無援 一旦有事 可以廓然無所牽制 是其設謀叵測 似不可不隱爲之備 昔蜀先主猇亭之敗 怨吳甚深 而諸葛武侯生平布置 以和吳伐魏爲上策 唐德宗有宿憾於回紇 李鄴侯勸以釋忿尋盟 而吐番之勢頓衰 盖命世英雄蠲細故而擴遠圖 往往如此 邇聞俄國與土耳其和議已成 西事方蕆 將圖東略 執事老於謀國 諒能措注咸宜 撤桑迨陰之謀 其在斯乎 僕以東土屛障中原 又千里神交 氣誼相孚 不得不一攄肺腑之談 至近今廟謨何如 鄰交何若 固未能知其詳也 僕忝領畿畺 愧無裨補 所幸入夏以來 雨暘時若 此間及晉豫各屬 年穀豊登 億兆生靈 有噓枯回生之望 附呈非儀十六種 聊答盛誼 關山敻阻 延企爲勞 惟順時自愛 不宣

李裕元(1878. 11. 19/高宗十五年十月二十五日) ➞ 李鴻章

李裕元–李鴻章 서한 (6)

上保定書

今春三月貢使回 憑聞子岱太守轉致匀敎 辭意娓娓 昨冬奉凾 實由於庸伸下忱 不至見却 垂眄備悉 感激之懷 如何形言 近日格致編中 獲瞻尊像 奉而拜謁 詫於士友 爭相慕仰 若景星鳳凰之先覩爲快 與榮之極 無隱盡白 冬候漸堅 匀體度泰平保重 一切軍民寗謐 無所虞憂乎 伏惟德卲位隆 安危攸係 四方生靈 倚以爲重 下情不勝攢祝之至 小邦五月 遭忠敬王妃喪 哀遑無暇 九月 克完因封之禮 始乃抖擻神精 辦理庶務 而日本測水使 間過北靑府 謂以不合開港 又轉過湖南湖西等地 尙未聞可不 關北之永興 卽小邦枌楡之鄕也 咸興文川安邊 先陵所奉也 德源之元山 與文川之陵寢 咫尺相望 此無可許之道 而彼必欲窺覘乃已 方在相持之中 極悶極悶 又於春間 拿獲洋人邪學者一人 鉤覈之際 差延日子 意外奉捴理衙門飛咨 解送鳳城 此寔出於上國慈恤解紛紛德意 而追有日本書契 以爲四五人被執 苦懇請放 答以彼此壃域有守 學業亦殊 何故放他匪類 以攖聲氣不及之處耶云矣 此雖過去之事 未知前頭更有何樣事做出來 惟望上國終始鎭壓之澤 而日本事迄無出場 今不得條件仰陳 小生前後十五上章牘 未遂休退之願 只許往來鄕山 此亦匪分之恩眷也 鄕山在一舍之地 有事輒赴 實無其暇 徒竊厚祿 自顧澌鑠 不覺靦然而已

李裕元(1879. 1. 7/高宗十五年十二月十五日) ➞ 李鴻章

李裕元-李鴻章 서한 (7)

答肅毅伯書

本年十月 年貢使去 畧修起居之禮 尋當自永平府查呈 而卽於別使還 伏奉去年上書答敎 本年九月初四日出也 備承匀體對時保重 兼領下賜十六種 件件煇映 在在情曲 已極感激 何圖邊務之筭 至及於海外偏邦 遠引漢唐故事 近劈洋倭情實 若是之詳確乎 開之以茅塞 誨之以牖約 其在依仰之地 銘鏤肺腑 去益難諼 英人稱以漂活之恩 間到萊府 願見官員 俄人種種剽去 北陲居民 私相奸和 終難禁制 日本非不講和 喜慍無常 或贈砲器 或資書籍 言或由中 然少不如意 易致葛藤 向日因總理衙門咨文 洋學敎人解送之後 又以此事 有日本書契 而奉遵上國指揮 已爲解送之意 有所回答 尋有花房義質之書 以上國二字之擡頭標出 其說不敬 極爲駭惋 小邦之於上國爲屬國 天下之所知也 丙子爵前嚴斥森有禮時 有小邦受歷之敎 則渠豈不知此個義理 而肆然發此等之語耶 又以德源開港事 遣辭嘖薄 不可與之較挈 略加曉喩 責其局見 已有咨文呈納 伏想卽經白鑒 而德源之元山 彼必欲圖占 不知何意 今於爵前下書 始乃覺得 而其許否 當博採衆議 大抵俄洋事狀 日本情形 若非下布之纖悉 漠然尙在暗室中矣 無論何方何人何事 如有走愬之端 則惟冀鎭壓之澤 此豈小生一人之顒望 乃擧國齊聲之祝 萊館開港後 自今年出稅於土人矣 彼國公使花房義質 因此到萊海謂以非年次 恐喝之語 無所不至 此則猶可溷狹 故更爲展限 而彼使還歸時 其書不恭 且有貿易失利賠償等說 未知春間有何事端矣 玆因欽差言旋 憑游太守轉白 不能伸下情 萬萬悚悵 萬萬懷禮 不備 敬呈文華殿大學士直隷總督肅毅伯爵前

李鴻章(1879.2.16/光緖五年一月二十六日) ➞ 李裕元

李裕元-李鴻章 서한 (8)

答肅毅伯書 附 再書

橘山尊兄太師閣下 客歲九月初旬 裁復一函 稍攄積愫 聞於十月中旬 始交妥便賫去 頃永平游太守轉送十月廿五日惠書 知前函尙未收到 猥荷珍貺十五種 錫朋遠逮 報玖未遑 拜登敬謝 格致編中 摹照鄙人影像 輾轉翻印 稍失其眞 過蒙獎詡 秖增慙恧 玆有自照小像一帋 奉呈左右 聊當晤談 獻歲發春 惟勳猷雲蔚 動靜多豫 贊襄密勿 息民保釐 至爲念頌 去年貴國驟遭內喪 曾行冊封之禮 吉凶二典 相繼並擧 執事平章庶務 恪恭襄事 勞勩可念 法人傳敎入境 經貴國 以彼此學業不同 捕之下獄 我總理衙門恐法人藉端啓衅 飛咨解送釋放 實係排難解紛之意 法使亦甚感激 可無他虞 惟洋人傳敎 自稱勸人爲善 在貴國素崇正學 一有異敎 必執法捕治 固屬理正詞順 而洋人卽以殘虐敎士爲口實 入後遇有此等事件 似可遣之出境 不必輕加凌虐 庶弭外衅 前接駐倭公使何侍講來書 英國商船遭風漂至貴國濟州旌義縣境 其地官民爲救就溺之人 移將沈之貨 授舘餽糧 辭其酬幣 英人深感厚誼 該公使巴夏禮遣官致謝 又蒙貴國優禮相待 至今稱頌 是西洋人尙通情義 非全不可以理諭德化者也 日本遣人測水開港貴國枌楡之鄕與先王陵寢所在 自未便許開口岸 正言拒之 彼當屈服 又聞東萊府關稅加征 日本商人弗願赴關爭鬧 該國復派兵艦 前往理論 何侍講慮其滋事 赴彼外務省 婉言勸解 僕亦馳書 屬其設法調停 此時想已了結尙不至有刀難否 日本虛憍喜事 乃其素性 雖有時自謂深明大計 欲引貴國爲唇齒之邦 共捍强敵 而一旦臨小利害 輒不勝其忮求 嚻然不靖 貴國應付之方惟有仗理守信 折以條約 而復勤於自治 自令無隙可乘 日本近來擧動 事事慕仿洋人 西洋所訂萬國公法 不能無故而奪人土地 彼旣與之親暱 諒難越其範圍 通商以外 必不敢肆其窺伺耳 僕歷碌如恒 愧無裨補 所幸年穀順成 軍民靜謐 差堪報慰 方今海國多故 時局擾攘 執事老成宿望 主持大計 復膺主眷 許其往來珂鄕 從此頤養脩齡 益攄忠謨 幸勿遽存遂初之志 曷任敬念 本擬薄具非儀 稍酬盛誼 因貢使歸期在邇 趕辦不及 稍緩容再寄達 專此復候起居 書不盡言 己卯正月二十六日 合肥李鴻章再拜

제3부

조일수호조규의 후속 처리

(1) 수신사(修信使) 金綺秀 파견

206

議政府(1876. 3. 17/高宗十三年二月二十二日)

수신사 파견 결정

差下修信使金綺秀

議政府啓言向者日本使船之來專由於修好則在我善隣之意亦宜及今專使以爲修信使號稱以修信使應敎金綺秀特爲加資差下令該曹口傳單付隨帶人員以解事者量宜擇送而此是修好後初有之事今番則特以堂上官持書契入送此後書契依前下送萊府請轉致江戶 允之

山之城祐長(1876. 3. 28)

수신사 파견에 관한 협의

明治九年三月廿八日午後七時四十分別差李濬秀入館山之城書記生中野書記生尾間書記生面接

別差

一 今日就館對面ヲ請候ハ他事ニアラス頃日東萊ニ上府致シ居タル處昨日都表ヨリ關文到來貴國ヘ修信使發遣ノ儀治定イタシタル段申來リ因テ早速館內ヘ御告知ニ及候樣府使ヨリ申付ラレ候ニ付先ツ以テ此段申述候

山之城

一 修信使差渡サルヽ段御治定ニ至リタル旨不取敢御通知ニ預リ御篤志ノ至リ也實ニ御互抃喜ニ存候

一 兩國隣交ノ道ニトリ欣喜ノ儀ニ御坐候

一 サテ修信使ノ姓名及ヒ發京ノ日限等其他於江華府議定相成タル趣等委細不相分候哉

一 姓名及ヒ發京ノ日限其他一切イマタ相知レス過日御面晤ノ節本月十日頃我四月四日ニ當ル訓導下萊ニ可至段申上候處昨日ノ樣子ニテハ來十五日我四月十日(マヽ)ニアタル內ニハ多分着萊ノ筈ニ付其砌萬事ノ子細申シ來ラント存シ候間其節御聽ニ可入候

右ニテ了ル

高宗(1876. 4. 3/高宗十三年三月九日) ➞ 禮部(1876. 6. 15/光緖二年五月二十四日)

수신사 파견 통보

丙子報因日本使臣懇請遣使修信咨

朝鮮國王爲日本送使事 議政府狀啓 准判中樞府事申櫶等啓開 日本使臣黑田淸隆等說稱 交鄰之誼 先察規制風俗 然後方可兩相便宜 貴國先送解事人員詳察物情 則我國之爲此修好積費心力 自可洞悉 且我國人民 十分孚信云云等情 准此 臣等竊念 日本使臣來款修好 復請信使 其在講信修睦之道 允宜准許 依其願差遣信使 仍將所據情實 具咨轉報上國等因 據此 竊照小邦 旣與日本重尋宿好 理合交聘 特差修信使禮曹參議金綺秀 擬於開月裝束發送 而凡于事情 不容不上聞天朝 爲此合行移咨 請照驗轉奏施行云云

光緖二年三月初九日

宮本小一(1876. 4. 26) ➡ 黑田淸隆

수신사 영접 절차 전달

明治九年四月廿六日

各通	黑田參議 井上議官	閣下	外務大丞　宮本小一 外務權大丞　森山茂

一 翰拜啓仕候然は朝鮮修信使迎接の義政府にても深く御配意にて彼よりは火輪船賃幷賄方とも自費營辨の筈に申來候得共此方にては一切官費を以支給し遣はされ候積り有之尤彼方にて强て相拒み候はゝ猶其時誼に任せ候積り有之候

一 郵船黃龍丸を被差出候事に相決候此船には上等室六ヶ所其外百五十房有之由に付萬端向は間に合可申存候

一 外務少錄水野誠一幷荒川書記生尾間書記生其外等外出仕三名小遣等此地より發遣し釜山より中野書記生幷韓語生徒十一名附添出京せしめ候に付先つ大抵差支無之見込に御坐候

一 東京旅宿は小川町錦小路一番地三井所持の舊幕高家の屋敷有之間敷も多く八十人のもの夫々階級を以て席順を定候に都合よろしく相見候間右を相定其段彼方えも前以申入候筈に有之候且疊表替又は氈絨等敷込候序も取設候筈に候

一 迎船は對州へは不立寄馬關兵庫は數時間碇泊韓人を上陸散步せしめ養生爲致候筈に有之候

一 兵庫縣令等へ面謁せしめ候事は禮式等彼未だ我情實不案內の間は彼是と六ヶ敷かるへくと存し候條先つ面會せしめす我よりも尋問せしめす一と先東京へ行連れ來り情實分解の上神奈川縣令を初歸途には必彼より先尋問せしめ候見込に有之是等は猶其場合により接伴の者程能周旋爲致候筈に有之候

一 船中乘組中は韓人えも必得方ヶ條を以相示し我官員幷船司水夫等へは禁酒又は其他嚴重の告戒を申付置候

一 右等の外細密の事は玆に條陳不仕候抑此度信使來朝の擧は閣下の餘光より出候義に付諸事御指揮をも可伺筈にて取調中右黃龍船は當時長崎に在り不日大阪え相回り候筈との事にて迎接官俄に廿八日玄海丸便より東京出發の事に決定昨今意外の混雜極め候に付不得止事概略書中を以陳述仕候尤明廿七日朝荒川書記生尊邸へ可差出條猶高喩の趣及彼え相當の御用も候はゝ御直に被仰含度候依て此段申上候也

明治九年四月廿六日

金尙鉉(1876. 4. 27/高宗十三年四月四日) ➜ 寺島宗則

수신사 파견 서계 (1)

朝鮮國禮曹判書金尙鉉 呈書日本國外務卿閣下

維時首夏淸和 伏惟貴國雍熙 本邦輯寧 均堪矔誦 本邦之與貴國 隣誼懇款 蓋有三百年之久 則脣齒攸依 心膽相照 固其宜也 忽因事端 彼此疑阻 抑亦遐夐之地 傳聞之言 何能保無差爽 迺者 貴國大臣 航海辱臨 本邦亦遣大臣 迎接於畿沿鎭撫之府 談晤歷日 辨理精詳 積歲含蘊 一朝開繹 何等快活 何等忻幸 惟我聖上 深念舊好之續修 特派禮曹參議金綺秀前往 庸寓回謝之義 尙鉉 秪承寵命 謹將尺幅 陳告大義 庶幾照領 欣慰無斁 恭希若序保愛 以副遠懷 不備

丙子 四月 日

禮曹判書金尙鉉

別幅

虎皮二張

豹皮二張

雪漢緞二匹

白綿紬十匹

白苧布十匹

白木綿十匹

各色筆五十柄

眞墨二十笏

憑付隨員 略伸菲儀 哂收是望

李寅命(1876. 4. 27/高宗十三年四月四日) ➞ 宮本小一

수신사 파견 서계 (2)

朝鮮國禮曹參判李寅命 呈書日本國外務大丞閣下

維夏始熱 緬想台候鴻禧 溟海隔遠 傳聞易訛 兩相疑阻 屢閱星霜 每念隣交舊誼 不勝慨歎 何幸貴國大臣 來與本邦大臣 洞析明辨 無復留碍 有若蘭畹 雨收風定 而其臭固自如也 今奉朝命 特派禮曹參議金綺秀 以寓修謝之義 從玆敦宿契而訂永好 懽忻曷已 肅此不備 仰惟照亮

丙子年 四月 日

禮曹參判李寅命

別幅

豹皮二張

青黍皮十張

雪漢緞二匹

白綿紬十匹

生苧布十匹

白木綿十匹

各色筆五十柄

眞墨三十笏

憑付隨員 略伸菲儀 哂收是望

高宗(1876. 4. 27/高宗十三年四月四日)

수신사 사폐(辭陛)시 전교

召見修信使金綺秀于康寧殿

辭陛也

予曰　此非但遠路渡海乃初去之行凡事須善爲措處而彼地事狀必爲詳探以來可也

綺秀曰 謹當依下敎奉承矣

予曰　今此使行已通奇於倭人乎

綺秀曰 只聞其通奇之報未聞其見回答之報矣

予曰　今日往宿於何處乎

綺秀曰 新院宿所三十里地矣

予曰　自新院次次向何地耶

綺秀曰 路由龍仁竹山等地也

予曰　下率猶可爲數三十名耶

綺秀曰 自京率去無過數三十名矣

予曰　禮單與贈給之物自外已應擧行而亦有別單禮物矣已皆知之耶

綺秀曰 已知之矣

予曰　詳探彼中之物情是緊切事也須善爲探知可也

綺秀曰 謹當圖所以探知之道而素昧之地善爲探知未敢保也

予曰　凡諸可聞之事亦須不漏一一錄來也

綺秀曰 謹依下敎矣

予曰　何間當還來乎

綺秀曰 姑未敢質對而似不出秋前矣

予曰　六個月以前可以還來乎

綺秀曰 自正月數至六個月六月是六個月以彼人所算六個月七月是六個月七月若是六個月則還來似在六個月前矣

予曰　自彼處發還之前其或有狀啓耶

綺秀曰 彼地異於中國便信尤難其能有狀啓未可預料矣

予曰　留館似不至多日矣

綺秀曰 似然矣

予曰　在前使臣之留館爲幾日云耶

綺秀曰 在前使行或留十五日或留二十日今亦似無過是數矣

予曰　無過十五日似好矣

綺秀曰 謹當依下敎而日字之過不過自此今不敢遙度也

予曰　自東萊七日可到彼地耶

綺秀曰 彼人之言云然矣

予曰　聞訓導之言果何如也

綺秀曰 訓導亦未能詳知矣

予曰　然則何人所言爲的實耶

綺秀曰 今番沁都接見時問答猶可據也

予曰　善爲往來也

仍敎曰 來時夏熱頗似爲苦也

綺秀曰 然矣

予曰　今當遠離仰瞻可也

綺秀仰瞻訖

予曰　修信使年紀今爲幾何也

綺秀曰 今年四十六歲矣

予曰　來時以下率之數少凡於行中似有窘跲者矣

綺秀曰 自萊府去時當有參酌加率似不至窘跲矣

予曰　往在彼地後狀啓似以諺文爲之矣

綺秀曰 似恐然矣

山之城祐長(1876. 5. 14/高宗十三年四月二十一日) ➞ 洪祐昌

수신사 영접 관련사항 통보

館長列修信行延接事宜抵東萊府使書

貴國東萊府使洪公丙子三月十五日單簡及玄訓導條陳書 現今貴國 爲派修信使於我邦 要貸用我火輪船 乃使在本舘尾間書記生 賫貴國書 駛往東京 以轉啓我朝廷 朝廷深喜貴國之速有此擧也 卽發遣火輪船一隻 搭載接伴外務官員數名 旣已到達此港矣 貴信使啓行日時 惟任其便 若夫在船及京地旅舘等諸項一切要需 亂縷于別簡 幸勿勞貴意 敬具

明治九年丙子五月十四日
在釜山大日本公舘長代理 外務省四等書記生 山之城祐長

第一條

艤火輪船黃龍號 應貴信使一路航海之需 如其煤炭諸費 悉係我政府營辦 不須貴信使雇賃

第二條

本省派外務少錄 水野誠一 外務七等書記生 尾間啓治 負荷貴信使一行旅航事務

第三條

外務六等書記生 荒川德滋 同中野許多郎 及生徒十一名 負荷通譯及延接事務

第四條

旅舘設在東京第四大區錦街第二街一番地 命豫附舘圖一枚

第五條

船內厨饌 一切自我供給之 是爲船內一竈同炊 其費用 難辦主客也 莫煩貴慮

第六條

軍醫員一名 在船內

第七條

船到馬關兵庫兩港 數時間碇泊 以療飢客之憊 此時上陸 或閒行投旅舍 灌浴梳髮攝養 具有准備

第八條

船由橫濱港口陸 滊車一驚 前往東京 到該港 另有外務官員 辦理貴信使入京之鹵簿

金綺秀(1876. 5. 30/高宗十三年五月八日)

金綺秀와 寺島宗則 · 宮本小一 · 森山茂 회담

初詣外務省 外務卿寺島宗則 大輔鮫島尙信 大丞宮本小一 權大丞森山茂 權小丞古澤經範 坐正廳延入 中設圓卓 四置椅子 余先致名帖 卿以下稽首 余肅揖 以次坐椅 傳語官最助 坐卿之側 二堂上 二判事 坐余之側

卿曰　利涉大海 洵可賀也

余曰　幸無疾病 敢問貴體百福 大輔以下以次勞苦 余亦以致謝

訓導 前致禮判禮參兩書啓 卿與大丞坼見

卿曰　大海上 人易水疾 聞正使幸無恙可喜 倘無風濤之險

余曰　幸無風濤之險矣

卿曰　節候與貴國如何

余曰　無甚異同

卿曰　曾見黑田大臣耶

余曰　春間之役 鄙人不與焉 只聞其名 不見其面也

訓導前致呈日本國私禮單于余前

余曰　鄙人來時 只承命回謝春間貴价之行 以修舊信而已 而初無國書 則實無拜見貴皇上之禮 然既到此地 微情有所缺然者 不腆薄儀 聊表寸忱 敢望諸公 可能善爲進獻耶

因起身手奉單帖 致之卿前 卿亦起身開緘見之 施置于前

時大輔以下皆起身還坐曰 當極力陳達 圖所以進獻矣

余遂起身告辭 出至外廳 大丞 權大丞 隨至圍卓而坐 時則余及兩大丞 二堂上 傳語官外諸人 皆不參

大丞曰 次當進候于館所 而先此少紓可乎

余曰　大丞公 春間使還 萬里滄溟 貴體無恙 儘可賀也

大丞 卽宮本小一 春間沁都來人 權大丞森山茂亦春間來者 亦致殷勤 余亦致語如答大丞者

大丞曰 遠涉滄溟 良亦勞止 休養幾日 可能從容相會也

余曰　今番之行 專爲回謝春間之禮 修信之義 亶在乎此 實無他件公幹 則不得不遄歸 而暫歇幾時 亦可得從容奉誨矣

大丞曰 不然 此行豈易得耶 小從容幾月 將息有暇 遊覽惟意 是所望也 苟不然則大可悵然

余曰 我主上送我滄溟萬里 日臨軒俟之使事得無辱乎 行人得無病乎 鄙人未歸之前 我主上之憂可知也 所以欲急急歸去者此也 且自其從容言之 一旬內外儘可從容 自其不從容言之 一月一年亦有所不得從容者 則從容不從容 亶不在於久留與遄返也 至於遊觀之事 當隨隙圖之 以副感意矣

權大丞曰 昨已以電信 報貴一行之無事抵此于長崎島 使之轉報于東萊 今明間以可得達于萊府矣

訓導謝其厚意

權大丞又曰 若有急急報知之事 須以貴國諺文 修書以來 當卽飛報也

余曰 厚意尤感尤感 然實無如此急報之事也

遂辭歸肅揖 起身而退 大丞 權大丞 隨至廳端 更肅揖而散

歸館無幾 兩大丞來訪 接見於公廳 余與兩人對坐 最助與訓導 坐其間

大丞曰 信使今番之行 雖無拜見我皇上之禮 然我皇上 特欲接見 甚盛擧也

余曰 鄙人來時 初無國書 則實無拜見貴皇上之禮 所以未承我主上之命也 則鄙人之擅自拜見 似不可也

大丞曰 不然 我皇上自聞信使之來 計日以待之 故我已以信使來到之意 奏達 則我皇上敎以不日接見矣

余曰 貴皇上軫念鄙人之自遠方來 特有此曠絶之禮數 鄙人 亦何可一例固辭 謹當依敎行拜見之禮矣

大丞曰 四年前皇宮失火 近移皇居于赤坂之地 距此可十里而遠 拜見之禮 不可不預定期日 以爲奏達之地可也 再明何如

訓導曰 再明卽五月初十日 我國國忌日 則再明行禮 似不可也

最助曰 然則明日何如 訓導曰 我國國法 尤以坐齋日爲重 明日行禮 尤不可也

最助曰 貴國國法 吾亦知之 午後罷齋 有何不可於再明之行禮

大丞曰 我皇上將行北巡 聞信使之行期有日 期欲接見後動駕 初以去月念五乘船之日 較量使行入京之日 入京後卽爲接見 接見後卽爲動駕之意擇日頒示矣 及聞行期之差退 又特收已頒之令 更擇以我國曆六月三

日 卽再明後二日也 今不可以又遷就矣 奈何

余曰　貴皇上特命 旣如此 感激不盡 再明旣是鄙國國忌罷齋之日 則蚤晩何擇焉 謹當依戒行禮矣

大丞曰 行禮時 不得不有服色儀節 貴國之法如何

余曰　鄙國之法 有大除拜則以黑團領 肅拜於闕內閤門之外 若有入侍之命則以紅團領入侍于偏殿 殿坐南向則至殿上廳端東向行曲拜禮 由殿之夾門入 或伏于御榻前 或伏于御榻稍遠處 有下詢言語 必起伏而對之 使之退則退 退時至前曲拜處 又行曲拜而出 若奉命及他行之出去入來 則只以紅團領肅拜于閤門外 若入侍則如前入侍例也 貴國儀節則如何

大丞曰 當爛熳商確 奏達酌定後仰報矣

余曰　肅拜之地遠近 入侍之禮行否 當如俯示 而至於行禮之節當以拜見我主上之禮拜見貴皇上矣 此意須諒會焉

大丞曰 唯唯

權大丞曰 我國國法 各國使行之來 必歷謁八省卿 卿若不見 只呈名帖而歸 禮也 再明行禮後 卽行此禮可也

余曰　此未曾行之禮也

權大丞曰 此各國通行之規也 何不可之有 且曾前通信之行 亦見閣老 古亦有此例也

余曰　通信前例 吾亦知之 但致國書于關白 留館幾日 受國書而歸而已也 若或見閣老 此不過朋友尋訪 今何可爲例也 且鄙國 羅麗以來事大交隣皆有已例 只幹本事 不敢有私交例也 至於近年 年使之至北京也 只幹事于禮部一處 禮畢而歸 未嘗歷謁各部各省 已例昭然 今此之行 奉我主上之命 直詣貴外務省 謝春間之禮 以修舊信而已 未聞有他省歷謁之命 則擅行他禮 鄙人之所不敢也

權大丞曰 各國之使一例歷謁 已爲規例 今此信使之行 各省之卿 依例待之 則外務省亦不可以口舌解之也 各省卿 若皆見之 則可以行之乎

余曰　此則不然 鄙國國法 謹拙成規 不敢有擅便之事 今不可以擅行此禮也 今貴國之於鄙國 復修舊信 永以爲好則二國無異一國也 鄙國之謹守拙規 貴國之所知也 庶無强其所不强 且也今此之來 專靠貴省之周遮廻護 則各省 縱或有言 貴省之善爲設辭 俾無是非之端 鄙人之所深望也 願兩公厚恕焉

權大丞曰 姑且商量 圖所以方便也

大丞曰 公之入我境 所見所聞 應多可怪可笑之事矣

余曰　平生家食 一日駕萬里之海 洶湧之是怵 傾覆之是懼 躬之不閱 況恤乎聞見之可怪可笑乎 但時上甲板 身雖動盪 而長風破浪 亦足暢我胸襟 是則可喜也 及其下陸 見宮室之美 市肆之殷 可認貴國之富盛 是又可賀也 幷不見其有可怪可笑之事也

大丞笑而曰 衣服之制 舟車之用 似不無可怪而可笑也 此果可喜可賀之事耶

余曰　曾見信行所記 略有所得於貴國制度之間 上衣下裳 寬大眞率 板隔茅圍 疎雅精密 一見可認貴國衣服宮室之舊制也 苟見此時心乎愛之 未見其他也

大丞曰 非謂此也 近制之衣服宮室 皆洋制也 日本人心 本自輕薄 見人新樣器物 必愛之而欲之也 故任其所好 姑與之習焉而已 且臨陣乘船 非此衣莫可 所以姑從其制 此又不得不然者也

余曰　便利器具 謹聞命矣 而公言衣服宮室 姑從民之所好而許之 吾且仰嘲可乎 公等之服 旣皆洋製 則公等亦有所好而爲之者歟

因大笑

大丞亦笑而曰 此不得已也 不有趙武靈王乎 貴國衣制 亦豈無隨時而變者耶

余曰　鄙國衣服未之或變也 鄙國始祖康獻王 與明高皇帝並立 衣服制度 一從明制 于今五百年 上下貴賤同一規 未之或一變也

大丞曰 我國四面受敵 又非貴國之比也 所以所苦心爲此者 表裏山河 苟得無失焉已也 吾國亦豈樂爲此也 因咄嗟久之

余曰　無傷也 前言戲耳 貴國之苦心爲此者 業已仰揣之久也 無甚見外 前言因一戲也

權大丞曰 時時出游 器械之利焉而效之 制度之便焉而習之 公其圖之也 如今兩國 須相愛護 公其見之 苟欲效之而習之 吾輩當竭力以貢一得之先也

余曰　甚感甚感 古諺云 利器不可以示人 今貴國非徒示之 幷欲其效之 可認於我國 有別般愛護 而亦可認大國之風瀀瀀乎而渢渢乎也

時日暮 遂相與肅揖而散

水野誠一, 荒川德滋, 中野許太郎, 尾間啓次(1876. 5. 30[?]) ➡ 日本政府

수신사 영접 복명서

明治九年四月卄八日横濱より郵船玄海丸え乗組出發同月三十日午前二時神戸港着直に兵庫縣令への公書携持出廳縣令え面接にて相渡信使尋問の儀等委詳口陳夫より主任の官員え旅宿取設方等屢々引合の末海岸通り貿易會社借受の事に決し賄向等其筋へ豫め談示を遂け置候事黄龍丸大阪より回艦遲延に付三菱社員え引合候處大阪川口にて連日風浪の爲め積米陸上け淹滯竝に從來乗組の外國人と引替の機關司延着等の事情申出候間追々遷延期日を衍り候樣にては不都合に付水野少錄荒川書記生尾間書記生五月五日大阪出張黄龍丸船內一覽候處元來同船は刻日發港の郵船に無之臨時回船荷物を重に致候由にて中甲板下は凡て敷板無之中々八十人餘の人員體載能乗組不相成候に付米陸上中に棚部屋取建吹烟所貳ヶ所及闕品取整方等船長及會計主務の者え相談し賄方臨時四人雇上けの事等一々申談卽日神戸に歸る五月七日午後六時黄龍丸神戸入港同七日驛遞寮より乗組の權大屬小杉雅三え面會中檣號旗の事及船中取締向の儀に付熟儀の事夫より船中小繕も落成船足砂礫入方等相果十日午後より兼て神戸にて買上の賄方物品等悉裝載同夜十貳時神戸拔錨同月十二日午前八時下ノ關着港卽時上陸の處縣官出張無之に付區長井上保申へ引合山口縣令への公書送達方申談修信使渡來の儀竝取扱振等申聞旅館は海岸東細江町永福寺と決し賄向並端舟都合等其筋相談し同日午後四時下ノ關拔錨同十三日午前八時朝鮮釜山浦着卽時上陸公館に到り山之城四等書記生以下一同え面接公信書類相達豫て宮本大丞殿より被申含候生徒出京の儀に付委詳口陳の處山之城書記生より差支筋無之旨申出同人より一同え出京御達書相渡候事同日訓導玄昔運來館候樣通達す翌十四日訓導玄昔運來館引合の事委詳對話書にあり爰に略す十七日訓導玄昔運再來館引合向前同斷此日訓導玄昔運より迎接官一同並小杉驛遞權大屬船長鳥谷保え酒肴を贈らる衆議の上受納し答禮として紋紙二百葉愛日樓文壹部を贈る十九日より卄二日午前迄に修信使一行荷物大小六百十六箇積入相果つ日に迎接官及附屬生徒等割合出張取締致候事五月十八日兼而十七日應接の節申出有之候東萊府使よりの贈物酒肴訓導玄昔運手翰相添差越其品北魚七十連

鷄卵五十箇燒酒二瓶なり受納の上折半を黄龍丸え分送す卄一日訓導玄昔運及上判事高永喜來館直に黄龍丸え罷越部屋割彼の都合に因て相改む信使の部屋は上房と題す上官の分は官姓を記す水野少錄荒川書記生尾間書記生立合居候得共廉立候儀は過般兩回の應接を累申せしのみ餘は雜談耳故に記せす卄二日午後二時修信使一行七十六人上船す艦中客席にて水野少錄中野書記生尾間書記生島田中軍醫小杉驛遞權大屬面謁す荒川書記生船長鳥谷保は甲板出迎の節相濟

修信使曰

今般遠く滄溟を超て我輩迎引の爲御出張御太儀に存候

水野少錄曰

修信使として我國え被來候段御苦勞に存候

右畢各自其房に就き休息す午後四時釜山拔錨卄三日午前七時四十分下ノ關着暫あつて上陸旅館永福寺へ入る高島山口縣十三等出仕兼帶二等警部能一三等警部巡査二十人山口縣より出張にて旅館警衛等嚴かなり兼て陸上夜泊は不致積申入置候處一行の者船に慣れす頗困難今猶氣分常に復せす旁本夜は是非陸上に一泊の勞苦を慰め度段申立候に付碇泊船は動搖無之陸地と異なるなく從是向瀨戶內は海波穩なる事且本省よりは少しも早く着京候樣屢電信も有之着發日時相違に付ては諸般の手順齟齬不都合の趣懇諭すれとも聞入す緊く請求已ます仍て此段本省え電報し彼の意に任せ永福寺へ一泊爲致翌卄四日午後四時下ノ關拔錨す下ノ關滯留中修信使より東萊府使え書狀達方倚頼に付長崎縣令え照會し山之城書記生の手を經て屆方取計候事滯在中食膳茶菓我方より仕賄候に付厚く謝す卄五日夜十二時神戶着翌卄六日午前七時三十分修信使已下一同上陸兼て取設の旅館貿易會社に入る神戶市中人民より修信使安着祝賀として菓實大籠入壹箇進呈致度旨縣官阿部誠一紹介にて申出乃玄昔運え申入披露の處落手相成厚く謝辭申述ふ彭城兵庫縣大屬出頭兼て縣令尋問に不及段御指示にはあれとも今同盟國の使節我管地に滯留するに不問は如何にも不安存候間御指令を參酌し某名代とし彭城大屬差出候旨申述候間玄昔運より披露信使面謁す爲答禮上判事玄濟舜縣廳え出頭す譯官中野書記生出張の事晝間は市中一般國旗を掲け夜は街頭に紅燈を張り壯觀をなせり縣官の注意諸般大に都合能修信使も饗應の厚きを陳謝す卽日午後五時乘艦翌卄七日午前六時神戶拔錨此際東萊府使への書狀達方依賴に付先規に因り取計尤右等の費用は彼より仕拂可致旨申出候間入費相

分候上猶御相談可致旨申置廿九日午前四時横濱着港八時上陸會議所へ入り休息十時四十五分の汽車便より出京直に錦街旅館え入る時一時半なり黃龍丸直に品川え回船同日中荷物端舟へ相移し神田橋下迄運送翌卅日無滯旅館へ運搬諸事御用相濟候此段復命仕候也

明治九年五月

外　務　少　錄　水野誠一　（印）
外務六等書記生　荒川德滋　（印）
外務六等書記生　中野許多郎（印）
外務七等書記生　尾間啓治　（印）

金綺秀(1876. 6. 1/高宗十三年五月十日)

金綺秀 · 森山茂 회담

御花苑最深處 有小亭 溪流潺湲 上有飛瀑 景致絶勝 至而森山茂在焉 杯酒盒肴 瀟灑極矣

森山曰 旅館苦寂寂 何不出而游 少紓鬱懷也

余曰 鄙人性本習靜 實不知我苦心 誰爲公恣耳目之媚也

森山曰 如今兩國 是一家了 鄙國四面皆水 所以外憂之至 抵當不得 至有今日之擧 而亦不可一任受制于人 故務盡富强之術 多置兵先利器 到今兵精糧足 器機一新 庶可以藉手禦侮也 念貴國山川之險 可謂遠過鄙國 然猶多近海外至之憂 不可以全無備禦 所以吾輩之縷縷以游覽爲言者 周察軍制美者 化之一也 審視器械利者 移之二也 歷探俗尙可采者 采之三也 歸貴國的確立論 圖所以富國强兵 脣齒相依 以防外虞 區區之望也

余曰 感謝感謝 貴國盛意 非不知也 今番之行 亦非不欲携幾個有才藝之人來 制度焉口以貫之 器械焉手以仿之 以至俗尙焉耳目以記之 而只緣兩國許多年疑阻之餘 幸有春間之擧 則今日急務 不可早自來謝 而六個月後 必有貴价之來 故我朝廷 期欲先此修信 卒卒治行 實無暇念及于此 且鄙國成規 先信義而後事功 所以汲汲乎先以修信爲事者也 而鄙人亦自山裏措大 見聞不廣 才識蔑如 雖手把器物 終日摩挲 實不知何者利而何者鈍也 一行隨員 亦皆謹拙自持 苟無得罪爲準則 其亦類乎鄙人焉已也 雖日日游而日日賞 徒形役耳 無所益焉 今且竣今日之役 歸後爛商 亦於貴价之來 更加確議 自有其日 何必苟循目前之戒 卒卒塞責 無得於己 而辜負盛意也

森山曰 公言亦可 因盛言自家兵精糧足 無復懼外憂之意

余曰 貴國旣如此富强 外憂之至 宜無藉手於我 而猶此惓惓盛意 攸在我朝廷 亦豈不知之而感之也 但鄙人無才 實不可卒乍有得於游賞之際矣 望幸無少疑阻 事事指敎 鄙人當銘心鏤肺 歸報我朝廷也

森山又曰 每與貴國商辦 支離拖延 無一下卽決之事 我國則不然 苟利于國 則上下一心 斷然行之 無所持難也 六個月後細節之定 亦無甚難事 而若

或如前遲捱 則令人沓沓 居間之人 寧不難哉

余笑曰 我國規模 元自如此 非如貴國之有專權大臣 大臣不得斷行 況小官乎 所以小達于大 下稟于上 不得不有許多遲捱也 旦小心謹愼 不縱不恣 自是我國一副素規 則公等他日之役 難保其事事聽從 此則預爲諒會可也 槩言天下甚事 豈可盡如我意 貴國有言 我未必盡從 我國有言貴國亦未必盡施 此則大率然耳

久坐憊甚 遂起身肅揖而返

金綺秀(1876. 6. 3/高宗十三年五月十二日)

金綺秀 · 宮本小一 회담 (1)

遠遼館宴罷歸路 與宮本小一 同車向博物院

宮本丞傳語曰 鄙家距館所雖遠 欲以日間奉邀 聊供午飧 未知盛意如何

余曰　盛速 敢不翼如也 春間沁都之役 已聞大名 鄙人來時 申大官亦托每事須與貴公相議 所以來此以後 直欲踵門請教 而勢不可以面面委候 則遽然開路 旣甚難處 且或衆中逢際 獨致殷勤 亦又不可 故伈伈度日 肝肺生癢矣 今幸同車 可以攄盡心曲 未知雅意 亦可包容不從 今兩國竟是一家耳 貴朝廷 要我惟意游行 甚盛擧也 但我國素規入人國未嘗出游 今若難於違戒 一任放縱 非謹守我朝廷素規也 且雖以兵農器械言之 鄙人旣乏才藝 隨員亦無其人 則徒娛耳目 有何益耶 所以今番之行 只以修信爲重 一切游學 欲待他日 此意須諒會焉

宮本曰 若於回書啓 謂以我皇上有命 貴下不得自主 略有玩賞云云 貴下可無毁棄素規之譏如何

余笑而曰 此尤不可 寧有人 付屬他人 毁劃自己者 如此之敎 尤不願聞也

又曰　鄙人來時 奉有我主上之命 我主上念鄙人之遠役 丁寧告戒 以到此留連 無得過十五日 一望之期看看不遠 幸望善爲周章 速速送歸 俾無過此定限 區區之望也

宮本曰 兩件事 件件領會矣

言未已 已至博物院 遂相與携手 恣意玩賞而歸

寺島宗則(1876. 6. 3) ➡ 金綺秀

조선 표류민 인도 통보

관련문서 표류민 인도 통보에 대한 회신

以書簡致啓上候陳ハ昨年十月貴國平安道義州人李元春ト申者洋中ニ漂流スルコト數日至難至危ノ際ニ方リ不圖英國船オスカワイル號ニ救助セラレ以テ再ヒ天日ヲ拜スルヲ得タリ我北海道函館在留同國領事官ヨリ轉メ本年一月我東京英國領事館ニ送達ス蓋シ前後六ケ月間救護至ル所啻ニ衣食ノ恩ノミニ非サル也貴弊兩國尋交成熟ニ至リ候ニ付同年四月同公使ヨリ右漂民元春儀拙者ノ手ヲ經テ貴國ヘ轉還致シ呈候樣照會ヲ得即別紙通及往復候抑航海者ノ漂到及ヒ危難ノ境ニ臨ム有ルヲ見ハ之カ愛護ヲ加ヘ之カ救恤ヲ施スハ天下ノ通法萬國ノ通義ニテ固ヨリ其國ト通好ノ有無ヲ不問然則英船ノ救護英官ノ顧恤モ亦其愛性ノ通義ニ出ルト雖モ數月ノ久キ恩義並ヒ至ルハ豈感激セサルヲ得ンヤ此漂民ヲ貴下ニ付セントス貴下宜シク此意ヲ諒シ以テ還領セラルヘシ而シ英國政府厚誼ノ致所貴國ニ在テ同國ヘ相當ノ謝辭可有之儀ニ候ヘハ歸國ノ上ハ貴政府ニ於テモ必ス安ク本業ニ就カシメ候儀ト信シ疑ハサル所ナリ此段併テ得御意候敬具

明治九年丙子六月三日 外務卿寺島宗則 (印)
朝鮮修信使 金綺秀 貴下

【漢譯文】

玆照會者 貴國平安道義州人李元春者 昨年十月 漂泛在海洋中 困厄數日 偶際英國船遠須加惟留號航過 爲所救助 由在我北海道函館港英國領事館 以本年一月 轉送在東京其公使館 頃日貴國與我諦約方成 於是 本年四月英國公使 照會於余曰 將該民 由本省 還其故國 其書載在別簡 蓋前後六朔受其愛好以得保全性命 不啻衣食之恩也 夫航海者失路 漂泊到岸 及遭颶風 陷危難者見之 何人不加保護施救恤 是天下之通法 萬國之通義 曾不問其國通好有無也 則英船救急 英官愛憐 自是人世常務 但其至如數月之久 不敢忽略 其恩義豈得無感哉 今將該漂民 送附貴下 爲望貴下 其諒此意 以領還焉 且英國政府

厚誼所在 便知貴下 亦應有所謝於英官之辭也 聞之 貴國處漂民自有法 而該民之遭厄也 是實無疑 故還其故土 則貴國 其使之安就本業也 我信之而不容危疑也 併玆陳之 敬具

明治九年六月三日 外務卿寺島宗則（印）
朝鮮修信使 金綺秀 貴下

【관련문서】

爲回報者 貴國送來漂民平安道義州人李元春 玆以領受 念其流離顚連 蒙數朔支保之恩 非直渠一人受賜 即弊國一國之人 同受其賜也 感感激激 至若英國之人 特垂救恤 死者而活之 凍餒者而衣食之 赤子入井 動心惻隱 雖人人皆然 然當之者 安得不千感萬感 依戒馳謝 在所當然 而惻隱之心 仁之端也 英國人當初救血 特仁人之事耳 寧或區區望今日稱謝之語也 只當將此一副感感之心 銘肺鏤肝 以爲悠悠之報可也 安知不他時 英國人有難 而我國人克加救恤也 只此佈謝 欲望下一轉語 俾英國人 知我國人之無限感感 斯可矣 餘外李元春之帶還故土 使之安業 則在我者耳 何至過勞感念也 於此於彼感激無已 諸希照亮 敬具

丙子五月十二日 朝鮮修信使金綺秀（印）
外務卿 閣下

金綺秀(1876. 6. 4/高宗十三年五月十三日)

金綺秀 · 井上馨 회담(1)

井上馨 春間來沁都之副官也 來訪館所

謂余曰 露西亞之有動兵之漸 吾於沁都 已有言之者而我國之人 每往彼地 見其日造兵器 多積糧于黑龍島 其意將何爲 貴國須先事而備 繕器械練兵卒 以爲防禦之策可也 彼或來時 愼無砲放 未知其來意之爲何 而遽先砲放 貴國之失也

余曰 此無過島卒之無知妄動耳 豈或長如此也 然戒旣至此 感謝感謝 但禦彼之道 必利其器而便其服 武靈之變其衣 工倕之巧其制 未始不可學 而鄙國素規 非先王之言則不言 非先王之服則不服 一副傳守 且五百年 今雖死耳亡耳 不願爲奇技淫巧 與人爭長 公亦庶幾知之矣

井上曰 不然 鄙國素規 初亦如此 及長門薩摩之戰 耐不得敗亡之勢 不得已爲此 此豈所樂爲也 勢不得已也 所以勤勤以此 告貴國者 願貴國之先事而謀 俾無他日之悔也 幸先生歸去必申勤致語于貴朝廷 無負此至意區區之望也

余曰 感謝感謝 當一一歸告我朝廷也

遂以密飯茶果待之 良久話 屬我以委訪而去

220

金綺秀(1876. 6. 8/高宗十三年五月十七日)

金綺秀 · 井上馨 회담 (2)

議官井上馨宅赴會 宮本小一偕焉 堂設女樂 酒半

井上曰 日昨申告之事 公非有心人耶 露西亞之注心貴國 吾已言之縷縷 吾非疾風傷性之人 苟無所見 則何必不憚煩至此也 公之歸去 須勿弁髦我言 力告于貴朝廷 早自爲備可也

仍出地球全圖一軸曰 以此奉贈 携歸去 時時觀察一度 度各有程里 以此推之 露西亞之距貴國幾里 亦可知也 吾今奉使歐羅諸國去 六七年後方可歸來 苟無所見 何苦爲此縷縷之言也 公可以諒此苦心也

余曰 感謝感謝 公之苦心 吾豈不知也 謹當將公此言 一一歸告我朝廷也

井上笑指女樂而曰 今春江華城中 凡屬婦女盡皆奔竄 吾其捉而噉之耶 縛而打之耶 叱辱之耶 今吾都無吝惜 出女樂而示之也

余大笑曰 此吾國素規 而公有所不知也 公其年年來 亦必年年隱避也

遂相與大笑

井上又曰 吾且六七年後歸來時 自北京從旱路由貴國義州 直至貴京城而還何如

余曰 伊時事 伊時商量 今不可以預講也

宮本曰 今午 我政府有命 以我差往貴國矣

余曰 是六個月之約耶

宮本曰 聞命而已 姑未的知裏許也

時雨注下 夜亦已深 遂各罷歸

金綺秀(1876. 6. 13/高宗十三年五月二十二日)

金綺秀 · 古澤經範 회담

古澤經範 來商發行日時 五月二十二日也

古澤曰 貴曆二十七日 卽我國曆十八日也 以此日敎定如何

余曰 鄙人來時 奉有君命 以留此 無過十五日 今已十五日矣 日前宮本公言騎船方在大坂 今已電信促歸 可以四五日後歸來 裝載石炭 又可費一兩日然後 可戒發云 計算其期 卽今日也 船旣昨日歸來云 而從今又四日而後始可發船云者 是何遷就捱延之甚也

古澤曰 不然 此宮本言之不審也 今此船 昨日入來 船非空船 多少裝載 陸續卸下 至于今日 自明日 粧飾艙屋 裝載沙石 沙石不多 船輕易敗 所以沙石不可不多多裝載 如是又當費數三日然後 石炭及貴行行李 以次裝載 則四五日猶云促迫矣 何不諒之甚也 諒其言不甚誣 遂許之

古澤又曰 明日文部省 不有奉邀乎

[余]曰 有之

[古澤]曰 將何以爲之

余曰 間者貴朝廷有命 多處要來 無不趨走矣 我聞文部省 卽貴國之太學云太學之請 又安得不從也 故已許之矣

[古澤]曰 好矣 再明元老院 不有奉邀乎

余曰 有之矣

[古澤]曰 許之乎

[余]曰 姑未有諾 而元老院 是何等事務之官耶 鄙人 挽近身體不佳 無以有命卽從也

古澤曰 元老院 不可不赴也 元老院議長 卽我皇上至親二品親王也 親王欲見公而邀之 公何可以不赴也 幸更思之

余不覺勃然變色曰 親王何親焉 修信使雖不大之人 卽他國奉命使臣也 苟欲見之則無難招之 揆以體禮 寧有是也 余雖疲然 至於此事 斷不可以奉承矣

古澤曰 不然 是我言之無倫也 非以親王之尊體 欲見閤下 便卽招邀之謂也 元老院 卽我朝廷大小事會議之所也 議長 卽是親王也 今兩國復修舊好

則鄙國之規橅設賓 不可不使貴國知之也 所以不於其家 而奉邀於元老院也 先生何過慮之爲也 聞其言似是 初頭一言之失 不足深較

乃笑而曰 公言親王 欲見我而招之云 故余果激觸 有前言之過也 此亦貴朝廷厚意 余何可以不赴也 公亦以此知委可也

古澤喜而去

奧義制(1876. 6. 13)

수신사 일본 체류일정

明治九年五月朝鮮國修信使來聘日表

一 三月二十八日別差李濬秀草梁館ニ來テ修信使來聘決議ノ旨ヲ報シタリ但シ同館在勤山之城四等書記生ヨリ三月三十一日付ヲ以テ上報四月十六日本省ニ達セリ

一 四月六日七日李濬秀幷同十日訓導玄昔運同館ニ來リ信使一行人員及發途日限我火輪船ヲ借入度等件々ヲ申出タリ因テ具上ノ爲メ在勤尾間七等書記生上京四月二十日到着セリ

一 五月七日信使ノ迎船驛遞寮所轄滊船黃龍丸大阪港ヨリ神戶ニ廻着ス是ヨリ先キ迎接官幷醫員等郵船玄海丸ニテ神戶ニ滯在セリ

一 五月十日迎接官一同黃龍丸ニ乘組神戶港拔錨

一 同十三日迎船釜山港着セリ

一 同二十二日黃龍丸修信使一行七十六名ヲ載セテ釜山港拔錨

一 同二十三日午前八時黃龍丸馬關着信使上陸シテ東細江町永願寺ニ一宿ス

一 同二十四日午後四時黃龍丸拔錨

一 同二十五日午後十二時黃龍丸神戶港ニ着ス

一 同二十六日午前八時過キ信使以下一同上陸貿易會社ヲ以テ休憩所トナス但人民祝賀トシテ菓實大一籠ヲ贈ル信使受テ謝ス縣令ヨリ屬官ヲ以テ尋問シ信使亦屬員ヲ派シテ回禮ス

一 同二十七日午前六時黃龍丸神戶港拔錨ス

一 同二十九日午前六時過黃龍丸橫濱港ニ着ス前日迎接ノ官員同所ニ出張アリ信使ヲ誘導シテ本町町會所ニ休憩イタサセ信使一行ヘ茶菓酒ヲ差出シ同九時三十五分休憩所ヲ發シテ停車場ニ至リ小憩同十時四十五分出發ノ滊車ニテ同十一時四十三分東京新橋停車場ニ着シ同所樓上ニ小憩茶ヲ喫ス正午十二時十五分同所ヲ發シ午後二時十分錦町二丁目壹番地旅館ニ着セリ行裝ノ遲緩ナル以テ知ルヘシ但シ信使ノ前列ニ騎兵ヲ以テ警備ト

セリ

一 同日古澤外務權少丞ヲシテ信使ヲ尋問セシメ且明三十日午前十時外務省へ出頭書簡ヲ可差出旨ヲ信使ニ申入レタリ

一 同三十日午前九時信使出門外務省へ出頭禮曹判書ヨリ外務卿へ禮曹參判ヨリ外務大丞ヘノ書簡ヲ差出シ正午十二時過歸館セリ

一 五月三十一日外務卿ヨリ書簡ヲ以テ謁見ヲ賜ルニ付六月一日午前十一時赤阪皇居ニ昇ルヘキ旨ヲ信使ニ申入レタリ

一 同日午後一時上判事玄濟舜幷中官下官ヲシテ宮內省ニ至リ信使ノ獻品ヲ差出サシム歸路博物館ヲ一見セシメタリ

一 六月一日午前八時信使出門參內謁見ヲ賜ハリ畢テ吹上禁園拜見瀧見離宮ニ於テ午餐午後三時過歸館セリ

一 同二日午後太紳樂丸一權之進ヲ旅館ニ召テ演技ヲ信使ニ一覽セシメタリ

一 同日信使ヨリ訓導玄昔運ヲシテ宗從四位ヲ尋問セシメタリ

一 同三日信使及上々官兩人ヲ延遼館ニ於テ午餐ヲ饗シ太政大臣始參議各省長官對食上官以下一同ヲ其旅館ニ於テ晚餐ヲ饗セリ對食ナシ但シ信使等ハ饗應畢テ濱離宮拜見歸路宮本外務大丞同伴博物館ヲ一覽シテ午後六時過歸館セリ

一 同日午前信使ヨリ各省長官ヲ尋問ノ爲メ屬官ヲ差出タセリ

一 同四日信使ヨリ屬官ヲシテ黑田參議井上議官ヲ尋問セシム歸路博物館ヲ一見セリ

一 同日午後六時過手品師柳川一蝶齋ヲ旅館ニ召テ演技ヲ信使ノ與ニ入レタリ

一 同五日午後森山外務權大丞來テ信使ヲ誘引セントス信使固辭ス因テ訓導玄昔運始メ十八人ヲ伴行シ紙幣寮ヨリ上野公園淺草本願寺同觀音境內象ノ觀物花屋敷廣瀨自慤電氣器械等ヲ巡覽シテ還ル

一 六月五日牛肉貳百斤鷄百羽鶩百羽生魚百尾葱貳百把大根貳百把菜貳百把ヲ信使ニ下給ス

一 同六日午前八時三十分信使一行六十六人出門日比谷練兵所ニ到歩兵騎兵砲兵ノ操練ヲ拜見シ偶英伊兩公使ニ面接セリ畢テ外務省ニテ午餐シテ還ル

一 同七日午後一時過信使宮本外務大丞ヲ訪ヒ午後九時過歸館セリ

一 同八日午後一時過信使兵學寮ニ到リ大砲空發幷火矢水雷其他兵學敎場等ヲ見閲シ畢テ招ニ應ジテ井上議官ノ宅ニ到リ九時四十分歸館セリ

一 同九日午前信使及屬官數名内田九一ヲシテ寫眞セシム我ヨリ之ヲ勸ルニ因ルナリ

一 同日皇女梅宮樣薨御ニ付鳴物停止因テ信使ニ告ク信使ヨリ國喪ノ義ハ始メテ承知セリ奏樂及朝暮ノ軍樂ヲ不用ト云ヘリ信使ニ告ルハ事情アリテ十日ノ朝ナリ故ニ告ルニ昨日ヲ以テス

一 同十日招ニ應シテ午前九時過信使宗從四位ノ別莊ニ到リ午後八時歸館セリ

一 同十一日招ニ應シテ午後一時過信使森山外務權大丞ノ宅ニ到リ午後八時前歸館セリ

一 同十二日午前九時過信使近衛兵營ヨリ砲兵本廠一覽本廠ニテ午餐了テ午後工學寮及製作所一覽了テ伊藤工部卿ニテ晚食ヲ饗シ八時歸館セリ

一 同十三日信使來ル十八日上途商定ノ旨書ヲ以テ外務卿ニ報シタリ

一 六月十四日午後四時信使書籍館ニ到リ孔子木像ヲ拜シ講堂ニ於テ酒肴ヲ饗シ畢テ女子師範學校及開成校敎場ヲ巡覽シテ午後八時歸館セリ

一 同十五日信使及上々官兩人延遼館ニ於テ饗應ヲ賜ハル太政大臣等對食セリ午前十時信使幷屬官出門元老院ニ到リ議事堂一覽了リ延遼館ニ到リ食事了テ舞樂罷テ馬上打球ヲ一覽セシメ午後七時過歸館セリ

一 同十六日午後角兵衞獅子旅館門前ヲ過クヲ呼テ信使ノ輿ニ入ル

一 書寫官朴永善順天堂ニ到リ種痘法ヲ傳習シテ還ル書寫官トアレトモ醫員ナラン其行李多ク藥ヲ藏スルヲ見ル

一 同十七日午前十時信使外務省ヘ出頭因テ卿丞ヨリ判書參判ヘノ返簡及音物ヲ遞與シ且朝廷ヨリ信使ヘ所賜ノ御品ヲ渡シ又外務省ヨリ屬官以下一同ヘ物品ヲ下給セリ

一 同日外務卿ヨリ書ヲ以テ信使歸路大阪造幣寮ヲ一覽スルヲ告ク信使承諾ノ謝書ヲ出タセリ

一 同十八日午前十時三十五分信使一行出發正午十二時ノ滊車ニテ歸國セリ新橋停車場迄路順警備及橫濱休息等ハ上京ニ同シ

神奈川縣權令野村靖來訪因テ信使縣廳ニ到テ回禮スヘキ處權令不在ノ趣ニテ屬官ヲシテ代ラシム

午後五時四十五分信使一行黃龍丸ニテ橫濱拔錨六時四十五分橫須賀入港

一 十九日午前遠武主船助黃龍丸ニ來テ信使ヲ尋問シ信使病ヲ以テ面接ヲ辭謝ス十一時訓導玄昔運上陸シテ回禮ス因テ天城迅鯨二艘ノ製作ヲ實驗シ幷各所ヲ巡視シテ歸艦午後五時十分拔錨セリ

一 六月二十二日午前七時三十五分黃龍丸神戶著ス風浪ノ爲メニ遲延セリ此日信使書ヲ外務卿ニ呈シ病ニ依テ大阪造幣寮ヲ一覽セサルヲ謝ス

一 同二十三日黃龍丸滯泊午前該港在留米國領事ヨリ尋問トシテ橫文三封差越タレトモ信使之ヲ斥シテ受ケス因テ護送官ヨリ領事館ニ照會スルニ我政府ノ爲メニ祝スル而已ト云ヘリ後チ橫文ヲ開封スレハ領事ヨリ信使及玄昔運玄濟舜ヘ宛タル名票ナリ同午前十時十五分信使以下四十五名上陸貿易會社ニテ休息セリ信使ヨリ屬官一名ヲ派シテ縣令ヲ尋問シ縣吏來テ回禮ス午後十二時黃龍丸拔錨

一 同廿五日午前六時十五分黃龍丸馬關ニ著ス信使以下五十名上陸永福寺ニテ休息午餐午後四時五十分拔錨

一 同二十六日午後四時四十分黃龍丸對州嚴原港著ス六時十分信使以下七十二名上陸西山寺ニテ晚餐ヲ喫シ一宿ス九時宗從四位隱居家扶ヲ以テ信使ヲ尋問ス九時四十分玄昔運ヲ派シテ回禮ス

一 同二十七日午前信使始一同宗從四位ノ宅ニ到リテ饗ヲ受ク午後八時十分黃龍丸嚴原港拔錨ス

一 同二十八日午前七時三十分黃龍丸朝鮮釜山浦着ス信使一行彼大東館ニ上陸シ護送ノ官員モ送テ同館ニ分手シテ去ル

此日信使ヨリ外務卿ニ宛神戶ニテ發スル所ノ書翰達セリ卽チ病アリテ大阪行ヲ止ムノ義ナリ

一 六月三十日午前七時黃龍丸釜山港拔錨セリ

一 七月六日午前七時五十分黃龍丸橫濱着港信使護送ノ輩午前十時四十五分橫濱出發ノ汽車ニテ歸京直ニ本省ニ出頭顚末ヲ具上ス

附

一信使五月廿九日東京ニ着シ六月十八日歸國ス滯京二十日ナリ又該使五月二十二日釜山港ヲ發シ六月二十八日同港ニ歸着ス日數三十八日也

明治十年五月

奧義制 述

金綺秀(1876. 6. 14/高宗十三年五月二十三日)

金綺秀·九鬼隆一 회담

文部省之文學寮 大丞九鬼隆一申勸待余酒

次問余曰 貴國學則專尙朱子耶 抑有他所尊尙耶

余曰 我國學則五百年來 只知有朱子 背朱子者 直以亂賊誅之 至於應擧文字 用佛老語者 竄謫不宥 國法截嚴 故上下貴賤 只有朱子 所以君君臣臣父父子子兄兄弟弟夫夫婦婦 一遵孔孟道理 無他岐可錯 無他術可衒也

九鬼爲之點頭 茶罷而起

金綺秀(1876. 6. 15/高宗十三年五月二十四日)

金綺秀 · 宮本小一 회담 (2)

遠遼館宴罷 多官皆散 惟有宮本小一·森山茂·古澤經範在焉

宮本曰 吾且趁六個月之約 當往貴國 凡屬接待之節 務從簡省可也

余曰 公之行期 當在何間

[宮本]曰距公行四十日 當趁下陸爲計也 貴行登船後一朔 可至貴京城 公入城可十日 我行渡泊甚好

又曰 此是私言也 今不必與公言之 而所條約者 可行則行之 不行則不行 一言而決之可也 如今春貴國諸公 事事以吾不敢知爲言 其將悶菀死人也 吾不敢知 孰知之 今番則若以禮曹判書接我時 須當身直接我 面商可否 斷而行之 如或禮曹判書有身病或有他故 不可接我時 須以他有權力可以解事斷事之人 代接議定 無至延拖時日幸甚 事若一日辦 則一日歸 二日辦 則二日歸 豈非兩便之道耶 至若禮曹判書不接 以他人代差之時 亦必以政府差遣公案來 吾可以信之 而與之面商矣

余曰 眞切眞切 然此等事 自可理會 不必過屬 至於接待之節 必多生澁 萬萬不及貴國待我之親切無間也 此亦國俗然也 老成鍊達之人 羞見生客 日用帶行之事 動輒齟齬 是我國之大病痛處 假令公行之未必加倍款接 而以公見之 謂之疏之可也 謂之忽之亦可也 此則公預爲量恕 可也 至於凡幹公事之延拖時月 亦我國之例也 自古以來 無專權之臣 雖微細之事 必也有事之官 自下達上 轉轉至於上官知之 然後始乃告于政府 政府諸大臣 亦這這通議然後 始乃上聞 自上亦不卽決 必還下使諸臣條條辦議然後 始乃下旨而可否之 此所以延拖時月之故也 此事 亦須公之預爲參恕 無至過加迫促可也

宮本又曰 又有一私談 公須明記在心 春間之行 江華府中凡屬婦女 盡皆避匿流離分竄 無一安堵而居者 此曷故焉 吾行中 若有雜亂悖惡之輩無知忘行之罪 吾自治之有餘 何必有此光景也 吾非欲見貴國婦女 而有此言 凡民之一日離散 有一日之害 二日離散 有二日之害 哀彼小民 其亦何罪 此若自政府出令而爲之者 則不必出令 若民自如是者 則下令禁之 俾無更至離散之地可也

余笑曰 此亦我國異於貴國處也 我國男女之別 元來切嚴 雖以親戚言之 五六寸以外 不相往來接面 雖親姊妹兄弟 十歲以後 坐不同席 語必闖門 至於閭巷賤流 亦皆一醮之後 夫死而不嫁者 往往有之 自然成俗 今六百年矣 所以外國之人 尤爲羞澁隱避而不見之 且有一事 比年以來 多有外國人往來海上 不知何國之人 而有時下陸 若逢女子 輒强奸之 或一女子而衆人遍奸之 至於卽斃者亦有之 故一見異船之來 遽波奔而浪竄 不可禁止 所以異船一過 一境蕩然 春間貴使之來 初亦以從前外國之人知之 有此奔竄耳 若明知貴國之人 則豈有此也 下次公行之來 縱不敢出門縱觀 必無離散之擧矣 不必以此過慮也

時已日暮 遂告別而歸

225

寺島宗則(1876. 6. 17) ➡ 金尙鉉(1876. 7. 21/高宗十三年六月一日)

수신사 파견 서계에 대한 회답 (1)

貴曆丙子年四月附ノ貴簡接到致披見候貴政府今般禮曹參議金氏綺秀ヲ以テ修信使トナシ本邦ニ派出セラレ舊好ヲ續修シ且本年我特命全權辨理大臣黑田淸隆貴國ニ前往セシ回謝ノ儀ヲ寓スルノ旨趣等具ニ了承致シ候抑兩國ノ交誼アルヤ日久シ一旦契濶ナルニオヨヒ情味漸ヤク疎ナリ貴政府今信使ヲ派シ速ニ弊邦ニ來ラシム信使亦鄭重使命ヲ述ヘ周旋愼密大ニ兩國ノ交懽ヲシテ暢敍スルノ地ヲ爲セリ兩國ノ欣幸之ヨリ大ナルハ無ク我皇帝陛下深ク之ヲ嘉賞シ特旨ヲ以テ信使ニ引見ヲ賜ハリ寵遇淺カラス信使復命ノ日閣下亦此事ヲ聞滿足セラルヘシト信用致シ候,玆ニ貴國ノ雍熙ヲ祝シ併セテ閣下ノ福祉ヲ祈ル敬具

明治九年六月十七日　　　大日本國外務卿 寺島宗則 (印)

大朝鮮國禮曹判書 金尙鉉 閣下

【漢譯文】

玆爲照覆者 接到貴國丙子年四月公翰 貴國 今以禮曹參議金氏 爲修信使 派遣本邦 續修舊好 併寓向者我特命全權辨理大臣前往貴國之回謝等之事項 具照領矣 蓋兩國之有交誼 爲年旣久 而一朝契闊 情味漸疏 今貴國 速派信使來臨弊邦 信使亦鄭重述使命 斡旋周至 大爲暢序交懽之地 兩國之欣幸莫大焉 我皇帝陛下 嘉尙之 特旨延見 寵遇殊深 信使復命之日 閣下 聞此事 必應有忻悅 此所我之信而不疑也 玆賀貴國雍熙 幷祈閣下之福祉 敬具

明治九年六月十七日

大日本國外務卿寺島宗則 (印)

大朝鮮國禮曹判書金尙鉉閣下

一 蒔繪行廚一箇

一 陶器花瓶一對

一 色紗五卷

一 色絹十五匹

一 海氣絹五匹

一 烟管三對

一 烟草袋三箇

一 寫眞帖二冊

不腆土宜 哂收是祈

宮本小一, 森山茂(1876. 6. 17) ➡ 李寅命(1876. 7. 21/高宗十三年六月一日)

수신사 파견 서계에 대한 회답 (2)

貴國本年四月附ノ貴翰致披見候貴國ト弊邦ハ一葦相航スルノ地隣交ノ舊誼アル日久シ貴使ノ本邦ニ來ラサル既ニ六十餘年ノ星霜ヲ經タリ是ヲ以テ兩間ノ情味漸ク乖離ス本年我辨理大臣黑田淸隆貴國ニ前往シ舊好ヲ重修シ新盟ヲ建立ス貴國亦速ニ信使金綺秀ヲ本邦ニ來ラシメ修謝ノ儀ヲ寓ス我政府來賓ヲ接遇スルノ次弟ハ今玆ニ歷敍セスト雖モ平素傾慕ノ念慮深カリシヲ是時ニ顯シタルハ貴賓モ亦了知セラレシナラン是ヨリ兩間交際ノ進步シテ益親密ノ域ニ達スルハ期シテ待ツヘク蒼生ノ福是ヨリ大ナル莫ナシ今信使本邦ヲ去ルニ臨ミ貴意ニ回謝ス敬具

明治九年六月十七日　　大日本國外務權大丞　森山 茂　(印)
外務大丞　宮本小一 (印)
大朝鮮國禮曹參判 李寅命 閣下

【漢譯文】

玆爲照覆者 接到貴國丙子年四月公翰 貴國與弊邦 一葦可航 隣交有舊 日久而信使間絶 經六十餘年 兩國情誼漸乖離 本年我辨理大臣 前往貴國 重修舊交 建立新監 貴國亦速派遣信使 以寓修謝之意 我政府接遇之詳略 今不敢贅焉 惟其平素傾慕之念 得此時觸發 了盡在我之分 是貴信使亦所了知也 蓋兩國交際 自是益親密可期而待 兩民幸福 莫大焉 臨信使開發聊酬貴意 敬具

明治九年六月十七日
大日本國外務大丞 宮本小一 (印)
外務權大丞 森山茂 (印)
大朝鮮國禮曹參判 李寅命 閣下

一 蒔繪行廚一箇

一 陶器花瓶一對

一 色紗三卷

一 色絹七匹

一 海氣絹三匹

一 烟管三對

一 烟草袋三箇

不腆土宜 哂收是祈

227

金綺秀(1876. 6. 17/高宗十三年五月二十六日)

외무경 이하 관원들과의 고별 대화

臨發 往外務省告別

卿以下迎接 殷勤手傳其天皇別禮單訖

卿委曲爲言曰 貴行修信 委婉鄭重 深所感歎 而我朝廷深意所在 公可以諒之耶

余曰 貴朝廷盛意 庶幾可以揣度矣

卿曰 一强國之自立 不如二弱國之相依 今我國之與貴國 一葦可航 可謂脣齒之邦也 若痛癢相關 有無相藉 憂患忻慼 矢心同之 則可以有濟 貴行歸朝後 亟告貴朝廷 凡百事爲 無少芥滯 以爲萬萬世永好之地 豈不美哉

余曰 盛意至此 深感深感 謹當依戒 歸告我朝廷 而但我國謹守拙約 不通外交 所以凡事樸實無奇技妙藝 可以爲人出力者 則倘無一分資助於貴國 而徒望貴國之資助我矣 豈非愧恥之甚者也

卿笑曰 寧有是也 此皆公之退謙耳

遂數語告別而起 至外廳 大丞 權大丞 追出告別

大丞曰 吾且奉使往貴國矣 凡事之周章方便 全恃於公矣

余曰 公行之來 吾人之所甚幸也 至於鄙人 則適玆承乏 有今日之行 而古人所謂如我者流 車載斗量 不可勝數者也 位卑言輕 不足有無於我朝廷則其何以有益於周旋之際耶 但公雅量高致凡事周便 必能善其終始是所區區之望也

因與之別而歸

金綺秀(1876. 7. 21/高宗十三年六月一日)

수신사 복명

修信使金綺秀入侍筵說

上曰 萬里他國善爲往來乎

使曰 無頉往來矣

上曰 行中亦皆無頉乎

使曰 俱爲無頉矣

上曰 比諸所料 差爲淹留矣

使曰 初意期不留十五日矣 事勢所拘 至爲二十日之多矣

上曰 今旣往見 以前通信使之行 接待之節何如

使曰 大同小異矣

上曰 倭王見之 其爲人 何如

使曰 暫時接見 縱未詳知 其爲人 頗爲精明矣

上曰 聞見別單外 可聞之說 幷爲詳陳可也

使曰 別單外 別無可達之辭 而其服則大抵洋製矣

上曰 軍兵之服 亦然乎

使曰 亦然矣

上曰 其外風俗之大綱可聞者 備陳可也

使曰 其俗 槪以富强爲務矣

上曰 其國人品 率皆務强 而其軍容亦頗强耶

使曰 軍容强壯 操鍊甚熟矣 以外樣觀之 則雖徒知利之一字 而凡厥民人 人各有業 勤不遊食 路無流丐矣

上曰 外他凡節 亦皆何如

使曰 其所謂文學 則不主經傳 專尙富强之術矣

上曰 其所接待之節 何如

使曰 接待之節 大抵簡略 而款曲有餘矣

上曰 其國 與列國通商 則各國人物 俱得見之乎

使曰 各國之人 大同小異 縱或見之 不辨何者爲何國人矣 米利堅非西洋 而其

貌 亦頗相似矣

上曰 其地非西洋則於在何處

使曰 在西之西東之東云矣

上曰 亦有淸人否

使曰 亦多見之矣

上曰 魯西亞云者 是何地也

使曰 是俄羅斯國也

上曰 然則何以謂魯西亞

使曰 魯西亞 卽俄羅斯之一名也

上曰 瀛環地略海國圖誌有之乎

使曰 然矣

上曰 使行所處館舍 城外乎 城內乎

使曰 是城外也 四重之城 輒有壕壕則甚廣矣

上曰 然則四重城之內 卽其所謂皇宮耶

使曰 然矣

上曰 四重城 皆有壕塹耶

使曰 然矣

上曰 今番倭使 何時當出來耶

使曰 似不出此月旬間矣

上曰 然則今已發行耶

使曰 似已發行 而來時 小留草梁館云 而雖留草梁館 亦不通知于東萊府 爲言矣

上曰 草梁館 非我國鎭耶 來于倭館而東萊府何不通奇乎 恐其接待之爲弊耶

使曰 然矣

上曰 彼地諸國領事官 各有處所耶

使曰 各有處所 亦有築屋居生者矣

上曰 所處亦皆有表耶

使曰 聞有十字牌矣

上曰 倭國則似不然矣

使曰 倭國不然矣

上曰 亦有洋學者乎

使曰 洋學與否 未可詳知 而養兵耕田 則皆用洋術也

上曰 關白降爲從四位 而位與品字無異云耶

使曰 然矣

上曰 其軍兵器械甚壯乎

使曰 甚壯矣

上曰 彼方鑄錢云 然耶

使曰 方鑄錢云矣

上曰 其所謂自起礮見否

使曰 未得見之 而縱或見之 不可卒乍學得 故初不問之矣

上曰 今番之行 不得不爾 而行中 倘有其法者否

使曰 今行 爲示其强請而後 不得已行之之意 故此等技術 未嘗一質也

上曰 甚善爲之矣 若聞其術 而得其術則利也 不然則徒失體貌也

使曰 聖教當然也

上曰 電線·火輪·與農器 得無所聞耶 彼國 以三件爲第一急務云 然否

使曰 訓導與別差 旣近草梁館 學于草梁館 似好矣

上曰 此言是也 久久學之 自當習熟矣

使曰 聖教當然 寧有學而不習者乎

上曰 宮室皆壯麗乎

使曰 或壯麗者矣

上曰 屋多層樓云 亦有三層乎

使曰 或有之 而槪多二層矣

上曰 彼國人品 甚强悍耶

使曰 人皆柔順款曲 則無强悍者矣

上曰 彼人來觀我國之後 以我國爲何如云 而或有得聞者否

使曰 此則未之聞也

上曰 黑田淸隆·井上馨 亦皆見之乎

使曰 幷見之井上馨 方出使西洋各國 五六年後 可以歸來云矣

上曰 何以爲六七年之久也

使曰 蓋欲學器械云矣

上曰 所學何器械

使曰 無技不學矣

上曰 西洋各國中 何國最有才云乎

使曰 利爲最云矣

上曰 其外他處則何如云耶

使曰 未能悉知矣

上曰 米利堅 在於何處

使曰 在西洋之西 東洋之東矣

上曰 火輪 始於何國耶

使曰 始於米利堅云矣

上曰 器械皆何處所出 而日本今爲學得云耶

使曰 各國器械 皆已學之云矣

上曰 才旣精妙 學又勤孳 若是其易得耶

使曰 果然矣

上曰 此外 又有可聞可見之事耶

使曰 雖有可聞可見之事 未嘗一番質問也

上曰 此亦善處者也 其兵可爲幾耶

使曰 似不甚多也

上曰 招募甚多 廪況 皆從何處出 而如是爲之乎 土地所出 則必無加多於前矣

使曰 聖敎當然矣

上曰 鰕夷國地 幷皆有之云耶

使曰 果然云矣

上曰 其地似有王者 而地爲幾許

使曰 可方千里云矣

上曰 得其地幷作田畓云乎

使曰 云然矣

上曰 凡用器械 皆能精利 而敎鍊之法 則亦皆嫺熟乎

使曰 果嫺熟矣

上曰 銃之長短何如 而非盡六穴銃耶

使曰 六穴銃 未及見之矣

上曰 以今所見 則可謂富强之樣乎 其所謂附庸之國 卽鰕夷國耶

使曰 然矣

上曰 鰕夷今旣無幷 則鰕夷 只得耕于其土耶

使曰 鰕夷 似皆逃散云矣

上曰 方假量爲幾許

使曰 亦可方千里云矣

上曰 三節目 則更不提說耶

使曰 未及問之 而彼人於議論 甚爲秘密矣

上曰 彼國官制之等級 不用品字 而用位字 曰一位·曰二位云 然否

使曰 正位之稱 未嘗見之 而其官亦從一位云矣

上曰 然則宮本小一 是我國之幾品 而彼國之幾位乎

使曰 彼國之四五位 而卽我國之從二品矣

上曰 黑田淸隆 則爲幾位乎

使曰 不過三四位矣

上曰 彼之正二位·從二位 俱爲何官乎

使曰 似皆爲大臣矣

上曰 大臣爲幾人

使曰 可爲四五人矣

上曰 此外更無詳知者乎

使曰 更無可達者矣

上曰 當此盛熱 無事往返 尤爲可幸

使曰 罔非王靈之攸曁矣

上曰 火輪船雖其迅捷 而不能逆水逆風 還來時則遇風 似尤爲難也

使曰 幸而免難也

上曰 去時則何以得其速也

使曰 遇順風也

上曰 水行幾日 陸行幾日

使曰 水行甚多 陸行只一日也

上曰 所經諸處農形何如湖西之農何如

使曰 嶺南·湖西統計移秧 無過三分之一矣

上曰 農形恐有不成之慮 念及民情 誠極溜悶 而如此亢旱 近來初有 尤所憧憧者也

上命賜修信使及承史湯果 修信使與承史 秖受食之以後 還伏如前訖

上曰 往來時 見倭館乎

使曰 未嘗見之矣

上曰 倭館非其歷路乎

使曰 非歷路也

上曰 彼國接待 可爲幾日耶

使曰 都不過五日供矣

上曰 不有爲設飮食者耶

使曰 或有之矣

上曰 日本日熱 比我國何如 自此而東南則海島中也 似應少熱耳

使曰 日熱似不甚矣

上曰 對馬島非大島 而大島則何處是耶

使曰 長崎島薩馬島兩處 皆大島云矣

上曰 其地方爲幾許

使曰 長爲四千餘里 廣爲九百里矣

上曰 倭是如稱倭奴國者耶

使曰 然矣

上曰 今已廣大矣 論其周廻 則過於我國 曾不圖日本之爲大至此矣

使曰 其國之人 尙言百濟矣

上曰 何由其尙言之乎

使曰 百濟時 曾以經傳及樂律給之 故感而悅之 至今稱之云矣

上曰 卽今所用者樂 是百濟之所給云乎

使曰 經傳尙傳 而樂則全用洋調矣

上曰 今番之行 譯官及下輩作弊 其在所厚 容或寬恕 而至於倭國之此使 如有從者之作弊 則必有彼人之笑 而我國所羞也 今行之無弊還來 尤所可幸處

金綺秀(1876. 7. 31/高宗十三年六月十一日)

수신사 보고서

臣於四月初四日 辭陛 二十九日自釜山浦乘船 五月初七日到江戶 二十七日離發 閏五月初七日還泊釜山浦 計往回道里 水路九千八百里 陸路二百二十里是白乎所 謹掇拾彼地聞見 庸備乙覽是白齊

一 往返程途 已具原狀是白乎所 釜山至長門州 大洋中波濤稍險 長門至神戶港 海之小者 而彼所謂江也 波平浪穩 神戶至橫濱 有遠江州地方 亦無邊大洋 波濤之險 甚於釜山長門之間 彼人亦以爲險者也 歸路過相模州 忽遇大風 舟幾傾覆 舟中之人 無不暈倒 不得已退行二百六十里 過赤間關 又大風 風浪捲起 直拍船上 時又黑夜 風聲浪聲 器物跌碎聲 雖彼中船格 亦皆驚眩失色 較之前尤加幾分罔措 又不得已退行三百餘里下碇 過夜遲明行船 風猶不順 又迂路由對馬島而返 此皆遇風而然也 往返無過一萬二十里 幷前後迂回 可爲一萬二千餘里是白齊

一 山多明媚 水少漣漪 蓋海中之山 類皆平遠蘊藉 而海邊之水 不得澄淸寒冽也 自赤間關至江戶 所見之山 一例婀娜 無險怪戍削之氣 富士山之高 箱根嶺之險 曾前信使之所目擊 而今此水陸異路 惟於海上 時望富士山皓然白色 出沒雲間 蓋山上積雪不解 至六月始消云 下陸後處處園林相望 一水一石自在布置 窈窕可愛 自橫濱至江戶之間 有品川者 大海中 有七八墩臺是與洋人接戰時 特設放大砲者也 船多貯石 石重船沈 沈船不已 乃成墩臺云 其功力亦甚宏大是白齊

一 人物 二男而三女 女多艶冶 男悉俊俏 所至塡街塞巷 日所見 不下數千萬而無一跛躃殘疾之人 無一襤褸顚頷之人 言語侏離啁哳 雖不可解聽 而舌頭流利 口角伶俜 如孩兒逞癡 而見人色喜 恒帶笑容 所以別無可憎可惡之人是白齊

一 地接大海 多雨少晴 雨亦頻雨易霽 風則無小障礙 故凡亭榭廟宇 稍爽塏處 輒衣冠飄拂 淨淨不可以久留也 所以留館之時 爲五月旬念間 而日候不甚熱 上下老少 夜皆挾衾 泉性痿弱 地氣沮洳 而凡築室除道 類皆先取水邊小石 鋪作地平 然後以土掩之 故一雨纔過 道路乾淨 庭戺整楚 大道上往往坎地以井字板扉 階地而蓋之 似是隱溝去穢之所也 其規撫大率如此是

白齊

一 江戶之城 週廻可六七十里 壕塹深廣 城無譙樓 而有連抱之木 交掩蒼翠 每見城上生樹 樹大城坼 而此則不然 似反藉此爲固也 外城多無門 門毁而不設 未可知也 每有雉城 城內又有中城內城 內城之內 又有內城 則其所謂皇宮也 城凡四重 皆有壕池 一如外城 城有門 必外單而內重 外門無樓內門有樓 城以石築 下豐上銳 門皆方板 不環其竇 其皇宮之內 有一懸橋長可四五十間 廣可三四間 鐵絚而度其下 直掛于兩邊長棚 又垂而下之 鎖固于地 過其上如步虛梯 大抵橋皆木造 圍欄架梁 無非木也 純石之橋 不見幾處是白齊

一 宮室之制 公私貴賤 大同少異 瓦多用雌 一邊曲頭 一邊平頭 中如四破之竹 曲頭向右 平頭向左 鱗而鋪之 自然妥帖 無少罅隙 自下達上 由是鱗鋪然後脊用雄瓦鎭之 縫合處 輒用灰縫 厚如繩索 瓦青灰白 白多青少 一望皓然 屋皆層樓複閣 一屋而入 外軒中廳 外堂內室 複道而通之 涼隔而障之 衆隔齊撤 外內洞然 雖三層重屋 無厚柱大樑 立一柱安一梁 層層結搆每一室前面涼隔 或以紙或以玻瓈 外又有板隔 夜則障之 背分兩架 一爲臥床 一爲壁欌 下懸板以置物也 臥床之壁 必掛書畫障子 床上古銅甁或磁畫甁 盛揷各樣花草 家家盡然 大凡屋制一從洋規 其國古制 槩用木片鱗鋪或用茅 蓋厚可一二尺 一刀翦之 無少參差 而雨洗風磨 不朽無敗 可見掩蓋之工 而居處之精也 然其古制 或於村野見之 石垣土墻 亦必雕鏤 而公私第宅 槩不多有 多以木柵爲圍 或以鐵爲柵 至於菜田果圃 亦必木片竹枝正方爲籬 不少斜欹 田間畦塍 川邊柵欄 井井有度 毫釐不亂 可念其精細無比是白齊

一 其所稱皇帝 年方二十五 中等身材 面白微黃 眼有精彩 天然標緻 自親務以後 勵精圖治勤勤不怠 關白可廢則廢之 制度可變則變之 襯脚之袴 半身之衣 可以利於用軍者 雖洋人之服 一朝舍舊而從之 不少持難而人莫敢有異言 至於舊關白 方以從四位 食廩居江戶 亦不敢有怨尤之色覬覦之意云此人旣不可責之以諸夏之君 則斷髮文身 雕題漆齒 亦無愈乎洋人之服也以此易彼 不足深較 槩其英明勇斷 任賢使能 似多有可取是白齊

一 官職尊卑 未始不截然 而禮數則闕如 下之所以施於上 上亦以之施於下 兩相脫帽 兩相稽首 甚至此屈彼叩 見甚駭然 然一有差誤 少不容貸 太正府卽其最尊奉 而卿以下有罪 正府直治之 故卿以下 亦奉行惟謹 不敢有違越所以賤役於貴 下事其上 不以禮數之簡 而有所或忽是白齊

一 政令 專主乎信 尋丈之木 可賞則賞 其所謂學校敎人之法 士大夫子弟以及民之俊秀 自七八歲 敎之學書習字 初敎日本字 次敎漢字 至十六歲 不復使之讀經傳 大而天文地理句股之學 小而農器軍器圖形之說 眼閱手調 未之暫掇 以至女子 亦有學校 大之天地兵農 小之詩文書畫 皆專一藝 天下各國之人 皆以領事官來留 亦必館穀而師其術 厚其禮而卑其辭 要以盡其技而利其器 亦自遣人各國 以盡學未盡學之術 處處造火輪船·火輪車 敎人遠販賈 要以盡其力 而利其貨 君臣上下 孜孜爲利 以富國强兵爲急先務 蓋其政令 似出於衛鞅遺法是白齊

一 其俗 始焉尙神 繼而尙佛 神佛之尙爲其舊俗 近日則一切反是 神堂鞠爲茂草 僧徒類皆流離 以爲淸寂虛無 無益於實事云 此猶可尙 而學問則漢儒宋賢 並行不悖 而猶共尊夫子之道 卽其舊俗 而今焉經傳文字 弁髦而庋閣之 惟日孜孜功利之書 故其中有識之論 亦有嘘唏而慨歎者 至於奇技淫巧 目視而不能悉 口傳而猶未詳 非直舟車之有火輪 火輪一設 攻金攻玉之器 治水治石之材 方圜鉅細 大小精粗 無不取齊於火輪 一火輪而天下之能事畢矣 處處設精造之局 人人習利器之術 燭照數計 實不可以盡其方是白齊

一 一國之都會不直一二 而就其江戶也橫濱也神戶也赤間關也 皆所目擊是白乎所 閭閻之盛 市肆之豐 初見而壯之 容或無怪 而屢見中國之人 亦以謂殷富過於中國云 自新橋至江戶一十五里 江戶四距一二十里外 閭閻市肆 撲地櫛比 無一閒地 博物之觀 淺草之寺 殷彝周鼎 秦甎漢瓦 珍禽怪獸 奇花異草 亦無物不有 其殷富 可謂無比 而亦時時有夸耀之態 此其衒奇會之餘習是白齊

一 其所素畜之兵 江戶城中廩養者 爲七八萬 其餘自陸軍之省海軍之省 日抄兵不已 無不精通器械 諳鍊師律 坐作進退 無可違令 馬皆項高脛瘦 矯逸騰踔 有一蹴千里之勢 船卜用大砲 車上亦用大砲 用砲之法 亦全用機輪 見賊東西 砲隨而指 手忙脚飛 毫釐無差 有此强兵 有此利器 而猶勤勤孜孜 惟日不足是白齊

一 其所謂富强之術 專事通商 商不專利 必有去來 此去商彼 彼來商此 則今日本通商各國 厥數甚夥 去商而來者 日本一國 來商而去者 天下各國 而日本所產必不十倍於前 則生之者一 耗之者衆 物價騰踊 勢所固然 於是日造錢幣而當之 錢賤物貴 必敗之道 況無技不巧 無藝不精 奪盡造化 無復餘地 外樣觀之 莫富莫强 如右所陳諸條 而陰察其勢 亦不可謂長久之術是白齊

(2) 관세와 공사 주경(駐京)

宮本小一, 野村靖(1876. 3) ➡ 寺島宗則

조선에 파견할 공사 등급에 관한 보고

朝鮮國接見大官申櫶え條約未整前下官應接の節日本より可差出公使の談に及候彼の望は公使を都下え差置すら甚畏懼する情なきにあらすもし右公使國書を帶往し來る時は朝鮮國王え謁見を乞ふべし又は國王の答書を要すべし或は朝鮮より日本え出す公使其國王の國書なかるべからす然るに自ら王と稱し日本帝へ書を送るは更に忌諱する處なれは此一條彼れは殊の外憂慮する趣屢申聞候依て公使を互に派遣する手續等いさゐ承知いたし度旨彼の尋に從ひ我より答曰外國へ公使を出すに凡三等あり第一を全權公使と云第二を辨理公使といふ共に其國王の親書を帶往して駐箚の國主へ謁見を乞右親書を手渡しになす手續なり第三等は代理公使と稱す是は自國外務卿より駐箚すべき國の外務卿へ書簡を齎らし往き直に是を其外務宰相へ渡して其國主へ表立謁見を乞ふ事なし然し交際事務を所分するに至つては三等とも異る事なしと相答候處彼又問貴國より朝鮮へ派遣せらるゝ公使は何等なるべき哉願くは貴國外務卿より禮曹判書へ書簡を送らるゝまてにして爲濟度とのこと申聞候間下官答曰今より何等公使を貴國へ可派出との約束はいたし難けれとも貴國にて斯く迄國書往復を被嫌候事ならは當分の間は可成國書往復等の手數を省き候樣拙者共外務省へ歸り申立置へし且公使の儀は高官の者を互に派出するを其國を敬禮する事と相成居候得共高官は隨て隨員等も多く入費相增候故何れの國にても可成は次官の方を派出して事を爲濟度と思ふは常情也貴國は我隣邦にて交際事務も多けれは高官を出すへき筈なるに多少差支有之譯に候はゝ代理公使又は理事官にて當分の間爲濟候事は必す相叶ひ候事なるへしと相答候處左候得は大に重疊也何卒右等の處にて御周旋有之度候且又貴國外務卿より禮曹判書へ差越さるへき書簡は何樣の事なる哉一向心得さる事に付右も兼て承知いたし置度と申聞候間下官の答に右文體固より一定したるものあらす然れとも意味は大抵心得居候間假りに作文して可差示候とて別紙文案さし示候處殊の外悅喜の樣子にて凡右文案の體に候はゝ惣て都合よろしき旨申聞候此段兼て上伸いたし置候也

明治九年三月

宮本大丞

野村權大丞

寺嶋外務卿殿

日本國外務卿某謹ンテ書ヲ朝鮮國禮曹判書閣下ニ呈ス曩ニ兩國ニテ取結ヒタル條約ノ旨趣ニ隨ヒ今般我政府何某ヲシテ日本代理公使ノ職務ニ任シ貴國都府ニ派遣セシム此者ハ從來忠勤特亮ノモノニシテ能ク兩國交際事務ヲ辨理スルニ適當ノ者ト存候條貴國政府ニテモ右ノ者ヲ御信認被下交際事務ニ付同人ヨリ申出候諸件ハ摠テ相當ノ御接遇ヲ以テ御採聽有之候樣祈望イタシ候玆ニ乍序貴國ノ平安ヲ祝シ且閣下ノ健康ヲ賀ス敬具

【漢譯文】

日本國外務卿某謹致書

朝鮮國禮曹判書某閣下我政府遵議立和約之旨命代理公使某派遣于貴國該員忠直有才幹克適其任望貴政府幸諒斯意信遇該員兩國交際事務一切與該員商量其有所陳請特賜聽納爲此耑佈順祝兩國平安并頌台祉不宣

黑田淸隆 等(1876. 4) ➜ 三條實美

조일수호조규 후속 조처에 관한 상신

太政大臣　三條實美殿

特命全權辨理大臣　黑田淸隆
特命副全權辨理大臣　井上馨

朝鮮國條約履行之目的

朝鮮國ノ儀維新ノ報知ヲ擯斥セシ以來頗艱難ノ交際ヲ爲スニ至ル朝廷下官等ヲ派遣シ舊交ヲ重修シ盟約ヲ結ハシム幸ニシテ彼亦我意衷ニ應シ既往ヲ謝シ修好條規ヲ結ヒ同國ノ事件是ニ於テ一段落ヲ成シタリ就テハ同國將來ノ交際ハ此時機ニ當リ篤ト廟議ヲ盡サレ目的確立ノ上御着手相成度事ト存候也如何トナレハ下官等彼實地ヲ閱スルニ所見纔ニ外面ノ一部分ニ過キスシテ一般ヲ概論シカタシト雖トモ要スルニ上下貧困到處寂寞タル部落アル而已彼ト强テ貿易セント欲スルモ貨幣アル無ク産物一ノ貴重スヘキナケレハ至急繁盛ノ互市ヲ開ク時ニアラス然ルニ今ヨリ三所ニ開港シ各領事ヲ派出シ彼亦稅關ヲ設立シ貿易事務官ヲ置ク等雙方多少ノ體裁ヲ備ルハ既約ノ事トハ申ナカラ兩政府共徒ラニ煩擾ト費用トヲ增生スル而已ニテ結句方今ノ緊務ニ有之間敷ト思考候條先差向釜山一港ノ陋習而已改正シ其餘ハ在來ノ形模ニ隨ヒ較潤飾ヲ加ヘ對州及內地人民等些少ノ物品取引ニ付差支ナキ程ノ章程取設ラレ彌內地人民彼ト貿易スルノ便法ヲ考出シ物品盛ニ出入シ其勢他ノ二口ヲモ開市スルヲ希望スルノ時節ニ至候ハヽ先咸鏡道ノ方ニ一口ヲ定メ傍魯領ポシエツト港ヘ通商ノ便ヲ爲スノ地ヲ與ヘ領事モ夏天ハ該港ニ派出シ冬天ハ歸國スル等ノ方法ヲ設ラレ右二港ニテ猶不足シ我人民彼南海地方ノ互市モ開カント欲スルノ勢ニ至リ候ハヽ更ニ彼政府ニ申入レ南方沿海ニテ一口ヲ開カシムルノ順叙ニ取極置先ツ數年ノ間ハ彼我貿易ノ形況及西洋各國朝鮮ヘ對スル如何ヲ視察シ同國政府ノ方向モ彌開明ヲ欽慕スル歟又ハ依然舊套ヲ墨守スルカ否ヲ熟考シ何事モ當分ノ內ハ更張セサル方ニ御廟算ヲ定メラレ候ハヽ獨リ費用ヲ省ク而已ナラス百事都合可然ト存候尤第十一款六ヶ月中雙方委員ヲ派出シ貿易章程等ヲ會商セシムル一事ハ右

期月ヲ失ハス派出セラレ候方可然候此員ハ先釜山ニ駐留シ篤ト從前兩國人民貿易ノ始末ヲ取調サセ其要旨ニ據リ章程ヲ編制スル方實地適要ノ條案ヲ作成スルニ至ル可ク候其他新條約ノ各款ニ付現今施行シテ可ナルヘキ廉ト暫ク延期シテ可ナルヘキ廉トモ逐件ノ見込左ニ陳述候條猶篤ト御賢考有之度候也

一 十五ヶ月後公使派出ノ事

方今兩國交際事務稀少ニ付十五ヶ月ノ後ト雖モ今日ノ如キ形勢ナル時ハ公使派出ニ及マシク候モシ臨時派出セサルヲ得サル緊要ノ事務有之節ハ代理公使ニテ足ルヘク候辨理公使以上ニテ國書捧呈等ハ彼レ現今嫌惡スル禮典ニ付彼ノ自解スル迄ハ代理公使ニテ濟マセ置方ナルベシ理事官ノ名義ハ彼何タルヲ解セス却テ卑等ノ官ト見做シ交際ヲ商議スルニ不都合ナルヘク依テ此官名ヲ用ヒサル方可然候

一 管理官派出ノ事

釜山ヲ初嗣後開クヘキ二口共該地ニ居留スル日本人ヲ管理スルハ領事官ノ名ヲ有セストモ其時宜ニ隨ヒ差支ナカルベシ故ニ條約文中領事ト指名セス然シ當分ノ內京城ヘ公使ヲ派出セサル時ハ在釜山ノ官員ヲシテ隱然兩國ノ交際ヲモ管領セシムル場合モ可有之ニ付奏任官以上ノ官員撰擇シテ派出ノ方可然候

一 草梁公館ノ事

從來草梁公館ノ儀廣大ノ地所ヲ圍込無地代ニテ宗氏ノ祖先ヨリ借受來候[彼ヨリ地所ヲ讓リ受タル說アレトモ確證ナシ]此公館內對州人民ノ居宅モ有之一箇ノ城廓ニ類似スルモノ也然ルニ新條約第九款ノ趣意ニ隨ヒ各自人民寬裕貿易ヲ營ムニ至リテハ最早無用ノ館地トナル也故ニ此儘保存シ置モ廨署修繕ノ費用ハ勿論朝鮮政府ヲシテ周圍ノ束縛ヲ放解セシムル期ニ不都合ナルヘシ依テ領事館等ニ用ヘキ部分ノ外官舍ハ廢撤シ或ハ彼ヘ返却シ地所モ不用ノ分ハ彼ヘ返地シ我商民後來居留ニ便ナル地勢ノ地所ハ地代ヲ定議シ新ニ借受ル方可然候尤委曲ハ其筋官員實地ニ付措辨ノ件々伺出ノ上ニテ取計ハセ度候也

一 從前慣例廢止ノ事

宗氏歲遣船公貿易等ノ事ハ條約面既ニ廢止シタリ但從前對州人民朝鮮人民ニ對シ商法上其他共欺罔貪慾或ハ强壓ノ風習アリ[斗量ヲ二樣ニ製シ或ハ故漂シテ米粮ヲ貪リ取ノ類]此積弊今以痼疾トナリ容易ニ改正シカタキ件々有之趣ニ候此惡弊一洗セサレハ朝鮮官民ヲシテ新條約ニ從ヒ面目ヲ一新セシムルノ期ナカルベシ故ニ此地ニ限リ當分ノ內禁令ヲ設立シ犯禁ノ者ハ該地居留官員速ニ懲罰ヲ施シ追々內地人民輻湊ノ節右惡弊ニ傳染セサル樣前以取締改正ノ御處分有之度候也

一 二口發見ノ事

二口發見指定ノ儀ハ我ヨリ着手スルノ順叙ナレトモ港口ノ便利而已ニテ內地運輸ノ不便ナル地勢

ニテハ後來別シテ貿易ノ盛衰ニ關係スル義ニ付追々時節ヲ謀リ彼ノ政府ヘモ協議シテ其筋官員彼内地ヲ經過シ開港場ヘ輸出ノ便否ヲ地勢ニ就キ取調サセ候ハヽ較良港ノ目的モ可相立候尤測量船ノ儀ハ本年暑天ノ候ヨリシテ先ツ肝要ノ地各所ヲ概測シ良港發見ニ至リ候ハヽ其所ノミ精測シ報上スヘキ旨其筋ヘ御下命相成度候事

一今度應接ノ節咸鏡道ノ沿海ニ一良港有之地圖ニ就キ點檢スル處永興府ノ附近ニ相見候ニ付永興府ノ海港ト指名シテ彼ヘ申入候處該地ハ朝鮮祖先ノ陵廟アルノ地ナレハ開港ニ差支ルノ旨ヲ以彼同意イタサズ候依テ暫ク地名指定ハ相止メ候得共其後同國人ヨリ承ル處ニテハ右海灣中元山津ト稱スル處頗良港ニテ永興トハ距離有之由ナリ然レハ我望ム處彼拒ム處其意互ニ齟齬スル歟モ難計候何分實地檢查セサル間ハ發輝ト難相分候此咸鏡道沿海ハ前述ノ意味モ有之先以本夏此一港而已指向測量ヲ命セラレ實地審檢相成候ハヽ政府御考案ノ基礎速ニ可相定ト存候事

附言朝鮮海岸測量ノ儀ハ前以其地方ヲ概定シ在釜山外務官員ヨリ彼ヘ右地名ノ概略ヲ指示シ置且測量船モ日本外務卿ノ公證ヲ帶往シ測量ノ前右公證并船長ノ名等彼ヘ差示シ彼國耕農漁業等ニ差支不相成場所ヨリ測量致サセ度其他別段嚴密ノ條例ヲ附與セラレ成ルヘク溫和ヲ主トシ粗暴ノ處置無之樣命セラレ度彼國ヨリモ昨年ノ如キ暴擧ハ再度有之マジク候得共同國政府ヨリ全國海岸ヘ號令徹底ノ有無難計ニ付此方ヨリハ惣テ平和ヲ主トシ萬一彼傲慢粗忽ノ擧アル時ハ委曲ヲ具上シ其場ニテ懲治ハ決シテ相成ラサル旨等嚴令相成度候且外國人ヲ測量ヘ乘組セ候儀ハ可成差止度儀ニ候得共測量學科上是非不召連候テハ差支候儀ニ候ハヽ海軍省雇英人ゼームスハ其人物モ宜敷韓人ニ對シ不都合ノ擧動有之間敷候ニ付同人ヲ召遣ハサレ度候尤同人ト雖モ彼ヨリ見ル時ハ西洋人ニ付又々疑惑ヲ生スヘキモ難計候ニ付成ルベク韓人ノ目ニ觸レサル樣無用ノ地ヘ上陸遊步スルハ差控ヘキ旨兼テ命セラレ度候事

一 困難救助ノ事

困難救助ノ事第六款所載從前ノ成規ト抵觸スルノ件無之候得共猶其筋ニテ取調長崎縣ヘ漂民引渡方等今一應御布令相成度候且彼國ヘモ照會シ我漂民ヲ待スル或ハ厚キニ過キ又ハ苛酷ニ失スル等不都合ノ處置モ有之趣ニ付右等モ改正相成度候事

一 測量圖誌ノ事

朝鮮人測量ノ何タルヲ知ラス圖誌ノ要用何タルヲモ辨知セス徒ラニ我測法ヲ疑惑スル而已依テ今般江華港口并從前各所ヲ測量セシ諸圖共海陸軍省ヨリ至急取調差用サセ并外國人ノ測量圖ヲモ取集メ追テ通商章程ノ爲往議ノ官員齎ラシ往テ彼ヘ相渡シ嗣後彼ノ安心ヲ得セシメ候樣相成度事

一 通商章程等議立ノ事

商議ノ場所ハ江華府ニテ可然候尤彌被差遣候節右場所并人名等彼ヘ先報イタシ彼レモ江華ヘ出張迎接ノ運ニ相成候樣爲致度候右派出ノ官員ハ海軍省ヨリ測量旁軍艦差廻シ右ヘ乘込出張シ聊護衛兵モ附從セラレ商議決定迄ハ少シク兵威ヲ示サヽレハ彼亦怠慢ノ心ヲ生シ急速ニ一定シカタカル

ベクト存候且右章程又ハ細目共前文概陳スル如キ形勢ニテ今ヨリ充分ノ條規ヲ備ヘ候共却テ實際ノ用ヲ成スヘカラサル歟ニ思考候條先從前兩國輸出入ノ諸品ニ付キ見込ヲ定メ彼國ニテモ稅關官吏等多員ヲ置スシテ辨了スルノ方法ヲ設立シ且貿易ノ形況ニ隨ヒ次第ニ章程ヲ何時ナリ共雙方協議シテ追加又刪正ヲ成シ得ヘキ約束ヲ立後來ノ餘地ヲ保存シ置候方都合可宜候尤右章程又ハ細目ノ件々ニ付接見大官申櫶ヨリ外務大丞宮本小一權大丞野村靖ヘ申聞候件々モ有之右ハ下官等公然承リ及候事ニハ無之候得共彼地ノ事情ヲ酌量スルノ參考ニ可相成ノ廉モ有之候條右書類別紙ニ附錄イタシ置候其筋ニテ章程等取調ノ節御下附相成度候且右章程案取調出來候節ハ一應下官ヘモ御垂問相成候ハヽ猶愚見上陳可致候一體朝鮮ノ貿易ハ從前對州人民而已ノ取引ニ付長崎縣官此地ニ出張聊輸出稅ヲ收メ來リタル由ナレトモ嗣後全國一般ノ人民朝鮮ヘ往航シ貿易ヲ成シ得ルニ至ル時ハ一々對州ニ至リ輸出稅ヲ收ムル如キ窮屈ノ法ニテハ第一倭船不便ノ帆具等ニテハ釜山等ヘ航着ニ時機ヲ失フ而已ナラス風波ノ難モ少ナカラス依テ以來ハ右ノ方法ヲ廢止シ日本形西洋形ノ船ヲ論セス惣テ政府ヨリ平素船籍ヲ附與シ置レ該船ニ積載スル諸荷物ハ船主必ス積荷目錄ヲ所持シ目錄ナクシテ積荷スル事ハ內地ト雖トモ一切ニ禁止セラレ朝鮮發航ノ船ニハ必ス此船籍ト積荷目錄ヲ帶往セシメ若積荷目錄ニ遺漏ノ積荷アル時ハ政府ニテ其荷ヲ沒收スル旨布告ニ至リ候ハヽ故サラニ對州ヘ寄泊スルニ及ブマシク且從前收稅シ來リタル輸出物ハ稅額些少ニ付嗣後廢止セラレ當分ノ內朝鮮ヘノ輸出物品ハ惣テ無稅ニ定メラレ候方貿易催進ノ一端ナルベク候

依テ此段上伸候也

明治九丙子年四月

黑田淸隆(1876. 5. 25) ➞ 三條實美

통상장정심의위원 파견 및 조선 연해 측량에 관한 건의

五月二十七日熱海入浴先ヨリ進達

淸隆謹テ白ス伏テ惟ミルニ嚮キニ朝鮮國ト訂立セル修好條規第十一款ニ通常章程及ヒ條約中應ニ補添スヘキ細目ハ六個月ヲ出テス要員ヲ派出シ朝鮮國京城或ハ江華府ニ會シ商議訂立スヘキ旨ヲ掲載セリ夫レ兩國盟約ノ言ハ至大至重其訂スル所ノ期決テ違フ可ラサルハ固ヨリ論ヲ待タス況ヤ未開ノ國ニ對シテハ殊ニ信義ヲ重ンシ彼ヲシテ依違遷延ノ術シ用ユルヲ得サラシムルニ非レハ其能ク條約ヲ遵守シ永遠渝ラサルヲ保チ難シ今ヤ委員派遣ノ期漸ク迫ル然ルニ通商章程ハ其條目頗ル繁碎ニシテ詳密考査之カ爲ニ旬日ノ功ヲ費ササルヲ得ス而シテ又海路遼遠航程阻滯ノ虞ナキニ非ス萬一期ヲ愆ル有ラハ信ヲ外國ニ失ヒ其輕侮ヲ來ス其害豈ニ淺鮮ナランヤ宜ク今ニ及テ委員ヲ選定スヘシ且又彼國ノ沿海ヲ測量シテ其嶮易ヲ考究シ通商ニ便ナルノ地ヲ擇ヒ條約中二十個月ヲ期シテ開ク所ノ港口ヲ豫定スルハ今日ノ要務ナリ朝鮮ハ沿海危嶮ノ地多ク冬天激浪ノ時ニ當テハ航行不便ナレハ宜ク今ニ及テ軍艦ヲ發遣シ季節ヲ失ス可ラス彼國修信使モ不日來着ス可キナレハ前件今日ニ施行セラルトキハ亦以テ我ノ誠ヲ交際ニ盡シ信ヲ履ミ約ヲ守ルノ實ヲ表スルニ足ル尤モ事ノ宜キヲ得ル者トス凡ソ是等ノ事料ルニ閣下ノ既ニ熟思裁定スル所ナリ但淸隆前キニ該國ニ奉使シ關係ノ事件ナルヲ以テ默止スルニ忍ヒス敢テ鄙見ヲ上陳ス伏テ願クハ採納ヲ賜ヒ速ニ擧行セラレンコトヲ恐懼再拜

明治九年五月二十五日　　　　參議黑田淸隆

太政大臣三條實美殿

寺島宗則(1876. 6. 3) ➞ 三條實美

공사 주경(駐京) 문제 및 통상장정 협상에 관한 3개 안의 제시

朝鮮國修好條規第十款[十一款]ニ兩國既ニ通好ヲ經タレハ別ニ通商章程ヲ設立シ兩國商民ノ便利ヲ與フヘシ且現今議立セル各款中更ニ細目ヲ補添シテ以テ遵照ニ便ニスヘキ條件共自今六箇月ヲ過スシテ兩國別ニ委員ヲ命シ朝鮮國京城又ハ江華府ニ會シテ商議定立セン云々ト有之依テ別冊修好條規附錄案壹本貿易章程案壹本取調差出候元來宗氏廢藩後ハ別紙丙號輸出入表ノ如キ微々タル貿易ニ有之貧困無産ノ朝鮮國向來貿易催進ノ目的難相立候加之目今迄ハ對州人民ニ限リ專貿易ヲ許シ有之候得共向後ハ日本全國ノ人民何レノ港ヨリ發船シテ彼國へ往キ彼國ヨリ歸船シテ我何レノ港ニ入ルモ隨意ノ事ニ相成候得ハ

註　朝鮮ノ交易ハ蒸氣船ハ勿論西洋形ノ風帆船ニテモ費用多分ニ相掛リ其所得ヲ償フニ足ラス故ニ日本形商船ヲ以簡易素質ニナシ往返セサレハ貿易ノ利潤ヲ得カタキナリ此日本船ヲ以往復ノ間必ス長崎又ハ對州へ寄泊シ輸出入稅ヲ收ムル如キ拘束法アリテハ帆船風便ヲ失フ而已ナラス時日ヲ空過シ且稅額ヲ課セラルヽヲ恐レ彼地へ前往ヲ好ムモノ增殖セサルヘシ

收稅スルノ場所難相立ト存候且輸出稅ハ各國貿易品スラ是ヲ廢止シテ我作業ヲ催進セント欲スル時勢ニ付朝鮮輸出稅ハ今ヨリ無論ニ是ヲ徵セス彼國ヨリ輸入シ來ル物品ト雖少數且多クハ實用品ニテ國害トナルヘキ物品無之候條是亦數年ノ後迄ハ無稅ニ差定メラレ曾テ黑田井上兩大臣獻言ノ趣意御採用相成候方可然ト存候尤右ノ外對州人民同州所產ノ米麥ニテハ不足ニテ年々支給ニ差問候趣ニ付宗氏公貿易ノ例ニ倣ヒ數年間日本銅錫等ヲ以彼ノ米木綿ニ交換スルノ道ヲ開キ對州人民ノ困迫ヲ救度ト存候依テ右條陳書丁號附上希高議候右ハ來七月中ヲ出スシテ我ヨリ再度出張商議ノ約束ニ有之右約信ヲ失ワサル爲本月初旬中ニ何分ノ御指令相成度候依之此段上伸候也

明治九年六月三日

外務卿 寺島宗則

太政大臣　三條實美殿

（朱書）
「伺之通

明治九年六月十九日」

太政大臣三條實美印

寺島宗則(1876. 6. 13) ➞ 金尙鉉

宮本小一의 경성 파견 통보

관련문서 金尙鉉의 회신

以書翰致啓上候然ハ今般我皇帝陛下ハ外務大丞宮本小一ヲシテ理事官トナシ貴國京城ヘ前往致サセ候右ハ修好條規第十一款ノ趣旨ニ因リ兩國間ノ人民通商ノ爲要用ナル各章程及ヒ修好條規中ノ條款ニ基キ更ニ委曲ノ件件ヲ約束辨理スル爲ニ派出候事ナリ就テハ貴朝廷ニテモ右商議決定ノ權アル貴官ヲ簡ミ同人ヘ對シ御接遇有之度候敬具

明治九年六月十七日　　大日本國外務卿　寺島宗則 (印)
大朝鮮國禮曹判書 金尙鉉 閣下

【漢譯文】

玆爲照會者 我朝廷以外務大丞宮本小一 爲理事官 前往貴國京城 有所辨理 卽據修好條規第十一款內 預經揭載 更議立通商章程 約束兩間人民 且條規內 應補添細目 以便遵照也 貴朝廷亦使貴官 有權可決定者 會接面商則幸甚 敬具

明治九年六月十七日 大日本國外務卿 寺島宗則 (印)
大朝鮮國禮曹判書 金尙鉉 閣下

【관련문서】

禮曹判書答修信使回便帶來外務卿書

大朝鮮國禮曹判書金尙鉉奉復大日本國外務卿寺島宗則閣下謹玆回照者我朝廷特派禮曹參議金綺秀前往修信聞抵貴國禮遇過隆兼荷愛護之盛誼利涉曾溟

式遄竣還感戢甚大所付書契炤悉而條規議定事貴朝廷理事官今將踵臨忻接爛商俾便兩間計也敬具

丙子七月 日

三条実美(1876. 6. 28) ➞ 宮本小一

조일수호조규부록 협상 지침

外務大丞　宮本小一

訓條

一 日本人ノ遊步規程十里ハ彼モシ多少短縮センヲ求ムル時ハ五里迄ハ許諾スヘシ

一 朝鮮人民日本ニ渡來スルノ件附錄案ノ如ク記載スルヲ欲セサル時ハ暫ク此條ヲ削去ルヘシ

一 彼ヨリ耶蘇教ヲ彼國人ニ傳播スルヲ禁シ及ヒ他ノ外國人日本人ノ籍ヲ借リ朝鮮各港ヘ居留商賣スルヲ禁スル等ノ條款ヲ加入セン事ヲ請フトモ之ヲ許諾スヘカラス然トモ若シ之カ爲談判整ワサルノ場合ニ到ルトキハ理事官ノ名ヲ以テ別ニ書柬ヲ作リ其請求ニ應スルモ妨ナシ

一 朝鮮官員貿易ノ爲朝鮮人民ヨリ賄賂ヲ求メ又ハ專賣ヲ許シ或ハ重稅ヲ課スル等ノ事アリト聞猶釜山ニ到リ實際ヲ審問シ果シテ然ラハ此弊害ヲ救ヒ貿易ノ妨トナラサル爲ノ要領ヲ約束シ置クヘシ

一 兩國男女姦通律ヲ設ケン事ヲ彼ヨリ强請スルモ我邦既ニ一定ノ律アリ今是ヲ變通スヘカラス然レトモ彼國一方ニテ其國民ヲ禁止セント欲スル爲國律ヲ立ルハ其意ニ任スヘシ

一 彼我漂流人民ヲ救援スル爲ノ經費ハ兩國相互ヒ支給シテ其償還ヲ求メサルハ普通ノ常理ナレトモ朝鮮人民ノ我レニ漂流スル每歲比々トシテ絶ルナシ我カ人民彼ニ漂往スルハ僅々ナリ且彼邊民粮食足ラサル時ハ故漂シテ救活ヲ求ムルノ意ナキニアラスト然レハ是等ノ煩雜ヲ免カルヽ爲漂民ヲ救活スル時ハ相互ニ相當ノ補償ヲ約スルモ亦當然ノ理ナリ條約議定後別ニ此事ヲ約シ置ヘシ

一 淸國北京ト朝鮮京城トハ陸地來往シ得ヘキ地ナレハ兩國ヘ派出ノ我官員時トシテ兩都ノ間ヲ旅行シ得ヘキ爲朝鮮政府ヘ照會シ彼强テ是レヲ拒マサレハ約諾ヲ求メ置ヘシ

一 貿易ノ催進ヲ要スル爲彼我共ニ輸出入稅ヲ徵スルナシ是通商章程中ノ

要旨ナリ然レトモ朝鮮政府强テ收稅法ヲ今ヨリ起サント欲シ是ヲ肯諾セサレハ談判一決ノ場合ニ至ル能ワサル時ハ朝鮮國へ輸入品稅ヲ從價五分ヲ以肯諾シ是レニ從ツテ收稅法ノ一款ヲ通商章程中ニ加ヘテ事ヲ議スヘシ

一 貿易規則中左ノ一款ヲ加フヘシ進口出口ノ手數ヲ謝スル爲左ニ揭クル港金ヲ日本船主ヨリ朝鮮國官廳ヘ納ムヘシ

一 連桅檣ノ商船及蒸氣商船　　金五圓

木船附屬ノ小艇ヲ除ク

一 獨木檣船　　金貳圓

貨物五百石以上ヲ載セ得ヘキ船

一 同　　金壹圓五拾錢

貨物五百石ヲ載セ得サル船

日本政府ニ屬スル諸官船ハ港金ヲ出ス事ナシ

左ノ件々ハ彼强テ請求スルモ肯諾スヘカラス

一 日本金銀貨於朝鮮同國人民使用スルヲ拒ム事

但金銀貨ノ名ヲ以使用スルヲ拒ムトモ金銀塊モ貨幣ニ作リタル金銀モ日本物品タレハ輸入シテ物貨ト見テ韓人ト貿易スルヲ得ル理アレハ本文ヲ必ス條約面ニ揭載セサルヘカラサル件トナスニアラス然レトモ成ルヘキ丈ケ揭載スルヲ求ムヘシ

一 日本人民在韓中彼國人民ヲ使役ニ供スルヲ拒ム事

一 輸入ヲ禁セサル間ハ朝鮮人民我邦物ヲ隨意使用スル事

一 彼國ヨリ米麥ヲ輸出スルヲ禁止セント乞フ時ハ是ヲ許シ對州人民年來朝鮮米ヲ食用トスル便利ヲ失ワサラシメン爲彼承諾スルナラハ公貿易ニ似タル變通ノ方法ヲ試ムヘシ

以上數款ノ外我レハ以テ鎖末ノ事件ト爲スモ彼レニ在テハ關係少ナカラスト思量シ强テ約定ヲ要スル條款アラハ我國權及ヒ從來ノ外國交際上ニ害ナキ者ハ時宜ニ依リ彼ノ請求ニ應スルモ妨ナシ

明治九年六月廿八日

太政大臣　三條實美

寺島宗則(1876. 6. 28) ➡ 金尙鉉(1876. 7. 30/高宗十三年六月十日)

宮本小一 신임장

以書翰致啓上候然ハ我皇帝陛下ハ外務大丞宮本小一ヲシテ理事官トナシ貴國ニ前往セシム是ハ兩國交際ヲシテ益親和ニ至ラシムル爲メ修好條規第十一款ノ趣旨ニ隧ヒ兩國人民交際上ノ諸規則ヲ商議決定スルノ事務ヲ辨理セシムル爲メニ有之候同人ハ我皇帝陛下ヨリ充分ナル信認ト委任ヲ蒙ル者ナリ兩國間裨益ニナルヘキ事件ニ付彼カ陳述スル言ハ貴國政府是ヲ信用シ且余カ閣下ヲ恭敬スル意ヲ併セテ了知セラレンヲ祈望致シ候敬具

明治九年六月廿八日　　大日本國外務卿　寺島宗則 (印)
大朝鮮國禮曹判書　金尙鉉 閣下

【漢譯文】

外務卿差送理事官書

逕啓者 我皇帝陛下 以外務大丞宮本小一爲理事官 前往貴國 是事也耑要兩國交際益歸親和 乃照酌修好條規第十一款 另商議料理兩間人民交際上諸規則也 同氏夙蒙我皇帝陛下之信認 故今膺此任切望其所說述之事 裨益兩國間者 貴國政府信之而無疑 且併祈領余恭敬閣下之意 敬具

大日本國明治九年六月二十八日 外務卿 寺島宗則 (印)
大朝鮮國禮曹判書 金尙鉉 閣下

山之城祐長(1876. 6. 28) ➞ 東萊府使

宮本小一 파견 구진서(口陳書)

館長請轉申理事官前往京城口陳書呈東萊府使

我朝廷派理事官外務大丞宮本小一前往貴國京城一事貴修信使在我東京之日我外務卿業已經通知今大丞駕船到此地其航到江華前灣之期料應不出旬有餘日爲之敢煩貴下轉申京城便宜爲地

明治九年七月十五日 大日本公館長代理 外務四等書記生 山之城祐長

公使及隨員

理事官外務大丞宮本小一 隨員外務大錄河上房申 外務中錄奧義利 外務中錄浦瀨裕 外務權中錄石幡貞 外務卿少錄荒川德滋 外務權少錄中野許多郎 醫官大軍醫矢野義徹

趙寅熙, 宮本小一(1876. 8. 5/高宗十三年六月十八日)

趙寅熙・宮本小一 회담(1)

明治九年八月五日午後三時二十五分日本國理事官宮本小一朝鮮國講修官趙寅熙トノ對話

但川上大錄筆記浦瀨中錄荒川權少錄譯傳金奎運玄昔運列座差備官七名中間ヨリ陪席

一禮畢テ賓主榻ニ就キ

理一 過刻禮曹判書ヨリ貴講修官へ御談判可致旨御通知之書簡ヲ受取タリ

講一然リヤ

一 過日禮曹衙門へ罷出タル時我政府ヨリ下官へ被附タル委任狀ヲ以テ判書ノ覧ニ供シタリ貴講修官ニモ御望ナラハ御一覧ニ供スヘシ

一 拜見致シタシ我政府ヨリ拙者へ附與セラレタル委任狀モ御覧ニ入レベシ

此時雙方ヨリ委任狀ヲ互ニ一讀畢テ

一 此度後談致スヘキ事ハ修好條規附錄ト貿易章程トノ二件ナリ貿易章程ノ方御分リ易カルヘシト存スルニ付先ツ之ヲ御咄致スヘシ

此時釜山草梁公館ノ圖ヲ出シテ示シ

一 是レ公館ノ圖ナリ自古此處ニ船着アリ貴國ヨリ境界ニ守門ヲ設ラレ番人ヲ置カレ出入諸物品ヲ檢視セリ今後ハ此守門ヲ廢シ海口ニ沿フテ海關ト名クル役所ヲ貴國ヨリ置カレ輸出入物品ヲ改ラルヘシ尤從前ノ如ク公館ノ周圍ヲ限リ守門ヲ置ルヽ事ハ宜シカラス玆ニ貴國ヨリ此處ニ海關ヲ立ラレタル者ト見做シ御談判致スヘシ

一 御咄計ニテハ相分リ兼ルニ付テモアラハ拜見致シタシ

此時貿易章程ヲ出シ第一則ヲ説明ス

一 一通リ拜見致シ尚相分リ兼ル廉アラハ御尋致スヘシ

一 從前我國人民ノ貴國ニ到ル者其姓名ヲ明ニセス依テ今後ハ一々屆出我國ニ在ル者ノ姓名ヲ詳明ニセント欲スルナリ

一 記號ナキ者ハ一切雜物ト見倣シテ可然哉然ラハ前文ノ雜物云々トアル文ト矛盾シ不都合ナルニ似タリ如何

一 記號ナキ品云ハ全ク雜物ト見倣ス可キ者ニ非ス譬ハ俄ニ發船ノ時ニ臨テ差急キ何々ノ物ヲ積込ントスル時ハ一々其番號ヲ記スニ及ハサルノ類ナリ

讀テ第四則ニ到リシ時

一 是等ノ法ハ從前疎漏ニシテ不整ナリ今ヤ貴國ノ爲メ精密ヲ盡シタル者ナリ

第五則ニ到リシ時

一 貴國旱蝗ノ患アリ凶歲ニ遭フトキハ我國商民ヨリ五穀ヲ貸シ進スヘシ尤利息ヲ出サレハ二年三年ニテモ差支ナシ

一 是ハ實ニ御厚意ノ事ナリ

第六則ニ到リシ時

一 郵便船ハ至極差急ク者ナリ故ニ着發時日豫メ一定シ難シ

第七則ニ到リシ時

一 是ハ貴國政府ヨリ御許可アレハ我國商民我商船ヲ借入不開港場ニテモ參ル事ヲ可得ト云趣意也

此時理事官ヨリ委任狀寫ヲ渡ス

一 右一通リ御了解ニナリタリヤ尤御即答ヲ請フヘキ者ニモ非サレハ篤ト御熟考アリタシ

一 此御書付ハ載キテ宜敷哉我諸大臣一同政府ニ集リ居レリ歸リテ之ヲ示スベシ

此時修好條規附錄ケ條書ヲ出シ

一 是ヲ一通リ説明可致尤文章ハ追テ御相談ノ上如何樣共可致扨我國使臣貴國京城ニ到レハ館舍ヲ借ラサルヲ得スト雖トモ若シ於貴國御貸下サル事難相成ケレバ地所ヲ借用シ新築可致筈ナリ唯今拙者ヨリ某ノ地所ヲ見立テ借用致度ト御賴致スニハ非ス然トモ凡地代何程ト云事ハ承リ置タシ尤此事ハ特ニ條約書中ニハ載セストモ御約定ハ致置タシ

一 委細了解致シタリ

一 第二是ハ我國使臣都合ニ寄其妻子並書記譯官等ヲ携ヘ來ルヘシ此輩ト諸開港場在勤ノ我官員トハ何レモ自由ニ貴國內部ヲ通行スル事ヲ得タシ又貴國駐箚ノ我公使ハ或ハ北京駐箚ノ我公館ヨリ兼勤スル事モ有ル

ヘシ清國ヘハ此旨內々打合ニ及タル處別ニ差支ナキ趣返答アリタリ尤其旨國境關門ヘ兼テ御達置アリタク且要用ノ節ハ書翰モ自由ニ貴國人ヲ賴ミ先方ヘ達スル事ヲ得タシ

差備官一同陪席ヲ乞フ

一 諸併シ拙者ヨリ差備官ニ對シテ議論ハ致サヽルヘシ又差備官ヨリノ議論アリトモ決シテ受サルヘシ

一 固ヨリ然リ唯大勢一時ニ承リ置ケハ若シ拙者承リ落シ間違ノ廉アリトモ傍聽ノ者正ク承リ置時ハ不都合ナカルヘシ

一 第三是ハ修好條規第四款ニ在ル如ク各開港場ニテ我國商民ヨリ地所ヲ賃借スル事自由タルヘシトノ趣意ナリ尤兩國間貿易ヲ自由ニ爲ル上ハ我國人民寄留地周圍ヲ限リ門關ノ如キ者ヲ設ラルヽ事ハ兼テ御斷リ申置ヘシ

一 然トモ境界ハナクテハ不都合ナルヘシ

一 貴國ニ於テ兩國人民雜居ヲ憂ラルヽ時ハ別ニ居留地ノ如キ者ヲ設ラルヘシ但四方ニ圍ヒヲ爲ルハ甚不宜事ナリ

此時差備官七名入リ來ル

一 開港後ノ事ナレトモ唯今序ニ御咄申置ヘシ是ハ從前釜山エ如圖地所アリ如此ノ大地我公館ニ屬シアレトモ全ク要用ト云ニモ非サレハ次第ニ寄少々ハ貴國ヘ御返却可致歟トモ存スレトモ訓導ニハ御承知ノ通リ館內蒼々タル古松樹數百千株アリ若シ返地ノ後貴國ニテ之ヲ伐ラルヽ事有ラハ誠ニ殘念ナリ去迚松樹ノ爲ニ地所ヲ借用致置ト云モ如何ノ事ナレトモ先ツ從前ノ通リ借用致置ヘシ就テハ未タ精ク取調ハ不致レトモ凡我國金貨七八十圓位ノ地租ニテ借用致置度是迄無租ニテ使用致來リタルハ謂レナキ事ナリ依テ今後ハ公平ニ地租ヲ納レ借用致スヘシ

一 第四各開港場ニ在留スル我國人民諸方ヘ遊步規程地境界ハ日本里數十里四方ト定メ其境界ニ標示アリタク尤其境內ノ物ハ互ニ賣買ヲ許スヘシ且又我國商民每歲幾度歟時機ヲ定メ大丘及其他ノ如キ處ノ市ニ參ルヘキ爲メ旅行爲致タシ

一 元來我國ニ於テハ淸國ノ商人參リ貿易ヲ致スト云處ハナシ然トモ我國ヨリ彼國ヘ參リ商買ヲ致ス事ハアリ

一 第五自今兩國間懇親ノ交ヲ通スレハ貴國人民ノ內ヨリモ我國ヘ來ル事ヲ請フ者モアルヘシ然ルハ之ヲ御許可アリタシ尤脫走者ハ我國ニ於テ

モ之ヲ受サルヘシ依テ必ス憑照ヲ與ヘラレタシ

一 第六我國人民貴國ニ在リテ病死スル事ハ測ラレ難シ其時ハ埋葬地ヲ使用致シタシ

讀テ第七款ニ到リシ時

一 是ハ我國ノ錢ヲ以テ貴國人ヨリ御拂可被降トノ御趣意ナリヤ

一 我國人民ヨリハ日本貨ヲ以テ貴國物品ト交換スヘシ尤朝鮮貨ハ我國人民ト雖トモ自由ニ之ヲ用ユヘシ貴國人若シ日本貨ヲ取ル時ハ日本物品ト交換スル事ヲ得ヘキナリ

一 第八測量シテ廻ルト云丈ケノ事ハ分リタリ

一 啻測量シテ廻ルト云ノミニ非ス時誼ニ寄必需ノ物アレハ沿海地方ニ請出ツヘシ其時ハ無差支御賣渡被降度若シ又病人等出來タル節ハ相應ノ御救助被降タシ

一 委細承諾

一 第九從前貴國ニテ我國人民ノ外西洋人沿海ニ漂泊スル事アル時ハ其地方ニヨリ啻救助ヲ加ヘサルノミナラス或ハ之ニ暴行ヲ加ヘラレタル事モ有リシ由既ニ米國トノ争是レナリ今後不相替如此御仕向アリテハ恐ラクハ貴國不可測ノ憂アラン故ニ若シ漂流人アル時ハ直ニ救ヒ上ケ之ヲ我國ヘ御引渡アリタシ方今我國西洋各國ト交ヲ通セリ依テ我國ヨリ其本國ヘ引渡スヘシ右様ノ御取扱ニ相成ラハ貴政府仁恵ノ御所置ト云ヘシ

一 貴諭了悉セリ近來ハ可成丈ケ厚ク救助ヲ加ヘ清國ヘ送リ遣スヘキ分ハ清國ヘ護送シ又出帆ノ出來ル者ハ出帆致サセ餘程充分ノ取扱ヲ致ス事ニ成リタリ

一 出帆ノ出來ル分ハ至極宜敷都合ナリ併シ清國ヘ護送セラレルヽナラハ陸路悠遠ニテ餘計ノ手數モ懸ルヘシ因テ今後ハ我國ヘ引渡ニ成レハ簡易ナルヘシ

一 如此ナラハ大ニ便利ナリ時機ニヨリ御願致ス事モアルヘシ

一 此事互ニ約定書ニ書載セ置ケハ宜シ

一 第十一貴國官吏商法ニ關シ不正ノ者アレハ充分御取正シアリタク且平生嚴重御取締アリタシ尤於我國モ此邊ハ嚴ニ取締致スヘシ

一 第十二兩國互ニ漂流人民即貴國李元春ノ如キ者アレハ今後爲之消費シタル金額ハ無覆蔵申通シ之ヲ償却スヘシ否サレハ唯賓客ノ取扱ニ相成

互ニ宜シカラス故ニ賄料一日凡何拾銭ト云様ニ勘定書を立ル事ヲ後約定致置タシ

讀畢テ後

一 御相談致度个條ハ先ツ右ノ二冊ノ通リ也今日迄ノ御考ヨリハ簡易ノ事ニ思ハルヘシ拙者ヨリハ相當ノ事件ヲ申進ル積ナリ貴國ニテハ未タ御慣レ不被成トモ餘リ御考過被成時ハ却テ六ヶ敷相成ヘシ偖又此條約書ノ終ニ於テ一言ヲ加へ度ハ右ノ通リ約定スト雖トモ他日若シ障礙ノ廉アリ不便利ナレハ改正スル事ヲ得ヘシトノ趣意ナリ於貴國或ハ拙者ニ欺カレ不都合ノ事アリトセハ両三年ノ後ニ到リ之ヲ書改ムヘシ尚御亮解ニ不成廉アラハ幾度ニテモ繰返シ説明致スヘシ如何ヤ

一 右ノ内拙者ノ獨斷ニテ御答申テ宜敷事モアレトモ兩國間ノ條約不容易次第ニ付政府ノ大臣ニ申聞タル上明日歟明後日ニハ罷出御答ニ及フヘシ

一 右ノ御運ニナレハ誠ニ幸ナリ右ノ趣旨御同意ナレハ御相談ノ上文章ハ如何様共改正致スヘク尤修好條規附錄ノ方ハ唯件書ノミニテ未タ成文ニハ非ス愈約定書モ出來レハ雙方調印致スヘシ依テ遅クモ明後日ハ御返答下サレタシ

一 第四則中ニ在ル大丘初諸方ニ行ク事ニ付テハ我國人民モ間ニハ不宜者モアリ故ニ多人數參レハ其丈ケ弊害ヲ起ス事モアルヘケレハ日本管理官ヨリ人撰ニテ旅行ヲ願出サスヘシ貴國ヨリ其者へ旅行免状ヲ御渡シ成リタシ然ラハ何程歟免状手數料ヲ貴國へ差出サシムヘシ尤是ハ我國商民某地へ旅行シ貿易上損益アルニ關セス手數料丈ケハ納メシムヘシ且貴國ノ爲メニ謀レハ旅行ヲ願フ者ヨリ何程歟資本金ノ如キ預ケ金ヲ出サシメテ旅行ヲ御許シニナレハ無身元商人ハ妄ニ旅行ヲ願出サル事ニナルヘシ若シ我國商民某地ニ參リ其處ニテ入組ノ事アル時我國官員出張ヲ御頼ニナレハ何時ニテモ差出ヘシ其節ハ貴政府ヨリ旅費手當等ハ御渡ニ不及ナリ

一 過刻御覧ニ入レタル拙者ヘノ委任状ハ唯今差備官寫取ニ付無程差上ヘシ拙者ハ最早御暇ヲ乞フヘシ

一 右ニテ用談終リ雑話ニ渉リ少焉講修官退出時ニ午後五時五十分

239

宮本小一(1876. 8. 5) ➡ 趙寅熙

일본 측 통상장정(무역규칙) 원안

丙子六月十六日彼人所定講本追後還給於朝鮮國議定諸港日本人民
貿易規則

第一則

日本商船除日本政府所管之軍艦及專用通信之諸船入朝鮮國准聽貿易諸港口之時船主或船長須呈日本人民管理官所發給之證書於朝鮮官廳不出三日

所謂證書者船主所帶日本船籍航海公證之類自其進口之日至於出口交付之管理官管理官卽付以接受各書證票是爲日本現行商船成規船主本港碇泊中轉呈斯證書於朝鮮官廳驗明爲日本商船

此時船主又呈其記錄簿

所謂記錄者船主詳記本船之名發本船之地名本船所積載之噸數石數共筭定船舶容積之名船長姓名船內水手之數目搭載旅客之姓而船主鈐印者也

此時船主又呈本船裝運貨物之報單及船內應用雜物之簿記

所謂報單者詳細開明貨物之名或其物貨之實名貨主之姓名記號番號不用記號番號之貨物不在此例報知之也此報單及呈明諸書之類悉用日本文無副譯漢文

第二則

日本商船欲起載進口船貨之時船主或貨主須更呈明其貨物之名及元價斤量數目於朝鮮官廳官廳得呈明須速發給卸貨准單

第三則

船貨主得第二則准聽之後須起載其貨物朝鮮官吏要驗明之貨主無敢拒之官吏亦須小心驗明無或敢爲致毁損

第四則

出口之貨物貨主照三則進口貨報單之式呈明落貨之船名及貨物之名數於朝鮮官廳官廳須速准聽之發給出口貨准單貨主得准單卽落載于本船官廳如或驗查

其貨物貨主無敢拒之

第五則

未及雜穀得輸出入若朝鮮歲荐凶歉日本人民從朝鮮政府所望糶賣米粮數年後返償亦無妨

第六則

日本商船要出口須於前日午牌前報知朝鮮官廳官廳得報須進付前口所收領之證書以發給出口准單

日本郵便船得不由成規之時限出口亦必報知官廳

第七則

朝鮮政府或其人民除指定貿易口之外欲運輸各物件於他口得雇用日本商船雇主如係人民照朝鮮政府准單而後雇役

第八則

日本船隻如到不准通商朝鮮口岸私爲買賣該處地方官查出交付就近管理官管理官將所有錢物一併沒入交遞朝鮮官廳

第九則

兩國現定規則嗣後從兩國商民貿易形況如何各委員得隨時酌量事情會商改正

宮本小一(1876. 8. 5) ➜ 趙寅熙

일본 측 제시 안건

彼人所呈講本

一

兩國使臣館舍及地基之事

二

使臣及眷屬隨員日本人民管理官朝鮮內地經過之事

附屬淸國北京通路之事

三

日本人民居留地基賃借錢料之事

附周圍門墻之事

四

各港灣內日本人民得行進之程限以十里日本里程爲准及得行進之地內買辨土宜售買日本物産之事

日本商民得每歲限定時期行商京城西浦珍島濟州河東統營三陟大邱等各所及淸國商民來商之地之事自及字至事字十一字追後抹去

五

朝鮮人民來於日本之事及日本人民在朝鮮雇用本地人民之事

六

埋葬地之事

七

日本人民以日本諸貨幣與朝鮮人民之所有物交換之事朝鮮人民以所交換之日

本諸貨幣買辨日本貨物之事朝鮮銅貨幣日本人民使用之運輸之之事

八

日本測量船隨處接遇之事

九 追後添入

朝鮮人民買得於日本人民貨物或贈遺各物隨意使用無妨

十

救援外國人之後交遞日本官員之事

十一

廢商譯都中及從前官吏求索舊例之事

十二

彼我漂流人民經費之事

241

趙寅熙, 宮本小一(1876. 8. 7/高宗十三年六月十八日)

趙寅熙·宮本小一 회담 (2)

관련문서 일본측 기록

六月十八日講修問答十八日以前則問答記初不修正

彼曰　久旱之餘雨甚喜也

我曰　然矣

彼曰　公以公幹連爲勞甚不安矣

我曰　此爲兩國大事則何敢言勞乎此暑熱客裏寢食似不便宜未知如何

彼曰　甚安穩矣

我曰　行中竝無頉耶

彼曰　或有暑病者而不至大段矣

彼又曰 多日接晤情自親熟矣

我曰　吾亦然矣日前珍賜諸品甚荷厚意不勝感謝

彼曰　不腆之物何足稱謝今番所乘之船不能多載持來之物甚零星所呈者略些愧歎愧歎

仍進茶一盞 次進氷水一器 次進日本酒一杯 次進各色糖屬一楪

我先示彼人條款冊子曰 其中第九件似是漏落矣

彼曰　果然矣

仍書出一條 即朝鮮人民買得於日本人民貨物或其贈遺各物隨意使用事而仍付之冊子第九件

我次示條款所答冊子

彼曰　所答果詳覽而所言當詳陳矣

我曰　兩國商議務從歸便然後自可完全矣

彼曰　兩處開港事我們來時初無朝廷之令所以二十月後施行故也第四件中各處行商事先使釜山館商賈輩各處行商悉其便否而可合則雖不兩處開港亦可此言亦非朝廷所敎實我們之意也

我曰　以大邱言之旣非水路則何以往來耶

彼曰　縱非水路先次施之無妨若不合則雖各處竝置之亦可

彼又曰 第二件事領事官來留京師有何靳施之端乎

我曰　此事則彼此使臣互相來往之時當許留住之頃至於領事官之留京云云果是初聞之事也

彼曰　今春條款中既有彼此使臣之留住任其久暫之約而今番則理事官也故竣事後當卽回船而此後來使則卽代理公使也各國通行之際留連日子亦任其久暫自不若今番理事之行矣

我曰　以今春約條觀之無開館留京之使而只認如今日理事之行矣始於信使之回知其各國公使代理之類矣至於我國則但與貴國交鄰而已初無他國相接之事雖淸國亦無如此之例貴國使臣之無所緊幹而獨留客館有何意味耶此則萬難聽從

彼曰　吾們之獨留客館雖曰寂寥彼此間自有利益之事矣雖以我國言之英吉人之立館也本國人民初覩也故大爲恠異至於放火之境自太政府申飭人民使之禁防矣今若因此而疎於交誼則是豈相和之意耶此必貴國未諳如是而然殊非相持之事也

我曰　既許他處開港不許京都者預知其爲弊也大彼此朝士則槪知裏許然無知下氓安知其如此事情乎所以不許者此也大則通使小則通奇於開港處可矣此非和不和之可論者也

我又曰 留住京城今聞公言則始知各國通商章程之固宜有之公於淸國縱見各國開館留住而曷嘗見我國之開館留住乎我國僻在一隅曾無各國通商之事雖通淸國只是使臣往來而已未嘗開館留住今貴國雖許以開館留住以我國習俗事力萬無往留者是以彼此留住京城一款更勿擧論實爲兩便之道也

彼曰　今春第二件事既有批准鈐印而到今朱墨未乾之前何如是相左乎實非吾們之主張且還國之後政府必然驚恠又惜其貴國之失信豈非難處者乎

彼又曰 除此留京之事則外他諸條所許者皆無益亦非各國通商之意是豈交鄰修好之誼哉

我曰　俄已詳陳而理事官之行則可矣而此外則何可奉施耶今春彼我大官定約之時何嘗有如此之約乎

彼曰　代理官之留京也管理官之留港也港內如有作弊之端報于代理官則代理官報于貴政府商確措處之事也又若有他國生釁於貴國之事爲其相救而然所以不可無者也

我曰　非不知有益於我而自我往留貴國卽事勢之所不得者也公言雖爲感謝

果難擧論願更思之

彼曰　約款中旣有久字則不必遲留屢歲必以三年爲准則好矣駐京時立館一款必致貴國人民之驚恠此則勿論從便賃借室屋亦好矣

我曰　三年且置雖一年此一款不可擧論須深加裁量第以他件議定可矣

彼曰　毋論貴國與大國所住領事官多有相通之事北京通路若防塞則何以處之耶必許通路然後自無防礙矣

我曰　大國我國毋論鉅細必有通文然後互相來往自是莫越之法例矣

彼曰　無公文則不得往來耶

我曰　然矣

彼曰　我之里程每十里比貴國里程爲八十里有餘如是然後可以往來行氣而不然則如在囚獄必生病矣

我曰　然則統計四標當爲四百里此豈可如是爲定乎草梁和館之定標旣有彼我自昔不易之規則今亦遵此爲定果是兩便矣

彼曰　如是爲說似是薄於交誼矣

我曰　若如是廣點則我國人民雖於耶內之人若有遠近生疎之蹤則猶爲之驚恠不欲與之同處況他國之人乎習俗自來如此實非朝令所可行者也

彼曰　兩處開港許以何地指定耶第當往看矣

我曰　陸地決不可許必以沿海可合處公等量定好矣

彼曰　日熱孔劇貽惱不安姑爲停止幸爲稟定于政府再明日更商爲好

我曰　今此修好專爲兩國便民之事上項不得奉施諸條卽我國不便之事是以政府及朝廷諸臣爛加商議者也苟知我國之不便而期欲行之則是豈交鄰修好之意哉惟公深加思量必於再明務歸兩便之道是望是望

彼曰　公亦歸而深思之則必有我言之似然矣善議政府也

【관련문서】

明治九年八月七日午後一時五十分宮本理事官卜講修官趙寅熙卜ノ對話

河上大錄筆記浦瀨中錄通譯差備官八名陪席

一禮畢テ

講一 過日御咄ノ事ハ我政府諸大臣ト申談シ今日其御答ニ罷出タリ

理一 伺フヘシ

一 書取ヲ致シ來リタルニ付御覧ニ入ルヘシ

一 過日拜見ノ修好條規附錄个條書第九條ハ若シヤ脱文ニハ非スヤ

一 是ハ六ヶ敷事ニハ非ラス朝鮮人民日本ヨリ買入或ハ貰ヒ受タル物品ヲ用ヒテ不苦トノ一ヶ條ヲ脱シタルナリ何レ今日ハ成文ノ講本ヲ可差進積リナリ

一 是ハ已ニ諸大臣ヘ爲見タル講本ニ付是ヘモ御書加被下タシ

此時第九條ヲ書加ヘ渡ス

講修官ヨリ一本ヲ出シテ

一 委細是ニテ御承知被下タシ

理事官一讀畢テ

一 御書取ノ趣ハ分リタリ就テハ追々御辨解ニ及ヘシ

一 右樣ノ事ハ何レモ兩國宜ニ從テ御相談可致ナリ

一 第一ニ二个所ノ港口ヲ開ク事ニ付御尋アリ右ハ元ヨリ二十ヶ月トノ期限モアレハ拙者ハ其事ヲ御相談可致任ハ受居ラサル也尤我政府ニテ新開港ヲ急カサルノ趣意ハ貴國地理モ未タ分明ナラス故ニ先ツ大船ヲ可入樣ノ港ヲ測量シ貿易便利ノ處ヲ見立タル上ニアラデハ確定シ難ケレハ是測量ヲ急ク所以ナリ依テ大丘西浦珍島等各處ヘ行商スル事ヲ御談ニ及ヒ置ケリ若シ右ニテ便利ナレハ別ニ差急テ港ヲ開ニモ不及歟併御約束ハ致シカタシ多ク港口ヲ開テ益ナキヨリハ寧ロ釜山一ヶ所ニテモ繁盛ナル方可然ナリ

一 御尤ナリ我國ニテハ二ヶ所ノ開港ハ第一ノ事歟ト存シ居レリ依テ豫メ承リ置ネハ又タ夫々ノ手當方ノ都合モアレハナリ我國ニテハ何處カ宜敷歟ハ不知此度何ノ御咄モ無之ニ付怪敷存シテ御尋ニ及タルナリ成程釜山一个所ニテモ兩國人民貿易ノ爲メ便利ナレハ當分足レリトノ御詞ハ御尤ノ事ナリ

一 第二此件貴國ノ人情ヲ以テ御考被成ハ一應御尤ニハ似タレトモ修好條規ニ係ル事ナレハ御尤トハ申シ難シ修好條規第二款ニ在ル通リ京城ヘ使臣ヲ出サネハ不成用向アレハ二年歟三年歟逗留スルモ不知然ルニ今

日京城設官ノ事ヲ御斷ナサルトモ承諾ハ難致全ク修好條規ヲ違犯ナサレル儀ニ付尚委敷承リタシ

一 此第二款ハ我國ニテハ此度貴官御入京ニ相成タル如クニ使臣ノ參ラレル事ト見做シ居レリ尤駐留久暫ハ便宜次第且京畿道ナリ釜山ナリ何方ヨリデモ御上陸相成不苦段ハ兼テ承知致シ居レリ何レ兩國通交ノ上ハ使臣互ニ往來ノ事ハ覚悟ナレトモ永住ト云事ハ一向承知不致唯一時ノ御用ニテ入京アル者ヲ云趣意ナリト認メ居レリ此邊御相談ニ及タシ

一 駐留久暫ト云字ハ實ニ意味ノアル事ナリ或ハ急ヒテ歸ル使臣モアルヘシ或ハ落着テ交際ヲ結ヘトノ命ヲ帯テ來ル者モアルヘシ我國ヘ外國ヨリ來ル公使ノ内既ニ十年ニ過ル者モアリ先ツ茲ニ館舍ハ貴國ノ物ヲ借用致スト見做シテモ貴國ニテ早ク追返シ度ト云樣ノ御心得ニテハ大ニ間違アリ在留公使ナレハ今度拙者理事官ノ命ヲ奉シテ來リシ如キ者トハ全ク同シカラス

一 元來第二款ノ使臣ト云事ヲ貴官ノ如キ者ヲ指ス事ト心得居レリ修信使歸國後初メテ各國公使用向ノ有無ニ拘ラス常ニ逗留アル次第ヲ承レリ愈北京在留公使ヨリ御兼勤トナレハ當地ヘ御入來ハ御斷申度開港場ニ管理官アレハ萬事不都合ハナカルヘシ平日公使ノ事務ハ決テ無之者ト保證致セリ自古京城中ニ外國人住居致タル例ナケレハ小民共於テハ實ニ驚愕致スヘク尤時々用向ニ付御來京ノ節ハ久暫トモ便宜ニ任スヘシ各國公使ノ貴國及清國ニ於ル如ク平生用ナクシテ御住居相成段ハ是非御斷申度清國ニハ各國公使モ在留ノ趣ナレトモ我國ニテハ唯貴國ノミナリ人心騷擾ヲ生シテハ不都合ニ付呉々モ此邊御良考下サレタシ

一 今ニテ始テ御承知トハ不都合千萬ナリ清國ノ事ハ疾ヨリ御熟知ナルヘシ最早使臣ノ功能ヲ辨説スルハ餘計ノ事ナレトモ斯迄御嫌ヒナサレル上ハ一通リ説明セサルヲ不得抑使臣常ニ在留スルハ何歟內國ノ情事ヲ探ラルヽ樣ニ見ユレトモ雙方情實ヲ通シ平和ヲ主トスルニハ使臣ノ功ヲ欲クヘカラス已ニ先刻貴官ヨリ度々面接スレハ其度毎ニ親敷思フトノ御挨拶アルニ非スヤ去ル者日ニ疎キ譯ニテ互ニ隔絶シテ居レハ自ラ隙ヲ生ル者ナリ貴國官員毎月一兩度宛我使臣ト御會合被成ハ自ラ雙方ノ親睦ヲ重ヌヘシ曩キニ森山茂廣津弘信ノ訓導ニ於ル始末ヲ見給ルヘ

シ結末終ニ兩國大臣江華ニ會シ議政府ノ照會ヲ得ル迄ニ到レリ彼時若シ行違フタナレハ必ス戰爭ト可成程ノ大事ヲ積ミ累ネルニ至リシナリ然ラハ使臣ノ交際アル功ハ面倒邪魔ト云位ノ事ニハ非ス初メ我國ニテモ英國公使館ヲ燒拂タル者モアリ尤此事既ニ約定アレハ委細ハ贅言ヲ不費レトモ貴官ニハ御存ナキ歟ト思フユヘ右樣御辨說申進ルナリ御了解アリタシ

一 委細承了已ニ新ニ二口ノ港ヲ開クト云フ事迄アレハ强テ公使ノ入京ヲ嫌フト云ニハ非サレトモ自古淸國人ト雖トモ來京ハ不致然ニ貴國使臣御入京アリテハ迷惑不少他日事起ルノ後ニ到リ最初何故ニ入京ヲ不斷シテ如此不都合ノ場ニ及ヒタルヤト後悔ノ時ニ逢フ歟モ難計依テ取扱下タサルレハ我國ヨリ用向ノ節ハ使ヲ差出ヘシ乍去平日貴京ニ駐箚セヨト命セラルヽトモ決シテ行クモノハアルマシ尤貴國公使京城ニ御住居アリテモ我國人ノ內ニテ倶ニ交際スル者ハ有之間敷拙者共コソ度々御面會致セハ情ハ厚クナレトモ貴國人語モ不通シテ御住居ニ相成テハ何分小民共落着申間敷又嘗テ貴國人ト紛議ヲ生シタルハ貴國御改新ノ事ニ付事情明了ナラサル爲メ阻隔ニ及ヒタリ今日ノ如ク平和ニ到リタル上ハ最早阻隔ヲ可生樣モナカルヘシ呉々モ右ノ一事ハ斷然御斷可申旨我諸大臣一決致シタリ

一 夫ハ實ニ御氣ノ毒ナリ最初條約決定前ニ右ノ御談アレハ可然ニ既ニ兩國君主批准ヲ與ヘラレタル後ニ到リ今更如此御議論アリテハ實ニ大變ヲ可生拙者ハ唯細目ヲ可談迄ノ職分也个樣ノ大事件ヲ可受任ニハ非ス又貴國ヨリハ我東京ヘ來ル人無之トノ御咄ナレトモ貴官ノ如キ有志ノ方ヘ貴國王ヨリ被命タレハ如何可被成哉愛國忠誠ノ人ナレハ必ス王命ヲ奉シ東京御駐留モアルヘシ抑戊辰ノ事ハ情實不分ト述ヘラレタレトモ若シ彼時兩國使臣アレハ議政府ノ照會ヲ受ル程ノ不都合ニハ不到ヘキナリ右ノ事件ハ拙者承諾可致者ニ非ス實ニ不容易大事件ナレハ拙著歸京ノ上此御咄ヲ我朝廷ヘ申出タレハ彼調印未乾カサルニ已ニ如此事トハ萬々不都合ナリトテ大變ヲ生スヘシ依テ右樣ノ御論ハ相止メラレ細目ヲ議セラレタル方可然

一 何分最初ノ心得ト相違致セリ段々御說ヲ承レハ我國ノ爲メニモ相成ル事ナレトモ不慣ノ人民是カ爲メ不都合ヲ生シテハ終ニ本條約

ニモ可關ニ付何卒御良考被降タシ我國ト御國ノ間ニモ使臣ヲ我京師ニ永住セシムルトノ約ハ無之事故貴國ニテモ少シク御斟酌アリタシ

一 然ハ暫ノ字ハ扨措キ久ノ字バカリヲ活シテ見レハ三年也五年也ノ久キ時間モ久ノ一字ニテ盡ルナルヘシ然シテ我家ヲ新築スル歟或ハ貴國官民ノ家ヲ賃借スル歟ト申處ナレトモ我方ニテ日本風ノ家ヲ建テヽハ不都合ニ付兎モ角モ貴政府ノ家ヲ貸サルヘシ家賃ハ御相談イタスヘシト云一段ノ御談判ナラハ纏ルヘシ小民不落着トノ情實ヲ被述タレトモ政府ニ御決意ノ事ナレハ小民ハ自ラ是意ニ從フヘシ所謂君子ノ德ハ風小人ノ德ハ草ト申處ナリ唯政府ノ御確決カ肝要ナリ貴國ト淸國トノ條約ハ拙者ハ更ニ不存ニ付之カ爲メ御討論ハ致サヽルヘシ

一 唯年數ノ長短ヲ以テ申ニハ非ス何分民情實ニ難行次第モアレハナリ併一時ニ是計申上テモ空シク時間ヲ移セハ尚拙者モ熟考可致ニ付貴官ニモ御良考下サレタシ

一 抑貴重ナル條約ヲ兩國ニ於テ自由ニ可動者ト致セハ大不都合ヲ生スヘシ情實モアルヘケレトモ政府ノ義務ニテ執行スヘキ條件ナレハ篤ト貴政府ヘ御申上アリタシ

第三日本使臣陸路ヲ通過スル時ハ沿途送迎スヘシト是ハ大略御同意ナレハ別ニ辨解ヲ用ヒス乍併是ハ使臣在京ノ時釜山或ハ其他兩港口ヘ往來スル事ヲモ含メリ唯入京ノ時ノミヲ云ニ非ス使臣ノ眷族隨員ハ尋常商民ノ比ニ非ス尤使臣單身ニテ旅行ノ出來ル者ニ非サレハ家族モアルヘシ從僕モアルヘシ之ヲ眷族ト云又隨員トハ唯今席上ニ居ル某々ノ如キヲ云隨員ナレハ時トシテ使臣ニ代リ旅行スル事モアルヘシ尚又管理官ハ港口ニ居ル者ナレハ時々用向アレハ使臣ノ許ニ到リ面會ヲ要スヘシ且是皆使臣ノ爲一身ノ手足同樣ノ者ナリ

一 我京城ニ公使館ヲ不置時ハ北京ヨリ睦路往來ハ御斷申度且管理官ハ沿海地方ニ被居者ユヘ必ス海路ヨリ入京アリタシ眷族隨員ノ如キハ此度貴官ノ樣ナレハ更ニ差支ナシ

一 然ラバ眷族隨員ノ分ハ無差支ニ決シタリ哉

一 貴官ノ如クアラハ無差支併公使際限ナキ逗留ノ時ニ到レハ迷惑ノ事多シ

一 唯今議スル所ハ全ク公使ノ事ナリ別ニ重大ノ事件アルニ非サレハ臨時

官員ハ派出セサルヘシ公使ハ常ニ在留ノ者ナレハ妻子モ携ル事モアルヘシ又随員モ多ク連レルヘシ

一 使臣ヲ公使ト見做スニ到リテハ今日迄未タ決議ナシ追テ御相談ヲ願フヘシ

一 管理官ハ海路舟ニテ往來セヨトハ一應尤ノ御論ナリ然レトモ若シ蒸氣船ナクハ或ハ陸行スル者無シトハ言ヘカラス又大船ナレハ仁川迄參リテモ漢江ニ入ル事ヲ得ス然ル時ハ仁川ヨリ陸路ヲ通行スル事モアルヘシ是則內地ヲ經過スルナリ故ニ此ニ書載ヲ要スルナリ

一 然リ御辨解ノ通御尤ナリ

一 北京ノ通路ハ不議トアレトモ茲ニ公使館設置決議ノ者ト見做シ御見込ヲ可承哉

一 愈貴國公使館ヲ建ルニ致シテモ瀋陽ヨリ山海關ヲ通行スル道筋ハ我國人ト雖トモ自由ニ通過スルヲ不得故ニ此儀ハ御受致シカタシ清國ヨリモ山海關ニテハ差留ラルヘシ

一 即刻拙者ヨリ確ト約定ハ不出來レトモ一昨日モ申進セシ如ク時誼ニ寄我國公使ハ北京ヨリ兼勤スル歟モ難計久暫便ニ任シテ冬分天津河モ凍合スレハ是非陸行セサルヲ不得併清國ヘ伺ハルヽ一條ニ到リテハ御手數察シ入タリ此儀ハ別ニ委敷書取ニテ爲御見被下度其御辨解書ニ依テ拙者モ勘辨可致

一 然ラハ別紙ニ委敷書テ可入御覧

一 第四地基賃借ノ个條ハ別ニ御異存ナケレハ條約書ニ書加ヘ可然哉

一 然リ差支ナシ

一 第五游歩規程ノ事ニ付各港灣內ハ未タ決セス草梁和館界限トハ何程ノ處ヲ云哉

一 貴國ノ十里ハ我國ノ何里ニ當ル歟ハ未タ知ラサレトモ巳ニ草梁館ノ例モアレハ之ニ随テ宜シカルヘシ

一 夫デハ迚モ御咄ニハ不相成凡我國十里ト申ハ人足ノ一日程ナリ當所ヨリ仁川ノ濟物浦迄ハ十里餘ト聞ク貴國人ノ事ハ知ラサレトモ我國人ハ専ラ健康ヲ養フ爲メ遠行ヲ要スナリ纔ニ和館ノ如キ處ニ閉籠ラルヽ時ハ鬱屈却テ不宜事テモ考出ス者ナリ尤十里內ニテ決テ大商買ヲ致スト云趣意ニハ非ス譬ハ歩行ノ節或ハ柿ヲ買ヒ瓜ヲ買フト云如キ事ノミ餘リ鎖細ニ論スレハ之カ爲メ害ヲ生スル事モアルヘシ御熟考アリタシ

一 仁川ヨリ京城迄ハ凡我百里ニ當ル然ル時ハ某境内ニハ人民住居ハ難相成假令王命アリテモ婦人ヲ持テ居ル者ハ住居ハ不致ヘシ住居スル者ハ纔ニ男子ノミ也元來雙方人民安著爲致度トノ趣意ナレハ人民安着セサル事ハ政府ヨリ强テ止ル事難相成依テ坂ノ下迄位ノ遊歩境界ニテハ如何哉此御談ハ甚六ケ敷事ナリ

一 何故ニ婦人ハイヤガルヤ

一 我國婦入ハ同國人ニテモ不知者ハ逃避ル位ノ事ナリ況ヤ外國人常ニ往來ノ道筋ナレハ迚モ安堵シテ住居ハ不致ヘシ然ラハ其地ノ繁昌ハ期シ難シ

一 甚タ了解シ難キ事ナリ若シ日本人民惡事ヲ爲セハ我管理官ヨリ直ニ之ヲ罰スヘシ惡事ヲ不爲者通行スルヲ人民ヨリ嫌フト云ハ貴國ノ想像説也而シテ拙者ノ諭モ亦想像ヲ免カレス个様ノ御論計リニテハ我政府ヘ復命致シカタシ尤是迄我國軍艦測量ノ爲メ沿海地方ニ到リシニ婦人ハ男子同様ニ不參レトモ随分近寄タリ嘗テ拙者江華ニ到リシ時婦入逃ケタル事アルニ付之ヲ修信使ニ咄シタレハ修信使ノ御説ニハ江華ノ時ハ和戰未決ノ時ナレハ婦人モ恐レテ逃去タルヘシ今度京城ニテハ必婦人共近寄ルヘシト語ラレタル事アリ是可證ノ事ナリ尚又過日拙者於釜山一ツ家ヘ參リタリ此處ハ昔ハ唯一軒ノ處ナリシカ三百軒ニモ相成五六十年ヨリ初テ繁昌シタル處ナル由然ルニ是ハ常ニ日本人ノ往來スル處ナリ若シ十里ニテハ餘リ廣過ルニ付今少シ勘辨呉ヨトノ御咄ナレハ相分レトモ前條ノ御詞ニテハ相分ラス

一 若シ御咄ノ如ク極レハ十里内ハ人家ハ無キ者ト御見傚被下タシ

一 勿論我國ニテモ十里内ノ人家盡ク立退ト云事ヲ坐視シテハ不居ヘシ果シテ然ラハ爲之港ヲ閉ル程ノ事ト雖トモ御相談可申尤一昨日モ申進タル通此度ノ附錄ノ方ハ本條約ニ非サレハ實地施行ノ時差支筋アレハ書改ラルヘキ也

此時條約書附錄草案ヲ出シ示ス

一 今日ハ迚モ落着ニハ到リカタシ次ノ條件ヲ御覧被降タシ

一 第六他方ヘ行商ニハ及間敷ニ付坐シテ百貨ヲ集ル方可然トノ御見込ナレトモ是ハ當分開港ノ時モ間カアレハ其内人柄謹愼ノ者ヲ撰ミ差遣シ拙者ヨリ申進タル地名多過ルト云事ナレハ又御相談致スヘシ

一 新ニ開港ノ儀ハ我國ニテハ聊嫌フニ非ス併シ陸地ニテ行商ノ事ハ

甚厭フ所也篤ト御測量ノ上御開港被下度貴官ノ御見込ニテハ即今餘計ノ港ヲ開クヨリ陸地ノ貿易便利ナルヘシトノ事ナレトモ我國ニテハ開港ハ聊不苦故ニ第一開港場ノ事ヲ御尋申タル也

一 然ラハ實地測量ノ爲メ內地ヲ通行スル事ハ不苦哉

一愈御見立ノ上御上陸被成事ハ無差支

一 今日ハ最早御勞レナルヘシ右件々ハ明日御決答被降タシ

一 右ハ先ツ熟議ノ上ノ事ナリ兎ニ角雙方ニ不便ノ廉アレハ熟談ヲ盡シタシ

一 一昨日差進タル條件ニ付文章ヲ綴リ試タリ御熟覽被下タシ

此時修好條規附錄草案ヲ遣ス

一 條約書ニ載セハ兩國中ニ布告スヘシ然ル時ハ聊不都合ノ廉アリ因テ手紙ニテ互ニ往復致置タシ此二通モ御熟覽アリタシ

此時二通ノ書翰案ヲ遣ス

一又明後日參館御報可申上

右畢テ雜話無間講修官退出

六時二十分

趙寅熙(1876. 8. 7/高宗十三年 六月十八日) ➡ 宮本小一

宮本小一의 요청에 대한 회신

彼人講本所答

貴國旣欲開港通商則今春條規中二處云云必以船路平順商民湊集之所然後便於貴國矣必以邑府附近管檢便利之處然後亦便於我國矣此爲首先講定之事也貴官應有商量於中者願聞之

兩國使臣館舍及地基之事貴國通商於大淸亦照各國通行之例貴國使臣留住北京而至若我國則不無兩不便宜之端我國曾不通商外國百姓人民初不識此等規例而今忽開館於闤闠叢雜之中瞰聞驚恠而疑惑必然之勢也貨利奔競之場何處無奸細無賴之徒乎生事於意外以致主客之疑阻最是可慮且各國使臣之駐燕京不但管領該國商民之事亦與各國使臣互相交涉必多其事而今於我國則貴國使臣獨留客館數處開港遠隔山川別無遙相接應之事則使臣駐京實無緊關事務矣凡事便否經歷乃知而此事則預料其不便而無益明矣

港口設官旣足管理則必無事務之煩於使臣而如有不可不商議裁處者小則書契往復大則兩相通使未爲不可開館駐京實難奉施

使臣及眷屬隨員日本人民管理官朝鮮內地經過之事此後貴國使臣或欲由旱路到京則自當沿途迎送而其他人員則何可不拘行進程限隨意行走於陸路耶凡事務歸兩國俱便不相妨碍然後方可永以爲好苟或一有不便之端恐不無後悔實難奉施旣不得奉施於使臣之設館駐京則通路北京不必議到且非我國之主張也

日本人民居留地基賃借錢料之事地基自是我國人民之地基也房屋自是我國人民之房屋也或賃或借惟在兩相從便行之無煩講定周圍門墻不設亦可而行進程限之外則另爲立標勿相違越爲宜日本里程比我國里本有不同之說未知長短遠近之的確何如耶各港灣內日本人民行進程限一依草梁和館界限爲宜而買辦售賣之節自在定限之內不須更煩論難

日本商民每歲定期行商各處事苟如是則開港二處及草梁和館均無設官立規之本意矣客商之逐利東西載貨奔走實非得計孰如安坐港口使各處商民湊會交易之爲穩便乎物貨之流通市舖之殷盛可期於開港之處而若復散行各處往來無常則恐滋意外弊端毫不兩相利益此一款亦不得奉施第五止第十一諸條可依講本而惟在隨宜商定彼此漂流人民經費之事恤難濟窮俱是爲民之政則如干經費何

可計較耶

貿易規則自第一則止第九則是可依講本

宮本小一(1876. 8. 7) ➡ 趙寅熙

일본 측 수호조규부록 원안

彼人所呈修好條規附錄初次所呈正本在下

日本國政府曩遣特命全權辨理大臣黑田淸隆副辨理大臣井上馨詣朝鮮國朝鮮國政府派大官判中樞府事申櫶副大官都摠府副摠管尹滋承會同于江華府日本曆明治九年二月廿六日朝鮮曆丙子年二月初二日協議妥辨互相調印今照其修好條規第十一款旨趣日本國政府委任理事官外務大丞宮本小一詣朝鮮國京城朝鮮國政府委任何某會同擬議其所定立條款開列于左

第一款

嗣後兩國都府設置使臣館舍或賃借隨處人民房屋或賃借地基以新築構造各從其時宜

第二款

使臣及眷屬隨員及駐留朝鮮各口日本管理官俱可得經過朝鮮國內地淸國北京得往來事

第三款

使臣館及管理官所發之文移書信郵致貿銀事後辨償或雇人民專差各從其便

第四款

在議定朝鮮通商各口日本人民之租賃地基居住者須與地主商議以定其額屬官地者納租與朝鮮人民同如夫釜山草梁項日本館從前設有守門以防歇日本人外出朝鮮政府今令之廢撤嗣後令他二口無復有設關門以防人民往來

第五款

在議定朝鮮各口日本人民可得間行道路里程自各埠頭起筭直經十里日本里法爲限在此里程外之處指定其地名須豫儆知地方官管理官爲之所此里程內日本人民可得隨意行步或路次餉宿買賣土宜及日本物産

日本商民得每歲限定時期行商京城西浦珍島濟州河東統營三陟大邱等各所及清國人民來商之地

第六款

在議定朝鮮各口日本人民可得賃雇朝鮮人民若朝鮮人民有欲到日本者除罪犯事故外朝鮮政府有不敢沮抑其情願

第七款

在議定朝鮮各口日本人民如病故可得撰適宜之地以理葬

第八款

日本人民可得用本國現行諸貨幣與朝鮮國人民所有物交換朝鮮人民用其所交換之日本諸貨幣以得買日本所産之諸貨物以是在朝鮮國指定諸口則可得人民互相通用朝鮮國銅貨幣日本人民得隨意使用之出入之

第九款

朝鮮人民所買得於日本人民貨物或其贈遺之各物隨意使用無妨

第十款

從修好條規第七款所載有日本測量船放小船測量朝鮮沿海或際風雨或潮退不能歸本船可得隨時投宿邊人家或就其地買辨船內應用物品

第十一款

朝鮮國未曾與海外諸國通信而日本則異于此修好經年所締盟有友儀嗣後諸國船舶爲風波所窘迫漂到沿邊地方則朝鮮人民須於理無不愛恤之該漂民望送還於其本國朝鮮政府遞致該國在留日本官員該官員無不領諾之

第十二款

右十一款章程及通商規則共有與修好條規同一權理兩國政府所可遵行之無敢有違然而此各款中若兩國人民於交際貿易實踐有認頓爲障碍不可不釐革則兩國政府速作議案前一年報知之以協議立

大日本紀元二千五百三十六年明治九年何月何日

誰（印）

大朝鮮開國四百八十五年丙子何月何日

誰（印）

趙寅熙, 宮本小一(1876. 8. 9/高宗十三年六月二十日)

趙寅熙 · 宮本小一 회담 (3)

관련문서 일본측 기록

彼曰 此雨似成霖也

我曰 然矣雨中客館連爲平安耶

彼曰 安過矣

我曰 傳語之際易致糢糊難以通情今日則以筆談爲之好矣

彼曰 筆談非不好矣我國文法與貴國不同自多戛戛反不如言語矣

我曰 通情莫如文字所以有此言矣

彼曰 若有言語之未盡處以數字筆談好矣文辭拙劣雖數字之文亦難矣貴有譯官我有通詞有何言語之難通而傳語之際或慮其漏落而然乎

我曰 文字拙劣云云過謙之嗣也我之譯官不能解語東萊通詞使之在傍何如

彼曰 唯若有緊要句話以筆談數字書示爲好矣

我曰 爲欲詳陳其情以冊子書來條條爲答也

彼覽冊子良久曰 冊子中駐留久暫之義當詳陳矣

仍書一紙久十年一年五個月暫一年三個月三十日

彼仍言曰 以下款年月日較諸上款年月則其久其暫不難辨矣

我出示今春條約冊子而言曰 久暫之言且置此冊子初無設館留京之語則我國但認今番理事之行而此等說話今始初聞矣

彼曰 雖無此言六個月後補添細目云云卽此意也到今定約之後何爲背之乎

我曰 京中設館此爲大節目則豈可以細目之添補歸之乎但認以爲如今理事使之留住而已初不知公使之駐京也

彼以一紙書示曰 十年借客館豈不有賃基之理耶

我曰 交鄰之誼賃貰何可擧論乎

彼曰 賃貰之不捧誠是厚意感謝感謝須以此意成給文字則當歸告我朝廷矣

我曰 俄已詳言而除非如今番理事使之外斷不可擧論矣

彼曰 我們則無論理事代理領事各項使臣皆是一般矣

我曰 使臣豈有一般之理乎雖當來之使竣事則速歸何必久駐耶

彼曰 雖我國代理官貴國則必以使臣而許其留京好矣

我以筆談曰 責國使臣每如今番使例不必設館留住或哀慶間通信使之來也亦

如今番使例至於賃基等事在禮待之誼不可擧論若貴國與各國之公使事例則實不可倣而行之

彼亦以筆談答曰 不必設館이오留住는若貴國云彼人口讀如此

我曰 若如今番來使則當不拘遲速住京接待而餘外他使之携眷住京非所可論而必有生釁不好之端矣

彼曰 貴國則男女有別而我國則不然携眷來往卽俗習也何關於貴國乎

我曰 若然則何異於設館住京乎此則萬難奉施也

彼曰 今春沁府與申大官井上馨相議之場已有挈眷之語公則不聞而然也

彼又筆談曰 國事重大受使命之臣不能以多疾衰老辭之政府亦許帶往看護人旅中扶助之其例不爲少矣

我曰 貴國則挈眷雖是俗習我國則不然矣若挈眷而來必有大段生梗實爲貴國而言也冊子中挈眷二字抹去好矣

彼曰 當更思之矣

彼又曰 里程何以爲之耶

我曰 此則載在於今來冊子詳覽之也

彼曰 四方十里之里程若不許以我國里程則實有難處之端矣

我曰 我之地方當以我之里程行之貴國里程非吾所知也

彼曰 雖以昨年事言之中牟田之到萊府也至有投石雜亂之事欲廣占程里者以其防此等弊端故也

我曰 若廣占則此等弊端尤生於其間我國民人未見此事大生疑恠故耳

彼曰 里程准許之後若有弊端則隨時厘正好矣

我曰 公等旣知我國里數則當以此論計不可以貴國里數模糊說去也

彼曰 若不許百里則或許以東則幾十里西則幾十里北則幾十里參酌爲答恐爲宜而不可不廣占也

我曰 旣無變通則有何區別之論乎

講修條規彼人不受故還來

今此講修關係兩國利害而每患言語不通貴我事情兩不能明快領會不如以筆代舌此所謂筆該也今番則請以筆談盡懷

今春修好條規第二款曰今十五個月後隨時派使臣到朝鮮國京城得親接禮曹判書商議交際事務該使臣駐留久暫共任時宜條款本文如此而已何曾有館舍地基之說又何曾有使臣眷屬之語乎於此兩說始覺貴國今欲置公使於我京也使臣之

築館携眷初非條規之所載則鈐印之朱墨尚未乾矣此豈自我失信乎貴言之及此實是條規之外而大非相孚之道矣且況公使駐京之兩不便宜日昨所陳猶有未盡貴國必欲開港於數處則該處事務貴國管理官及我地方官商議處斷足矣何必煩公使之駐京乎百姓愚民少見多恠易惑難曉此是爲人上者最所當念而雖有嚴令峻法其於不樂不便何哉萬一有意外事端之不可測者交好之地悔之無及矣煩民之志順物之情是爲天下萬國所同然也而我國治法尤貴此道故淸國交市亦不於我境置官留住而獨於貴國許以數處開港者以有草梁館舊例之可倣故也至若創行之事人民之所不欲朝廷亦不得强以行之耳

各處行商一款其爲行之不得非止一段而況非春間條規之所講者乎尤不當更論可否而卽以利害得失論之毫無利益於貴國反恐害歸於貴民誠以遷徙逐利本是商民之辛苦而客鄕殊俗語音不通彼此齟齬易取欺侮何可以官人公差一一領護其行止乎其所狼狽不見是圖失計之大不必更論耳貴國里程之不同於我國曾或聞之而不意若是之相左矣且勿論其長短如何大抵所擬程限者我國地方則惟當以我之里程指點其幾里也何可以貴國里程行之於我國乎周圍之廣占必致該處民情之大段駭惑如其不樂而離散又豈客心之所安乎

申後再次問答

彼曰 里程事何以爲定耶願更聞之

我曰 若如公言而以四方百里爲限則其弊必至生釁初不如不許之爲愈是以此程限決不可許之也

彼曰 以此事屢聞公言則曰人民離散曰生弊多端然吾們則不可信聽之事也

我曰 我政府及朝廷爛加商議深察其日後生釁以不可許之爲定者今何可變通乎

彼曰 我受國命而來此非自擅之事也然貴朝廷確議旣如是若或以八十里或七十里裁減則我亦有變通之道而若終是不許則實非交鄰之好誼也

彼出一紙而示之

彼請自朝鮮政府如是成給文字

貴國使臣駐留於我京城久暫共任時宜者載在修好條規第二款該使臣在京城親接我諸大臣商議交際事務之間不問長短我政府爲此給館次雖經幾歲月不須納家稅租且不另煩伸謝貴國政府宜領斯意

彼仍曰 如此紙而書示則我當以此爲信蹟歸報於我政府也
我曰 何不親接禮曹而接大臣乎且幾歲月云者亦不可計量矣
彼曰 然則親接大臣改以禮曹可也幾歲月改以竣事間亦可也
我曰 此一款不必如是講定其公使之設館留駐除之如公使之來竣事間留駐可也
彼曰 房屋賃借及錢料事當以貴朝廷命意歸告爲計而至若設館留京我朝廷之所指敎者也何可以此爲定耶
我以筆談曰 來頭貴使之不必設館留京及賃基携眷等事已爲決定而如貴國與各國之公使事例不可倣而行之
彼曰 我國有全權公使辨理公使代理公使三等而全權與辨理之行則例有國書所賫者而至於代理公使則無國書所賫者故今春與申大官公幹時因國書之不欲往來定以三等公使往來則實爲兩便云故約已分明矣今欲廢之則不無相違然則與申大官合席會議可矣
我曰 公使事例之不可倣行程里之不可變通俄已詳陳矣深量是希而貴公所論亦當轉報於政府矣待明日更爲約會可也
我以再昨理事所給條規冊子出示曰 此冊公旣授之故我獨見之初呈鑑於政府而我則惟以初次條規冊子講定此冊則玆以還送矣
彼曰 此冊非別件卽初冊條約也初冊則我以拙文多有未暢故所以此冊授之者是也何必還送也
我使訓導詳言其不然之端 而訓導仍曰 此冊中與初冊有增補者豈可曰與初冊等乎
彼作色曰 訓導之言甚失體如是而何以公幹乎
我曰 此非訓導之言代我言而言之者惟公恕之也
彼曰 此冊更爲稟議於政府其可否議定可也何必還送乎
我曰 然則此冊雖受去勿以已講定者知之也
彼曰 貿易條規公已許之矣
以一冊子示之 外封書以通商章程本 其內冊子 卽初次貿易條規也 我乃考準則添二則 卽港稅事也 禁鴉片烟事也
我以添二條爲言則彼曰 此爲利益於貴國事復何論難乎此冊公與我俱着啣鈐印以爲定本二冊各持一冊爲可也
彼曰 逕啓二件何以回報乎
我曰 此日此亦我獨見之而已有何回報者耶

彼曰 此是書報於公者公必稟議政府明日講修時以書答之也
我曰 稟于議政府後可否間言之矣

【관련문서】

明治九年八月九日講修官來テ理事官ト對話

但奥中錄筆記荒川權少錄通辨彼ヨリ玄昔運金繼運其他ノ差備官數名陪席アリ

理一 一昨日委シク御談判イタセシ件々ハ如何

講一 御懸合ノ趣政府ニ於テ評議ヲ盡セリ然ルニ言語ニテハ重大ノ事件意味齟齬スルモ計リ難シ因テ今日ハ筆談ヲ仕リタシ

一 御望ナラハ時宜ニ依テ筆談モ致スヘケレトモ元來日本人ハ我國文ハ一通リ心得テアレトモ漢文ハ不得手ナリ拙者ノ如キハ最不及ナリ乍併緊要ノ廉ノミ筆談スルハ可然

一 然ラハ要件ハ筆談ヲ用ユヘシ

一 貴國人ハ自ラ差支ナカル可ケレトモ不得手ノ日本人ハ筆談ヲシテハ急ノ間ニ合ハザル而已ナラス或ハ意ヲ誤ル事アリ又我國文ヲ以テ書記イタサハ貴國人解シカタカル可シ

一 言語ニテハ意ヲ盡シ難シ筆談ナレバ一句ニシテ可盡モノアリ譬ヘハ陸路水路ト書スレハ直ニ分ルナリ

一 水路ト云ヒ陸路ト云フカ如キハ書シテ可ナリ水路ヨリ云々陸路ヨリ云々ト言ニ至テハ一句ノ所盡ニアラス抑モ談判ヲ重ネ議定ノ結局ニ至ラハ必ス書簡ヲ残シテ後世ノ證トスルハ勿論ナリ某談判中ハ筆談ノ代リニ傳語官ヲ用ユルナリ

一 筆談ノ儀シバシバ申出テ貴意ニ戻レリ仰ノ通リ傳語官モアル事ナレハ只緊要ノ廉ニ至ラハ或ハ筆談ヲ乞フベシ

一 承リタリ

此時講修官書付ヲ出シ

但此書付ハ修好條規第二款ニ十五ヶ月後使臣ヲ京城ニ派スルトアレトモ館舍地基ノ事ナシ使臣眷屬ノ語ナシ公使駐京ハ不便ナリ各處行商ハ講外ノ事遊歩規程ハ朝鮮里法ヲ指點スル等ノ答辨ナリ

一 今日ハ筆談ヲイタス積リニテ既ニ如此認メ置キタリ別段ロ上ニテ申サズ篤ト御熟覧ノ上一々御回答ヲ乞

一 一覧了テ

駐留久暫ノ文字ニ着眼シテ考ヘ見ラルヘシ譬ヘバ久トイヘハ十年モ久又一年モ久ナリ暫トイヘハ一月モ暫又五月モ暫ナリ駐留ノ長短豫メ一定シカタシ故ニ久暫ノ二字ヲ約定セリ

一 久暫ヲ論スルニ非ス其使臣ハ矢張貴官ノ如クニシテ來リ久暫アルノミト心得タリ

一 拙官ノ來ル所以ハ修好條規十一款ニ照シ條約面ノ不足ヲ補ナフ爲ナリ若シ五年モ十年モ滯留スル事ナレハ客舍モ随テ破損シ故ニ無賃ニシテ居ルノ理ナシ此後貴國ヨリ使臣ヲ我國ニ派出セハ若シ僅カニ五三日ノ滯在ニテ官舍ニ居ル時ハ如何アラン其他人民ノ家ヲ借リ或滯留スルニ至テハ必ス相當ノ入費ヲ受取ルヘシ夫レト同シク貴國ニ長住スル時家賃カ地代ヲ出サヽル理ナシ

一 別ニ開港所ヲ取立ル時ハ地税ヲ受ル事モアルベシ使臣駐京ノ事ハ貴官ノ如ク我客舍ニ御住居アリタシ先般修信使ノ東京ニ到テ始メテ各國公使館アル事ヲ承知セリ乍併弊邦ニ於テハ決シテ家賃ヲ受ル事ヲ爲サズ

一 然ラハ久暫ハ定メカタシ以後我使臣ノ來京スル時ハ久暫ヲ問ハス無賃ニテ客舍ヲ貸用スル事ヲ書簡ニテ證明ス可シ

一 使臣ハ來ルトモ代理公使ヲ以テ見留メス只使臣トノミ思ヘリ

一 强テ差支ナシ斯ク議論スル上ハ殊更ニ久留スル歟ノ疑訝モアルナラン決シテ左様ノモノニ非ス

此聞講修官玄音運ト談話アリ

一 只今御噺ノアリシ書付ハ差出サルベシ

一書一紙ヲ出シ

如此書シテ如何

一 即席ノ案文ナレハ申陳ルモ如何ナレトモ趣意ハ个様ニアリタシ若シ下

案ヲ望マルヽナラハ差示スベシ

一 其下案ヲ乞フ

此時彼ヨリ出セシ答辨書ヲ開キ示シ

一 此開港所ノ事件ハ管理官ト地方官ト議シテ足ルベシトアレトモ意味大ニ違ヘリ若シ事件ノ起ルニ當テ管理官ト地方長官ト其議相合ハス裁決ナリ難キトキハ地方長官ハ京城ニ由テ裁ヲ仰グベシ管理官ノ如キハ千里超溟一々指教ヲ得カタシ必ス使臣ニ告ケ使臣政府高官ト其事ヲ談判ス是使臣ノ京城ニ駐留スル所以ナリ

一 貴意ノアル所ヲ書記ヲ乞フ

一 諾

何曾有使臣眷屬之語乎ノ一句ハ如何

一 婦人ヲ召連ル事ハ領議政始メ政府一同ヨリ御斷リ申ス

一 貴國ノ婦人ヲ人ニ示スヲ忌ムハ一昨日モ粗承知セリ然ルニ日本人ノ婦人ヲ連レ廉ルヤ何ノ差障リニナルヤ

一 眷屬ヲ忌ムハ久留ヲ恐レテナリ開館ヲ斷ルモ其意ナリ是故ニ御相談ニ及ベリ

一 此地ニ婦人ヲ連レ來ル事先ツアル間敷事ト思ヘトモ議論ニシテハ必ス連レ來ル事ナシト云ヒカタシ

一 可相成ハ眷屬ノ文字ヲ随員トカ從者トカニ變通セン事ヲ乞フ

一 随員ハ固ヨリ召連ルナリ其事ハ考ヘ見ル可シ淸國通路ノ事ハ如何

一 書取ニテ差出置ケリ

一 未タ差出サレズ間違ナルヘシ

一 大キニ違ヘリ何レ書取ニテ差出スヘシ眷屬ノ儀ハ猶宜シク御勘考ヲ乞フ

一 次ノ个條遊歩規程各處行商ノ儀ハ如何

一 此儀ハ書取中ニ委細申上タリ

一 是レハ斷リマテノ儀ナリ各處行商ハ姑ク置キ規程ハ如何條約面ニモ釜山ニテハ從前ノ慣例ヲ廢ストアリ且草梁館ノ如キハ坂ノ下公館ヲ離凡十七八町ノ村落迄モ到ル不能如此狹小ナル事ニテハ迚テモ相談ハイタサレズ此時公館ノ繪圖ヲ示セリ

一 貴官ハ狹小ト云ト雖モ我ヨリ云フ時ハ狹小ト申スニアラス且規程ハ我里法ニテ取極メタシ又タ廣大ナル時ハ兩國民ノ間ニ葛藤ヲ生スル

モノナリ

一 草梁規程ノ如キハ反テ葛藤ヲ生ルモノナリ先般設門内ニテ拙官モ前歩ヲ留メラレタリ昨年中牟田海軍少将ハ重任ナリシカ同人東萊ニ到ル時モ貴國入民甚失敬セシ事アリ可然談判ニ可及處江華ノ一事落着ニ際シ其儘ニ棄置キタリ我國人民ハ貴國内ヲ往來スルトモ敢テ貴國ノ婦人ヲ犯スニアラス尋常ニ通行スル迄ナリ然ルニ痛ク拒ムハ其名ハ親密ニシテ其實ハ我ヲ斥ルナリ

一 是非廣長ニ遊歩セズトモ貴國人ノ害ニハナリ間ジく此儀ハ朝家ニ於テ堅タク御斷リ中スナリ敢テ朝命ニテ拒ムニアラス人民ノ慣習使然ナリ

一 御噺ノ處ハ甚タ不相分坂ノ下抔ニテ差留ルモノハ百姓等ヨリ造意スルモノニ非ス朝命ニ出レハナリ若シ差留サル樣ニト朝命アラハ百姓ハ固ヨリ差留メサルナリ淸國ハ勿論其他各國共ニ旅行切手ヲ所持スレハ内地遊歩ハ勝手次第ナリ貴國ニハ未タ舊習ヲ脱セサル爲ナリ

此時我内地旅行免状ヲ示シ

一 此ハ我國ニテ外國人旅行スル時ノ免状ニシテ之レヲ所持スレハ十里外ト雖自由ニ遊歩スル事ヲ得ヘシ十里内ハ切手ナクシテ自由ニ行クナリ

一 一見セリ

此時更ニ御國旅行免状ヲ示セリ

一 一覧了テ承ル貴國一里ハ我十里ナリトセハ此間モ申ス通リ其規程内ハ人民ノ離散スル處ハ不安ナリ

一 彼此所見反對セリ且貴下ノ陳ル所ハ總テ想像説ニシテ證據ナシ拙官ノ所陳ハ實驗説ナリ抑モ之ヲ實際ニ施シテ果シテ不可アラハ兩國協議ノ上改正セサル可カラス故ニ我國里法十里ト極ラレ實驗シテ其節人民離散スル事アラハ我モ亦政府ニ申立更ニ議ニ涉ルヘシ

一 當春ノ條約面ニハ里程ハ載セス草梁館ノ規程ヲ廣メルトノ事ナラハ相談ノ仕方モアリ只今十里ノ規程ヲ取立ルニ至テハ何分人民騷擾シテ難澁スルヲ如何セン

一 十里ト云ハ據アリ我邦遊歩規程ハ十里ナリ且日本人ハ一日ニ十里ヲ行クハ通例ナリ故ニ譬ヘハ貴政府ニ於テ十里四方ト云フ時ハ差支ル場合モアレハ某方ハ七里ニシテ某方ハ八里トカ云フカ如キハ事情所不得止アリテ相談アラハ勘考モイタス譯ナレトモ一丈ノ問ニ一寸ヲ答ルカ如

シ決シテ承ル可カラス

一 里程ノ儀ハ朝議ニ出ル所ニシテ講修官ノ專斷ヲ以テ答ル所ニアラス未タ食事前ニ付一應休息シテ再ヒ出席ヲ乞フ

一 此時洋酒ヲ命シ

食事前トハ更ニ存ゼス只今一盃差出セリ右ニテ休息アルベシ旅館故ニ食事ヲ差出カタク耻入タリ

一 每度御馳走ニ相成アリ難シ

一 貴國人ハ一日四度食事スル趣承リタリ如何

一 三度食事セリ乍併四度喰スル事モアルナリ

右ニテ畢ル正午十二時三十分出席四時五十分休息ノ爲メ講修官退席

第三號ノ續キ

明治九年八月九日午後五時五十分再ヒ對話

河上大錄筆記荒川權少錄通譯差備官十名許陪席

一 禮畢テ理事官書翰案ヲ出シテ

理一 是ハ先刻御咄ニ付認試タル也此通リノ書翰ヲ御遣相成ハ別ニ約條書中ノ个條ハ取消テモ宜シ

講一 諸大臣ノ字ハ禮曹判書ト御改被下度

一 諸併シ此度ノ如ク禮曹判書ト御談判ニ不到シテ貴官ト御談判致樣ノ事モアル故諸大臣ト書タル也尤此書翰ハ貴官ノ御名ニテ拙者ヘ宛御遣被下度

一 雖經幾歲月ノ字ヲ竣事之間ト御改被下度

一 假令其時間長久ト書改ムヘシ

一 矢張竣事之間ト御改被下度

一 然ハ假令竣事之間長久ト改ムヘシ

一 貴國代理公使ノ如キ事ハ元ヨリ於我國難許處ナリ且眷屬引纏抔ト申ス事ハ斷然御斷申上タシ最早今日モ晩景ニ及タレハ退出可致ニ付此邊御良考被下度

一 使臣館舍ノ家租ヲ不受ト云一件ヲ唯今議シ居ルナリ将又十里規程ノ議

ハ如何哉

一 我國里法百里四方ト申テハ爲之多少紛擾ノ事ヲモ可生ニ付是ハ我諸大臣ニモ是非御斷申上ル樣ニト申ス事ナリ我國人情何分未開ノ甚キユヘ新シキ事柄ヲ見レハ即騷擾ヲ可起ノ恐レアリ此邊御垂察被下度

一 右ノ御咄ハ先刻ヨリ度々承レリ併シ拙者ノ所論モ御聞分有之度何分百里ト申談判ヲ一里ニセヨトハ迚モ結局ニ可到御談ニ非ス

一 是ハ我政府ニ於テ決議アリ依テ拙者ヨリ申立テモ迚モ變通ノ策ハ無之ニ付是非御斷申上タシ

一 拙者モ我國ヨリ委任ヲ受テ參リ居使臣ノ身トシテ變通ノ道ハ無之併ナカラ百里ヲ八十里ト申樣ノ御談ナラハ又御相談モ申上歸朝ノ後復命モ可相成ニ右樣ノ御咄ニテハ落着難致貴政府ハ近ニ在レハ再三御申上篤ト御評議有之度

拙者ヨリハ日本及淸國ニテ外國人放行免狀ノ體裁マテ御咄ニ及ヒ百里ト御談判申タル處如此强テ御拒被成テハ貴國ノ情ヲ以テ我國マテ命令被成樣ナル者ナリ我國獨立ノ國ナレハ對等ノ權アル同盟國ヘ對シ右樣ノ事ハ不都合ナリ

此時講修官一書ヲ出ス

一 一讀致セシニ先刻モ申タル通リ京城ニ館ヲ設クル事ヲ不許ト云樣ナル勝手ノ御談判ニテハ落着ハ致スマシ

一 代理公使ノ如ク設館留京ノ事ハ相止メ此度貴官御來京相成タル樣致度然ハ久暫倶ニ便宜ニ任ス譯ナリ

一 當春於江華拙者其申大官トノ對話アリ貴官ハ御承知ナケレハ一應御咄可致偖申大官ノ問ニ使臣ハ國帝ノ書ヲ齎シ來ルヤト答テ曰然リ申大官曰國書中ノ文字ニ帝ト王トノ別アリテハ差支不少ニ付取消テ呉ヨト答テ曰公使ニ三等アリ全權公使辨理公使代理公使ナリ上ノ二者國帝ノ書ヲ携來ルヘシ代理公使ハ外務卿ヨリノ書翰ヲ持參ルヘシト申大官曰然ハ可成ハ代理公使ヲ我國ヘハ御派出ノ都合ニ願度ト

右ノ御談判ハ申大官ニハ元ヨリ御存ナリ既ニ過日モ代理公使携來ル書翰ノ草案ヲ我旅館ヘ被持參タリ是マテ事隱便ニ落着爲致度趣意ニテ御談判致來クレトモ唯今ノ如キ御談方ニテハ條理貫徹不致ニ付無據拙者ヨリモ議論ヲ發セサルヲ不得申大官ハ此邊ノ事御熟知ナレハ明日ハ御一緒ニ御來館被下

度篤ト御同人ト議論致スヘシ

一 代理公使ニシテモ使臣ニシテモ同様ナリ駐留久暫ノ事ハ尚明日御談判可致先ツ此一書ヲ御覽被下度

一 拙者ノ論モ決テ此席ニテ可決ト云ニハ非ス詳細貴政府ヘ御申述アリタシ國事ハ重大ナレトモ貴官トハ巳ニ三回ノ應接ニ到レリ假令燈ヲ點シテモ今席議論セサルヲ不得先ツ公使ノ事ハ偖置外ニ可議事件アリ御聞取アリタシ

一 諾

一 昨日差進タル漂民經費ト税則ノ義ニ付二通ノ書翰案ハ如何ナリヤ御議論アラハ承リタシ

一 兩國巳ニ修好ヲ經タル上ハ於我國行レ難キ事ハ貴國ニテ御勘辨被下又貴國ニ於テ難行事ハ我國ニテ辛抱モ致スヘシ併シ我國人ノ頑固ナル事ハ御垂察被下度

一 右ノ二通ノ書翰案ハ唯文章ヲ御內覽ニ供シタルナリ御異存ナケレハ淸書シテ可差進ニ付御決答被下度

一 右二件ハ匆忙ニシテイマタ我政府ノ熟議ヲ經ス明日書取ヲ以テ御報可致

此時修好條規附錄定本ヲ出シ示ス

一 附錄ハ先日拜見ノ御書付ト同様ナリ我政府諸大臣何レモ承知致居レリ故ニ別段拜見不致トモ宜シ御返却致スヘシ

一是ハ條約書ノ成文ナリ先日差進タルハ筆談同様ノ者ニテ覚書ナリ

右ニテ議論殆一時間別ニ可記事ニ非ス

245

趙寅熙, 宮本小一(1876. 8. 10/高宗十三年六月二十一日)

趙寅熙 · 宮本小一 회담 (4)

관련문서 일본측 기록

我曰 夜間平安乎

彼曰 連日之雨屢次來臨甚不安也

我曰 因身蟻今才來矣

彼曰 昨日所言公幹事何以爲之乎

我曰 因公幹之遷就致有政府之責教而公幹事雖加爛商無他變通極爲悶隘也

彼曰 今聞公言政府之有所責敎甚庸不安然我之奉命而來此實爲兩國大事而講修多日尙未出末今日則我雖不言從當入言于政府欲爲歸正也

我曰 今此我之所言者卽政府命意而何必委往政府乎

彼先以程里爲言曰 四方百里苟難盡許則差減爲論可也

仍出示草梁館地圖曰 館之南卽絶影島也隔海一帶初無人家此處則環一島許以往來館之東西北三面量宜幾里而許之則此爲交鄰之好誼今若一切不許則我無歸報於朝廷之辭也

我曰 程限之所勒許者非他其限內居民必至驚駭離散之境且有許多弊端故所以不許也

彼曰 居民雖有弊端自貴政府另爲申飭則自可禁止何必如是勒持耶

我以四張錄紙一一書示曰 此是我政府爛加商議而確論者公其詳覽也

彼詳覽後仍曰 此諸條決不可如是說去者也我雖未覽之前已料其如此而諸條俱無講好之誼也

彼曰 昨日書契案果稟議政府乎依此本書給則我當歸言于政府似有歸定之道然則此事已出末而外他事亦豈無次次決末之道乎

我曰 此事則公使事區別然後可以出末何可以書契案謂之出末乎

彼曰 申大官何不出來耶

我曰 申大官何必出來乎我聞於申大官則三等公事春間果有此說而此使則非有國書只以書契往來爲定者也至若設館留京之說初不聞之云矣

彼曰 與申大官約條時以三等公使業已約定而今忽背之是何故也

我曰 申大官但認以三等公使而已初不聞留館等說則復何論背約與否耶

彼曰 貴政府所議如是相左則今不必更煩說話而公旣講修官則其任不輕伊重

我以理事官出來則公如是講修我安有理事之本意乎

我曰 今此錄示之四條更覽深量焉

彼曰 錄紙我旣領會矣此不必留此更覽也

我曰 錄紙不必强請留覽而我之所言公旣領會則深量勿煩我則此外更無他言也

彼曰 公言雖如此決非更言之事以我之前後所陳詳告政府以爲速竣使事也

彼又曰 貿易規則旣有可依講本之許則爲先決末爲可也昨日自我書呈之通商章程之本公須着套書以還則將爲正書二冊子互相分置而着套者卽定規之信蹟也此則卽於此席着套以還爲可也

我曰 雖有可依講本之說及其着套則今始聞之不可不以此更稟政府而爲之也

彼曰 此爲政府已許之事則如着套小節何須更稟乎雖更稟期於明早圖之毋或差緩也

我曰 此則趁卽稟圖也

彼曰 逕啓二冊明早同爲出末可也

我曰 此則姑俟三件錄事究竟後爲之未晚也

彼曰 此等小事公可裁決而何如是延拖費日耶必於明日貿易規則決定時同爲決定可也

我曰 此則果未及稟質於政府此不在早晚也

彼曰 明日午時前更爲公幹以爲諸條歸正好也

我曰 今已侵夜明當來接也

【관련문서】

明治九年八月十日午後六時二十分理事官ト趙寅熙トノ對話

河上大錄筆記荒川權少錄通譯差備官十六名陪席

一禮畢テ

理

一 昨日中進タル事件ハ如何ヤ貴政府ヘモ御申陳相成タリヤ

講

一 御談ノ趣委細我政府ヘ申入タリ然トモ政府ニテハ貴需ニ難應旨決議

致シ拙者度々政府ヘ出頭致テモ前議變セサル上ハ最早此御談判落著迄ハ政府ヘ出頭ハ致間敷様拙者ヘ被申付タリ依テ貴寓ノ近傍ニ居リ專ラ此事ニ懸ルヘシ此旨御承知被下タシ

一 誠ニ驚入タル御談ナリ然ハ貴政府ハ拙者ノ條理ヲ以テ辨論致ス事ヲ聞入スシテ是非强テ押付テ來イト被命タル様見ユルナリ此上ハ貴官ノ名目ハ斷ヘタル者ノ如シ此後拙者ハ貴官ト御對談ハ不致貴政府ニテ右ノ說ヲ主張被成ル方ヘ直ニ御談判可致ト云ハサルヲ不得尤今日ヨリ如此可致ト申ニハアラサレトモ勢此ニ到ルモ不得止事也畢竟貴政府ノ内情ヲ吐露ナサレル御咄歟ハ不知レトモ外國使臣ヘ對シテ些ト有間敷御談判ナリ

一 貴諭了悉元ヨリ拙者ニ於テハ貴官ノ御趣意ヲ以我政府ヘ申入餘程盡力モ致シタレトモ何分政府ニテハ國情ヲ斟酌致シ夫故拙者ヨリ能ク講修ノ役ニ不負様貴寓近傍ヘ參リ居兩國修好ノ道ヲ可貫徹旨被命タル也唯政府ヘ出頭ヲ被差留タルト申ニハ非ス拙者ノ御談判行届サルヨリ右様被申付タル事也

一 承知致セリ然レトモ昨日モ申進タル如ク何卒程能決議致度存意ニ付使臣館舍ノ件ハ已ニ拙者ヨリ書簡案ヲ差進タレハ館舍無税ノ趣意ヲ以右ノ一書ヲ御遣相成レハ宜敷又遊歩規程ノ件ハ拙者ヨリ我國里法十里ト申進タレハ是ニテハ餘リ廣過ルニ付今少シ減縮致度ト云様ノ御談判アレハ拙者亦可成様相考御相談ニ及フヘシ如此ナレハ何レモ此談判ハ結局ニ可致處ヲ只一切不出來トノミ御申聞ニ相成リテハ到底可相纏目的ハ無之ト存ス

遊步規程ノ義ニ付此時又釜山地圖ヲ差示シ絶影島富民洞坂ノ下等ノ事ヲ說明ス

講

一 委細承知致セリ我政府ノ本意ハ貴國トハ已ニ三百年來通好ノ國ナリ後來無事ヲ期スルニハ貴國人遊步地ノ境界ヲ定メ遠方迄御越相成度トノ御談ハ貴國ニシテ御尤ナレトモ我國ニテハ何分人智未タ開ケサル爲メ貴國人常ニ往來ナサレル處ノ人民ハ盡ク引拂テ他方ヘ移轉可致然ハ多少ノ難澁ヲモ可生ト恐ルヽ也數度貴意ニ戾ルハ全ク我政府ノ趣意ヲ奉シテ後日ノ患ヲ防クナリ乍御氣ノ毒此邊御了解ヲ願フ爲メ斯迄折返シテ申進スルナリ

一 貴政府ノ御議論ハ過日來已ニ度々承レリ貴官モ最早我國人住居致居ル近傍ノ村家別段衰微モ致サス却テ富民洞ノ如キハ盛大ニ到リタル事ハ御了解アルヘシ貴政府ノ御論ハ想像ナリ拙者ノ言ハ證據アリ何方カ條理アルト御考ナサレルヤ貴官唯中間ニ在テ取次ヲ被成計ニテハ講修ノ官ニハ非サルヘシ且先日來申進スル通リ今度ノ條約ハ假令決議調印致ストモ他日兩國間ニ不便ノ廉アレハ商議ノ上改正ヲ可得者ナリ自今我國人追々貴國ニ來ルニ遊步規程不廣レハ或ハ其境界ヲ侵スノ患モアリ凡條理ハ一度申進タレハ分明ナルヘキニ不條理ノ御咄ヲ度々御申聞相成ハ最早止メ度事ナリ

一 我政府ヨリ被申付事ニ付拙者其詞ヲ疏漏ニ致シテハ不相濟依テ委細書取ニ致來リタリ御一讀被下タシ

此時講修官一書ヲ出ス理事官一讀シテ

一 拜見致セリ然ニ是ハ全ク拙者ノ所論ト反對ニ付貴官ノ爲メニハ貴重ノ書ナルヘケレトモ拙者ニ於テハ承服ハ難相成條理アル事ナレハ如何程ニモ辯論セサルヲ不得依テ此儘返却可致昨日申大官ト御同道ニテ御來館ノ事申進置タリ今日ハ如何ノ御都合ナリヤ

一 申大官ハ聊所勞ナリ昨日御咄ノ趣同人ヘ承リ合セタル處同人ニハ成程三等ノ公使アリ且國書ヲ帶來ラス書契ヲ齎シ來ル樣致度云々ノ義ハ委細御相談ニ及ヒタル事アリ然トモ京城ニ於テ設館ト云事ハ承知不致旨申居レリ

一 然リ三等ノ公使アル事ハ已ニ御承知アルニハ非スヤ公使來レハ露宿ハ出來ス是館舍ヲ借用セサルヲ不得ナリ然ニ使臣ノ入京ヲ許シ設館ヲ不許トハ貴政府ヨリ無理ヲ被申ト云者也

一 館舍ヲ設ケル一段ニ到テハ當春御談判無之唯此度ノ如ク一時御用ニテ御來京御用相濟ハ御歸國被成ル使臣ノ事ト存居タル也

一 今般拙者ノ如キモ矢張館舍ヲ借用致居ルナリ全體ハ家租ヲ可差出條理ナリ

一 我國ニ於テハ貴國使臣御來京ノ節家租ヲ可受取筈ハ無之

一 依テ家租ヲ不受取ト云趣意ヲ書簡ニテ御遣ニ相成レハ可然也公使來京之事ニ付餘計ノ事ヲ彼是御談被成ハ不都合也

一 貴意了悉當春取結タル修好條規ニ付テノ細目ハ六ケ月後敝邦ヘ御越相成御談判可有之事ハ疾ヨリ承知致居レリ昨日御談之鴉片烟及港稅

等ノ件ハ卽細目ナリ明朝參館ノ上御相談ニ及ヘシ

一 明朝モ拜顔可致ナレトモ拙者ノ所論ハ全ク貴政府ノ旨ト相違アリ貴講修官ノ職トシテ我理事官ノ議論ヲ御汲取アリ度ハ勿論ノ事也若シ拙者不條理ナレハ飽迄御辨解有之度否サレハ爲兩國此邊御周旋アリタシ旣ニ修好條規ハ出來タレトモ今般ノ細目ノ談判都合能落着不致愈貴國政府不條理ナルニ於テハ此末又面倒ノ場合ニ可及拙者ノ所論ハ條理アリヤ如何御考被成哉

一 委細承知致セリ此一書ハ兎モ角明朝迄御預リ置被下度

一 其御書付ヲ預ル事ハ難致元來兩國ノ條約ハ兩手ノ掌ノ如シ拍テ音ヲ發スルハ是片手ノ力ニ非ス兩掌全ク相合スル故也兩國ノ於テ遵奉可致條約ノ本旨ニ外レル樣ノ御咄ニテハ迚モ結局ハ相付申マシ

一 一應御尤ノ事ナレトモ我朝旨ノ所在ヲ書取タル也是ハ拙者折角ノ意ニ付是非御預リ置御熟讀被下タシ已ニ先日貴官ヨリ御差出ノ書類ハ拙者御預リ申タル事モアリ

一 過日約書ノ案文ハ差進タレトモ辨解ケ間敷書類ヲ御覽ニ入レタル事ハ無シ御預ケ申タルトハ何ノ書類ナリヤ承リタシ併御書付之趣意拙者ニ貫徹不致ニ付テノ事トアレハ假令今夕ハ深更ニ及トモ一々此席ニテ御辨解致スヘシ

一 已ニ御一讀被下レハ我政府ノ趣意ハ御明了ナルヘキニ付篤ト御考被下タシ

一 書中ノ趣意ハ盡ク至當トハ難申先ツ第一件ヲ辨解致セハ使臣職掌ノ論アリ貴國ニ於テハ貴國使臣ノ職アリ我國ニテハ我國丈ケノ職ヲ命スヘシ昔德川氏ノ時貴國ト交際セシ如ク使臣ハ唯哀慶ノ爲メニスル事トノ御論アリ右樣我國迄貴國使臣ノ例ヲ以御指圖被成ハ更ニ外國公際ヲ御存ナキ故也我國ニ於テ使臣ニ何程ノ事ヲ命スルモ全ク我國ノ權內ニ在リ第一條ヲ申テモ如此餘亦皆然リ

一 我國ニ於テハ唯貴國ニ通交スルノミニシテ外國ノ體裁ヲ知ラス依テ右樣ノ始末也尤此書付ハ拙者ヘ命令アリシ儘書取タル也

一 其御談アラハ明日承ルヘシ偖昨日差進置タル通商章程ハ如何ヤ已ニ先刻モ鴉片烟ノ御咄アリ彌右ニ御同意ナレハ定本ニ御見認ノ印ヲ被加御返却アリタシ淸書ニ取懸ラセ申度

一 彼通商ニ付テノ事ハ小事ト認レハ小事ナレトモ矢張大事ノ濟タル上

ニテ御相談致タシ

一 是ハ先日モ講本ニ依ルヘシトノ御返答アレハ御同意ノ事ト存居レリ然ニ尚御相談被成度廉アリヤ

一 今晩ハ已ニ遲クナリタリ明朝委細御相談申上ヘシ

一 明朝ハ大事件ヲ御相談可致ニ付是非今晩承リヘシ

一 明日ノ御談ニ願タシ

一 通商章程ノ事ニ付又此上御議論テモ可被成御積リナリヤ

一 決テ然ルニハ非ス兎ニ角明朝拜顔ノ上委細申上ヘシ

一 是ハ已ニ三四日前取極リタル事也然ヲ又彼是變替被成様ニテハ迚モ貴國ハ信義ヲ以交際可致國ニハ非ス

一 御渡被下タル書類ハ未タ我朝廷ノ覽ニ入レス明日參館ノ節持參御返答ニ及フヘシ

一 先刻ヨリ右ノ始末ヲ不承ユヘ彼是御論ニ及タル也併過日モ講本ニ依ルヘシト有之處此後若シ貴朝廷ニテ御議論アリ變換被成テハ最早拙者ハ貴官ノ言ヲ信スル事能ハス

一 諾

一 外ニ漂民經費及官吏警戒ノ儀ニ付書翰案二通差進置ケリ是ハ如何ヤ

一 唯一个條ノ大事件ノ爲メニ此義モ我朝廷ニ於テ決シ兼ルナリ

一 今日モ定テ御討論モ可有之ト存ス且右書翰案之義ニ付テモ大旨意ハ元ヨリ御熟知ナレハ此丈位ノ事ハ貴官ノ權內ニテ御處分有リテモ可然様ノ事也

一 大小トナク萬事必朝議ニ懸ケ一決ノ上御決答可申上順序ナリ小事迄御斷申上テ調ハスト申ニハ無之併大事件ノ不決間ハ矢張確答ハ難申上

一 唯程能相運度ト存シ斯迄御論ニ及タル也貴官ニモ吳々御周旋有之度明日ハ通商章程幷書翰案二ケ條ノ御返答ハ必承リ度何時頃御來館可被降哉

一 必正午前參館萬事御相談可致

右ニテ相濟無間講修官退出

午後七時三十分

趙寅熙(1876. 8. 10/高宗十三年六月二十一日) ➡ 宮本小一

강수조규(講修條規)

講修條規

公使官不可留住京城事

國之有使卽哀慶交聘之通信修禮也未有以通商等事特派使臣而來留京城也今雖以各國通行之規爲言而我國則未嘗與各國通商惟於大淸有開市之例而初無公使之來留矣今與責國刱行無前之規留住公使於京城則其爲駭俗生弊有不可勝言此個事勢我旣詳料而不明言之則非交鄰誠信之誼也我旣明言之而公欲强而行之則亦非交鄰誠信之誼也惟公熟量更勿相煩

開港處行進程限一依草梁館事

草梁館定界卽兩國成憲三百年遵守者也今許數處開港之增設實出於修好之至意而交易條規雖變草梁之例至於程里界限不可異同今若廣占則該處人民必皆驚駭散走棄墳墓離鄕井莫保其生矣此豈可行之事耶惟公熟量更勿相煩

各處行商不可許施事

今春條規只有二處開港之約而無各處行商之說今何可忽發此論乎如果行商則往來之路交貿之際必有許多難處之端事必不成而亦安有開港程限之意乎惟公熟量更勿相煩

大抵兩國修好必圖久遠久遠之道在於兩相便宜若有拂意强行之事則易生疑阻事必不成烏在其修好久遠之道乎上項三條我國之習俗旣殊事勢難便無以拂意强行我之如是備陳斷斷出於永好之意而已惟公深量更勿相煩

趙寅熙, 宮本小一(1876. 8. 11/高宗十三年六月二十二日)

趙寅熙 · 宮本小一 회담 (5)

관련문서 일본측 기록

我曰　雨濕如此夜間平安乎

彼曰　雨旣支離且有身恙而今强病相接也

我曰　貴體次損心甚慮也

彼曰　昨言條款事何以稟定耶

我曰　所謂條款此是貿易事耶

彼曰　所言諸條公果忘置耶何如是問之

我曰　昨日公之所言者甚多我未知何條而所以問之豈可忘置耶

我又曰 昨言三件事先爲歸正然後外他事可以次第歸正也

仍出示昨日三件錄紙

彼　曰 三件事更不可議到者也貿易規則已許之事則固知其決正之事而着套雖在三件事歸正之後未爲不可更有何慮哉

我以一紙書示曰 昨日所言三件事先爲講定然後其餘款次第約定此三款未定前我政府及朝廷之意不欲先定他款也

彼曰　此皆春間已約條之事復有何更定者乎

我又以一紙書示曰 公於使臣事每以春間約條第二款證之我當以此款條條明言之矣其隨時派使臣我認以交聘通信之使臣其交際事務我認以交聘通信之事務其駐留久暫我認以交聘通信事務之竣事間久暫矣今公則使臣曰代理公使交聘事務曰通商事務駐留久暫曰十年一年又以設館別添一款以此言之公違春間約條耶我違春間約條耶此則雖歷月經年萬難聽從也

我又以一紙書示曰 各處行商事我當明言之矣今春只有二處開港約條而今公別添此一款以此言之公違春間約條耶我違春間約條耶此則雖歷月經年萬難聽從也

我又以一紙書示曰 開港處程限事我當明言之矣春間約條未嘗有程限之說而雖以草梁館變舊制之約條言之只變其舊例而已而今公別添此條以此言之公違春間約條耶我違春間約條耶此則雖歷月經年萬難聽從也

彼曰 如此錄示吾不欲見之以言語通之可也

我曰　我之言語卽此錄辭也公之不見甚非相敬之意也

彼曰　我於文字甚不足反不如言語之通也

我以此紙給于金助使之布于理事官之前金助次第釋文以告之文傳理事亦一一見之

彼答曰 書意詳悉然此以條約之外爲論者則實未可曉得也我於春間與申大官尹副官吳慶錫議定者今如是相在則不可不與大副官吳慶錫合席然後可以辨明也

我曰　此三件事大副官會政府已知此錄何必合席而更辨哉此約條卽春間條若如公言則此約條外別無他約條耶

彼曰　約條外多有酬酢所議者也

我曰　其時設有酬酢此爲約條外酬酢則有誰知之

彼曰　三件事公言如彼我言如此出末無期必於明日公與大副官吳慶錫來會相議然後可以歸正願公以此圖之我亦書邀大官矣

我曰　大副官雖來會其言亦如我言有何辨明之道乎然而公言旣如是第當以此意傳于大副官矣

彼曰　有一可托者第言于伴接官我之海陸軍有追後入來者此館難以容接可以居接處所預爲措處也

我曰　此則當傳于伴接官矣

【관련문서】

明治九年八月十一日午後六時五十分ヨリ理事官ト講修官トノ對話

河上大錄筆記荒川權少錄通譯訓導玄昔運陪席

一 禮畢テ

講一 今日午前參館可致樣御約束致置タレ共今日ハ雨天且拙者聊所勞ニ付延刻ニ及ヒタリ失敬多謝

理一 昨日ノ御咄ハ如何哉

一 何ノ件ナリシ哉

一 昨日御談ニ及タル事ハ總テ御記臆アルヘシ

一 先ツ貿易親則ノ件ヨリ御返答可申哉

一 承ルヘシ

一 貿易規則ハ巳ニ雙方調議致タリ故ニ先ツ三件ノ要事ヲ決著可致様我政府ヨリ被命タレハ此事ヲ御相談願タシ

一 貿易規則ハ三件決著ノ後承ルヘケレトモ巳ニ貴政府ニ於テモ御異存ナシトノ御返答アリタル上ハ御相談ハ相受申マシ

一 貿易規則ハ我朝廷ニモ巳ニ許諾ヲ經テ講本ニ依ルヘシト申上タレハ別ニ異議アルニ非ス然トモ三件ノ分ハ宜御相談ヲ願タシ委細書取ヲ致シ來レリ御一讀ヲ乞フ

一 何ノ御書付歟ハ不知レトモ今日ハ一切拜見ハ致間敷ニ付一々御口陳アリタシ

一 口上ニテハ申落ス事モアルヘシ書付ハ著實分明ニシテ間違モアルヘカラス拙者ノ詞ヲ書取リ致來タル者ナレハ御一讀被下タシ

一 先日來拜見致タル書類兩國條約ノ本意ニ違背ノ廉多シ右樣ノ者ナレハ拜見致スモ全ク無益ナリ今日御持參相成タルハ何ノ書ナリヤ尤何ノ件ヨリニテモ承ルヘシ御咄アリタシ抑貴官ト拙者ハ唯修好條規附錄ノ事ノミヲ御談判可致職分也修好條規ノ本意ハ貴官ト御議論致シテモ落着ハ致間敷依テ申大官尹工曹判書並呉慶錫ノ三人ハ當春於江華萬事御談判致タル方ナレハ明日ハ右三人ト御同道御來館被下度呉慶錫ハ所勞ノ趣承知致タレトモ兩國條約ニ關スル大事ニ付必三人御同道アリタシ否サレハ到底此議論ハ落着不致右落着致タル上ニテ貴官ト附錄ノ事ヲ御談判致スヘシ

一 當春取結タル條約ノ趣意ニ我政府ハ違背致タル事ハ無之代理公使ノ御咄ハ唯使臣ト見認タルナリ毫モ御約束ニ違タル事ナシ申大官タトヒ入館致シテモ別ニ拙者ノ議ニ替ル事ハ有マシ

一 貴政府ハ條約ニ違背被成ト申ニハ非ス又申大官ノ御同意如何モ相分ラス併篤ト御相談致度ニ付理事官ヨリ面會ヲ乞ヒ之ヲ取次面會爲致事ハ全ク貴政府待遇ノ道ナルヘシ

一 申尹兩人共政府ニ出席先日來ノ御談判ハ盡ク承知致居レリ故ニ假令兩人御面談致テモ別ニ替リタル議ハ有マシ

一 申大官ニ異リタル御見込アリト云ニハ非ス然トモ當春段々御懇談致タ

ル末ニ付篤ト御相談致タラハ相分リ易カルヘシ

一 御申聞ノ内數ヶ所ヘ行商ノ件アリ江華御談判ノ節二ロノ開港ト云事ハ承知致居レトモ行商ノ事ハ承リ不申

一 此件ハ追テ御辨解可致右ノ三人ニ御面會致度義ハ如何哉

一 我政府ヘ申出ツヘシ

一 拙者ヨリモ申大官ヘ申進ヘシ扨三件ノ內第二ノ遊歩規程一條ハ如何ノ御評議ナリヤ

一 其邊モ委細我政府ヘ申入レタリ然トモ使臣一件落着ノ上ナラハ遊歩規程ハ互ニ落着可致御相談申上ヘシ此邊御推量被下タシ

一 然ハ今夕ハ最早御談判ハ難致兎モ角明朝右ノ三人御同道ニテ御來館被降ハ篤ト御相談可申是迄段々御談ニ付拙者心中不屑ノ激論ニモ涉リ貴官ニハ御氣ノ毒也餘事ハ畢竟枝葉ニ付今日ハ御談判ハ不致總テ緩々御談可致ナリ

一 拙者モ講修ノ爲メ日々拜顏ヲ得ルモ因縁ト云ヘシ就テハ兩國ノ便ヲ謀テ隣誼ヲ可全樣程能御相談致度卑懷御推察被下ハ萬々幸甚

一 於我國ハ江華ノ結約アリ巳ニ批准モ賜ハリ且修信使モ我東京ニ參ラレ金石不易ノ約ヲ取結タル事ト存居レリ然トモ條約一タヒ間違ヘハ不測ノ大事ヲモ可生萬國ノ公法ニ條約ハ國ヲ固ムルノ具ナリ然トモ之ニ違ヘハ戰ヲ起スノ原ト爲ル者也ト云諺アリ今日貴國ニ對シテ可言詞ニハ非レ共是ハ各國古今ノ事勢ナリ

一 兩國ノ交際ハ信義ヲ主ト可致ハ勿論ナレハ江華結約以來於我國ハ是ニ違背致ス事ハ無之ト存居ナリ併各國ノ公法ヲ擧テ條約ノ爲メ戰爭ヲモ可生ト云御詞ハ我國ニ向テ御申聞被成タルニハ非サルニモセヨ實ニ戒愼スヘキノ事也

一 明日正午前三人御同道御來館ノ程是非御待申居ヘシ

一 諾

一 今度乍序貴官ヲ煩シ伴接官ヘ御傳言ヲ相願度事アリ右ハ近日用事アリテ我海軍ノ者多人數入京可致歟モ難計ニ付館舍ノ用意ヲ請度也

一 伴接官ト相談可致

右ニテ畢リ無間講修官退出

午後七時半ナリ

申櫶, 尹滋承, 趙寅熙, 宮本小一(1876. 8. 13/高宗十三年六月二十四日)

申櫶 · 尹滋承 · 趙寅熙와 宮本小一 회담

관련문서 일본측 기록

大副官問答

我曰　熱雨頻連爲平安耶

彼曰　日前慰問感謝感謝

我曰　曾欲一番來接矣今此相面甚喜

彼曰　今日請臨專爲公幹而然矣

我曰　旣君平服何可公幹乎且公幹則講修官在此處依前日說話可也

彼曰　日間當往大副官私第矣

我曰　來見之言雖極感謝國俗不然則不無如何之嫌來頭政府相會時接語好矣

我又曰 向日所送之文字誠感謝故今如是裁書答謝也

彼曰　如是委念甚感甚感

我曰　適有節扇故今果持來矣必分給隨員好矣

彼曰　又此贈給尤極感謝

彼出示條規册子曰 第二款之隨時派使臣到朝鮮國京城得親接禮曹判書相議交際事務駐留久暫共任時宜云云則使臣之到京留駐豈非約條乎云

故我以爲旣曰 隨時則不常有之謂

又曰　交際事務則是交鄰哀慶交聘等事非指通商事也久暫亦是或久或暫豈挈眷久留之謂乎

彼曰　通商亦竝入於交際事中云故

我曰　然則八款中曰日本國政府於朝鮮國指定各口隨時設置管理日本國商民之官云云是乃別立通商條規也若無此條則通商竝入交際事務云者容或無恠旣有此通商事別條則何不曰設置領事公使於朝鮮京城云耶惟此一款看間約條無此領事公使也明矣到今我國政府何以能逆料今日領事之留駐京城者乎

彼曰　無論某使臣到京留駐無碍乎

我曰　通商事則不可留京矣於萊府久駐幹事則我國當隨事商議裁處此使之今日竝爲攙入於交際事務云則是豈誠信底道理乎哉

彼曰　然則通商領事旣非約條中云則歸告我政府不必送之云云故
我曰　然則冊子中開館京城云者自當勿論也
彼仍向講修官曰 其冊中第一款開館京城云者抹去好矣
彼曰　大抵我遠來之本意卽爲賃基設館不欲貽弊於民而自貴朝廷旣不賃基且不設館者俱是禮待之意則有難一向强請也
我曰　若如今番而留接則有何不可乎
我又曰 有酒果之持來者望須啖進也
彼曰　說話了畢後啖之未晩也
彼又曰 春間約條中有兩國使臣互相往來之約故貴有修信使之行我有理事官之來而雖以後日言之我使來到之時隨其事務之出末遲速間當留駐矣
彼又曰 以事務言之若是通商事務則貴國雖不許之交際事務則有何不許之端乎
我曰　因交際事務而來到則自當許之而若以通商事務而來則斷不可許矣
我又曰 英吉利之設館貴國也日本人民瞡見而驚恠至有放火其館所云我民之於日本人亦有何異哉以今番持難勿爲見恠
彼曰　果有此事而其時自太政府嚴治之後更無此弊矣自貴政府亦如是禁飭則可無此等弊端矣
我曰　民之犯法干禁固宜嚴懲而於此事駭聞異見則民之不從何以懲治乎

講修官問答
申大官尹副官先入 少頃請我入來 仍入去
我問曰 日昨公有所愼矣今日則何如耶
彼曰　少差而尙有餘証也公以公幹頻煩往來甚不安也
仍進茶一盞
彼向申大官曰 隨時派使臣留住京城在於春間約條而如是相持是何背之耶
大官曰 雖在春間約條我國認以交聘使臣竣事間留住不知通商事務也且設館留住此不在約條而今忽言之是何故也
彼向我曰 公幹爲之可也
仍曰　使臣之留住京城政府之議將何以爲之耶
我曰　公今聞申大官之言而胡爲又出此言也政府之議一與申大官之言同然今不可擧議也
彼曰　如是相持則此一款置而勿論之外無他道也

申大官尹副官告別而去

我曰　然則以條約冊子一一議定可也

仍出條約冊子逐款議定此則詳載於冊子中

我曰　各處行商事我政府一切不許今不可擧議也

彼曰　我之所欲爲者公則輒皆防塞此豈修好之誼耶甚慨然

我曰　我政府只以春間約條議定而此非約條中事則安得不防塞乎

彼曰　貴國山川險惡難知其便否諸處船行通商然後迺知其便否故所以諸處行商也

我曰　欲船行則大邱是陸地何以通之且春間約條但言其開港二處非有此等行商之說而今忽出此言我政府所以不許也

彼曰　然則大邱置之須從便沿海邊定以二處行商則此亦一年內不過二次多不過三次也

我曰　公言如是屢屢當稟于政府後言之也

彼曰　程限事貴政府何以議定耶

我曰　此亦無春間約條者也我政府所以不許也

彼曰　程限事先從草梁館稍廣幾里許可也且此事我承太政府命意故雖歷月相持決不可虛還也

彼又曰 公不見草梁館則其形便難以論之公必乘我火輪船同往釜山以爲遍覽好矣

我笑曰 我則雖未及見我朝廷多有曾見者如今任譯亦多見之者其形便坐此論之瞭如指掌我之見與不見有甚關焉哉

彼曰　公必善議政府草梁舊規外幾里許之也

我曰　此亦稟議政府後言之也

彼曰　貿易規則逕啓二件亦爲明日決末也

我曰　當另圖之矣

彼曰　我行中有學地理者而我雖有朝鮮全圖猶未詳悉若以貴國全圖及京城全圖給之則當以我圖較正矣

仍出示朝鮮全圖使之持去

我受之曰 當於明日以全圖示之勿慮焉

我曰　日前海陸軍之言別時暫聞未知其數之幾許必詳言之也

彼曰　海軍久處船中多有鬱病有疏暢而上來者且久不見我有欲見我而上來者其數少則爲十餘人多不過二十名也

我曰　數十人上來容接有何難處之端而公於東萊有通報者入京隨員已有定額自策府報于我政府政府亦爲奏達於我主上則定額外上來者自政府不得擅許所以持難公其諒之

彼曰　公言甚切當切當俄者伴接所不以如公之言言之只以無可居接處防塞今聞公言我乃大覺也蔽一言公幹速竣則海軍何必入來也

入房中從容酬酢記

彼携我手而入房中曰 我受國命而來此與公講修約條而二處行商及程限幾里二件事若不得諧而還則非但無面還國必當有我政府罪責公不念此個事狀而一向相持是豈情志之相孚乎公須毋撓於傍人之言善稟政府必以此圖之也

我曰　與公多日交接自多款洽之情古人曰四海之內皆兄弟況今合席促膝雖不能言語肝膽則相照也且公以情曲言之吾亦敢不以情曲告之乎以程限事言之公必以適中爲言則吾當善爲周旋矣

彼曰　以草梁館論之南之絶影島北之東萊府無常往來然後可而方便而其東西量宜許之也此爲我之眞情語也

我曰　公之所言里數雖如此我政府則必當持難矣我當爲公周旋而至於二處行商事亦當力圖矣

彼曰　惟公恃之也

我曰　我以近日我國事情言之矣貴國使臣之到京城三百年來初有之事也是以人民驚駭婦女奔竄莫不有渙散之心願公速速竣還姑安我人民之心也

彼曰　誠然矣誠然矣我國年前英人之初來也人民莫不驚恠貴國今日之民情安得不然且客苦甚難歸心日促願公爲我速速圖之也

【관련문서】

明治九年八月十三日牛後二時十五分判中樞府事申櫶工曹判書尹滋承來館理事ト對話本月十一日理事官ヨリ書ヲ申櫶ニ遣シ本日尹滋承呉慶錫ハ所労ノ趣ニテ両人參リタル也

河上大錄筆記荒川中野兩權少錄通譯訓導玄昔運差備官一名陪席賓主榻ニ就キ互ニ別後ノ安否ヲ問ヒ一應之雜話畢テ

理一 本日兩閣下ノ御來訪ヲ請ヒタルハ不本意ナレトモ拙者ヨリ貴宅ニ推參可致樣モナケレハ無據老體ヲ勞シタルナリ就テハ御談申度義ハ別事ニ非ス過日來講修官ト屢次御面談致シタル所我使臣貴京城ニ駐留ノ一件ニ付彼此ノ意味相違アルニ似タリ右ハ修好條規ニ關係可致事故一應御見込ヲ承知致シ度此件サヘ雙方ニテ落着候ハヽ他ノ條款ハ追々講修官ト御相談可致ト存居レリ全體修好條規第二款ノ趣意ハ如何御考被成哉承リタシ

申一 右ハ於我國ハ條約面ニ違背ハ不致積ナリ彼第二款ニ在ル通リ時ニ随テ使臣ヲ派出シ即我國ノ修信使貴國ノ理事官ノ如キ者京城ニ駐留相成ル事ハ元ヨリ承知致居レリ然トモ條約面ニ設館ノ文字ナケレハ今更條約外ノ事ヲ於我政府承諾スル事ハ難相成尤駐留ノ久暫ハ其時誼ニ任ス事ナレハ假令使臣ノ滯京長久ナルモ我國ヨリ歸期ヲ促ス事ハ不致ヘシ且開港場ニ管理官ヲ置ク事ニ付聊我政府ニ於テ異議ハ無之

一 然ハ使臣ノ館舍ヲ設ル歟ノ借受ル歟ノ一事ハ御異存アル樣承レトモ我國使臣入京ノ節館舍無之テハ不相成ニ付必貴國ヨリ館次ヲ御貸渡可被下尤駐留久暫ノ期限ハ豫メ分ラサルナリ依テ借用致ス者ト看做シ若シ損破致シタル節ハ元ヨリ相當ノ御挨拶ハ可致彌無相違御貸可被降哉如何

申·尹一 今般貴官ノ如キ使臣ニシテ御入京被成時我國ヨリ拒絶致ス事ハ元ヨリ無之併通商ニ關スル用向ニテ使臣御入京長ク御滯在相成事ハ承知難致ト申政府ノ決意ナリ又使臣ノ爲メ館舍御貸申ストモ家租ハ受取申間敷總テ貴國ノ爲メ御迷惑トアル事ヲ於我國ハ可致積リ無之

申一 唯今講修官門外ニ在リ可相招ヤ

一 已ニ先刻ヨリ御待申居ルナリ

申·尹一 拙者共ハ私情ヲ以御對面致ス事ナレハ講修官ハ公禮ナリ故ニ一時門前ニ差控サセ置ケリ

尹一 乍輕薄聊酒菓ヲ持參セリ差進度

一 厚意感謝然トモ用談ノ終ル迄暫ク御見合被下タシ

一 抑使臣ノ職制ハ唯今拙者ノ可議所ニハ非ス然トモ條約書ニ自今十五个月後使臣ヲ可差出云々ノ事アリ此語ヲ篤ト御味ヒアリタシ貴國ヨリ日本ノ方へ使臣ヲ派スルハ今日テモ差支ナキ故別ニ期限ナシ貴國へ我使臣ヲ派出ニ付テハ彼是ト手順モアルヘケレハ有餘ヲ取リ十五ヶ月ト書キタルナリ此使臣ハ長逗留スル譯也如拙者一時來テ又去ルモノハ十五ケ月前ト雖モ入京スル也又ハ修信使ノ如ク唯書翰ヲ持參リテ返書ヲ携歸ルト云丈ケノ用向ナレハ格別日數ハ掛リ不申然モ十五ヶ月後ノ使臣ニ到リテハ或ハ國書ヲ齎シ或ハ外務卿ヨリノ書契ヲ携ヘテ來ル時ハ假令如何許ノ長期限滯留致居トモ計ラレス之カ爲貴國ヨリ之カ歸期ヲ促ス事ハ不相成若シ貴國ヨリ使臣ハ長ク京城ニ駐留不相成トノ御談アレハ飽迄御議論ニ不及ヲ不得ナリ貴意如何ヤ承リタシ

三時十五分講修官來ル

申·尹一 今般ノ如ク細目議定ノ爲メ使臣御入京或ハ哀慶ノ爲メ使臣御派出ノ節ハ拒絶可致樣モ無之乍併平日別段用向ナクシテ使臣駐留ノ事ハ條約書ニモ無之レハ御斷可申然ルヲ此件ヲ御論被成ハ約束外ノ事ユヘ疑敷存居ルナリ

一 然ハ貴國ニテハ使臣ハ唯哀慶ノ爲メノミト御認メ被成哉交際事務ト云ハ哀慶ノ二字ニハ止ラサルヘシ今後交際事務ニテ使臣貴京城ニ來ル時ハ御斷被成哉如何

申一 交際事務或ハ哀慶ノ事ニ付御入京ノ使臣ハ御斷不申併通商ノ事件ニ付御入京ハ御斷申度如何トナレハ開港場ニ管理官アレハナリ

一 交際事務ヲ以使臣ヲ差出スニ御差支ナクハ宜シ今日ハ使臣職務上ノ事迄御談ハ不致へシ

申·尹一既ニ條約書ニ在ル如ク交際事務ニテ使臣御差出ニ異議ハ無之

講修官へ一 過日貴官へ差進置タル約書草案ヲ御出シ被下タシ

講一 先日モ申上タル通リ第二款ノ件(使臣眷屬随員入京云々也)サへ御議定ニ成レハ宜シ

一 使臣館舍ノ件先日來決議ニ不至依テ此件不決間ハ他事ハ暫ク議セストノ御談アリ然ニ今日兩大臣ト御談判致タル所使臣入京ハ無差支來レハ無税ニテ館舍ヲ貸渡スヘシトノ御談アリ是ニテハ意味未タ全ク發輝トハ不致レトモ使臣入京ハ十五ケ月後ノ事ナレハ尚十ヶ月計リノ間アリ

即今强テ議セストモ差支ハ無之ニ付今般ノ條約面ニ此件ハ相省クヘシ然ハ拙者歸京復命ノ日爲之譴責ヲモ可受ケレトモ先ツ暫ク此件ヲ省キ御相談致セハ可然落着可申歟併必ス議定致度御積リナレハ尚一言申進スヘキ事アリ如何承リタシ

講一 設館駐留ノ事ニ到テハ當春御約束モナケレハ於我政府承知難致然トモ開港揚ニテ御設館アルコトハ元ヨリ差支無之

一 貴官ノ言ヲ承ルニ尚雙方ノ趣意合ニ似テ不合ル所アリ依テ此度此件ハ相省キ可申哉夫トモ御差支アラハ飽迄御討論可申ト云拙者ノ言ナリ

講一 貴諭ノ如ク此件ハ雙方トモ充分ノ御相談ニ運ハス依テ之ヲ省クハ御尤ノ御考也承知致セリ

一 其餘ノ件々ハ御差支無之哉

講一 眷屬随員ノ事ハ先日來申進タル通リ開港場ナレハ差支無之京域ニテハ差支アリ又清國ヘノ通路ハ我國ニ國法モアレハ御談ノ通リ承諾ハ致カタシ

一 清國ヘ通路不相成義モ委敷御辨解書ヲ御遣シ被降ハ他日ノ御談判ニ譲リ可申又眷屬ノ字ハ隷屬ト云字ニ換ユヘシ

講一 辨解書ハ差出申可

一 行歩規程ノ件ハ如何ナリヤ

講一 今一應我政府ヘ伺ヒ其上ニテ後日御返答ニ及フヘシ

一 後日トハ明日ノ事ナリヤ

講一 明日若シ拙者御旅館ニ參リ不得トキハ訓導ヲ以御返答ニ及フヘシ

一 行歩規程ノ件ハ先日來實際ノ見込ヲ以申進タル所貴官ニハ御存無之傍人ノ意見ニ任セテ御答被成様ニ推察ス若シ百里ヲ何十里ト云如キ御談判ナラバ訓導ヨリ承リ可申兎ニ角貴官ニハ實地見分ノ爲拙者御同道釜山迄參ルヘシ併シ可成様ノ御相談アラハ彼方ヘ參ルニモ不及

講一 拙者釜山實見ハ不致レトモ地圖アレハ粗相分ルナリ且訓導モ熟知致居レハ拙者一人彼是議論致スニハ非ス御推察被下度

一 然トモ拙者ヨリ條理ヲ以御相談ニ及ヒシニ唯不調儀トノミ御返答アリテハ實地ニ就テ論セサルヲ不得勢ナリ纔ニ十日計ニテ往返可相成事ナレハ彼地ヲ目撃シ歸京ノ上再ヒ緩々御相談致スヘシ

講一 御尤ナレトモ地圖ニテ大略承知致シ居レリ兎ニ角我政府ヘ申出

タル上確答ニ及フヘシ

申一 凡人タル者利勢ヲ見レハ其所ニ走ラサルハ無シ然ニ我國人ハ何分未開ニシテ貴國人ヲ見レハ恐懼シ終ニ擾動ニモ可及歟之恐レアリ嘗テ貴國英國ト交際ヲ被始タル頃貴國人ノ内英國公使館ヲ燒拂タル者アリト傳承セリ何レニシテモ不見慣事アレハ自ラ人心不穏ナリ

講修官ヘ一 然ハ地圖ヲ拜見致シ其上ニテ御相談致スヘシ

申ヘ一 貴諭ノ如ク一時我國民騷擾シタル事モアレトモ於政府ハ謝彌交誼ヲ厚フシ右ノ暴挙ヲナセシモノヲ罰シタレハ彼ヨリ今日ニ到ル迄一言申越タル事ハ無之依テ貴政府ニテ確乎御決意ノ上ハ愚民共假令一時如何樣ノ事アリトモ我國ニ於テハ聊意トハ不致ヘシ唯貴政府ノ御決心次第也

申一 農民共ハ元ヨリ愚ナル者ニ付或ハ右樣ノ不都合モ可有之御承知被下タシ

一 故ニ政府ハ充分開化アリ度ト申進スル也

申一 於政府ハ其邊手拔リノ致樣モ無之次第ナレトモ何分愚民ニハ致方無之

講一 各地行商ノ件ハ我政府ニテ二口ノ開港場ノ御約束ハアレトモ此事ニ到テハ更ニ承知不致ニ付御斷可申樣命アリ

一 先日モ申進タル通リ便利ノ良港口未タ充分ニ相分ラス因テ當分各地行商ノ事ヲ御相談致シ置商業彌便利ナレハ強テ新ニ開港ニモ不及歟ト存居也若シ數ヶ所御差支トノ事ナレハ二三ヶ所ハ御許諾アリ度尤他日開港ノ上ハ相止テモ宜シ

講一 大丘ハ陸路ナリ故ニ我政府ニテ承知難致トノ論アリ

一 行商ノ件モ拙者決斷ハ難致ニ付我政府ヘ申入ルヘシ

一 明日ハ遅クモ貴官御來館被下タシ差備官ノ言ニテハ自然錯誤ヲ生テハ宜シカラス

講一 兎ニ角政府ヘ申出タル後都合能御相談ヲ願フヘシ

一 斯迄御相談致來タル事故此上御盡力アリ度細事ハ傍ノ者ヘ御尋アリテモ宜シケレトモ貴官ハ元ヨリ高官ナレハ御英斷アリ度

申櫶尹滋承別ヲ告ケ去五時五分

講一 我國人民公務ニ非レハ清國ヘモ參ル事能ハス若シ竊ニ參ル者ア

リ露顕スル時ハ梟首ニ行フ也故ニ貴國ヘモ漫リニ參ル事難相成

一 我國ニテモ海外ニ行ク者ヘハ公證ヲ與フルノ制アリ故ニ公證ナキ者ハ海外ニ航行スル事不能貴國ニテモ外國行ヲ爲ス者ヘハ必公證ヲ被與ハ可然

講一 我國ヨリ人民ヲ貴國ニ差出ス事ハ不相成條約書中ニ在ル管理官內地通行ノ件ハ御省キ被降タシ

一 管理官內地通行ヲ御差許ナケレハ乍チ障碍アレハ此義ハ御同意難申先日巳ニ貴官ヨリ無差支旨御返詞アリタルニ非スヤ然ニ今又右樣ノ御談ニテハ貴政府ハ信義ヲ以交ルヘキ者ニ非

一 鴉片煙ノ販賣ヲ禁スルノ章ニ天主教ヲ禁スト云事ヲ御書加被下度

一 右ハ當春申大官ヨリ御談有之節委細拙者ヨリ書取ヲ以御辨解ニ及ヒタリ尤於我國ハ天主教ヲ奉スル者ナシ既ニ釜山公館ニハ天主教ヲ禁スルノ制札ヲ掲ケ置ケリ依テ從前我國ニ於テ許可無之天主教ヲ禁スルトノ義ハ條約書ニ記載スル事ハ下相成鴉片モ我國ニテ嚴禁ナレトモ時トシテ或ハ支那人持渡ル事アリ故ニ貴國ノ爲メ此害ヲ豫防セントテ書載タルナリ

講一 兩國ヨリ亡命ノ者來ルトモ不受トノ事ヲ御書加被下度

一 亡命ノ者アランカ爲メ我國ニテハ公證ヲ渡スナリ貴國ニテモ我國ヘ來ル者アラハ御渡可被成

一 先刻釜山地圖ノ御談アリ就テハ京城及全國ノ圖一應拜見致シ度

講一 諾

右畢テ雑話ニ渉リ少焉講修官退出

六時四十分

249

趙寅熙, 宮本小一(1876. 8. 16/高宗十三年六月二十七日)

趙寅熙 · 宮本小一 회담 (6)

관련문서 일본측 기록

彼曰 日氣如是蒸熱則大爲釀雨也

我曰 然矣日前公有感症今則夬可耶

彼曰 身恙不至大端也

我曰 間以公幹事連日稟議於政府亦以此揆之春間約條參以今番條規爛加商議而決定者我亦爲公而力圖者也

仍出示通商章程貿易條曰 此是政府已許者而一一依公言所施者且自政府着套以來也

彼一一見之 至米穀事 問曰 何如是改之

我曰 春間既以不許爲約矣今不可更議此條而但貴國厚意甚感謝故所以附錄而此不必只擧我國故以兩國爲言得輸出入付之末端也

彼曰 然則得輸出入上添入兩國二字好也

我曰 然則此非荐歉之時乃無常時耶

彼曰 然矣

我曰 大不然矣無常時出入則烏在其春間不許之本約乎此條拔之無妨也

彼曰 公言既如是則當拔之而但各港口住留之日本人民適乏粮貴國不爲救之乎此若不許則決非修好之誼也

我曰 此等事我國豈可越視乎然則以港口粮米絶乏則米與雜穀得輸出入書之可也

彼曰 絶乏二字甚薄待之義此二字拔之可也

我曰 此二字既拔之則以粮米及雜穀書之可也

彼曰 如是改之爲好然則貿易條今皆歸正矣後日更二冊子分置兩國爲好矣

我又以逕啓者二冊出示曰 此則或有未解本意處亦有貿易條中疊出者將何爲而作之

彼曰 此雖有疊出條卽詳細分解者仍條條論辨

我曰 唯然而此中商譯都中事政府所持難者我爲公另圖幸以許之以此知之也

彼曰 甚幸也

以二張書出示曰 當以此日間入送矣見此而答之也

我曰 第以修好條規言之矣此條規之初示者我政府準此議定追後所示件不爲擧論我於追後件一從政府所議定一一付籤以來當以條條言之矣第一款旣置之今不必更論第二款派遣使臣事以哀慶交聘改之又以竣事間駐留改之毋得以通商事駐留可也如是議定更無變改也

彼曰 此何言也春間約條第二款派遣使臣商議交際事務駐留久暫共任時宜載之則今何可如是爲言乎

我曰 交際事務卽交聘事務竣事間卽久暫之意也有何變改者也

彼曰 哀慶自在於交際中今何必特書旣有久暫則又何必竣事間言之乎且此使臣交聘之外若或有大機務事則不得不來到京城至於通商事務初不干涉也彼我以此相持幾至半晌而未決且以管理官經過內地事亦爲相持

我曰 旣無使臣通商事留京則管理官何爲而經過內地乎此則不必更爲擧議故此條所以付籤也

彼曰 我國船隻破傷人民溺死則管理官不得不來救故所以經過內地也

我曰 我境若有貴國船敗沒則其在交鄰之誼該地方官各別救助使之護送於近港口矣何必管理官來救乎此是外我國之言更不出此言也

彼曰 非謂貴國之不爲救助船隻與人民管理官不得不有躬來看檢者故所以言之也

我曰 此則不成說之言置之可也至於淸國往來事旣無使臣留京條則此不必要得辨解書此二條政府之爛加議定者置之之外無他道理也

彼曰 只以此款如是相持則更不得爲他公幹也第以下款議之可也

我以第三款言之曰 旣無使臣留京則此款中使臣館不必書之故所以付籤也

彼曰 不然也如我使臣間嘗有郵致書信者則日後使臣亦豈無此等事耶公每以不爲留館爲言然則館字拔之似好也

仍墨削館字

我以第四款言之曰 此條依前本不必加議也

我又以第五款言之曰 此款中日本里法云者改以朝鮮里法蓋我國則用我國里尺且里程外行步事此無防限故付籤以來也

彼曰 我旣以百里爲言者今以十里爲言則此可謂十分一也此豈禮待之義耶此則萬難聽從也至於程里外事如是防塞甚非修好之誼竊爲可訝

我曰 四方十里爲限則豈非四十里耶此足爲行步行氣比草梁館舊制不啻倍蓰且我政府斟量事勢如是議定今則加減不得也程限外事亦不可變通也如是說往說來不知幾回

彼曰 程限苟不變通則我雖經閱十年決不可還也

我曰 公若不聽從則我亦雖經閱十年無他變通

彼良久乃言曰 程限雖如是歸正東萊府及馬山浦以水路每於一月內限以十日而往來爲定似好然此爲自已所議非我政府命意則歸後難免罪責而公之牽據如是故所以如是議之也

我曰 萊府距草梁三十里至於馬浦甚迂遠何可往來乎此則萬難聽從也

彼曰 以公之所程限者居之則此與草梁舊制無甚間焉人民如籠中鳥何以鬱鬱久居乎兩處往來所以一時行氣也此何可如是拒之乎

我曰 此爲政府十分酌量而所許者此程限外公雖十年持難莫可聽從也

彼曰 此款置之更議他款何如

我又以諸處行商事言之曰 此條則旣有春間二處開港之約則今不必擧論故所以付籤也

彼不答之

仍曰 更以他款言之可也

我又以第六款言之曰 此條中朝鮮人民到日本政府不敢沮抑句語初冊之所無者故此句端付籤以來也

彼以初冊較看而曰 然

我又以第七款言之曰 此條一依前本故今不必加議也

彼曰 唯

我又以第八款言之曰 此條上端一依前本而下端銅貨幣事初冊使用之運輸故依初本改之爲可至於私鑄之弊不可不痛禁也

彼曰 原本之隨意使用與運輸用之不甚相遠何必改之又安有私鑄之弊而如是特書乎此亦屢回相持末乃以運輸禁鑄改書之

我又以第九款言之曰 此兩條一依初本今不必加議也

彼曰 唯

我又以第十一款言之曰 此條中遞致各該國之文勢不接續故改以各港口也

彼曰 然矣

我又以第十二款言之曰 此條一依初本今不必加議

彼曰 唯

我仍出示我冊子曰 公旣以冊子屢示故我政府以貴冊子參互較正裒成一冊有所持來公必一覽也我當暫出吃午飯而入來矣其間詳細玩繹也

講定條目出示彼人後還來

第一款

兩國信使必哀慶間交聘只以書契書契當有定式隨時派送京城竣事卽還無得以通商事派使駐京

第二款

開港各口管理官所發文移書信郵致費銀事後辦償或雇人民專差各從其便只得各口互相往來

第三款

在議定朝鮮通商各口日本人民之租賃地基居住者須與地主商議以定其額屬官地者納租與朝鮮人民同釜山草梁館從前設有守門從今廢撤一依新定程限立標界上嚴防踰越新設二港口亦照此例各口朝鮮人民毋得以地基田土賣與日本人民

第四款

開港以草梁仍舊設某地某地新設二處三口的定右三口自設館處用朝鮮里尺東西南北限十里增寬草梁舊制而隨其地形爲之此里程內日本人民可得行步買賣土宜及日本物産雖限內毋得公入人家城內及公廨非因公則不得出入

第五款

兩國通商兩國人只當以兩國土産貿易貿易別有規則而已若有別國人在朝鮮通商港口假日本人名籍居住貿易或日本人有以別國異物及異敎書俱係朝鮮國防禁有今春理事官手錄帶來暗遺而潛賣者日本管理官朝鮮地方官互相摘發致法嚴禁

第六款

兩國漂民之兩相救回自是舊規而至若亡命故漂之類必互相摘發各回本國致法開港處或有勒貿竊發奸淫騙欺等事朝鮮地方官日本管理官互相糾察文移按法治之

第七款

在議定朝鮮三口日本人民可得賃雇朝鮮人民只在本口使用

第八款

開港三口日本人民等如病故可以擇適宜之地於程限內以爲埋葬一依草梁遠近爲之不得犯葬朝鮮人民墳墓

第九款

日本人民可得用本國現行諸貨幣與朝鮮國人民所有物交換朝鮮人民用其所交換之日本諸貨幣以得買日本所產諸貨物以是在朝鮮國指定諸口則可得人民互相通用朝鮮銅貨幣日本人民得使用之運輸之事兩國人民敢有私鑄錢貨者各用國律

第十款

朝鮮人民所買得於日本人民貨物或其贈遺之各物隨意使用

第十一款

從修好條規第七款所載有日本測量船放小船測量朝鮮沿海或際風雨或潮退不能歸本船該處里正安接近地人家如有需用物品自官辦給追後計償

第十二款

朝鮮國未嘗與海外諸國通信而日本則異于此修好經年所締盟有友誼嗣後諸國船舶爲風波所窘迫漂到沿邊地方則朝鮮人民須於理無不愛恤之該漂民望送還於本國朝鮮送致三口日本管理官遞致該國駐日本之官員

第十三款

右十二款章程及通商規則共有修好條規同一權理兩國政府可遵行之無敢有違然而此各款中若兩國人民於交際貿易實踐有認頓爲障碍不可不釐革則兩國政府速作議案前一年報知以協議改立

申後再次講修問答

我曰 俄者冊子果詳覽否

彼曰 果詳覽而此冊將何以爲之耶

我曰 此冊一從貴冊條規而議定其中略有改正者公必逐條商議好矣

彼曰 旣以我冊議定而又以此冊議之則此甚眩亂不知何以爲語也貴國如有約條者別成幾款示之可也何必以此冊議之乎

我曰 不欲以此冊議定公於此若有可否者逐條議之可也

彼曰 第一款置而勿論第二款似然矣第三款嚴防踰越句語甚非相待之意也嚴防二字拔之可也至於毋得以田土賣與句語尤非和好之誼也朝鮮人民旣不賣之則其誰買之乎此則付籤可也第四款設館處之設字以自字改之至於毋得出入人家句語純是薄待之意也第五款似然矣第六款勒貿竊發是何語耶

我曰 勒貿是抑買也竊發是盜賊也

彼曰 此則旣有春間約條第九款中今何必如是爲語也第七款則似然矣第八款犯葬等語我國之所不知之事此則付籤可也第九款銅貨幣事俄已議定今不必加論第十款第十一款第十二款與我冊子同然亦不必加論也

我曰 春間雖有議定之書契案今番亦爲更成一案各置兩國似好矣

彼曰 旣有春間書契之所呈者則又何必更成乎

我曰 不必以國書來往以朝廷書爲之似好故如是爲言也

彼曰 修信使入來時書契旣有聖上二字故我朝廷諸議以皇帝陛下書之而且於書辭間不得不以皇上有可書處則亦不得不書之耳

我曰 旣以朝廷往復爲定則彼此更不必以聖上皇上書之此後則不必如是爲之也

我更以修好條規冊子示之曰 俄者未及議定者更爲歸正可也第一款旣拔之第二款將何以歸正耶

彼曰 又何如是縷縷耶我則惟以春間約條爲準也

我曰 我亦以春間約條爲準故如是縷縷交際卽交聘久暫卽竣事間也比非春間約條之所準者乎至於管理官經過內地此非約條之事置之可也

彼甚苦之末乃書以一張示之卽第一款第二款之更爲釐正者也

我又以第五款程里事言之則彼又以一張書示之程限外行步事屢以不可爲言

則彼曰 公旣如是固執付籤可也

我曰 諸處行商事何以歸正乎

彼曰 欲爲開港則不得不先爲行商知其便否然後可以議定故所以行商也

我曰 春間旣許開港則今以開港二處爲定可也至於行商萬難聽從也

彼曰 非行商卽開港也二處何處指定乎

我曰 春間旣有五道中二處之言故今以珍島北青二處許之必須往觀便否以爲開港可也

彼曰 春間我國船到永興見貴國人問原廟及府之相距則此爲六十里許矣雖於此地開港似無相妨而旣不許之故我不欲開港而言之也

我曰 永興所自別且甚蕭條而至於北青大都會也此處頓勝於永興也

彼曰 雖爲開港我數三人自釜山從沿路陸地遍審形便然後可以開港不得不數次陸行也

我曰 此何說也苟欲開港則以船測量其水之淺深容可往來於浦口則從以開港今陸行而雖有形便可合處船難容入則何以開港乎開港須從船行而指定不可以陸行而看審此等說更不出口也吾不欲聞之

我以第三款言之曰 下段朝鮮人民到日本政府毋敢沮抑句語抹去可也

彼曰 貴國人民不爲往來則是豈交鄰之誼以此觀之其所和好云者口然而心不然也

我責之曰 我國民之去來我國自當措處貴國何以沮抑等語加之乎此則須非禮待之誼也口然而心不然等語九非相信之道也

彼曰 我果失言矣然則沮抑二字抹去似好也

我曰 何必二字抹去爲也竝拔之可也

彼曰 此條無之則非修好之誼

我曰 然則我國人民之到日本日本不爲沮之爲言猶可也我政府之毋敢沮抑太不成說也

彼曰 若然則以若朝鮮人得其政府之允唯來於日本亦無碍書示曰以此改措語何如耶

我曰 此則猶可說也

彼仍書付此條中

彼曰 俄書三條必稟議於政府明日午後更爲議定爲好矣

我曰 政府所議定者已盡於此冊今雖更議必不聽施非但不爲聽施我亦難免罪責此冊已議定者外更無他議者也

【관련문서】

明治九年八月十六日午後十二時五分講修官來リ理事官トノ對話

河上大錄筆記浦瀨中錄中野權少錄通譯訓導玄昔運陪席

一 禮畢テ

講一 御用談ノ趣速ニ可及御報ノ處於我政府篤ト議論ヲ遂タル後可及御答トノ事ヲ今日迄延日ニ及タリ御有恕ヲ乞フ當春已ニ江華ニテ通商章程ノ細目ヲ可議トノ御談判モアリタル事故我政府ニテ御同意被致拙者檢印ヲ鈐シタリ但第六則ハ附箋ノ通リ改正致シ度

米及雜穀ノ輸出入ヲ得ルハ唯凶年ノミノ事ナリヤ

理一 既ニ申大官ト御談致タル事モアリ是ハ平年ト雖トモ輸出入ヲ得ヘキトノ趣意ナリ

一 然ハ港口粮米絶乏ノ時輸出入ヲ得ルト書改メ度又米粮ヲ貴政府ヨリ借入ルヘシトノ文ヲ書加ヘ度

一 港口粮米絶乏ノ時ト限ル事ハ不相成又政府ヨリ借入ル時ハ借主ノ爲メ大ニ損害アリ故ニ商人ヨリ借入ノ文意ニ書タルハ貴國ノ利ヲ謀リタル者ナリ貴官ニハ外國ノ事情御存知ナキユヘ如此御論ヲ被發ナリ

一 然ハ凶年ノ事ハ御省被下度

一 拙者ハ成丈ケ御談判ノ取纒ル事ヲ希望致スニ付此分ハ御同意申ヘシ

一 通商章程ノ一冊ハ是ニテ決定也

講修官ヨリ商譯都中ノ義ニ付書翰案ヲ出シ文中ノ意味ヲ問フ理事官之ヲ説明ス

講一 我國ハ從前ニ重税ヲ課スル弊アレトモ今般拙者政府ヘ論辨致シタリ商譯都中并漂民經費ノ二件ハ異存無之ニ付如何取計可然ヤ

一 御同意ナレハ拙者ヨリ書翰ヲ淨書シ可差進ニ付返翰ヲ御遣シ有之度即其御返翰案ヲ認試タリ御一覧可被成尤拙者ヨリ書翰ヲ差進タル後御返答被下事故可差急件ニ非サレハ御異存ナキ旨ハ明日差備官ヲ以御返答アリタシ

講修官二通ノ返翰案ヲ爲寫取タリ

一 次ノ御談ヲ承ルヘシ

一 過日來於我政府議論アルハ通商事務ニテ使臣御駐留ナキ上ハ北京ノ往來ハ不要ナルヘシトノ件ナリ此義ハ御止メ被降度

一 交際法ノ趣意ヲ未タ全ク御承知ナキユヘ右樣ノ議論ヲ被起ナリ假令ハ通商事務ノ外用向ニテ使臣京城ニ來リ夫ヨリ緊要ノ事項ニテ清國政府ヘ通行セントスル時若シ冬間天津河凍合ノ時節ナレハ無據山海關ヲ踰ヘテ北京ヘ往來セサルヲ不得ナリ

一 附錄ノ第二款ハ附箋ノ通リ御改被下樣御談申セト我政府ヨリ被命タリ

一 右ハ承諾難致如何トナレハ交際事務ハ啻哀慶ノ爲メノミナラサレハ也且駐留久暫任時宜トノ約定アレハ使臣ノ駐京ヲ竣事間ト書ク事ハ相成ラス凡使臣タル者ハ其國帝ニ代リテ來ル程ノ貴重ノ官員ナレハ元ヨリ通商事務ニ關スヘキ者ニ非ス然ニ使臣通商事務ニ關スル哉ノ御疑念アルハ甚不都合ナリ

一 使臣入京ノ節ハ城內或ハ城外ニ駐留可相成哉

一 拙着ハ理事官ナレハ此御談ニ預ルヘキ任ニ非ス乍併一己ノ見込ヲ申進セハ我國人ハ必貴國人家接近ノ地ニ住居スル者ハ少クシテ多クハ郭外高爽ノ處ヲ好ムヘシ而シテ貴國ヨリ御貸渡ノ家屋アレハ別段强テ新築ニモ不及纔ニ不得止分ヲ作替致ス位ノ事ニテ住居可致ト存ス

一 人民管理官ノ入京ハ我政府ニテ屹度御斷可申上旨被命タリ

一 拙著ハ日本政府ノ使臣ニ付貴國政府ニテ御議論アル時ハ貴官ヨリ職トシテ御上申有之度

一 我政府ヨリ貴官ヘ御議論被申ニハ非ス拙者ヘ被命タル故御相談ニ及ナリ

一 然ハ拙者ノ所論ヲ假令幾度ニテモ貴政府ヘ御上申有之度

一 此件ハ先ツ扨置次ノ條件ヲ御相談致スヘシ

一 右ノ件ニ付拙者ノ論スル所ハ貴官ニ於テ至當トハ御考不被成哉如何

一 雙方ノ言ニ條理アリ故ニ決スル事能ハス

一 雙方ニ條理アル事ハ一決スル能ハサル筈ナレトモ御熟考アラハ自ラ御分リ成サルヘシ

一 我政府ヨリノ命ヲ御傳申タル迄ナレハ今貴說ヲ承リタルトモ別ニ拙者ノ考ヱハ無シ管理官ノ內地經行ハ入京ノ件ニ關スヘキ者

ニ非ス

一 定本ニハ管理官內地經過ヲ可得トノ趣意ニテ唯使臣ヘ面會ノ爲メ入京スルノミニハ非サルナリ

一 然ハ管理官內地通行ノ趣意ヲ文中ヘ書加ヘ度

一 凡兩國ノ條約書ニ右様ノ趣意ヲ何々ト限リテ書載スル譯ニハ不相成

一 管理官入命ニ關スル程ノ用向ニテ不得已時ハ內地ヲ經過スルヲ得ヘシ其旨地方長官ニ及照會ヘシトノ事ヲ書加ヘ度

一 御邦ナラハ緊急ノ用アル時ハ地方長官ニ照會シテ內地ヲ經過スヘシト認ムヘシ

一 御談ノ趣我政府ヘ申入ヘシ公文差立ノ件ニアル使臣館及ノ四字ヲ御削被降度

一 使臣ヨリ手紙ヲ不出ヲ不得事モアルヘシ故ニ使臣ノ字ハ削ル事難相成ケレトモ館ノ字ヲ御嫌ヒ被成ハ省クヘシ

一 使臣駐留ノ節ハ元ヨリ條約ナクトモ何時ニテモ御差立ノ書翰ハ相達スヘシ

一 然トモ此事條約面ニ載セサルヲ不得ナリ館ノ一字ヲ削ル事ハ御同意致タレトモ是ヲ以京城設館ノ事迄決定シタリトハ御認ハ無之様致度

一 行步規程日本里法十里トアルハ朝鮮里法十里ト致度且下文附箋ノ通リ文ヲ削リ度御承知被下タシ各處行商ノ義ハ御斷申度

一 御賴致置タル貴國地圖ハ御持參有之哉

一 持參致居レリ

此時朝鮮全圖及京城圖貳葉ヲ出ス

一 最初差進タル講本ハ貴政府ニテ決議ニナリタル哉

一 然リ講本ヲ以伺出タルナリ

一 朝鮮人民日本ニ來ルノ件ハ現ニ講本ニ書載セタリ然ニ右ハ講本外ノ事トハ如何ノ義哉

一 自然亡命ノ者アラン事ヲ恐レテ外國ニ參ル事ヲ不許ナリ

一 文中罪犯ノ者ヲ除ク云々トアリ将又日本十里ト申進タルヲ朝鮮十里ニセヨトハ如何ノ御相談ナリヤ先日拙者ヨリ御內話申進タル事ハ巳ニ御失念被成タリヤ

一 我政府ニ於テ種々議論有之結局四方十里ヲ申セハ四十里ニ相成トノ論ニ決シタルナリ

一 右様ノ御考ニテハ到底御相談ニハ不相成拙者ヨリ當然ノ事ヲ申出タル處貴政府ニテ其邊ノ御考無之依テ不得已變通ノ一法ヲ御相談可申右ハ北ハ東萊南ハ馬山浦迄毎月十度ツヽ參ル事ヲ御承知相成レハ先ツ十里規程ニテ御相談可申併此儀難相整レハ百日也二百日也相懸リ緩々御談判致度尤貴官ニハ釜山迄一度御出張有之度

　一 何國迄(處カ)モ議シテ不止トノ御詞ナレトモ拙者モ我政府ヘ申立是迄ニ相運タル也

一 右ニ申進タル拙者ノ變通法ヲ今一應貴政府ヘ御申立有之度尤是ハ拙者ノ考意ニ付若御調議不相成ハ矢張最初ノ論ニ歸リ御相談致度貴政府ヨリモ日本政府ノ權理ニ不關係樣御談判有之度

　一 折角ノ御談ニ付我政府ヘ申出ツヘシ

　講修官中食ノ爲メ退出四時

　五時四十五分再開席

講一 我政府ニテ認タル條約草案ヲ御覧被下タリヤ

理一 一通リ拜見シタリ右ハ唯貴政府ニテ御認試相成タル者ナリヤ

　一 我政府ノ意見ヲ被認丈ケナリ

一 拙者ニ異議アレハ御討論可申上筈ナリヤ乍併如此講本幾冊モ出來テハ不都合ニ付若シ貴國ヨリ別ニ御書加ヘ被成度件アラハ篤ト御相談可致

　一 御尤ノ御談ナリ

　此時理事官彼講本毎款之ヲ辨解ス

一 此上ハ釜山規程十里ノ件ノミ未落着ニ到ラサルナリ拙者モ是迄勘考致タル事故貴政府ニテモ御決意有之度

　一 二口ノ開港ハ全羅道ノ珍島咸鏡道ノ北靑ヲ御開ニナレハ可然トノ我政府ノ見込アリ

一 船入ノ場所ト貨物運輸方ト物産ノ有無トノ三ノ便利ヲ謀ルハ第一ノ事ナレハ兎モ角實地ニ就テ見分スヘシ尤測量ノ爲メ同シ處ヲ三度位ハ通行ヲ要スルナリ

　一 海路ヨリ御調ニナレハ可然

一 陸路ヨリセネハ不相成併是ニハ長キ日月ヲ費スヘケレハ當分行商ニテ爲濟タル方可然尤我國ニ於テモ目的ナキ處ヲ空ク探索スル譯ニハ非ス爲之海ニ沿フテ通行スルハ元ヨリ公務ナレハ御承知有之度

　一 開港ノ義ハ已ニ條約濟ナリ海路ヨリ御超相成測量被成ハ可然ト

存ス

一 今日御討論ニ及タル件々ハ明朝貴政府へ御伺ノ上明午後御決答有之度此件サヘ相纒レハ其餘ノ事ハ随分如何様共御相談可致

咸鏡道永興府ハ太祖ノ廟アルユヘ開港場ニハ難致旨先般御咄アレトモ其後我軍艦彼地ヘ參タルニ廟ハ海岸ヨリ六十里計山手ニ在リト云然ハ關門ヲ被設主門ノ者ヲ被差置ハ不都合ハ有之間敷唯今開港場ヲ決定スルニハ非レトモ御談申進ルナリ御見込如何ヤ

一 當春强テ御斷ニ及タル通リナリ就テハ北青ハ永興府ヨリ餘程富民モアリ繁昌ノ地ト聞ク御調被成ハ可然

右畢講修官退出

八時三十分

趙寅熙, 宮本小一(1876. 8. 17/高宗十三年六月二十八日)

趙寅熙 · 宮本小一 회담 (7)

관련문서 일본측 기록

我曰　夜間一椽耶

彼曰　一椽而公以公幹如是來往甚不安也

我曰　聞行中附屬一名昨日身故云極爲驚慘而想公萬里同來見此惡景尤難爲懷也

彼曰　以此之故多有貽弊於貴國者心甚不安也

我曰　昨日三件事俱是春間約條之外則我政府決不聽施甚可悶也

彼曰　此等事之追後添補者卽春間約條添細目也公豈謂約條之外耶此三件事若不聽從我則無可還之日也

我曰　公則如是相持我則雖萬番稟議於政府此三條終無可成之日甚可畓畓也

彼曰　然則公不以我之如此事狀詳議於政府而然也我當躬進政府當爲詳告矣

我曰　公雖面告政府其命意卽今日我之言也雖告何益

彼曰　公於此事終未知我之事情明日與申大官尹副官會議何如耶

我曰　今日講修惟我在焉大副官何關決非待我之意也

彼曰　心甚悶畓所以有此會議之請而夫安有他意哉公其恕之

我曰　第一款中內地云者指何他地耶

彼曰　內地非京城也卽陸地以今番使行言之下陸後自通津抵京城卽內地也仮令使行釜山下陸則自釜山去京城皆是內地矣

我曰　第二款中管理官事我政府自初以約條外斷不可聽從則我亦不敢以此更議矣公今縷縷爲言而我則實無可答之辭也

彼曰　管理官非欲經過內地貴國沿海若或有火輪商船致敗之事則此不得不往而看檢故也

我曰　昨以此已有所酬酢矣我國沿邊若有此事則該地方官一一救濟亦卽護送於管理官所而至於船隻與汁物亦皆一一運送於港口則管理官何必躬來看檢耶是不信我國之言也此豈交鄰之誼哉

彼曰　非不知貴國之善爲護送其中亦不無管理官親檢之事苟不約條則已此

一款不可無者也

我曰　公言雖如此我則不可聽施至於萊府馬浦往來事旣有所定之程限則雖半里更不可變通也

彼曰　此一款不可不如是變通而我以百里爲言則公以十分一減定故所以有此請而終是不聽則我之百里之程彼此半分以五十里若定是爲相稱以此定限爲可也

我曰　十里定限昨旣堅定今何復言蔽一言兩處往來不可許施也

我出示我冊子曰 第一款更爲厘正而來公其覽之而移謄於公之冊子第一款似好公之意如何耶

彼曰　此不可移書若以此意書於我則我當手錄答之矣

我曰　今此三件事更不可變更甚悶然

彼曰　公則如是牢拒我當仰稟于貴政府矣然則公之體貌當何如耶

我曰　我之牢拒卽政府之牢拒何煩親往爲也

我又曰 公之修好條規皆從公言次第歸正而今以數件事如是相持適未了勘甚可歎惜也

我又曰 約條中使用之運輸云云者終未解意改之似好矣

彼曰　然矣乃以使用運輸之事改之

我曰　此條件中已爲議定者一一打點好矣

仍墨圈干已定之諸款上

我曰　諸款今皆歸正所餘者只此三件事也公其深量從我言也

彼曰　此三件事專爲貴國之事何如是相持公必從我言也

我曰　公之所改定之三件事我當更言之矣旣有春間約條第二款則此條爲衍文也寘之無妨也

彼曰　不然矣旣有春間約條是綱也此則添目也今番條規不可無者也

我曰　然則以來時二字添入於使臣下又以自船泊處四字添入於隸屬下似好也

彼曰　然則我當以此改書之矣

乃書之曰 嗣後派遣朝鮮京城日本使臣來時隨員及隸屬自船泊處俱可經過朝鮮國公路去時亦然

我曰　此是自已所見也非政府命意而但與公如是所議者也

彼曰　夜已侵矣姑罷公幹似好也

【관련문서】

明治九年八月十七日午後五時四十分講修官來館理事官ト對話

河上大錄筆記浦瀨中錄通譯荒川權少錄訓導玄昔運差備官兩三名陪席

一 禮畢テ

講一 昨日御書取ノ第一第二ノ件ヲ我政府ヘ申出タル處一切御斷可申旨被命タリ

理一 然ハ條約書ニ不載トモ拙者ヨリ使臣ハ入京ノ時內地ヲ經過シ能フヤト御尋ニ及ヘハ貴政府ヨリ承知差支無之旨御返答アレハ宜シ管理官亦然リ

一 內地トハ如何ノ處ナリヤ

一 海岸ヨリ內地ニ入リタル處ヲ云譬ハ拙者通津ニテ上陸金浦陽川等ヲ通行致タル如キヲ云ナリ

一 已ニ當春ノ條約アレハ使臣御入京ノ節ハ道中御通行ハ元ヨリ差支無之別ニ條約ヲ爲スニ不及ト存ス

一 條約ノ細目ニ涉ルノ趣意也即彼條約書ニ使臣入京ノ文アレトモ內地通行ノ事ナケレハ此後若シ貴國ヨリ物爭ヲ生シ內地經過難差許抔ト御申出有之トモ我方ニテ致方無之故ニ个樣ノ事ニ付能ク念ヲ入レサルヲ不得ナリ尤至當ノ事ナレハ貴國ノ爲メ差支無之上ハ我國ヨリ御請求ニ及フ事故ニ御書加有之度

一 管理官ハ貿易事務ヲ專ラ掌ル者ナレハ內地通行ノ儀ハ御斷申度此上迚モ拙者ノ力ニハ不及

一 然ハ昨日申進タル如キ困難船等ノ不得止事故アル時ハ如何被成ヤ

一 其節ハ地方官ヨリ救助ヲ加ヘ管理官ヘ引渡スヘシ

一 管理官出張取調可致要件ヲ一應申進スヘシ凡大船ハ自分所持ノ者モアリ又借リ船モアリ且船中積荷物アレハ其所有主アルヘシ加ニ放客等アリ若シ死亡スル時ハ一ノ訴訟ヲ起スヘシ此時管理官實地ニ就テ檢視セ

サレハ不相成時トシテハ船主ニモ惡事ヲ働ク者アレハナリ此外管理官職務上ニ付內地ヲ經過ヲ要スル事故種々アリ夫共管理官ノ旅行ヲ御差留被成條理ハ有之間敷

一 何程ノ御論アリテモ到底我政府ニテハ不出來ト申事也

一 我政府ヨリ拙者ヘ下命アリタル事故職務上飽迄御談判セサルヲ不得ナリ困難船ノ如キハ百年間稀有ノ事ナレトモ明日ニモ有ルカモ知レス其節ニ至リ地方長官ト御掛合ヲ致シテモ迚モ急ニハ相捌ケ申間敷故ニ不得止御討論ニ及フナリ

一 拙者ニハ更ニ考方モ無之

一 和親交際ニハ可成互ニ相纏ル様御談判致度事也

一 三ヶ條ノ御書付ノ儀ハ迚モ拙者ノ力ニ及ハス宜御斷申上度

一 右ハ貴官職トシテ御申出可被成詞ニ非ス夫共强テ御斷ナレハ拙者無據其筋ノ方ヘ面談スヘシト可申勢ニ立到ルナリ

一 拙者ノ力ニテ致方無之ト申ニハ非ス

一 貴官一人ニテ御談判被成ル事御迷惑ナレハ明日ハ申尹ノ兩大臣御同道被下度是迄拙者ニハ十分枉テ貴意ニ随ヒ居ルニ付此上拙者ノ言ヲ御聞取無之ハ御無理ナリ

一 拙者ハ講修ノ官ニ居レハ萬事御談制可致筈也申尹ハ之ニ關スル者ニ非ス

右ニテ雜話ニ涉リ無間相濟

八時十五分

趙寅熙, 宮本小一(1876. 8. 18/高宗十三年六月二十九日)

趙寅熙 · 宮本小一 회담 (8)

관련문서 일본측 기록

我請公幹 則彼曰 有身病不可以風會坐房中似好而不敢請也

我曰　房中何拘焉

仍入去 彼乃跣足出戶迎之 仍與之入房

我曰　所愼何如是彌留而症是何祟耶

彼曰　是感症而頭痛頻作所以臥於房中不能禮接甚愧悚也

我曰　公我間雖未設禮何嫌之有

彼曰　俄者自內有珍饌之賜而以病不能祗受且以我國禮固當趨謝於闕門外而未知貴國禮法亦不能行之此意傳致於禮曹判書也

我曰 當以此傳之矣

彼先問曰 昨以程限事屢言矣果稟議於政府以五十里爲定耶

我曰　此何說也旣以十里約定至有此款上墨圈而今何可以此擧論乎如是則已定之約條皆歸虛辭而烏在其講修之意耶

彼曰　日前已定云者非斷定之言若以十里爲限則東萊馬山浦往來然後可以十里定限而此兩處不許則何可以此程限定之耶

我曰　公雖以此百番言之是無益之說也日昨以公幹時與公定限之事已稟於政府矣今不講修則已此一款不可變改也

彼曰　我於日昨若許兩處之往來則以十里猶可定限之言公謂以斷定之約如是抑勒則何以爲公幹乎我亦已奉太政府命意百里定限不可自意抵抑而但公屢日相持實難牢拒減以七八十里爲言矣公又相持不已故乃以兩處往來請之則公又不從故我又以一月內十日爲限請之則公又不從公於此全無待我之意貴政府亦無修好之誼如是則都不爲講修可也

以此說往說來者 幾至半晌 終未決末

我以昨日彼之所給第一款言之曰 此款果難更稟政府而難負公托縷縷稟議其中有敍處懸註而來者公一覽之

仍以此紙示之曰 隸屬下宜有幾人之數爻船泊處下宜有指定地名故依今番例以通津懸錄如此然後我國預先料理可以接待而等候矣

彼曰　何如是歷歷耶昨以假量爲言矣隨員不滿五人隸屬亦不過四五人而今

不可的定其數者事有大小人隨以多寡何可質言乎此則不可自意定數也至於指定地名事又不可定其一處蓋其使行或從釜山而來者或從通津而來者又或有使北悔外國者承皇命歷使貴國則此不得不從咸鏡道而來者又或有從淸國而來者我何可質言乎

我曰　人員數之不可質言容或無恠而至於地名之指定若無的定處我國何以接應乎大抵我國山川險阻貴國使行不可不芟治道路修葺館宇預先料理然後可無窘跲之患若不先定處而作行則非但道路梗塞難以通涉沿路亦何以接待乎此不得不指定一處以爲約束則豈非兩國方便之道乎通津公旣經涉且近於京城以通津一處指定極爲穩當矣

彼曰　我則非不知通津之爲穩便而後日使行我何可自意硬定乎且我國規模異於貴國若有使行外國者入其境如有貽弊於該國人民則我皇上必以重罪嚴勘故每於使行自備粮往來而但今番之行初次也故延接官之來各邑邑供安以受之而此後使行則毋論某處所泊處告干該地方官使其一校指路則可以往來而不可不車數十輛馬數十匹得以借用此亦當給雇貰也

我作色曰 我國雖僻在一偶所守者卽禮義也自古鄰國使价接待之節載於禮典凡使价之來一從禮典而行之如貴國使行其在交鄰之禮尤有別焉何可使之自備粮往來於我境乎此則行不得之事也且猝泊未指定處雖欲雇車馬其可得乎是以預定一處則車馬亦皆備待道路可以無碍作行我之以通津爲言者實爲兩國方便之道也

彼曰　雖然矣我則不可指定當以此意歸言於我朝廷而後日使行爲其便利似可泊通津然此條之懸錄我不可自意爲之也

我以此事屢爲苦請 則彼乃曰 然則此款寘之之外無他道也

我又以第二款言之曰 管理官事公於昨日以商船致敗不得不往檢云爾則以沿海致敗處經過如是改之如何耶此非議於政府者是自已所見如是故所以議之耳

彼曰　非特致敗處亦有不得不所經處豈可只以此一條言之乎

我曰　管理官所管者卽通商事務而已則有何他事之可往處乎

以此屢回說往說來

彼末乃强從我言改書一款曰 朝鮮各港口住留管理官朝鮮沿悔之有諸船致敗緊急事務告地方官得經過該地沿路

我曰　富以此更議于政府而亦未知其許施否也

我曰　今於修好條規幾乎出末而但萊府馬浦一事終未歸正我於此冊爲公而諸款一一聽施而公於我請無一事聽從者切爲慨然公既有患日已侵暮故告別而歸惟公更加深思之

我曰　昨既聞手錄之諾矣我以此作書公必答之

其書曰 嗣後兩國派遣使臣只以書契書契當有定式交聘至於通商事務自有各港口管理官所管則切不以通商大小事互相派使事

彼一覽之曰 當以此手錄答之矣

我曰　然則明當書示矣

我於別時使訓導先出携理事官入國內從容謂最助曰 我以萊府馬浦事理事官之所請甚勤摯故其間未嘗不到底力圖而我政府則以其不載於冊子非但不爲聽施以我之言反歸於爲公私矚見今事勢不惟事之未成我難免大罪責如此情狀詳告于理事官更不出此言也

最助一一傳語

彼曰　今聞公言事勢似然矣我亦未成此條而歸之則必不免罪責而我於此冊既不載此條則我之所失豈可使公至被罪責乎第當深思圖所以方便之道矣

【관련문서】

明治九年八月十八日午後六時四十分講修官來館理事官ト對話

河上大錄筆記浦瀨中錄通譯訓導玄昔運陪席

一禮畢テ

理一 今日ハ貴國主上ヨリ拙者及随員迄鄭重ノ御料理ヲ賜リ難有感謝貴官ヨリモ宜敷御禮御執奏被下度

講一 賓客ヲ被慰候主意ナリ扨過日來追々御談ノ趣我政府ヘ申入タル處何分承知難致旨ニテ拙者ハ貴官ノ爲メ周旋致シ居様被存タリ然ニ段々議論ニ及ヒ漸ク御望通リ決議致タルコトモ有之ニ付此上ハ貴官ニモ御辛抱被下度

一 已ニ拙者ヨリモ先日來段々貴意ニ從ヒ居レリ

一 規程ノ儀ニ付テハ元里數ヲ以論スヘキコトナルニ別ニ馬山浦ノ如キコトヲ御申出ニ相成タルハ可怪事也ト我政府ニテ申居レリ

一 百里ヲ五十里或ハ七十里トノ御相談ナレハ宜シ右ノ御相談ナキ故無據變通ノ道ヲ申進タルナリ

一 里數ハ十里ニテ取極度東萊度馬山浦ノ儀ハ更ニ我政府ノ議ニ不及次第ナリ

一 初メ十里ト申進タルハ元不相當ニハ無之然ルニ貴政府ニテ日本人ノ窮屈ヲ構ハス成丈ケ狹メヨトノ御趣意ナレハ寧ロ開港場ハ御止メ被成タル方可然ナリ

一 使臣來京ノ時隨員巳下經過ノコトハ調議シタリ併隨員人數并船泊處ハ預メ取極御書加有之度

一 管理官ノ經過ハ如何ヤ

一 政府ニテハ未決ナレトモ拙者ノ考ニテハ別紙ノ通リ書改タレハ如何御同意ナレハ政府ヘ申出ツヘシ

一 右ニ付テハ存意モアリ且商船破損ノ時計ニ被限テハ差支アレトモ即今貴意ニ從置ヘシ併此文中ニ在ル通リ今後差支出來ノ節ハ隨時改正ノ儀ハ前以御承知有之度但字面ハ聊改正スヘシ

一 諾

一 使臣ニハ身分ノ貴賤等差アリ用事ノ輕重差別アレハ隧員人數ヲ限定スルコト難相成且船泊處モ預定シ難シ貴政府ニモ元ヨリ御嫌被成事ナレハ相省キ可申就テハ規程一條ハ如何樣ト歟御相談致シ度

一 折角斯迄御相談ニ及タルコトナレハ成程隨員ハ大略ノ見込モ不相付ハ書加ヘストモ上陸場丈ケ送迎ノ都合モアルコト故御書載被下度

一 貴國ノ爲メ御都合ハ宜敷共預メ上陸揚ヲ定ルコトハ難相成

一 何卒御定被下樣ニ御願申上ルナリ

一 昨日此一款ハ不要トノ御話アリ今日ハ又御論變シタリ

一 昨日愆文ト申上タル處愆文ニハ非ストノ御辨説アリタルニ付文章ヲ改メタリ已ニ我政府ニテモ決議ノコトナレハ今日ニテハ愆文ニハ非ス使臣通路ノ儀ハ條約書ニ不書載共御取極置被下度路筋普請ノ用意モアレハナリ

一 使臣ノ爲メ民ヲ煩シテ態々道普請ヲ爲ルトハ意外ノ御話ナリ右様ノ儀ハ於我政府不快依テ之ヲ書載スルコトハ不相成

一 民ノ苦ヲ察シ道普請ヲ御斷被下テモ我國法ニテハ決テ不出來ナリ且僻地ナレハ御通行ノ節假令何程賃銭ヲ御出被下テモ臨時ニ人馬差繼ハ不相成右邊ノ都合モアルコトユヘ御定被下様御賴申スナリ

一 今後追々使臣入京ノ時毎トニ鄭重ノ御扱ヲ受ルハ意外ノ事也我國ニテハ決テ貴國ノ如キ待遇ハ不致ニ付貴國ノ御優待ヲ受ケカタシ尤使臣入京ノ時ハ必前以管理官ヨリ御通知申スヘシ

一 貴國ノ法ハ委細致承知タレトモ我國ニテハ古來ノ例モアレハ何分麤粗ノ取扱ハ不出來ナリ使臣入京ノ儀ニテ別紙ノ如ク御尋致タル節ハ書付ヲ以御答被降ハ大幸ナリ尤一應我政府ヘ申出タル上御請求ニ可及

一 貴需ニ應シ御答申スヘシ使臣入京ノ節随員巳下通行ノ件ハ條約書ニ可書載ヤ如何

一 書加ル様ニ我政府ヘ伺フヘシ

右畢八時三十分

趙寅熙, 宮本小一(1876. 8. 19/高宗十三年七月一日)

趙寅熙 · 宮本小一 회담 (9)

관련문서 일본측 기록

我曰 公之所患夜來何似

彼曰 少愈矣今日新晴似不更雨也

我曰 日熱猶如此未知其快霽也

我出示第一款曰 昨以地名指定事縷縷言之矣必以通津一處指定然後我國可以迎接若無定處則實無以應接也

彼曰 此條昨已詳言矣大抵後日使行必從新開港兩處及東萊通津四處來而其中通津則尤近於京城似多通津來者而我何可近料而質定乎

我曰 通津之便利公所經歷者也似不待我言而我國規模與貴國有異凡於使行定以一處其所迎送自有恒例以爲沿路接待之道而若從來定處而來則雖大淸之使初不迎接矣設令我國使臣往貴國用我國法例則貴國其從之乎不從之乎此不得不各用其國之法例貴國使來我國則必從我國之例我國使往貴國則亦從貴國之例此所以預議指定以通津一處以爲貴國使行之恒例可也

彼曰 非不知公言之當然而我難遽爾爲定第以此意當詳告於我政府矣

我曰 公旣難以爲定且於昨日公旣有此一款都寘之之說此則今姑寘之公須善爲周旋於貴政府當以通津一處爲定也

彼曰 當以此圖之矣

我出示第二款曰 諸船致敗下緊急事務四字似不當拔之甚好公意如何

彼曰 諸船致敗亦有緊歇非緊急則不必往檢故所以如此書之也

我曰 然則緊急下事務二字拔之可也

彼曰 依公言拔之也

仍抹去

我曰 今則公幹已出末甚可幸也日間卽爲鈐印似好也

彼曰 然而行商事程限事尙未出場公何以處之乎

我大言曰 行商事前已歸正以二處開港爲言我政府以珍島北靑許之矣公又出此說如是而何以公幹乎以程限事言之昨旣備陳事情公亦以方便之道爲言矣今又出此說如是而又何以公幹乎

彼曰 然則行商事姑勿論程限事則我所昨日方便云者公旣以更難稟議於政府爲言故我欲不言於公而或躬往面議於政府又或致書于政府故此所謂方便之道也

我曰 政府之意卽我意也我之言卽政府之言也公之往言於政府卽與我而言等公雖百番往政府必如我之不聽從且今與我講修而輒出往政府之說此非待我之道公甚失體也

彼曰 公則輒曰更難稟議於政府而我之事勢此不得不議定故所以有往政府之說也公今如是言之則我果失體甚歉然而公須更以我之事情之如此另稟也

我曰 公於此雖閱十年而言之我無可聽之道此一款出末無日矣

彼曰 見今復修舊好之地此一款有何害於貴國者貴政府如是靳許耶似必公於此事不爲詳言而然也萊馬事寘之以五十里定限之外無他道也

仍書五十里程限糊付於程限款中又着套

我作色曰 此何事也此款已約定圈墨未乾公欲如是毁劃則前後講修而圈墨者幷歸烏有也

仍拔出此紙

彼曰 然則此紙不爲闒失公須善稟於政府也

我曰 我則實無更稟之道也如是說往說來幾到半晌

我以一紙出示其書曰 嗣後兩國派遣使臣只以書契書契當有定式交聘至於通商事務自有各港口管理官所管則切不以通商大小事互相派使事 此是昨日所議者也公其覽之以手錄答之

彼曰 當以此手錄送之矣我之逕啓者公亦答送也

我曰 當以此答之也今則修好諸款皆次第就緖而只以萊馬事如是相持公其思之公之貿易規則一一依公言聽施至於逕啓者亦皆從之今於條規諸款皆從君言而定所不從者只此一條而已公則不有從我一事誠慨然也公其深思之也

彼曰 貿易及逕啓俱是利於貴國之事也至於修好條規亦是兩國兩便之道而其諸款有從公言而改之者多今何謂從我言者多乎

我曰 如是相持則實無究竟之道良覺支離且値日暮欲爲還歸也

【관련문서】

明治九年八月十九日午後五時五十分講修官來館理事官ト對話

河上大錄筆記浦瀨中錄通譯中野權少錄訓導玄昔運差備官四五名陪席

一 禮畢テ

講一 今般ノ談判ハ貴官御望通リ決議シタリ依テ今日ニテ相終リ申度存ス使臣通行之道筋ハ昨日申上タル通リ兼テ極リ無之テハ使臣ト難認ニ付何卒御定メ被下樣御談可申旨我政府ヨリ被申付タリ

理一 一ヶ所ニ限ル事ハ不相成トモ三港及通津ヨリ上陸可致ト相認ムヘシ

一 一ヶ所ト定ル事難被成ハ御尤ナリ就テハ通津ハ近便ノ道筋ニ付御歸國後ニテモ此邊ニ御定メ被下度

一 拙者力ノ及フ丈ケハ可申立此他貴國ノ情實追々熟知ノ廉モアレハ可成貴國ノ爲メ御迷惑ニ不成樣取計ヘシ併シ堅キ御約速ハ不出來ナリ

一 兩國互ニ情實アル事ヲ御承知被下ハ實ニ大幸ナリ尤唯今御定被下カタキハ御尤ニ付此件ハ相省キ可申

一 諾

一 管理官ノ議ハ貴需ノ通リ決シタリ依テ書載可申

一 諾

一 最早是ニテ決議ト存ス

一 尚一二ヶ條アリ

一 各地行商ノ事ハ當春條約ナキ事故御相談ニ難及旨ハ已ニ先日申上置タリ

一 未決議ニハ到ラス且釜山規程ノ件ハ如何哉

一 昨日ノ御談ニテ巳ニ濟タリト存ス

一 大眼目ノ个條如此曖昧ニテハ決シテ相濟セカタシ

一 此上我政府ヘ申立テモ聞屆ハ有之間敷ト存ス

一 政府ニテ御聞屆有之間敷トハ貴官ノ想像ナリ此上ハ不得止拙者貴政府ヘ罷出諸大臣ト面晤致スヘシ

一 拙者ノ情實ハ昨日申上タル通リナリ然ルニ政府ヘ御出頭御討論有之テモ決シテ不被行事ナリ何卒是迄ノ御懇情ヲ以此義ハ御取消被下度

一 貴官ノ私情ヲ以兩國間ノ公議ヲ止ル事ハ不相成貴官力ニ不及トアレハ拙者貴政府ヘ罷出議論アル方ト飽迄御討論不致テハ拙者ヘ委任サレタル道ヲ不盡也若シ此末トモ貴官御引受アラハ不相替御談判可致

一 東萊馬山浦ノ義ハ中頃ヨリ御發ノ議ユヘ我政府ニテ承知難致トノ事也

一 是ハ珍敷御説ナルヤ中頃ヨリ申出タルニ付調議不相成トハ如何ノ譯ナリヤ雙方調印濟迄ハ御談判ノ都合ニ依リ追々可申出事アリ尤東萊ハ最初百里ト申進タル里程内ニ籠リタルナリ

一 何程御議論被下テモ到底不行事故此分ニテ御仕舞被下度

一 拙者ハ日本政府ノ使臣ナレハ此儘ニテ絶議ハ難致最初ヨリ日本里法十里ト云事ヲ申進タルニ何故此事ハ御忘被成タリヤ

一 已ニ我政府ヨリ貴國十里ヲ我國十里ニ可致トノ議ヲ申上置タレハナリ尤我十里ニテ宜シト一應御返答アリタルニ付全ク落着致シタル者ト心得居レリ且馬山浦ハ東萊ノ御談ヨリ後レテ承リタリ

一 決テ不然貴國十里ニ致度ト御申聞被成タルニ付然ハ東萊馬山浦ノ變通法ヲ御相談可致ト申進タルナリ其證據ハ書付アルヘシ其書付ノ事ヲ已ニ御失念被成タリヤ言詞ハ後日ニ残ラサル者トハ乍申席上筆記モアレハ決テ前後相違ノ御談ハ承リ難ク右様不都合ノ御談ニテハ一國ノ委員トハ不被存無據最早貴官トハ御談判可不致ト申ス場合ニ立到ルナリ

一 過日御内話ノ節東萊ノ事ヲ承リタリ依テ初メハ東萊計リ御申聞被成タリト申ナリ

一 右ハ是非トモ日々東萊迄ノ往來ヲ御許不被成テハ此御論ハ落着不致トノ趣意ヲ申進タルナリ然ルニ其後貴國十里ニ致度トノ御話有之ニ付然ハ毎月十日宛東萊ト馬山浦ヘ往來ヲ御許有之度ト申タルナリ

一 如何様ニ致テモ迚モ此御相談ハ相成ラス

一 拙者ヨリ右様變通ノ方法迄相考申進タルハ唯兩國交際ノ便宜ヲ謀リタルナリ然ニ一概ニ不出來トノミ御返答アリテハ外國ニ對シ應接スヘキ道ニ非ス

　　一 使臣入京ノ義ニ付書取ヲ以御尋可申間貴官ヨリモ書付ヲ以御回
　　　答被下度

一 追テ御報ニ及フヘシ

一 扨前件ハ此分ニテハ迚モ承知可致様モナケレハ其議論ヲ主張ノ大臣へ
　御面談可申ニ付貴官御同行被下哉或ハ拙者ヨリ參上可致哉

　　一 政府ノ論モ拙者ノ見込モ同様ナリ

一 併政府ニテ不承知ト御申聞被成故右様申進スルナリ

　　一 拙者ノ不出來事ハ政府ニテモ出來サルヘシ

一 先日來拙者申進タル議論ノ主意ハ能ク貴政府へ貫徹無之様存スル故ニ
　貴政府へ罷出直ニ御討論ニ可及ト申進スルナリ

　　一 段々同様ノ事計申上貴意ヲ煩シタリ最早晩景ニ付退出致スヘシ

一 今日初ノ御詞トハ大ニ相違致シタリ尚拙者ノ議論間違無之様貴政府へ
　御上申之上御回答ヲ乞

　　　右ニテ畢八時五十分

253

趙寅熙, 宮本小一(1876. 8. 21/高宗十三年七月三日)

趙寅熙·宮本小一 회담(10)

관련문서 일본측 기록

我曰 公之所患夜來何似

彼曰 少愈矣今日新晴似不更雨也

我曰 日熱猶如此未知其快霽也

我出示第一款曰 昨以地名指定事縷縷言之矣必以通津一處指定然後我國可以迎接若無定處則實無以應接也

彼曰 此條昨已詳言矣大抵後日使行必從新開港兩處及東萊通津四處來而其中通津則尤近於京城似多通津來者而我何可近料而質定乎

我曰 通津之便利公所經歷者也似不待我言而我國規模與貴國有異凡於使行定以一處其所迎送自有恒例以爲沿路接待之道而若從來定處而來則雖大清之使初不迎接矣設令我國使臣往貴國用我國法例則貴國其從之乎不從之乎此不得不各用其國之法例貴國使來我國則必從我國之例我國使往貴國則亦從貴國之例此所以預議指定以通津一處以爲貴國使行之恒例可也

彼曰 非不知公言之當然而我難遽爾爲定第以此意當詳告於我政府矣

我曰 公既難以爲定且於昨日公既有此一款都寘之之說此則今姑寘之公須善爲周旋於貴政府當以通津一處爲定也

彼曰 當以此圖之矣

我出示第二款曰 諸船致敗下緊急事務四字似不當拔之甚好公意如何

彼曰 諸船致敗亦有緊歇非緊急則不必往檢故所以如此書之也

我曰 然則緊急下事務二字拔之可也

彼曰 依公言拔之也仍抹去

我曰 今則公幹已出末甚可幸也日間卽爲鈐印似好也

彼曰 然而行商事程限事尙未出場公何以處之乎

我大言曰 行商事前已歸正以二處開港爲言我政府以珍島北靑許之矣公又出此說如是而何以公幹乎以程限事言之昨既備陳事情公亦以方便之道爲言矣今又出此說如是而又何以公幹乎

彼曰 然則行商事姑勿論程限事則我所昨日方便云者公既以更難稟議於政府

爲言故我欲不言於公而或躬往面議於政府又或致書于政府故此所謂方便之道也

我曰 政府之意卽我意也我之言卽政府之言也公之往言於政府卽與我而言等公雖百番往政府必如我之不聽從且今與我講修而輒出往政府之說此非待我之道公甚失體也

彼曰 公則輒曰更難稟議於政府而我之事勢此不得不議定故所以有往政府之說也公今如是言之則我果失體甚歉然而公須更以我之事情之如此另稟也

我曰 公於此雖閱十年而言之我無可聽之道此一款出末無日矣

彼曰 見今復修舊好之地此一款有何害於貴國者貴政府如是靳許耶似必公於此事不爲詳言而然也萊馬事實之以五十里定限之外無他道也

仍書五十里程限糊付於程限款中又着套

我作色曰 此何事也此款已約定圈墨未乾公欲如是毁劃則前後講修而圈墨者幷歸烏有也

仍拔出此紙

彼曰 然則此紙不爲闖失公須善稟於政府也

我曰 我則實無更稟之道也如是說往說來幾到半晌

我以一紙出示其書曰 嗣後兩國派遣使臣只以書契書契當有定式交聘至於通商事務自有各港口管理官所管則切不以通商大小事互相派使事此是昨日所議者也公其覽之以手錄答之

彼曰 當以此手錄送之矣我之巡啓者公亦答送也

我曰 當以此答之也今則修好諸款皆次第就緖而只以萊馬事如是相持公其思之公之貿易規則一一依公言聽施至於巡啓者亦皆從之今於條規諸款皆從君言而定所不從者只此一條而已公則不有從我一事誠慨然也公其深思之也

彼曰 貿易及巡啓俱是利於貴國之事也至於修好條規亦是兩國兩便之道而其諸款有從公言而改之者多今何謂從我言者多乎

我曰 如是相持則實無究竟之道良覺支離旦値日暮欲爲還歸也

【관련문서】

明治九年八月廿一日午後四時四十分講修官來リ理事官ト對話

河上大錄筆記浦瀨中錄中野權少錄通譯訓導玄昔運陪席

一禮畢テ

理一 先日來御談判ノ一件ハ如何ノ御評定ニ成リタリヤ

講一 何分談合致兼於拙者甚心配致居レリ依テ昨日モ可致參上筈ノ處其儀ヲ不得ナリ今日ハ主人ノ道トシテ一應ノ御伺ヲ致タルナリ

一 如何ノ御廟議ナリヤ確ト承リタシ

一 貴官へ御答可申上趣意ハ今日モ別ニ先日來ト換ル事無シ既ニ商譯都中ヲ廢シ守門設門ヲ取毀ツ事等皆貴意ニ從ヒ決議致シタリ釜山規程ノ儀ニ到テハ我主上へ上奏ノ上我十里四方ト極リタル事故今更何程御議論有之テモ拙者ノ盡力ニテハ如何樣共致シ難シ

一 貴政府ノ御見込ハ全ク正理ニ違ヘリ抑兩國和親條約ヲ結タル上ハ彼商譯ヲ廢スル等ノ事ノ如キハ我國ヨリ不申出共貴政府自ラ御處置可有之筈ナリ之レハ拙者ヨリ御請求及タリト申ニハ非ス唯氣附タル儘御談致シタルナリ然ルニ右樣ノ御心得ニテハ萬事御相談ハ難相成也

一 三百年來交際上用ヒ來リシ舊法ユヘ我國ニテハ可成改革ハ不好レトモ貴國ヨリノ御好ニ依リテ廢シタルナリ

一 決テ我國ヨリ御請求ニ及タルニ非ス即修好條規第九款兩國人民貿易ヲ寬裕ニスルトアル意ニ基キ御談ニ及ヒタルナリ假令三百年來ノ國法ト雖トモ新條約面ニ差支アル箇條ハ改革セサルヲ不得ナリ

一 右ハ今更彼是議論スヘキ事ニ非ス

一 最初行步規程百里ト申タルハ大抵日本人步行ノ路程ヲ量リテ申進タルニ貴國ヨリ之ヲ御許ナキノミナラス剩へ拙ヨリ申出タル變通法モ聞カレス唯理モ非モ問ハス一概ニ御斷ト計御申答アレトモ右ハ元ヨリ我國ノ爲ノミヲ謀リテ御請求致スト云者ニアラサレハ拙者ハ日本政府ノ委任ヲ受タル便臣ナレハ無據飽迄御討論セサルヲ不得ナリ

一 已ニ昨日モ此御論ヲ承リ居今日參上致タルモ於拙者別段考方ア

ルニハ非ス唯主人ノ道ヲ以罷出タル迄ナリ

一 然ハ貴官ハ規程十里ニテ滿足ナリト御考被成哉

　一 拙者ノミニ非ス我政府ニ於テ可然トノ見込ナリ巳ニ政府ニテ決議ノ上ハ拙者ノ力如何樣共致方無之彼是空敷御論致テモ却テ失敬ト相顧ミ昨日ハ參上不致也

一 貴官ニシテ右樣ノ御見込ニテハ是迄段々御辨論申進タル事モ皆無理ト御考被成ヤ

　一 拙者ノ見込ハ即我政府ノ見込ナリ拙者ハ唯御取次致スノミノ事ナリ

一 貴政府ノ事ヲ論スルニ非ス貴官ハ拙者ノ所論ヲ無理ト御考被成ヤ如何承リタシ

　一 我政府ニテ不當ト被存事ハ拙者ノ心ニテモ同樣存スルナリ

一 貴意ニ於テ何事ヲ不當ト被致ヤ

　一 十里四方ニテ相當ナリ東萊府馬山浦等ニ到ル事ハ不相當ト存スルナリ

一 我國人貴國內三五十里ノ處ヲ經過スルニ於テハ何ノ害アリヤ無害者ヲ御差留可被成條理ハ有マシ

　一 差支筋ハ先日來申上タル通リナリ何分外國ト交際不致國ユヘ外國人ノ不來處ヘ貴國人來レハ我人民安着不致事ヲ恐ルヽナリ此儀ハ追々御相談可致

一 追々相談トハ今日初テ承リタリ人民安着不致トノ事ヲ每々御申聞被成共決テ不然其證據ハ種々可申出事アリ就テハ先日モ申進タル如ク一度御同道ニテ實地ニ就テ見ルヘシ如何

　一 拙者ノ實見ハ如何樣ニアリトモ元ヨリ我政府ニハ熟知致居事也扨如此ノ御談判ニ涉リテハ互ニ愛敬ノ道ニ非ス依テ他事ヲ御相談致スヘシ

一 此御論ノ未濟間ニ他事ヲ議スヘカラス彌拙者ノ所說ハ不當ナリヤ

　一 不當ト存スルナリ

一 何が不當ナリヤ

　一 我政府ニ於テ不被許事故不當ト存ス

一 貴政府ニ關スヘキニ非ス道理上ニ於テ不當ト認メラルヽヤ且拙着ノ言不當ナレハ其譯ヲ承リタシ

一 先日來申上居通リノ事也右樣ノ御談方ニテハ拙者ヲ御待遇可被下道ニハ非スト存スルナリ

一 貴官ヲ御待遇不致ト云ニ非ス然トモ拙者ノ言ヲ不當ト御考被成トキハ御辨論セサルヲ不得ナリ

一 我國ニ於テ風俗ノ爲メ不宜ト存スル故右樣申上ルナリ

一 風俗ニ於テ不宜トハ實ニ不可解事ナリ我國人ハ野蠻ト御認被成哉

一 我國人ト雖トモ隔遠ノ地ヘ參レハ其地方ノ人々之ヲ見テ驚ク位ノ勢ナリ

一 屢々申進スル如ク草梁公館ニ參ル貴國人衆多アリ然ルニ風俗ニ拘ルトアレハ其御辨解ヲ御出可被成偖右樣談判追々六ケ敷相成貴官ニ於テモ別ニ無詞故昨日モ御來館無之位ニテハ最早貴官トハ殆道ノ絶タル樣ナリ拙者ハ我政府ヨリ別段ノ委任モアレハ明朝貴政府ヘ罷出諸大臣ト御面話致スヘシ其序右ノ一件モ御談可申ニ付貴官ヨリ此旨御通達有之度

一 我政府ヨリ講修官ヲ被差出追々御談判ニテ過半相濟タル處今日如此ノ御談ニテハ拙者心中甚困却セリ明日假令貴官政府ニテ御議論アリテモ迚モ落着ハ致スマシ

一 明日ハ條約外ノ一事ヲ申進スル積リ也其節申大官初ヘ御面會此事ヲ御談可致而シテ其上都合ニ寄可取計事アリ

一 貴官我政府ヘ御出頭ノ事ハ諸大臣何レモ承知致居レリ然トモ右ハ談判濟ノ後ニ可致積リニ付明日俄ニ御出頭ノ都合ニハ相運ヒ申間敷

一 然ハ右ハ件接官ヘ御面會ヲ乞ヒ此旨御依托スヘシ

一 伴接官ヘ御托相成ルモ拙者モ同樣ノ事也過日御內話申上タル次第ハ別ニ御良考モ不被降哉

一 公事ニ付私情ヲ以テノ御論ハ乍御氣ノ毒承知致シカタシ

右ニテ相畢講修官退出六時三十分

趙寅熙, 宮本小一(1876. 8. 23/高宗十三年七月五日)

趙寅熙 · 宮本小一 회담(11)

관련문서 일본측 기록

我曰　數日甚熱公果一椽耶

彼曰　一椽而行中多有病臥者甚可悶也

我曰　聞隨員中有病重者云果不至危欲乎

彼曰　其中一人症勢甚重極爲憂慮也

我曰　連用何藥乎

彼曰　果試藥而尙無效也

我曰　日前公幹時公之言辭甚過激有欠相敬之意竊爲慨然也

彼笑曰 事到悶迫所以有過激之言而於心則至今甚慊然也

我曰　公於東萊事苦懇至此故數日到底稟議於政府而政府則終始靳持我於其間許多費力之事何以形言

彼曰　公之周旋已聞於訓導而此事似有可諧之望云果然否

我曰　行商事旣有春間開港之約條此則不必舉論馬山浦甚迂遠不可以無時往來此亦非所可論至於萊府來往是公之始終苦請者故我果屢屢力稟纔蒙許施之敎矣今則修好條規舉皆決定此冊更爲一一釐正甚可

乃出示冊子

彼曰 然矣

乃以冊子款款決正

第一款 設館駐京事以除而勿論書之原本墨抹之

第二款 管理官經過內地事以船敗處告地方官經過沿路書之原本墨抹之

第三款 使臣管理官書信郵致事依原本

第四款 草梁館設門守門下以我冊中從今廢撤一依新定程限立標界上他二港口亦照此例添書之

第五款 程限事以嗣後於釜山港口日本國人民可得閑行道路里程自埠頭起筭東西南北各直經十里朝鮮里法凡當日本里法一里爲定至於東萊府中一處特爲往來於此里程內日本國人民隨意閑行可得賣買土宜及日本物産書之原本墨抹之

我曰　日本里法一里云者甚不襯當抹去似好也

彼曰　若不如是分別我國人民不知貴國里法必準以我國里數以此懸註實爲貴國何必改之也

諸處行商事原本墨抹之

第六款 兩國人民來往事以朝鮮國人民得其政府之允准來於日本國亦無礙書之

第七款 埋葬事一依草梁遠近爲之書之

第八款 諸貨幣交用事依原本朝鮮銅貨幣下以得使用運輸之事兩國人民敢有私鑄錢貨者各用國律書之

第九款 朝鮮人民之所買日本貨物及贈遺事隨意使用事依原本

第十款 日本漂民事以我冊中該處里正安接近地人家如有隨用物品自官辦給追後計償添書之

第十一款 他國漂船事以遞致各港口管理官送還于本國書之

第十二款 章程捻論事依原本

彼曰　此條規今旣決定明日午前鈐印似好耳

我曰　當隨勢圖之矣

彼曰　我之所騎之船卽兵船也聞嘆咭唎國與淸國有相戰之事此船不得不急速還發且我皇上促其復命明日鈐印再明日詣政府仍往禮曹受書契日勢未晩則當發向金浦而止宿也

我曰　再明日事如是爲之而宴饗則必於其翌設行以此悉之也

彼曰　日前旣荷內饌之厚賜復安有宴饗之設乎此則切勿更設俾我速裝卽發也

我曰　宴饗卽邦禮也且我聖上禮遇之盛擧則自下不可廢之也

彼曰　若然則必於詣政府之日同日設行好矣

我曰　云言旣如此則當以此圖之而似於此館設行矣

彼曰　此館則以其治行自多相妨依前以譯院爲之好矣

我曰　亦當以此圖之矣

我曰　鈐印公當以何印用之耶

彼曰　以理事官書之印文則以外務大丞宮本小一章用之也公則當用何印耶

我曰　依今春例當用奉使之印也

我曰　書契定式雖有春間所定者亦不無更爲議定者大抵皇帝陛下之稱秦漢以來臣子上書於其帝而稱之未有鄰國往復以此稱之也公亦觀古史則可以知之矣嗣後則不得不用位號處貴國則只稱皇上我國則只稱聖上甚宜以此改定如何

彼曰　此雖無妨亦難擅定當歸告我政府而圖之矣

我出示貿易冊子曰 此冊中米穀條當以駐留日本人民書之似好以此改之如何

彼曰　我則已書冊子矣貴冊子必以此改之而示之無妨也

我曰　日前公之所示手錄其旨意與我之所請者相反所謂通商事含包其中全沒要旨是豈相孚之道耶公之事每每如此竊爲公不取也

彼曰　若然則隨處改示之也

我曰　如此手錄我政府不欲受之姑寘之也

我曰　我有二件事依公之逕啓者例玆書示之公其覽之而答之也派使勿以通商事駐京事使臣往來以通津指定事

彼一覽曰 當以此答之矣

彼曰　我之復命甚促急實難歷泊釜山而有緊急通報於館守人而不可以書字盡述欲以數人從旱路下送釜山以此稟于政府而圖之也

我曰　見今潦暑之中何以作陸行而且聞沿路輪疾大熾云此不可聽從也以詳裁書字而給之則當從郵便而信傳之矣

彼曰　若然則寘之也

彼以逕啓者一紙示之 其書曰 草梁館日本分館之地基我政府賃借嗣後一歲納金八十圓云云 此書稟于政府後答之也

我曰　其在交鄰之誼豈有館基賃稅之道耶

彼曰　今則革其舊制此爲兩國當行之事也

我曰　當依此稟議也

彼以統營尺子一個示之曰 此尺果行用之尺耶不然則必以貴國常用尺子及營造尺子竝示之則將欲尺量程里也

我曰 此尺亦是行用而別無可示尺子也

彼人所呈

日本理事函逞啓者草梁項日本公館之地臺我政府賃借須仍舊貫則嗣後一歲納金八十圓儻須減縮則租賃亦從減貴朝廷議如何希賜回答敬具

明治九年八月二十三日

理事官

外務大亟宮本小一

講修官

貴下

兩國使臣派送京城只以交聘事務至若通商自有各港口管理官職掌不必以此事務專使駐京事

嗣後日本使臣之往來船泊處所必有一定地方然後迎送之節可以如禮整備依今番理事官之行上下船皆從通津永爲定式事

【관련문서】

明治九年八月廿三日午後六時三十分講修官來リ理事官ト對話

河上大錄筆記浦瀨中錄中野權少錄通譯訓導玄昔運及差備官八九名陪席

一禮畢テ

講一 其後我政府ニテモ段々心配操返シ議論ニ及ヒ終ニ略貴意ノ如ク決シタリ依テ今日ハ嬉敷御談判ヲ相終リ申度

理一 承ルヘシ

一 各處行商ノ儀ハ巳ニ開港ノ約アレハ御請求ニ難應トノ廟議ニ付暫ク開港ニ寄セ御取消被下度又釜山規程ノ事ハ馬山浦ニ到テハ何分調議難致ニ付相止メ東萊迄ハ常ニ往來相成樣內決シタリ何卒此邊ニテ決定ヲ乞

一 各地行商ノ事ハ是非御差支トアレハ强テハ不申進トモ開港揚ヲ測量ノ時ニ當リ唯海路ノミニテ上陸ヲ被拒テハ不便利有之ニ付其近傍陸路ヨリモ相越測量致候樣御承知アラハ宜シ

一 右ハ先日モ申上タル通り何港歟御心當ノ場所出來タル上ニテ御上陸實見被成事ハ差支無之尤其節ハ前以東萊府へ御報知被下タシ

一 馬山浦へ往來ノ事强テ御斷ナレハ致方無之次第也就テハ此上ハ文章ヲ確定シ淸書ニ相懸り可申

一 訓導ヨリ御請求及ヒタル東萊釜山へ行步ノ儀ニ付手錄ハ隨員ノ內ヨリ御投與被降樣相願タシ

一 諸元ヨリ承知致居レリ

一 然ハ河上君ヨリノ手錄ニシテ御遣シ被降ハ大幸ナリ

一 後刻同人ヨリ訓導へ相渡スヘシ

右ニテ談判相濟修好條規附錄文章逐款論定ス講修官退出八時五十分

255

趙寅熙, 宮本小一(1876. 8. 24/高宗十三年七月六日)

趙寅熙 · 宮本小一 회담(12)

我曰 今日鈐印以午後相約而冊子繕寫輯成之際自爾遷延以至昏夜也

彼曰 此是兩國大事也好事也不必踰此日雖侵夜不得不爲之也

我以修好條規二冊及貿易規則二冊較準彼四冊仍爲交印後互換傳授彼又以譯漢文二冊加授

彼曰 今旣鈐印大事順成實爲兩國之幸也

我曰 然矣

我曰 日昨公以淸國與嘆咭唎國方有事云矣其所由然可得詳聞歟

彼曰 昨年嘆咭唎國往淸國南方開銕路通商矣該地人民破其銕路殺害嘆民而該地方官不善措處由是而生釁云矣

我曰 兩國之生釁貴國有何關焉而公胡爲急歸耶

彼曰 我之所騎之船卽兵船也如此之時此船不得不赴其所故耳

我曰 然則兩國見方戰鬪而貴國之赴船將爲淸國乎抑爲嘆咭國乎

彼曰 但聞生釁而有事姑未聞戰鬪與否也至於我國之赴非專爲一國欲爲兩國之和好也

我曰 近者火輪船二隻來泊於我國珍島內洋而觀其問情記則日本人亦在其中云公或知之否

彼曰 不知也日本人在此云者似是雇工者也

我以二隻船號及船長姓名而示之曰 見此則可以知之否

彼曰 魯施啊味船號卽彼國兵船而每以測海往來於我國沿海故此則我所知之者也

我曰 然則胡爲來泊於我國內洋乎

彼曰 必是往淸國而爲風所逐而來似無他意也

宮本小一(1876. 8. 24) ➡ 趙寅熙

표류민 경비 관련 조회문

以書翰致啓上候陳ハ兩國人民不幸ニシテ客土ヘ漂着ノ節ハ其地方官民ヨリ即時憐恤救援ヲ加ヘ衣服飲食及相當ノ諸品ヲ與ヘ閉籠幽囚ノ如キ處分ヲ施サス其生命權理ヲ全フシテ本國ニ護還スヘキ事ハ修好條規第六款ニ在リ就テハ從前兩國漂民ノ爲メ地方ニテ費ル所ロノ經費ハ悉ク隣國交際ノ義務ト爲シ其本國政府ヲシテ之ヲ辨セシメサル慣例ナリト雖トモ締約已來兩國人民往來月ニ加ハリ歲ニ增ス時ハ漂民亦隨テ多カルヘシ之ヲ待ツニ賓禮ヲ以テスレハ煩細ニ堪ヘス故ニ今後漂民救助ノ經費ハ雙方互ニ之ヲ約シ寒暑ニ適スル時衣一領ノ外一日食料日本ニテハ金十錢朝鮮ニテハ錢五十文ト定メ漂民引渡ノ時錢數何程ト會計シ其本國政府之ヲ完淸スヘシ既ニ此完淸アレハ其他ノ手數ハ各其漂着シタル國ノ義務ナレハ相互ニ謝禮ヲ爲ニ及ハス

一 漂民ノ爲メ特ニ船隻ヲ差シ出シテハ鄭重ニ過ルノミナラス船費モ少ナカラザレバ便船ヲ待テ之ヲ護還スベシ故ニ其滯留時間自ラ長短アリ其間身體適度ノ勞ヲ爲シ養生ヲ爲サシメ亦其人ヲシテ徒然坐食セシメサル爲メ之ヲシテ採薪索綯等ノ如キ應身ノ力役ニ就カシメ相當ノ賃錢ヲ給シ而シテ其所獲ノ錢物ヲ以テ滯留ノ經費幾分ヲ償却セシムヘシ然ル時ハ本國政府ニテ辨スヘキ數ハ僅ニ其不足ヲ補フ而已

一 漂民歸國ノ日若シ齎シ歸ル所ノ錢物アレハ固ヨリ本人勞役シテ得ル者ニ付官之ヲ沒スルノ理ナシ宜ク安堵本業ニ復セシムヘシ

右兩國政府ニ於テ遵行違フ莫ルヘシ此カ爲メ約契イタシ候敬具

明治九年八月卄四日

日本國理事官

外務大丞　宮本小一 (印)

朝鮮國講修官

議政府堂上趙寅熙閣下

【漢譯文】

逕啓者從前慣例兩國人民不幸漂到客土則地方官宜救援憐恤給衣服飮食及應用雜物不須處之如俘囚禁錮保全性命以護還本國者載在修好條規第六款但其經費所由出任漂到國政府自辦以爲交際義務而是固非穩當保永久之道蓋曾竊惟締約以來兩國人民往來月加歲增則漂民亦應隨多而待之而賓禮恐不堪煩細也故嗣後漂民救恤經費除寒暑特衣一領外每一日口粮費在日本爲貨幣十錢在朝鮮爲錢五十文交遞該漂民之時錢數會計若于各本國政府完淸之但其救恤事項則是有漂民地方當務之事何須別煩伸謝

一 特發船隻送還漂民事過鄭重航海之費亦不少須待船舶相往來之時送還故其逗遛時日自有長短此時間使彼就採薪索綯等適宜力役定賃雇錢物官籍之及送還之期扣除其口粮費以付之則減其本國政府應賠金額幾分矣

一 漂民歸國之日若有所賫錢物是係其身勞役以所贏餘則官無沒入之之理宜安堵以復本業

右兩國政府須遵行莫違爲此契約敬具

日本理事官 外務大丞 宮本小一

朝鮮國講修官 議政府堂上 趙寅熙 閣下

宮本小一(1876.8.24/高宗十三年七月六日) ➜ 趙寅熙

중세(重稅) 폐지 관련 조회문

以書翰致啓上候陳ハ貴國ノ我邦ト交ヲ通スル以來其貿易ヲ爲ス宗氏ト貴政府之ヲ爲シ人民各自ノ通商ヲ准サス之ニ加フルニ貴政府中年以降各色物品ノ貿易ヲ以テ例シテ官吏ノ自營ヲ准聽セシヨリ慣習一命令アル如ク弊端漸ク滋シ今般協立スル所ノ修好條規第九款ニ基キ兩國人民ノ貿易ハ寬裕弘通ヲ主旨トスル勿論ナレハ右等ノ弊竇宜ク速ニ革除セサルベカラス蓋シ我人民ノ貴國ニ輸送スル各物件ハ我海關ニ於テ輸出稅ヲ課セス貴國ヨリ我內地ヘ輸入スル物産モ數年間我海關ニ於テ輸入稅ヲ課セサル事ニ我政府ノ內議決定セリ寬裕ノ議コヽニ及フモノ他ナシ兩國人民ヲシテ有無相通シ長短相補以テ用ヲ利シ生ヲ厚フセシムルニ在ルナリ然ルニ竊ニ貴國現今ノ情形ヲ察スルニ鎖閉纔カニ解ケ禁網始テ開ク料ルニ人民ノ交通未タ俄ニ親密ニ至ルヘカラス貿易互市急ニ繁盛ヲ期シカタシ時ヲ察シ宜ヲ酌ミ兩國政府ノ最モ當サニ注意保護スベキ要件ハ務メテ協議シテ之ヲ創立シ通商ノ妨害障碍トナルベキ事項ハ速ニ芟除セサルベカラス萬一相胥テ貌視シ互ニ苟合ヲ爲サバ通交ノ名有テ其實無シ故今條件ヲ左ニ掲ケテ後來ノ證ト爲ス

一 從前貴國ニ於テ通商ヲ准行スル者ヲ限テ數名ト爲シ商譯都中及許可ヲ得タル人民ノ外ハ他ノ人々通商スルヲ得ス嗣後宜ク寬裕ニシ人々ヲシテ廣ク互市ヲ行フヲ得セシムベシ且或ハ貿易ノ數量ヲ限制シ或ハ甲ハ止タ某貨ヲ販キ乙ハ某物ヲ買フヲ得ザル等摧酤ニ侔シキ束縛法ハ阻絶シテ復行フアルナシ

一 朝鮮人民日本人民ト貨物ヲ賣買シタル後其都度朝鮮官府ニ稟報スルヲ要セス貴政府其出入物貨ノ多少ヲ知ラント欲セハ海關出入ノ報單ヲ一覽シテ徵スルニ足ル更ニ人民ヲ煩ハス可カラス

一 兩國人民ノ貿易スル之ヲ保護シ之ヲ催進スル爲メ官吏ヲ派セザル可カラズ其派員ハ政府ヨリ俸給アリ法度アリ以テ廉ヲ養ヒ行ヲ飭フニ足ル別ニ人民ニ向テ毫モ求索スルノ理無シ若シ派員貪心無厭陰誘需索或ハ窘迫セシムル時ハ貿易ノ路ヲ妨害スル測ル可カラス故ニ政府ハ須ク戒飭シテ其弊端ヲ未發ニ禦ク可シ若シ奸狀敗露證跡分明ナルモノハ政府

其責ニ任ジテ之レカ處分ヲ爲ス可シ

一 海關ヲ設ケ稅額ヲ定メ兩國人民ニ約束シテ徵收スル是ヲ公稅ト爲ス今特リ進口船公稅ノ一則アリ此外若シ進口貨物內地ニ入ルノ時出口貨物內地ヲ出ルノ時其要路ニ取締所等ヲ設立シ以テ陰ニ諸種ノ稅餉ヲ徵シ或ハ其貨物點撿ノ勞ニ托シ賄ヲ納ル等皆是貿易ヲ公許スト雖トモ其實ハ貿易ヲ沮抑スルナリ自今斷然是等ノ事ヲ廢シ再ヒ弊竇ヲ開ク可カラス

右數款ハ條約附錄中掲載スヘキ緊要ノ條款ナリ然レトモ人民ニ公布シテ不可ナルモノアレバ删去シテ別錄シ互ニ交付シテ相約束セリ其權理ハ附錄ニ異ナル無シ此レカ爲メ耑泐シ併セテ時祉ヲ祈ル敬具

明治九年八月卄四日

日本國理事官 外務大丞 宮本小一 (印)

朝鮮國講修官 議政府堂上趙寅熙閤下

【漢譯文】

彼人所呈

逕啓者貴國與我邦古來好交其爲貿易也宗氏與貴政府爲之不准人民各自通商加之貴政府中年以各色貨物貿易例准聽官吏自營慣習如今弊端漸滋今新約協立據第九款兩國人民貿易主歸寬裕弘通則是等弊竇宜速革除其我人民所輸送于貴國之各物件我海關不課輸出稅且我人民將貴國各物産輸送我內地來亦數年間不課輸入稅此事是係我政府內議決定蓋寬裕至此者無佗貿易大旨素自在使兩國人民有無相通長短相補以利用厚生矣然竊察貴國現今情形鎖閉纔鮮禁網始開料當人民交通未可頓至親密貿易互市難急期繁盛察時酌宜則兩國政府之所最當注意保護要件務當協議創立而其爲妨害障碍之事項則不可不速芟除若夫相胥貎視互爲苟合是有通交之名而無其實故今掲條件以爲後來証左

一 從前貴國准行貿易者限爲敎名除商譯都中及經允商民之外佗人不得復行之嗣後宜寬裕使人人得行之且其或限制數量或甲止販某貨乙不得買某物等其所爲類似攙酤者宜阻絶莫復行

一 朝鮮人民與日本人民賣買貨物不要每回照數必稟報朝鮮政府官如欲知其

出入物品多寡則閱海關出入報單而足矣不須復煩人民

一 兩國人民互相貿易則要保護催進之不宜無派員其派員入有俸給出有法度足以養廉飭(行)不可使之肆求索人民若夫隱誘窘迫貪賂無厭則妨碍商路不測故政府須速戒飭以塞弊端若夫証跡分明奸狀敗露者政府須任其責以爲之處分

一 設海關定稅額約東兩國人民以徵收是爲公稅而今特有進口船公稅之一則若其進口貨物入內地之時出口貨物出內地之時要路關隘設立權酤市場以陰徵諸種稅餉或關吏託其點檢之勞以納賄等皆是公許貿易而實沮抑之也故自今斷然廢撤罷革不須復開弊竇

右數款係條約附錄內當楬載緊要條件而至公布之人民則有未可者故刪去之別錄交付以相約東而其權理則不異附錄爲此耑砌併祈時祉敬具

日本國理事官

明沿九年八月二十四日

外務大丞 官本小一

朝鮮國講修官

議政府堂上 趙寅熙 閤下

258

趙寅熙(1876. 8. 24/高宗十三年七月六日) ➞ 宮本小一

표류민, 중세 관련 조회에 대한 회신

逕啓答覆

奉覆者貴示兩件冊子其一新立通商規制務歸寬裕官吏之營私討索商譯之專利摧覘一功革除及人民買賣不要每回照數貨物出入特許數年免稅也其一兩國漂民救恤經費會計追償及漂民留連雇賃力役扣除應償而其所剩餘保護還業等項也各件一一照領益歎貴意務在交便兩國民人纖悉具備惟當依此施行永遵章程玆庸回覆敬冀照亮另陳者兩國交聘勿煩國書只自兩政府及外務省禮曹隨其事之大小互相書契奉有公之今春酬酢往使來使竝用此式須有現定文字方可永遵毋替爲此耑陳切企回音

丙子七月初六日 講修官趙寅熙

理事官貴下

河上房申(1876. 8. 24) ➞ 玄昔運

부산 재류 일본인 단속에 관한 각서

日本人民行步釜山港口規程境內 及東萊府中之時 不妄入公廨及人家 且男女讓路 以存禮貌 貴我人民情好未熟之間 東萊及釜山開市之日 無敢入場 我管理官來于釜山之日 此等之事 戒飭遵守 貴政府莫須憂慮 此皆係目前細鎖事項 我理事官頗解貴國人情習俗 後來我人民之來貴國益多 則管理之方法 亦當有善處之

明治九年八月二十四日

日本國 外務大錄 河上房申

260

宮本小一(1876. 8. 24) ➞ 趙寅熙

공사 주경(駐京) 및 정박항 관련 수록(手錄)

兩國使臣派送京城 只以交聘事務 至若通商 自有各港口管理官職掌 不必以此事務 專使駐京事

嗣後日本使臣之往來船泊處所 必有一定地方 然後迎送之節 可以如禮整備 依今番理事官之行 上下船 皆從通津 永爲定式事

此二件 卽今不可遽議然否 須還報東京而回答也

明治九年八月二十四日

理事官 宮本小一

宮本小一(1876. 8. 25) ➞ 玄昔運

개항장 선정을 위해 상륙시 협조 요청

嗣後日本國測量船 欲發見朝鮮國開港適宜之口灣 其當進航也 先自管理官指定地名 以報告東萊府 雖發見水深山圍適宜港灣 陸上岨隘 不適居住 則港雖洵良 亦無用也 故審驗陸地形況 卽測量家要事 地方官預先領意 其上陸時 須指導 無得拒之事

明治九年八月二十五日

理事官 宮本小一

高宗(1876. 9. 1/高宗十三年七月十四日) ➡ 禮部(1876. 10. 14/光緖二年八月二十七日)

수호조규부록 및 통상장정 협정 통보

同年報與日本使臣商辦開港通商等條約咨

朝鮮國王爲咨報與日本商辦開港通商詳陳顚末事 光緖二年三月初九日 小邦差送修信使禮曹參議金綺秀於日本緣由 已有具咨轉報于上國 而修信使始於六月初一日無事竣還 詳探日本事情 則方與十七諸國通商 而自小邦復修舊好之後 値此信使之來 邀接館餼 照例無虧 外務卿政府大臣俱各設宴施禮 而國君引見勞問 其大臣貴官以魯西亞占據地方 逼近朝鮮北界 深以爲憂密語叮囑使之歸告本國 早爲備禦之策 又言將以開港商辨細節目事 派遣理事官 當在修信使還國後旬日之內 乃於六月初九日 該理事官宮本小一之船 來泊通津府前洋 小邦遣校理李喜元延接館餼于都城外公廨 禮曹之宴饗 王宮之召見 政府之接對 一依彼國之例 以政府堂上趙寅熙 差定講修官 逐條講確 該理事官以從小邦陸路來往上國事 及都城內開館留駐 及外道八處隨意行商等事爲請其云從陸路來往上國 此非小邦之所敢擅許 而此路一開 後弊無窮 實爲中朝外藩之斷不可許者 其云都城開館駐官 雖曰各國通商章程 小邦元無他國使臣留駐都城之例 開館一事 尤非可論 上項二件事 不爲許施 八處行商事 春間旣約以二處開港 到今只宜量定二處開港而已 不宜濫及於約條之外 且論逐利行走不如安坐交易 惟當揀定二處便宜港口云爾 則該使臣 亦爲領會 而姑未揀定二港 先以港口開館須得劃定界限 以爲任便行止於界限之內 請以十里爲準且言彼國十里卽小邦百里云爾 歷日靳持 竟以小邦里尺劃定十里 毋得行走於界限之外 嚴立條約 釜山草梁 則三百年開館之地 許以仍舊留駐 而距東萊府爲三十里 彼欲特許往來行商 故依願聽施外 地約條節目 斟酌便宜 作一冊子鈐印交付 以爲憑信之資 據趙寅熙呈稱 本月初八日 該日本使臣 竣事發還等因 竊伏念我聖朝東顧藩服 庇覆隆厚 近以小邦之交鄰得失 每紆宸衷 軫慮深遠 高天厚地 曷以爲報 亦惟總理衙門曁部堂大人 爲小邦萬全周劃 逈出尋常小邦君臣 何以得此 玆將與日本商辦開港通商條約等事 略具顚末 仰備崇鑑之地 專差司譯院副司直李容肅齎咨前去 爲此合行移咨 請照詳轉奏施行云云

光緖二年七月十四日

趙寅熙(1876. 9. 8/高宗十三年 七月二十一日) ➜ 宮本小一

공사 주경 및 정박항 관련 수록(手錄) 준수 요청

爽軒摻別 居然爲一旬有餘矣 秋水蒼葭 每懷靡及 伏以王靈祥飈驅 層溟利涉回槎 極祝貴國寧謐 寶覃曇吉 文祺勞頓 神葆淸禧 區々溯祝 若結于中 公僕而頻鞅掌之務 私而多悩心之憂 現在様子殊無足遠浼爾 向者公幹時 不似通商事派使駐京 及日後使行船泊處 以通津一處指定事 屢有奉議者 而閣下之不要擅斷 認是愼重之盛意 至有所手錄以示者 又於分手之席架 以北面囑矣 竊想 閣下到底周全 而今我政府使儀曹修書契賚去 蓋此二件事 諒出於兩國事勢之俱當折折衷故耳 惟閣下另圖之 俾成兩國金石之憲 幸甚々々 頫褫略探 統希 肅亮 不宣

丙子七月廿一日

趙寅熙 頓首

宮本鴨北先生 閣下

金在顯(1876. 9. 13/高宗十三年七月二十六日) ➡ 寺島宗則

공사 주경 및 정박항의 수호조규부록 명문화 요구

同年禮曹判書諭交聘之外勿派使价使船往來必由通津二款添載條規附錄書互公使

大朝鮮國禮曹判書金在顯呈書大日本國外務卿寺島宗則閤下謹玆照會者今番貴理事官與我講修官會同擬議定立諸款作爲修好條規附錄凡十有一款外有兩國使臣派送京城只以交聘事務至若通商自有各港口管理官職事不必以此事務專使駐京事嗣後日本使臣之往來船泊處所必有一定地方然後迎送之節可以如禮整備依今番理事官之行上下船皆從通津永爲定式事此二款實是我政府與貴理事官屢回講確商定者而貴理事官以爲有難擅斷還報東京之意成示手錄玆以據實修書而追當添載二款于條規附錄合爲十三款此布諒會俾成金石毋諭焉敬具 丙子年七月 日

宮本小一(1876. 9. 21) ➜ 岩倉具視, 寺島宗則

수호조규부록 및 무역규칙 등 체결 보고

朝鮮國修好條規附錄貿易規則成約之義

下官義理事官トシテ朝鮮國へ被差遣候旨ノ使命ヲ奉シ七月三日淺間艦ニ乘組横濱解纜釜山ニ着シ同所從前貿易ノ習風及積弊ノ改革スヘキモノヲ取調更ニ江華灣ニ廻航同月三十日朝鮮京城ニ着シ翌三十一日禮曹判書ニ面シ修好條規ノ御批及外務卿ノ書契ヲ渡シ八月一日國王ヨリ拜謁ヲ被命謁見ノ式相濟其後禮曹判書ヨリ別紙寫ノ書契ヲ以テ該判書ハ條約談判ニ關與セス特ニ刑曹參判議政府堂上趙寅熙ナル者ヲ講修官ニ命シ下官ト對議セシムルノ旨申來リ乃趙寅濈ニ面會議政府ノ委任狀ヲ一覧シ同月五日ヨリ條約附錄貿易規則ノ談判ヲ起シ同二十四日決議ニ至リ各書ニ調印交換相濟同二十六日京城出發今日歸京仕候

彼我調印有之

一 修好條規附錄和文 壹冊

譯漢文副之

彼我調印有之

一 同朝鮮文 壹冊

彼我調印有之

一 貿易規則和文 壹冊

譯漢文副之

彼我調印有之

一 同朝鮮文 壹冊

一 朝鮮國ニテ嗣後諸税ヲ徵セス官吏ノ賄賂ヲ求ムルヲ停止シ或ハ商譯都中ヲ廢スル等ノ趣意講修官へ照會文寫 壹冊

譯漢文副之

一 彼我漂民經費ノ義約束ノ照會文寫 壹冊

譯漢文副之

一 右二件講修官ヨリ應諾ノ本書 壹冊

一 條約談判結了後禮曹判書ヨリ外務卿へ宛タル書契 貳通

右差上候

一 下官義彼地滞留中同國政府ヨリノ接待方ハ日本人自由ニ門外散行ヲ許サス或ハ公務アル者ノ外他人ヘ接見セシメサル等未開ノ風習ヲ免レサル事有リト雖トモ其他ハ總テ鄭重優渥ノ接遇ヲ極メタリ同國ノ我國ニ對シ友誼アルノ徵ヲ顯ハシタルハ厚ク御想像被降後來同國トノ交際一層ノ懇遇ヲ與ヘラレ候樣奉存候依テ此段上申候敬具

明治九年九月廿一日

外務大丞 宮本小一（花押）

右大臣 岩倉具視殿

外務卿 寺島宗則殿

宮本小一(1876. 9. 21) ➡ 鮫島尙信

공사관 임대 및 내지여행권의 명문화 연기 사유 보고

下官義

朝鮮國京城ニテ修好條規附錄貿易規則等結約之始末ハ既ニ致上申候然ルニ兼テ御降付之訓狀中ノ條件及本省ヨリ嘗テ御伺濟ノ附錄擬案條款中ノ旨趣實際ニ臨ミ斟酌セシ件々左ニ縷述仕候

一 京城使臣館地代又ハ家賃ヲ議スル事

一 使臣及眷屬随員朝鮮內地旅行之事

右二件條約擬案中ニ掲載アルヲ省キタル所以ハ朝鮮政府此二題ニ驚愕シテ曰築館ノ事及使臣駐京ノ事ハ條約面ニ掲載無キ條件ナレハ承諾シ難シト我曰修好條規第二款ニ云使臣京城ニ至リ駐留久暫共ニ時宜ニ任スト然レハ使臣ノ爲メ館舍ナカル可カラス若シ適宜ノ館舍ナキ時ハ地面ヲ賃借セサルヲ得ス故ニ此事ニ議及スル也彼曰事務アリテ派遣ノ使臣ハ固ヨリ我政府之ヲ客待シ館ヲ賃シ諸物ヲ支給ス可シ別ニ館ヲ設クルニ及ハスト我曰駐留ノ久キハ幾年ニモ涉ル可シ其間日本ノ習俗ニ適シタル家屋無カル可カラス假令之ヲ借ルトモ家賃ヲ出サスシテ住居スルノ理無シ彼曰使臣ノ駐京定期無シト雖モ故ナクシテ久駐スルノ理有ルマシ故ニ其使事未タ終ラサル間ハ何ツ迄モ館舍ヲ貸ス可シト彼ノ大旨ハ茲ニ止リ到底公使ノ京城ニ駐箚スルヲ嫌悪スルノ餘最初條約ノ節ヨリ京城ニ日本館ヲ築キ使臣ヲシテ無際限永住セシムルトノ文意ナシトシテ今之ヲ條約附錄ニ掲載スルヲ欲セサル也此一條ノ爲メ再三ノ討議ヲ費シ我ハ駐留久暫共ニ時宜ニ任ストノ條約アレハ五年十年ノ間駐留スルモ我ノ随意ナリ設シ此使臣久駐ノ意ニ非サレハ自今十五ヶ月後ト云文字ヲ加フルノ理無シ今度理事官ノ入京ノ如キハ固ヨリ臨時ノ事務ナレハ十五ヶ月前ト雖トモ入京スルヲ以テ第二款ノ文意ハ斯ル臨時使臣ノ事ニ非ル意味ヲ徵ス可シ十五ヶ月後ト定メシハ朝鮮政府ニテ是ヲ程能處分スルニ諸般ノ手數アルヲ想像シ多少ノ猶餘ヲ與ヘタルナリ日本東京ニ朝鮮使臣ヲ置クハ條約結收ノ日ヨリシテ差支ナケレハ十五ヶ月後ノ文字ナシト云意味ヲ主張シ論及スレハ彼ハ眞ニ之ヲ拒ムノ辭柄ナシト雖トモ偏ニ京城ニ日本館ヲ築カレテハ人民驚愕ニ堪ヘスト云乞哀ノ情實論ヲ含ミ修好

條規第二款ニ築館ノ文ナキヲ幸トシ附會シテ使臣ハ只其時々ノ公務ヲ以テ往來スル者ト見做シ久暫ノ二字ハ其事務ノ輕重ニ從ヒ多少日數ニ長短アルモ十年五年ノ久キ居住ノ意ヲ含ミタル文字ニアラサル可シトノ意見ヲ張リ辨論屈セス終ニハ彼ヨリ我使臣ノ職制ヲモ論及シ一事終テ一事興ルハ格別ナリ若シ事終ルノ後故ナク滞留スルノ理ハ有マシ或ハ使臣ハ各口在留ノ管理官ノ如キ通商事務ニ關係スルノ理有マシ抔ト論出ス是等ノ論趣ハ一々辨解シタレトモ我ノ要用トスル家賃地代ノ事ヲ强テ附錄ニ掲載セント欲スル時ハ此一款ノ爲メ數十日ノ議論ヲ費サヽルヲ得ス退テ熟考スルニ修好條規既ニ明文アリ使臣駐留十年乃至二十年ニ至ルモ久ノ一字ニテ足ル可シ實際使臣ヲ出スニ當リ彼此事ヲ拒ミ使臣ノ速歸ヲ促スノ權ナシ然ハ家賃地代ハ其時ニ臨ミ使臣ヨリ徐々ト議シテ可ナリ必ス附錄ニ掲載ス可キ要件ニ非レハ寧ロ此條ヲ削去シ時日ヲ空渉セサル方軍艦停泊ノ都合ニモ可然ト相考談判未決中我ヨリ此條ハ暫ク刪去スヘキ旨ヲ唱ヘ出シ斷然刪去セリ決シテ彼論意ヲ是トシ刪去シタルニ非ス後日猶ホ築館駐京ノ議ヲ起ストモ差支アル事無シ又使臣等朝鮮內地旅行ノ件ハ假令彼國政府ヨリ日本使臣ノ永住ヲ承諾スルトモ公事ニ非スシテ內地ヲ微行スルハ方今朝鮮ノ風習ニテハ不可行ノ勢ナリ如何トナレハ今度入京親ク其實況ヲ目撃セシニ彼國到處驛亭ノ設ナク旅人ハ路次ノ民家ニ投宿シ一飯ノ饑ヲ療シ僅ニ露臥ヲ免ルノミ其家屋大抵豚柵牛欄ニ異ナラス固ヨリ客房アル無シ使臣何樣ノ輕便ナル旅裝ヲ好ムトモ此汚穢糞臭ノ家ニ止宿スル能ハス故ニ各所ニ在ル官廨公衛ヲ借リ客房ト爲シ飮食灌沐及其他共地方官ノ供給ニ頼リ眠食セサルヲ得ス如此トキハ其地方官ヲ煩ス容易ナラス且地方官此供給ヲ爲ス政府ノ特命アルニ非レハ敢テ奔走セス然ハ使臣タル者不得止緊急要務ニ非サルヨリハ彼內地ヲ旅行シ彼政府ヲ煩スノ理無シ況シヤ私ニ旅行スルハ江山風月ヲ愛玩シ適宜ノ健康ヲ養フニ過キス此國ノ民間ヲ旅行スルハ一ノ辛苦ヲ試嘗スル迄ニシテ必ス多少ノ汚穢ニ觸レ疾疫ノ基ヲ起スノミ然ハ內地旅行ノ條アルモ徒條ト考タレハ相省キタリ清國北京ヨリ陸路朝鮮京城ニ到ルモ前文ノ意味ナレハ通行スルノ權アルモ通行スルニ堪エス故ニ此事モ議論半ハニシテ止メタリ

一 各口日本人民游歩規程之事

右游歩規定ハ我十里ト題ヲ出シタルニ是亦彼ノ尤驚愕嫌悪スル所ナリ蓋シ釜山ノ近傍古來倭寇ノ侵掠ヲ受ケ倭人ヲ畏ル鬼蜮ノ如シ中葉以降對州人民一手ニ専任ス此州人頗ル不良ノ行爲アリシ事ハ兼テ聞知スル所ナリ故ニ彼

ヨリハ我全國皆然ト視做シ今日ニ至ルト雖トモ日本人民忌憚スル情實尚甚シ且彼國風俗男女ノ別ヲ嚴ニスル徒ニ表面ノ形飾ニ過キスト雖トモ亦慣習ノ久キ自ラ一種ノ俗ヲ成シ男子ノ來テ婦人ノ面前ニ臨ムヲ惡ム等ハ未タ嘗テ他ノ外國ニ視サルノ風俗ナリ然ルニ從前對州人民不良ノ徒或ハ此羞惡俗ニ反對シタル所業ナキニシモ非ルヘシ是レ彼國ニ於テ日本人ノ彼村落街坊ニ徘徊スルヲ惡ムノ風俗ヲ成セシ所以ナリ故ニ政府勉メテ此規程ヲ短縮セント欲シ釜山從前設門アリシ處迄ノ舊慣ニ仍リ一歩モ改革更張セサルヲ求メタリ我意ト大ニ反對スルヲ以テ我ハ一切之ヲ肯セス且既ニ倭館ノ南方富民洞ノ如キ六七十年前纔ニ二三ノ人家アリシ今ハ一部落ヲ成スニ至ル何ソ日本人民ヲ嫌惡スル者豈ニ如此倭館ニ密通シテ部落ヲ成サンヤト辨解シタレハ彼レ此理ニ窮シ終ニ多少ノ擴張ヲ肯諾シ彼十里我一里二丁二十四間ニ當ル四方ノ直經ヲ規程ト爲スニ至ル試ニ此規程ヲ以テ釜山港ノ一處ニ當レハ彼地タル空山峨々トシテ聳ヘ四方トモ間行逍遥スヘキ場所ナシ故ニ我二里三里ノ遠キニ赴クヘキ日本人ハ絶無ニシテ僅有ノ勢ナラン唯一ノ釜山城ノ行ク可キ方向アルノミ此城下ハ殆ト右ノ規程内ニ及フノ地ナレハ既ニ人民間行ニ於テ不足ナカル可シ然トモ東萊府ハ此釜山及倭館近傍ヲ管轄スル本府ナリ倭館ニ來ル商民多クハ此府内ニ住ス故ニ東萊府ニ往來シ得レハ日本人民商業ニ便理ナルハ勿論ナレ此地ヲ加ヘン事ヲ懇請セシニ彼容易ニ承諾セズ且日本人ノ來テ公廨ニ入リ或ハ故ナク府人ノ家ニ立人ラン事ヲ畏ルヽ等瑣末ノ故障ヲ辭柄ニシ力ヲ盡シテ拒ミタリ此談判ノ爲メ又々數日ノ時間ヲ費シ追々曲折ノ談ニ入リ河上大錄ノ名ヲ以テ別紙甲號ノ手錄ヲ送ラセ僅ニ彼憂苦スル念慮ヲ解キ遂ニ此一款ヲ結収ス訓狀中我五里迄ハ短縮スヘシト有レトモ倭館ヨリ東萊迄凡我四里ニモ可及歟實際ニ於テハ我人民充分ニ差支ナキ游歩規程ト相考候

附云附錄文章中朝鮮里法十里ハ我一里ニ當ルノ文字ヲ加ヘタルニ彼レ殊ノ外之ヲ疑惑シ我里法彼ト符合セサル時ハ物議ヲ起ス基ナリト想像シ我一里ニ當ル云々ノ文字ヲ削去センヲ求ム尤切ナリ依テ彼里法ヲ訓導ヨリ別紙乙號ノ如ク證文ニ爲シ差出サセ長短計較スルニ我一里ヨリ二丁廿四間ノ長キニ過レハ彼ノ請ニ應シ我一里ニ當ル云々ノ字ヲ削去ス

一 未開二港ノ規程ハ釜山ト同ク彼ノ十里ト爲サヽルヲ得ス然トモ其地勢ニ從ヒ東萊府ノ如キ緊要ノ地アレハ之ヲ加ヘント欲ス故ニ今

般ハ未定ノ港場ノ間行規程ハ取極メスシテ止ム後日二港議定ノ任ヲ受クル者ヘ此義御傳命被降度候

一 訓状ニ彼ヨリ耶蘇教ヲ彼國人ヘ傳播スルヲ禁シ及他ノ外國人日本人ノ籍ヲ借リ朝鮮各港ヘ居留商賣スルヲ禁スル等ノ條款ヲ加入セン事ヲ請フトモ之ヲ許諾ス可カラス然トモ若シ之カ爲メ談判整ハサルノ場合ニ到ルトキハ理事官ノ名ヲ以テ別ニ書柬ヲ作リ其請求ニ應スルモ妨ナシト有リ此二件彼果シテ論出シ附錄中ニ掲載セン事ヲ求メ彼ノ稿本中歷然ト一款ヲ成シタルヲ示セリ然ルニ此二件ハ本春黑田辦理大臣申櫶ト應接中彼ヨリ申出タル件ニ付下官ノ名ヲ以テ別紙丙號ノ手錄ヲ申櫶ヘ渡シ大臣ノ應接亦結局ニ至リタル事ハ同年三月中閣下ヘ上申シ辦理大臣ヨリモ亦政府ヘ上申ニ及ハレタリ今度講修官右手錄ヲ所持致居レリ依テ下官ヨリ右二件ハ本春渡シタル拙者ノ手錄ニテ充分ナル可シ今改テ條約面ニ掲載スルニ不及ト答ヘタレハ彼竟ニ承諾シタリ然ル上ハ本春下官ノ手錄ハ今度理事官ノ名ヲ以テ專對シ手錄シタルモ同樣ノ義ニ付今度約書ト共ニ我政府ノ履行シテ不可違者ト御見做朝鮮派出ノ各官員ハ勿論同國交際ニ關係ノ者ハ何レノ向ニテモ此意味ト齟齬セサル處置アラン事ヲ致希望候

但彼カ此談判ノ條款中ニ西洋物品ヲ輸入スル事ヲ禁止セント望ム一款アリ下官ノ答ニ此義ハ大ニ難事ナリ且朝鮮人西洋物品ヲ好マサレハ多分ノ輸入ハ有間敷ト答ヘ夫ノ胡椒蘇木金巾ノ類彼レ數年購求シテ國用ニ充ツルモ西洋輸入品タルヲ知ラス是等ヲ辨解シテハ却テ難論ヲ引起ス基ニ付前文ノ如ク曖昧ト答タレハ彼モ信用シタル歟其儘發論ヲ止メタリ

一 訓状中ニ彼國ヨリ米麥ヲ輸入スルヲ禁止セント乞フ時ハ之ヲ許シ對州人民年來朝鮮米ヲ食用ト爲ル便利ヲ失ハサラシメン爲メ彼レ承諾セハ公貿易ニ以タル變通ノ方法ヲ試ム可シト有リ右ハ現今對州ノ形況取調ノ爲メ於嚴原長崎縣支廳出張ノ權大屬山崎忍之助ニ面議シ彼ノ意見書ヲ得テ熟考スルニ近コロ數年間朝鮮米ヲ緊要トシテ求メサル旨別紙丁號ノ如シ且既條約面歲遣船等ノ事ヲ革除ス云々トアレハ此米銅交換法ハ即チ公貿易ノ純粋ナル者ニ付之ヲ沿襲スルトキハ他ノ舊弊革除ノ力ヲ失フノミナラス政府銅ノ專賣ヲ爲シ人民自由ノ賣買ヲ許サヽル等多少不佳ノ影響ヲ生スレハ我ヨリハ進ンテ此事ニ議及セス彼ヨリモ公貿

易ヲ爲サレハ大ニ事端ヲ省クトノ旨ヲ語リシ事モ有リ彼レ敢テ舊章ヲ顧戀セサル樣子ニ付遂ニ談判ニ及ハスシテ止メタリ

但貿易規則輸出物ノ禁ナシ第六則ニ米粮及雜穀ノ輸出ヲ許ス明文アリ然トモ彼意ハ各港居留ノ日本人民ノ食糧ノ爲メ米穀類ヲ買入ルヽヲ免許スル意ヲ以テ許可シタルナリ文章ニ據テ論スレハ米穀ノ輸出ヲ許スニ似タリ

一 朝鮮政府今度酌議ノ貿易章程ニ據リ輸出入品ノ税ヲ徵セサル方ニ談判整タリ然ル上ハ本年六月三日附ニテ同月十九日御伺濟ノ政府ヘ建白ノ御旨趣ノ如ク我國ニテモ朝鮮國ト貿易品ノ輸出入ニ税額ヲ徵セサル樣早々御一定相成度從前對州ヨリ我物産ヲ朝鮮ヘ輸出スルニ臨ミ各物品ニ重税ヲ貸シタル事ハ別紙戊號同所支廳ヨリ差出シタル調書ニ審カナリ此事タルヤ下官ヨリ講修官ヘ照會シタル書中ニモ雙方互ニ隱密ノ税ヲ徵セスト約シ置嗣後彼レ若シ此禁ヲ犯サントスル事有レハ嚴ニ論責セント欲スル見込ニ付對州ニテ現行スル徵税法ハ可成速ニ廢止ノ御處分有之度候

右ノ件々復命書中ニ記載スヘキ處長文ニ屬スルヲ以テ割テ別錄ト爲シ上申候敬具

明治九年九月廿一日

外務大丞 宮本小一（花押）

外務卿代理
外務大輔鮫島尚信殿

追錄

下官乘組ノ淺間艦ハ總員二百七十餘名ナリ該員下官京城滯留中數里ノ嶮ヲ侵シ二三ノ士官來京スル者アリト雖トモ其他ハ何レモ艦內ニ閉籠サレタルマヽ也全艦一日所費ノ食料多數ナルハ勿論澹水亦少量ナラス江華前灣ハ遠淺ニシテ澹水汲取ノ爲メ小船ヲ往復スル一日一回ニ過キス較モスレハ退潮又ハ風波ノ爲メ沮滯セラルヽ事アリ故ニ今度滯艦ハ頗ル困迫セシ體ニテ澹水モ充分ナラス菜蔬ノ新鮮ナルヲ求メント欲スルモ僻地ニシテ多ク得ル能ハス各所ヲ探索シテ漸ク數人ノ口ニ供ス牛一頭一時ニ宰割シテ僅ニ下等水夫迄ニ及フ而シテ此牛亦容易ニ求メ難シ下官ヨリ政府ニ以頼シ政府ノ命ヲ

以テ買得ルニ至ル如此始末ナレハ滯留二旬ニ及フ頃艦長ヨリ下官彼ト應接ノ模様如何ヲ問ヒ少ク之ヲ促スノ意アリ幸ニ數日ナラスシテ結局ノ時ニ至リ艦中尚數日ヲ支ヘ能フノ力ヲ貯ヘテ長崎迄歸着セリ若シ後來朝鮮京城ニテ事ヲ議スル時ハ是等ノ前轍ヲ鑑ミサル可カラス今般艦長豫算シテ米粮乾菜充分貯ヘタレハ事ニ差支ナク搭載各員亦新鮮物ノ乏キヲ容忍シテ濟ミタリト雖トモ澹水不便蔬肉買得カタシ水夫放行ヲ得サル等ハ意外ノ患ニシテ之カ爲炎暑ノ天別シテ病客ヲ生シタル者ナラン是等ノ困難ハ滯京事ヲ議スル任ニ取リテハ後顧ノ念ヲ生シ持重ノ力ニ乏ク彼ノ術中ニ陷リ易シ護送艦ハ一旦回歸シ時期ヲ酌量シ復タ來ルモ不可ナル無シト雖トモ是亦使臣ノ力ヲ薄クシ未開國ノ風習ニテハ輕侮ヲ受ケスト云難シ然レハ朝鮮ノ使事ハ後來モ此一難事ニ困ムナルヘシト相考候筆次上申致置候也

宮本小一(1876. 11)

개항장 선정에 관한 건의

朝鮮二處開港ノ説

朝鮮國ノ開港場ヲ撰擇スルニ黑辨理大臣江華ニテ條約談判中釜山ノ外咸鏡道永興府ノ海港ヲ開カン事ヲ彼ヘ申入タレハ彼政府ハ深ク擬議シタル様子ナレトモ終ニ彼地ハ李氏開祖ノ廟アレハ外人ノ其廟邊ニ近ツクハ深ク差支アル旨ヲ陳述シ固辭シテ肯聽スヘキ樣子ナケレハ大臣モ是レヲ强請セスシテ止ム其後下官京城ニ在ル日試ニ講修官趙寅凞ニ對シ該地ノ事ヲ話シタレトモ彼レ依然トシテ容聽スヘキ樣子ナク前説ノ差支ヲ唱ヘテ謝シタリキ抑永興府ノ海灣ハ地圖ニ就テ閲スルニ其良港ナルハ論ヲ俟タス且海岸ニ懸流アリテ船用ノ淡水ヲ汲取ルニ甚便利ナル由ナリ黑岡帯刀海軍中尉ノ説ニ同人ハ龍驤艦ニ乗組該港ヲ概測シタリ此港灣中文川郡ノ松田ト稱スル地方尤大船碇泊ニ便ナリト云龍驤艦該地停泊中永興府ノ大都護府金昌凞ナル者出來ツテ面接ス且云此地大祖ノ廟ヲ距ル遠カラサレハ其地方ヘ行ク勿レ我乃問テ云大祖ノ廟幾里許曰五十里許日本ノ五里ニ當ル我云然ラハ上陸スルトモ其方面ヘハ深ク行ヘカラス彼云幸也

下官此事ヲ聞及ヒタレハ趙寅凞ニ對シ五十里ナラハ其方面ヲ二十里又ハ三十里ニ止メ門關ヲ設ケ外人ノ入ルヲ拒マハ足ルヘシト迫論シタレトモ京官ハ永興府ノ地理充分知ラサル故カ永興府トサヘ言ヘハ太祖ノ廟ニ近シト云テ拒絶スル樣子也下官ハ該港ヲ是非トモ開ク事ノ談判ヲ遂ケヨト委任ヲ受タルニアラサレハ右ニテ止ム其後浦瀨中錄或ル朝鮮人ノ諸説聞キタリトテ左ノ地名ヲ設ケリ

全羅道 興徳ノ西浦

江原道 通川ノ庫底

此地ハ何レモ朝鮮人民ノ貨物輻湊シテ日本ト貿易スルニ便ナル地ナリト云ヘリ此或説ハ朝鮮政府ノ策略ニ關係セス全ク商民ノ都合ヲ以唱ヘタル眞説ナルヨシナレハ或ハ貿易ノ爲メ最便利ナル歟モ知ルヘカラス然レトモ地圖ニ就テ見ルニ該地名ノ位地正確ナラス且朝鮮人民ノ所見ハ我倭小船ヲ以テ出入シ得ヘキ河湊ニシテ西洋形ノ船ヲ容ルヽニ便ナルヤ否知ルヘカラス假

令人烟繁華ナルモ湊灣大船ヲ泊スルニ不便ナル時ハ良港トナスニ足ラス然レトモ爾後海軍ノ測量船ヲ出ス時ハ必ス此地ノ探索ハ充分ニ遂ケタル末ニ猶良否ヲ議シ度キモノナリ

又一ノ朝鮮官員ヨリ浦瀨ニ私言シタルニハ全羅道ノ珍島咸鏡道ノ青山地圖ニ此地名ヲ見ス尤貿易ニ便ナルヘシト然レトモ浦瀨ノ考ニハ珍島ハ南方斗出シタル地ニシテ西洋船度々此地邊ヲ航過シ或ハ停泊シテ薪水ヲ求ムル事モアル様子ニテ朝鮮政府モ煩鬱ノ情ナキニアラス故ニ寧ロ開港トナシ日本船ヲ置方便利ナラン青山ハ豆満江ニ近キ地ナル由ナレハ是亦魯ノ侵入ヲ防ク一策ニ日本人ヲ置カントスル爲ニ此二港ヲ官員ハ唱ヘ居ルナラント云ヘリ

以上ノ説ニ就テ愚見ヲ序ニ陳述センニハ永興府ハ我政府他ニ一ノ所見アリテ此地ヲ要スルナリト見ル時ハ假令其地ノ盛不盛ハ暫ク論セス爾後其地理ヲ密測シ更ニ太祖廟ニ接近セサルノ確證ヲ彼ヘ説示シ彼ノ信用ヲ得ル様ニ懇々ト説明スル時ハ或ハ彼之レヲ聽容スル事モアルヘシ然レトモ斯ク迄力ヲ費シテ開港港ト定メ得ルモ其地タルヤ黑岡ノ説ニ依レハ草屋蕭々タルヲ見ル而已對州竹數ノ港ノ如シト聞ケハ貿易物品ヲ買賣スヘキ人種ハ更ニアル事ナク其近傍五十里七十里ト雖モ商業ヲナス都會ハアルマシト思ワル且我商船魯ノウラシヲストツクヘ往クニアラサルヨリハ往返スルノ便ナキ地ニシテ秋末ヨリ春季ノ間迄ハ北風海波ヲ揚ケ嚴寒堪ユヘカラスト想像セラル然レハ利益ヲ主トシテ往ク商船ハ命令アルニ非レハ該地ニ往クヲ好ムモノ稀ナルヘシ永興府ハ我北海道小樽港ノ如ク青魚ノ漁獵盛ンニシテ一網千金ノ利ヲ擧ル如キ物産アラハ西國ヨリ北海道ヘ行ノ道程ヨリ永興府ノ方較便利ナレハ我商民或ハ彼地ヘ春夏ノ交往航スルモノモアルヘキ歟現今朝鮮人ハ大網海利ヲ収ムル事ヲ知ラス或ハ知ルトモ敢テ爲スヲ好マサレハ該港ノ利ヲ謀ルニ今急ニ是ヲ如何シトモ爲スヘカラス

然ル時ハ該地ヲ開クニ盡力スルトモ貿易ノ結果ニ兩國臣民ノ利益ヲ得ルハ遠カラン青山ハ其所在スラ知ラサレハ論及スル能ハサレトモ永興府ヨリ更ニ北部ノ由ナレハ或ハ我柯太千島ノ如キ形勢ナラン

珍島西浦ハ共ニ大體ノ地勢ニ就キ或ハ貿易便利ヲ得ルニ至ランカ珍島邊ハ海草ニ富ムノ地ナルヨシ也

下官ノ考ニハ可成ハ朝鮮都府ニ接シタル地ニ就キ貿易港ヲ開キタシ勿論江華府ハ最前我辨理大臣モ着目セラレタル地ナレトモ其時ハ意外ニ不繁華ノ地且漢江ノ下流迅急ニシテ小船ノ往復便ナラス江華灣口亦大船停泊ニ不便ナレハ惣テ此地ヲ開港場ニナスヲ斷念セシナリ然レトモ下官今度朝鮮京城

ニ入リ國勢ヲ考ルニ江華ノ不繁華ハ我日本人ノ觀ル眼ヨリ不ノ字ヲ加フル而已朝鮮全國中ニ就テ推察スレハ屈指ノ繁華場ナルヘシ故ニ京城開城江華ノ三府ヲ目的トナシ江華ノ灣口ニ貿易場ヲ置クハ貿易上ニテハ最大一ノ繁昌朝鮮中ニテヲ得ヘシ淺間艦長ノ説ニ江華灣口森林島陰ノ處海底頗ル深ケレハ此地迄ハ大船進行シ得ヘシ此岸頭ニ大波止場ヲ築キ碇泊ノ浮標ヲ置ク時ハ較安穩ヲ保チ得ヘシト云説アリ今此説ヲ借リテ臆説ヲ加フル時ハ此地ヲ開港場トナシ岸頭ニ納屋ヲ置キ來船ノ貨物ハ急ニ此納屋ヘ藏蓄シ彼ヨリ輸出ノ物品モ豫シメ此納屋ニ蓄ヘ置卸貨載貨トモ可成日數ヲ縮メ用心緊密ニシテ出入ヲ迅速ニ爲シタラハ我品川港ヨリハ較便利ナルヘシ而シテ此地ヲ開港トナスニハ別ニ朝鮮政府ト議シテ京城ノ入リロナル楊花鎮ヲ以開市場トナシ此地ニ日本人ノ居留ヲ許可セシメ家屋ヲ占有シ物品ノ取引ハ此地ヲ以貿易場ト爲ス時ハ第一京城ヲ距ル纔ニ二里ノ地ナレハ自然ト京人京官ノ來往モ便利ニシテ朝鮮人ヲシテ海外物ヲ觀覽シ需用シ便利トスルノ最捷經ナル場所ト云ニ至ラン且開城江華トモ江運ノ便アレハ是亦往來ニ容易ナリモシ一朝京城ヘ使臣ヲ置ク時ニ至リテハ雙方相應シ其便益我東京ト横濱ノ如ク論ヲ俟タスシテ知ルヘシ朝鮮人ノ風化ヲ變通セシムルモ亦此地ニ市場ヲ開クニ如クハナシ此地ノ形勢ハ漢江ノ廣サ猶數百武ニシテ樹木多ク遠近ノ山色濃淡相接シ江山ノ風景朝鮮中尤明媚ノ地ト云ヘリ冬ハ江水氷結スル由ナレトモ氣候ハ適宜ニシテ少シク不潔ノ空氣ヲ攪和擺掃スルニ足ルヘクト想像スル也故ニ此一事ヲ朝鮮政府肯諾スルナラハ一應力ヲ盡シテ説得シタキ事ト思フナリ勿論大船江華灣口ヘ進航スルモ多島海ヲ屈曲通過シテ漸ク彼ノ岸ニ達スルナレハ航海ノ難ハ免ルヽ能ワス倭船ノ容易ニ行キ得ヘキ處ニアラス西洋形帆船モ亦容易ニ進ミカタカルヘシ而シテ江華灣ヨリ楊花鎮ヲ遡ルハ満潮ノ勢ヲ假リ進行ヲ得ル其時間モ二日ヲ費サヽルヲ得ス故ニ此開港開市モ充分良策ト爲スニ非ス然レトモ他ニ適宜ト思フ地ハ一ヶ所モ考ヘ得サレハ暫ク鄙見アル處ヲ陳シテ他日ノ參考ニ備ル而已

丙子十一月

宮本小一記

玄昔運, 近藤眞鋤(1876. 12. 6)

玄昔運・近藤眞鋤 회담

明治九年十二月六日近藤管理官訓導玄昔運對話

中野權少錄住永十四等出仕通辨筆記

管理過日府使ニ拜晤ノ時日ヲトシ條約實踐ノ事件ヲ議定セン事ヲ申入置タリ御都合宜日限御取極相成タル歟

訓導來廿六日即我十一日迄ハ府使差支アリテ拜會ヲ得難シ廿七日ニハ在所迄下來可致候間同所エ御出張被下遊歩期程等ノ事件御評相成度尤府使ハ廿七廿八兩日ノ間ニ逗留ノ積リニ候

致承知候

府使ト御會晤ノ事件ハ何々ノ箇條ニ候哉內々拙者マテ御聞カセ被下間敷哉

御相議ノ廉ハ守設兩門ノ廢撤並地租ノ一件遊歩規程ノ一件海關設立ノ一件貴國所建ニ係ル家屋處分等ノ件々ナリ

來廿七日府使御面會ノ節彼是議論相生候樣ニテハ體裁不宜候間豫メ貴意モ相伺ヒ且當方ノ見込モ略申上置候テハ如何

御見込アレハ可承

守設兩門廢撤ノ事ハ素差支無之設門ノ方ハ速ニ可取除候エトモ此兩門地撤除スレハ我邦人貿易ノ外見物ノタメ多人數入込夜分抔モ取締ノ道モ無之往々不都合ノ事ナト相生候哉モ難測候間陪通詞ノ內兩三名出張出入ノ人數ヲ調ベ且ツ其日ノ貿易品數ヲモ取調候樣致度候

是ハ存モ寄ラヌ御見込ナリ先第一ニ何ノ地ニ右樣ノ役人ヲ御差置被成候積リナル哉

守門モ可廢撤候得トモ從來ノ門番並門扉等相廢候丈ニテ不苦候ハヽ都合宜乍去是モ皆可撤却トノ思召ニ候ハヽ致方無御坐付テハ裁判家ハ素我政府ノ所構ニ候得ハ此處ェ陪通詞詰居リ取 調致度候

裁判家ヲ貴國ノ御用ニ相成候儀ハ差支無之候得トモ右樣ノ役人ヲ差置キ出

入ノ人數貿易ノ品數等御取調ナサレ候儀ハ寛裕弘通ノ大旨ニ背キ兩國人民自由貿易ヲ相妨候モノナリ自今貴國ニテ海關設立相成候ェバ貿易ノ形況ハ船舶出入ノ都度報單記錄簿ノ類ニテ明了相成候事故右樣ノ御手數ハ無用ナルへシ又見物人多數出入スルハ即チ交際ノ親密ニ相成候基ニ付兩國ノ間ニテ尤可喜事ナリ今ノ御見込ニテハ貴國ニハ束縛ノ餘弊未タ御除キ無之甚不可然事ナリ

右ノ役人ヲ差置候迚決シテ税金ヲ徵シ貿易ヲ妨候ト申儀ニハ無之唯其日ニ幾許ノ商賣ヲ成シ何等ノ物品入館セシ哉ヲ知ルマテニゴサ候但シ海關ニテ報單ヲ閲シテ知ルハ物品ノ大數ノミニテ何人何品ヲ商買セシヤノ細目ハ不相分又遊客多ク相成候ェハ其內ニハ不逞ノ徒モ有之候間地方ノ職掌ニ於テ甚タ懸念スル所ニコザ候

貴我兩國人ノ間不所行ノ者有之候ハヽ管理官ト府使照會處分致スベシ右邊餘リ御掛念相候テハ交際擴張致ス日ハ有之間敷總テ貴國ニテハ未タ御不慣ノ儀故右樣ノ御見込モ相立候ナリ我邦ニテハ通商ノ國凡十五カ國人民自由ニ貿易致シ何ノ差支モ無之物貨ノ出入ハ總テ海關ニテ取調敢テ地方官吏ノ所關ニ無之若一々之ヲ其人ニ付取調事ト致セハ上下其煩ニ堪サルハ勿論商人抔モ危懼ヲ懷キ随意ニ取引致候事不出來随テ通商ノ道壅塞致シ可申兩國政府無税貿易ノ趣意能々御勘考可有之候

此一件ハ先ツ姑ク措キ他ノケ條相伺度候

惣テ右樣ノ御見込有之候テハ條約面ニ對シ不都合相生可申貴國ノ爲心痛致候ナリ偖地税ハ如何御見込候哉

是ハ宮本公京城ニ於テ八十圓程差出候成度御談示有之候ェドモ我政府ニテ五十圓位ナレハ受 取可申旨ニテ御約束致置(マヽ)スナリ

拙者ニモ左樣承リ居レリ然ラハ其邊ニテ府使面晤ノ節取極ムベシ

遊步期程ニ付別段御見込ハ無之哉

期程ハ我國測量圖ニ據レハ直徑一里二丁廿四間トシテ北ハ釜山城外ニ及ベシ併貴國ノ測量ニテハ如何

玄昔運愕然トシテ我國ニテハ未タ測量致サス候得トモ古館村外迄ニテ釜山迄ハ達セサル事ト存候

此時測量圖ヲ出シ示ス

貴示ノ如ニテハ海陸ヲ超へ一線ニ引クヲ以テ直徑トナサレ候ヘトモ我々テハ陸路ニ沿ヒ其間寸尺ヲ量ル積ニコザ候

直徑トハ眞直ニテ屈曲ナキヲ云ナリ陸路ニ沿ヘハ灣アリ山アリ其高低灣曲焉ソ直徑タルヲ得ヤ

偖々困却ノ至リナリ猶府使ト細議可致候将亦彌立標ノ上ハ標畔ニ番小屋ヲ立可申且東萊府ハ特別進行ノ地ニテ府民素ヨリ貴國人ニ慣レズ俄ニ貴國人勝手ニ入込候様ニテハ大ニ差支出來可申候間前往ノ人ハ豫メ姓名ヲ御報知被下候ハヽ右ノ番小屋ニテ鑑札ヲ渡シ且通辨ノ爲通詞ヲ付添ス様可致候

夫レハ決シテ難出來儀ナリ條約面ノ通随意間行スルハ貴政府ヨリ御承知ノ事ナリ今日ニ至御差支ハナキ筈ナリ又事實ニ依テモ不可行ハ譬ヘハ我商人釜山ニ至リ商法ヲナスモノ其時宜ニ因テ直様東萊ニ赴カサルヲ得サルナルヘシ其節再ヒ館内ェ歸リ管理官ェ届出其筋ェ報知ノ手數ヲナス時ハ其日ハ徒消シテ大ニ機ヲ誤ルニ至ルベシ又數十人ノ商客遊人東萊ェ散行致候ニ付貴政府一々通詞ヲ御附ナサル事ハ甚六ヶ敷事ナルベシ標畔ノ番所御立ナサルヽモ拙者ニ於テ無用ノ事ト存セラルヽナリ如何トナレハ我人民期程ヲ犯スモノアレハ拙者ェ御通知下サレハ直ニ之ヲ罰スヘシ尤兼テ右様ノ事無之様相達シ置事無論ナレハナリ

此時彼川上大錄書簡寫ヲ出シ理事官ハ能我國ノ人情ヲ解シ善處之トノ文字ヲ指シ兼テ加様ゴ文通相求候儀モ有之善處之字我々ノ實ニ所望ニ御坐候間我國情御察相成其儀ハ御同意被下度是非府内出入ノ人數其日ニ府ニテ承知致置様不相成候テハ大ニ不都合ニコザ候

善處之カ爲種々御談示致候也但最前ヨリノ御見込ハ貴下御自分ノ御見込カ府使ノ御見込ニ候哉

尤府使ノ見込カ候間篤ト御勘考被下度候

然ラハ府使御面會ノ上猶御相談可致候館舍ノ儀ハ如何

前ニ申述シ裁判家一軒申受候外別段見込無之

然ラハ我運上所ヲ貴政府ェ差進シ他ノ諸建物ト御交易ノ御談示ヲ此次ニハ致スベシ但海關章程ハ書取ヲ以御覧ニ入レ猶口授可致候

今日ハ最早御暇仕リ可申來ル廿六日又々參館可仕候

右ニテ畢ル

近藤眞鋤(1876. 12. 12)

洪祐昌 · 近藤眞鋤 회담(1)

九年十二月十二日近藤管理官洪東萊府使ト訓導ノ任所ニ會シ對話石幡權中錄筆記中野權少錄通辨

各一禮了テ

管守門設門ハ條約面ノ通リ撤却ノ御取計既ニ可有之ノ處今ニ依然タリ是等速ニ著手アリテ條約履行ノ兆驗ヲ內外ニ示サルヘシ

府貴官渡航ナリシ上相談シテ履行スヘシト打延シ置タリ

一日モ是ヲ存シテ舊ノ如ク差置時ハ兩間ノ人情爲ニ阻隔シ自ラ不都合モ生シ易シ速ニ是等妨礙ヲ爲ス者ヲ除キタシ

兩門ヲ廢撤スルハ素リ論ナシ但此以後雜人輩多ク館內ニ入込ニ於テハ却テコレガ爲ニ種々ノ弊端ヲ開如何ナル事ヲ仕出候哉モ難計此事ヲ心配致シ候ナリ

其御心配ハ尤ナカラ奸細ノ徒ヲ戒ムル爲ニ兩國良民ノ商業ヲ妨クルハ甚タ謂レナキ事ナラスヤ其奸民ヲ戒ムルニハ自ラ其取締リ筋モ可有之直樣兩門廢撤アルヘシ條約實踐ハ來月一日ヨリ始ムヘシ乃チ此日ヨリ兩門廢撤致スヘク候

然ラハ兩門撤却ノ論ハ收局シタリ偖過日訓導ヨリ館內ヱ持來ル品物ヲ檢查ナサレ度トノ說アリ是ハ如何ノ存寄ナルヤ

此時訓導側ニアリテ守設門ハ來月一日ヨリ取除ク事ニ致スヘシト雖モ我人民等ノ入館ヲ改ムルニハ何レカ其所ナクテハ不叶事ナレハ猶是等ノ事ヲ考テ後着手致スベシ

先日訓導ノ咄ヲ聞クニ館內ニ持來ル品ハ盡ク檢查スヘシトノ事ナレ共既ニ互ニ自由商法ノ約束出來セシ上ハ人民ノ商品ヲ點檢スル等無用ノ世話ニ屬スルナリ且前日我理事官ト講修官トノ約書ニモ協ハサル事也然ル上ハ兩國ノ條規ニモ背カルヽノ意ナリヤ右ノ約書ハ御承知ノ事ナリヤ

已ニ承知致居候必スシモ之ニ背クノ意ニアラス乍去我人民ノ入館スルハ其多少ハ必ス一通リ調ヘサレハ取締ニナラサルナリ

貴意ノ如クナレハ果シテ兩國重大ノ約束ニ違背ナサルヽニ當ルナリ容易ナ

ル談話ニアラス今措之論セズ兩門ヲ除却セラレテヨリ後夫々實踐ノ日月ヲ經始テ其不都合アルヲ見ハ其節御相談アリテ然ルヘシ我國モ開港ノ初種々心配ニ存シタル廉モ有之タレトモ實踐ヲ經テ宿疑皆消散シテ今日ノ如ク外交親睦ヲ致セリ

　然ラハ此事ハ相止メ申ベク何レ今日ヨリ一兩月過キ候エハ今日申所御明了ニナル事モ有之ベシ

未タ條約面一條モ實踐ノ効ナクシテ毎事御心配ナサルヽハ解シ難キ事ナリ

　弊端ノ紛起スル事アラント今ヨリ心配ニ堪ヘサルナリ

追々兩民和熟懇意ニ交際スル上ハ左ノミ弊端ノ起ル事モ有之マシ如此想像論ニテ兩國大切ナル條約履行躊躇セラルヽハ甚謂レナシ偖館地ハ年來無税ニテ貴國ノ地ヲ借リ居タル事ナレトモ我理事官ノ談判ニ基キ今ヨリ改テ毎年五十圓宛地租ヲ納ルヘシ

　此事ハ既ニ承知致シ置タリ

家屋モ貴國ヨリ古來建造セシモノ多ク有之候エ共其中西館ハ御承知ノ通リ廢宅同様ナリ館司家市大廳裁判屋何レ御相談ノ上處分致スヘシ

　家屋ノ事ハ既ニ訓導ヨリ御相談致シタル事モ有之候儀ニテ御買上ケ被成度談判モ有之タル由承知致シタリ

貴國ニテ此後海關ヲ要スル勿論ナレハ兼テ御咄シ置候通リ西館八棟ヲ我政府ニテ買入裁判家ハ貴國ノ所要ニ供シ他ノ市大廳館司家ヲ我海關ト交換スヘシ右八棟ノ代價御相談致シタシ

　此時圖ヲ示シテ種々ノ談アリ

　委細承知致シタリ必ス高議ノ如ク歸結スヘキ事ナレトモ何レ擅斷致シ難キ事ナレハ京城エ稟議ノ上處分スベシ

家屋ノ處分抔ハ至少ノ事ナリ府使ニ於テ斷決ノ權アルハ疑ヲ容レス今日御取極アリタシ偖道路ハ貴國ニテ修補スヘキ義務ナレトモ是等瑣末ノ事ヲ以テ貴政府ヲ煩スハ甚タ氣ノ毒ナレハ我ヨリ修補ヲ爲スベシ右等ノ事御談判致スベキ爲メ此草案ヲ持參セリト云テ草案ヲ示ス

　府使訓導ト首ヲ聚メテ之ヲ讀ム

　出來サルニハ非レトモ是非一應我政府エ報セサルヲ得ス訓導側ヨリ右伺ヲ經ヘシト雖モ必ス貴意ノ如ク異議ナク指令アルベキハ勿論ナリ併シ其手數ヲ盡サヽルヲ得サルハ人臣タル分限ナリ

其權ナクシテ御伺トアレハ致方ナシ偖其海關事務等實踐スルニ付テハ其取

扱方ハ如此モノナリト海關條例草案ヲ逓ス

訓海關裁判屋共我官員住居致サスヘキニハ多少我國風丈ケノ建添ヘモ不致テハ不叶其時間ニハ京城ヨリノ指令モ得ヘシ其間海關詰ノ者住居ニ困却致シ候故守門ニ夜分丈止宿致シ候樣相願度希ハ守門撤却ヲ二十日間ホト御猶豫被下度候府使モ亦同言番人ハ不置但海關ニ出張ノ者ノ止宿スルノミ

御普請中ハ當方ニテ御預リ致テモ事務御差支モアルマシ守門ニテハ今日ニ於テモ猶収税致シ居ル由ナレハ此後廿日間モ撤却延引スレハ其弊モ亦存セサルヲ得サルモノナリ

素ヨリ番士ヲ置カサレハ其弊ナシ若御聞及ノ事アレハ屹度御議論ヲ受ベシ

然レハ廿日間丈ハ猶豫致スヘク併シ設門ハ來ル一日ヨリ毀却ノ事ハ再ヒ言ヲ要セス

府使曰無論

遊歩期程ニ付テハ追々實測モナサル由我邦ニテハ兼詳細ナル測量圖モ有之ナレハ此圖ニ依テ商議致スヘシ

夫ハ只貴國ニテノ測量ナリ依テ我國ニテモ一應其里程ヲ測リタル上商議ニ及ヘシ我國ノ道路ハ我國ノ測量ニヨリテ期程ヲ定メテ異議ナカルベシ

否兩國條約ハ互ニ協議ノ上成ルモノナリ一方ノ擅斷ニ任スヘカラス貴國人未タ我國人ト懇親ニ至ラサル所ヨリ一歩ニテモ期程外ニ入ルヲ甚タ嫌ハルヽノ風習アレトモ二回三回ト面晤ヲ重ヌレハ公ト我ト今日此席ニ對話スル如ク一家兄弟ノ思ヒヲ爲シ互ニ戀々ノ想アルハ人情ノ然ラシムル所ナリ貴官モ既ニ日本人ノ人ヲ噬ム者ニアラサルハ御了解アリタルナルヘシ我邦ニテハ何レノ地ナリトモ貴國人閑行ヲ得ベカラサル處ナシ修信使渡來アリシ時ノ事ヲ聞カレテモ明了ナラン

期程ノ算ヲ起ス所ハ何レヨリセラルヽヤ

埠頭ヨリ算スベシ

貴國ノ測量ニテハ何所マテニ及フヘキヤ東萊以南ニハ三鎮アリ開雲豆毛釜山是ナリ若釜山ニ及フ時ハ此鎮ハ往々他所ニ移サヽルヲ得サルヤモ難測貴官ノ見込何所迄ト思ハルヽヤ

之ヲ直徑ニ量リテ釜山城ハ期程內ニアルヘシ釜山城ハ他所ニ移サヽルヲ得

スト云貴意難解

直徑ノ事ハ前日既ニ承知致シタル事ナレトモ我國ニ於テハ水上ヲ測ル事出來サル業也故ニ先ツ我國ノ測量ニ據テ協議ニ致シタシ釜山ヲ轉移スルハ同處ニハ實ニ至愚ノ下民アリ若紛擾ナド生スル事アレハ移サヽルヲ得スト云義ナリ

期程ハ既ニ測量セラレテ如此申サルヽヤ

然リ永嘉臺ノ側ニ至ルベシ併シ是ハ未タ略測セシノミナレトモ即チ将臺ノアル處是ナリ永嘉臺ノ面前數丁ニアリ

東萊迄モ閑行ヲ得ヘキ條約面ナルニ期程内ノ家屋ヲ轉移セサルヲ得ズトノ説ヲ貴官ノ御演述アルハ不都合ナリ

該地ノ人民等ハ政府ノ情ヲ知ラサルヨリ期程内ニアル地ハ即チ日本人ニ割與セシモノト見做スモノ不少依之移轉ノ説モ起ルナリ

若シ如此ノ説行ハレテ邊境騷擾セバ折角兩國親睦ニ歸セシ理ニ反スレハ貴官ノ職掌トシテ能々御説得有之テ然ルヘシ

御心添ノ程辱ナシ某今日此地ニ赴ク途中既ニ是等ノ事ヲ聞ヲ以テ能々説諭ヲ加ヘ來レリ

然ラハ是差支ナカルベシ期程界上ニ立標ノ事ハ測量ニ據レハ釜山中央邊ニ至ルヘシト雖モ市中ニ標木アレハ双方ノ不便利ナリ依之城外北側ニ立ル方然ルヘシト思ハル之ヲ縮ルヨリ之ヲ伸ハサルヽ方我政府ニ於テ感スル所異ルヘシ

何レ明日測量セシ上ニテ談判致スヘシ貴官モ少々ノ伸縮ハ成ル丈ケ我政府ニ對シ我國ノ測量ニ任セラレタシ

小官我政府ノ委任ヲ奉シタレハ一寸ノ伸縮ナリトモ私意ヲ以テ斷シ難シ明日ノ實測ヲ見テ屹度御討論致ス事モアルベシ

於是府使起テ別席ニ延キ酒食ヲ出ス其間猶種々談判アリ明日測量ノ節我官員モ出張立合クレ度旨申出ル依テ住永十四等出仕ヲ差出スヘキ旨ヲ約ス

近藤眞鋤(1876. 12. 13)

洪祐昌·近藤眞鋤 회담(2)

九年十二月十三日午後第一字管理官釜山将臺ニ至リ東萊府使ト談判大意筆記石幡中錄通辨中野權少錄

[管]拙者途中ニテ貴國人ノ路程ヲ測量サルヽヲ見タリ其法路ニ沿ヒ迂曲灣屈シテ測ラルヽハ條約書直徑ノ本意ニ適セスト存スルナリ

[府]我測量ニ從テ取極ルト云ニ非ス其測ル所ニ就テ後刻御相談致サントスルナリ

此時府使ヨリ永嘉臺ニ至ラントス御同伴仕リタシト依テ即刻臺ニ至リ閑話數刻訓導玄昔運永十四等出仕來リ期程ハ開雲鎮口ニテ留リタル趣ヲ報シ且住永ヨリ其見取圖ヲ出ス

[管]住永ノ今目擊セシ所ニ據レハ圖ノ如ク迂曲セリ貴下ハ是ヲ以テ直徑ト見做サルヽカ

[府]我國未タ直徑ノ測量法ナシ且條約書ニ我里法ニ依ルト記載アレハ我道路ニ就テ測ラサルヲ得ス此事枉テ御同意アリタシ

[管]條約書ニ貴國量法ニ依ルトアルハ即チ貴國ノ十里ハ我里數ニ非スト云義ナリ直徑トハ測量ノ語ニテ猶直線ト云カ如シ貴意ノ如クナレハ條約書中必スシモ此文字ヲ明載スルヲ要セス既ニ之ヲ明載セシ上ハ之ニ遵テ定ルヲ至當トス

[府]直徑ノ測量法ハ如何承リタシ

[管]此時測量ノ仕方ヲ説キ且朝鮮里數ニ依テ直徑ニ測レハ釜山城門外ニ及フ事我實測圖朱點ノアル處タルヘシ然ルニ遊歩期程標木ヲ市街中央ニ立ルハ双方ノ爲不便利ナリ少シク之ヲ寛裕ニシテ市外北側ニ立標セラルヽ事穏當ナラン

[府]測量法ハ承リタリ然レトモ拙者一人了解セシトテ我國ニ未タ無之法ユエ是ヲ用テ定メ難シ

[管]貴下既ニ了解アレハ施行差支ナカルヘシ若シ其疑惑アル者ヘハ御明諭アリテ然ルヘシ

府我國ニテ測量セシハ開雲鎮口ニ止ルヲ以テ下民皆之ヲ程限ト思ヘリ且中央ニ標ヲ立ルスラ行ヒ難キ事ナルニ猶城外街北マテ推廣ムルナトヽハ意外ノ事ナリ

管拙者ハ双方ノ便利ヲ謀テ申ス事ナリ貴管既ニ交情日ヲ逐テ厚クナリ民情モ亦隋テ開化スルヲ望ムトノ語アリ然ルニ今路程ヲ縮メラレントスルハ是両民ヲ疎隔セラレ開化ヲ妨ケラルヽニ似タルハ前言ト甚タ相違セリ夫貴國人我國人ト接スル事増々多ケレハ開化スルモノモ亦多カラン従テ通商ノ利モ興ルナリ貴國ノ幸福ヲ謀ルニハ期程ノ廣カラン事ヲ望ムコソ其理アルヘキニ中央ニ立テ不都合ナル事ハ貴官亦深ク思惟アルヘシ

府貴説理アリト雖モ我國ニ古來之ナキ法ヲ以テ期程ヲ定ムル事ハ決シテ不相成事ナリ

管然ラハ期程ノ相談ハ今日是ニテ止サルヲ得ス然ル上ハ鄙官ニ於テハ東莱府使條約面直徑ノ二字ヲ顧ミス期程立標ヲ否マルヽ旨ヲ我政府ニ上報スルノ外致シ方ナキナリ

府猶任所ニ到リ協議致シ度存スルナリ

管期程ノ事ハ貴官一言ノ下ニ決スルナリ此處ニテ御勇斷ナサルヘシ任所ニ至リテモ變通ノ相談ナケレハ無益ナリ

府何卒今一應任所マテ枉駕アリタシ

終ニ任所ニ立寄ル事ニ決シ府使ト同行シテ訓導ノ任所ニ至リ主客各座ニ就ク

府已ニ今日測量セシヲ以テ下民皆其程限ノアル所ヲ知レリ然ルニ又貴國ノ法ニ從テ之ヲ變換スル事ハ甚難澁ナリ

昨日貴官ヨリ貴國實地ノ法ヲ以テ測量セラレ度旨申サレ候節若我見込ト相違アレハ再三討論シテ後決スヘシト屢々念ヲ入レ置タリ然ルニ今日ニ至リ已ニ測量セシ上ハ變更致シ難シト言ハルヽハ昨日ノ言ヲ食スルナリ甚不都合ノ事ナラスヤ

訓導宮本理事官先般京城ニ於テ議事ノ時直徑ノ義ニ付何等ノ御咄シモ無之我政府ニテモ直徑トハ人ノ通行スル路ニ就テ測リ定ムル事ト存シ居レリ殊ニ條約面我里程ニテ遊歩ノ經界ヲ定メタル事明了ナレハ今日彼是曲直ヲ論スル日ニアラズ

管直徑ノ字ハ測量家ノ語ニテ衆人ノ皆知ル所ナリ宮本ノ另ニ御咄シ不致ハ字義迄モ貴政府ニ向テ講譯スルハ失敬ナレハナリ且ツ徑ハ小路ナリ釜山ト

草梁トノ間ニアル官道ヲ指テ云ベカラス若シ貴官ノ言フ所ト測ル所トノ如クセハ何ソ條約書ニ態々此ノ直徑ノ二字挿入スルニ及ハス沿道トカ隋朝鮮里法トカ書載スヘキ筈ナリ

此時訓導又猶喋々論セントス

管今日ハ府使ト御談判致スナリ訓導ハ控ラルヘシ府使ニ於テハ此時如何御處分ナサルヽヤ

府直徑ノ義ハ今訓導ノ申上シ如ク箇様様ニ六ケシク御談判ニ相成ルトハ意外ノ事ナリ此上ハ京城エ伺ヒヲ經テ返答スヘシ

管拙者ニ於テモ政府ヘ上報スヘシ

府右伺中假リニ期程ヲ定メ我測量セシ所エ標ヲ立置候テハ如何尤モ貴示ノ如クナスヘシト下命アラハ直ニ其通施行スヘシ

管標木ハ假リニモ人民ノ方向ニ拘ルナレハ協議ニ至ラサル間ハ之ヲ立ヘカラス

府諾

管東萊府ヘ我人民間行ノ義ハ條約書中載テ了然タル事ナレハ今異議ナサルマシ

府更ニ異存無之候

管然ラハ遊歩期程ハ定マラス共此義ハ來ル十二月十六日即チ貴國ノ十一月一日ヨリ施行スヘシ

府兼テ訓導ヨリ申上シ如ク預メ通行ノ人名ヲ御報知下サレ候ハヽ差支無之候

預メ人名ヲ報知スルハ出來難シ此事ハ前日既ニ訓導エ咄シ置タリ

府然ラハ何カ好キ御勘考ハ有之間敷ヤ

凡日本人ノ海外ニ旅行スル者ハ必ス皆我外務卿ノ免状願受所持セサルヲ得ス此免狀ニハ其者ノ姓名籍貫相貌マテ委細記載シテ日本政府ノ印外務卿ノ印トヲ鈐シ至重正確ナル此上ナキモノナリ其上紙背ヘ管理官檢印致シ置ヘク候間貴府ニ出入ノ時ハ門吏之ヲ改メラルレハ其者ノ姓名モ相分リ通行ノ人數モ知ニ足ルヘシ但シ此地ニ數十年前ヨリ在往シ未タ其免狀ヲ所持不致者モ有之候間夫等ヘハ管理官ヨリ假免状ヲ付シ置ヘク依テ右等モ御改メノ上通行差許サレタシ尤モ此免狀ヲ所持不致者ハ入府ヲ許サレザルモ苦シカラス

府此免狀ハ日々東莱行相望ム者ヘ御渡シ相成候様致シ度候若シ預メ御

渡シ置相成テハ商人等互ニ此免狀ヲ賃貸シテ不都合アラン事ヲ懸念スルナリ

管御覽ノ通相貌迄記載有之殊更政府ノ印章アルモノ故粗末ノ取扱ハ不相成筈ナリ尤右免狀ヲ所持スル者ハ如何樣ノ事出來候トモ管理官引受處分致シ候間深ク御心配ハ無用ナリ

府段々ト御設諭了解致シ候來ル一日ヨリ貴意ノ如ク施行可致候

承知致シタリ序ニ管理官印御渡可申置但右ノ手數ハ商民ニ限リ候事ニテ在勤ノ官員ハ府門出入ノ節名刺ヲ差出スノミニテ事足レリ

府承知致シタリ然シ我國ノ風俗ニテ夜分ハ外出イタス者モ無之貴國人夜行致シ候テハ差支候ノミナラス不測ノ事アランモ知レス故ニ夜行ハ禁止セラレタシ

管夜行ノ禁止候ハ人ノ自由ヲ妨ルノ一ナリ難出來候其上書東萊ニ至リテモ商用ノ都合ニヨリ夜ニ入リ歸ル事モアルヘシ乍去用事モナキニ夜陰徘徊スルナトハ宜シカラヌ事ナレハ當分ノ間ハ制止致スヘク候昨日守門ヲ海關修覆ノ間二十日間存置事ヲ御約束致シ候來ル一日ヨリ條約實踐ノ義故門将ヲ罷ムルハ勿論ノ事ナカラ門戶ヲ其儘ニ存シ置候テハ不都合ナリ故ニ此日先ツ門扉モ御取拂ヒ被成テ內外人民ニ守門ハ無キモノタルヲ示サルヘシ

府總テ領諾セリ

序ニ又可申入置事アリ守門ヲ纔ノ日數ニテモ置クハ不好事ナレトモ貴官ノ御賴ニ付不得止猶豫致スナリ右ニ付テハ我人民モ此門ヲ通行スルヲ不好ユヘ東向寺前ニ新ニ道路ヲ開キ且西館入口ノ門モ相開內外人勝手ニ通行候樣可致候

府草梁一區已ニ貴國ヘ御貸申置候上ハ道路抔ノ義ハ御勝手ニ相開ナサレテ宜敷候

右ニテ終ル 但夕第六字ナリ

近藤眞鋤(1876. 12. 25) ➡ 鮫島尙信(1877. 1. 5)

조일수호조규부록 체결 이후 부산항 근황 보고

一月五日接

(朱書)「第四號」

第壹號十二月十三日附貴簡同月廿三日拜收

一 當館在勤医官の儀は海軍省え御掛合の上矢野大軍医來月の郵船便にて渡航可相成御手都合の趣致承知候

一 先般鹿児島縣下居民濟州え漂到の砌朝鮮國官吏の取扱方懇切苛酷相交り候に付ては右苛酷の廉は條約面違背の儀にて後來差響候事故東莱府使え照會し彼より謝詞爲申立且沿海地方え布告爲致其布告寫相示候様可致御下命の趣承知無遲滯右邊取運ひ後更に細報可申上候

一 我郵便汽船當港え往來の節便乞の外國人乗組申出候とも相斷可申且雇入の外國人當分上陸不致旨并郵船より港税相納候旨等前島驛逓頭え御掛合濟の趣致承知候其他來諭の廉々逐一致承知候別段細答不申上候

一 先般朝鮮國珍島の漁民拾名薩摩國德島え漂着并全羅道康津漁民七名同道水營の商民七名對馬國久根浦廻浦兩所へ两回漂着の趣にて在嚴原長崎縣支廳より別紙甲號問情書等相添差送候に付東莱府使え引渡候次第乙丙兩號往復書の通御座候

一 山之城權中錄儀本月十日の夜發船兼て伺濟の通一時歸省夫より歸京の筈に有之候

一 草梁港一區自今地租を納れ我居留地と取定相成候に付ては是迄の形勢とは違ひ追々地所借用の商人等へも相應の地税を課し道路の修理健康の方法抔夫々規則を設土地保存の通相立候儀肝要の儀に有之候處從來該地々圖其粗略にて坪數等不分明素より其器械も無之充分の測量難出來候得共一と通り實測を加へ成丈け細密に取調置向後課税の目算相立度存し候就ては尾間十四等出仕已に歸朝拜命の上に候得共右地所取調方同人へ擔當爲取扱度候間凡一ヶ月間程滯勤爲致候條此段御承知可被下候

一 當港船舶の往來次第に數多く相成前月は十八艘本月も已に十一艘に及

ひ居候前月中輸出入物品多寡調書は別紙丁號の通りに御座候

一 方今當地の米價は依然上米七圓餘麥は三圓四拾錢程に有之日々我商民との賣買多少相捌候已に一昨廿日は賣高凡五百俵餘の趣御坐候過日府使面會の砌内地の模様相尋候處當分は近來稀有の大凶年にて凡見積り例年の半高は不作に候得共春晩より旱魃相續候事故最初より人民皆凶作の見込相立夫々用意致と相見へ今以て餓死の者壹人も無之乍去來歳収獲迄の取續に付苦心の趣に承り候

一 本月十六日より守門兩門廢撤に付内外の人民頗抃舞の氣象有之爾後日々韓人居留地内に見物又は商法等の爲め入込候者凡三四百人追々遠方よりも入込候由に相聞へ候此程開店の東京富屋大倉屋兩店抔は大抵日々平均五拾圓位の賣高有之趣昨今は一貳の韓人居留地内に物品持出し路傍に排列致候者も有之尤其品には麁末なる小間物類或は餅果の類に有之候得共右等即ち舊來面目一變の有様に御坐候

一 東萊府え通行の儀は本月十六日を始とし日々五六人宛通行爲致居候府内休憩所の義は兼て府使えも引合置候處別武士廳と申處を休息所に取極めに相成候由偖御國人府内通行の節は韓人前後蝟集殆と制方も無之位既に兩三日前宗氏舊家來元本館一代官相勤候青山繁次郎と申者韓人某え用向有之東萊え罷越候處門吏取次一應は相通候得共面會不致無據例の休憩所に至り行厨相開候央近邊の人民争て來觀警吏も難支勢にて追々室内え乱入坐側の烟盆を顚覆致候者有之青山より其凶狀を咎め管理官へ可屆出申聞け候處警吏大に恐縮忽ち之を捕へ棍杖を以て其臀を打ち如此嚴懲致候上は管吏官へ相屆候事は勘辨致呉候趣懇願致し其翌陪通事館内に來り中野權少録へ昨日韓人の凶狀青山より屆出たるや問合候に付未承旨相答候處致安堵立歸候由に御坐候右は東萊府へ御國人開行の形況御承知迄に申上候

一 花房大丞今廿五日當地出立浪花丸船便にて歸朝に相成候に付ては當地情態委曲同人より御聞取被下度右申進候也

明治九年十二月廿五日

駐釜山港

管理官 近藤眞鋤(印)

鮫島外務大輔殿

近藤眞鋤(1876. 12. 25) ➞ 鮫島尙信

동래부사와의 담판 내용 보고

一 條條[約]實踐の條々協議の爲府使へ會晤の義及問合置候處本月十二日府使訓導任所迄出張致候趣回答有之即十二十三兩日同處にて談判の上取極候箇條左の通に御坐候

一 守設門廢撤の義は來る我十六日より可着手但し海關官吏出張可致の處其住居朝鮮風に取直し候迄止息の場所無之候間右普請中凡二十日と見積り夫迄は夜分守門にて休息爲致度に付此日限內は守門丈廢撤御見合有之度旨懇願致し候に付格別差支に相成間敷相心得承諾致し尤守門将并門扉は即日爲相除候然る處爾後韓人の居留地に出入貿易致候者も日々相增可申に付ては無賴の者も混入致し如何樣の不都合相釀し候哉も難計且人々貿易の模樣も相知る爲舊裁判家へ官吏を置き韓人の出入相改度旨申出候に付當夏宮本理事官趙講修官との往復公文を示し其言の約條に違背し且事の有害なるを辨し候處猶嘯々申出兎角談判相纏りかね候に付未た實踐の寸效もなきに違背の語あるは不都合なり條約履行日月を經て果して妨礙ありて不得巳者あれは他日其事情を承るへしと申聞此談判は先つ相止めさせ候

一 居留地地租の義は五十圓と取決め來る十六日即條約實踐の日より起算し相納候事に定め既に本年も纔の日數に付翌年分を併て可相拂に付ては自今每年抄翌年分を完淸候事に約束致候

一 官舍取換并に買取候分別紙「甲」號の通り草案相認差示し候處府使に於ては異存無之候得共未た此處分に付政府の命令無之候に付一應伺の上可取定との義にて無據延引罷在候

「一 海關の義も前官舍同樣の義に候へとも既に兩門廢撤候付ては兩國貿易の出入監視する者も無之に付假りに此一ヶ所丈け受取逐て京城より本任官員被差出候迄は權りに關校を可置旨申出る仍て別紙「乙」號海關事務取扱規則を示すに異存なし但し未た關印も下付無之義に付本任官到着迄の間は總ての取扱管理官にて世話致し遣し候事に決着す」

一 遊步期程の義は最初直徑の釜山城邊に達する旨我測量圖に據り申入候

處愕然いたし朝鮮國には未た測量圖無之に付實地に就き測量致し度と申聞候上陸路に由り縄を引開雲鎮口に止るを以て主張致し候に付彼の測量は直徑の正義に適せさるを辨し候處彼れは附錄朝鮮里法に依ると云を以て測量法も亦朝鮮方法に從ひ定むへしと主張致し我は條約面に據り直徑の字眼を固執し終に曲直の論に渡り到底協議に至らす府使より京城に相伺ひ指令を待て再議すへしと申出るに付標木は右伺中不相立事に約し候事

一 東萊府に通行の義は差支無之候得共豫め其姓名員數を報知無之ては迷惑の趣頻りに申出候に付再三辨破の末其情實不得止事も相聞へ候に付本省發給の旅行免状を示し此免状紙背へ管理官検印を加置へきに付府門出入の節門吏之を檢査すれは其姓名員數も判然可致に付豫め之を報知するにも不及へし但し在留人民の内數年前渡韓致し未た免状所持不致ものあり右等は新に免状相受候迄の間管理官より假免状相渡し置候て通行可爲致議に一決し本月十六日より施行致し且又朝鮮國風習として夜分は外出の者も無之處日本人夜行致候ては如何の難義出來可致哉も難計に付夜行は堅く禁止候様府使より依頼候に付當分の間之を禁し候様可致と申置候處其後永禁に致呉度旨申越候に付辨論の上渡航の者心得書に書加候事に談決即別紙「丙」號の通に御坐候

右ノ數件は談判の大略に御坐候委曲の手續は別冊對話書三通にて御承知可被下候尤花房大丞本日の郵船にて歸朝相成候間實地の模樣同人より御聞取可被下候右申上候也

九年十二月廿五日

管理官　近藤眞鋤（印）

鮫島外務大輔殿

【關係資料】

1. 조일수호조규

修好條規

大日本國與 大朝鮮國 素敦友誼 歷有年所 今因視兩國情意未洽 重修舊好 以固親睦 是以日本國政府簡 特命全權辨理大臣陸軍中將兼參議開拓長官黑田清隆 特命副全權辨理大臣議官井上馨 詣朝鮮國江華府 朝鮮國政府簡 判中樞府事申櫶 副總管尹滋承 各遵所奉諭旨 議立條款 開列于左

第一款

朝鮮國自主之邦 保有與日本國平等之權 嗣後兩國欲表和親之實 須以彼此同等之禮相待 不可毫有侵越猜嫌 宜先將從前爲交情阻塞之患諸例規 一切革除務開擴寬裕弘通之法 以期永遠相安

第二款

日本國政府 自今十五個月後 隨時派使臣 到朝鮮國京城 得親接禮曹判書 商議交際事務 該使臣駐留久暫 共任時宜 朝鮮國政府亦隨時派使臣 到日本國東京 得親接外務卿 商議交際事務 該使臣駐留久暫 亦任時宜

第三款

嗣後兩國往來公文 日本用其國文 自今十年間 別具譯漢文一本 朝鮮用眞文

第四款

朝鮮國釜山草梁項 立有日本公館久 已爲兩國人民通商之區 今應革 除從前慣例及歲遣船等事 憑準新立條款 措辦貿易事務 且朝鮮國政府 須別開第五款所載之二口 準聽日本國人民往來通商 就該地賃借地基 造營家屋或僑寓所在人民屋宅 各隨其便

第五款

京畿忠淸全羅慶尙咸鏡五道中 沿海擇便通商之港口二處 指定地名 開口之期 日本曆自明治九年二月 朝鮮曆自丙子年二月起筭 共爲二十個月

第六款

嗣後 日本國船隻 在朝鮮國沿海 或遭大風 或薪糧窮竭 不能達指定港口 卽得入隨處沿岸支港 避險補缺 修繕船具 買求柴炭等 其在地方供給費用 必由船主賠償 凡是等事 地方官民 須特別加意憐恤救援 無不至補給 勿敢吝惜 倘兩國船隻 在洋破壞 舟人漂至 隨處地方人民 卽時救恤保全 稟地方官 該官護還其本國 或交付其就近駐留本國官員

第七款

朝鮮國沿海島嶼巖礁 從前無經審檢 極爲危險 準聽日本國航海者 隨時測量海岸 審其位置深淺 編製圖志 俾兩國船客 以得避危就安

第八款

嗣後日本國政府 於朝鮮國指定各口 隨時設置管理日本國商民之官 遇有兩國交涉案件 會商所在地方長官辦理

第九款

兩國旣經通好 彼此人民 各自任意貿易 兩國官吏 毫無干預 又不得限制禁阻 倘有兩國商民 欺罔衒賣貸借不償等事 兩國官吏 嚴拿該逋商民 令追辨債欠 但兩國政府 不能代償

第十款

日本國人民在朝鮮國指定各口 如其犯罪 交涉朝鮮國人民 皆歸日本國審斷 如朝鮮國人民犯罪 交涉日本國人民 均歸朝鮮官查辨 各據其國律訊斷 毫無回護袒庇 務昭公平允當

第十一款

兩國旣經通好 須另設立通商章程 以便兩國商民 且併現下議立各條款中 更應補添細目 以便遵照條件 自今不出六個月 兩國另派委員 會朝鮮國京城或

江華府 商議定立

第十二款

右十一款議定條約 以此日爲兩國信守遵行之始 兩國政府不得復變革之 永遠信遵 以敦和好矣 爲此作約書二本 兩國委任大臣 各鈐印 互相交付 以昭憑信

大朝鮮國 開國 四百八十五年 丙子二月初二日

大官 判中樞府事 申櫶

副官 都總府副總管 尹滋承

大日本國 紀元 二千五百三十六年 明治九年二月二十六日

大日本國 特命全權辨理大臣 黑田淸隆

大日本國 特命副全權辨理大臣 井上馨

2. 조일수호조규부록

朝日修好條規

日本國政府曩遣特命全權辨理大臣陸軍中將兼參議開拓長官黑田淸隆 特命副全權辨理大臣議官井上馨 詣朝鮮國 朝鮮國政府派大官判中樞府事申櫶 副大官都總府副總管尹滋承 會同于江華府 日本曆明治九年二月二十六日 朝鮮曆丙子年二月初二日 協議妥辨 互相調印 今照其修好條規第十一款旨趣 日本國政府委任理事官外務大丞宮本小一 詣朝鮮國京城 朝鮮國政府委任講修官議政府堂上趙寅熙會同 擬議其所定立條款 開列于左

第一款

各港口駐留日本國人民管理官 於朝鮮國沿海地方 日本國諸船致敗緊急 得告地方官 往過該地沿路

第二款

使臣及管理官所發之文移書信郵致費銀 事後辨償 或雇人民專差 各從其便

第三款

在議定 朝鮮國通商各口日本國人民之租賃地基居住者 須與地主商議 以定其額 屬官地者納租 與朝鮮國人民同 若夫釜山草梁項日本館 從前設有守門設門 從今廢撤 一依新定程限立標界上 他二港口 亦照此例

第四款

嗣後於釜山港口 日本國人民可得閒行道路里程 自埠頭起算 東西南北各直徑十里朝鮮里法爲定 至於東萊府中一處 特爲往來於此里程內 日本國人民隨意閒行 可得賣買土宜及日本國物産

第五款

在議定 朝鮮國各口日本國人民 可得賃雇朝鮮國人民 若朝鮮國人民得其政府之允准 來於日本國 亦無礙

第六款

在議定 朝鮮國各口日本國人民 如病故 可得撰適宜之地以埋葬 一依草梁遠近爲之

第七款

日本國人民 可得用本國現行諸貨幣 與朝鮮國人民所有物交換 朝鮮國人民用其所交換之日本國諸貨幣 以得買日本國所産之諸貨物 以是在朝鮮國指定諸港 則可得人民互相通用

朝鮮國銅貨幣 日本國人民得使用運輸之事 兩國人民 敢有私鑄錢貨者 各用國律

第八款

朝鮮國人民所買得於日本國人民貨物 或其贈遺之各物 隨意使用無妨

第九款

從修好條規第七款所載 有日本國測量船 放小船 測量朝鮮國沿海 或際風雨或退潮 不能歸本船 該處里正 安接近地人家 如有需用物品 自官辨給 追後計償

第十款

朝鮮國未曾與海外諸國通信 而日本則異于此 修好經年 所締盟有友誼 嗣後諸國船舶爲風波所窘迫 漂到沿邊地方 則朝鮮國人民須於理無不愛恤之 該漂民 望送還于其本國 朝鮮國政府遞致各港口日本國管理官 送還于本國 該官員無不領諾之

第十一款

右十款章程及通商規則 共有與修好條規 同一權理 兩國政府可遵行之 無敢有違 然而此各款中 若兩國人民於交際貿易實踐 有認頓爲障礙 不可不釐革則兩國政府速作議案 前一年報知之 以協議改立

大日本國紀元二千五百三十六年 明治九年八月二十四日

理事官 外務大丞 宮本小一

大朝鮮國開國四百八十五年 丙子七月初六日

講修宮 議政府堂上 趙寅熙

3. 조일통상장정

通商章程
於朝鮮國議定諸港日本人民
貿易規則

第一則

日本國商船除日本國政府所管之軍艦及專用通信之諸船 入朝鮮國 準聽貿易諸港之時 船主或船長 須呈日本國人民管理官所發給之證書於朝鮮國官廳 不出三日 所謂證書者 船主所帶日本國船籍航海公證之類 自其進口之日至出口之日 交付之管理官 管理官卽付以接受各書證票 是爲日本國現行商船成規 船主本港碇泊中 轉呈斯證書於朝鮮國官廳 驗明爲日本國商船 此時船主 又呈其記錄簿 所謂記錄者 船主詳記本船之名 發本船之地名 本船所積載之噸數石數其算定船舶容積之名 船長姓名 船內水手之數目 搭載旅客之姓名 而船主鈐印者也 此時船主 又呈本船裝運貨物之報單及船內應用雜物之簿記 所謂報單者 詳細開明貨物之名 或其物質之實名 貨主之姓名、記號番號不用記號番號之貨物不在此例 報知之也 此報單及呈明諸書之類 悉用日本國文 無副譯漢文

第二則

日本國商船起載進口船貨之時 船主或貨主 須更呈明其貨物之名及元價斤量數目於朝鮮國官廳 官廳得呈明 須速發給卸貨准單

第三則

船貨主得第二則准聽之後 須起載其貨物 朝鮮國官吏要驗明之 貨主無敢拒之 官吏亦須小心驗明 無或敢爲之致毀損

第四則

出口之貨物 貨主 照第二則進口貨報單之式 呈明落貨之船名及貨物之名數於

朝鮮國官廳 官廳須速准聽之 發給出口貨准單 貨主得准單 卽落載于本船 官廳如要驗查其貨物 貨主無敢拒之

第五則

日本國商船要出口 須於前日午牌前 報知朝鮮國官廳 官廳得報 須還付前日所收領之證書 以發給出口准單 日本國郵便船得不由成規之時限出口 亦必報知官廳

第六則

嗣後於朝鮮國港口住留日本人民糧米及雜穀 得輸出入

第七則

港稅連桅檣商船及蒸氣商船稅金五圓除附屬脚艇

單桅檣商船稅金貳圓載得五百石以上貨物

單桅檣商船稅金壹圓五十錢載得五百石以下貨物

屬日本國政府諸船舶 不納港稅

第八則

朝鮮國政府或其人民 除指定貿易口之外 欲運輸各物件於他口岸 得雇日本國商船 雇主如係人民 照朝鮮國政府准單而後雇役

第九則

日本國船隻 如到不准通商朝鮮國口岸 私爲買賣 該處地方官查出 交付就近管理官 管理官將所有錢物 一竝沒入交遞朝鮮國官廳

第十則

嚴禁鴉片煙販賣

第十一則

兩國現定規則 嗣後從兩國商民貿易形況如何 各委員得隨時酌量事情 會商改正 爲此兩國委員各鈐印 卽日遵行

大朝鮮國開國四百八十五年 丙子七月初六日

講修官議政府堂上 趙寅熙

大日本國紀元二千五百三十六年 明治九年八月二十四日

理事官外務大丞 宮本小一

4. 興宣大院君과 李最應에게 보낸 朴珪壽 서한

答上大院君甲戌

小生在洇時 忽聞萊館事 方禹叙謄示一本 而入於休紙 日前大費精力捜出耳 其時不受書契之曲折 以小生所料 錄在左方耳

第一則從前書契往來 彼此恪遵格式 如有違式 則雖一字一畫 必爲爭詰不受 日人苛甚 故我國亦然 不相遜下 此是流來鐵規 而今來之書契 不曰對馬州太守 而添書職銜曰左近衛小將對馬守平義達 此爲違式也

第二則曰皇室而高一字 曰勅曰京師等語也

第三則皇室則高一字書之 貴國則低一字書之也

第四則我國造給之圖書不爲押之 而忽打其國造給印信也

此皆萊府不受之大義諦也

其曰皇室曰皇上 果高一字書之 其曰日本國曰朝鮮國曰本邦曰貴國曰朝廷曰勅曰京師曰睿意等字 均皆平行尊書 觀其獨於皇室皇上高一字之例 若有語及吾國至尊 則必當與皇平尊 而但未有語及此 故書中姑未見其如此矣 今若自我逆料其必低於彼之皇字云爾 則是乃以無形之事 自取侮蔑也 何必如是乎

其加書職銜則彼自誇其國政令一新 而蒙其君之優賞而已 其所謂進爵 何關輕重於吾邦耶 以此謂其異於前式而詰責不受 其在任譯之見則無恠 而何必自朝廷屑屑然較計於此哉 付之一笑可矣

彼之稱天皇 葢累千年矣 彼是國中自稱自尊 何關於他國乎 在唐高宗盛時 倭使到京 其書曰日出處天子 致書日沒處天子云云 唐朝君臣 不曾拒而不受 只賜宴賜衣 好好送之 自古待遠人亦如此而已 今何足與之計較稱號哉 且觀日後若果有慢語 則到其時拒責 未爲晩也

至若不打我國造給之圖書 而印其新印事 我國圖書本是衍文可笑之事也 給此圖書 是臣僕於我乎 是我所封建様乎 剝盡半嶺南膏血輸之彼 而以一圖書造給 看作能事 天下可笑之事 孰甚於此乎 今彼不用而用其新印 然渠亦以變改約條 有慙愧之色 現於書契中 如欲立吾之舊約 則宜令書幅也封套也 兼用印及圖書 亦當從我之令矣 此胡大事乎

大凡人之有書 本是和好過去之地 忽地拒而不受 積有年所 彼之慍怨 必然之勢 況分明聞知其與洋一片 而何故又失和好 添一敵國耶 曾在丁卯丙寅間 有新聞紙從北咨出來 其時則不曾與日人失和 而其所孟浪無倫之說 閣下想記存矣 到今日人之致憾 不下於洋 此豈非難堪乎 今此安也事 此爲孝子忠臣一心知國耳公耳者乎 從來倭譯事 譯員中亦皆不能窺測者也 況既有閣下眷念矣 此輩之恃寵無恐 而任意縱恣 誰知其必不然乎 擧世聒聒 雖或多未知裏許之談 而未必全無一失 到今聲張起來 然後許多年不納書契 可令日人知爲此人之所爲 而還尋舊好 庶可爲除一敵國之道矣 渡海事 俄者金譯之言似然矣 雖不渡海 只令新去訓導詰問館倭 亦可有善處之道矣 元來書契不是悖書慢辭而堅拒至此 小生所未解也 其所謄本玆送呈 下鑑而深量之 如何如何

又乙亥正月 日本書契將來 而受之不可之意 有雲閣書故上答

下敎倭說之狼藉 只是騷訛之料 必如是者也 不足關慮 而至若書契之如何處置 此實關係甚大 小生豈欲株守愚見 務立已說哉 大抵自初至今 閣下深憂遠慮 專在於彼方與洋打成一片也 專在於受此書契 便是示弱也 小生深憂遠慮亦在於倭洋一片 故謂不宜自我啓釁也 亦在於便是示弱 故謂不宜不受書契也何以言之 彼既與洋一片 則積慍之發 必動兵戈矣 積年窺我之洋 獨不合勢而起乎 我之拒斥書契 實爲難從之請繼至之慮 則彼豈不猜得此意 而暗笑我之懷刦乎 苟其如此則不受書契 其果爲示之以强耶 示之以弱耶 强弱不係於書契之受與不受 而足爲彼之執言以作兵名矣 大凡强弱之勢 只在於事理之曲直而已 我之處事接人 有禮而理直則雖弱而必强 我之處事接人 無禮而理曲則雖强而必弱 今若於書契之改修而來也 又復斥而不受 則彼必以爲吾則至矣盡矣 而何其侮辱之至此耶 此豈非自我激變之事乎 彼之幾年見阻 歸咎於任譯故所以必欲面傳於萊府也 從前萊伯未嘗不與之燕饗而接見矣 至於今者 奚爲而獨不可相見乎 一見萊伯而漸次求見監營 求見京師 此皆逆料之慮也 而日人之到京朝見 在宣廟亦曾有之 壬辰之亂 豈其由此之故耶 彼若稱兵動戈而來踏邊土一步 則以今天下大勢所恃而不恐者 未知有何良策乎 或曰自古誤國者和字也 小生不知此出何文也 歷數前古 以和而誤國者 一秦檜之誤宋而已此非可引之事也 宋之忘讎和金 是爲萬古所無之事也 此豈可凡於和隣之事輒引以爲譬者乎 小生非敢妄論於國家大計 而區區憂慮 實所未釋 故有此張皇 庶蒙恕諒 而幸伏望深加商量 若何若何 小生何敢以不在其位 不謀其政等語 自占便宜地乎 言之至此 不勝悶鬱萬萬耳

又乙亥五月

秧雨及時 大慰農望 伏未審靜養氣候 對此淸旺 彌切慕誦 昨日賓對 有原任大臣同參之敎 下詢書契事矣 筵說伏想有八覽 而小生所奏 玆以錄呈 盖邊情關緊 亦旣多時 而下詢之擧 尙云晩矣 幸得方寸 庶可悉陳無餘 而大熱中半日詣閤之餘 喘息飢渴 支離張皇之說 恐難致煩聖聰 故略擧其槩 而仰請自上逐條下問於疑難之端 欲爲剖析仰答 以待淵衷裁擇而處分矣 旣請之後 仍無下問發落 所奏之語 只此草草 還爲愧恨不自勝耳 大抵大臣諸宰之意 默而察之 則胷中雖有受見書契向後措處之意 而口不敢發 總皆懼刦漫漶而止 此何爲而然耶 見今彼之火船載兵而來 雖自稱護其使价云爾 而恐動之意 的然可知 則此可謂兵機已動矣 彼姑無惡言相加 而託辭於護行 我則佯若信之不疑 而迨此時無事妥帖 時不可失 若到彼之發一砲聲以後 則雖欲受書 其爲辱國 更無餘地 其日則斷無受書之道矣 事機如此 而今又以別遣譯官 一一歸正之意回啓者 此何意味乎 彼亦其國之使臣也 使於四方 不辱君命 渠亦自守此等義理 則到今又豈有變改之理 而又何敢發口於其國哉 彼人事情 亦可謂窘悶之極也 然則其報告於其國 必以朝鮮之無禮凌侮 許多爲說 其國臣子 豈不齊怒而共憤乎 如此則事變之何如 不待更論 泥中蚯蚓 踏之猶動 何况有國有兵橫行海上者乎 小生胡爲作此張皇之說乎 誠不忍目見者存焉故耳 元來此事本是談笑處之之事 而拖到多年 轉至此境 此何故也 小生之論 每不合於閤下高明之見 而小生實莫曉其曲折 到今悶懣綳中 玆以仰質 大凡彼書之决不可受之曲折義理 幸伏望一一下示 以爲牖迷覺非之地若何 若閤下雖不欲世務之到耳邊 而至於此事 存亡安危之大關係也 一失手則悔莫可及 迨此之時疾驅入城 指導方略 而還復向山 亦無不可 此豈恬然坐視之秋哉 言之至此 不勝煩鬱 不暇顧悚惶等字耳 不備白

答上左相興寅君李最應 乙亥二月 日本書契來到萊舘時

以小生愚見 訓譯之據法詰難 雖不得不然 而其遣辭無異叱罵 無乃太過乎 彼之答辭則雖固執不聽 而言辭則何嘗悖慢乎 其固執而必欲面傳萊府 自以爲重使事云者 其亦非失體之言也 交隣之道 雖慮其別有包藏之奸巧 而外面則不可不先顧體面 以禮相接矣 今此堅拒而爭詰 未知竟當如何結末乎 彼若終至

攔出 則是自我買取其淩蔑毁規之恥也 若愚意則第聽其來納於萊府 然後使之退待朝廷處分於舘中 似爲最方便道理矣 但未知僉位之意何如 則何敢臆對耶 此係國家大利害 故敢陳愚見如是 而未知不得罪於有識君子 悚甚悚甚 所謂大字皇字 不足屑屑較計 而天子字之改之 最是大關節當改者也 彼亦知其必不可濫稱故改之也 彼之識人事道理則如此耳

又

昨見訓導書則輪船盡爲歸去 而森倭獨留云 其意必待別遣下去後乃去也 此非望受書也 明知必不順成 而猶且留待者 則分明結末而去也 彼之處事則乃如此 而我則斥退與許受之間 一向無明白決斷 而只事相持 如是中無非示弱也見侮也見輕也 到今更無許受之勢 而生事激變則迫在朝夕矣 到此地頭 無容更事商量 而旣以斥退爲主 則斥退之說 亦當有分明結末爲可矣 愚意則卽速筵禀或草記 而三懸鈴行會爲好 故一草敢此錄呈 幸加商量 如何如何

又

三紙還呈耳 藏置有用處之敎 不勝仰呵 不用於目下時日爲急之時 而將用於何時何處耶 森倭一去之後則更無向言處 而若待兵船來問時 則此等說話 百番無益 在今日則或有銷兵於未萌之道 在彼時則已動之兵 聞此言而退去乎
從前只是斥字 而此等嫌忌之意 彼亦未嘗不忖度我情 然而斥退之辭 只曰前例所無四字之矻矻不已而已 何嘗明白說去乎 只令人煩悶耳

又

小生之於此事 自初以受書後觀彼所爲而處之之意立論矣 到別遣下送時 知無受書之道 而森倭則束裝而坐矣 我之斥退 不可無據義理明白破打之說 故所以向日有所仰告者 而亦竟未得行之 以今論之則小生旣不得受 又不得斥者也其於此事 可謂兩無所當之人 則從今不宜復煩參說 而今承下問 故又不得已仰告耳 彼所謂禮服洋服也 其曰禮服 可笑之甚 然而彼則稱以禮服 而其言以爲接見別遣官 當用禮服云爾 則自以爲禮待別遣官 故用禮服也 我則以不卽接見 謂之失禮而執言 其何以服彼之心乎 書契之使 來留許多年不接見 此非失禮 而可謂之以禮待人乎 今以別遣之不卽接見 謂之不以禮待我 謂之失禮而七八年間虛留彼使 牢拒不受而不見 此果得禮而待人以禮乎 言下不成說反爲彼執言起怒之事 胡爲而發之乎 至於渡海講定云者 未知所講定者何事乎

渡海官渡海而至於何處乎 馬島乎 馬島今無太守矣 與誰講定何事乎 到江戶乎 卽外務省在焉 而將見外務卿乎 見外務卿則所講定者何事乎 彼若厭其煩費 不欲渡海官之往焉 而延拖歲月 則日本有自亂作而關白復立 馬島復設 事事如吾意乎 今此延拖緩送歲月之計 又未知何爲而然也

彼着洋服而入讌餉 着洋服而見別遣官 我之所忌何事耶 蒙狗皮蒙牛皮 彼之事也 我何爲拘而論其可否乎 彼之言曰洋人着日本服則無礙見之乎云者 可謂名言也 空然拘礙於此等事薄物細故 而轉成葛藤 未知何爲然也 且向來送別遣時草記行關 愚見至今不知其何語也 可斥者斥之 可許者許之 尙未知何語也 彼之書契 只是渠國制度變通後 從今由外務省通書講好之意而已 初未有某件事列條目者 則未知可斥者何事也 可許者何事耶 設令有可斥可許之事 所謂別遣 卽一任譯也 交鄰大事 付之一個譯員 任渠斥之許之 此爲何說也 自顧我朝廷事體 不應如此之輕忽 不論待人之何如 自侮自輕 莫甚於此 且萊府取見而答送云者何語也 彼則自其外務卿抵我禮判之書 萊府一邊臣任意答送非待彼之道 而彼果低頭恭受而去乎 空然以別遣 又生一層節 此皆廷拖歲月之計乎 萬般究說 終不得其解 而如此見侮示弱見輕 已無餘地矣 彼亦國也 豈無臣子軍民乎 況與洋打成一片久矣 其必因此而生事 灼然可知 我雖兵精糧足 有事不如無事 況以今凡百何恃 而必激變乃已乎 此愚所日夜俯仰太息者也 凡事必議論歸一 然後乃可做得 而況此國家大事也 豈可以閤下獨見而行之乎 必也上得聖意許可 又得院閤詳燭深量 然後乃可左右者也 此則小生之謀 非所能及者也 安敢多言乎

又

自戊辰書契之來 皇字等執言 只在我國之論 而與彼人拒斥者 只是前例所無四字而已 及於辛未以後 則專意拒斥 又只在聽其陳述四字 而慮其挾洋來市之疑 又未嘗明擧皇字而爲說也 及夫數三年來 始以稱號之濫 而亦未嘗嚴辭痛斥 只是無前例之說而已 到今雖嚴斥其稱號之濫 而彼則曰此何關於朝鮮乎云爾 則萬無以此服其心之理 而只取弱國畏刦之狀而已 非八年也 新聞紙之來自中國 卽丁卯也 今九年耳 九年之間 何寂無詰問 今始發端乎 果慮曰人之出此言也 故此草中間有汚筆舌不曾擧論之句語者也 所謂新聞紙 雖是洋人之依俙傳聞雜記也 而若非聞於日人則渠何故爲此說耶 此不可以雜記而忽之者也 中國見之 諸國洋人見之 此豈細故耶 何可以雜記而忽之乎 大抵言之無益緘口可也 奈何

又

明欲會議者非他也 必也自京遣官接見 而多少詰責彼之謊說 得其愧屈 然後許受其書而處之也 此係大事 何可如是草草忽忽乎 許多年相持 到今何可急遽至此耶 小生前後以受爲主者也 到今非變前日之見也 何不下諒而如是乎 伏願少加斟量如何

又

接慰官之遣 有何不可而持難乎 彼人之淹留多時 我之所遣 不過別遣譯官 彼必不見也 其心必不服於禮待之薄也 今送接慰官則彼必又遲待而不動矣 慰官一行所費 又豈足計哉 愚於此不勝沓沓 畢竟有事則其費當如何耶 以費論之 亦可知不可比同 何爲而惜此一遣耶 堂堂兩班之故 不可與彼相接乎 萬一有事則都體察使出去 有何着手之道耶 安邊撫衆等事 中國則欽差大臣無處不往 卽今雖遣小生 亦不辭矣

又

敎意伏悉 大抵小生之論 自初以受爲主者也 但到今彼之肆氣發作後受之 則其爲羞恥無復可言 故必願遣官大責丁卯新聞紙中可駭可痛之謊說丁卯年 日本八戶叔順有所送新聞紙中 多矯誣我國之說 先生之意欲執此而明其間不受書契之故也 彼必遜謝然後受之 則猶可不失體面 小生之言如此而已 今若以此而謂以變改兩節 則誠難堪矣 下諒若何 言之無益 從此緘口 不敢復談天下事 惟祝國家太平生民安樂耳

又

不顧歧異於閤下立論 而苦苦大言曰書契受之爲宜云者 小生豈務勝而然乎 因循延拖 遂到今日 已是小生雖言而無補也 然而預料必有彼之肆氣而我乃受之之日 故萬一如此則國恥益大矣 是以有大責丁卯謊說 折服彼心 得其遜謝然後受之 則中間八九年不受之慍 亦可更不發作 而難從之請 亦可不敢輕發矣 以此獻計 終不見聽納 而畢竟無端許受 此非生刦貌樣乎 是以竊歎不已 至於發於言語 竟不見諒 而只取前後變論之譏 於是乎言而無益 斷可知矣 如此受之 非小生之意也 而向後彼之侮我更甚 來侵邊境 則到彼時咎歸於以受主論之人必矣 豈不冤哉 無論如此如彼 言而無補則不如不言 所以不敢復談天下

事者也 閤下敎誨如是懇惻 人非木石 豈不感銘 而到今事勢 只可默而俟之 不宜更饒唇舌 以待自然覺悟而已 然而終不能忘者 彼倭之視我國爲何如耶 或曰丁卯謊說 卽不過雜記野說 則不足呶呶責之也 不如皇字勅字之爲重也 愚則曰不然 彼旣做謊而布之於洋人 刻之新聞紙 流入中國 遂至禮部之行咨 則此事之駭惋 何異於史傳之記載乎 以事體言之 則其時卽送書契 詰責於日本不可已者 而尙今不擧 實爲失計 國之被誣 比諸渠輩自尊其君之皇字勅字 果何如耶 以彼爲重 看作義理 以此爲輕 謂不足辨 小生誠不得解也 到今事已無及 言之無益 而失此好材料好機會 若於受書之答 始責此事 則無靈之說 而竟無妥帖之日 小生又不知其可也 只是煩悶默禱天地祖宗陰騭而已

5. 대원위록기(大院位錄記) 및 별론(別論)

大院位錄記直谷聞商倭情條辨

近聞 嘖言頻至 風傳多訛 人心惶惑 慮以書契之不受 爲召禍之端 駸駸然歸于巽劣之論者 是大不然 若以强弱之形 而謂渝舊盟 則藤薛之於齊楚 久已邱墟矣 況我之三千里封疆 師直爲壯 彼之萬里重溟 師曲爲老 必不待智者而筭焉 故爲條辨如左

前書契之退却 以妄加尊稱 違越約條也 是以 彼倭之狡惡 猶知辭嚴義正 不敢復事煩聒者 今又命出來 而其所以 又不免依前所稱 況又添一敕字 而與皇字常在極行 我國低一字書之 此待我以與國敵禮 則其曰受之者 非我國臣子所敢議到也 大淸自是皇 故相稱之際 曰皇曰大 少無相碍 至於我國 不可以大朝鮮大皇帝稱之 只當曰國王 而彼等大日本大皇帝之下 稱以國王 則其等分固在 是可忍乎 且日後通信之行 我國書契中 前稱大君殿下者 其將改以皇帝陛下乎 又其書契句語 有速派來專使之說 若然則稱我稱彼 將以云何乎 今日派來專使 無異使我納欵也 可痛可痛

一 廢關伯後 始稱大日本云者 是不成說 觀於倭漢三才圖會 日本地圖 已書大日本 則前之稱皇稱大於其國 而不敢書於書契者 今忽稱之 其意果何在也 觀其抵禮判書契 則便是登極頒詔一般也 抵禮參書契 則其曰士民激怒者 明是恐嚇之言也 況交鄰書辭 當論事理上做去而已 今曰黜奸罰禍 又曰不慊人心云 則有若甘心雪憤者然 其意斷可知也

一 不送八使 則不行宴享而 若然則不必至萊府 而沿海外 無處不往 而一依中國通行之例而爲之也 旣至此境 則國何爲國乎 人何爲人乎

一 古則倭差每至京城 以宣慰使迎接 如今遠接使矣 其後設客舍於草梁 受倭人肅拜 而八道接慰官 又使萊伯專管 凡事必從任譯周旋 而宴享外 所以尊朝廷嚴國體也 今若不用任譯 不行宴享 即向萊府 則事面大壞 坊限蕩然 彼猶不足於萊府 則將直抵監營 又主上京 恣行其慾 無所不至 則誰任其咎 誰善其後乎

一 日本交通洋夷 迷惑邪法 學習器納 至於剃髮變服 而不知其耻 是實非倭

而即洋夷也 名雖倭人所納 無異洋夷書契也 昔趙靈王身被胡服而俗終不化 齊湣王兵强於天下 禍不旋踵 秦皇廢封建爲郡縣 而亡在其後矣 今倭兼有此三者 其國豈能無禍亂乎 且倭人之中 必多不學邪術者 關伯餘黨諸島世襲者之罷職者 料必相怨 而馬島在我接壤 不與洋醜而得志 失我之交易則今番事 與壬辰大不同矣 云者 洋人在北京所稱也 今以此例 行之於我此非倭人之所爲也 即洋醜之做出也 固有舘守倭 則何故癈此 而剏出無前名色乎 所謂領事官云者 仍前舘守之號 而行之爲可 雖以新聞紙言之 其所褒奬日本 皆洋醜之言 所以誘惑他國之計也 觀於書我國事 斷有可揣

一 書契眞諺相半 雖其國俗 然從前取來書契 既無此事 則何以卒行不行之事乎 且我國諺文 彼倭因初學習 無不通知 洋夷亦知之矣 所謂倭諺洋諺 我無知之者 其書契眞諺之同不同 有所知之乎 中國之於我國 未嘗以清金等書送之 倭又前未有此 則其退却不受 事理當然

一 或曰 今若不受書契 則當有目前之禍云云 如人方痛大腫 不敢先試鍼藥 而追後潰裂 則其害當何如哉 其所謂火未及燃 呴呴爲安者也 我則有二件歸正事 其一 今番書契 放之不受 以待渠國之釐正後 更議無妨 其一 今之云者 即前之關伯也 外務丞云者 即前之馬島主也 自一依馬島主書契前例 只改職啣而行之 則自我國 不必論渠國封建沿革之如何 上項二條外 似無他道

別論

余有所疑眩迷惑者 即見書契謄本 有日本省官員森山茂 與貴國官員接晤 得審貴國 始覈知其有奸譎之徒 在中間而壅蔽之 方行捕縛云云 朝廷不出接慰官 則所謂官員者何人 或是釜山鎭將耶 抑或繡衣 從容潛入而冒稱者耶 且聞傳來之說 則萊伯送裨南孝源于舘所云 又爲賜給書付 不使他人知之云 右說數件 雖未的詳 既有書契句語 則其在尊朝體嚴禁之地 不可不盤問其根核 且今之兩國持話 專由於此官弁及書付者 則豈可置而不論 終始僨誤乎 先使任譯覈其實後 使這官弁妥當 恐合國體 而余之閒商 將焉試可 別具所見如右 近又見萬國公報 自中國書來者 其於我國事 有高麗王突 下令修好及忽然佩服等語 無乃因此傳聞 而致其誣逼於外國之耳目耶 可訝可訝

6.

姜瑋(1876/高宗十三年)

申櫶을 대신하여 朴珪壽에게 보낸 서한

代申大官上桓齋朴相國珪壽○丙子

下示日本領事初入中國 請開舘交市定條約時 有勿侵屬國一條 今彼之遣使中國 稱以修好朝鮮云者 以其曾有條約也 故自明此擧之爲修好 而其意萬一不如意 而至於動兵 則亦欲發明於中國曰 朝鮮先失 故不獲已而至於用兵 非日本之違約於中國也 其意必如此 然則我不先動 彼雖以兵船恐喝 必不至於先發加兵矣 此一段敎意 誠是今日日本稱兵之肯綮也 亦今日處事之機要也 今按大淸政府 復日本政府書云 貴大臣推念中國和好之情 詳述用意 無非信守我兩國條規 敦睦不渝 又曰 日前貴大臣晤稱辦事 固要照約 此一條語 卽指年前條約而云然也 以此觀之 彼情雖極叵測 亦顧畏條約 我不先失 則彼亦不敢輕動 今日所恃而從事者 惟此一段而已 捨此則頃刻激變 無可爲者矣 日本政府所云 竊祈朝鮮國以禮接我使臣 不拒我所求 以能永保平和也 若不然而事遂至敗 則韓人自取不測之禍必矣 此一段 不可專歸之恐嚇語 誠亦日本稱兵之骨子語也 曰 不拒我所求 其所求者何事也 若知其所求之事而聽從 則必不動兵 不爲聽施 則必然動兵 此今日事機 必至之勢也 然則今日之事 宜决於此 而彼之所求 若係難從之請 則此當奈何乎 以愚淺之見 竊揣彼情 所謂不拒我所求者 卽丁卯北咨 彼所稱迫取通商和約一語也 然則日本稱兵之由 外此一條 皆不打緊 專求此一事而來 此不聽施則必不退兵 若不退兵則今我所修戰守之備 果可以却敵否 言念至此 不覺寒心 江華住接 仁富下陸 京城直進 玆三件事 是彼定筭也 若於接見時 彼之所求 我不聽施 則其勢必勃勃然爲直進京城之擧 副官接見時 已有所覰得矣 其誰能禁之乎 安危之機 間不容髮 不於此講究而漫及他事 不幾近於賦詩退虜者耶 大淸政府復日本人書 又云 務期兩相情願 各安壃土 終守此條規 而兩國所屬邦土 不相侵越之言 是則本王大臣所切盼者也云云 邦土侵越 是何等語耶 彼所謂韓人自取不測之禍者 是又何等語耶 今日之事 我若先動而使彼有辭於中朝 則此事究竟 當如何也 彼之

進京 斷非三寸之舌所可防塞 試想彼兵進京之後 事之難處 又當如何也 謀國之臣 社稷生靈 先置念頭 自家身命 抑其次也 豈敢顧畏而不念主辱臣死之義乎 彼旣成軍而出 傳所謂合其衆而不能離者也 縱我無衅 彼尙思逞 而豈可自我激之乎 審彼前後語意 豈止講好而退 不言所求者耶 所求不遂 禍將不測 每想到此 直欲溘然無知而已 侍生武臣也 惟知戰守二字而已 外比則非其任也 惟當受成而行之而已 而濫及此事者 後日之議 必謂使臣不能覘敵 以致僨事 亦不免於萬世之譏 此非但侍生獨當此厄 恐是盈廷之臣所當同議共商者也 中夜繞壁 憂慮至此 深究事機 更賜指教 尤所區區

7.

金綺秀

『일동기유(日東記游)』 후서(後敍)

曩 余使日東而返 黨人或勞苦之曰 古人之使絶國 非直其導達辭命 觀美風裁而止 亦將有所覘焉 覘者不視之視 無得之得 視之言語之外 事物之表 我所獨得而人不之覺 斯之謂覘 子其有得於斯乎 余曰 爲人之所能爲者 且不能爲 人之所不能爲 況余不能爲人之所爲者耳 苟欲能其不能 我固無覘於人 而人將覘我之覘 只可整我應對 尊我瞻視 寧我無覘 無使人覘我所以不敢事乎覘 曰然則子亦何事於彼 彼將嚮仁慕化 謹守規度歟 抑亦欺善侮柔 復事猖獗歟 有一於二 不待覘而可決 子其質之 余曰 今玆之役 亶出修信 兢兢乎篤敬之行 侃侃乎仁義之辭 彼以剛褊 我以寬之 彼以輕儇 我以莊之 彼以奇技淫巧 我以謹愼而拙約之 苟與彼同歸於六經之日月 三皇之衣裳 上也無已 無拒彼情 無失我儀 開誠布信 拓畦與畛 我自順彼 彼不逆我 次也以是以造次於是 跬步於是 苟得無失焉耳 若彼之注心注目 自有所急者 其力强 其食足 而其志大 其之所急 固不在我也 子其無虞焉 曰洵如子之言 亦可爲目下之幸 而其志所在子可以揣知矣 其果能無虞也否 余曰 不能知己 何以知彼 牢我藩籬 賊不能入 足我榮衛 病不能生 苟或不本而枝 藩籬無補 高枕而臥 榮衛無養 扼掔而譚 將見賊横於墻壁之內 而病侵於膏肓之間矣 余故曰 在我者耳 領挈而齊隨 綱擧而目張 直相須資耳 子何不本元之謀 而區區於外至之末也 彼猶外耳末耳 我之旣修 彼自退聽 且以今日之大勢相之 彼方有爲之時也 折衝禦侮 苟然借我而吐口氣 則我之所謂無虞者在此 而但彼之所爲 我之所不爲也 在彼芻豢 而在我爲鴆毒 則固不可舍己而從之 然忠信而御之 道德而將之 而復溫其外 而貞其中 惠其來 而警其往 亦庶乎無虞焉耳 曰不然 彼且强我以不可强者一言無當 飄然而起 蓋其叵測之情 無稽之行 子有所未盡察者耳 忠信道德 無幾歸於暴厥之梁肉歟 余曰 子之慮固是也 然萬殊歸於一塗 衆難伏於大公 若其荏染之木 不可摧折 何天之衢,胡走無礙 卽易見之理也 今夫彼所强我而我之不可强從 彼亦非不知之 其來也 待之盡禮 無間乎秦越之視 其言也 辭之盡

情 洞見乎困廩之隱 彼將無處生嗔 無物拄肚 然後講我義理,敎我士民 積我糇糧 繕我城池然後 斯可謂之無虞焉已也 若夫陵跨而至於忿懥 疑阻而至於扞格 積鬱而病 變羞而怒 亦必至之勢耳 然子之虞 必不過至於是 而余之愚 有不敢强解者也,曰有是乎 子之言 無事於覘 覘又何以加之 覘則其虞 非直在彼而在我也 謹聞命矣 請從此辭 客去而余亦倦於游 匝月唫病 而又蒙恩知象山之府 象在萬山中 訟餘有暇 輒綴緝行中所覩記 立目分條 略仿本末史體 凡得四卷 名曰日東記游 要之 他日歸老 與田夫野叟 譚絶域奇聞於荳塍菜畦之間

時聖上十四年丁丑仲春下澣 前任修信使金綺秀 書于象山府之禦牧軒

부록

문서 목록

번호	발신일/수신일*(음력)	문서제목	발신	수신	문서출처	번역문 출처	관련문서 제목	관련문서 출처
(1) 八戸順叔의 정한설(征韓說)								
1	1867.3.20(同治六年二月十五日)	八戸順叔의 정한론 기사 상주	總署	同治帝	『中日韓』2, 문서번호 39, p.54.			
2	1867.3.24(同治六年二月十九日)/1867.4.11(高宗四年 三月七日)*	八戸順叔의 정한론 기사 전달	禮部	高宗	『동문』3, 「洋舶情形」, pp.2479-80.(이하 국편 영인본 기준); 『나암』, 「照錄新聞紙五條」, pp.1-3.(이하 국편 간행본 기준); 『夷務始末』47, pp.20-3; 『일록』高宗 4년 3월 7일; 『실록』같은 날; 『中日韓』2, 문서번호 38 및 부건 1, pp.51-3; 및 문서번호 40, p.55; 『中朝續編』문서번호 297, pp.373-4.			
3	1867.4.11(高宗四年 三月七日)	八戸順叔 정한론 진상 문의	李沇應	宗義達	『일록』高宗 4년 3월 7일; 『실록』같은 날; 『日外』1-1, 문서번호 21, 부속서 2, pp.74-5; 『全覧』「平山圖書頭古賀筑後守渡韓奉命一件」3, pp.221-2.			
4	1867.4.21(高宗四年 三月十七日)	八戸順叔 정한론 자문(咨文)에 대한 회자(回咨)	高宗	禮部	『동문』3, 「洋舶情形」, p.2481; 『夷務始末』48, pp.26-7; 『일록』高宗 4년 3월 7일; 『실록』같은 날; 『中日韓』2, 문서번호 55의 부건 1, pp.64-6; 『中朝續編』문서번호 307, pp.385-7.			
5	1867.6.17(慶應三年五月十五日)	八戸順叔 정한론 관련 조선 예조의 자문 보고	宗義達	幕府	『全覧』「平山圖書頭古賀筑後守渡韓奉命一件」3, pp.223-226.			
6	1867.7.6(慶應三年六月五日)	八戸順叔 정한론 해명을 위한 사절 파견 방침 통보	板倉勝靜	宗義達	『日外』1-1, 문서번호 21, 부속서 4, pp.76-8; 『全覧』「平山圖書頭古賀筑後守渡韓奉命一件」4, p.230.			

번호	발신일/수신일* (음력)	문서제목	발신	수신	문서출처	번역문 출처	관련문서 제목	관련문서 출처
7	1867.9(慶應三年六月)	八戸順叔 정한론 해명 및 사절 파견 통보	宗義達	李沇應	『日外』1-1, 문서번호 21, 부속서 5, pp. 78-9; 『全覽』「平山圖書頭古賀筑後守渡韓奉命一件」4, p. 236-237; 『夷務始末』56, p. 20; 『中日韓』2, 문서번호 75의 부건 2, pp. 91-2.			
8	1867.11.4(高宗四年 十月九日)	八戸順叔 정한론 해명 서계 등본의 전달	高宗	禮部	『동문』3, 「洋船情形」, p. 2481; 『夷務始末』56, p. 19; 『中日韓』2, 문서번호 75의 부건 1, p. 91.			
(2) 대수대차사(大修大差使)의 도한(渡韓)과 서계문제의 발생								
9	1868.4.15(明治元年三月二十三日)	조선과의 통교를 對馬島의 가역(家役)으로 인정한 태정관 명령서	太政官	宗義達	『日外』1-1, 문서번호 245, pp. 573-4.		가역을 맡게 된 경위 및 이후의 조치	『朝鮮御用控』(宗家文書記錄類 등록번호 3844)
10	1868.5.27(明治元年閏四月六日)	조일관계의 역사 및 쇄신 방안 건의	宗義達	日本朝廷	『日外』1-1, 문서번호 288, pp. 657-9.			
11	明治元年十一月	신인(新印) 사용 고지	宗義達	禮曹參議	『日外』1-2, 문서번호 705, pp. 690-1; 『용호』4, 「對馬島主書契及大修大差倭平和節書契別幅謄本」, pp. 211-2.			
12	明治元年十二月	왕정복고를 통고하는 대수사 서계	宗義達	禮曹參判	『雜纂』「明治元年日韓尋交ノ爲宗對馬守ヨリ朝鮮國禮曹ニ贈ルノ書」; 『日外』1-2, 문서번호 706, pp. 692-7.			
13	高宗五年十二月	對馬島 사신이 전달한 서계의 수리 거부 보고	鄭顯德	議政府	『일기』高宗 6년 12월 13일; 『일록』같은 날			
14	明治二年六月	대수사(大修使) 복명서	大島友之允	外國官	『日外』2-2, 문서번호 320, pp. 217-23.			
15	高宗六年十一月	서계 봉출(捧出)이 불가한 사유를 해명하는 각서	安東晙 李周鉉	倭館 館司	『日外』2-3, 문서번호 616, pp. 412-4.			
16	高宗六年十一月	서계 양식 변경의 문제점을 열거한 각서	安東晙 李周鉉	倭館 館司	『日外』2-3, 문서번호 615, pp. 410-2.			
17	明治二年十一月	서계 양식 변경에 관한 해명 구술서	館司 幹事官	安東晙	『日外』2-3, 문서번호 617, pp. 414-8.			

번호	발신일/수신일* (음력)	문서제목	발신	수신	문서출처	번역문 출처	관련문서 제목	관련문서 출처
18	1870. 1. 14(高宗六年十二月十三日)	팔송사(八送使) 서계 개수(改修) 후 접수 방침 결정	議政府		『일기』高宗 6년 12월 13일; 『일록』같은 날			
19	1870. 5. 4(明治三年四月四日)	조선의 서계 접수 거부에 대한 대책안 품의	宗重正(宗義達)	外務省	『日外』3, 문서번호 86, pp. 128-9.		동래부사 단간(短簡)	『日外』3, 문서번호 86 부속서 1. pp. 129.
20	1870. 6. 3(高宗七年五月五日)	독일 군함 *Hertha*의 입항 및 왜인의 동승 사실 보고	鄭顯德	議政府	『동래계』高宗 7년 5월 5일			
21	1870. 6. 10(高宗七年五月十二日)	왜인의 독일선박 동승에 대한 힐책	議政府		『일기』高宗 7년 5월 12일; 『일록』같은 날		이양선의 왜관 정박 및 왜인 동승 사건에 대한 힐책 서계	『동문』4, 「邊禁」1, p. 3901.
22	1870. 9. 14(明治三年八月十九日)	浦瀨最助와 훈도의 대담 기록 보고	浦瀨最助	外務省	『日外』3, 문서번호 95, pp. 150-1.		정부간 대등 교섭을 제안할 것을 지시한 비밀 지령	『日外』3, 문서번호 95, 부기, pp. 151-4.
(3) 일본 외무성 조사단의 도한(渡韓)								
23	1869. 12. 3(明治二年十一月一日(?))	외무성 조사단의 조사 항목	外務省	太政官	『日外』2-3, 문서번호 574, pp. 265-9.			
24	1870. 5. 15(明治三年四月十五日(?))	佐田 조사단 복명서(復命書)	佐田白芽 森山茂 齋藤榮	外務省	『日外』3, 문서번호 87, pp. 131-8.			
25	1870. 10. 17(明治三年九月二十三日)	吉岡 조사단 교섭 계획 및 서계안 예조판서에게 보낼 서계안 관련문서 (2) 동래부사 등에게 보낼 서계안	外務省	太政官	『日外』3, 문서번호 98, p. 160.		(1) 예조판서에게 보낼 서계안 (2) 동래부사 등에게 보낼 서계안	(1) 『日外』3, 문서번호 98. 부기 1, pp. 162-3. (2) 『日外』3, 문서번호 98. 부기 2, pp. 163-5.
26	1870. 12. 27(明治三年十一月六日)	동래 왜관 도착 보고	吉岡弘毅	外務省	『日外』3, 문서번호 103, pp. 171-3.			
27	1871. 4. 13(明治四年二月二十四日 (?))	외무성 조사단 접견 요청	宗重正(宗義達)	東萊府使 釜山僉使	『日外』4, 문서번호 169, pp. 271-2.			
28	1871. 5. 21(明治四年四月三日)	동래부 교섭 난항 보고 및 대마도주 가역 폐지 건의	森山茂 吉岡弘毅	外務大小丞	『日外』4, 문서번호 179, pp. 284-5.			
29	明治四年十月	외무성 관원 접견 문제에 관한 동래부 교섭 서류	森山茂	外務省	『日外』4, 문서번호 211, pp. 329-30.			
(4) 宗氏 가역(家役) 파면								
30	1871. 7. 7(明治四年五月二十日)	宗重正의 가역(家役) 파면에 따른 후속조치 건의	廣津弘信	外務省	『日外』4, 문서번호 189, pp. 303-5.			

번호	발신일/수신일* (음력)	문서제목	발신	수신	문서출처	번역문 출처	관련문서 제목	관련문서 출처
31	1871.9.8(明治四年七月二十四日)	宗重正의 외무대승 임명 및 조선파견 건의	廣津弘信	寺島宗則	『日外』4, 문서번호 199, pp.313-4.			
32	明治四年八月	宗重正의 조선 파견 관련 건의	廣津弘信	外務省	『事務』卷9			
33	1871.11.5(明治四年九月二十三日)	宗重正 별한(別翰) 접수 후의 교섭방침 건의	廣津弘信	外務省	『日外』4, 문서번호 206, pp.322-4.		宗重正의 조선 파견 계획 및 연기 경위	『日外』4, 문서번호 201, 부기, pp.315-7.
34	明治四年九月	조선파견 연기에 따른 향후 교섭방침 건의	宗重正(宗義達)	外務省	『日外』4, 문서번호 207, pp.324-5.			
35	1871.11.17(明治四年十月五日)	宗重正 대신 宗氏 사절 파견에 따른 향후 교섭방침	柳原前光等	太政官	『日外』4, 문서번호 210, pp.326-7.			
36	1872.1.27(明治四年十二月十八日)	宗重正의 조선 파견 중지 명령	太政官	宗重正(宗義達)	『日外』4, 문서번호 221, p.341.		태정관에 宗重正의 조선 파견 중지를 건의	『公文』明治四年 · 第百二十六卷 · 辛未十二月 · 外務省伺
				(5) 일본 외무성의 왜관 접수와 난출(攔出)				
37	1872.1.13(明治四年十二月四日)	폐번치현과 宗氏 가역 파면을 알리는 서계안	太政官	副島種臣等	『日外』4, 문서번호 217, p.336.			
38	明治四年十二月	서계 접수 거절 시 대처 방안 청훈	廣津弘信 森山茂	外務省	『日外』4, 문서번호 224, pp.344-5.			
39	1872.2.27(高宗九年一月十九日)	서계를 지참한 왜인의 부산항 입항 보고	鄭顯德	議政府	『동래계』 高宗 9년 1월 19일			
40	1872.3.11(高宗九年二月三日)	대수사(大修使) 일행 귀국 보고	鄭顯德	議政府	『동래계』 高宗 9년 2월 3일			
41	1872.4.5(明治五年二月 二十八日)	서계 전달이 지연되는 사정 보고	吉岡弘毅等	外務省	『日外』5, 문서번호 139, pp.309-11.			
42	1872.4.30(明治五年三月二十三日)	宗重正의 서계 및 相良正樹의 구진서(口陳書) 전달 보고	吉岡弘毅等	外務省	『日外』5, 문서번호 140, pp.311-2.			
43	1872.5.9(明治五年四月三日)	서계와 구진서(口陳書)의 수리에 관한 별차의 답변 보고	吉岡弘毅等	外務省	『日外』5, 문서번호 141, pp.312-4.			
44	1872.6.13(明治五年五月八日)	동래부사 면담을 의뢰한 사정 등 보고	吉岡弘毅等	外務省	『日外』5, 문서번호 145, pp.317-8.			
45	1872.7.2(高宗九年五月二十七日)	왜인의 왜관 난출 보고	鄭顯德	議政府	『동래계』 高宗 11년 5월 27일			
46	1872.7.12(高宗九年六月七日)	왜관 난출의 책임 추궁 상주	金炳學		『동래계』 高宗 11년 5월 27일			
47	1872.7.13(高宗九年六月八日)*	왜관 난출 후 동정 보고	鄭顯德	議政府	『일록』 高宗 9년 6월 8일			

번호	발신일/수신일* (음력)	문서제목	발신	수신	문서출처	번역문 출처	관련문서 제목	관련문서 출처
48	1872. 7. 29(明治五年六月二十四日)	왜관난출 및 相良正樹 일행 복귀 보고	吉岡弘毅 等	外務省	『日外』 5, 문서번호 151, pp. 329-31.		(1) 옛 규례에서 벗어난 수교 논의는 불가하다는 차비관의 구진서(口陳書) (2) 上記 구진서(口陳書)에 대한 深見六郎의 반박	(1) 『雜纂』 「日韓尋交ノ爲森山茂廣津弘信一行渡韓件」 二券; 『日外』 5, 문서번호 151, 부기 1, pp. 331-2. (2) 『日外』 5, 문서번호 151, 부기 2, pp. 332-4.
49	1872. 9. 12(明治五年八月十日)	왜관 유지, 정리를 위한 고관의 파견 상신	副島種臣	太政官	『日外』 5, 문서번호 156, pp. 341-2.			
50	1872. 9. 17(明治五年八月十五日)	조선 파견시 유의사항 청훈	花房義質 等	外務省	『日外』 5, 문서번호 157, pp. 342-3.			
51	1872. 10. 26(高宗九年九月二十五日)	일본 외무성 파견원의 무단 입관(入館) 보고	鄭顯德	議政府	『동래계』 高宗11년 9월 25일			
52	1872. 11. 3(高宗九年十月三日)	무단 입관(入館)한 왜인의 귀국 독촉	高宗	議政府	『일기』 高宗9년 10월 3일; 『일록』 같은 날			
53	1872. 12. 6(明治五年十一月六日(?))	왜관 접수 복명서	花房義質	外務省	『日外』 5, 문서번호 167, pp. 355-7.			
(6) 고종 친정(親政) 이후 서계문제								
54	1872. 5. 10(高宗九年四月四日)	동지정사(冬至正使) 閔致庠 복명 기록	閔致庠		『일기』 高宗 9년 4월 4일; 『일록』 같은 날			
55	1872. 6. 5(高宗九年四月三十日)	동지사(冬至使) 朴鳳彬 복명 기록	朴鳳彬		『일기』 高宗 9년 4월 30일; 『일록』 같은 날			
56	1873. 10. 4(高宗十年八月十三日)	진하사(進賀使) 李根弼 복명 기록	李根弼 韓敬源 趙宇熙		『일기』 高宗 10년 8월 13일; 『일록』 같은 날			
57	1874. 2. 26(高宗十一年一月十日)	동래부사 朴齊寬 사폐(辭陛) 시 전교	高宗		『일기』 高宗 11년 1월 10일; 『일록』 같은 날			
58	1874. 3. 14	동래부사 경질설 등 보고	奧義制	森山茂	『日外』 7, 문서번호 206, pp. 349-51.			
59	1874. 5. 15	조선 정세 조사 세부지침 하달	三條實美	森山茂	『日外』 7, 문서번호 208, pp. 360-1; 『三条家文』 32-4.			
60	1874. 6. 21	조선 정세 보고 및 宗重正의 신속한 파견 건의	森山茂	寺島宗則	『日外』 7, 문서번호 210, pp. 362-3.			
61	1874. 7. 16(同治十三年六月三日)/1874. 8. 4(高宗十一年六月二十二日)*	일본과 프랑스, 미국 연합군의 조선 침공 가능성 통보	禮部	高宗	『동문』 4, 「倭情」, p. 3744; 『용호』 4, 「咨文」, p. 315; 『나암』, 「大國咨文」, pp. 129-30; 『실록』 高宗 11년 6월 24일; 『夷務始末』 94, p. 37.			

번호	발신일/수신일*(음력)	문서제목	발신	수신	문서출처	번역문 출처	관련문서 제목	관련문서 출처
62	1874. 8. 7(高宗十一年六月二十五日)	청국 자문(咨文) 관련 논의	高宗, 李裕元		『일기』 高宗 11년 6월 25일			
63	1874. 8. 9(高宗十一年六月二十七日)/1874. 9. 19(同治十三年八月九日)*	일본 및 프랑스, 미국 공사에 대한 효유(曉諭) 요청 및 재자관(齎咨官) 파견 통보	高宗	禮部	『동문』 4, 「倭情」, pp. 3744-5; 『용호』 4, 「回咨文」, pp. 318-9; 『夷務始末』 97, pp. 15-6.			
64	1874. 8. 11(高宗十一年六月二十九日)	도해관(渡海官) 파견 및 安東晙 처벌 상주	李裕元		『일기』 高宗 11년 6월 29일; 『일록』 같은 날			
65	1874. 8. 11(高宗十一年六月二十九日)	어전 회의시 서계 접수 주장	朴珪壽		『일기』 高宗 11년 6월 29일 庚子			
66	1874. 8. 21	조선 정세 변화 보고	森山茂	寺島宗則	『日外』 7, 문서번호 212, pp. 369-71.		8월 15일 浦瀨裕, 金福珠의 대화	『日外』 7, 문서번호 212, 부기, pp. 372-83.
67	1874. 8. 23	廣津弘信의 조선 파견 요청	森山茂	寺島宗則	『日外』 7, 문서번호 213, pp. 383-4.		서계 문제 등에 대한 의견서	『日外』 7, 문서번호 213. 부속서. p. 384.
68	1874. 8. 31	森山茂, 암행어사 수행원 3인의 대화	森山茂	寺島宗則	『日外』 7, 문서번호 214, 부속서, pp. 387-95.			
69	1874. 9. 5/1874. 9. 23*	森山茂의 제안에 대한 회답 기일 약정 보고	森山茂	寺島宗則	『日外』 7, 문서번호 215, pp. 395-7.		9월 3일 玄昔運과 森山茂의 대화 개략	『日外』 7, 문서번호215, 부속서 2. pp. 398-400.
70	1874. 10. 2	宗重正의 파견 중지, 廣津弘信의 파견, 森山茂의 귀국 등 결재 요청	寺島宗則	三條實美	『日外』 7, 문서번호 217, pp. 401-2.		森山茂에 대한 지령안	『日外』 7, 문서번호217, 부기 2, pp. 403-4.
71	1874. 10. 17(同治十三年 九月八日)	일본 및 프랑스, 미국 공사 효유(曉諭) 요청에 대한 회자(回咨)	禮部	高宗	『서계록』 甲戌 9월 1일; 『夷務始末』 97, pp. 27-8.			
72	1874. 10. 25	도해관(渡海官) 파견을 표명한 趙寧夏 서한	森山茂	寺島宗則	『日外』 7, 문서번호 218, 부속서 1, p. 409.			
73	1874. 10. 25	조선의 태도 변화 및 귀경이 지체된 사유 보고	森山茂	寺島宗則	『雜纂』 「日韓尋交ノ爲森山茂廣津弘信渡韓件」 券六			
74	1875. 1. 14/1875. 1. 18*	예조참판에게 보낼 서계안 청훈	寺島宗則	三條實美	『日外』 8, 문서번호 15, pp. 46-7.		(1) 森山茂 파견시 절차 문의 (2) 조선의 내빙사 관련 문의	(1) 『日外』 8, 문서번호 15, 부기, p. 48. (2) 『日外』 8, 문서번호 15, 부기 부속서, p. 48.
75	1875. 1. 17(高宗十一年十二月十日)	동래부사 黃正淵 소견(召見)	高宗, 黃正淵		『일기』 高宗 11년 12월 10일; 『일록』 같은 날			

번호	발신일/수신일* (음력)	문서제목	발신	수신	문서출처	번역문 출처	관련문서 제목	관련문서 출처
76	1875. 1. 31	부속서 두 건을 합철(合綴)한 새 서계안 보고	寺島宗則	三條實美	『日外』, 8, 문서번호 16, p. 49; 『나암』, 「倭國書契抄」, p. 149.			
77	1875. 1	森山茂, 廣津弘信 파견 통보 서계	寺島宗則	禮曹判書	『日外』, 8, 문서번호 17, pp. 52-3; 『나암』, 「倭國書契抄」, pp. 148-9.			
78	1875. 1. 24	조선의 국제법적 지위 판단 및 교섭 방식 청훈	森山茂 廣津弘信	三條實美	『三條家』 32-14.			
79	1875. 2. 2	조선의 국제법적 지위에 따른 교섭 방식 훈령	三條實美	森山茂	『日外』 8, 문서번호 18, p. 53.			
80	1875. 2. 2	조선 파견 이후 교섭 지침	寺島宗則	森山茂	『日外』 8, 문서번호 21, pp. 54-5.			
81	1875. 3. 5	이사관 일행의 도착 및 교섭상황 보고	森山茂 廣津弘信	柳原前光, 山口尙芳	『日外』 8, 문서번호 23, pp. 55-6.			
82	1875. 3. 12(高宗十二年二月五日)	동래부사의 연향(宴享) 및 새 서계 접수 상주	議政府		『일기』 高宗 12년 2월 5일; 『실록』·『일록』 같은 날			
83	1875. 3. 16(高宗十二年二月九日)	개수(改修) 서계의 위격(違格)을 이유로 서계 거부 상주	議政府		『일기』 高宗 12년 2월 9일; 『일록』 같은 날			
84	1875. 3. 25	동래부사 면담 관련 훈도와의 교섭 내용 보고	森山茂	寺島宗則	『日外』 8, 문서번호 25, pp. 60-1.			
85	1875. 4. 1	동래부사 연향 연기 및 보고를 위해 廣津弘信 상경 보고	森山茂	寺島宗則	『日外』 8, 문서번호 26, pp. 68-9.			
86	1875. 4. 18	森山茂에게 보낼 추가 지령안 상신	廣津弘信	寺島宗則	『三条家文』 32-17.			
87	1875. 4. 25	森山茂에게 부여할 추가 지령안 결재 요청	寺島宗則	三條實美	『日外』 8, 문서번호 30, pp. 72-3.			
88	1875. 6. 13(高宗十二年五月十日)	일본 외무성의 새 서계 접수 문제 논의	高宗, 李裕元, 閔奎鎬, 金炳始		『일기』 高宗12년 5월 10일; 『일록』 같은 날			
89	1875. 6. 28(高宗十二年五月二十五日)	서계 접수 여부를 동래부사에게 위임할 것을 상주	議政府		『일기』 高宗12년 5월 25일; 『일록』·『실록』 같은 날			
90	1875. 8. 9(高宗十二年七月九日)	서계를 등서해서 올리게 할 것을 상주	議政府		『일기』 高宗12년 6월 14일 ; 『일록』 같은 날			

번호	발신일/수신일*(음력)	문서제목	발신	수신	문서출처	번역문 출처	관련문서 제목	관련문서 출처
(1) 雲揚號의 강화도 침략								
91	1875.4.23(?)	조선 근해 군함 파견 및 무력 시위 요청	廣津弘信	太政官	『日外』 8, 문서번호 29, pp. 71-2.			
92	1875.6.14	雲揚號 1차 시위 후 훈도와의 접견내용 보고	森山茂	柳原前光	『日外』 8, 문서번호 36, pp. 91-2.			
93	1875.9.22(高宗十二年八月二十三日)	이양선 출현에 대한 조처 상주	議政府		『일기』 高宗 12년 8월 23일; 『일록』 같은 날			
94	1875.9.25(高宗十二年八月二十六日)	永宗鎭 방어 실패 이후 조처 상주	三軍府		『일기』 高宗 12년 8월 26일; 『일록』·『실록』 같은 날			
95	1875.9.29	雲揚號 사건 일지	井上良馨		『雲揚記事』			
96	1875.10.1	부산항 거주 일본인 보호 지령	寺島宗則	森山茂	『日外』 8, 문서번호 57, 부속서 2, p. 132			
97	1875.10.3	雲揚號 사건 통지	寺島宗則	各國駐日公使	『日外』 8, 문서번호 52, pp. 121-2.			
98	1875.10.4	부산 도착 이후 정세 보고	森山茂	寺島宗則	『日外』 8, 문서번호 53, pp. 122-4.			
99	1875.10.5	雲揚號 사건 사후처리의 위임 건의	木戸孝允	太政官	『日外』 8, 문서번호 54, pp. 124-6.			
100	1875.10.9	雲揚號 사건 공식 보고서	川村純義	三條實美	『別錄』 「朝鮮江華島砲擊始末」; 『日外』 8, 문서번호 57, 부속서 1			
101	1875.10.10	대조선 강경책 건의	榎本武揚	寺島宗則	『日外』 8, 문서번호 56, pp. 127-9.			
102	1875.10.13(光緒元年九月十五日)*	雲揚號 사건 통보	鄭永寧	總署	『中日韓』 2, 문서번호 205, p. 264.			
103	1875.11.4	森山茂 복명서	外務大小丞	太政官	『日外』 8, 문서번호 58, p. 133.		(1) 森山茂 복명서 (2) 조선 사절 파견 및 문책 건의	(1) 『日外』 8, 문서번호 58, 부기 1, pp. 133-4. (2) 『日外』 8, 문서번호 58, 부기 2, pp. 134-7.
(2) 조선의 국제적 지위에 관한 청일(淸日) 교섭								
104	1875.11.20	전권변리대신 조선 파견에 관한 훈령	寺島宗則	森有禮	『日外』 8, 문서번호 61, pp. 139-40.			
105	1876.1.10/1876.1.10(光緒元年十二月十四日)*	전권변리대신의 조선 파견을 알리는 절략서(節略書)	森有禮	總署	『中日韓』 2, 문서번호 206, p. 264-5; 『中日』 1, 문서번호 1의 부건 2, p. 2; 『동문』 4, 「倭情」, p. 3747; 『왜사』 丙子 1월 10일			

번호	발신일/수신일*(음력)	문서제목	발신	수신	문서출처	번역문 출처	관련문서 제목	관련문서 출처
106	1876. 1. 13	조선문제에 대한 청국의 입장과 교섭상황 보고	森有禮	三條實美等	『日外』9, 문서번호 38, pp. 141-2; 『森』「使淸日記」二卷.			
107	1876. 1. 13	總署에서의 회담 보고	森有禮	寺島宗則, 鮫島尙信	『日外』9, 문서번호 39, pp. 142-3; 『森』「使淸日記」二卷.			
108	1876. 1. 13/1876. 1. 13(光緒元年十二月十七日)*	李鴻章과의 회담 및 여행 증명서 발급 요청	森有禮	總署	『中日韓』2, 문서번호 207, pp. 265-6.		總署의 회신	『中日韓』2, 문서번호 211, p. 269.
109	1876. 1. 13(光緒元年十二月十七日)/1876. 1. 14*	전권변리대신의 조선 파견을 반대하는 절략서(節略書)	總署	森有禮	『中日』1, 문서번호 1의 부건 3, pp. 2-3; 『中日韓』2, 문서번호 208, pp. 267-8; 『淸外』4, p. 33; 『동문』4, 「倭情」, pp. 3747-8; 『왜사』丙子 1월 10일	[日譯]『日外』9, 문서번호 41 부속서 1, pp. 164-5.		
110	1876. 1. 15/1876. 1. 15(光緒元年十二月十九日)*	청일수호조규의 '소속방토(所屬邦土)' 규정에 관한 조회(1)	森有禮	總署	『中日』1, 문서번호 2의 부건 1, p. 4; 『中日韓』2, 문서번호 212, p. 270; 『淸外』4, pp. 29-30; 『동문』4, 「倭情」, p. 3750; 『왜사』丙子 2월 20일	[日譯]『日外』9, 문서번호 41, 부속서 2, pp. 165-6.		
111	1876. 1. 17(光緒元年十二月二十一日)	森有禮와의 교섭 경과 및 조일 정세 상주	總署	光緒帝	『中日』1, 문서번호 1, p. 1; 『淸外』4, pp. 32-33 및 『中日』1, 문서번호 1의 부건 1, pp. 1-2; 『淸外』4, pp. 33-4.			
112	1876. 1. 18(光緒元年十二月二十二日)/1876. 1. 18*	청일수호조규의 '소속방토 규정에 관한 조회(2)	總署	森有禮	『中日』1, 문서번호 2의 부건 2, pp. 4-5; 『中日韓』2, 문서번호 217, p. 273; 『淸外』4, p. 35.			
113	1876. 1. 19. /1876. 1. 19(光緒元年十二月二十三日)*	청일수호조규의 '소속방토 규정에 관한 조회(3)	森有禮	總署	『中日』1, 문서번호 2의 부건 3, p. 5; 『中日韓』2, 문서번호 219, p. 274; 『淸外』4, p. 35; 『동문』4, 「倭情」, p. 3750; 『왜사』丙子 2월 20일	[日譯]『日外』9, 문서번호 42, 부속서 2, p. 167.		
114	1876. 1. 19(光緒元年 十二月二十三日)/1876. 2. 4(高宗十三年正月十日)*	總署의 상주문 및 일본 공사와 왕래한 절략서(節略書) 전달	禮部	高宗	『동문』4, 「倭情」, p. 3746; 『왜사』丙子 1월 10일			

번호	발신일/수신일*(음력)	문서제목	발신	수신	문서출처	번역문 출처	관련문서 제목	관련문서 출처
115	1876. 1. 19(光緖元年十二月二十三日)/1876. 1. 22(光緖元年十二月二十六日)*	조일 교섭을 조선에 위임할 것을 건의	李鴻章	總署	『李鴻章』 31, 信函 3, G1-11-008, pp. 336-7; 『李文』, 譯署函稿 4, pp. 30-1; 『中日韓』 2, 문서번호 224, pp. 276-7.			
116	1876. 1. 20	總署 교섭 경과 보고 및 조일교섭에 대한 건의	森有禮	寺島宗則	『日外』 9, 문서번호 41, pp. 163-4; 『森』 「使淸日記」 三卷.			
117	1876. 1. 26(光緖二年正月一日)/1876. 1. 28(光緖二年正月三日)*	森有禮 회담 보고	李鴻章	總署	『李鴻章』 31, 信函3, G2-01-001, p. 349 및 G1-12-012, pp. 339-42; 『李文』, 譯署函稿4, pp. 33-7; 『中日』 1, 문서번호 2의 부건 8, pp. 7-9; 『中日韓』 2, 문서번호 229 및 부건 1, pp. 281-8; 『淸外』 5, pp. 4-10; 『동문』 4, 「倭情」, pp. 3752-5; 『왜사』 丙子 2월 20일			
118	1876. 1. 29(光緖二年正月四日)/1876. 1. 29*	청일수호조규의 '소속방토' 규정에 관한 조회(4)	總署	森有禮	『中日』 1, 문서번호 2의 부건 4, p. 5; 『中日韓』 2, 문서번호 230, p. 292; 『동문』 4, 「倭情」, pp. 3751-2; 『왜사』 丙子 2월 20일			
119	1876. 2. 1/1876. 2. 1(光緖二年正月七日)*	청일수호조규의 '소속방토' 규정에 관한 조회(5)	森有禮	總署	『中日』 1, 문서번호 2의 부건 5, pp. 5-6; 『中日韓』 2, 문서번호 232, p. 293; 『淸外』 5, pp. 2-3; 『동문』 4, 「倭情」, pp. 3750-1; 『왜사』 丙子 2월 20일	[日譯] 『日外』 9, 문서번호 46, 부속서 2, pp. 182-3.		
120	1876. 2. 3	總署 교섭 경과 및 李鴻章과의 회담 요지 보고	森有禮	三條實美 等	『日外』 9, 문서번호 44, pp. 168-9.			
121	1876. 2. 3	李鴻章 회담 보고	森有禮	寺島宗則	『日外』 9, 문서번호 45, p. 169.			
122	1876. 2. 7(高宗十三年正月十三日)	일본 사절선의 강화부 도착 통보	高宗	禮部	『동문』 4, 「倭情」, p. 3748; 『왜사』 丙子 1월 14일; 『中日韓』 2, 문서번호 251의 부건 1, p. 307.			
123	1876. 2. 10	森有禮 절략서의 조선 전달 보고	森有禮	三條實美 等	『日外』 9, 문서번호 46, pp. 180-1; 『森』 「使淸日記」 四卷; 『陸奧文』 朝鮮問題 I-1.			

번호	발신일/수신일* (음력)	문서제목	발신	수신	문서출처	번역문 출처	관련문서 제목	관련문서 출처
124	1876. 2. 12(光緖二年正月十八日)/1876. 2. 12*	청일수호조규의 '소속방토' 규정에 관한 조회(6)	總署	森有禮	『中日』1, 문서번호 2의 부건 6, p. 6; 『中日韓』2, 문서번호 235, p. 295; 『淸外』5, pp. 3-4; 『동문』4, 「倭情」, p. 3752; 『왜사』丙子 2월 20일			
125	1876. 2. 14/1876. 2. 14(光緖二年正月二十日)*	청일수호조규의 '소속방토' 규정에 관한 조회(7)	森有禮	總署	『中日』1, 문서번호 2의 부건 7, pp. 6-7; 『中日韓』2, 문서번호 236, p. 296; 『淸外』5, p. 4; 『동문』4, 「倭情」, p. 3751; 『왜사』丙子 2월 20일	[日譯]『日外』9, 문서번호 47, 부속서 2, pp. 184-5.		
126	1876. 2. 24(光緖二年正月三十日)	일본 사신과의 왕복조회문 등의 조선 전달 상주	總署	光緖帝	『中日』1, 문서번호 2, pp. 3-4; 『淸外』5, pp. 1-2; 『동문』4, 「倭情」, pp. 3749-50; 『왜사』丙子 2월 20일			
127	1876. 2. 27(光緖二年二月初三日)/1876. 3. 15(高宗十三年二月二十日)*	일본 사신과의 왕복조회문 등 전달	禮部	高宗	『동문』4, 「倭情」, p. 3749; 『왜사』丙子 2월 20일; 『中日韓』2, 문서번호 242, p. 299.			
				(3) 강화부 협상				
128	1875. 11. 22(?)	선보사(先報使) 파견 결재 요청	寺島宗則	三條實美	『日外』8, 문서번호 62, pp. 140-1.		변리대신 파견 통고를 위해 도한한 廣津弘信의 보고 개략	『日外』9, 문서번호 3의 부기 2. Pp. 3~4.
129	1875. 12. 9	특명전권변리대신으로서 조선 파견을 명하는 사령장	三條實美	黑田淸隆	『日外』8, 문서번호 64, pp. 143-44.		(1) 三條實美가 黑田淸隆에게 내린 훈조(訓條) (2) 三條實美가 黑田淸隆에게 내린 내유(內諭) (3) 내유(內諭) 중 강화 항구 개항 및 항행권(航行權) 협상에 관한 위임 (4) 黑田淸隆 파견의 취지	(1)『日外』8, 문서번호 64, 부기 3, pp. 145-7. (2)『日外』8, 문서번호 64, 부기 4, pp. 147-8. (3)『日外』8, 문서번호 64, 부기 5, p. 148. (4)『日外』8, 문서번호 64, 부기 6, pp. 148-9. (5)『日韓史料』第1卷 문서번호 21

번호	발신일/수신일* (음력)	문서제목	발신	수신	문서출처	번역문 출처	관련문서 제목	관련문서 출처
130	1875. 12. 19(?)	전권변리대신의 江華島 파견을 통고하는 구진서(口陳書)	廣津弘信	洪祐昌	『日外』, 8, 문서번호 67, pp. 150-1; 『나암』, 「日本另具弘信書」 및 「口陳書」, p. 163.		(1) 구진서 사본을 동래부사에게 송달했음을 통보 (2) 구진서 사본을 조선 조정에 송달했음을 통보	(1) 『日外』 8, 문서번호 67, 부기 1, p. 151. (2) 『日外』 8, 문서번호 67, 부기 2, p. 151.
131	1876. 1. 6	화의 결렬시 출병 건의안	黑田淸隆		『日韓資料』 第1卷 문서번호 29.		朝鮮征討 사단 사령장	『日韓史料』 第1卷 문서번호 29; 「李藤」 1, 문서번호 13.
132	1876. 1. 14	전권변리대신 호위 무관 및 병력 명부	海軍秘書官	田邊外務大丞	『日外』 9, 문서번호 2, pp. 1-2.			
133	1876. 1. 15(高宗十二年十二月十九日)*	黑田淸隆 사절 선단 중 4척의 강화 이동 보고	洪祐昌	議政府	『왜사』 丙子 1월 2일 啓下			
134	1876. 1. 15	전권사절단의 출항 통보	山之城祐長	李濬秀	『日外』 9, 문서번호 3, pp. 2-3; 『동문』 4, 「公使」 1, p. 4139; 『왜사』 丙子 1월 2일 啓下			
135	1876. 1. 17	강화도에 2개 대대 병력 증파 요청	黑田淸隆	三條實美	『黑田』 90-1.			
136	1876. 1. 19	조선과의 개전 시 군사 작전안	山縣有朋 鳥尾小弥太		『三条家文』 51-9.			
137	1876. 1. 29(高宗十三年一月四日)*	강화부 판관 朴齊近의 문정 결과 보고	趙秉式	議政府	『왜사』 丙子 1월 4일 啓下; 『실록』 13년 1월 4일; 『일록』 같은 날; 『용호』 4, 「江華問情記(乙亥臘月二十八日)」, pp. 350-2.		일본측 기록	『日外』 9, 문서번호 4, pp. 24-6
138	1876. 1. 29(高宗十三年一月四日)	남양부사 姜潤의 문정 결과 보고	閔台鎬	議政府	『왜사』 丙子 1월 4일 啓下; 『일록』 같은 날; 『동문』 4, 「公使」 1, p. 4139; 『용호』 4, 「問情記(正月日)」, pp. 348-50.			
139	1876. 1. 29	吳慶錫, 玄昔運 내방 기록	宮本小一 森山茂		『日外』 9, 문서번호 5, pp. 26-7.			
140	1876. 1. 30(高宗十三年一月五日)	접견 대관과 부관의 임명	議政府		『일기』 高宗 13년 1월 5일; 『실록』·『일록』 같은 날			
141	1876. 1. 30(高宗十三年一月五日)*	李熙闓, 李應浚의 문정 결과 보고	趙秉式	議政府	『왜사』 丙子 1월 6일 啓下; 『동문』 4, 「公使」 1, p. 4139-40.			
142	1876. 2. 1(高宗十三年一月七日)*	吳慶錫, 玄昔運의 문정 결과 보고	閔台鎬	議政府	『왜사』 丙子 1월 7일 啓下; 『심행』·『일록』 같은 날		일본측 기록	『日外』 9, 문서번호 6

번호	발신일/수신일*(음력)	문서제목	발신	수신	문서출처	번역문 출처	관련문서 제목	관련문서 출처
143	1876.2.1(高宗十三年一月七日)*	尹暎의 문정기록(1)	尹暎	閔台鎬	『심행』丙子 1월 8일			
144	1876.2.2(高宗十三年一月八日)*	尹暎의 문정기록(2)	尹暎	趙秉式	『심행』丙子 1월 9일; 『왜사』丙子 1월 10일 啓下; 『일록』같은 날		일본측 기록	『日外』9, 문서번호 9, pp. 44-9.
145	1876.2.5(高宗十三年一月十一日)*	동래부사의 대마도 왜인 古藤 탐정기(探情記)	議政府	申櫶	『심행』丙子 1월 11일			
146	1876.2.5(高宗十三年一月十一日)*	吳慶錫, 玄昔運의 森山武 문정 결과 보고	申櫶	議政府	『심행』丙子 1월 11일; 『왜사』丙子 1월 11일 啓下; 『실록』13년 1월 13일		일본측 기록	『日外』9, 문서번호 10, pp. 49-53.
147	1876.2.5(高宗十三年一月十一日)	森山茂 일행 접견 보고	朴齊近	議政府	『왜사』丙子 1월 12일 啓下; 『심행』丙子 1월 12일; 『일록』같은 날			
148	1876.2.5	호위 병력의 숙소 마련 독촉 지령	黑田淸隆, 井上馨	森山茂 等	『日外』9, 문서번호 12, p. 57.			
149	1876.2.6	강화부 유수와의 회견 결과 보고	森山茂, 安田定則	黑田淸隆 等	『日外』9, 문서번호 11, pp. 53-4.		森山茂 등과 趙秉式의 회견 기록	『日外』9, 문서번호 11, 부기, pp. 54-7.
150	1876.2.6(高宗十三年一月十二日)/1876.2.7(高宗十三年 一月十三日)*	森山茂와의 예비교섭 결과 보고	尹滋承	議政府	『심행』丙子 1월 12일; 『왜사』丙子 1월 13일 啓下; 『일록』高宗 13년 1월 13일; 『용호』4, 「副官尹滋承狀啓」, pp. 336-8 및 「與副使森山武問答記」, pp. 340-1.		일본측 기록	『日外』9, 문서번호 13 및 부기, pp. 58-65
151	1876.2.7(高宗十三年 一月十三日)*	폐무(廢務) 후 자인소(自引疏)	趙秉式	高宗	『공거』11, 「沁留趙秉式以倭人下陸事自引疏」; 『심행』丙子 1월 12일; 『일기』高宗 13년 1월 13일; 『일록』같은 날			
152	1876.2.8(高宗十三年一月十四日)	일본 사절단의 강화부 입성 여부를 접견대관에게 위임	高宗	議政府	『일기』高宗 13년 1월 14일; 『일록』·『실록』같은 날			
153	1876.2.9(高宗十三年一月十五日)	일본 사절단의 입경 불허 지시	議政府	申櫶	『심행』丙子 1월 15일; 『왜사』丙子 1월 15일 啓下			
154	1876.2.10(高宗十三年一月十六日)/1876.2.11(高宗十三年一月十七日)*	일본 사절단의 강화부 입성 및 접견례	申櫶	議政府	『심행』丙子 1월 16일; 『왜사』丙子 1월 17일 啓下; 『일록』같은 날; 『용호』4, 「大官副官狀啓」, pp. 341-2.		일본측 기록	『日外』9, 문서번호 14, pp. 65-6

번호	발신일/수신일* (음력)	문서제목	발신	수신	문서출처	번역문 출처	관련문서 제목	관련문서 출처
155	1876. 2. 10/1876. 4. 5*	조약 체결 後 花房義質의 조선 주차(駐箚) 건의	榎本武揚	寺島宗則	『日外』 9, 문서번호 15, pp. 79-80.			
156	1876. 2. 11(高宗十三年一月十七日)/1876. 2. 13 (高宗十三年 一月十九日)*	제1차 공식회담	申櫶		『심행』 丙子 1월 17일; 『왜사』 丙子 1월 19일 啓下; 『실록』 13년 정월 19일; 『일록』 같은 날; 『용호』 4, 「沁留再疏」, pp. 343-8.		일본측 기록	『日外』 9, 문서번호 16, pp. 80-7
157	1876. 2. 12(高宗十三年一月十八日)/1876. 2. 14 (高宗十三年 一月二十日)*	제2차 공식회담	申櫶		『심행』 丙子 1월 18일; 『왜사』 丙子 1월 20일 啓下; 『실록』 13년 1월 20일; 『일록』 같은 날		일본측 기록	『日外』 9, 문서번호 17, pp. 87-92
158	1876. 2. 12(高宗十三年一月十八日)	일본 측 수호조규 안(案)	黑田淸隆	申櫶	『심행』 丙子 1월 19일; 『왜사』 1 丙子 1월 21일 啓下; 『일록』 1월 21일; 『용호』 4, 「彼人書契約條」, pp. 358-60; 『나암』, 「日本請和條約」, pp. 172-4.			
159	1876. 2. 12(高宗十三年一月十八日)	대일 협상에 반대하는 대원군 서한	大院君	議政府大臣	『용호』 4, 「正月十八日 雲峴書」, pp. 352-3; 『나암』, 「大院位抵廟堂書(十七日)」, p. 170.			
160	1876. 2. 13(高宗十三年一月十九日)/*1876. 2. 15 (高宗十三年一月二十一日)	제3차 공식회담	申櫶		『심행』 丙子 1월 19일; 『왜사』 丙子 1월 21일 啓下; 『실록』 13년 1월 21일; 『일록』 같은 날		일본측 기록	『日外』 9, 문서번호 18, pp. 92-5
161	1876. 2. 13	吳慶錫과의 필담	森山茂		『日外』 9, 문서번호 19, pp. 95-6.			
162	1876. 2. 14(高宗十三年一月二十日)	일본의 수호조규 체결 요구에 관한 어전회의	金炳學, 李裕元, 李最應, 金炳國, 朴珪壽, 閔致庠 등		『일기』 高宗 13년 正月 20日 壬子; 『실록』 · 『일록』 같은 날			
163	1876. 2. 15(高宗十三年一月二十一日)/1876. 2. 16 (高宗十三年 一月二十二日)*	수호조규 전문(前文) 및 의정부 조회문안에 관한 지침	議政府	申櫶	『왜사』 丙子 1월 21일 啓下; 『심행』 丙子 1월 22일; 『나암』, 「政府答日本書」, p. 174.			
164	1876. 2. 15(高宗十三年一月二十一日)	吳慶錫과 浦瀨裕, 荒川德滋 필담	申櫶		『심행』 丙子 1월 21일			

번호	발신일/수신일* (음력)	문서제목	발신	수신	문서출처	번역문 출처	관련문서 제목	관련문서 출처
165	1876.2.16(高宗十三年一月二十二日)/1876.2.17(高宗十三年一月二十三日)*	지부복궐척화의소(持斧伏闕斥和議疏)	崔益鉉		『면암』 3, 疏「持斧伏闕斥和議疏」; 『일기』 高宗 13년 1월 23일; 『실록』·『일록』 같은 날; 『용호』 4, 「死罪臣崔益鉉上疏 (正月二十三日)」, pp. 361-3; 『나암』, 「前參判崔益鉉疏」, pp. 176-8.			
166	1876.2.18(高宗十三年一月二十四日)	통상 허용 및 조규 문안에 관한 상주	議政府		『심행』 丙子 1월 25일; 『왜사』 丙子 1월 24일 啓下; 『일기』 高宗 13년 1월 24일; 『실록』·『일록』 같은 날			
167	1876.2.19(高宗十三年一月二十五日)	협상 전권 부여	議政府		『일기』 高宗 13년 1월 25일; 『실록』·『일록』 같은 날; 『왜사』 丙子 1월 25일 啓下; 『심행』 丙子 1월 26일			
168	1876.2.19(高宗十三年一月二十五日)	수호조규 조관별 심의	申櫶		『심행』 丙子 1월 25일		일본측 기록	『日外』 9, 문서번호 20, pp. 97-9.
169	1876.2.19(高宗十三年一月二十五日)/*1876.2.20(高宗十三年一月二十六日)	일본의 사죄요구에 대한 조회문안	議政府	黑田淸隆	『심행』 丙子 1월 26일; 『왜사』 丙子 1월 25일 啓下; 『실록』 13년 1월 25일; 『용호』 4, 「正月二十五日」, pp. 356-8.			
170	1876.2.20(高宗十三年一月二十六日)/1876.2.21(高宗十三年一月二十七日)*	비준 양식 관련 제안	宮本小一	申櫶	『심행』 丙子 1월 26일			
171	1876.2.20(高宗十三年一月二十六日)	제4차 공식회담	申櫶		『심행』 丙子 1월 26일		일본측 기록	『日外』 9, 문서번호 21, pp. 99-103.
172	1876.2.20(高宗十三年一月二十六日)/1876.2.21(高宗十三年一月二十七日)*	수호조규 원안 수정 및 조항 추가 지시	議政府	申櫶	『심행』 丙子 1월 28일; 『왜사』 丙子 1월 26일 啓下			
173	1876.2.21	森山茂·宮本小一와 申櫶의 회담	野村靖		『日外』 9, 문서번호 22, pp. 105-6.			
174	1876.2.22(高宗十三年一月二十八日)	安田定則, 荒川德滋와의 회담	申櫶		『심행』 丙子 1월 28일		일본측 기록	『日外』 9, 문서번호 23, pp. 107-8.
175	1876.2.22(高宗十三年一月二十八日)	申櫶의 반간책(反間策)	申櫶		『심행』 丙子 1월 28일			

번호	발신일/수신일* (음력)	문서제목	발신	수신	문서출처	번역문 출처	관련문서 제목	관련문서 출처
176	1876. 2. 22(高宗十三年一月二十八日)	일본측 비준서안(案)	黑田淸隆	申櫶	『심행』丙子 1월 28일; 『실록』13년 2월 3일; 『왜사』丙子 2월 5일 啓下			
177	1876. 2. 22(高宗十三年一月二十八日)/1876. 2. 23(高宗十三年一月二十九日)*	협상 전권의 환수를 청하는 상소	申櫶	高宗	『심행』丙子 1월 28일; 『왜사』丙子 1월 29일 啓下; 『일록』高宗 13년 1월 29일		상소에 대한 비답	『심행』丙子 1월 28일; 『왜사』丙子 1월 29일 啓下; 『일기』高宗 13년 1월 29일; 『일록』·『실록』 같은날
178	1876. 2. 22	黑田淸隆의 협상 결렬 선언 후 회담	日本全權部		『日外』9, 문서번호 24, pp. 109-10.		대조선 절교서안	『日外』9, 문서번호 24, 부기, pp. 111-3.
179	1876. 2. 22(高宗十三年一月二十八日)	조정의 회답 기일에 관한 각서	申櫶 尹滋承	宮本小一等	『심행』丙子 1월 28일; 『日外』9, 문서번호 25, p. 113.		(1) 비준양식 등에 관한 일본측 요구 (2) 의정부 조회문안	(1)『日外』9, 문서번호 25, 부기 1, pp. 113-4. (2)『日外』9, 문서번호 25, 부기 2, p. 114.
180	1876. 2. 24(高宗十三年一月三十日)	宮本小一과의 협상	申櫶		『심행』丙子 1월 30일			
181	1876. 2. 24(高宗十三年一月三十日)/1876. 2. 25(高宗十三年 二月一日)*	조일수호조규 조선 측 비준서	議政府	申櫶	『심행』丙子 2월 1일; 『왜사』丙子 1월 30일 啓下; 『동문』4, 「約條」2, p. 4126; 『일록』高宗13년 1월 30일; 『실록』13년 2월 3일; 『구한국』1(일안 1) p. 4.			
182	1876. 2. 24(高宗十三年一月三十日)/1876. 2. 25(高宗十三年 二月一日)*	일본의 사죄 요구에 대한 수정 조회문	議政府	黑田淸隆	『심행』丙子 2월 1일; 『동문』4, 「約條」2, p. 4128; 『왜사』丙子 1월 30일 啓下; 『일록』高宗 13년 1월 30일; 『실록』13년 2월 3일			
183	1876. 2. 25(高宗十三年二月一日)	비준 문서 양식 협상	申櫶		『심행』丙子 2월 1일			
184	1876. 2. 26	宮本小一 수록(手錄)	宮本小一	申櫶	『심행』丙子 2월 2일	[漢譯]『심행』丙子 2월 2일; 『동문』4, 「約條」2, p. 4130; 『왜사』丙子 2월 5일 啓下; 『실록』13년 2월 3일; 『용호』4, 「彼人手錄」, p. 369; 『구한국』1 (일안 1) p. 1.		

번호	발신일/수신일*(음력)	문서제목	발신	수신	문서출처	번역문 출처	관련문서 제목	관련문서 출처
185	1876.2.27(高宗十三年二月三日)/1876.2.29(高宗十三年二月五日)*	조일수호조규 조인 보고	申櫶	議政府	『심행』丙子 2월 3일; 『왜사』丙子 2월 5일 啓下; 『일록』高宗 13년 1월 30일; 『실록』13년 2월 3일		일본측 기록	『日外』9, 문서번호 29, pp. 120-1.
186	1876.2.27	전권변리대신의 조인식 축사	黑田淸隆	申櫶	『日外』9, 문서번호 29, 부기, pp. 121-2.	[漢譯]『동문』4, 「公使」1, p. 4140; 『왜사』丙子 2월 5일 啓下; 『심행』丙子 2월 3일; 『실록』13년 2월 3일; 『구한국』1(일안 1) p.4.		
187	1876.2.27(高宗十三年二月三日)	宮本小一 등과의 회견 기록	申櫶		『심행』丙子 2월 4일; 『일록』高宗 13년 2월 5일		일본측 기록	『日外』9, 문서번호 30, pp. 122-9.
188	1876.2.29(高宗十三年二月五日)	대신들이 어전에서 사직을 청함	李裕元, 金炳學, 洪淳穆, 朴珪壽, 李最應, 金炳國		『일기』高宗 13년 2월 5일; 『실록』·『일록』같은 날			
189	1876.2.30(高宗十三年二月六日)	조일수호조규 체결 복명	申櫶, 尹滋承		『심행』丙子 2월 5일; 『일기』高宗 13년 2월 6일; 『실록』·『일록』같은 날			
190	1876.2.30(高宗十三年二月六日)	조일수호조규 하달 관문(關文)	議政府		『왜사』丙子 2월 9일 啓下; 『실록』같은 날			
191	1876.3.5	조일수호조규 체결 복명서	黑田淸隆		『日外』9, 문서번호 31, pp. 129-31.			
192	1876.3.10	조선 측에서 요청한 6개조에 관한 보고	宮本小一	寺島宗則	『日外』9, 문서번호 32, pp. 131-3.			
193	1876.3.22	조일수호조규 일본 측 비준서	寺島宗則	朝鮮政府	『日外』9, 문서번호 33, p. 134.	[漢譯]『동문』4, 「約條」2, p. 4128; 『왜사』丙子 6월 10일 「彼人所呈批準」		
(4) 조일수호조규 전후 청조(淸朝)의 대응								
194	1876.1.9(光緖元年十二月十三日)*	李裕元-李鴻章 서한(1)	李裕元	李鴻章	『李鴻章』31, 信函 3, G1-12-003, p. 334; 『李文』, 譯署函稿 4, pp. 31-2; 『中日韓』2, 문서번호 224의 부건 1, pp. 277-8.			

번호	발신일/수신일* (음력)	문서제목	발신	수신	문서출처	번역문 출처	관련문서 제목	관련문서 출처
195	1876.1.10(光緖元年十二月十四日)	李裕元-李鴻章 서한(2)	李鴻章	李裕元	『가오』1책 書「答肅毅伯李中堂鴻章書 附: 原書」; 『李鴻章』31, 信函 3, G1-12-004, p.334; 『李文』, 譯署函稿 4, pp.31-2; 『中日韓』2, 문서번호 224의 부건 2, p.278.			
196	1876.3.7(高宗十三年二月十二日)/1876.4.20(光緖二年三月二十六日)*	조일수호조규 체결 경위 및 내용을 알리는 자문(咨文)	高宗	禮部	『동문』4, 「倭情」, pp.3748-9; 『왜사』丙子 2월 12일; 『中日』1, 문서번호 3의 부건 1, pp.10-1; 『中日韓』2, 문서번호 260의 부건 1, p.316-8.			
197	1876.3.12(光緖二年二月十七日)*	조일수호조규 체결 통고	森有禮	總署	『中日韓』2, 문서번호 245, p.303.		總署의 회신	『中日韓』2, 문서번호 248, p.305.
198	1876.3.20(高宗十三年二月二十五日)/1876.5.30(光緖二年五月初八日)*	일본 사신과의 교섭에 대한 사의(謝意)를 표하는 자문(咨文)	高宗	禮部	『동문』4, 「倭情」, p.3755; 『왜사』2 丙子 2월 5일; 『中日』1, 문서번호 5의 부건 1, pp.11-2; 『中日韓』2, 문서번호 264의 부건 2, pp.321-2; 『淸外』5, pp.14-5.			
199	1876.5.30(光緖二年五月初八日)	조일수호조규 체결 경위 상주	總署	光緖帝	『中日』1, 문서번호 4, p.11; 『中日韓』2, 문서번호 263, pp.320-1; 『德宗實錄』29, 丁卯條, p.6; 『淸外』5, pp.34-5.			
200	1876.6.6(高宗十三年五月十五日)	李裕元-李鴻章 서한(3)	李裕元	李鴻章	『가오』1, 書「答肅毅伯李中堂鴻章書」			
201	1876.9~10(?)	李裕元-李鴻章 서한(4)	李鴻章	李裕元	『庸盦外』3, p.60.			
202	1878.9.29(光緖四年九月四日)	李裕元-李鴻章 서한(5)	李鴻章	李裕元	『가오』1, 書「答肅毅伯書(1) 附: 原書」; 『庸盦外』3, pp.61-2.			
203	1878.11.19(高宗十五年十月二十五日)	李裕元-李鴻章 서한(6)	李裕元	李鴻章	『가오』1, 書「上保定書」			
204	1879.1.7(高宗十五年十二月十五日)	李裕元-李鴻章 서한(7)	李裕元	李鴻章	『가오』1, 書「答肅毅伯書(1)」			
205	1879.2.16(光緖五年一月二十六日)	李裕元-李鴻章 서한(8)	李鴻章	李裕元	『가오』1, 書「答肅毅伯書(1) 附: 再書」			

번호	발신일/수신일* (음력)	문서제목	발신	수신	문서출처	번역문 출처	관련문서 제목	관련문서 출처
				(1) 수신사(修信使) 金綺秀 파견				
206	1876.3.17(高宗十三年二月二十二日)	수신사 파견 결정	議政府	高宗	『일기』 高宗 13년 2월 22일; 『실록』·『일록』 같은 날			
207	1876.3.28	수신사 파견에 관한 협의	李濬秀, 山之城祐長		『日外』 9, 문서번호 51, p. 188.			
208	1876.4.3(高宗十三年三月九日)/1876.6.15(光緖二年五月二十四日)*	수신사 파견 통보	高宗	禮部	『동문』 4, 「倭情」, p. 3756; 『왜사』 2 丙子 3월 9일; 『中日』 1, 문서번호 6의 부건 1, p. 15.『中日韓』 2, 문서번호 266의 부건 2, p. 324; 『德宗實錄』 32, 甲寅條, p. 32; 『清外』 5, pp. 33-4.			
209	1876.4.26	수신사 영접 절차 전달	宮本小一	黑田淸隆	『日外』 9, 문서번호 55의 부기			
210	1876.4.27(高宗十三年四月四日)	수신사 파견 서계(1)	金尙鉉	寺島宗則	『일동』 4, 文事「書契」; 『동문』 4, 「修信」 1, p. 4135; 『왜사』 丙子 4월 4일			
211	1876.4.27(高宗十三年四月四日)	수신사 파견 서계(2)	李寅命	宮本小一	『일동』 4, 文事「書契」; 『동문』 4, 「修信」 1, p. 4135; 『왜사』 丙子 4월 4일			
212	1876.4.27(高宗十三年四月四日)	수신사 사폐(辭陛)시 전교	高宗		『일기』 高宗13년 4월 4일; 『일록』 같은 날			
213	1876.5.14(高宗十三年四月二十一日)	수신사 영접 관련사항 통보	山之城祐長	洪祐昌	『동문』 4, 「修信」 1, pp. 4135-6; 『용호』 4, 「修信使金綺秀乘船時日本人文蹟」, pp. 371-2.			
214	1876.5.30(高宗十三年五月八日)	金綺秀와 寺島宗則·宮本小一·森山茂 회담	金綺秀		『일동』 2, 「問答(九則)」; 『수신사』 pp. 113-8.			
215	1876.5.30(?)	수신사 영접 복명서	水野誠一等	日本政府	『日外』 9, 문서번호 57, pp. 195-8.			
216	1876.6.1(高宗十三年五月十日)	金綺秀·森山茂 회담	金綺秀		『일동』 2, 「問答(九則)」; 『수신사』 pp. 118-20.			
217	1876.6.3(高宗十三年五月十二日)	金綺秀·宮本小一 회담(1)	金綺秀		『일동』 2, 「問答(九則)」; 『수신사』 pp. 120-1.			
218	1876.6.3	조선 표류민 인도 통보	寺島宗則	金綺秀	『일동』 4, 「文事(九則)」	[漢譯] 좌동	표류민 인도 통보에 대한 회신	『일동』 4, 「文事(九則)」
219	1876.6.4(高宗十三年五月十三日)	金綺秀·井上馨 회담(1)	金綺秀		『일동』 2, 「問答(九則)」; 『수신사』 p. 122.			

번호	발신일/수신일* (음력)	문서제목	발신	수신	문서출처	번역문 출처	관련문서 제목	관련문서 출처
220	1876.6.8(高宗十三年五 月十七日)	金綺秀·井上馨 회담(2)	金綺秀		『일동』2,「問答(九則)」;『수신사』pp.122-3.			
221	1876.6.13(高宗十三年五月二十二日)	金綺秀·古澤經範 회담	金綺秀		『일동』2,「問答(九則)」;『수신사』pp.123-5.			
222	1876.6.13	수신사 일본 체류일정	奧義制		『日外』9, 문서번호 64의 부기			
223	1876.6.14(高宗十三年五月二十三日)	金綺秀·九鬼隆一 회담	金綺秀		『일동』2,「問答(九則)」;『수신사』p.125.			
224	1876.6.15(高宗十三年五月二十四日)	金綺秀·宮本小一 회담(2)	金綺秀		『일동』2,「問答(九則)」;『수신사』pp.126-8.			
225	1876.6.17/1876.7.21(高宗十三年六月一日)*	수신사 파견 서계에 대한 회답(1)	寺島宗則	金尙鉉	『수신사』pp.155-9;『일기』高宗 13년 6월 1일;『실록』·『일록』같은 날;『용호』4,「修信使入侍時筵說(六月初一日)」, pp.382-6;『나암』,「修信使入侍筵說」, pp.186-9.	[漢譯]『일동』4,「文事(九則)」;『동문』4,「修信」1, pp.4136-7;『왜사』丙子 6월 1일「修信使回便彼人答書契」;『구한국』1(일안1) pp.5-6.		
226	1876.6.17/1876.7.21(高宗十三年六月一日)*	수신사 파견 서계에 대한 회답(2)	宮本小一·森山茂	李寅命	『구한국』1(일안1) p.6.			
227	1876.6.17(高宗十三年五月二十六日)	외무경 이하 관원들과의 고별대화	金綺秀		『일동』2,「問答(九則)」;『수신사』pp.128-9.			
228	1876.7.21(高宗十三年六月一日)	수신사 복명	金綺秀		『수신사』pp.155-9;『일기』高宗 13년 6월 1일 庚寅;『실록』·『일록』같은 날;『용호』4,「修信使入侍時筵說(六月初一日)」, pp.382-6;『동문』4,「信行別單」1, pp.4176-9.			
229	1876.7.31(高宗十三年六月十一日)	수신사 보고서	金綺秀		『일동』4,「別單(十四則)」;『왜사』3 丙子 6월 11일「啓下回還修信使聞見別單」;『수신사』pp.149-155;『동문』4,「信行別單」1, pp.4176-9.			
				(2) 관세와 공사 주경(駐京)				
230	1876.3	조선에 파견할 공사 등급에 관한 보고	宮本小一, 野村靖	寺島宗則	『日外』9, 문서번호 34, pp.134-5.			

번호	발신일/수신일* (음력)	문서제목	발신	수신	문서출처	번역문 출처	관련문서 제목	관련문서 출처
231	1876.4	조일수호조규 후속 조처에 관한 상신	黑田淸隆 等	三條實美	『日外』9, 문서번호 35, pp. 136-9.			
232	1876.5.25/1976.5.27	통상장정심의 위원 파견 및 조선 연해 측량에 관한 건의	黑田淸隆	三條實美	『黑田』81-20; 『三條家』51-10.			
233	1876.6.3	공사 주경(駐京) 문제 및 통상장정 협상에 관한 3개 안의 제시	寺島宗則	三条実美	『日外』9, 문서번호 66.			
234	1876.6.17/1876.7.21(高宗十三年六月一日)*	宮本小一의 경성 파견 통보	寺島宗則	金尙鉉	『구한국』1(일안1) pp. 4-5; 『일동』4, 「文事(九則)」; 『왜사』丙子 6월 1일 「修信使回便彼人答書契」; 『구한국』1(일안1) p. 5.		金尙鉉의 회신	『왜사』丙子 7월 8일; 『동문』4, 「公使」1, p. 4140.
235	1876.6.28	조일수호조규 부록 협상 지침	三条実美	宮本小一	『日外』9, 문서번호 71, pp. 219-20.			
236	1876.6.28/1876.7.30(高宗十三年六月十日)*	宮本小一 신임장	寺島宗則	金尙鉉	『구한국』1(일안1) p. 7.	[漢譯] 『동문』4, 「公使」1, pp. 4140-1; 『왜사』丙子 6월 10일 「彼人所呈批準」; 『구한국』1(일안1) p. 7.		
237	1876.6.28	宮本小一 파견 구진서(口陳書)	山之城祐長	東萊府使	『동문』4, 「公使」1, p. 4140; 『왜사』丙子 6월 2일 啓下			
238	1876.8.5(高宗十三年六月十八日)	趙寅熙 · 宮本小一 회담(1)	宮本小一		『日外』9, 문서번호 80, pp. 230-5.			
239	1876.8.5	일본 측 통상장정(무역규칙) 원안	宮本小一	趙寅熙	『왜사』4 丙子 6월 16일 「彼人所定講本」			
240	1876.8.5	일본 측 제시 안건	宮本小一	趙寅熙	『왜사』4 丙子 6월 16일 「彼人所定講本」			
241	1876.8.7(高宗十三年六月十八日)	趙寅熙 · 宮本小一 회담(2)	趙寅熙		『왜사』4 丙子 6월 18일 「講修問答」; 『나암』「講修官趙寅熙與倭問答」, pp. 189-92.		일본측 기록	『日外』9, 문서번호 81 및 부기, pp. 235-43.
242	1876.8.7(高宗十三年六月十八日)	宮本小一의 요청에 대한 회신	趙寅熙	宮本小一	『왜사』4 丙子 6월 18일 「講修問答」			
243	1876.8.7(高宗十三年六月十八日)	일본 측 수호조규부록 원안	宮本小一	講修官	『왜사』4 丙子 6월 18일 「講修問答」			

번호	발신일/수신일* (음력)	문서제목	발신	수신	문서출처	번역문 출처	관련문서 제목	관련문서 출처
244	1876.8.9(高宗十三年六月二十日)	趙寅熙·宮本小一 회담(3)	趙寅熙		『왜사』 4 丙子 6월 20일 「講修問答」		일본측 기록	『日外』 9, 문서번호 82, pp. 243-49.
245	1876.8.10(高宗十三年六月二十一日)	趙寅熙·宮本小一 회담(4)	趙寅熙		『왜사』 4 丙子 6월 21일 「講修問答」		일본측 기록	『日外』 9, 문서번호 83, pp. 249-53.
246	1876.8.10(高宗十三年六月二十一日)	강수조규(講修條規)	趙寅熙	宮本小一	『왜사』 4 丙子 6월 21일 「講修問答」			
247	1876.8.11(高宗十三年六月二十二日)	趙寅熙·宮本小一 회담(5)	趙寅熙		『왜사』 4 丙子 6월 22일 「講修問答」		일본측 기록	『日外』 9, 문서번호 84, pp. 253-5.
248	1876.8.13(高宗十三年六月二十四日)	申櫶·尹滋承·趙寅熙 와 宮本小一 회담	申櫶, 尹滋承, 趙寅熙		『왜사』 4 丙子 6월 24일 「大副官問答」 및 「講修官問答」		일본측 기록	『日外』 9, 문서번호 85, pp. 256-60.
249	1876.8.16(高宗十三年六月二十七日)	趙寅熙·宮本小一 회담(6)	趙寅熙		『왜사』 4 丙子 6월 27일 「講修官問答」		일본측 기록	『日外』 9, 문서번호 86, pp. 260-5.
250	1876.8.17(高宗十三年六月二十八日)	趙寅熙·宮本小一 회담(7)	趙寅熙		『왜사』 5 丙子 6월 28일 「講修問答」		일본측 기록	『日外』 9, 문서번호 87, pp. 265-6.
251	1876.8.18(高宗十三年六月二十九日)	趙寅熙·宮本小一 회담(8)	趙寅熙		『왜사』 5 丙子 6월 29일 「講修問答」		일본측 기록	『日外』 9, 문서번호 88, pp. 266-8.
252	1876.8.19(高宗十三年七月一日)	趙寅熙·宮本小一 회담(9)	趙寅熙		『왜사』 5 丙子 7월 1일 「講修問答」		일본측 기록	『日外』 9, 문서번호 89, pp. 268-71.
253	1876.8.21(高宗十三年七月三日)	趙寅熙·宮本小一 회담(10)	趙寅熙		『왜사』 5 丙子 7월 3일 「講修問答」		일본측 기록	『日外』 9, 문서번호 90, pp. 271-3.
254	1876.8.23(高宗十三年七月五日)	趙寅熙·宮本小一 회담(11)	趙寅熙		『왜사』 5 丙子 7월 5일 「講修問答」		일본측 기록	『日外』 9, 문서번호 91, p. 274.
255	1876.8.24(高宗十三年七月六日)	趙寅熙·宮本小一 회담(12)	趙寅熙		『왜사』 5 丙子 7월 6일 「講修問答」			
256	1876.8.24	표류민 경비 관련 조회문	宮本小一	趙寅熙	『日外』 9, 문서번호 92, 부기 3, pp. 283-7	[漢譯] 『왜사』 丙子 7월 6일 「講修問答」; 『동문』 4, 「漂風」 2, p. 4125; 『日外』 9, 문서번호 92, 부기 3)		
257	1876.8.24	중세(重稅) 폐지 관련 조회문	宮本小一	趙寅熙	『日外』 9, 문서번호 92, 부기 3, pp. 283-7	[漢譯文] 『왜사』 丙子 7월6일 「講修問答」; 『동문』 4, 通商 1, pp. 4150-4151; 『日外』 9, 문서번호 92, 부기 3)		

번호	발신일/수신일*(음력)	문서제목	발신	수신	문서출처	번역문 출처	관련문서 제목	관련문서 출처
258	1876. 8. 24(高宗十三年七月六日)	표류민, 종세 관련 조회에 대한 회신	趙寅熙	宮本小一	『왜사』丙子 7월 6일「講修問答」;『동문』4,「通商」1, p. 4151.			
259	1876. 8. 24	부산 재류 일본인 단속에 관한 각서	河上房申	玄昔運	『왜사』丙子 7월 6일「講修問答」;『동문』4,「約條」2, p. 4130;『구한국』1(일안 1) p. 10;『日外』9, 문서번호 100. 부속서 1			
260	1876. 8. 24	공사 주경(駐京) 및 정박항 관련 수록(手錄)	宮本小一	趙寅熙	『왜사』丙子 7월 6일「講修問答」;『구한국』1(일안 1) p. 8.			
261	1876. 8. 25	개항장 선정을 위해 상륙시 협조 요청	宮本小一	玄昔運				
262	1876. 9. 1(高宗十三年 七月十四日) /*1876. 10. 14 (光緒二年八月二十七日)	수호조규부록 및 통상장정 협정 통보	高宗	禮部	『동문』4,「倭情」, pp. 3756-7;『왜사』5 丙子 7월 14일;『中日』1, 문서번호 9의 부건 1, pp. 14-5;『中日韓』2, 문서번호 269의 부건 1, pp. 326-8.			
263	1876. 9. 8(高宗十三年七月二十一日)	공사 주경 및 정박항 관련 수록(手錄) 준수 요청	趙寅熙	宮本小一	『日外』9, 문서번호 96, p. 289.			
264	1876. 9. 13(高宗十三年七月二十六日)	공사 주경 및 정박항의 수호조규부록 명문화 요구	金在顯	寺島宗則	『동문』4,「約條」2, p. 4131;『왜사』丙子 7월 26일;『日外』9, 문서번호 95, pp. 288-9.			
265	1876. 9. 21	수호조규부록 및 무역규칙 등 체결 보고	宮本小一	岩倉具視, 寺島宗則	『日外』9, 문서번호 98, pp. 292-4.			
266	1876. 9. 21	공사관 임대 및 내지여행권의 명문화 연기 사유 보고	宮本小一	鮫島尙信	『日外』9, 문서번호 100, pp. 296-302.			
267	1876. 11	개항장 선정에 관한 건의	宮本小一		『日外』9, 문서번호 106, pp. 310-3.			
268	1876. 12. 6	玄昔運 · 近藤眞鋤 회담	近藤眞鋤		『日外』9, 문서번호 114, 부속서2, pp. 326-9.			
269	1876. 12. 12	洪祐昌 · 近藤眞鋤 회담(1)	近藤眞鋤		『日外』9, 문서번호 114, 부속서3, pp. 329-33.			
270	1876. 12. 13	洪祐昌 · 近藤眞鋤 회담(2)	近藤眞鋤		『日外』9, 문서번호 114, 부속서4, pp. 333-6.			

번호	발신일/수신일*(음력)	문서제목	발신	수신	문서출처	번역문 출처	관련문서 제목	관련문서 출처
271	1876. 12. 25/1877. 1. 5		近藤眞鋤	鮫島尙信	『日外』 9, 문서번호 115, pp. 336-8.			
272	1876. 12. 25	동래부사와의 담판 내용 보고	近藤眞鋤	鮫島尙信	『日外』 9, 문서번호 114, pp. 323-5.			
				관계자료				
1	1876. 2. 24(高宗十三年一月三十日)	조일수호조규			「수호」; 『왜사』 권 2 丙子 1월 30일 啓下; 『심행』 丙子 2월 1일; 『동문』 4, 「約條」 2, pp. 4126-8; 『일록』 高宗 13년 1월 30일; 『실록』 13년 2월 3일; 『용호』 4, 「修好條規」, pp. 366-9; 『구한국』 1(일안 1) pp. 1-4; 『中日韓』 2, 문서번호 259, pp. 313-6; 「약장」			
2	1876. 8. 24(高宗十三年七月六日)	조일수호조규 부록			「부록」; 『왜사』 5 丙子 7월 6일 「講修問答」; 『동문』 4, 「約條」 2, pp. 4128-9; 『실록』 13년 7월 6일; 『용호』 4, 「修好條規附錄」, pp. 389-91; 『中日韓』 2, 문서번호 278, pp. 333-5; 「약장」			
3	1876. 8. 24(高宗十三年七月六日)	조일통상장정			『왜사』 丙子 7월 6일 「講修問答」; 『동문』 4, 通商 1, pp. 4149-4150; 『실록』 13년 7월 6일 ; 『구한국』 1(일안 1) pp. 8-10; 『中日韓』 2, 문서번호 278, pp. 335-7; 「약장」			
4	高宗十一年, 十二年	興宣大院君과 李最應에게 보낸 朴珪壽 서한	朴珪壽		『환재』 11, 「書牘」			
5	高宗十二年	대원위록기(大院位錄記) 및 별록(別錄)	興宣大院君		『용호』 4, 「大院位錄記(直谷開商倭情條辨)」, pp. 326-8 및 「別論」, pp. 328-9; 『나암』 「大院位作此文字轉告朝廷」, p. 149.			
6	高宗十三年	申櫶을 대신하여 朴珪壽에게 보낸 서한	姜瑋		『고환당』 文稿 3, 補遺 「代申大官上桓齋朴相國」			
7	高宗十三年	『일동기유(日東記游)』 후서(後敍)	金綺秀					

동북아역사 자료총서 120

近代韓國外交文書 3

2012년 12월 10일 초판 1쇄 인쇄
2014년 11월 24일 초판 2쇄 발행

편 근대한국외교문서편찬위원회
펴낸이 김학준
펴낸곳 동북아역사재단

등록 제312-2004-050호(2004년 10월 18일)
주소 서울시 서대문구 통일로 81(미근동 267) 임광빌딩
전화 02-2012-6065
팩스 02-2012-6189
e-mail book@nahf.or.kr

ISBN 978-89-6187-286-7 94910
978-89-6187-444-1 세트